Phot. W. Radestock Nachf., Leipzig

Fünfzig Jahre Reichsgericht

am 1. Oktober 1929

Von

Dr. Adolf Lobe
Senatspräsident am Reichsgericht i. R.

unter Mitarbeit von

Mitgliedern und Beamten des Reichsgerichts, der Reichsanwaltschaft und der Rechtsanwaltschaft am Reichsgericht

Mit 14 Bildnissen und 15 Abbildungen

Berlin und Leipzig
Walter de Gruyter & Co.
vormals G. J. Göschen'sche Verlagshandlung · J. Guttentag, Verlagsbuchhandlung · Georg Reimer · Karl J. Trübner · Veit & Comp.
1929

Roßberg'sche Buchdruckerei, Leipzig.

Vorwort.

Die vorliegende Schrift ist eine Privatarbeit und hat keinen irgendwie amtlichen Charakter, wenn Herausgeber und Mitarbeiter auch in der Lage waren, amtliche Quellen zu benutzen. Gewidmet sei sie in erster Linie dem Reichsgericht selbst als Spiegel seines Lebens und Wirkens innerhalb der fünfzig Jahre. Aber auch dem Außenstehenden soll sie Kenntnis geben von den Einrichtungen des Reichsgerichts, seinen Aufgaben und seiner Arbeit. Mit der besseren Kenntnis wird auch besseres Verständnis für sie eintreten. Allen denen, die durch ihre Mitarbeit zum Zustandekommen dieser Schrift beigetragen haben, sei an dieser Stelle nochmals Dank gesagt. Dieser gilt insbesondere auch der Verlagsbuchhandlung.

Leipzig, im September 1929.

Der Herausgeber.

Inhalt.

Seite

A. Die äußere Geschichte des Reichsgerichts. Von Senatspräsident i. R. Dr. Lobe 1

B. Die innere Organisation des Reichsgerichts:
I. Hinsichtlich der Rechtsprechung. Von Senatspräsident i. R. Dr. Lobe . 19
II. Hinsichtlich des Geschäftsbetriebs
a) Präsident. Präsidium. Von Senatspräsident i. R. Dr. Lobe . . . 33
b) Geschäftsstellen. Von Bürodirektor Schaaf 34
III. Die Bibliothek. Von Bibliotheksdirektor Dr. Schulz 38
IV. a) Die Reichsgerichtsentscheidungen. Von Senatspräsident i. R. Dr. Lobe 53
b) Das Nachschlagewerk. Von Reichsgerichtsrat Dr. Warneyer 54
c) Überblick über die Geschäfte des Reichsgerichts. Von Senatspräsident i. R. Dr. Lobe 57

C. Die dem Reichsgericht angegliederten Gerichtshöfe:
1. Der Staatsgerichtshof für das Deutsche Reich. Von Senatspräsident i. R. Dr. Lobe 58
2. Der Disziplinarhof. Von Senatspräsident i. R. Dr. Lobe 62
3. Der Ehrengerichtshof für die deutschen Rechtsanwälte. Von Rechtsanwalt am Reichsgericht Justizrat Kurlbaum 70
4. Das Reichsschiedsgericht. Von Senatspräsident i. R. Dr. Strecker . . . 102
5. Der Staatsgerichtshof zum Schutze der Republik. Von Senatspräsident Lorenz 107
6. Das Reichsbahngericht. Von Senatspräsident Katluhn 113
7. Das Reichsarbeitsgericht. Von Senatspräsident Oegg, Vorsitzenden des Reichsarbeitsgerichts 116
8. Das Wahlprüfungsgericht. Von Reichsgerichtsrat Hettner 143

D. Die Reichsanwaltschaft. Von Reichsanwalt Dr. Neumann 148

E. Die Rechtsanwaltschaft am Reichsgericht. Von Rechtsanwalt am Reichsgericht Justizrat Axhausen 206

F. Verein der Richter und Reichsanwälte am Reichsgericht. Von Reichsgerichtsrat Linz 219

G. Die Reichsgerichtsgesellschaft. Von Rechtsanwalt am Reichsgericht Justizrat Dr. Süpfle 238

H. Aus der Entwicklung der Rechtsprechung des Reichsgerichts:
1. Allgemeines. Von Senatspräsident i. R. Dr. Lobe 239
2. Im Bürgerlichen Recht. Von Senatspräsident i. R. Dr. Lobe 243
3. In Strafsachen. Von Oberstaatsanwalt bei der Reichsanwaltschaft Dr. Schneidewin 270

Seite

Anlage I: A. Die Mitglieder des Reichsoberhandelsgerichts 337
B. Die Mitglieder des Reichsgerichts. Von Bürodirektor Schaaf 338
„ II: Besetzung der Senate. Von Bürodirektor Schaaf 389
„ III: Beamte des Reichsgerichts. Von Bürodirektor Schaaf 398
„ IV: Die Mitglieder der Reichsanwaltschaft. Von Reichsanwalt Dr. Neumann 399
„ V: Die beim Reichsgericht zugelassenen Rechtsanwälte. Von Justizrat Arhausen 412
„ VI: Die Mitglieder des Staatsgerichtshofs für das Deutsche Reich. Von Bürodirektor Schaaf 418
„ VII: Die Mitglieder des Reichsdisziplinarhofes. Von Bürodirektor Schaaf 426
„ VIII: Die Mitglieder des Ehrengerichtshofs. Von Bürodirektor Schaaf 432
„ IX: Die Mitglieder des Reichsarbeitsgerichts. Von Ministerialkanzleiassistent Mende 435

Bilder der Reichsgerichtspräsidenten, der Oberreichsanwälte, des Gebäudes des Reichsgerichts.

Dr. v. Simson

Reichsgerichtspräsident 1879—1891

A. Die äußere Geschichte des Reichsgerichts.

I. Die Vorfahren.

Schon zur Zeit, da das deutsche Recht noch unmittelbar aus der Rechtsüberzeugung des Volkes floß und von den Schöffen „gefunden", „geschöpft" wurde, also im wesentlichen Stammesrecht war, gab es daneben ein das ganze Reich umfassendes gemeinsames Recht, das Königsrecht. Wo aber ein Recht ist, bedarf es einer Macht, die seine Durchsetzung sichert. Diese Macht hatte Karl der Große, und er übernahm nicht nur die Durchsetzung des Königsrechtes, sondern des Rechtes überhaupt, indem er durch seine Grafen Gericht hielt und die Berufung an ihn als den obersten Richter gegen jedes Urteil zuließ. Hierbei ist freilich zu beachten, daß er in seinem Hofgericht nur Richter, nicht Urteiler war, daß das Urteil allein von den zugezogenen Großen des Reichs, die am Hofe anwesend waren, gesprochen wurde. Immerhin war schon unter ihm eine Gerichtsbarkeit des Reiches in seinem Hofgerichte vorhanden.

Diese Gerichtsbarkeit hatte aber von Anfang an mit Schwierigkeiten zu kämpfen, namentlich weil der König keinen festen Wohnsitz hatte und für den Rechtsuchenden schwer zu erreichen war. Sie zerfiel ganz, als nach Teilung des Reichs unter seinen schwächeren Nachfolgern die Fürsten als selbständige Landesherren auftraten und ihre eigene Gerichtsbarkeit mehr und mehr zur Geltung brachten. So wurde durch die Goldene Bulle verordnet, daß die Untertanen der Kurfürsten nicht vor das kaiserliche Gericht geladen werden durften. Und auch für die kleineren Länder kam eine solche Ladung seit Mitte des 15. Jahrhunderts außer Übung.

An Stelle des Hofgerichtes hatte sich aber eine neue Gerichtsbarkeit des deutschen Königs und römischen Kaisers herausgebildet, die des Kammergerichts an seinem Hofe. Dies hängt mit dem Eindringen des römischen Rechts zusammen. Während der König bisher dem Hofgericht nur vorgesessen und den von den Urteilern gefundenen Spruch verkündet und vollstreckt hatte, war er im Kammergericht auch Urteiler. Er besetzte es mit seinen Beamten, die im römischen Recht erfahren waren und es in Italien studiert hatten, und es stand in seinem Belieben, ob er beim Urteil ihrem Rat folgen wollte oder nicht, ebenso, wen er als seinen Stellvertreter in diesem Gericht einsetzen wollte. Der tiefere Grund für die Errichtung dieses Hof-Kammergerichtes war aber auch hier das Bedürfnis, für das „kaiserliche Recht", d. i. das eindringende, als gemeines Recht geltende römische Recht, einen höchsten Gerichtshof zu haben, der über die einheitliche Anwendung und Fortbildung wachte. Willkür und Bestechlichkeit brachten dieses eigenmächtig aufgerichtete Kammergericht, das reine Kabinettsjustiz ausübte, freilich bald in Verruf, und deshalb forderten die Kurfürsten und der Reichstag Reformen. Die Kaiser sträubten sich lange dagegen, ihr Hof-Kammergericht aufzugeben. Erst unter Maximilian gelang es, an Stelle des Hof-Kammergerichts ein Reichskammergericht zu errichten, dessen Richter zwar allein vom Kaiser, dessen Urteiler aber nach dem Vorschlag der Stände ernannt wurden, die zur Hälfte aus dem Ritterstand, zur Hälfte aus studierten Juristen bestehen sollten, zur Hälfte auch der katholischen, zur Hälfte der protestantischen Konfession angehören mußten. Die Bezahlung sollten sie aus den Gerichtssporteln, soweit sie nicht zureichten, aus den Reichsgefällen erhalten. Am 31. Okt. 1495 eröffnete Kaiser Maximilian das Gericht zu Frankfurt a. M. in eigener Person unter Überreichung des Gerichtsstabes von schwarzbraunem Nußbaumholz an den vorsitzenden Richter. Aber schon beim Reichskammergericht zeigte sich von Anfang an die ungenügende Besetzung und Besoldung. Statt 16 wurden zunächst nur 7 Beisitzer vereidigt, die Sporteln und Gefälle blieben aus, so daß die Beisitzer auseinandergingen. Das Gericht wechselte häufig seinen Sitz; es wurde 1496 nach Worms verlegt, tagte dann abwechselnd in Nürnberg, Augsburg, Regensburg, Eßlingen. Keine Stadt wollte es haben. Im Jahre 1526 fand es endlich in Speyer seinen festen Sitz und blieb dort bis 1689, wo es vor dem einbrechenden französischen König Ludwig XIV. fliehen mußte. Zum Teil verbrannten die Akten bei der Verwüstung in Speyer, zum Teil wurden sie nach Frankfurt, Worms und Aschaffenburg in Sicherheit gebracht. Das kleine Städtchen Wetzlar nahm das Reichskammergericht endlich auf. Die Kommissare, die prüfen sollten, ob das Städtchen zur Aufnahme passend sei, berichteten: „Es sei die Stadt zwar eine Reichsstadt, aber so ganz unansehnlich, daß das Kammergericht ohne Verminderung der ihm gebührenden Achtung und selbst ohne Nachteil der Hoheit des Heiligen Römischen Reichs darinnen nicht wohnen könne. Auch müsse man billig zweifeln, ob ein geschickter Mann eine Beisitzer- oder Prokuratorenstelle an einem solchen Orte suchen würde." Es fehlten überdies die passenden Gebäude und Räumlichkeiten für das Gericht. Trotzdem wurde Wetzlar zum Sitze des Gerichts bestimmt. Da kein Raum für die Akten vorhanden war, ließ man diese zunächst in Frankfurt und Aschaffenburg, wohin man sie bei der Flucht aus Speyer gebracht hatte, und schickte jedesmal einen Kommissar dorthin, um das Aktenstück, das gebraucht wurde, herauszusuchen und nach Wetzlar zu bringen. Daß sich auf diese Weise große Reste ansammelten, ist begreiflich. Der Hauptgrund hierfür war aber die geringe Zahl der Beisitzer. Im Westfälischen Frieden wurde diese auf 50 erhöht und ihr Gehalt auf 1000 Taler festgesetzt, der durch Steuern der Reichsstände, die „Kammerzieler", aufgebracht werden sollte. Die Steuern liefen aber so schlecht ein, daß etwa nur 13 Beisitzer besoldet werden konnten und die anderen als „Assessores in partibus" anderen Geschäften nachgehen mußten. 1720 wurde die Zahl der Beisitzer auf 25 herab-, ihr Gehalt auf 2000 Taler heraufgesetzt. Auch die Zahl von 25 wurde aber erst 1782 erreicht. Die Folge war unendliche Verschleppung der Streitsachen.

Seit 1532 fanden jährliche Visitationen statt, um den Mißbräuchen abzuhelfen. Solange diese stattfanden, war die Tätigkeit des Reichskammergerichts am ersprießlichsten. Die Rezeption des römischen Rechts erfolgte vornehmlich durch die Rechtsprechung des Reichskammergerichts, das dabei zugleich dieses Recht den germanischen Rechtsanschauungen anzupassen versuchte. Die Visitationen gerieten bald außer Übung. Die letzte fand unter Josef II. statt und währte von 1767—1777. In dieser Zeit weilte Goethe in Wetzlar, um den Reichskammergerichtsprozeß zu studieren. Die Ausbildung dieses Prozesses ist vielleicht das Wertvollste, was das Reichskammergericht geschaffen hat, wennschon er von unendlicher Weitschweifigkeit war und selten die Parteien das Ende ihres Prozesses erlebten. Die Einrichtung der Visitationen führte schließlich dazu, Revision gegen die Urteile des Reichskammergerichts bei den „Visitationen" zuzulassen, was erst recht den Prozeß nicht zu Ende kommen ließ. Erst 1654 wurde dies abgeschafft. Abbruch geschah der Kompetenz des Reichskammergerichts sodann nicht nur von den Landesfürsten, die das ius de non appellando erwirkten, sondern vom Kaiser selbst, der ja nur widerstrebend das seine Hofgerichtsbarkeit beschränkende Gericht zugestanden hatte. An Stelle des früheren Hof-Kammergerichts ließ er nun durch seinen Reichshofrat Rechtshändel entscheiden, wenn sich die Parteien an ihn wendeten, statt, wie sie sollten, an das Reichskammergericht. So entstand durch die Kabinettsjustiz des Reichshofrates ein Konkurrent des Reichskammergerichts. Mit dem Untergang des Deutschen Reichs 1806 verschwanden auch diese beiden höchsten deutschen Gerichte.

Auf dem Wiener Kongreß tauchte der Plan, ein gemeinschaftliches Bundesgericht zu errichten, wieder auf. Das war aber lediglich als Staatsgerichtshof gedacht zur Schlichtung von Streitigkeiten der Bundesglieder untereinander oder mit der Bundesgewalt. Die Landesfürsten befürchteten jedoch dadurch eine Schmälerung ihrer Souveränität, und so unterblieb die Errichtung.

Als sich in der späteren Zeit, im Jahre 1847, die deutschen Staaten zur Annahme eines gleichen Gesetzbuches über Handelsrecht und Wechselrecht einigten, trat damit wieder das Bedürfnis nach einem höchsten Gericht hervor, das die Einheitlichkeit der Rechtsprechung auf diesen Gebieten wahren und das Recht fortentwickeln könne. Auf dem ersten Deutschen Juristentage 1860 wurde dieser Wunsch laut, und der Allgemeine Deutsche Handelstag in Heidelberg im Mai 1861 schloß sich ihm an. Es wurde beschlossen: „Es möge durch Vereinbarung der deutschen Regierungen und Stände zur Erhaltung der Einheit und gemeinsamen Fortbildung des deutschen Handelsrechtes baldmöglichst ein gemeinsamer oberster Gerichtshof ins Leben treten." Beachtlich ist, daß schon hier die Fortbildung des Rechts als gleichwertige Aufgabe des Gerichts neben die Wahrung der Einheitlichkeit gesetzt wurde. Die Anregung fiel leider bei dem alten Deutschen Bund auf keinen fruchtbaren Boden. Es mußte erst eine kraftvolle Zentralgewalt entstehen, um ein allgemeines höchstes deutsches Gericht wieder errichten zu können.

Die Leipziger Handelskammer war es, die bei der sächsischen Regierung die Anregung gab, im Bundesrat des Norddeutschen Bundes 1869 einen Gesetzentwurf vorzulegen zur Errichtung eines obersten Gerichtshofes in Handelssachen in Leipzig. Die sächsische Regierung tat dies am 23. Febr. 1869. Den Entwurf hatte der sächsische Oberappellationsgerichtsrat Tauchnitz ausgearbeitet. Es war also wiederum das gemeinsame Recht, das nach einem obersten Wahrer des Rechts, nach einem obersten Gericht verlangte. Und das Bedürfnis hierzu zeigte sich so stark, daß alle partikularischen Einwendungen hiergegen unbeachtet blieben und am 19. Juni 1869 ein Bundesgesetz verkündet wurde, das in Leipzig ein Bundesoberhandelsgericht errichtete. Mitten im Deutsch-Französischen Kriege wurde es am 5. Aug. 1870 von seinem Präsidenten Dr. Pape in einfacher, schlichter Weise eröffnet. „Möge mit unserer Wirksamkeit", sagte er, „eine Periode beginnen, wie sie dem deutschen Vaterlande für die Erhaltung und Befestigung eines der kostbarsten nationalen Güter, für die Entwicklung und Ausbildung eines einheitlichen nationalen Rechts, noch nicht beschieden gewesen ist, selbst nicht zu der Zeit, als noch die altehrwürdigen Reichsgerichte vor Beginn ihres Verfalls in vollster Blüte standen." Auch er also betont als Aufgabe des Gerichtshofes die Fortentwicklung des Rechtes. Daß das Oberhandelsgericht diese Aufgabe in glänzender Weise gelöst und das volle Vertrauen der Rechtsuchenden erworben hat, ist allgemein anerkannt. Es schuf eine großzügige, nicht am Wortlaut des Gesetzes klebende Rechtsprechung, wie sie gerade der Handelsverkehr besonders verlangt. Es war daher ein günstiger Boden bereitet, daß das Gericht gerade zuerst mit Handels- und Wechselsachen beschäftigt war. Es war anfangs mit 1 Präsidenten (Pape), 1 Vizepräsidenten (Drechsler) und 12 Räten besetzt.

Mit der Gründung des Deutschen Reichs wurde am 16. April 1871 das Bundesoberhandelsgericht zum Reichsoberhandelsgericht. Es dehnte damit aber nur seine räumliche Kompetenz über Süddeutschland und Elsaß-Lothringen aus, sachlich blieb es oberster Gerichtshof nur für Handels- und Wechselsachen. Die Zahl der Räte wurde 1871 auf 16 vermehrt; 1874 wurden 1 weiterer Vizepräsident (Hocheder) und bis 1879 8 weitere Räte ernannt.

II. Das Reichsgericht.

1. Die Zuständigkeit des Reichs für die Gesetzgebung war gegenüber dem Norddeutschen Bunde erheblich erweitert worden. Diese Erweiterung des gemeinen materiellen und prozessualen Rechts erforderte notwendig auch eine Erweiterung der Kompetenz des höchsten deutschen Gerichtshofes, und so wurde das Reichsoberhandelsgericht zum Reichsgericht. Die Erstreckung der Zuständigkeit auf das strafrechtliche Gebiet erheischte ferner die Errichtung einer Staatsanwaltschaft bei dem Gericht, die den Namen Reichsanwaltschaft, mit einem Oberreichsanwalt an der Spitze, führte. Über diese siehe den besonderen Abschnitt.

Am 1. Okt. 1879 wurde das RG. mit einem Festakt in der Aula der Universität feierlich eröffnet. Staatssekretär im Reichsjustizamt Dr. Friedberg wies in seiner Eröffnungsrede darauf hin, daß es die Pietät erfordere, dabei in dankbarer Erinnerung des Gerichtshofes zu denken, der bisher in Leipzig seinen Sitz gehabt habe und nun erloschen sei. Das Reichsoberhandelsgericht habe in der kurzen Spanne seines Bestehens sich eine so allgemeine Anerkennung im gesamten deutschen Vaterlande, einen so ruhmvollen Namen erworben, daß man dem neuerstehenden RG. keinen besseren Wunsch auf seinen Lebensweg geben könne als den, daß es ihm beschieden sein möge, wie es der Erbe der Aufgabe jenes Gerichtshofes sei, so auch der Erbe und Mehrer seines Ruhms zu werden. Nach der Vereidigung des Reichsgerichtspräsidenten Dr. Simson betonte dieser in seiner Ansprache, daß die Gemeinsamkeit des Rechtslebens neben den Pfeilern, die das Reich seit seiner Entstehung trugen: der Einheit des Heeres, der auswärtigen Angelegenheiten, der Beziehungen des Verkehrs, als neuer vierter Pfeiler hinzutrete. In unverdrossener Mühsal wolle das RG. nun nachgehen der hohen Aufgabe, die ihm gestellt sei, in unbeugsamer Wachsamkeit gegen jede Zersplitterung der mühevoll errungenen Einheit, alle Zeit unbeirrt durch die wechselnden Strömungen des Augenblicks und des Tages. Auch der Oberreichsanwalt v. Seckendorff sprach im Namen der Reichsanwaltschaft, und Geh. Oberjustizrat Dorn im Namen der Rechtsanwaltschaft am RG. Den 1. Okt. feiern seitdem die Mitglieder des RG., der Reichsanwaltschaft und der Rechtsanwaltschaft am RG. als dessen Geburtstag regelmäßig durch ein gemeinsames Festmahl, an dem der Präsident einen Überblick über die Ereignisse des vergangenen Jahres, den Wechsel im Mitgliederbestand und wohl auch programmatische Erklärungen zu geben pflegt.

Ob auch das RG. wieder, wie das vormalige Oberhandelsgericht, in Leipzig seinen Sitz haben sollte, ist bei seiner Errichtung lebhaft erörtert worden, und noch nach Jahren ist auch aus Kreisen des RG., nicht aus Abneigung gegen die Stadt Leipzig, sondern aus rein sachlichen Gründen, gewünscht worden, daß es in Berlin als dem Sitz der Reichsregierung seinen Sitz gefunden hätte. So z. B. in beachtlichen Darlegungen des Dr. Henrici in Iherings Jahrb. f. Dogm. des heut. röm. u. deutsch. Privatrechts Bd. 24 (1886) S. 29ff. Es waren hauptsächlich politische Beweggründe und Erinnerungen an die preußische Konfliktszeit und an den Beschluß des Preußischen Obertribunals vom 29. Jan. 1866, die den Reichstag bestimmten, das RG. nicht nach Berlin zu setzen. Man wollte das Gericht den gefürchteten möglichen Einflüssen der Berliner Regierung entziehen und es deshalb auch räumlich von ihr entfernen. Andere Nachteile, die dadurch erwuchsen, wurden nicht für so entscheidend erachtet. Wurde aber Berlin ausgeschaltet, so konnte nur Leipzig, das bereits der Sitz des Reichsoberhandelsgerichts gewesen war, in Frage kommen. Hier begann es seine Tätigkeit auch zunächst in den Räumen des alten Reichsoberhandelsgerichtes.

2. Das RG. ist zunächst mit einer knapp bemessenen Mitgliederzahl ins Leben getreten: mit 8 Präsidenten und 60 Räten. Da der bisherige Präsident des Reichsoberhandelsgerichtes Dr. Pape den Vorsitz in der Kommission für die Bearbeitung eines Entwurfs des BGB. übernahm, kam er als Präsident des RG. nicht in Frage. Bismarck gelang es, in Übereinstimmung mit Kaiser Wilhelm I., Eduard Simson, obwohl er mit diesem in der Konfliktszeit

mehrfach zusammengestoßen war, zu bewegen, das Amt eines Reichsgerichtspräsidenten zu übernehmen. Dieser brachte nicht nur die Erfahrungen mit, die er als Appellationsgerichtspräsident in Frankfurt a. d. O. erworben hatte, sondern auch die Verehrung und das Ansehen, das er in seiner parlamentarischen Laufbahn allenthalben genoß, nicht zum wenigsten als zweimaliger Überbringer einer Kaiserkrone. Vom Reichsoberhandelsgericht wurden die beiden Vizepräsidenten Drechsler und Hocheder als Senatspräsidenten, außerdem noch 19 Räte übernommen. Vom Preußischen Obertribunal entsandte Preußen 1 Senatspräsidenten und 24 Räte, außerdem noch 2 weitere Senatspräsidenten und 1 Rat. Die übrigen Bundesstaaten stellten die anderen Mitglieder, bemüht, die Richterstellen des obersten deutschen Gerichtshofes aufs beste zu besetzen. Die Besetzung erfolgte nach der Maßgabe der Zahl der Richter, die aus den einzelnen Bundesstaaten vom Reichsoberhandelsgericht übernommen worden waren, zu denen die Einzelstaaten weitere Richter in Vorschlag gebracht hatten. Bei dem Freiwerden von Stellen wurden dann in der Regel der Einzelstaat, dem der Ausscheidende angehört hatte, aufgefordert, einen neuen Rat vorzuschlagen. Dem Vorschlag stimmte der Bundesrat, wenn sich nicht ernstliche Bedenken erhoben, zu. Es wurde diese Besetzungsart keineswegs allenthalben gebilligt, und namentlich in einem Artikel der „Kölnischen Zeitung" vom 10. Okt. 1884 wurde verlangt, daß die Reichsjustizverwaltung unmittelbar das Vorschlagsrecht habe (vgl. hierzu Dr. Henrici, „Die Ernennung der Mitglieder des Reichsgerichts" in „Grenzboten" 1896 S. 489). Die Ernennung der Senatspräsidenten erfolgte in der Regel auch auf Vorschlag des Einzelstaates aus der Mitte der Mitglieder des RG., ohne daß jenem gerade ein Vorschlagsrecht zukam. Mit der Zeit wurden aber auch Nichtmitglieder des RG. sofort zu Senatspräsidenten ernannt, und es bildete sich weiter dabei der Grundsatz heraus, daß ein Rat, der über 65 Jahr alt war, nicht mehr zum Präsidenten ernannt wurde. Gegen diese Praxis lassen sich nach beiden Richtungen hin erhebliche Bedenken erheben. Die Stelle des Reichsgerichtspräsidenten freilich wird immer nach Gesichtspunkten besonderer Art besetzt werden. Bis jetzt ist noch keiner aus der Mitte des RG. hervorgegangen. Dem Ansuchen des Richtervereins beim RG. nach dieser Richtung wurde auch bei der Besetzung der letzten Stelle nicht Folge gegeben. Zum Mitglied des RG. kann nur ernannt werden, wer die Fähigkeit zu einem Richteramt in einem deutschen Lande erlangt und das 35. Lebensjahr vollendet hat.

Bei der Errichtung des RG. herrschte offensichtlich das Bestreben, eine hohe, alle anderen obersten Gerichte der Bundesstaaten weit überragende Behörde zu schaffen. Die Richter sollten unbeschränkte Unabhängigkeit genießen und keiner Disziplinargewalt einer übergeordneten Stelle unterstehen. Nur bei Verurteilung zu Strafe wegen einer entehrenden Handlung oder zu einer längeren als einjährigen Freiheitsstrafe kann der Richter durch Plenarbeschluß des RG. seines Amtes und Gehaltes für verlustig erklärt werden (GVG. § 127). Irgendwelche andere Disziplinarmittel gibt es nicht. Auch über die Berechnung des Ruhegehaltes sind im § 128 GVG. besonders günstige Vorschriften enthalten. Ob das Justizministerium hiernach überhaupt die Eigenschaft eines „Vorgesetzten“ hat und diese Befugnis auf den Reichsgerichtspräsidenten übertragen kann, wie neuerdings das Reichsjustizministerium beansprucht, von der Mehrzahl der Richter des RG. aber nicht anerkannt wird, mag hier dahingestellt bleiben. Gewisse Befugnisse, wie Urlaubserteilung, stehen dem Präsidenten sicher zu, erklären sich aber schon aus der Notwendigkeit, den Geschäftsgang des RG. in Ordnung zu halten. Im Reichstag wurde ausgesprochen, man wolle, „daß das RG. ausgezeichnet werde, daß es als die höchste Behörde des Reichs auch wirklich hervortrete, daß es eine Vereinigung von Männern bilde, die in ihrer Würde und ihrer äußeren Stellung Präsidenten gleichstünden. Daher dürfe die Höhe seiner Gehälter nicht bemessen werden nach der bürokratischen Schablone, nicht nach der jetzigen Gehaltshöhe der höchsten Richter in ‚den einzelnen Bundesstaaten‘“. Man erkannte also sehr richtig, daß die Höhe des Gehaltes das Ansehen und die Stellung des Beamten mitbestimmt. Bismarck war es wieder, der deshalb auf Erhöhung der von den Regierungen in Aussicht genommenen Gehälter drang, und demgemäß wurde das Gehalt des Reichsgerichtspräsidenten auf 25000 ℳ, der Senatspräsidenten und des Oberreichsanwalts auf 14000 ℳ, der Räte und Reichsanwälte auf 12000 ℳ festgesetzt. Dieses für die damalige Zeit schon an sich hohe Gehalt der Räte wurde in den Bundesstaaten auch von ihren höchsten Richtern nicht erreicht. Das Gehalt des Reichsgerichtspräsidenten ist jedoch später auf 20000 ℳ und 10000 ℳ für Dienstaufwand festgesetzt, unter dem Präsidenten Frhrn. v. Seckendorff sodann wieder auf 26000 ℳ erhöht worden. Jetzt beträgt es 25000 RM. und 1500 (!) RM. Dienstaufwandentschädigung, dazu die Stellung eines Kraftwagens. Wie sehr man im übrigen von der vorgenannten Auffassung abgekommen ist, zeigt umstehende Tabelle. Auch die Einführung der Altersgrenze von 68 Jahren für die Richter des RG. führte zur Schmälerung ihrer gesetzlich verbrieften Ruhegehaltsansprüche, abgesehen davon, daß sie dem RG. vorzeitig wertvolle Arbeitskräfte entzieht. Die äußere Würde und Feierlichkeit der Verhandlungen vor dem RG. wurde durch eine schöne Amtstracht erhöht. Auf Grund kaiserlichen Erlasses vom 29. Okt. 1879 wurde durch Verfügung des Reichsjustizamts vom 2. Nov. 1879 angeordnet, daß die Richter, Reichsanwälte und Gerichtsschreiber in öffentlichen Sitzungen in Amtstracht (Talaren) zu erscheinen haben. Diese besteht bei den Richtern und Reichsanwälten aus einer Robe aus karmesinrotem Wollstoff und einem Barett von rotem Wollstoff, einem weißen Halstuch mit herabhängenden Zipfeln. Der Besatz der Robe und die Bekleidung des Randes des Baretts ist von gleichrotem Samt. Bei den Räten und Reichsanwälten wird der Rand des Baretts auf beiden Seiten durch rotseidene Schnüre, bei den Senatspräsidenten und dem Oberreichsanwalt durch zwei goldene Schnüre zusammengehalten. Der Reichsgerichtspräsident, wenn er als solcher erscheint, trägt noch einen über die Schulter reichenden Kragen von rotem Samt, der am unteren Ende mit Pelzwerk von Blaufuchs besetzt ist. Das Barett ist ebenfalls von rotem Samt und wird am Rande auf beiden Seiten mit drei goldenen Schnüren zusammengehalten. Die Amtstracht der Gerichtsschreiber bestand anfänglich aus einer Robe von schwarzem Wollstoff

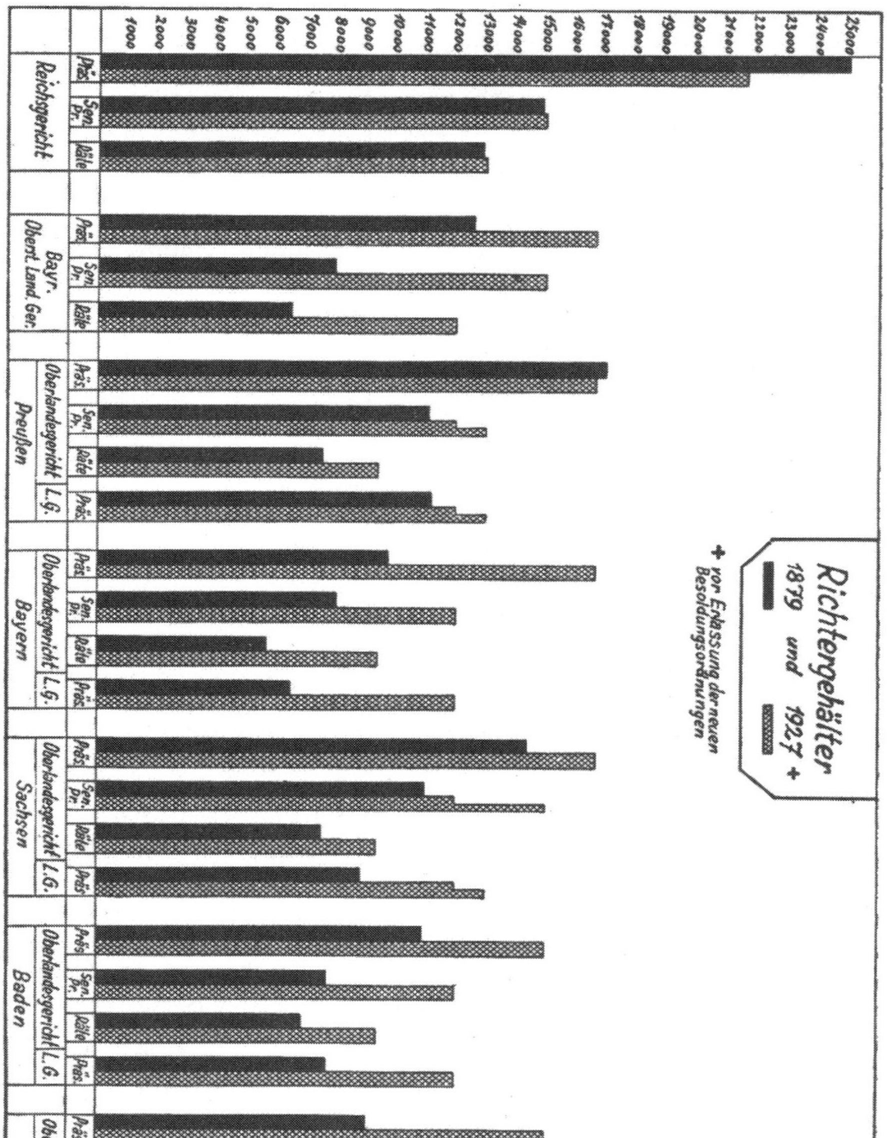
Richtergehälter
1879 und 1927 +
+ von Erlassung der neuen Besoldungsordnungen
Reichsgericht
Bayr. Oberl. Land. Ger.
Preußen
Bayern
Sachsen
Baden
Hessen
Oberlandesgericht
L.G.
Präs.
Sen. Pr.
Räte

mit rotem kleinem Umfallkragen und einer weißen Binde. Das Barett ist aus rotem Wollstoff und wird am Rande mit zwei wollenen roten Schnüren zusammengehalten. Diese Amtstracht ist neuerdings dahin abgeändert worden, daß auch sie aus rotem Wollstoff besteht.

Für die Rechtsanwälte beim RG. wurde zunächst keine Robe vorgeschrieben; es sollte gewartet werden, bis sie es selbst wünschten. Dies ist geschehen, und so tragen auch diese mit den Richtern gleichfarbige, nur etwas einfacher ausgestattete Roben.

Die Entfernung von der Reichshauptstadt hatte übrigens noch als Nebenwirkung die gezeigt, daß die Mitglieder des RG. weder in einem Hofrang beim kaiserlichen Hofe noch in eine Rangklasse der Staatsbeamtenschaft eingereiht wurden. Das Angebot, ihnen zu diesem Zwecke irgendeinen Geheimratstitel zu verleihen, wurde von ihnen abgelehnt. Nur der Reichsgerichtspräsident erhielt früher den Rang eines Wirklichen Geheimen Rates mit dem Titel Exzellenz, ebenso erhielten nach einer bestimmten Reihe von Jahren (acht bis zehn) diese Auszeichnung die Senatspräsidenten. Im übrigen wurden für das Service die Räte und Reichsanwälte als „Räte 2. Klasse", die Präsidenten auch für die Uniform als „Räte 1. Klasse", nach der preußischen Gepflogenheit, behandelt. Orden wurden den Richtern des RG. als den Staatsangehörigen ihrer Länder nach der sehr verschiedenen Weise ihres Heimatstaates verliehen, außerdem noch vom Deutschen Kaiser nach der preußischen Regel, so daß auch ältere Reichsgerichtsräte bei Beginn ihrer Laufbahn am RG. mit dem Roten Adlerorden IV. Klasse anfingen, was nicht gerade die Wertschätzung dieser Auszeichnung erhöhte. Eine besondere Auszeichnung war es, daß am 18. März 1888 Kaiser Friedrich dem Reichsgerichtspräsidenten Simson den Schwarzen Adlerorden verlieh. Im übrigen war es im privaten und gesellschaftlichen Verkehr der Mitglieder des RG. untereinander nicht üblich, Orden anzulegen. Dies geschah nur bei der Feier der Geburtstage des Deutschen Kaisers und des Königs von Sachsen und am 31. Okt. bei dem Festakt in der Universität zum Rektorwechsel. — Bei dem mit den staatlichen und städtischen Behörden gemeinsam abgehaltenen Festmahle zu Ehren des Geburtstages des Kaisers pflegte regelmäßig der Reichsgerichtspräsident den Trinkspruch auf den Kaiser auszubringen.

3. Das von der Stadt Leipzig am Brühl ehemals dem Reichsoberhandelsgericht zur Verfügung gestellte Gebäude genügte dem Bedürfnisse des RG. bald nicht mehr, und Anfang der achtziger Jahre trat der Wunsch nach einem eigenen Heim auf. Damit lebten zunächst auch all die Einwendungen wieder auf, die gegen den Sitz des RG. in Leipzig erhoben worden waren. Sie wurden jedoch auch diesmal überwunden, und Baurat Friedrich Hofmann wurde mit der Ausarbeitung von Plänen für ein würdiges Gebäude in Leipzig betraut. An diesen arbeitete er von 1885—1887.

Als Platz war gewählt worden das dem Landgericht gegenüberliegende Gebäude in der Nähe der Universitätsbibliothek und des neuen Gewandhauses. Es mußte aber erst die dazwischenliegende Pleiße überdeckt werden, und es waren sehr umfangreiche Erdarbeiten und Grundbauten erforderlich. Am 31. Okt. 1888 konnte die feierliche Grundsteinlegung des Reichsgerichtsgebäudes stattfinden, zu der auch Kaiser Wilhelm II. und König Albert von Sachsen erschienen waren. Der Kaiser sprach bei den drei Hammerschlägen die Worte: „Der Ehre des allmächtigen Gottes, dem Rechte und seinen allezeit getreuen Knechten.“ König Albert sprach: „Gott zur Ehre, dem Reich zum Ruhm, dem Recht zum Schirm.“ — Sieben Jahre währte der Bau, erst am 26. Okt. 1895 wurde das fertige stolze Gebäude mit seiner weithin sichtbaren Kuppel, die auf ihrer Spitze die Statue der Wahrheit mit ihrer Fackel trägt, eingeweiht. Wieder geschah dies in Anwesenheit des Kaisers Wilhelm II. und des Königs Albert von Sachsen. Der erste Präsident des RG. wohnte jedoch dieser Feier nicht mehr bei. Dr. v. Simson war infolge Erkrankung am 1. Febr. 1891 bereits aus dem Dienst geschieden. Er durfte aber wenigstens die Einweihung des Reichsgerichtsgebäudes noch erleben, da er erst am 2. Mai 1899 sanft entschlafen ist. Reichsgerichtspräsident war damals der Nachfolger Dr. Simsons, Dr. v. Oehlschläger, der am 1. Febr. 1891 die Stellung eines Staatssekretärs im Reichsjustizamt mit der eines Reichsgerichtspräsidenten vertauschte. Zuvor war er seit 1884 Präsident des Preußischen Kammergerichts gewesen. Von Kaiser Friedrich war er in den erblichen Adelsstand erhoben worden.

Nun folgten ruhige Jahre ernster Arbeit. Präsident v. Oehlschläger trat bereits am 1. Nov. 1903 in den Ruhestand und an seine Stelle der Direktor im Reichsjustizamt Exzellenz Dr. Gutbrod (1903—1905). Gutbrod war aus dem württembergischen Justizdienst hervorgegangen, seit 1877 aber ebenfalls im Reichsjustizamt tätig gewesen.

Am 1. Okt. 1904 konnte das RG. auf eine 25jährige Tätigkeit zurückblicken. Der Reichskanzler Fürst v. Bülow gedachte dieses Tages durch ein persönliches Glückwunschschreiben an den derzeitigen Reichsgerichtspräsidenten Dr. Gutbrod folgenden Wortlauts: „Am 1. Okt. sind 25 Jahre verflossen seit dem Tage, an welchem das RG. als oberster Gerichtshof für das geeinte Deutschland seine Tätigkeit begann. Mit freudiger Hoffnung richteten sich die Blicke des deutschen Volkes nach Leipzig, wo aus allen Teilen des Reichs bewährte Juristen zusammentraten, um als Hüter des im Reiche geltenden Rechtes ihres Amtes zu walten. Ich freue mich, heute sagen zu können, daß das RG. die damals gehegten Erwartungen erfüllt hat. Es hat sich das Ansehen zu verschaffen und zu erhalten gewußt, dessen der oberste Gerichtshof zu der ihm anvertrauten Wahrung der Rechtseinheit bedarf. Noch in den jüngsten Jahren ist mit der Schaffung des einheitlichen bürgerlichen Rechts dem RG. eine neue und große Aufgabe erwachsen. Ungeachtet schwerer Arbeitslast haben sich die Mitglieder des Gerichtshofes mit voller Hingebung dieser Aufgabe unterzogen. Ich darf es mit Genugtuung aussprechen, daß zum erheblichen Teile der allerwärts anerkannten Rechtsprechung es der obersten Instanz zu danken ist, wenn der Übergang in das neue Recht sich ohne Schwierigkeiten vollzogen hat. Dem hohen Gerichtshofe kann ich zu seinem gegenwärtigen Lebensabschnitte nichts Höheres wünschen, als daß er in dem Geiste, der seine Mitglieder von jeher beseelt hat, als Hort des Rechtes zum Segen des deutschen Volkes und zur Festigung seiner nationalen Einheit fortwirken möge.“

Auch der Großherzog Friedrich von Baden sandte ein Glückwunschtelegramm. Die Universität Leipzig ernannte aus Anlaß der Feier zu Ehrendoktoren die Senatspräsidenten Maßmann und Treplin, die Reichsgerichtsräte Bär, Förster, Kaufmann, Planck, Schütt und Stellmacher sowie den Oberreichsanwalt Zweigert und den Rechtsanwalt am RG. Geh. Justizrat Patzki. Im Gesellschaftshause des Leipziger Palmengartens fand ein Festbankett mit Damen statt. Das vom damaligen sächsischen Oberlandesgerichtsrat Dr. Wulfert herausgegebene „Sächsische Archiv für Deutsches Bürgerliches Recht" veranstaltete ein Sonderheft als Festgabe „Die ersten 25 Jahre des Reichsgerichts", in dem besonders Reichsgerichtsrat E. Müller eine Darstellung der geschichtlichen Entwicklung bis dahin gab.

Am 17. April 1905 verstarb an einer Lungenentzündung der Präsident Dr. Gutbrod. Es war das erstemal, daß ein Reichsgerichtspräsident im Dienste starb. Sein Tod erregte allgemeine Anteilnahme, und auch der Kaiser ließ dem RG. die seine durch den Staatssekretär Dr. Nieberding ausdrücken.

Am 20. Mai 1905 war Frhr. Dr. v. Seckendorff an die Spitze des RG. berufen worden und hatte das Amt am 2. Juni 1905 übernommen. Er nahm mit dem Oberreichsanwalt Dr. Olshausen, dem Senatspräsidenten Dr. Freiesleben und dem Geh. Justizrat Erythropel an der Feier zur Einweihung des Neuen Leipziger Rathauses am 7. Okt. 1905 teil. In seiner Ansprache führte er aus, wie lebhaften Anteil das RG. an dem heutigen Tage nehme. Seit mehr als 25 Jahren habe es seinen Sitz in Leipzig, und man habe das Gefühl der Dankbarkeit, vor allem aber das Gefühl der Zusammengehörigkeit.

Besonders festlich wurde auch am 1. Okt. 1909 die Feier des 30jährigen Bestehens des RG. begangen. Der Präsident Dr. v. Seckendorff wies hierbei darauf hin, daß von den sämtlichen Richtern des RG., die bei seiner Gründung ihm angehörten, nur noch ein einziger seines Amtes in voller Rüstigkeit walte, Reichsgerichtsrat Dr. Schlesinger, von der Rechtsanwaltschaft aber ihr Senior Dr. Erythropel.

4. Die äußeren Geschicke des RG. wurden von dem Weltkrieg und dem Umsturz nur wenig berührt. Allerdings wurden auch vom RG. mehrere Mitglieder zum Heere eingezogen, sei es zum Dienst in der Heimat oder in der Etappe und im besetzten Gebiet. Reichsgerichtsrat Dr. Koenige ging trotz seines hohen Alters sogar an die Front als Führer zweier Batterien und zeichnete sich in vielen Kämpfen hervorragend aus. Er war nach dem Umsturz der erste Senatspräsident, der von Ebert ernannt wurde. Es wurde damals der Satz geprägt: „Publica res firma est, audet iam dicere Reges." Die Heimgebliebenen hatten schwer unter den Entbehrungen zu leiden, und es war nicht leicht, bei aller Unterernährung die Kräfte aufzubringen für die gesteigerte Arbeitslast, die dem RG. namentlich durch die stets wachsende Zahl der Kriegsverordnungen erwuchs. Die Mitglieder verschmähten es zumeist, sich Lebensmittel über das allen durch die Rationierung zugeteilte Maß zu verschaffen. Schon 1914 wurde von der üblichen Geburtstagsfeier des RG. abgesehen. Ebenso beschränkte sich die Neujahrsbeglückwünschung auf eine kurze Zu-

sammenkunft in der großen Halle des RG. Diese Gepflogenheit wurde auch für die ersten Nachkriegsjahre aufrechterhalten. Erst am 1. Okt. 1924 wurde in der in der Vorkriegszeit üblichen Weise durch ein einfaches gemeinsames Abendessen die Feier des Tages wieder aufgenommen. Der Präsident gab dem Herkommen gemäß auch wieder eine Übersicht über die Hauptereignisse des letzten Jahres. Besonders zu leiden hatten die Richter und die Beamten des RG. auch durch die völlig ungenügende Heizung der Sitzungssäle bei dem Mangel an Heizungsmitteln. Trotzdem ist es nur vereinzelt vorgekommen, daß deshalb die Gerichtssitzungen ausfallen mußten. Allen äußeren Beschwernissen zum Trotz wurde der Geschäftsgang durch den Pflichteifer aller Mitglieder und Beamten aufrechterhalten. Auch später, in den Tagen des Umsturzes und der Straßenkämpfe in Leipzig, erlitt die Rechtspflege des RG. keine Unterbrechung. Nur an einem einzigen Tage mußten die Sitzungen ausfallen, weil die Richter nicht in das Reichsgerichtsgebäude gelangen konnten, da es von den Aufständischen in der irrigen Meinung, es befänden sich auf seinem Dache Maschinengewehre, beschossen wurde. Die Spuren hiervon sind noch jetzt an den Außenseiten der Wände zu sehen. Lange Zeit lag dann in dem Gebäude zu seinem Schutz Reichswehr, ein Umstand, der die Arbeit für die Richter dort auch nicht erleichterte, zumal immer wieder die Drohung auftauchte, das RG. werde in die Luft gesprengt.

Die Urteile erließ das RG. auch während des Umsturzes nach wie vor unter der Formel: „Im Namen des Reichs.“ Diese war unabhängig von einer bestimmten Staatsform, ja unabhängig auch davon, ob vorübergehend eine bestimmte Staatsgewalt fehlte. So ist diese Formel dieselbe geblieben, auch nachdem sich das deutsche Volk die Verfassung eines republikanischen Staates gegeben hatte.

5. Am 1. Okt. 1919 versammelte der Reichsgerichtspräsident Dr. v. Seckendorff die Mitglieder des Gerichtshofes, der Reichsanwaltschaft und der Rechtsanwaltschaft zum Gedenken des 40. Jahrestages der Errichtung das erstemal wieder um sich in den Festräumen seiner Wohnung, wobei er eine ergreifende Ansprache hielt. „Der Krieg sei zwar zu Ende, aber ein rechtsgültiger Frieden sei noch immer nicht gekommen. Und jenes Ende sei furchtbar, der bevorstehende Frieden nicht minder furchtbar. So könne denn dieser 1. Oktober kein Tag der Festfreude sein, er sei eher ein Tag der Trauer. Wenn er es trotzdem gewagt habe, den Anstoß dazu zu geben, den heutigen 1. Oktober nicht ganz unbeachtet vorübergehen zu lassen, so habe ihn vornehmlich die Erwägung geleitet, daß das RG. doch keinen Grund habe, sich gerade an diesem Tage in Sack und Asche zu bergen. Es dürfte sich das Zeugnis geben, daß es, wie früher in des Reiches Blütezeit, so auch in den Zeiten der Kriegsnot und der Revolutionswirren — die wahrlich der körperlichen wie der geistigen Widerstandskraft stark zugesetzt hätten — unentwegt und vollauf seine Pflicht erfüllt habe, daß es trotz aller Hemmungen und Erschwernisse in der gewissenhaften Fortführung seiner Tätigkeit nicht nachgelassen, daß es im großen und ganzen von den Stürmen, die das politische Leben unseres Volkes erschüttert hätten, sich unberührt erwiesen habe. Was die Zukunft dem RG. bringen werde, sei ebenso

dunkel wie die Frage, welche Neugestaltung und Entwicklung sich für das Deutsche Reich und Volk aus dem gegenwärtigen Chaos ergeben werde. Fest und zuversichtlich aber dürfen wir vertrauen, daß der höchste deutsche Gerichtshof, wenn er nicht in seiner bewährten Verfassung und seiner ruhigen Tätigkeit durch rauhe Hand gestört werde, auch künftig sich seiner hohen Aufgaben gewachsen zeigen und, unbeirrt von den politischen Strömungen des Tages, in allen Wirrnissen und Kämpfen einen festen Pol bilden werde, der die unparteiische, furchtlose Pflege von Recht und Gerechtigkeit auch im neuen Reiche verbürge. So möge denn das RG. nach wiederum zehn Jahren dem aus tiefsten Falle erstandenen, wiederaufblühenden deutschen Vaterlande ebenso zur Ehre und zum Stolze gereichen, wie es dies dem alten Kaiserreiche getan habe!"

Neben vielen anderen sandten Glückwünsche auch das Reichsjustizministerium: „An dem heutigen Tage, an dem das RG. und die Reichsanwaltschaft mit Stolz und Genugtuung auf das von ihnen in vier Jahrzehnten für das Deutsche Reich und die Einheit des Rechts Geleistete und Geschaffene zurückblicken kann, gedenkt das Reichsjustizministerium dankbar der Männer, die derzeit an dem höchsten deutschen Gerichtshofe treu und unermüdlich ihres Amtes walten, wie derjenigen, die vor ihnen an der gleichen hohen Stelle des Rechtes Hüter waren. Wie in Zeiten der nationalen Größe, möge das RG. auch in den Tagen schwerster Prüfung dem deutschen Volke der sichere Schirm und Hort für Recht und Gerechtigkeit bleiben."

Am 1. Jan. 1920 schied Frhr. v. Seckendorff aus seinem Amte aus, trotz seinem hohen Alter in voller geistiger und körperlicher Frische, die der mehr als Achtzigjährige sich bis heute bewahrt hat. An seine Stelle trat von diesem Tage ab der bisherige Unterstaatssekretär Dr. Delbrück, der erste Reichsgerichtspräsident, der vom Präsidenten der Deutschen Republik ernannt wurde. Auch er starb in seinem Amte nach schwerer Krankheit schon am 3. Juli 1922. Ihm wurde als ersten der Besuch des Reichspräsidenten Ebert zuteil, der im Anschluß an die Leipziger Frühjahrsmesse am 8. März 1922 das RG. besichtigte. In seiner Begleitung befanden sich der Reichsjustizminister Dr. Radbruch, der Reichsverkehrsminister Groener, der Reichsschatzminister Bauer. Der Reichsgerichtspräsident Dr. Delbrück unterrichtete den Reichspräsidenten über die Organisation des RG. und stellte ihm die versammelten Mitglieder vor. Dann besuchte der Reichspräsident die Sitzung des I. Zivilsenats und eine Hochverratsverhandlung des Vereinigten II. und III. Strafsenats. In der Amtswohnung gab der Reichsgerichtspräsident ein Frühstück und begrüßte den Herrn Reichspräsidenten nochmals. Dieser erwiderte: „Sichtbar und vernehmlich vollzieht sich der Wiederaufbau der deutschen Wirtschaft. Ich habe es beim Besuche der Leipziger Messe mit stolzer Bewunderung erlebt. Still und unmerklich geschieht der nicht minder wichtige Wiederaufbau des deutschen Rechts. Der Boden hat unter uns gewankt in diesen schweren Jahren — auch der Rechtsboden. Das Rechtsbewußtsein ist gelockert, die überkommene Rechtsanschauung erschüttert, neues Rechtsverlangen geweckt, die Rechtspflege vor die schwere Aufgabe gestellt worden, altes Recht und neues Rechtsgefühl in Einklang zu setzen. Sie, meine Herren, haben bei dieser verantwortungsvollen

Aufgabe die Führung. Das RG. hat in bedeutsamen Entscheidungen bewiesen, daß es seiner Aufgabe bewußt, ihrer Erfüllung mächtig ist. Aber es ist Ihnen nicht vergönnt, Ihren neuen Aufgaben in der den Tageskämpfen entrückten Ruhe von ehedem unangefochten obzuliegen. Dem höchsten Gerichtshofe des Reiches ist die Pflicht zugefallen, den Krieg und die Erschütterungen, die ihm folgten, juristisch zu liquidieren. Die schwersten Aufgaben, die wohl je einem Richter oblagen, sind auf Ihre Schultern gelegt, und das RG. ist in den Brennpunkt des öffentlichen Interesses gerückt, der öffentlichen Kritik des Inlandes wie des Auslandes. Aber zu absprechenden amtlichen Kritiken des Auslandes steht in bemerkenswertem Gegensatz die betonte Anerkennung bedeutender ausländischer Juristen. Der Reichsminister der Justiz hat bei Beratung des Justizetats mit Recht auf Zeugnisse dieser Anerkennung hingewiesen und mit den Worten geschlossen: Respekt vor dem RG.! Er hat mit diesem Ausspruch nicht nur der Überzeugung der Reichsregierung Ausdruck gegeben, der ich mich rückhaltlos anschließe, sondern zweifellos auch das uneingestandene Empfinden weiter Juristenkreise, auch solcher des Auslandes, ausgedrückt. So bringe ich dem RG., Ihnen, Herr Präsident, und Ihnen, meine Herren, die Grüße der Reichsleitung, unseren Dank und unsere Anerkennung für Ihre mühevolle und treue Arbeit dar. Ich bin überzeugt, daß der oberste Gerichtshof des Reiches der schweren Aufgabe gewachsen ist, auch nach der Neuordnung unserer staatlichen Grundlage, nach der weitgreifenden Umgestaltung des Rechts und des Verfahrens, das Vertrauen des deutschen Volkes sich zu bewahren und sich damit den höchsten Lohn zu sichern, der einem Richter zuteil werden kann."

Durch Erlaß des Reichspräsidenten Ebert vom 18. Juli 1922 wurde der Reichsaußenminister a. D. Dr. Simons zum Reichsgerichtspräsidenten ernannt. Auch er hatte nicht die gewöhnliche Richterlaufbahn hinter sich. Erst war er Landrichter in Meiningen, dann Oberlandesgerichtsrat in Kiel, dann trat er 1906 als Hilfsarbeiter in das Reichsjustizamt und 1912 in die Rechtsabteilung des Auswärtigen Amtes ein. 1918 wurde er Ministerialdirektor in der Reichskanzlei, dann wieder im Auswärtigen Amt. Als solcher war er bei der deutschen Friedenskommission in Versailles tätig. 1919 wurde er zur Disposition gestellt und übernahm das Amt eines geschäftsführenden Präsidialmitgliedes vom Reichsverband der Deutschen Industrie. 1920 wurde er Reichsminister des Auswärtigen und vertrat Deutschland auf der Londoner Konferenz 1921 und beim Vertragsabschluß über Oberschlesien 1922. Noch nie ist ein so vielseitig tätiger Mann zur höchsten Richterstelle des Reiches berufen worden, die er erst im I. Zivilsenat, dann im III. Straffenat auch als Richter voll ausfüllte. Das Amt ist von ihm am 16. Okt. 1922 angetreten worden. Dieser Amtsantritt vollzog sich diesmal in besonders feierlicher Form. Der Reichspräsident Ebert in Begleitung des Reichsjustizministers Dr. Radbruch führte ihn persönlich in sein Amt ein. Der Festakt fand im Festsaal des RG. statt; sowohl der Reichspräsident als der neue Reichsgerichtspräsident hielten bedeutsame Ansprachen, die vom ältesten Senatspräsidenten Dr. Meyn, dem Oberreichsanwalt Dr. Ebermayer und dem Vorsitzenden der Anwaltschaft am RG.,

Geh. Justizrat Dr. Wildhagen, erwidert wurden. Von den Universitäten Kiel und Marburg wurde Simons zum juristischen und medizinischen Ehrendoktor ernannt. Die Universität Leipzig ernannte ihn 1927 zum Honorarprofessor, und er hält Vorlesungen über Völkerrecht.

Auch der Reichspräsident v. Hindenburg hat am 2. März 1926 den Besuch der Leipziger Messe mit einem Besuch des RG. verbunden. Im Plenarsitzungssaale nahm er die Vorstellung der Mitglieder und Beamten des RG., der Reichsanwaltschaft und der Rechtsanwaltschaft am RG. entgegen. Der Reichsgerichtspräsident Dr. Simons hielt hierbei folgende Ansprache: „Hochgeehrter Herr Reichspräsident! Mit stolzer Genugtuung begrüßen wir Sie in diesem Raume, in dem sonst die Vollsitzungen des RG. abgehalten werden, in dem heute die Gesamtheit der Mitglieder, der Beamten und der Angestellten des RG. und der Reichsanwaltschaft sowie die Beamtenschaft beim RG. Ihr Kommen freudig erwartet hat. Daß Sie dem Beispiel Ihres Vorgängers in der höchsten deutschen Würde, des Reichspräsidenten Ebert, gefolgt sind und trotz der Kürze der Zeit, die Sie dem Besuche in Leipzig zu widmen vermochten, nicht an der obersten deutschen Gerichtsbehörde vorübergehen wollten, das erfassen wir in seiner ganzen Bedeutung. Während die Angehörigen solcher obersten Reichsbehörden, die ihren Sitz in der Reichshauptstadt haben, Sie öfter von Angesicht zu Angesicht sehen können, ist das den hier Versammelten nicht vergönnt. Das gehört zu den Nachteilen, die mit der Entfernung von dem Mittelpunkte des deutschen öffentlichen Lebens für das RG. verbunden sind. Um so dankbarer sind wir Ihnen dafür, daß Sie, Herr Reichspräsident, durch Ihren Besuch bekunden, wie hoch Sie die Aufgaben der deutschen Rechtsprechung einschätzen. Diese Aufgabe ist in der heutigen, von inneren und äußeren Kämpfen erfüllten Zeit doppelt schwer; deshalb sind ihre Träger zahlreichen Angriffen ausgesetzt. Der Fehlbarkeit alles irdischen Urteilens sind wir uns bewußt, aber wir fühlen uns einig in dem redlichen Streben nach leidenschaftsloser und unparteilicher Erkenntnis dessen, was wahr und gerecht ist. Nichts würden wir stärker beklagen als das Eindringen politischer Meinungskämpfe in die höchste Gerichtsbehörde des Reiches. Darin glauben wir auch mit Ihnen, Herr Reichspräsident, übereinzustimmen. Wir alle verehren in Ihnen das Vorbild selbstloser Hingabe an das Wohl unseres Volkes und treuer Erfüllung übernommener Pflichten. Wir geloben hier, Ihnen nach unserer besten Kraft im Gehorsam gegen Verfassung und Gesetz nachzueifern; wir wünschen Ihnen, daß Sie von Ihrem Besuche in Leipzig und im RG. befriedigende Eindrücke nach Berlin zurücknehmen. Möge Gott Sie uns lange erhalten. Sie aber, meine Herren Kollegen und Mitarbeiter, fordere ich auf, unseren Dank und unsere Wünsche in den Ruf zusammenzufassen: Unser allverehrter Reichspräsident, der unser Hort im Kriege war und unser Hort im Frieden ist, der Schützer des Rechts und der Verfassung, er lebe hoch!"

Der Reichspräsident erwiderte hierauf mit ehrenden Worten für das RG. Nach der Vorstellung fand ein Frühstück beim Reichsgerichtspräsidenten statt, an dem u. a. der sächsische Ministerpräsident Heldt, der Reichsjustizminister Marx, der Reichswirtschaftsminister Curtius, der sächsische Justizminister

Bünger, der sächsische Gesandte Dr. Gradnauer sowie die Mitglieder des Präsidiums des RG., der Oberreichsanwalt und der Vertreter des Vorsitzenden der Anwaltschaft, Dr. Junck, teilnahmen. Auch der frühere Reichsgerichtspräsident Dr. Frhr. v. Seckendorff nahm teil, ebenso der Oberbürgermeister von Leipzig, Dr. Rothe, und der Oberst Krantz.

Außer den Besuchen durch das Reichsoberhaupt wurden auch andere dem RG. zuteil. Namentlich verfehlten lange Zeit hindurch die jeweiligen Reichsjustizminister nicht, sich dem RG. vorzustellen. Die Errichtung des Reichsarbeitsgerichts am 1. Okt. 1927 gab besondere Gelegenheit zu solchem Besuch. Es wurde nachträglich noch am 19. Okt. 1927 die Eröffnung des Reichsarbeitsgerichts gefeiert, zu dem der Reichsjustizminister Dr. Hergt und der Reichsarbeitsminister Brauns erschienen waren. Bei dieser Gelegenheit fand vorher eine Vorstellung der Mitglieder des RG. usw. vor dem Reichsjustizminister statt. Hierbei hielt der Herr Minister eine längere Ansprache, in der er sich über die Stellung und Aufgabe des höchsten Gerichtshofes verbreitete. In einer Fülle tiefgründiger Entscheidungen habe das RG. in Abkehr von formal-juristischen Gedankengängen, wie sie früheren Zeiten vielfach eigen gewesen, der deutschen Rechtsprechung neue Wege gewiesen. Den Geist über den Buchstaben zu stellen, sei stets sein Bestreben gewesen. Dem RG. seien heute Aufgaben gestellt, die Intellekt und Wissen allein nicht meistern könnten, die vielmehr die Eigenschaften des Herzens und Charakters erforderten, die eine Persönlichkeit ausmachen.

Der Reichsgerichtspräsident Dr. Simons erwiderte hierauf in gleichfalls längerer programmatischer Ansprache, in der er namentlich auch auf die Notwendigkeit einer Entlastung hinwies, auf die großen Aufgaben, die durch das kommende neue Strafgesetzbuch erwüchsen und die durch die Inflation und die Ermächtigungsgesetze ihm schon erwachsen seien. Er sprach den Wunsch aus, daß die Zeit nicht mehr fern sein möge, wo die beiden bösen Rechtsfolgen einer schweren Zeit, die Aufwertungs- und die Verratsprozesse, überwunden sein würden. Populär im gewöhnlichen Sinne sei ja die Rechtsprechung kaum jemals gewesen, und Vertrauenskrisen der Justiz habe es zu allen Zeiten gegeben. Er betonte ferner, daß es nach den Erfahrungen der letzten Jahre manchmal zweifelhaft geworden sei, ob die politisch ruhigere Luft, die wir an der Pleiße atmeten, durch die Entfernung von der Spree und ihren zentralen Reichsinstanzen nicht zu teuer erkauft sei.

Bei der Eröffnung des Reichsarbeitsgerichts hielten ebenfalls Reichsjustizminister Dr. Hergt und Reichsarbeitsminister Brauns Ansprachen; letzterer wies auf die Bedeutung des Arbeitsgerichtsgesetzes hin, das der Sicherung eines wichtigen Zweiges des neuen deutschen Rechts, des Rechts der Arbeit, dienen solle. Für das RG. bringe es eine für die Entwicklung unseres Rechtslebens nicht hoch genug einzuschätzende Neuerung: zum ersten Male gehörten einem höchsten deutschen Zivilgericht auch Richter an, die nicht dem Berufsrichtertum entstammten. Senatspräsident Oegg als Vorsitzender des Reichsarbeitsgerichts sprach den Herren Ministern den Dank für ihre Worte aus und begrüßte die neuen Mitglieder des Gerichts, namentlich die aus den

Phot. Georg Brokesch, Leipzig

Dr. v. Oehlschläger
Reichsgerichtspräsident 1891—1903

Kreisen der Arbeitnehmer und Arbeitgeber berufenen Arbeitsrichter, indem er ihnen die Aufgaben des Reichsarbeitsgerichts darlegte. „Oberster Richtpunkt für die ganze Rechtsprechung sei, das Gesetz mit den Bedürfnissen des Lebens in Einklang zu bringen; nicht der Buchstabe solle herrschen, sondern Sinn und Zweck des Gesetzes." Ein Festessen in den Räumen des Reichsgerichtspräsidenten schloß sich dieser Feier an.

6. Die Amtsführung des Reichsgerichtspräsidenten Dr. Simons erhielt durch Berufung zum Stellvertreter des am 28. Febr. 1925 verstorbenen Reichspräsidenten Ebert kraft des Reichsgesetzes vom 10. März 1925 über die Stellvertretung des Reichspräsidenten eine Unterbrechung.

7. Außer den Reichspräsidenten und Reichsministern besuchten auch fremde Juristen das RG., um sich über seine Einrichtungen zu unterrichten. So der Senatspräsident des Obersten Gerichtshofes in Peking, Tso Yu Lee, der japanische Oberlandesgerichtsrat Kito im Dezember 1927, der japanische Rechtsanwalt Onomura im Auftrage des Japanischen Rechtsanwaltsvereins im März 1928, der Staatsanwaltsgehilfe am Obersten Litauischen Tribunal zu Kaunas, Kavolis, im August 1928.

8. Am 1. April 1929 trat Reichsgerichtspräsident Dr. Simons kurz vor Erreichung der Altersgrenze von seinem Amte zurück. Die Veranlassung für ihn war ein tief bedauerlicher Konflikt mit der Reichsregierung, den er als Vorsitzender des Staatsgerichtshofes für das Deutsche Reich hatte, ein Vorkommnis, das ohne Vorgang bisher war und hoffentlich keine Nachfolge haben wird. Es handelte sich um die Besetzung der dem Reich vorbehaltenen fünf Stellen im Verwaltungsrat der Reichseisenbahn und um die Frage, ob diese von der Reichsregierung zu besetzen seien oder ob außer Preußen auch die übrigen vier Länder: Bayern, Sachsen, Württemberg und Baden Anspruch auf die Besetzung haben. Baden machte mit Klage vom 30. Juni 1928 seinen Anspruch vor dem Staatsgerichtshofe geltend, und das Reich erhob am 14. Sept. 1928 Widerklage gegen die genannten vier Länder auf Feststellung, daß keinem der anderen Länder außer Preußen ein solches Besetzungsrecht zustehe. Mit Rücksicht auf die durch die Hereinziehung der drei weiteren Länder in den Streit entstehende Verzögerung der Entscheidung und die bereits am 31. Dez. 1928 notwendig werdende Neubesetzung der freigewordenen Stelle des Verwaltungsrates fragte Baden beim Reiche an, ob es die Ernennung neuer Mitglieder bis nach der Entscheidung des Staatsgerichtshofes zurückstellen wolle. Die Reichsregierung lehnte dies Ende November 1928 ab; es stehe nicht fest, wann die Entscheidung falle, es müsse sich freie Hand lassen. Daraufhin beantragte Baden beim Staatsgerichtshof am 1. Dez. 1928 den Erlaß einer einstweiligen Verfügung dahin, daß bis zum Erlaß der Endentscheidung die Reichsregierung einen Sitz für Baden freizuhalten habe. Sachsen und Württemberg schlossen sich diesem Antrage an. Zum Erlaß dieser Verfügung wäre an sich der Vorsitzende des Staatsgerichtshofes befugt gewesen, bei der Wichtigkeit der Sache beschloß er aber, den vollbesetzten Gerichtshof über die einstweilige Verfügung entscheiden zu lassen und setzte Termin zur mündlichen Verhandlung auf den 15. Dez. 1928 an. Da die vorgeschriebene Ladungsfrist

von zwei Wochen aber für diesen Termin nicht ausreichte, wurde bei den Parteien angefragt, ob sie auf Innehaltung der Ladungsfrist verzichteten. Die Reichsregierung verzichtete auf die Ladungsfrist und erklärte, sie sei jederzeit bereit, zu verhandeln und bitte um möglichst baldige Entscheidung. Es müsse aber endgültig entschieden werden. Dem Antrag auf eine einstweilige Verfügung widerspreche sie. Jede vorläufige Regelung sei aus reparationspolitischen Gesichtspunkten eine schwere Belastung. Am Abend vor dem 15. Dez. 1928 erhielt der Vorsitzende des Staatsgerichtshofes die telegraphische und telephonische Mitteilung, die Reichsregierung habe die Ende 1928 freiwerdenden Stellen besetzt und sie halte den Antrag auf Erlaß einer einstweiligen Verfügung nunmehr für gegenstandslos. In der gleichwohl am 15. Dez. 1928 abgehaltenen Sitzung des Staatsgerichtshofes erklärte der Vertreter der Reichsregierung, er sei nicht in der Lage, die Gründe anzugeben, die die Reichsregierung zu ihrem Vorgehen veranlaßt habe. Daraufhin verkündete der Staatsgerichtshof folgenden Beschluß: „Dadurch, daß die Reichsregierung am Tage vor dem Termin zur Entscheidung über die beantragte einstweilige Verfügung die am 31. Dez. 1928 freiwerdenden Stellen im Verwaltungsrat der Reichsbahngesellschaft neu besetzt hat, ist die verfassungsmäßige Tätigkeit des Staatsgerichtshofes in der Streitsache unmöglich gemacht worden. Eine Erklärung über die Gründe des Vorgehens der Reichsregierung hat ihr Vertreter abgelehnt. Der Staatsgerichtshof vertagt daher die Streitsache auf unbestimmte Zeit. Er wird sich an den Herrn Reichspräsidenten wenden mit dem Antrage, dem Staatsgerichtshofe für das Deutsche Reich Gewähr für diejenige Achtung seiner Gerichtsbarkeit zu verschaffen, deren er zur Erfüllung seiner verfassungsmäßigen Aufgaben bedarf." Diese Vorstellung reichte der Vorsitzende des Staatsgerichtshofes am 16. Dez. 1928 im Auftrage des Staatsgerichtshofes bei dem Reichspräsidenten ein, da dieser nach der Verfassung berufen ist, die Entscheidungen des Staatsgerichtshofes zu vollstrecken, gleichzeitig aber auch sein Abschiedsgesuch. Auf diese Eingabe vom 16. Dez. 1928 antwortete der Reichspräsident dem Reichsgerichtspräsidenten Dr. Simons folgendes: „Ihre Beschwerde vom 16. Dez. in der zur Zeit vor dem Staatsgerichtshofe für das Deutsche Reich schwebenden Streitsache wegen der Besetzung der Stellen im Verwaltungsrat der Deutschen Reichsbahngesellschaft hat mir Anlaß gegeben, den Sachverhalt im allgemeinen und die Entscheidung der Reichsregierung über die Wiederbesetzung der vier freigewordenen Stellen vom 14. Dez. im besonderen eingehend nachzuprüfen. Nach dem Ergebnis dieser Nachprüfung bin ich der Auffassung, daß die Reichsregierung verfassungs- und pflichtgemäß gehandelt hat, daß insbesondere weder ein Eingriff in die verfassungsmäßige Tätigkeit des Staatsgerichtshofes noch irgendeine Minderung der Autorität seiner Gerichtsbarkeit vorliegt. Zu einer förmlichen Entscheidung über die Beschwerde erachte ich mich aus verfassungsrechtlichen Gründen nicht für zuständig. Mit der Versicherung meiner vorzüglichen Hochachtung und mit freundlichen Grüßen bin ich Ihr sehr ergebener v. Hindenburg." Erst am 22. Dez. 1928 empfing der Reichspräsident dann Dr. Simons zu einer Aussprache, an der der Reichskanzler und der Reichsjustizminister teilnahmen. Das Ergebnis war, daß Dr. Simons erklärte, er sei nach den abgegebenen Erklärungen zwar überzeugt, daß eine Absicht der Mißachtung des Staatsgerichtshofes nicht vorliege, müsse aber auf seinem Abschiedsgesuch beharren. Auf Wunsch des Reichspräsidenten erklärte sich Dr. Simons bereit, sein Amt bis zum 1. April 1929 weiterzuführen.

Die Abschiedsfeier gestaltete sich besonders eindrucksvoll. Die Mitglieder des RG. und seine Bibliothekare, der Reichsanwaltschaft und der Rechtsanwaltschaft überreichten dem scheidenden Präsidenten eine Adresse folgenden Wortlauts: „Dem Präsidenten des RG., D. Dr. Walter Simons, dem Hüter des Rechts, dem Kämpfer für Wahrheit und Gerechtigkeit in Deutschlands schwerster wirtschaftlicher Not, dem Horte richterlicher Unabhängigkeit, dem opferbereiten Wächter des Ansehens der Rechtspflege, dem hohen Vorbild im Dienste für das Vaterland bringen die Mitglieder des RG. und der Reichsanwaltschaft, die Rechtsanwälte am RG. und die Bibliothekare aus Anlaß seines schmerzlich empfundenen Scheidens vom höchsten Richteramt des Reiches den Ausdruck treuer Verehrung und dankbarer Anhänglichkeit dar und verbinden damit die herzlichsten Segenswünsche für sein Wohlergehen und seine fernere Lebensarbeit."

Zum Nachfolger Simons wurde der Ministerialdirektor im Reichsjustizministerium, Dr. Bumke, ernannt. Die aufgetauchte Befürchtung, es möchten bei der Besetzung politische Beweggründe mitspielen, erwies sich demnach als unbegründet, denn Bumke war bisher niemals politisch hervorgetreten. Der Reichskanzler Müller hatte vielmehr ausdrücklich dem damaligen Reichsjustizminister Koch-Weser erklärt, er solle ohne Rücksicht auf politische Stellung nur den fähigsten und geeignetsten Mann suchen. Bumke war hervorragend am Entwurf eines neuen Strafgesetzbuches beteiligt und hatte bisher im Ausschuß des Reichstages als Regierungsvertreter an den Arbeiten teilgenommen. Als Kriminalist hat er sich auch dem III. Strafsenat an Stelle Dr. Simons angeschlossen. Die Einführung Bumkes in sein neues Amt erfolgte als letzte Amtshandlung durch den scheidenden Justizminister Koch-Weser.

Dr. Lobe.

B. Die innere Organisation des Reichsgerichts.

I. Hinsichtlich der Rechtsprechung.

A. Revision.

1. Die Vorgeschichte hat gezeigt, daß die Aufgabe eines jeden höchsten Gerichtshofes sein muß, im Interesse der Allgemeinheit die Einheitlichkeit der Rechtsanwendung zu wahren und das Recht fortzubilden durch Anpassung an die Entwicklung der Wirtschaft und an die veränderte Rechtsauffassung. Diese Aufgabe hat ein höchstes Gericht als Revisionsgericht zu erfüllen. Von Anfang an hat freilich die Gesetzgebung namentlich für das bürgerliche Streitverfahren dem RG. noch die weitere Aufgabe zugewiesen, für den einzelnen Rechtsstreit im Interesse der Parteien als

dritte Instanz tätig zu sein. Daher eine Rechtsrüge aus §§ 139 und 286 ZPO. Aber auch die eigene Neigung des RG. kam dem entgegen, sich mehr als nötig in die tatsächliche Würdigung einzulassen, um dem Recht in der einzelnen Sache zum Siege zu verhelfen. Das gilt namentlich für die Entscheidung darüber, ob den Ehegatten im Falle des § 1568 BGB. die Fortsetzung der Ehe zugemutet werden könne, wodurch beinahe 90% aller Revisionen in Ehesachen ans RG. gebracht werden. Diese Neigung findet sich aber auch bei der Abwägung mitwirkenden Verschuldens für die Schadenszumessung, ja sogar auch die Nachprüfung der Gutgläubigkeit bei der Übergabe nach § 937 BGB. (JW. 1929, 582 Nr. 11) wird vorgenommen. Selbst darüber befindet das RG., ob eine Kostbarkeit von ungewöhnlich hohem Wert vorliegt (RGZ. 116, 116). Die Neigung, mehr oder weniger die formale Grenze der Revision zu überschreiten, ist freilich wieder bei den einzelnen Senaten verschieden stark entwickelt, und es ist nicht zu leugnen, daß dadurch die Sicherheit des Ergebnisses der Revision beeinträchtigt wird. Über die Grenze zwischen Tatfrage und Rechtsfrage hat schon Rechtsanwalt Boyens in der Festschrift „Die ersten 25 Jahre des Reichsgerichts" S. 153ff. Treffliches gesagt.

2. Das RG. ist nach § 133 GVG. zunächst das Revisionsgericht für Strafsachen und bürgerliche Rechtsstreitigkeiten. Es ist aber nicht das einzige Revisionsgericht dieser Art. Nach § 8 EG. zum GVG. in der Fassung vom 20. Febr. 1911 kann in den Ländern, in denen mehrere Oberlandesgerichte errichtet worden sind, die Entscheidung der an sich zur Zuständigkeit des RG. gehörigen Revisionen in bürgerlichen Rechtsstreitigkeiten einem Obersten Landesgericht überwiesen werden. Ausgenommen sind jedoch solche Sachen, die zur Zeit des Überganges der Geschäfte des Reichsoberhandelsgerichtes auf das RG. zur Zuständigkeit jenes gehört haben oder die durch besonderes Reichsgesetz dem RG. zugewiesen sind (Art. 6 EG. zum BGB.), es sei denn, daß auch hier im wesentlichen Rechtsnormen des Landesrechtes in Betracht kommen. Diese Bestimmung findet auf das Land, in dem das RG. seinen Sitz hat, also Sachsen, keine Anwendung. Von dem Recht hat nur Bayern Gebrauch gemacht mit Errichtung eines Obersten Landesgerichtes in München (Art. 42 des AG. zum GVG. vom 23. Febr. 1879). Die Revision ist stets bei diesem Gericht einzureichen. Dann entscheidet es ohne mündliche Verhandlung durch Beschluß endgültig über die Zuständigkeit und übersendet gegebenenfalls die Akten dem RG.

3. Das RG. entscheidet in Senaten. Jeder Senat ist „das Reichsgericht". Die Tätigkeit des RG. und seine Einrichtung und Stellung wird ausschließlich durch GVG., ZPO. und StPO. geregelt, der Geschäftsgang außerdem durch eine Geschäftsordnung, die das Plenum des RG. auszuarbeiten und dem Bundesrat, jetzt dem Reichsrat — nicht dem Justizministerium — zur Bestätigung vorzulegen hat. Die jetzt in Geltung stehende datiert vom 5. April 1880 und 8. Juli 1886. Die Geschäftsordnung enthält freilich einerseits erhebliche Lücken, andererseits geht sie über ihre Befugnis hinaus und regelt ein Verfahren, das von Rechts wegen der Prozeßordnung zukommt. Die Senate waren als Gerichtshof mit 7, sind nach der Notverordnung vom 4. Jan. 1924

mit 5 Richtern besetzt, einschließlich dem Vorsitzenden, der den Titel Senatspräsident führt. Im Kollegium ist dieser nur primus inter pares und hat eine Stimme wie jedes andere Mitglied. Das gilt auch für den Reichsgerichtspräsidenten in dem Senat, dessen Vorsitz er führt. Die Zuteilung der Richter erfolgt durch das Präsidium, die der Präsidenten durch diese selbst; nur der Reichsgerichtspräsident bestimmt für sich, welchem Senat er sich anschließen will. Tatsächlich sind den Senaten mehr als 5 Mitglieder zugeteilt, weil dies zur Bearbeitung der Sachen unbedingt nötig ist. Dadurch gewinnt jedes Mitglied freie Tage zur Bearbeitung umfangreicherer Sachen. Diese verschiedene Besetzung des Spruchgerichts hat aber freilich auch den Nachteil, daß die einheitliche Rechtsprechung gefährdet ist. Man will dadurch neue Senate vermeiden. Während in Strafsachen § 263 StPO. vorschreibt, daß für die Schuldfrage und Strafbemessung eine Zweidrittelmehrheit erforderlich sei, gilt diese Vorschrift für die Revisionsgerichte nicht, sie ist nur für den Tatrichter bestimmt. So auch wird in ständiger Übung vom RG. verfahren.

4. Bei Errichtung des RG. wurden durch die VO. des Reichskanzlers vom 27. Sept. 1879 auf Grund des § 132 GVG. und § 20 Abs. 2 des EG. zum GVG. vom 27. Jan. 1877 5 Zivilsenate und 3 Strafsenate gebildet. Sie waren mit 8 Präsidenten und 60 Räten besetzt. Der Vorsitz in den einzelnen Senaten wurde bis zum 31. Dez. 1879 folgendermaßen verteilt: I. Zivilsenat: Senatspräsident Dr. Drechsler; II. Zivilsenat: Senatspräsident Dr. Bingner; III. Zivilsenat: Senatspräsident Dr. Henrici; IV. Zivilsenat: Reichsgerichtspräsident Dr. Simson; V. Zivilsenat: Senatspräsident Ukert; I. Strafsenat: Senatspräsident Dr. Hocheder; II. Strafsenat: Senatspräsident Drenkmann; III. Strafsenat: Senatspräsident Dr. v. Beyerle.

Als Mitglieder wurden zugeordnet die Räte:

I. Zivilsenat: Dr. v. Hahn, Dr. Hoffmann, Dr. Boisselier, Dr. Schlesinger, Dr. Wiener, Krüger, Rüger, Dr. Hambrook, Dr. Hauser.

II. Zivilsenat: Dr. Wernz, Dr. Gallenkamp, v. Gmelin, Hullmann, Wulfert, Dr. v. Meibom, Rottels, Derscheid.

III. Zivilsenat: Dr. Bähr, Peterssen, v. Streich, Langerhans, Buff, Dr. Dreyer, Scheele.

IV. Zivilsenat: Dr. v. Vangerow, Plathner, Hartmann, Lesser, Welst, Schlomka.

V. Zivilsenat: Hennecke, Werner, Rappold, v. Forcade de Biaix, Meyer, Rassow.

I. Strafsenat: v. Specht, Wielandt, Moeli, Cucumus, v. Geß, Dr. v. Buri.

II. Strafsenat: Thewalt, Dr. Puchelt, Dr. Wenck, Stechow, Dähnhardt, Dürrschmidt.

III. Strafsenat: Schüler, Dr. v. Graevenitz, Maßmann, Petzsch, Dr. Bolze, Dr. Spieß.

Zugleich mit den ordentlichen Senaten wurden zur Erledigung der nach § 15 EG. zum GVG. dem RG. zugewiesene Sachen durch VO. vom 28. Sept.

1879 auf Grund der Kaiserl. VO. vom 27. Sept. 1879 beim RG. 2 Hilfssenate gebildet, und zwar der I. zur Erledigung der dem III. und IV. Zivilsenate anfallenden Sachen aus dem Obligationenrecht, der II. für Sachen, die dem II. Zivilsenat zugewiesen waren. Zum Vorsitzenden des I. Hilfssenats wurde Reichsgerichtsrat Dr. Fleischhauer, und zu Mitgliedern wurden die Reichsgerichtsräte Wittmaack, Dr. Agricola, die preußischen Kammergerichtsräte Freyschmidt und Graefe und die preußischen Oberlandesgerichtsräte Calame und Englaender ernannt, zum Vorsitzenden des II. Hilfssenats Reichsgerichtsrat Friedrich, zu Mitgliedern die Reichsgerichtsräte Schwarz und Kirchhoff, Kammergerichtsrat Paris, die preußischen Oberlandesgerichtsräte v. Borries, Schmidt und Nereschko.

Am 1. Febr. 1880 wurde ein III. Hilfssenat errichtet, dessen Vorsitzender Reichsgerichtsrat Hoffmann wurde. Er wurde jedoch am 1. Juni 1880 bereits mit dem II. Hilfssenat vereinigt, so daß wieder nur 2 Hilfssenate bestanden. Da die an die Hilfssenate gehenden Sachen naturgemäß allmählich abnahmen, wurde der II. Hilfssenat am 1. Okt. 1882 aufgelöst und seine Geschäfte wurden dem allein noch bestehenden I. Hilfssenat übertragen. Auch dieser wurde aber am 30. Juni 1883 aufgelöst.

Am 1. April 1884 wurde nach langen Bemühungen (vgl. hierzu Henrici, Lebenserinnerungen eines Schleswig-Holsteiners, 1896) beim RG. ein IV. Strafsenat errichtet und zu dessen Präsidenten der Reichsgerichtsrat Dr. Fleischhauer ernannt; am 1. Mai 1886 ein VI. Zivilsenat, am 2. Mai 1899 ein VII. Zivilsenat, am 17. April 1906 ein V. Strafsenat.

Da die Geschäfte am RG. dauernd zunahmen, wurden 1910 11 Hilfsrichter einberufen und den Zivilsenaten zugewiesen.

In Strafsachen waren es besonders die Kriegsverbrechen, die nach dem Ges. vom 24. März 1920 dem RG. als erstinstanzliches Gericht zur Aburteilung zugewiesen worden waren. Gemäß § 132 GVG. wurde für die Dauer des aus Art. II des Ges. vom 24. Febr. 1920 sich ergebenden Bedürfnisses bei dem RG. ein VI. Strafsenat am 15. April 1921 errichtet, dessen Vorsitz nominell gleichzeitig vom Präsidenten des I. Strafsenats geführt wurde, der freilich genötigt war, sich dabei in der Regel vom ältesten Rate des neuen Senats vertreten zu lassen.

Durch das zweite Gesetz zur weiteren Entlastung der Gerichte vom 27. März 1923 § 138 wurde angeordnet, daß einer der Strafsenate des RG., der durch den Geschäftsverteilungsplan bestimmt wird, alle richterlichen Geschäfte in den Strafsachen erledigen solle, die zur Zuständigkeit des RG. in erster und letzter Instanz gehören, mit Einschluß der Geschäfte, die in § 72 Abs. 1 der Strafkammer des Landgerichtes zugewiesen sind. Demgemäß wurde mit Wirkung vom 15. April 1923 ab der III. Strafsenat als dieser erstinstanzliche bestimmt und der IV. Strafsenat nunmehr aufgelöst und seine Revisionssachen den anderen Strafsenaten zugeteilt.

Auf Anregung des Präsidiums wurde mit Rücksicht auf die Finanzlage des Reiches und den Rückgang der Revisionen in Strafsachen und die Minderarbeit, die ihre Erledigung durch Beschluß ohne mündliche Hauptverhandlung ermöglichte, der V. Straffenat mit Wirkung vom 15. Juli 1923 ab durch den Reichsjustizminister aufgehoben. Die Befugnis des Reichskanzlers aus § 132 GVG. war nach § 5 des Übergangsgesetzes vom 4. März 1919 auf das Reichsjustizministerium übergegangen.

Infolge der Personalabbauverordnung vom 27. Okt. 1923 und der Bestimmung der Altersgrenze für die Richter des RG. auf das 68. Lebensjahr mußten viele wertvolle Kräfte, namentlich auch unter den Senatspräsidenten, ausscheiden. Dies machte eine Herabsetzung der Zivilsenate um einen notwendig, obgleich selbstverständlich die Arbeitslast der übrigen dadurch wesentlich vermehrt wurde ohne gleichzeitige Entlastung der zivilrechtlichen Tätigkeit des RG. Denn die Revisionen in Zivilsachen blieben ständig im Anwachsen. Am 1. Dez. 1923 wurde demnach die Zahl der Zivilsenate wieder um einen herabgesetzt und der bisherige VI. Senat aufgelöst. Bis zum 21. Dez. 1923 behielt gleichwohl der VII. Zivilsenat seine bisherige Bezeichnung bei. Auch eine Herabsetzung der Zahl der Strafsenate machte sich als Folge der Personalabbauverordnung bald nötig. Dies geschah durch die Herabsetzung der 5 Strafsenate auf 4 mit Wirkung vom 1. Okt. 1924 ab, und zwar durch Auflösung des IV. Strafsenats.

Seit Errichtung des Staatsgerichtshofes zum Schutze der Republik bestand eine Verkoppelung desselben mit dem erstinstanzlichen (IV.) Strafsenat dadurch, daß dessen Präsident und Mitglieder beiden Gerichtshöfen angehörten. Diese Verkoppelung machte die Geschäftslage äußerst gespannt. Und gegen die Errichtung des Staatsgerichtshofes beim RG. berichtete einmal zutreffend Reichsgerichtspräsident Dr. Simons an das Reichsjustizministerium: „Die letzten Prozesse vor dem Staatsgerichtshof sind nach der Auffassung, die ich hier allgemein verbreitet finde, dem Ansehen des RG. als unparteiischer höchsten Gerichtsbehörde des Reiches abträglich gewesen. Als berufener Wahrer der alten und hohen Tradition des RG. muß ich wiederum nachdrücklich darauf hinweisen, daß die seinerzeit aus politischen Gründen eingeführte Verbindung eines hochpolitischen Gerichtshofes mit dem RG. sobald wie möglich wieder aufgehoben werden sollte, damit nicht die deutsche Rechtspflege einen Schaden erleidet, der nicht wieder gutgemacht werden kann."

Nachdem durch Ges. zur Abänderung des Gesetzes zum Schutze der Republik vom 1. April 1926 ab die strafgerichtliche Zuständigkeit des Staatsgerichtshofes ihr Ende gefunden hatte und auf die erstinstanzliche Strafgerichtsbarkeit des RG. übergegangen war, machte sich die Errichtung eines neuen (V.) Strafsenats wieder notwendig, der dann auch am 1. April 1926 — zunächst noch ohne Präsidenten — errichtet wurde.

Durch den Zustrom von Ehesachen nach vorübergehender Sperre wurde bald auch eine Vermehrung der Zivilsenate wieder für erforderlich erachtet. Da das Reichsjustizministerium hierfür aber nicht zu gewinnen war, wurde vom Präsidium beschlossen, den V. Strafsenat gleichzeitig als VII. Zivilsenat zu bestimmen, ihm und dem II. und VI. Zivilsenat ein Viertel der Ehesachen zu übertragen und dem IV. Zivilsenat abzunehmen. Diese Bestimmung hat danach mit Wirkung vom 16. Sept. 1926 ab das Reichsjustizministerium getroffen. Bald beantragte das Präsidium, den VII. Zivilsenat vom V. Strafsenat zu lösen und zu einem selbständigen Senat auszubauen. Dies wurde auch um deswillen befürwortet, weil der VII. Zivilsenat dann auch das Reichsarbeitsgericht darstellen konnte, das nach § 122 des Gesetzes für den 1. Juli 1927 zu schaffen war. Dem Antrag entsprechend ist der neue Zivilsenat am 15. Juni 1927 als VI. Zivilsenat in Kraft getreten. Der bisherige VI. Zivilsenat erhielt die Bezeichnung VII. Zivilsenat mit Rücksicht darauf, daß seine Zuständigkeit mit derjenigen des am 1. Mai 1899 errichteten VII. Zivilsenats übereinstimmt.

Das Reichsarbeitsgericht ist nachher dem III. Zivilsenat angegliedert worden.

Die weiter ansteigenden Revisionen in Ehesachen erheischten für die Zivilsenate erneut Hilfe. Demgemäß wurde mit Wirkung vom 1. April 1928 ihre Zahl auf 8 festgesetzt und der V. Strafsenat gleichzeitig als VIII. Zivilsenat umgebildet. Mit Wirkung vom 15. Okt. 1928 ist dann der V. Strafsenat in Wegfall gekommen, als VII. Zivilsenat aber bestehen geblieben.

5. In der Zuteilung der Revisionen an die verschiedenen Senate haben die Zivilsenate mannigfache Wandlungen erfahren und erfahren sie zur Ausgleichung der Geschäftslast noch ständig. Vor der Einführung des BGB. bestand die Notwendigkeit, die Sachen nach der Verschiedenheit der deutschen Rechtsgebiete zu bestimmen. Denn es konnte nicht vorausgesetzt werden, daß jeder zum RG. berufene Richter ohne weiteres die partikulare Gesetzgebung eines anderen Bundesstaates als seines Heimatlandes beherrschte. Insbesondere war das Preußische Allgemeine Landrecht der Revision des RG. nicht entzogen. Zu seinen Auslegungen sind sogar Beschlüsse der Vereinigten Zivilsenate ergangen. Seit dem BGB. dagegen sind die Revisionen nach dem Rechtsstoff verteilt, und im wesentlichen hat man die einmal getroffene Einteilung beizubehalten versucht. So behandelt der I. Zivilsenat die Patent-, See-, Binnenschiffahrt-, Fracht-, Bank- und Börsensachen, der II. Zivilsenat das übrige Handelsrecht sowie Wettbewerb und Warenzeichenrecht, der III. Zivilsenat das öffentliche Beamtenrecht usw. Die Revisionen in Strafsachen sind geographisch nach Oberlandesgerichtsbezirken unter die Strafsenate verteilt, z. B. erhält der I. Strafsenat sämtliche Revisionen aus Mittel-, Süd- und Westdeutschland. Immer ist man bestrebt, hier geographisch und wirtschaftlich geschlossene Gebiete zusammenzuhalten.

6. Zulässig ist die Revision an das RG. in bürgerlichen Rechtsstreitigkeiten regelmäßig nur gegen Berufungsurteile der Oberlandesgerichte. Nach der VO. vom 13. Jan. 1924 (§ 566a ZPO.) ist jetzt aber auch eine sog. Sprungrevision gegen erstinstanzliche Urteile der Landgerichte möglich, wenn der Gegner hierzu schriftlich seine Einwilligung erklärt.

Im Strafprozeß ist die Revision an das RG. nach GVG. vom 27. Jan. 1877 wegen aller Verletzungen des Reichsrechts und gegen die erstinstanzlichen Urteile der Strafkammern sowie des Schwurgerichts zulässig gewesen, sofern nicht ausschließlich Verletzung von Landesrecht gerügt wurde. Dagegen ging die Revision gegen Berufungsurteile des Landgerichtes an das Oberlandesgericht. Nach der Notverordnung vom 4. Jan. 1924 gelangen die Revisionen gegen Schwurgerichtsurteile immer an das RG., gegen Berufungsurteile der Strafkammern des Landgerichtes nur dann, wenn das erstinstanzliche Schöffengericht mit zwei Amtsrichtern besetzt gewesen ist. Ob diese Besetzung stattzufinden hat, hängt aber vom Antrag des Staatsanwaltes ab. Ist es nur mit einem Amtsrichter besetzt gewesen, ist das Oberlandesgericht als Revisionsgericht zuständig. Es besteht also die Möglichkeit, daß in einem Lande das RG. gänzlich ausgeschaltet werden kann. Ein ganz untragbarer Zustand. Auch in Strafsachen ist eine Sprungrevision zulässig, ohne daß es hier der Zustimmung des Gegners bedarf. Nach der Notverordnung hat jetzt das RG. die Möglichkeit, auch das materielle Strafrecht in Schwurgerichtssachen nachzuprüfen und dadurch eine große Erweiterung seiner Zuständigkeit erfahren.

Auch die Aufhebung der Militärgerichtsbarkeit Ende Dezember 1920 nach dem Ges. vom 17. Aug. 1920 (RGBl. S. 1579) gemäß Art. 106 RV. wies der Rechtsprechung des RG. einen weiteren Aufgabenkreis zu. Endlich ist das RG. auch Revisionsgericht gegen die Entscheidungen des Konsulargerichts in Strafsachen in Ägypten nach § 14 Nr. 2 der VO. vom 31. Juli 1925 (RGBl. II S. 735) über die Konsulargerichtsbarkeit dort.

7. Eingeschränkt wurde im Laufe der Zeit die ursprüngliche Zuständigkeit des RG. durch Abspaltung anderer höchster Gerichtshöfe, wie des Reichsfinanzhofes, des Reichswirtschaftsgerichtes, des Reichsversorgungsgerichtes, jüngst noch des Reichsarbeitsgerichtes. Früher war das RG. auch für Revisionen gegen Urteile des Preußischen Oberlandeskulturgerichtes in Gemeinheitsteilungs- und Ablösungsangelegenheiten zuständig. Nach dem Ges. vom 3. Juni 1919 entscheidet jetzt in dritter Instanz das Oberlandeskulturamt. Mit dem Verluste von Elsaß-Lothringen hat auch die Zuständigkeit der Vereinigten Zivilsenate hinsichtlich der Aufsichts- und Disziplinarbefugnisse über die richterlichen Beamten aufgehört (§ 1 des RGes. vom 19. Juni 1871 und 16. Juni 1879, RGBl. S. 157).

Der Einschränkung der Zuständigkeit steht aber eine erhebliche Ausdehnung der Arbeitslast der Mitglieder gegenüber, da andererseits eine Reihe von Gerichtshöfen dem RG. angegliedert worden sind und diese mit Richtern des RG. als Vorsitzende und Beisitzer besetzt werden. Dadurch entsteht eine große Vermehrung der Arbeit für diejenigen, die diesen Gerichtshöfen zugeteilt werden, was bei Aufmachung einer Statistik regelmäßig außer Betracht bleibt. Über den Disziplinargerichtshof für Reichsbeamte, den Ehrengerichtshof für Rechtsanwälte, den Staatsgerichtshof, den Staatsgerichtshof zum Schutze der Republik, das Reichsbahnschiedsgericht, das Wahlprüfungsgericht, das Reichsarbeitsgericht wird in besonderen Abschnitten gehandelt werden.

8. Seit dem Bestehen des RG. trat immer wiederkehrend das Bedürfnis auf, seiner Überlastung Einhalt zu tun. In bürgerlichen Rechtsstreitigkeiten dienen hierzu verschiedene Mittel:

a) Der gesetzliche Ausschluß gegen gewisse Entscheidungen der Oberlandesgerichte, z. B. § 99 Abs. 3 ZPO.

b) Der Nachweis der erfolgten Einzahlung der Prozeßgebühr für die Revisionsinstanz.

c) In vermögensrechtlichen Streitigkeiten das Erfordern einer bestimmten Revisionssumme. Deren Höhe hat im Laufe der Zeit wiederholt geschwankt. Sie war bei Errichtung des RG. mit 1500 ℳ schon viel zu niedrig bemessen worden, ist dann in der Vorkriegszeit allmählich auf 4000 ℳ gestiegen und durch die VO. vom 21. Dez. 1925 (RGBl. I S. 476) nachher wiederum auf 4000 RM festgesetzt worden. Durch die jüngste VO. vom 8. Febr. 1929 wurde sie auf 6000 RM erhöht, was aber in Wahrheit nur eine Angleichung an den gesunkenen Geldwert bedeutet. Immerhin läßt sich die Revisionssumme nicht über einen gewissen Betrag hinaus erhöhen, will man nicht dem RG. den notwendigen klinischen Stoff entziehen und seine Rechtsprechung von großen Rechtsgebieten ganz ausschließen. Aus diesem Grunde bestehen auch jetzt schon zahlreiche Ausnahmen, wonach die Revision ohne Rücksicht auf den Streitwert zulässig ist.

d) Unzulässigkeit der Rechtsrüge für gewisse Rechtsverletzungen. So war zeitweilig nicht zulässig, die Verletzung auf §§ 119, 286, 287 ZPO. zu stützen (VO. vom 15. Jan. 1924, RGBl. I S. 29). Die Beschränkung ist aber durch die neueste VO. vom 8. Febr. 1929 weggefallen.

e) Die Notverordnung vom 15. Jan. 1924 hatte ferner eine Vorprüfung für das Ehestreitverfahren eingeführt, die bis zum 1. Jan. 1926 in Kraft war. Danach hatte das Oberlandesgericht in dem von ihm erlassenen Urteile zu erklären, ob die Revision zulässig sei oder nicht. Sie war aber immer zuzulassen, wenn es von einer Entscheidung des RG. oder, soweit eine solche nicht ergangen ist, von der Entscheidung eines anderen Oberlandesgerichtes abweicht, oder wenn es sonst durch die Revision die Klärung einer Rechtsfrage von grundsätzlicher Bedeutung erwartet. Ob dies vorlag, war freilich wieder in die ausschließliche Beurteilung des Oberlandesgerichtes gegeben.

f) Der Begründungszwang für die Revisionsanträge innerhalb einer Begründungsfrist (§ 554 ZPO.).

g) Endlich der Zwang, durch einen beim RG. zugelassenen Rechtsanwalt die Revision einlegen zu müssen. Man ging hierbei davon aus, daß die in ihren Einnahmen glänzend gestellten Anwälte und hochstehenden Juristen aussichtslose Revisionen vom RG. ausreichend fernhalten würden, so daß nur Sachen zur Verhandlung kämen, die die Anrufung des RG. verdienten. Es wäre unrecht, wollte man leugnen, daß die Anwaltschaft in großem Umfange dieser Aufgabe gerecht geworden ist und so gleichsam als Sieb für die Revisionen wirkt. Daß dieses Mittel nicht völlig genügt, ist nicht verwunderlich. Denn die Frage, ob ein Rechtsmittel aussichtsvoll ist oder nicht, ist natürlich sehr von subjektiver Beurteilung abhängig. Oft wünscht die Partei auch trotz des Abratens ihres Anwaltes eine grundsätzliche Entscheidung des RG. herbeizuführen. Auch darf nicht übersehen werden, daß die Rechtsprechung der Senate nicht immer ganz gleichmäßig ist, ihre Rechtsauffassung sich auch ändern kann; es sei nur an die Zulässigkeit der Unterlassungsklage bei einer mit öffentlicher Strafe bedrohten Handlung (RGZ. 116, 150), an die Entwicklung der Rechtsprechung in Aufwertungssachen, z. B. RGZ. 116, 312 erinnert.

h) Das neueste Entlastungsgesetz vom 8. Febr. 1929 (RGBl. I S. 19) gestattet dem RG., in allen bürgerlichen Prozeßsachen auch ohne Einverständnis der Parteien in den Fällen, wo der Tatbestand genügend geklärt erscheint oder eine weitere Aufklärung auch in einer mündlichen Verhandlung nicht erwartet werden kann, ohne eine mündliche Verhandlung das Urteil zu erlassen, nur müssen die Parteien vorher Gelegenheit haben, sich schriftlich zu erklären. Diese Regelung hat der Rechtsausschuß des Reichstages, nicht die Regierung erfunden. Der Reichsjustizminister Koch-Weser steht, wie das RG. selbst, dieser sog. „Entlastung" skeptisch gegenüber und erblickt in ihr vielmehr eine erhöhte Belastung.

In Strafsachen kann die nicht form- und fristgemäß eingelegte Revision als unzulässig durch Beschluß verworfen werden. Durch Art. 4 des G. vom 8. Juli 1922 (RGBl. S. 569) ist dem RG. — nicht auch den Oberlandesgerichten — aber weiterhin auch die Befugnis eingeräumt, die Revision als unbegründet durch Beschluß ohne mündliche Verhandlung zu verwerfen, wenn der Senat einstimmig der Ansicht ist, daß sie offensichtlich unbegründet ist. Dies hat sich im ganzen durchaus bewährt und rechtfertigt sich schon dadurch, daß in Strafsachen kein Anwaltszwang besteht, sondern von der rechtsunkundigen Partei selbst das Rechtsmittel eingelegt werden kann, die zumeist von deren Natur keine Vorstellung hat. Häufig wird aber hier auch das Rechtsmittel nur eingelegt, um die Strafvollstreckung hinauszuschieben.

9. Die Mehrheit von Senaten bringt es mit sich, daß die Gefahr verschiedener Rechtsprechung besteht, das RG. also gerade die wichtigste Aufgabe, die Einheit der Rechtsprechung zu wahren, nicht erfüllt. Es ist deshalb in § 136 GVG. vorgesehen, daß dies vermieden wird. Wenn ein Zivilsenat von der Entscheidung eines anderen Zivilsenats oder ein Strafsenat von der eines anderen abweichen will, so muß er zuvor die Entscheidung der Vereinigten Zivilsenate oder der Vereinigten Strafsenate anrufen. Er ist also an die Rechtsprechung der anderen Senate gebunden, bis die Vereinigten Senate diese abgeändert haben. Will aber ein Zivilsenat von der Rechtsprechung eines Strafsenats oder umgekehrt abweichen, so muß er das Plenum des RG., d. h. die Vereinigung aller Zivilsenate und Strafsenate anrufen. Die Vereinigten Senate entscheiden nicht in der Sache selbst, sondern nur über die Rechtsfrage durch Beschluß. An diesen aber ist dann der erkennende Senat bei Erlaß seines Urteils gebunden. Die Vereinigten Senate haben stets selbst nachzuprüfen, ob die Voraussetzungen für ihre Anrufung vorhanden sind. Die Führung des Vorsitzes in den Vereinigten Senaten oder im Plenum ist in § 5 der Geschäftsordnung dahin geregelt, daß diese dem Reichsgerichtspräsidenten oder, wenn er den zusammentretenden Senaten nicht angehört, dem ältesten Senatspräsidenten zukommt. Diese Regelung ist sachgemäß, gehört aber in die Prozeßordnung, denn sie betrifft nicht den Geschäftsgang, sondern den Gerichtsgang. Nach § 138 GVG. ist zur Fassung von Plenarentscheidungen und von Entscheidungen der Vereinigten Zivil- und Strafsenate die Teilnahme von mindestens zwei Dritteilen aller Mitglieder mit Einschluß des Vorsitzenden erforderlich. Die Zahl der Mitglieder, die eine entscheidende Stimme führen, muß eine ungerade sein. Ist die Zahl der anwesenden Mitglieder eine gerade, so

hat der Rat, der dem Dienstalter nach und bei gleichem Dienstalter der, welcher der Geburt nach der jüngere ist oder, wenn dieser der Berichterstatter ist, der nächstälteste kein Stimmrecht.

Über die Vertretung des Reichsgerichtspräsidenten im Plenum spricht sich die Geschäftsordnung nicht aus. Man wird anzunehmen haben, daß diese der älteste Senatspräsident hat, nicht etwa der älteste Rat des Senates, dem der Reichsgerichtspräsident angehört. Zweifel bestehen über die Ablehnung eines Richters, ob sie auch für das Plenum der Staatsanwaltschaft oder dem Angeklagten zusteht. Das RG. hat einmal den Fall zu entscheiden gehabt, daß der Richter selbst den Tatbestand des § 22 Nr. 4 StPO. vorbrachte und zur Erwägung der Vereinigten Strafsenate stellte, ob er ausgeschlossen sei. Die Vereinigten Strafsenate haben es verneint, weil sich die Vorschrift nur auf das erkennende Gericht beziehe, also den das Urteil fällenden Senat. Es ist diese Entscheidung bedenklich, zweifellos aber eine Lücke im Gesetz vorhanden. Dagegen haben die Vereinigten Strafsenate anerkannt, daß der Ausschluß wegen Befangenheit zulässig ist.

Ganz ungeklärt ist das Verhältnis des Feriensenats zur Rechtsprechung der übrigen Senate und des Plenums. Die Geschäftsordnung § 26 bestimmt: „Angelegenheiten, die vor das Plenum oder die Vereinigten Senate gehören, sind durch den Feriensenat nicht zu erledigen. Beschließt der Feriensenat die Eintragung in das Präjudizienbuch, so ist diese dem ständigen Senat der betreffenden Art zur Eintragung in das Präjudizienbuch mitzuteilen.“ Damit soll dem Feriensenat nicht verwehrt sein, das Plenum anzurufen. Nach der Übung des RG. darf aber von den übrigen ständigen Senaten von der Entscheidung eines Feriensenats ohne Einholung der Entscheidung der Vereinigten Senate abgewichen werden. Diese Gepflogenheit ist auch auf die nicht mehr bestehenden (ordentlichen oder Hilfs-) Senate ausgedehnt worden. Das dürfte nicht im Gesetz begründet sein. Der Horror pleni hat weiter dazu geführt, für zulässig anzusehen, daß der eine Senat von der Rechtsprechung des anderen ohne Anrufung der Vereinigten Senate abgeht, wenn der andere zuvor selbst von einer Entscheidung des abgehenden Senats abgewichen ist, ohne die Vereinigten Senate anzurufen; ferner, wenn der Senat, der abweichen will, zunächst bei dem anderen Senat anfragt, ob er an seiner früheren Rechtsansicht festhalte. Verneint es dieser, so hält sich nun der anfragende Senat für berechtigt, ohne Plenum von der Entscheidung abzugehen. So zweckmäßig dieses Verfahren ist, so hat es doch gleichfalls im Gesetz keine Grundlage. Ungeklärt ist endlich auch, ob die Rechtsprechung des erstinstanzlichen Senats in gleicher Weise die übrigen Revisionssenate bindet wie die eines Revisionssenates. Dies ist richtigerweise zu verneinen. Die Scheu, die Vereinigten Senate anzurufen, ist nicht unbegründet. Je größer das Kollegium, desto schwieriger ist die Beratung und desto zufälliger wird die Entscheidung. Das RG. ist sich einig darüber, daß hier eine Änderung eintreten muß. Seit dem Bestehen des RG. ist ein Plenum überhaupt noch nicht, dagegen sind in den vergangenen 50 Jahren die Vereinigten Zivilsenate 70 mal, die Vereinigten Strafsenate 31 mal zusammengetreten.

Außer der Erstattung von Gutachten (unter F) gehören übrigens nach § 3 Nr. 1 der Geschäftsordnung vor das Plenum noch die Beratung und Beschlußfassung über eine bei dem Reichsrat in Vorschlag zu bringende Änderung oder Ergänzung der Geschäftsordnung sowie über diejenigen den Geschäftsgang betreffenden Angelegenheiten, die der Präsident vor das Plenum verweist.

10. Das RG. ist nicht der einzige höchste Gerichtshof im Deutschen Reich. Daneben gibt es den Reichsfinanzhof, das Reichsversicherungsamt, das Reichswirtschaftsgericht, das Reichsmilitärversorgungsgericht und früher noch das Reichsmilitärgericht. Um auch mit diesen Gerichten eine einheitliche Rechtsprechung herbeizuführen, dafür fehlt es zur Zeit an jeder gesetzlichen Handhabe. Ihr wollte der Gesetzentwurf zur Wahrung der Reichseinheit dienen.

B. Beschwerde in freiwilliger Gerichtsbarkeit.

Nach dem Gesetz über Angelegenheiten der freiwilligen Gerichtsbarkeit vom 17. Mai 1898 (RGBl. S. 1898) § 28 hat das Oberlandesgericht bei einer weiteren Beschwerde diese unter Begründung seiner Rechtsauffassung dem RG. vorzulegen, wenn es bei der Auslegung einer reichsgesetzlichen Vorschrift in Angelegenheiten der freiwilligen Gerichtsbarkeit von der auf weitere Beschwerden ergangenen Entscheidung eines anderen Oberlandesgerichts oder, falls über die Rechtsfrage bereits eine Entscheidung des RG. ergangen ist, von dieser abweichen will.

Dieselbe Bestimmung gilt für das Grundbuchrecht nach § 79 der Grundbuchordnung vom 24. März 1897 (RGBl. S. 139), und zwar auch, wenn es sich um eine weitere Beschwerde gegen Verfügungen der Aufwertungsstelle handelt (RGZ. 117, 350).

Außerdem ist das RG. Beschwerdegericht gegen die Entscheidungen des Konsuls in Angelegenheiten der freiwilligen Gerichtsbarkeit (vgl. unter D).

C. Erstinstanzliche Rechtsprechung.

1. Dem RG. war schon bei seiner Errichtung auch eine erstinstanzliche Rechtsprechung in Strafsachen zugeteilt worden. Hoch- und Landesverratsprozesse wurden von ihm in erster und letzter Instanz durch die Vereinigten II. und III. Strafsenate entschieden, während der I. Strafsenat als Eröffnungssenat tätig war. Diese Sonderzuständigkeit wurde durch das Ges. vom 8. Juli 1922 aufgehoben, und es wurden die erstinstanzlichen Sachen unter alle Senate verteilt. Es ergab sich aber bald, daß die Menge der Hoch- und Landesverratsprozesse, die nach dem Weltkriege in erschreckender Weise anwuchs als Folge der Entsittlichung unseres Volkes durch den Weltkrieg und des Spionagebetriebes unserer Feinde, von den einzelnen Senaten neben ihrer Revisionstätigkeit nicht bewältigt werden konnte. Am 15. April 1923 wurde daher ein erstinstanzlicher besonderer Senat gebildet, dem die ursprünglich den Vereinigten II. und III. Senat zugewiesenen

Hoch- und Landesverratssachen überwiesen wurden. Nach Aufhebung des Staatsgerichtshofes zum Schutze der Republik als Spruchgericht machte sich am 1. April 1926 ein zweiter erstinstanzlicher Senat nötig. Diese beiden erstinstanzlichen Senate erhielten die Bezeichnung IV. und V. Strafsenat; der IV. Strafsenat bearbeitet die Hochverratsprozesse und dann die Verwaltungsstreitigkeiten in Preß- und Vereinssachen nach dem Republikschutzgesetz, der V. Strafsenat die Landesverrats- und Spionagesachen. Nachdem ein Nachlassen dieser Strafsachen zu bemerken war, wurde — wie bereits oben bemerkt — einem der erstinstanzlichen Strafsenate auch zum Ausgleich ein Teil der Revisionen in Ehesachen überwiesen. Jetzt versucht man wieder mit einem einzigen erstinstanzlichen Strafsenat auszukommen. Auch er entscheidet jetzt in einer Besetzung von nur 5 Richtern und außerhalb der Hauptverhandlung sogar von 3 Mitgliedern einschließlich des Vorsitzenden (§ 2 der VO. vom 4. Jan. 1924). Von Bedeutung ist hierbei, daß der Oberreichsanwalt von vornherein diese Strafsachen zur Verfolgung an die Landesstaatsanwaltschaften abgeben kann, auch kann auf Antrag des Oberreichsanwaltes das RG. bei der Eröffnung des Hauptverfahrens die Verhandlung und Entscheidung einem Oberlandesgerichte überweisen (§ 134 GVG.).

2. Eine besonders schwere Belastung der erstinstanzlichen Rechtsprechung des RG. brachte vorübergehend das Ges. zur Verfolgung von Kriegsverbrechen und Kriegsvergehen vom 18. Dez. 1919 (RGBl. S. 2125), die nach dem Versailler Diktat das Reich auf sich nehmen mußte. Diese schwere Aufgabe mußte vom I. Strafsenat als dem Eröffnungssenat und dem erstinstanzlichen Strafsenat unter seinem Senatspräsidenten Dr. Schmidt gelöst werden und ist auch nach dem Anerkenntnis der Feinde gelöst worden. Bei den meisten Sachen ergab freilich schon die Vorprüfung des Eröffnungssenates die völlige Haltlosigkeit und oft Leichtfertigkeit der Beschuldigung. In der Zeit von 1919—1926 sind 586 solcher Verfahren anhängig gewesen.

Reichsgerichtspräsident Dr. Simons urteilt im übrigen über die Zuweisung erstinstanzlicher Sachen an das RG. folgendermaßen: „Das Verfahren vor diesen Senaten ist ein Fremdkörper im Betriebe des RG.; es erfordert ganz andere Qualitäten als diejenigen, nach denen die Reichsrichter ausgewählt zu werden pflegen, und stört durch die Dauer und die politische Leidenschaftlichkeit der Sitzungen den ruhigen wissenschaftlichen Gang der obersten Rechtspflege" (Handbuch der Rechtswissenschaft v. Stier-Somlo und Alexander Elster Bd. 5 S. 4).

3. Eine weitere unerträgliche Belastung mit erstinstanzlicher Rechtsprechung in Zivilsachen sieht § 12 des Entwurfs eines Gesetzes zur Regelung älterer staatlicher Renten vor.

D. Berufungsgericht.

1. In Patentsachen erkennt das RG. nach § 33 des PatentG. vom 25. Mai 1877 und des § 1 des G. vom 16. Juni 1879 in zweiter Instanz gegen die Entscheidungen des Patentamtes in dem Verfahren auf Erklärung

der Nichtigkeit oder wegen Zurücknahme des Patentes (§ 28 PatG.). Die Vorschriften der ZPO. über das Berufungsverfahren finden aber nur entsprechende Anwendung (§ 29 PatG.; vgl. auch § 6 der Kais. VO. vom 6. Mai 1878 und VO. vom 6. Dez. 1891, RGBl. S. 389). Ein Anwaltzwang besteht hier nicht, die Partei kann ihre Rechte selbst oder durch einen Angestellten wahrnehmen. Wenn sie aber einen Vertreter bestellt, so darf dies nur ein beim RG. zugelassener Rechtsanwalt sein, neben dem dann allerdings auch ein anderer Rechtsanwalt auftreten kann (§ 14 der VO. vom 6. Dez. 1891; §§ 27, 101 RAO.).

2. Ebenso ist in Konsularsachen das RG. als Berufungsgericht tätig, sowohl in Zivilsachen wie in Strafsachen (§§ 18, 34, 36 des RGes. vom 10. Juli 1879). Durch Verträge ist inzwischen die Konsulargerichtsbarkeit wesentlich eingeschränkt worden. Nach Art. 149 des Versailler Vertrages war sie es auch für Ägypten. Durch Vertrag vom 16. Juni 1925 ist jedoch die deutsche Konsulargerichtsbarkeit dort wieder eingerichtet worden. Gemäß der VO. vom 31. Juli 1925 auf Grund des Ges. vom 24. Juli 1925 (RGBl. II S. 735) ist danach das RG. zuständig für die Verhandlung und endgültige Entscheidung über die Rechtsmittel der Beschwerde und Berufung in den vor dem Konsul oder Konsulargericht verhandelten bürgerlichen Rechtsstreitigkeiten und in Konsularsachen sowie der Beschwerde gegen die Entscheidungen des Konsuls in Angelegenheiten der freiwilligen Gerichtsbarkeit.

E. Schiedsgericht.

Das schiedsrichterliche Verfahren ist nur dann einzuleiten, wenn der Schiedsspruch dem RG. vom Reichskanzler infolge eines Beschlusses des Reichsrats oder in anderer Veranlassung übertragen oder auf Grund eines Schiedsvertrages unter Genehmigung des Reichskanzlers vom RG. übernommen wird. Handelt es sich um Streitigkeiten privatrechtlicher Natur unter Privatpersonen, so ist die Übernahme des Schiedsspruches alsbald vom Präsidenten abzulehnen. Handelt es sich um sonstige Streitigkeiten, so hat der Präsident die Zivilsenate wegen Übernahme des Schiedsspruches zu befragen, und es gilt die Übernahme als beschlossen, wenn die Mehrheit sich dafür erklärt (§ 14 GeschO.). Die Schiedssprüche sind von den Vereinigten Zivilsenaten zu fällen, wenn nicht bei Übertragung des Schiedsspruches eine andere Bestimmung getroffen worden ist (§ 2 GeschO.). So ist z. B. einmal der I. Strafsenat als Schiedsgericht in einer Streitsache zwischen Finanzminister und Postminister angerufen worden.

Auch sonst werden Mitglieder des RG. gern zur Mitwirkung bei Schiedsgerichten herangezogen. Das bedeutsamste Schiedsgericht, bei dem Mitglieder des RG. mitwirkten und das unter dem Vorsitz des Königs Albert von Sachsen stattfand, war wohl das auf Grund des Schiedsvertrags vom 25.—29. Juni, 3. Juli 1896 in dem Rechtsstreit über die Thronfolge in dem Fürstentum Lippe. Ihm gehörten an der Reichsgerichtspräsident Dr. v. Oehlschläger, die Senatspräsidenten Dr. Bingner und Dr. Peterssen, die Reichsgerichtsräte Dr. Bolze, Müller und v. Ege.

F. Disziplinargericht für die Mitglieder des Reichsgerichts.

Das Plenum des RG. wird auch als Disziplinargericht für seine Mitglieder tätig. Der Reichsrichter untersteht keiner Disziplinierung und keiner Disziplinarbehörde; er kann vielmehr nur durch das Plenum nach § 126 GVG. seines Amtes und Gehalts für verlustig erklärt werden, wenn er zu einer Strafe wegen einer entehrenden Handlung oder zu einer Freiheitstrafe von längerer als einjähriger Dauer rechtskräftig verurteilt worden ist. Und nach § 128 GVG. kann ein Mitglied, wenn es durch ein körperliches Gebrechen oder durch Schwäche seiner körperlichen oder geistigen Kräfte zur Erfüllung seiner Amtspflichten dauernd unfähig wird, in den Ruhestand gegen Gewährung eines Ruhegehaltes versetzt werden. Wird die Versetzung eines Mitgliedes in den Ruhestand nicht beantragt, obgleich ihre Voraussetzungen vorliegen, so hat der Präsident die Aufforderung zu erlassen, binnen einer bestimmten Frist den Antrag zu stellen. Wird dieser Aufforderung nicht Folge geleistet, so ist die Versetzung in den Ruhestand durch Plenarbeschluß des RG. auszusprechen (§ 129 GVG.).

G. Disziplinargericht für richterliche Militärbeamte.

Nach Aufhebung der Militärgerichtsbarkeit wurde ein Strafsenat des RG. für diese Richter zum Disziplinarhof bestellt. Er wird alljährlich durch das Präsidium bestimmt.

H. Staatsgerichtshof.

Das RG. ist ferner auch unmittelbar selbst als Staatsgerichtshof tätig. Art. 13 Abs. 2 RVerf. bestimmt: „Bestehen Zweifel oder Meinungsverschiedenheiten darüber, ob eine landesrechtliche Vorschrift mit dem Reichsrecht vereinbar ist, so kann die zuständige Reichs- oder Landeszentralbehörde nach näherer Vorschrift eines Reichsgesetzes die Entscheidung eines obersten Gerichtshofes des Reiches anrufen." Das Reichsgesetz zur Ausführung dieser Vorschrift vom 8. April 1920 (RGBl. 510) hat in § 1 für diese Entscheidungen das Reichsgericht für zuständig erklärt und bestimmt, daß „der zur Entscheidung berufene Senat im Einzelfalle durch den Präsidenten des Gerichts bestimmt werde". Die Entscheidung erfolgt ohne mündliche Verhandlung oder nach einer solchen durch Beschluß, der mit Gründen zu versehen und den beteiligten Zentralbehörden von Amts wegen zuzustellen ist. Die Reichsregierung hat dann die Entscheidung ohne Begründung im Reichsgesetzblatt zu veröffentlichen, wodurch sie Gesetzeskraft erlangt (§ 3).

Es besteht der begreifliche Wunsch, daß auch die in Art. 13 Abs. 2 RVerf. bezeichneten Streitigkeiten künftig ausschließlich dem ordentlichen Staatsgerichtshof überwiesen werden, da sie dem Aufgabenkreis, die diesem nach Art. 15 u. 19 RVerf. obliegen, nahe verwandt sind. Der Unterschied liegt nur darin, daß nach Art. 13 Abs. 2 schon bloß theoretische Meinungsverschiedenheiten zu einer autoritativen Entscheidung des RG. führen können, während vor den Staatsgerichtshof nur wirkliche konkrete Streitfälle gehören, in denen von einem staatlichen Organ eine Leistung verlangt wird, die dieses dem anderen staatlichen Organ verweigert.

Phot. Taggeselle, Leipzig

Arbeitszimmer des Reichsgerichtspräsidenten

I. Gutachtertätigkeit.

Vom RG. können von der Reichsregierung auch Gutachten, besonders über Gesetzgebungsfragen, erfordert werden. Darüber beschließt dann das Plenum des RG. (§ 3 Nr. 2 GeschO.). Das ist jedoch — leider — nur selten geschehen, so z. B. über die Notverordnung zur Abänderung der Strafprozeßordnung. Auf diesem Gutachten beruht es, daß die Verwerfung der Revision in Strafsachen als offenbar unbegründet durch Beschluß ermöglicht worden ist. Ferner wurde vom Plenum ein Gutachten erfordert über einen Gesetzentwurf zur Wahrung der Rechtseinheit (1925). Üblicher ist geworden, daß im Einzelfalle die Reichsregierung das Gutachten des Reichsgerichtspräsidenten einholt, der dann zuvor gutachtlich die einzelnen Senatspräsidenten oder das Präsidium zu hören pflegt. Bedauerlich bleibt es, daß nicht einmal über Gesetzentwürfe, die das RG. unmittelbar betreffen, z. B. über die Entlastung, Gutachten erfordert werden. **Dr. Lobe.**

II. Hinsichtlich des Geschäftsbetriebs.

a) Präsident. Präsidium.

I.

1. Der Reichsgerichtspräsident ist zunächst Richter und als solcher führt er als primus inter pares wie ein Senatspräsident den Vorsitz in dem Senate, dem er sich anzuschließen das Recht hat. Bei der Gründung des RG. hatte sich der Präsident dem IV. Zivilsenat als Vorsitzender angeschlossen, und diese Übung war lange Jahre hindurch beibehalten worden. Reichsgerichtspräsident Dr. Simons übernahm bei seinem Amtsantritt zunächst den I. Zivilsenat, dessen Vorsitz frei war, und später den III. Strafsenat, wie er wiederholt betonte, um auch äußerlich zu dokumentieren, daß die Rechtsprechung der Strafsenate völlig ebenbürtig der der Zivilsenate sei. Reichsgerichtspräsident Dr. Bumke hat dann gleichfalls den III. Strafsenat übernommen.

Außerdem steht dem Reichsgerichtspräsidenten der Vorsitz im Plenum und gegebenenfalls in den Vereinigten Zivil- und Strafsenaten zu (§ 137 GVG.).

2. Der Reichsgerichtspräsident übt sodann auch eine Justizverwaltungstätigkeit aus. Für diese ist das Reichsjustizministerium seine — nicht auch des RG. — vorgesetzte Behörde.

a) Durch verschiedene Gesetze ist ihm vielfach die Bestimmung des Gerichts übertragen, so z. B. durch Reichsgesetz vom 8. April 1920 des Senats, der in den dort genannten Fällen als Staatsgerichtshof zu funktionieren hat, des Untersuchungsrichters nach § 186 StPO. usw.

b) Als Vorsitzender im Präsidium, soweit diesem Verwaltungsgeschäfte übertragen sind. Als solcher hat er gleichfalls wie jedes andere Präsidialmitglied nur eine Stimme.

c) Als Leiter und Beaufsichtiger des ganzen äußeren Geschäftsganges, nicht etwa der Rechtsprechung der einzelnen Senate. Näheres bestimmt die Geschäftsordnung, die vom Plenum ausgearbeitet und vom Bundesrat bestätigt worden ist (§ 141 GVG., namentlich auch über die Beurlaubung § 27 der Geschäftsordnung. Nach § 131 GVG. hat er auch das Recht, die Versetzung eines Mitglieds des RG. in den Ruhestand in die Wege zu leiten.

II.

1. Bei den Kollegialgerichten sind wichtige Aufgaben der Justizverwaltung dem Präsidium übertragen. Bei dem RG. wird es gebildet aus dem Reichsgerichtspräsidenten, den Senatspräsidenten und den vier dienstältesten Räten des Gerichtshofs (§ 133 GVG.). Es sollte durch diese Selbstverwaltung des Gerichtskörpers jede Beeinflussung durch die Justizverwaltung unmöglich gemacht werden, außerdem sollte dadurch der innere Zusammenhang und die Stetigkeit der Rechtspflegeverwaltung gewahrt werden (RGSt. 56, 144). Lasker sagte zur Begründung der Einrichtung seinerzeit im Reichstage: „Die Justizverwaltung solle es nicht in der Hand haben, für einzelne Kategorien von Rechtssachen diejenigen Richter herauszusuchen, von denen vermöge ihrer Anschauungen oder Gesinnung zu erwarten sei, daß sie nach bestimmter Richtung hin Recht sprechen würden, namentlich bei politischen Prozessen." Dem Präsidium liegt hiernach ob, die Geschäfte auf die einzelnen Senate und ebenso die Mitglieder auf diese bei Beginn eines jeden Geschäftsjahres für dessen Lauf zu verteilen. Nur die Zuweisung der Senatspräsidenten erfolgt, vom Reichsgerichtspräsidenten abgesehen, durch die Senatspräsidenten selbst unter Ausschluß der vier übrigen Mitglieder des Plenums.

2. Beim RG. erfolgt weiter durch das Präsidium die Zulassung der Rechtsanwälte an das RG. nach freiem Ermessen (§ 99 RAO. vom 1. Juli 1878/6. Febr. 1924). Es ist nicht an einen numerus clausus hierbei gebunden, läßt aber nach Einholung von Gutachten über die Geeignetheit nur so viel Anwälte zu, als es für die Rechtsprechung des RG. für zweckmäßig hält.

3. Das Präsidium des RG. ist nur selten zur Begutachtung von Gesetzentwürfen angegangen worden. Es hat sich vielmehr die Übung herausgebildet, nur den Reichsgerichtspräsidenten um seine Meinung zu befragen, und dieser hat dann meist das erbetene Gutachten nach Anhörung und Besprechung im Präsidium erstattet. Nicht selten ist auch das Präsidium mit wichtigen Vorschlägen selbst hervorgetreten, wenn es Mißstände und Schwierigkeiten des vorhandenen Rechtszustandes wahrnahm und zu seiner Beseitigung mitwirken wollte. **Dr. Lobe.**

b) Geschäftsstellen.

Der Geschäftsbetrieb bei dem RG. wird von den Geschäftsstellen wahrgenommen. Zur Zeit bestehen je eine für die 8 Zivil- und 4 Strafsenate, eine für die Erteilung der Zeugnisse aus § 706 Abs. 2 ZPO., eine für das Reichsarbeitsgericht und eine gemeinsame für den Ehrengerichts- und Reichsdisziplinarhof sowie den Staatsgerichtshof für das Deutsche Reich. Die Geschäfte des Reichsbahngerichts werden von der Geschäftsstelle des I. Zivilsenats mit erledigt. Die Beamten der Geschäftsstellen üben die ihnen nach den Gesetzen und Verwaltungsanordnungen obliegende Tätigkeit aus. Die Geschäftsstellen sind mit 2 Beamten besetzt. Aufgabe des leitenden Beamten ist es, die Präsidenten der Senate bei der Führung der Senatsgeschäfte wirksam zu unterstützen und hierfür Vorverfügungen aller Art zu fertigen.

Die Herstellung des gesamten Schreibwerks liegt der

Kanzlei

ob. Die Kanzleiangestellten werden daneben durch Aufnahme von stenographischen Diktaten in immer stärkerem Maße zur Entlastung der Mitglieder des Gerichtshofs herangezogen. Die Kanzleibeamten sind in der Hauptsache mit der Erledigung von Geschäften des einfachen Bürodienstes betraut.

Der Kanzlei steht der Kanzleidirektor vor. Zu seinem Pflichtenkreis gehören auch die Feststellung, Beschaffung und Verwaltung des Bedarfs an Schreib- und Packmaterialien sowie die Leitung der Steindruckerei des RG.

Wachtmeisterei.

Zu den Dienstobliegenheiten der Reichsgerichtswachtmeister gehört die Wahrnehmung des Sitzungs- und inneren Dienstes sowie die Besorgung der Zustellungen von Amts wegen. Die Zustellungsaufträge der bei dem RG. zugelassenen Rechtsanwälte werden von 3 Reichsgerichtswachtmeistern nebenamtlich erledigt. Die Beförderung der Akten in die Wohnungen der Mitglieder erfolgt durch 3 reichseigene Kraftwagen. Den Dienst in der Wachtmeisterei regelt ein Oberbotenmeister; ausführendes Organ der Hausverwaltung ist der Hausinspektor. Die Licht-, Kraft- und Heizanlage besorgen 1 Obermaschinist und 2 Heizer.

Die sämtlichen nicht zur Ausübung der Rechtspflege gehörenden Geschäfte des RG. sind Aufgabe der

Verwaltung,

für die das Haupt- und Rechnungsbüro und das Eingangsbüro tätig sind. Leiter der Verwaltung ist in Unterstützung des Präsidenten des RG. der Bürodirektor, der auch für den gesamten Geschäftsbetrieb des RG. verantwortlich ist. Sein Stellvertreter ist der Leiter des Rechnungsbüros. Den Posten des Bürodirektors hatten inne:

Geheimer Kanzleirat Berger vom 1. Okt. 1879 bis 29. Sept. 1902,

Geheimer Rechnungsrat Becker vom 1. Okt. 1902 bis 30. Juni 1921,

Bürodirektor Schaaf (bisher im Reichsjustizministerium) vom 1. Juli 1921 ab.

Zur Verwaltung gehört auch die Bewirtschaftung des Dienstgebäudes. Das Gebäude des RG. steht auf einem von der Stadt Leipzig erworbenen Grundstück von 13 550 qm. Es ist in den Jahren 1887 bis 1895 erbaut. Die Baukosten betrugen 5900000 ℳ. Die Zahl der Räume grenzt an 350. Die ständige Geschäftszunahme und die dem RG. immer wieder zugewiesenen neuen Aufgaben erzeugten im Laufe der Jahre eine Raumnot, der nur mit erheblichen Schwierigkeiten begegnet werden konnte. So mußten nach und nach Räume der Dienstwohnung des Präsidenten und andere für besondere Dienstbedürfnisse bereitgestellte Zimmer für reine Geschäftszwecke eingerichtet

3*

werden. 1926/27 war die Raumnot so groß, daß sich Reichsjustiz- und Reichsfinanzverwaltung entschlossen, bisher unbenutzte Räume des Obergeschosses zu Geschäftsräumen auszubauen. Der Bau wurde 1928 durchgeführt; er trug den dringendsten Bedürfnissen Rechnung und brachte wieder Ordnung und Übersichtlichkeit in die Raumverteilung. Hand in Hand mit der Raumnot schritt die Unzulänglichkeit der technischen Anlagen. Das Bedürfnis nach mehr Licht, ausreichender Beheizung und nach neuzeitlichen Einrichtungen, wie Telefon, Fahrstühlen, wurde immer dringender. Licht- und Kraftanlagen, Heizungsanlagen, Fernsprecher, Fahrstühle mußten vergrößert, neu eingerichtet bzw. vollständig umgebaut werden. Daß alle diese Neu- und Umbauten vollkommen und fast ohne Störung des Dienstbetriebes durchgeführt werden konnten, ist ein Verdienst der Reichsbauverwaltung.

Zu den Neuschöpfungen gehört auch die

Kasse.

Seit Bestehen des RG. wurden die Kassengeschäfte des RG. von der Oberpostkasse in Leipzig wahrgenommen, und zwar auf Grund einer besonderen Geschäftsanweisung des Generalpostmeisters nebenamtlich durch Beamte dieser Kasse. Diese Einrichtung genügte aber im Laufe der Zeit nicht mehr dem ständig wachsenden Aufgabenkreis des höchsten Gerichtshofs. Auf Veranlassung der Oberpostdirektion in Leipzig wurde daher die Oberpostkasse von der Wahrnehmung der Kassengeschäfte des RG. befreit und diese Geschäfte wurden mit Wirkung vom 1. April 1922 ab auf das RG. selbst übertragen. Die Kasse begann ihre Tätigkeit unter Leitung des zum Kassenvorsteher ernannten Geheimen Rechnungsrats Schubotz. Zu ihren Aufgaben gehört die Wahrnehmung der Kassengeschäfte des RG. und der Reichsanwaltschaft sowie der dem RG. angegliederten Nebengerichtshöfe, die Einziehung und Verrechnung der beim RG. entstandenen Kosten und die Rechnungslegung über die gesamten Einnahmen und Ausgaben des Gerichtshofs. Ebenso wurde der Kasse auch die Auszahlung der Bezüge der Ruhestandsbeamten und der Hinterbliebenen übertragen, eine Maßnahme, die durchaus im Interesse der Pensionäre und ihrer Hinterbliebenen lag. Die Beitreibung der Gerichtskosten liegt nach wie vor den zuständigen Landesbehörden ob. Das Amt des Kassenaufsichtsbeamten versieht der Bürodirektor.

Für den Dienst in den Geschäftsstellen werden Beamte der Landesjustizverwaltungen einberufen. Zur Zeit sind aber Wartestandsbeamte und bei aufzulösenden Reichsbehörden freiwerdende Kräfte vorzugsweise zu berücksichtigen. Die Beamten müssen die Prüfung für den schwierigen Bürodienst mit Erfolg abgelegt haben und ihre besondere Befähigung und Eignung durch zunächst kommissarische Beschäftigung beim RG. nachweisen. Die Amtmänner beim RG. ernennt der Reichspräsident. Die Anstellung und Beförderung der übrigen Büro- und Kanzleibeamten sowie der Reichsgerichtswachtmeister erfolgt durch den Präsidenten des RG. Die Stellen des Kanzlei- und Wachtmeisterdienstes sind den Versorgungsanwärtern und Schwerkriegsbeschädigten vorbehalten. Die Dienstverhältnisse der vertraglich beschäftigten Hilfskräfte —

Kanzleiangestellte und Verwaltungsarbeiter — regeln entsprechende Tarifverträge.

Am Weltkriege nahmen auch Beamte und Hilfskräfte des RG. teil. Den Tod für das Vaterland fanden der Gerichtsaktuar Kurt Schröer aus Naumburg a. d. S. und der Fahrstuhlführer Karl Schaub. Nicht ein Opfer des Krieges, ein Opfer seines Berufes wurde der Obersekretär beim RG., Rechnungsrat Rudolf Straßburg. In der Sitzung des IV. Zivilsenats vom 16. Nov. 1908 gab der Revisionskläger nach Verkündung des auf Verwerfung seines Rechtsmittels lautenden Urteils mehrere Revolverschüsse auf den Gerichtshof ab. Der als Protokollführer amtierende Rechnungsrat Straßburg wurde dabei tödlich, der Reichsgerichtsrat Maenner ebenfalls schwer verletzt. Dem auf so jähe Weise aus arbeitsfreudigem Schaffen gerissenen Beamten wurde ein ehrenvolles Begräbnis zuteil. Bei der Trauerfeier in Leipzig legte der Präsident des RG., Exzellenz Dr. Freiherr v. Seckendorff, persönlich einen Lorbeerkranz mit folgender Ansprache nieder:

„Hochgeehrte Trauerversammlung! Gestatten Sie, daß ich dem viel- und tiefbeklagten Toten, an dessen Sarge wir stehen, noch wenige Worte weihe im Namen des Gerichtshofes, dem er musterhaft und makellos gedient hat, und in dessen Vertretung ich in dieser Trauerstunde einen Kranz an dieser Bahre niedergelegt habe. Der Heimgegangene ist inmitten seiner Amtstätigkeit einem entsetzlichen Verbrechen zum Opfer gefallen. Aber er ist gefallen wie ein tapferer treuer Soldat auf dem Schlachtfelde, und wie einem solchen reichen Kameraden und Vorgesetzte ihm jetzt den Lorbeer, wie einem solchen zollt das Vaterland ihm Dank für hingebende Pflichterfüllung bis zum Tode! Sein Name und sein Gedächtnis wird in der Geschichte des Reichsgerichts unvergessen bleiben, ihm zur Ehre, der Freveltat — die ihn nach Gottes unerforschlichem Ratschlusse hinwegraffte — zur Schmach! Möge nie wieder eine ähnliche Untat gegen die Unverletzlichkeit und die Heiligkeit der Gerichte das deutsche Volk empören, wie sie dieses blühende Leben jäh vernichtet hat, mögen aber anderseits der deutschen Rechtspflege niemals Beamte fehlen, die ihr trefflich und getreulich dienen, gleichwie der Entschlafene es getan hat, bis zum letzten Atemzuge! Ehre seinem Andenken!“

An der Beisetzung in Stolzenau a. d. W. — dem Heimatsorte des Verstorbenen nahmen — als Abordnung des RG. die Reichsgerichtsräte Dr. Krantz und Dr. Ebbecke sowie Rechnungsrat Knothe teil. Die Grabstelle schmückt ein von den Mitgliedern und Beamten des RG. und der Reichsanwaltschaft gewidmetes Denkmal.

Des Verstorbenen wie auch der für das Vaterland Gefallenen sei auch in dieser Schrift ehrend gedacht. **Schaaf.**

III. Die Bibliothek des Reichsgerichts.

Die Bibliothek des Reichsoberhandelsgerichts bildet den Grundstock der Reichsgerichtsbibliothek. Sie bestand aus etwa 20000 Bänden, die nach dem Alphabet und nach Schlagworten katalogisiert waren. Präsident v. Simson gedachte dem neuen RG. in seiner Bibliothek nicht nur das nötige Handwerkszeug, sondern auch die Mittel zur geistigen Durchdringung seiner Aufgabe zu schaffen. Er erwählte einen wissenschaftlichen Bibliothekar, der für die Verwaltung und die sinngemäße Fortbildung der Bibliothek einstehen sollte, und gab ihm auf Grund seiner eigenen wissenschaftlichen und geistigen Bedürfnisse und Erfahrungen die Richtung für die Ausübung seines Berufs. Der Ausersehene war Dr. jur. Karl Schulz, geb. 1844 in Salzungen, 1873 Sachsen-Meiningenscher Gerichtsassessor, 1875 Privatdozent und 1878 außerordentlicher Professor für deutsches Recht an der Universität Jena. Die Jenaische Universitätsbibliothek gab ihm die bibliothekarische Unterweisung für seinen neuen Beruf. Am 1. Okt. 1879 trat er als Bibliothekar ein, mit dem 1. April 1880 wurde seine Stelle als Bibliothekarstelle durch den Etat festgelegt. Im Laufe der Entwicklung wurde der Leiter der Bibliothek seit 1898 Oberbibliothekar, seit 1909 Direktor genannt. Es galt zunächst, den gegenüber dem Reichsoberhandelsgericht ganz erheblich weiteren Aufgaben des RG. durch Beschaffung des Gesetzmaterials zu genügen, die Rechtswissenschaft in erhöhtem Maße heranzuziehen und die so gewonnenen Bestände mittels eines systematisch durchgearbeiteten Kataloges benutzbar zu machen. Schon die Bibliothek des Reichsoberhandelsgerichts hatte altes Recht und geschichtliche Betrachtung gepflegt, so findet sich z. B. im Schlagwortkatalog unter Reformation die „Reformation" der Stadt Frankfurt a. M. von 1611 — das alte Recht der Reichsstadt — und Rankes deutsche Geschichte im Zeitalter der Reformation. Außerdeutsches Recht hatte schon früher angewendet werden müssen und mußte jetzt weiter gepflegt werden. Ich verweise auf den Bericht von Karl Schulz: Zur Geschichte des Reichsgerichts in: Die ersten 25 Jahre des Reichsgerichts. Sonderheft des Sächsischen Archivs für Deutsches Bürgerliches Recht (Leipzig, Roßberg, 1904) S. 203—216. Karl Schulz arbeitete ein wissenschaftliches System aus, nach dem der Katalog gestaltet wurde. Die Aufstellung der Bücher erfolgte in Gruppen alphabetisch. Daher war ein besonderer Standortskatalog nötig, der mit springenden Nummern geführt wird. Die systematische Einteilung ist grundlegend geblieben auch für die Folgezeit, in der im einzelnen vieles umgearbeitet und erweitert werden mußte, um dem Fluß der Gesetzgebung und der Arbeit der Rechtswissenschaft gerecht zu werden. Eine allgemeine Abteilung umfaßt juristische Enzyklopädie und Methodologie, Rechtslexika, Bibliographie, Literaturgeschichte, Juristenbiographien, vermischte Abhandlungen, Entscheidungen, Konsilia, Gutachten und dergleichen, dann folgen Quellen des römischen Rechts, Quellen des deutschen Rechts, römisches Recht, deutsches Recht, Handelsrecht, Zivilprozeß, Strafrecht, Staats- und Verwaltungsrecht, Kirchenrecht, Völkerrecht, um nur weitfassende Stichworte zu nennen, dann die deutschen Partikularrechte. Es schließen sich an Österreich (jetzt mit den Nachfolgestaaten),

Schweiz, Niederlande, Belgien, die nordischen Staaten, England, Frankreich, Italien, die übrigen europäischen Staaten, Asien, Amerika, Australien — je nach Wichtigkeit und Beständen sind die einzelnen Abteilungen immer schärfer systematisch durchgearbeitet. Innerhalb jedes kleinsten Systemteils folgen die Werke einander nach der Zeit ihres Erscheinens, so daß das letzterschienene sofort nachweisbar ist. Die nichtjuristischen Gebiete der Bibliothek sind gleichfalls systematisch katalogisiert, Staatswissenschaften, Technik, Naturwissenschaften, Schöne Künste, Geschichte, Geographie, Philologie, Philosophie, Theologie, Literaturwissenschaft, Bibliothekswissenschaft, Enzyklopädie.

Schon im Juli 1882 ließ Karl Schulz den Katalog der Bibliothek im Druck erscheinen, er enthält rund 45000 Bände in einem stattlichen Bande von über 1000 Spalten und Seiten. Das Anwachsen der Bibliothek verlangte auch Zuwachs an wissenschaftlichen Kräften, am 6. Mai 1885 trat Friedrich Pauckert, bisher Assistent an der Kgl. Bibliothek in Berlin, als Bibliotheksassistent ein, mit seiner Hilfe wurde der 2. Band des Kataloges bearbeitet, der 1890 erschien, als die Bibliothek rund 75000 Bände umfaßte, und mit seinen mehr als 1300 Spalten und Seiten auch ein alphabetisches Register über beide Bände enthält. Diese beiden Katalogbände sind heute noch ein wesentliches Rüstzeug auch in anderen Bibliotheken, die sich daher ihren Erwerb angelegen sein lassen.

Mit dem gesamten RG. hatte die Bibliothek in der Georgenhalle eine vorläufige Unterkunft gefunden. Als die Erwägungen über die Errichtung eines Reichsgerichtsgebäudes begannen, betonte das Reichsjustizamt am 20. April 1883, als es die Feststellung der nötigen Räumlichkeiten anordnete: „Bei den für die Bibliothek zu projektierenden Räumen wird selbstverständlich nicht bloß auf das Anwachsen derselben, sondern auch darauf Bedacht zu nehmen sein, daß die Mitglieder des RG. in denselben arbeiten können." Das RG. schlug vor ein Lesezimmer für die Mitglieder des RG., etwa 98 qm groß, ein kleineres für andere Personen und drei Zimmer für die Bibliotheksverwaltung. Das Reichsjustizamt setzte aber in das Programm für die einzureichenden Entwürfe ein Magazin für 150000 Bände, ein Lesezimmer von nur 50 qm, das zweite von 40 qm und nur zwei Zimmer für die Bibliotheksverwaltung. Fünf Entwürfe wurden bekanntlich preisgekrönt, das RG. äußerte sich aber nur zu dem von Hoffmann und Dybwad, dessen Raumverteilung am besten gelungen war. Aber es war die allgemeine Überzeugung, daß die Geschäftsräume der Bibliothek nicht ausreichend bemessen seien. Der vom Präsidenten befragte Reichsgerichtsrat Dr. v. Hahn fuhr mit Karl Schulz nach Halle, um die dort als Muster eines neuen praktischen Bibliotheksbaues erstandene Universitätsbibliothek zu besichtigen, und bemängelte dann in einem Gutachten vom 8. April 1885 den Entwurf aus praktischen Gründen und auf Grund seiner Erlebnisse in der Bibliothek. „Es ist überhaupt im Auge zu behalten," so schreibt er, „daß der ganze Betrieb der Reichsgerichtsbibliothek ein ganz anderer ist als der der sonstigen Gerichtsbibliotheken. Er ist vielmehr, wie mehrjährige Erfahrung bewiesen hat, dem der größeren öffentlichen Bibliotheken an die Seite zu stellen." Karl Schulz betonte in seinem Gutachten vom gleichen Tage, daß die Maßgabe von 150000 Bänden zu niedrig sei. Die Kommission des RG. war von einer Zahl von 250000 Bänden ausgegangen. Der jährliche Zuwachs sei nicht unter 4000 Bänden, betrüge er auch nur 3000, so wäre nur für 25 Jahre gesorgt. Die Räume der Bibliotheksverwaltung seien so knapp bemessen, daß eine geordnete Verwaltung in derselben schlechterdings nicht möglich sein würde. Dem erst nach Feststellung des Programms im Schoße des RG. geäußerten Wunsche nach einem zweiten Lesezimmer für seine Mitglieder trat er bei. Der Minister der öffentlichen Arbeiten aber, vom Reichskanzler zu einem Gutachten aufgefordert, kritisierte am 15. Mai 1885 die „raumverschwenderisch projektierten Lokalitäten für die Bibliothek auf der Nordseite"! Demgegenüber forderte Präsident v. Simson erneut die Erklärung der Beteiligten ein. Schulz beantragte, gegen die Auffassung des Ministers der öffentlichen Arbeiten aufs bestimmteste vorstellig zu werden, zwei Tage später (26. Juni 1885) erklärte Senatspräsident Drechsler die Lokalitäten kaum ausreichend, und Reichsgerichtsrat Dr. v. Hahn gab seiner „Verwunderung" Ausdruck: „An maßgebender Stelle wird es nicht genügend gewürdigt, wie es gerade für das RG. zu den Bedingungen einer ersprießlichen Wirksamkeit gehört, daß es über eine allen Ansprüchen genügende Bibliothek verfügt und imstande ist, dieselbe in umfassender Weise zu benutzen. Diese ungenügende Würdigung hat sich schon in dem Konkurrenzausschreiben manifestiert, zeigt sich jetzt wiederum in dieser Äußerung, gegen welche ich mich verpflichtet fühle, im Interesse der zukünftigen Mitglieder des RG. auf das energischste zu protestieren."

„In vielen Fällen erscheint es nicht möglich", fährt v. Hahn fort, „oder nicht opportun, die zu benutzenden Bücher nach Hause kommen zu lassen. Es sind daher Räume notwendig, welche die Möglichkeit bieten, ungestört in denselben arbeiten zu können; daß es, wenn nur ein Lesezimmer vorhanden ist, tatsächlich unmöglich ist, das Verbot, in demselben zu sprechen, aufrechtzuerhalten, lehrt die Erfahrung; und die Nichtachtung des Gebots der absoluten Stille findet ihre Rechtfertigung oder wenigstens Entschuldigung darin, daß sich im Dienstgebäude kein Sprechzimmer für die Mitglieder des RG. findet. Durchführbar aber ist das Gebot, wenn zwei Lesezimmer eingerichtet werden, deren eines zugleich zum Sprechzimmer bestimmt ist, für das andere."

Der Baumeister Ludwig Hoffmann hat die Pläne der Bibliotheksräume wesentlich umgearbeitet. An das Magazin nach Hallischem Muster schlossen sich westwärts die zwei Lesezimmer, von denen das Sprech-Lesezimmer der Bibliothek seit vielen Jahren entfremdet und zu einem Senatspräsidentenzimmer geworden ist. Nach Osten gehen die Räume der Bibliotheksverwaltung und das Lesezimmer für Fremde — auch hier hat der Bedarf des RG. manchmal störend eingegriffen, in guten Zeiten gab es drei Gästelesezimmer, zwei davon sind verschwunden, und auch andere Zimmer der Bibliothek sind zeitweise für andere Zwecke benutzt worden.

Am 31. Okt. 1888 war der Grundstein zum neuen Bau gelegt worden, im Herbst 1895 wurde er bezogen. In der Bibliothek war im April 1891 der Hilfsarbeiter an der Königl. Bibliothek in Berlin Dr. jur. Georg Maas als Hilfsbeamter eingetreten und zwei Jahre später in die neugeschaffene zweite

Bibliotheksassistentenstelle gekommen; im Mai 1894 trat der Rechtskandidat Adalbert Berger als Hilfsbeamter ein (ausgeschieden 31. März 1898. Später Bürgermeister in Allstedt). Der Umzug wurde ein wertvolles Beispiel für Bibliotheksumzüge, seine Organisation und die Erfahrungen, die man bei ihm machte, haben Späteren gedient. Vgl. Georg Maas, Bibliotheksumzüge. Eine bibliothektechnische Studie. Leipzig 1896. Wenn auch im neuen Raum aus Sparsamkeitsgründen noch nicht alle Magazingeschosse mit Büchergestellen besetzt wurden, konnten doch die Bücher schon mit größerer Rücksicht auf den Zuwachs aufgestellt werden. Daher mußte der Standortskatalog umgearbeitet werden, der mit springenden Nummern den neuen Eingängen Platz gewähren sollte. Diese Arbeit hat eine Reihe von Jahren gedauert und war mit den planmäßigen Kräften allein nicht zu bewältigen. Im Jahre 1900 trat das BGB. in Geltung. Die reiche Literatur, die es in seinem Werden schon hervorgerufen hatte, und die sich ihm anschloß, verlangte eine Umarbeitung des systematischen Katalogs, so daß das System der gedruckten Katalogbände seitdem veraltet ist. Vgl. auch Georg Maas, Bibliographie der amtlichen Materialien zum Bürgerlichen Gesetzbuche für das Deutsche Reich und zu seinem Einführungsgesetze. Berlin 1897. Die seit dem Erscheinen des zweiten Katalogbandes im Jahre 1890 in die Bibliothek geflossenen Bücher machten einen neuen Band sehr wünschenswert, gerade im Hinblick auf die Umänderung des Systems. Am 1. April 1898 trat der Assistent an der Kgl. Universitätsbibliothek in Berlin Dr. jur. Hugo Krüger, von der preußischen Bibliotheksverwaltung beurlaubt und während seines Urlaubs planmäßig in Preußen befördert, als Hilfsbeamter in die Bibliothek des RG., am 1. Okt. 1898 kam dazu der wissenschaftliche Hilfsarbeiter an der Stadtbibliothek zu Aachen Dr. phil. Felix Wissowa. Dieser schied Ende März 1900 aus und ist als Bibliothekar der Handelskammer zu Berlin 1917 verstorben. Auf Wunsch des RG. beurlaubte die preußische Bibliotheksverwaltung den Assistenten an der Kgl. Bibliothek in Berlin Dr. phil. Hans Schulz (aus einer anderen Familie dieses Namens), der am 1. Sept. 1900 als Hilfsbeamter eintrat. Da Maas am 17. Sept. 1900 das RG. verließ und Bibliothekar bei dem Reichsmilitärgericht wurde und ein Ersatzmann aus dem preußischen Bibliotheksdienst seine Ernennung zurückschickte, weil er, ein verheirateter Mann, die Feststellung seines Dienstalters im Reiche noch nicht gesichert sah, blieb die zweite Bibliothekarstelle zunächst unbesetzt. Hugo Krüger schied Ende März 1901 aus, nachdem er sich um System und Katalogdruckmanuskript besondere Verdienste erworben hatte, und kehrte in den preußischen Bibliotheksdienst zurück; er wurde mit Erreichung der Altersgrenze als Erster Bibliotheksrat und a. o. Professor für römisches Recht an der Universität Münster in den Ruhestand versetzt. An seine Stelle trat im RG. der Hilfsarbeiter an der Kgl. Bibliothek in Berlin Dr. jur. Karl Meitzel, der am 1. Okt. 1902 ans Abgeordnetenhaus in Berlin ging und jetzt Direktor der Bibliothek des Preußischen Landtags ist. Am 15. Nov. 1901 trat ferner als Hilfsbeamter der a. o. Professor an der Universität Leipzig Dr. jur. Woldemar Engelmann ein, der aber schon im Oktober 1903 einem Rufe nach Marburg folgte. Nachdem die zweite

Bibliothekarstelle zwei Jahre lang unbesetzt geblieben war, wurde Hans Schulz zum 1. Okt. 1902 zum Bibliothekar ernannt. Es gab also in der Bibliothek 1 Oberbibliothekar (später Direktor) Karl Schulz, 2 Bibliothekare Paukkert und Hans Schulz und 1 wissenschaftlichen Hilfsarbeiter Engelmann, dazu 4 Kanzleisekretäre, 4 Boten und 1 Buchbinder. An Engelmanns Stelle trat am 2. Okt. 1903 Dr. jur. Werner Spielberg aus Weimar. Es zeigte sich, daß diese Hilfsbeamtenstelle nicht entbehrt werden konnte, und nach Spielbergs Ausscheiden, er ging nach Weimar als Archivar, wurde sie am 2. Juli 1906 doch wieder besetzt durch den früheren Dresdener Rechtsanwalt Georg Marx, der an der Technischen Hochschule in Karlsruhe und an der Universitätsbibliothek in Jena bibliothekarisch gearbeitet hatte.

Die stetige Vergrößerung des Bücherbestandes machte eine immer genauere Katalogisierung nötig. Die Titelaufnahme machte sich die Regelung, wie sie in anderen Bibliotheksverwaltungen, besonders der preußischen, durchgearbeitet war und zur Vereinheitlichung dienen konnte, nutzbar. Das benötigte eine Durchsicht der gesamten Katalogzettel und kam dem Druckmanuskript zugute. Präsident Gutbrod ordnete an, daß nicht nur Nachtragsbände gedruckt, daß vielmehr ein Gesamtkatalog aller Bestände der Bibliothek herausgegeben werden sollte. Das bedeutete, daß die Titel der bisher erschienenen zwei Druckbände in ihrer Fassung den neuen Titelaufnahmen gleichgearbeitet, also zumeist auf Grund der Einsicht in die Bücher neu gefaßt und daß sie ihrem Inhalte entsprechend in das neue System eingearbeitet wurden. Vorläufig wurden Zugangsverzeichnisse — schließlich jährlich — gedruckt, die dem dringendsten Bedürfnis abhelfen sollten. Sie erschienen in 14 Nummern bis 1918 und sind durch ein Register über die Jahre 1915—1918 abgeschlossen. Aus Sparsamkeitsgründen ist im Jahre 1911 der bereits begonnene Druck des Gesamtkatalogs abgebrochen worden. Das System des Katalogs ist nicht veröffentlicht worden, es liegt aber dem von Franz Wille bearbeiteten Katalog der Bibliothek des Kammergerichts, der 1913 in zwei Bänden herauskam, zugrunde.

Die Ausgaben der Bibliothek wurden aus dem Fonds für sächliche Bedürfnisse bestritten und betrugen um die Jahrhundertwende etwa 20—25% dieses Fonds. Gelegentlich wurde mehr ausgegeben, so kamen z. B. Überschüsse, die sich auf anderen Gebieten ergeben hatten, der Bibliothek zugute; das war aber nicht häufig. Um Grundlinien für die Anschaffungen festzustellen, berief Präsident Freiherr von Seckendorff eine Kommission von drei Reichsgerichtsräten, und diese drei, Planck, E. Müller und Bernhardi, antworteten in einer Denkschrift vom 20. Dez. 1905. Es heißt darin: Seit dem Bestehen des RG. wird an dem Grundsatz festgehalten, alle Erscheinungen der deutschen Literatur auf dem Gebiete der allgemeinen Rechtswissenschaft, des Staatsrechts, Völkerrechts und der Verwaltung sowie auf dem Gebiete der Rechtswissenschaft der einzelnen Staaten anzuschaffen. Wir möchten diesen Grundsatz nicht beanstanden. Die Frage, ob die Beschaffung von Neuerscheinungen auf dem Gebiete des nichtrevisibeln Rechts etwa zu beschränken sei, dürfte aus praktischen Gründen gleichfalls zu verneinen sein. Für den Umfang der Beschaffung von Werken des ausländischen Rechts ist in erster Reihe das unmittelbare praktische Bedürfnis maßgebend. Bei dem mächtigen Anwachsen der deutschen Industrie und des deutschen Handels muß dieses Bedürfnis sich von Jahr zu Jahr vergrößern. Hier kommt ferner in Betracht das unverkennbare Bestreben der modernen Rechtsentwicklung, ganze Rechtsmaterien zu internationalisieren. Wir verweisen auf die verschiedenen internationalen Übereinkommen der neuesten Zeit. Ihre richtige Anwendung setzt vielfach genaue Kenntnis des Rechts der beteiligten Auslandsstaaten voraus. Im Zusammenhange mit jenem Bestreben steht weiter die in der Rechtsprechung immer mehr nach Geltung ringende Richtung, bei Würdigung neuer Erscheinungen des Wirtschafts- und Verkehrslebens insbesondere zu prüfen, wie gleiche oder ähnliche Erscheinungen von der Praxis und Wissenschaft anderer Kultur- und Handelsvölker, bei denen sie schon früher hervorgetreten waren, beurteilt wurden. Danach muß die ausländische Literatur wenigstens der größeren Kultur- und Handelsvölker in der Bibliothek des höchsten deutschen Gerichtshofes einen breiten Raum einnehmen. Im einzelnen möchten wir noch hervorheben: Rechtswissenschaft und Rechtsentwicklung Österreichs sind ungeachtet der politischen Trennung deutsch geblieben. Die deutsche Gesetzgebung hat auf die Gesetzgebung Österreichs, letztere auf die Gesetzgebung des Deutschen Reichs erheblichen Einfluß. Dadurch ist der Umfang der Beschaffung von Werken der österreichischen Literatur gerechtfertigt. Ähnliches gilt auch für die Schweiz. Seit 1. Jan. 1900 hat das französische Recht aufgehört, in Deutschland geltendes Recht zu sein. Das ist bei den Anschaffungen der letzten Jahre berücksichtigt. Die Anschaffungen noch mehr zu beschränken, scheint nicht angezeigt. Die neuere italienische Rechtsliteratur nimmt eine eigenartige Stellung ein. Eine Anzahl hervorragender Zivilisten baut die Ergebnisse deutscher Rechtswissenschaft mit der dem Romanen eigenartigen praktischen Geschicklichkeit aus und hat in den letzten Jahren eine Reihe wissenschaftlich bedeutender zivilistischer Werke erscheinen lassen. Von alters her war ferner die italienische Literatur reich an philosophischen Bearbeitungen der verschiedenen Rechtsgebiete. Der weit größere Teil der Ausgaben für Beschaffung ausländischer Literatur entfällt auf englisch-amerikanische Werke. Alle Gründe, die für reichliche Beschaffung ausländischer Literatur überhaupt in Betracht kommen, treffen bei diesen Anschaffungen besonders zu. Wir verweisen z. B. nur auf die leitende Stellung der englisch-amerikanischen Rechtsprechung und Rechtsentwicklung auf dem Gebiete des Seerechts, Seetransportrechts usw. Eine Verminderung der Ausgaben, insbesondere eine Einschränkung der Beschaffung ausländischer Literatur, ist nicht tunlich. — Bei den Anschaffungen nichtjuristischer Werke war augenscheinlich die Erwägung maßgebend, die Bibliothek des RG. soll dessen Mitgliedern die Gelegenheit bieten, mit den geistigen Strömungen in allen Lebensgebieten auf dem laufenden zu bleiben. Unverkennbar ist ein solches Mittel sehr geeignet, der mit ausschließlicher Berufstätigkeit leicht verknüpften Gefahr allzu großer Einseitigkeit und frühzeitiger Erstarrung vorzubeugen. Die rege Benutzung dieser Werke, die häufigen Wünsche aus dem Kreise der Mitglieder, Werke, die hierher gehören, anzuschaffen, bestätigen die praktische Berechtigung jener Erwägung. Allerdings könnten die dargelegten Gesichtspunkte voll durchgeführt werden, wenn vereinzelt geschehene Anschaffungen von nichtjuristischen Werken, die nur lokaler oder provinzialer Geschichtschreibung angehören oder nur vorübergehenden Tagesinteressen dienen, künftig nicht erfolgen. Die Kommission schloß: Die zweckentsprechende Fortführung der Bibliothek erfordert eine durchschnittliche Jahresaufwendung von rund 32000 ℳ. Diese Summe wurde fortan in den Voranschlag gestellt, bis die Bibliothek nicht mehr aus dem sächlichen Fonds gespeist wurde, sondern einen eigenen Posten bekam.

Die Stelle eines Hilfsbeamten wurde am 1. April 1912 in eine dritte Bibliothekarstelle umgewandelt und Marx übertragen, der bereits fast sechs Jahre in der Bibliothek tätig war. Es ergab sich aber die Notwendigkeit, noch eine wissenschaftliche Kraft einzuberufen, und so trat Gerichtsassessor Paul Güntzel aus Wittstock am 1. Mai 1914 als Hilfsbeamter ein. Pauckert dagegen, die tragende Säule im inneren Bau der Bibliothek, seit dem 1. Okt. 1911 Oberbibliothekar, trat nach fast dreißigjähriger Dienstzeit am RG. mit dem 1. Okt. 1914 in den Ruhestand (und starb nach schweren Leiden am 12. Juni 1919). Da war schon Krieg. Die wissenschaftlichen Beamten waren also Karl Schulz, Hans Schulz, Marx und Güntzel. Letzterer wurde am 1. Juli 1915 zum Bibliothekar ernannt, Hans Schulz im Juni 1916 zum Oberbibliothekar, Marx aber trat am 1. Okt. 1916 krankheitshalber in den Ruhestand. An seine Stelle kam Dr. phil. Gustav Wahl, bis dahin Direktor der Deutschen Bücherei in Leipzig.

Das Jahr 1917 brachte die größten Veränderungen. Karl Schulz, der Begründer der Bibliothek und ihr Leiter durch 37 Jahre, trat am 1. April 1917, 73 Jahre alt, in den Ruhestand. Seinem Wirken ist der ganze Aufbau der Bibliothek zu danken, wie er sich durch 50 Jahre bewährt hat. Bei den Neuerwerbungen suchte er dem Grundsatze nachzuleben, daß ein Buch schon ausleihebereit zur Verfügung stehen müsse, wenn ein Benutzer die Nachricht von seinem Erscheinen erhielte, daher verfolgte er die Vorankündigungen der Buchhändler aufs genaueste. Für die ältere Literatur diente ihm und der Bibliothek in hohem Maße seine Kenntnis der Literärgeschichte und des Marktes. Was das RG. an Werken vom 14. bis zum 18. Jahrhundert besitzt, ist im wesentlichen von ihm erworben. Das ist um so höher zu schätzen, als die heutige Finanzlage einen weiteren planmäßigen Ausbau dieser Gebiete nicht mehr zuläßt, sondern nur die Erwerbungen eines günstigen Zufalls oder eines glücklichen Tausches. Wenn auch nie die Absicht bestanden hat, alte Bücher als Zeugnisse der Buchkunst zu sammeln, so sind unter den aus wissenschaftlichen Gründen zusammengebrachten Juridika doch auch manche Bände, die vom Gesichtspunkte der Druckerkunst, der Buchausschmückung, des Einbands u. dgl. beachtenswert sind. Seine bibliothekarischen Erfahrungen machte Karl Schulz für den Kreis seiner Fachgenossen fruchtbar im einstmaligen Kampf mit dem Börsenverein der deutschen Buchhändler und auf Bibliothekartagen. Noch in hohem Alter hat er im Ruhestand Rezensionen geschrieben, bis er am 15. März 1929 in München verschieden ist, einer der letzten von den Angehörigen des RG., die bei seiner Gründung im Amte waren.

Hans Schulz ging am 1. April 1917 in den preußischen Bibliotheksdienst zurück und wurde der Universitätsbibliothek in Halle zugeteilt. Güntzel, im Felde schwer verwundet, hatte zwar in der Genesung nach Kräften in der Bibliothek gearbeitet, ging aber nach seiner Heilung wieder an die Front und geriet am 25. März 1918 in französische Gefangenschaft, aus der er erst am 11. Febr. 1920 zurückkehrte. Am 1. März 1917 trat der frühere Gerichtsreferendar, dann Assistent an der Kgl. Bibliothek in Berlin Dr. jur. Martin Kreplin als Hilfsarbeiter mit Aussicht auf spätere Anstellung ein, und wurde am 1. Juli 1917 Bibliothekar.

Direktor wurde am 1. April 1917 der Bibliothekar an der Kgl. Bibliothek in Berlin Dr. jur. Erich von Rath, im selben Monat wurde Wahl zum Oberbibliothekar ernannt. Da dieser aber am 1. Jan. 1918 Direktor der Stadtbibliothek, später Staats- und Universitätsbibliothek, zu Hamburg wurde, ergab sich wieder ein leerer Platz. Im September 1917 war der aus sächsischem Bibliotheksdienst stammende wissenschaftliche Hilfsarbeiter an der Stadtbibliothek zu Dresden Dr. jur. Kurt Blaß als Hilfsbeamter für das Ende seiner Soldatenzeit einberufen worden, konnte aber erst im Dezember 1918 nach seiner Rückkehr aus dem Felde als Bataillonskommandeur die Stelle als Bibliothekar antreten. Im Jahre 1919 wirkten also — von dem noch gefangenen Güntzel abgesehen — von Rath, Kreplin und Blaß. Erst jetzt wurde ein leidlich geordnetes Arbeiten möglich, das in regelmäßige Bahnen überleiten konnte. Wichtige Änderungen und Besserungen wurden im technischen Betriebe durchgeführt. Das Bestellwesen und der Verkehr mit den Buchhändlern wurden durch Karteiform übersichtlicher und leichter prüfbar gestaltet; im Zugangsbuch wurden nicht mehr die Werke seit Gründung der Bibliothek fortlaufend gezählt (bis 92384), sondern innerhalb jeden Jahres die bibliographischen Bände, so daß die Zahlen seit 1919 den Zuwachs an Bänden angeben mit Ausnahme der Zeitschriftenbände. Die Zeitschriften und Fortsetzungswerke wurden auf eigens gedruckte Fortsetzungszettel übertragen, deren Anordnung auf die üblichen und wichtigen Fragen sofortige Antwort ermöglicht und Hemmungen, Lücken und Verzögerungen nachweist. Die Wiegendrucke und die Erzeugnisse der Druckkunst im frühen 16. Jahrhundert wurden aus dem Magazin herausgezogen und für sich gesammelt aufgestellt. Eine sehr wichtige und folgenreiche Änderung war schon im Februar 1917 angeregt worden und wurde jetzt durchgeführt. Karl Schulz schreibt in einem Bericht vom 17. Febr. 1917: „Die allmählich vorgeschrittene Vergrößerung der Bibliothek macht eine Steigerung der Arbeitsleistung der Beamten nötig. Es zeigt sich mehr und mehr, daß die Bildung der Kanzleisekretäre für die pünktliche und exakte Ausführung der ihnen zugewiesenen Arbeiten nicht ganz ausreicht und daß es immer schwieriger wird, geeignete Kräfte aus der Kanzlei zu gewinnen. Es wird die besondere Ausbildung für den mittleren Bibliotheksdienst und ein diese abschließendes Examen wie bei den größeren wissenschaftlichen Bibliotheken so auch bei der Bibliothek des RG. für die Besetzung der bisher von Kanzleisekretären innegehabten Stellen nötig werden. Nach dem Vorgange bei anderen Bibliotheken werden einige dieser Stellen mit gutem Erfolg von Damen mit höherer Schulbildung und besonderer Vorbildung zum Bibliotheksdienst besetzt werden können.“ Schulz bezog sich auf mehrfach sehr günstige Erfahrungen anderer mit im mittleren Bibliotheksdienst angestellten Frauen. An die Stellen von zwei ausscheidenden Kanzleisekretären wurden nun durch von Rath zwei Diplomdamen im Angestelltenverhältnis einberufen. Auch übernahm die Bibliothek des RG. jetzt Volontäre zur Ausbildung. Das Sächsische Prüfungsamt für Bibliothekswesen zu Leipzig verteilt die seltenen Praktikanten und zahlreichen Praktikantinnen der Bibliothekarschule auf die Bibliotheken und teilt der des RG. jährlich 2—3 aus dem zweiten Jahrgange zu, die schon ein Jahr lang in einer allgemeinen Bibliothek gearbeitet haben. Von Volontären für den höheren Dienst ist bisher einer ein Jahr lang am RG. ausgebildet worden, der gleich nach seinem Examen eine Stelle als Bibliotheksrat in Preußen erhielt. In der Vorkriegszeit waren in der Bibliothek tätig: 4 wissenschaftliche Beamte, 4 Kanzleisekretäre, 5 Boten und 1 Buchbinder. Nach dem Kriege waren es 2 Kanzleisekretäre und an Stelle der beiden anderen 2 weibliche Angestellte. Eine Botenstelle wurde nach dem Tode des Wachtmeisters Apelt im Jahre 1920 nicht wieder besetzt.

Direktor von Rath ging am 1. Jan. 1921 ab und wurde Direktor der Universitätsbibliothek in Bonn, Mitglied des preußischen Beirats für Bibliotheksangelegenheiten und Vorsitzender der Kommission für den Gesamtkatalog der Wiegendrucke. An seine Stelle wurde Hans Schulz an die Bibliothek des RG. zurückberufen. Fast seine erste Arbeit war, der vorgesetzten Behörde nachzuweisen, wie viele Zeitschriften abbestellt seien. Äußerste Sparsamkeit mußte geübt werden; es war die Zeit, wo nach dem Umsturz, der Verschleuderung und Verwüstung des deutschen Nationalvermögens und unter dem aussaugenden Zwang des Feindbundes alle Ausgaben eingeschränkt und doch mit verringerten Mitteln am Aufbau gearbeitet werden mußte. Vom Personal wurde Dr. jur. Paul Güntzel am 1. April 1923 zum Oberbibliothekar ernannt, dem bald folgenden Abbau fielen aber 1 Bote (jetzt Reichsgerichtswachtmeister genannt), 1 Kanzleisekretär und 1 Bibliothekar zum Opfer. Es traf Blaß, als den zuletzt Eingetretenen; er ging am 1. Okt. 1926 als Bibliothekar an das Institut für ausländisches öffentliches Recht und Völkerrecht e. V. in Berlin. Eine Diplomdame verließ Ostern 1925 die Bibliothek, um einen Reichsgerichtsrat zu heiraten, und wurde ersetzt durch eine Dame, die als Volontärin ein Jahr an der Bibliothek gearbeitet und nach ihrem Examen eine Stelle an einem Universitätsinstitut bekleidet hatte. Als endlich Ende 1927 für den abgebauten Kanzleisekretär eine dritte Damenstelle im Angestelltenverhältnis geschaffen wurde, erhielt sie eine durch ihre Volontärzeit und spätere Hilfsarbeit mit der Bibliothek vertraute Dame. Die Arbeit im Magazin verlangt von den dort tätigen unteren Beamten sehr häufig Kenntnisse und Auffassungsgabe, die über den Botendienst hinausgehen. Daher wurde der langjährige aufsichtsführende Magazinbeamte Sernow zum Ministerialkanzleiassistenten ernannt. Als er in den Ruhestand trat, wurde ihm von den Benutzern der Bibliothek ehrende Anerkennung in besonderer Weise ausgedrückt. Sämtliche Senatspräsidenten traten dann in voller Würdigung der Arbeit im Magazin dafür ein, daß die dort tätigen Beamten höher eingestuft würden, und so ist jetzt zunächst eine Ministerialkanzleiassistentenstelle im Magazin geschaffen.

Die Notlage des Deutschen Reiches zwang zu äußerster Sparsamkeit, aber dem RG. erwuchsen neue Aufgaben, die vermehrte Hilfsmittel erforderten. Es wurde ihm der Staatsgerichtshof für das Deutsche Reich angegliedert, später lebte der Staatsgerichtshof zum Schutze der Republik in seinen Mauern und von seinen Kräften. Die Militärgerichtsbarkeit ging auf das RG. über, das Reichsschiedsgericht kam und ging, das Reichsbahngericht ist mit ihm verbunden und nun auch das Reichsarbeitsgericht. Und auf allen Gebieten hub eine erhöhte Gesetzgebungstätigkeit und Gesetzesmacherei an. Es kamen die schlimmen Zeiten, wo die Teuerungsziffer des Börsenvereins der deutschen Buchhändler von Woche zu Woche stieg, wo die der Bibliothek zugewiesenen Mittel so schnell entwertet wurden, daß eine kluge Bücherpolitik nur sehr schwer durchgeführt werden konnte. Die Sparsamkeit verursacht viel mehr Arbeit, als das Wirtschaften aus dem Vollen nötig macht; sehr vielfach bestand die Arbeit der Bibliotheksverwaltung in gemeinsamen Erwägungen der wissenschaftlichen Beamten, ob die Anschaffung eines Buches vermieden werden könne. Die Schwierigkeit, die Aufgaben der Bibliotheksverwaltung im Rahmen der im Haushalt bewilligten Mittel zu erfüllen, veranlaßte das Präsidium des RG., am 4. Juli 1923 eine Bibliothekskommission aus den Herren Senatspräsident Dr. Lobe, Reichsgerichtsrat Busch und Reichsgerichtsrat Dr. Pietzcker zu bestellen, die ihr alle bis zu ihrem Übertritt in den Ruhestand angehört haben. Auf Grund ihrer Verhandlungen und der Äußerungen des Bibliotheksdirektors stellte Präsident Simons in einer Verfügung vom 25. Okt. 1923 die Grundsätze für die Bücherbeschaffung fest: 1. Das juristische Handwerkszeug muß für die Mitglieder des RG. so vollständig wie möglich beisammen sein. Dazu gehören a) das Gesetzgebungsmaterial des Reichs, der Länder und der sonstigen inländischen Verwaltungs- und Selbstverwaltungskörper in amtlicher Form. Bei der Beschaffung sog. Textausgaben und Zusammenstellungen ist Sparsamkeit zu üben. Sie werden aber für den Sitzungsdienst vielfach nicht entbehrlich sein; b) Das Gesetzgebungsmaterial der Nachbarstaaten Deutschlands und der Hauptkulturländer. Auf diesem Gebiete muß versucht werden, die frühere hohe Stellung der Reichsgerichtsbibliothek als der besten kontinentalen Sammlung dieser Art aufrechtzuerhalten bzw. wieder zu erringen. Diesem Zweck müssen unter Umständen auf anderem Gebiete Opfer gebracht werden; c) die führenden Kommentare zu allen wichtigen Reichsgesetzen bzw. ihre Neuauflagen. Ein Verkauf früherer Auflagen erscheint nur so weit tunlich, als es sich um entbehrliche Dubletten handelt; die neuesten Auflagen werden naturgemäß in mehr Exemplaren gebraucht als die alten; d) eine möglichst umfassende Sammlung des zeitgenössischen juristischen Schrifttums. Dabei sind für das deutsche Schrifttum auch die wichtigeren Broschüren über juristische Tagesfragen unentbehrlich, soweit sie sich nicht inhaltlich mit Artikeln in den von der Bibliothek gehaltenen juristischen Zeitschriften decken; e) anerkannt führende Bücher und Zeitschriften des ausländischen juristischen Schrifttums; f) wichtige Erscheinungen der Rechtsgeschichte. Auf diesem Gebiete ist die Bibliothek sehr gut ausgestattet; es bedarf auch weiterer Pflege. Rechtshistorische Forschungen können für die Entscheidung praktischer Streitfragen von Bedeutung sein;

auch soll die Bibliothek nach wie vor nicht nur der Rechtspflege, sondern zugleich der Rechtswissenschaft dienen. 2. Die Tradition der Reichsgerichtsbibliothek, wonach diese nicht nur das Rechtsleben, sondern auch andere Seiten des Kulturlebens in weitem Umfange beachtete, muß soweit als möglich aufrechterhalten werden. Immerhin werden gerade hier die meisten Opfer zu bringen sein. a) Am unentbehrlichsten ist die fortlaufende Übersicht über die Literatur der verschiedenen Zweige der Staatsverwaltung und der Volkswirtschaft, da sie mit dem Rechtsleben unmittelbar zusammenhängt. Aber auch hier dürfen nur die Hauptererscheinungen berücksichtigt werden; b) Philosophie und Geschichte bilden wohl den bedeutendsten Teil des Bestandes nichtjuristischer Literatur der Bibliothek. Eine vorsichtige Ergänzung dieser Bestandteile ist anzustreben; c) schöne Literatur muß gänzlich ausscheiden. (Sie ist, im Gegensatz zu den Bibliotheken anderer Behörden, nie angeschafft worden. In dankenswerter Weise hat neuerdings der Inselverlag mehrfach sehr gern entgegengenommene Weihnachtsspenden gemacht.) 3. Bei der Anschaffung politischer, nationalökomonischer, philosophischer und religiöser Broschüren ist größte Zurückhaltung geboten. Die Zahl der von der Bibliothek gehaltenen Zeitungen ist einzuschränken. Es genügt, wenn für jede politische Richtung, die es in Deutschland zu einer größeren Parteibildung gebracht hat, ein führendes Organ gehalten wird. Dazu kommen die hauptsächlichsten Regierungsblätter und die Lokalpresse. 4. Um die zur Verfügung stehenden Mittel zu vermehren und Räume zu gewinnen, ist für eine regelmäßige Abstoßung überflüssig erscheinenden Bestandes Sorge zu tragen.

Am 2. Nov. 1923 fand im Reichsministerium des Innern eine Besprechung statt zur Bildung einer Arbeitsgemeinschaft der Reichsbibliotheken mit Rücksicht auf den Leihverkehr der amtlichen Büchereien des Reichs untereinander und der Vermeidung von Doppelbeschaffung. Oberbibliothekar Güntzel nahm die Tagung wahr und erklärte, daß ein enger Anschluß der Bibliothek des RG. an die Berliner Arbeitsgemeinschaft wegen der räumlichen Trennung nicht in Frage kommen könne, daß sie aber gemäß den Bestimmungen des preußischen Leihverkehrs Werke entleihen würde. Als der preußische Leihverkehr sich später zum deutschen Leihverkehr entwickelte, wurde die Bibliothek des RG. selbständiges Mitglied und ist häufig in der Lage, Bücher — soweit sie gerade nicht gebraucht werden — zu versenden, die sie als einzige Bibliothek im Deutschen Reiche besitzt. Nach dem Berliner Muster erstrebte man eine Arbeitsgemeinschaft der Leipziger Bibliotheken, die dadurch erschwert sein konnte, daß diese verschiedenen Behörden, nämlich dem Reiche, dem sächsischen Staate, der Stadt Leipzig und privaten Körperschaften unterstehen. Der Erfolg der Beratung vom 17. Jan. 1924, zu der der Präsident des RG. die Vorstände von 8 Bibliotheken berief und die er selbst leitete, war aber doch so günstig wie möglich. Es wurden Anschaffungsgebiete abgegrenzt und erhöhte und erleichterte gegenseitige Aushilfe versprochen und in der Folgezeit auch geleistet. Von Anschaffungen auf dem Gebiete der Volkswirtschaft z. B. sah die Bibliothek des RG. jetzt häufig ab und verwies auf die Bibliothek der Handelskammer, die Universitätsbibliothek, in nächster Nähe gelegen, räumte freundnachbar-

Phot. Taggeselle, Leipzig

Teil der Bücherei

liche Vorrechte ein, und die Deutsche Bücherei, mit Reichsmitteln beträchtlich unterstützt, unterbrach zugunsten der Reichsgerichtsbibliothek ihren Grundsatz des Nichtausleihens. Da sie neu erscheinende Bücher zuallererst bekommt, bietet sie die Möglichkeit, durch deren Einsicht schnell entscheiden zu können, ob sie für das RG. anzuschaffen seien oder nicht. Alle diese Bibliotheken haben aber ihren weiten Leserkreis, für den sie in erster Linie sorgen müssen. Bei allem möglichen Entleihen anderswoher ist das RG. auf seinem eigensten Gebiete naturgemäß auf sich allein angewiesen, hat auf diesem auch den andern nach Möglichkeit zur Verfügung zu stehen. So ist die Benutzung durch die juristische Fakultät der Universität stark, erfreulich und lehrreich.

Die Zeitläufte erlaubten nicht, daß sich die Reichsgerichtsräte, wie es viele früher getan haben, beträchtliche Privatbibliotheken ausbauten, sie waren mehr als früher auf die amtliche Bibliothek angewiesen und benutzten sie in erheblich höherem Maße. Die Handbibliotheken in den Beratungszimmern, in der Reichsanwaltschaft, in den Geschäftsstellen mußten erneuert werden, die Arbeitszimmer der Senatspräsidenten und Vorsitzenden der Senate, die früher nicht bedacht gewesen waren, mußten mit den notwendigsten Büchern ausgestattet werden. Nach Einführung der Rentenmark waren die Preise für Bücher und Zeitschriften 50 % höher als die Friedenspreise; da Sparsamkeit nötig war, drückte die Bibliothek ihre Bedürfnisse bei den Anforderungen im Etat auf 60 % des Friedensstandes herab. In all den Etatserwägungen wurden die Ermittlungen des preußischen Beirats für Bibliothekswesen und die Berichte des Börsenvereins der deutschen Buchhändler über Bücherproduktion und Preise zu Rate gezogen. Im Jahre 1927 berechnete der Generaldirektor der Preußischen Staatsbibliothek die Steigerung der Preise der Bücher seit der Vorkriegszeit mit 70 %, im rechtswissenschaftlichen Schrifttum war sie noch höher. In der Bibliothek des RG. wurde eine Untersuchung darüber angestellt an 40 Werken, deren Auswahl rein sachlich getroffen wurde. Es ist lediglich darauf geachtet worden, daß sich die Bücher hinsichtlich ihres Umfanges und ihrer Ausstattung miteinander vergleichen lassen, und daß alle größeren rechtswissenschaftlichen Verlage etwa gleichmäßig berücksichtigt sind. Seitenzahl, Größe, alles wurde gewertet. Es ergab sich eine Preissteigerung von 93 %. Der Erwerb der Bücher erfolgte unter anderen Bedingungen als früher. Die Gesetzgebungsmaschine arbeitete unermüdlich und überhastet. Früher gaben die Regierungen die „Motive“ heraus, die der Bibliothek des RG. von selbst zuflossen, jetzt erschien die Fülle der Referentenkommentare, sie mußten gekauft werden. Die amtlichen Veröffentlichungen des Reichs und der Länder werden in viel geringerem Maße als früher der Bibliothek kostenlos überwiesen. So wurden z. B. in der Vorkriegszeit die 18 Reichsgesetzblätter, die damals erforderlich waren — der Jahrgang kostete damals bekanntlich 1 ℳ — umsonst überwiesen. Heute braucht das RG. 25 Stück und muß sie, da jedes 10,80 ℳ kostet, mit 270 ℳ bezahlen. Dazu kommen die vermehrten und erhöhten Bindekosten. Werbearbeit, um Schenkungen der Veröffentlichungen von Behörden, Stadtverwaltungen, Verbänden u. dgl. zu erlangen, hat trotz größter Bemühung der Verwaltung zwar dankbar anerkannte, aber doch noch nicht ganz befriedigende Erfolge eingebracht. Wesentlich half die Unterstützung der schriftstellerisch tätigen Mitglieder des RG. und der Reichsanwaltschaft und die Beziehung zu manchen Vertretern der deutschen Wissenschaft. Auch der Buchhandel hat der Bibliothek beigestanden, so J. Schweitzer Verlag (Arthur Sellier) in München, J. C. B. Mohr in Tübingen, Stämpfli & Cie. in Bern, Sauerlander & Cie. in Aarau. Die Beihilfe der „Notgemeinschaft für die deutsche Wissenschaft" ist nur geringfügig, da dem RG. „keine Forschungsaufgabe" obliege — wenn auch Professoren deutscher und außerdeutscher Universitäten in ihren Ferien wochenlang die Bibliothek als gern gesehene Gäste benutzen und rühmen, und Reichsgerichtsräte ihre Forschungen über die täglichen Aufgaben weit hinaus erstrecken. Im Laufe der Jahre mußten die Anschaffungen auf dem Gebiete des öffentlichen Rechtes erweitert werden, dem Bedürfnisse im Militärrecht wurde dadurch gedient, daß die für das RG. wichtigsten Teile der Bibliothek des aufgehobenen Reichsmilitärgerichts, die jetzt beim Reichswirtschaftsgericht steht, nach Leipzig geschafft und geschlossen in einem Sonderraum aufgestellt wurden. Seit der Gründung des Reichsarbeitsgerichts ist die Beschränkung auf rein arbeitsrechtliche Werke nicht mehr angängig. Es müssen auch die wichtigen gewerkschaftlichen und sozialpolitischen Zeitschriften und Abhandlungen beschafft und nach rückwärts zum mindesten bis 1919 ergänzt werden. Mit dem Institut für Arbeitsrecht an der Universität steht die Bibliothek in ständiger Beziehung.

Vertreter der Wissenschaft und der Praxis waren früher von ganz Deutschland aus genötigt und gewohnt, die Bibliothek des RG. in Anspruch zu nehmen, um in ihr, und nur in ihr, das rechtswissenschaftliche Schrifttum des Auslandes in seinen wichtigsten Erscheinungen zu finden. Bald nach dem Kriege kamen Besucher und Anfragen, die Industrie wollte etwa in England oder in Amerika ergangene Entscheidungen kennenlernen — es war schmerzlich und peinlich, daß man versagte. Selbst die Gesetzblätter der feindlichen Staaten waren nicht vorhanden, waren in ungünstig wirkender Sparpolitik abbestellt worden. Die Kenntnis ausländischen Rechts hätte vor großem Schaden bewahren können, aber die Bibliothek konnte nicht helfen. Dem mußte Abhilfe geschaffen werden. Im Gerichtshof selbst brachten die Auswirkungen des Versailler Vertrages das Bedürfnis nach ausländischer Literatur hervor, die sog. Kriegsverbrecherprozesse u. a. In steigendem Maße wandten sich auch andere deutsche Gerichtshöfe und insbesondere die deutschen Vertreter bei den gemischten Schiedsgerichten an die Reichsgerichtsbibliothek. Es war keine kleine Aufgabe, die ausländische Literatur zu ermitteln und zu beschaffen. Sie mußte noch schärfer als bisher wissenschaftlich geprüft werden, eine erschwerte Arbeitsleistung, die besonderes Eindringen in die Zeitschriften verlangte, denn Ansichtssendungen aus dem Auslande waren noch nicht leicht zu ermöglichen. Und die Anschaffung früherer Jahrgänge von Gesetzblättern und Zeitschriften ist immer erschwert, da sie oft teilweise vergriffen sind und mit besonderen Kosten gesucht werden müssen. Auch im Auslande waren die Preise gestiegen, auch dort hatte nach Kriegsende überall eine erhöhte Tätigkeit der Gesetzgebungsmaschine eingesetzt, die wiederum ein Anschwellen der Rechtsliteratur bedingte. Anderseits waren während des Krieges manche Werke nur in geringer Auflage gedruckt worden und jetzt nicht mehr greifbar. Eine beträchtliche Menge wichtiger Werke ist durch Rezensiertätigkeit erworben worden, außerdem ist es der Bibliotheksverwaltung bei manchen Verlegern gelungen, nicht unbedeutende Ermäßigungen zu bewirken. Zur Ausfüllung der Lücken in ausländischer Literatur wurden in der Hauptsache 35000 ℳ in zwei Jahresbeträgen von je 17500 ℳ bewilligt. Dazu kam eine ganz besonders dankenswerte Hilfe: Herr Dr.-Ing. e. h. Günther Quandt schenkte eine beträchtliche Menge sehr wertvoller englischer und amerikanischer Bücher.

Bereits im Jahre 1915 hatte die Absicht bestanden, den letzten noch nicht mit Büchergestellen besetzten Halbstock des Magazins auszubauen. Es geschah 1926/27, so daß nun aller Platz belegt ist. Im Sommer 1927 wurde der ganze Bücherbestand des Magazins auseinandergezogen, über 230000 Bände wurden bewegt und über den ganzen Raum verteilt, ein Teil wurde in den Bodenräumen untergebracht, die mit Licht versehen worden sind. In verhältnismäßig kurzer Zeit wurde die neue Aufstellung beendet, mit Hilfe von Studenten und zuletzt von Strafgefangenen. Viele Arbeit macht der Dublettenboden, aber er wird nach Möglichkeit ausgenutzt (Notgemeinschaft der deutschen Wissenschaft, Reichstauschstelle im Reichsministerium des Innern). Die Heizanlage ist verbessert. Aber die Schäden früherer Heizweisen, die sich schon in der Georgenhalle, dem Unterschlupf vor dem Beziehen des Reichsgerichtsgebäudes, bemerklich gemacht haben, wirken fort. Das Einbandleder der achtziger und neunziger Jahre des vorigen Jahrhunderts, unsachgemäß gegerbt, wird jetzt brüchig. Es ist der „rote Verfall“, der vermehrte Kosten verursacht. Die Verwaltung ist bemüht, so einfach wie möglich zu wirtschaften, jeden Arbeitsgang tunlichst zu verkürzen, aber die Größe der Bibliothek und die Stärke ihrer Benutzung regeln das Maß. Die Anforderungen an die Bibliothek und die Höhe ihrer laufenden Leistungen sind gestiegen, ihr Personal aber ist gegen früher vermindert. Die Kataloge wachsen, es wird nach Möglichkeit mit Titeldrucken und Vordrucken gearbeitet, jede technische Vereinfachung wird erwogen und geprüft. Die Erleichterung der Benutzung führt aber auch zu neuen Arbeiten. So wird seit Jahren, seitdem die Fortbildung von Recht und Wissenschaft sehr stark in Zeitschriften erfolgt, ein systematischer Katalog auf Zetteln geführt, in dem die wichtigsten Zeitschriftenaufsätze verzeichnet werden. So ist es möglich, das Schrifttum besonders über neu auftauchende Rechtsfragen sofort nachzuweisen. Da aber jetzt nur drei wissenschaftliche Beamte vorhanden sind, ist es nicht möglich, auch noch die Einarbeitung der Bücher der gedruckten beiden Katalogbände, die einst unterbrochen worden ist, fortzuführen, und es ist auch noch nicht gelungen, das System, das durch die stürmische Bewegung der letzten Jahre an vielen Stellen gesprengt ist, gründlich durch- und umzuarbeiten. Eine Bibliothek wird nie fertig, auch wenn sie in jedem Augenblick auf dem höchsten gebrauchsfähigen Stande ist.

Zur Zeit sind tätig Bibliotheksdirektor Dr. phil. Hans Schulz (seit 1. Sept. 1900 mit Unterbrechung vom 1. April 1917 bis 31. Dez. 1920), Oberbibliothekar Dr. jur. Paul Güntzel (seit 1. Mai 1914), Bibliothekar Dr. jur. Martin

Kreplin (seit 1. März 1917), drei Diplomdamen: Frau Anna Hartmann geb. Walz (seit 1. Nov. 1919), Fräulein Hildegard Härtwig (seit 1. April 1925) und Fräulein Irmgard Bär (seit 7. April 1927), Ministerialkanzleiobersekretär Kämpfer (seit 1. April 1906), Ministerialkanzleiassistent Zacharias (seit Oktober 1909), Reichsgerichtsoberwachtmeister Dilz (seit April 1914), Reichsgerichtswachtmeister Jünke (seit August 1914), Reichsgerichtswachtmeister Wendel (seit März 1927) und Buchbindermeister Klaudat (seit 6. Aug. 1928).

Die früheren wissenschaftlichen Beamten sind oben erwähnt. Von Diplomkräften sind in der Bibliothek tätig gewesen die Damen Hertel, Kanitz, Baron, Magdalene Malkwitz, Olga Pietzcker, von Herren längere Zeit die folgenden Beamten des RG.: Borchard, Schwartz, Jahn, Senff, v. Jagemann, Beyer, Jäger, Dietze, Thieme, Steger, Apelt, Sernow und die Buchbinder Hengst und König.

Das Zugangsbuch zeigt in fortlaufender Zählung bis 1918 92384 Nummern, von da an sind die Zahlen für die einzelnen Jahre:

1919	2262	1924	2584
1920	2291	1925	3497
1921	1794	1926	4106
1922·	2116	1927	6349
1923	2040	1928	4026

Die Gesamtzahl der jetzt vorhandenen Bände ist rund 238000.

Stand der Zeitschriften:

	Deutschland	Ausland
1. Zeitschriften	372	273
2. Gesetz- und Amtsblätter	76	55
3. Verhandlungen von Körperschaften	29	7
4. Kartotheken	6	—
	483	335

Insgesamt: 818, ohne die Doppelstücke.

Erwerb der Zeitschriften:

	Deutschland	Ausland	Insgesamt
1. Kauf	266	254	520
2. Geschenk	213	64	277
3. Tausch	4	17	21
	483	335	818

Im Lesezirkel sind im Umlauf 120 Zeitschriften in rund 220 Mappen bei rund 950 Lesern.

Im Lesesaal und den Sonderbibliotheken der Reichsanwaltschaft, der Geschäftsstellen, Beratungszimmer, Sitzungssäle usw. stehen gegen 4000 Bände.

Die Ausgaben für die Bibliothek betrugen in den Rechnungsjahren

1. Okt. 1879 bis 31. März 1880	11615 M	1904	29756 M
1880/81	16986 M	1905	Für diese Jahre sind je 32000 M in Aussicht genommen gewesen; der Verbrauch ist nicht mehr festzustellen, da die Rechnungen vernichtet und andere Aufzeichnungen nicht vorhanden sind.
1881/82	16530 M	1906	
1882/83	26369 M	1907	
1883/84	20689 M	1908	36937 M
1884/85	20060 M	1909	29945 M
1885/86	20154 M	1910	28073 M
1886/87	22038 M	1911	44046 M
1887/88	20824 M	1912	38430 M
1888/89	22288 M	1913	36847 M
1889/90	22015 M	1914	26216 M
1890/91	23001 M	1915	16142 M
1891/92	25053 M	1916	17560 M
1892/93	28474 M	1917	17294 M
1893/94	29397 M	1918	23334 M
1894/95	30880 M	1919	39436 M
1895/96	31570 M	1920	63825 M
1896/97	31841 M	1921	187547 M
1897/98	32838 M	1922	1899080 M
1898	31816 M	1923	7833901131409498 M
1899	31422 M	1924	28187 M
1900	33002 M	1925	38198 M
1901	32314 M	1926	52586 M
1902	36580 M	1927	65990 M
1903	32936 M	1928	54995 M

Dr. Schulz.

IV. a) Die Reichsgerichtsentscheidungen.

Bald nach der Errichtung des Reichsoberhandelsgerichts hatten dessen Mitglieder die „Entscheidungen des Reichsoberhandelsgerichts“ herausgegeben, die bis zum 25. Band angewachsen waren. Diese Sammlung wurde von den Mitgliedern des RG. nunmehr fortgesetzt und von ihnen in zwei Abteilungen herausgegeben, als „Entscheidungen des Reichsgerichts in Zivilsachen“ und „Entscheidungen des Reichsgerichts in Strafsachen“. Die Herausgabe besorgte im Namen der Mitglieder eine Redaktionskommission, in die aus jedem Senat ein Senatsvertreter abgeordnet wurde. Welche Urteile für die Veröffentlichung bestimmt werden, entscheidet jedoch allein der Senat, der sie erlassen hatte; ohne dessen Genehmigung dürfen auch keine Kürzungen usw. für den Druck vorgenommen werden. Ursprünglich erhielten die Urteilsverfasser ein geringes Honorar für die abgedruckten Urteile, bald aber verzichteten sie darauf zugunsten des neugegründeten sog. Rentenvereins. Aus den Erträgnissen der von diesem angesammelten Honorare erhalten die Witwen und unverheirateten Töchter der verstorbenen Richter und Reichsanwälte des RG. ein kleine jährliche Rente. Vermehrt wurde diese durch eine hochherzige Stiftung des Reichsgerichtsrates Schwarze vom 25. Jan. 1888 und eine Zuwendung des 1903 verstorbenen Reichsgerichtsrates Petsch. Das Nähere hierüber ist bereits in der Festschrift „Die ersten 25 Jahre des Reichsgerichts" S. 17ff. gesagt. Die Einrichtung erfreut sich, was gegenüber entstandener gegenteiliger Ansichten zu betonen ist, durchaus auch des Wohlwollens der Reichsjustizverwaltung.

Neben dieser amtlichen Sammlung des RG. gab auch die Reichsanwaltschaft die „Rechtsprechung des Reichsgerichts in Strafsachen" heraus. Nachdem sie dann vom 19. Bande der reichsgerichtlichen Entscheidungssammlung ab mit dieser vereinigt worden war, wird sie von den Mitgliedern des RG. und der Reichsanwaltschaft gemeinsam herausgegeben. Die Reichsanwaltschaft entsendet nun auch ihrerseits ein Mitglied in die Redaktionskommission. Aufgenommen werden in die Sammlung solche Entscheidungen, auf die der Senat besonderen Wert legt, namentlich wenn sie neue rechtliche Gesichtspunkte enthalten, aber auch wenn die Eigenart des Falles für die Praxis besonders lehrreich erscheint. Ob nicht manchmal zuviel Urteile für den Druck bestimmt werden, bleibt immerhin eine offene Frage. Ein Nachteil ist jedenfalls, und er ist schon von Anfang an hervorgetreten, daß gerade die wichtigsten Entscheidungen häufig zu spät in der Sammlung erscheinen, trotzdem man dazu übergegangen ist, die Sammlung in einzelnen Heften erscheinen zu lassen. Neuerdings werden in einem Anhang zu den Zivilentscheidungen auch solche des Staatsgerichtshofes abgedruckt, obwohl für sie eine eigene Herausgabe am Platze wäre.

Den Verlag hatte anfänglich die Verlagsbuchhandlung Veit & Co. in Leipzig übernommen, nach deren Aufhören die Verlagsbuchhandlung Walter de Gruyter & Co. (Abteilung Guttentag) in Berlin. Dieser Verlag hat das besondere Verdienst, es ermöglicht zu haben, das Erscheinen der Entscheidungen auch in der schweren Kriegs- und Nachkriegszeit fortzuführen. Das Reichsgericht ist ihm hierfür zu dauerndem Dank verpflichtet.

Dem Bedürfnis nach rascherer Verbreitung wollten anfänglich auch die Annalen des Reichsgerichts genügen, die der Rechtsanwalt beim RG., Justizrat Braun und der Rechtsanwalt beim Landgericht Leipzig, Dr. Blum, herausgaben. Diese brachten auch Mitteilungen aus der Anwaltskammer beim RG. Sie sind nur bis zum 10. Bande fortgeführt worden. **Dr. Lobe.**

b) Das Nachschlagewerk beim Reichsgericht.

„Bei der Zahl und der sich stets steigernden Geschäftslast der Zivilsenate des RG. wird es für deren Mitglieder immer schwieriger, sich eine ausreichende Kenntnis von der Rechtsprechung der einzelnen Senate zu verschaffen. Die auf diese Rechtsprechung bezüglichen Veröffentlichungen sind zu dem bezeichneten Zwecke unzulänglich, da sie der Natur der Sache nach eine rasche und leichte Übersicht nicht bieten und ebensowenig alle Entscheidungen, in denen sich

Rechtsausführungen finden, nachweisen können. Durch den hervorgehobenen Mangel wird die Einheitlichkeit der Rechtsprechung mehr und mehr beeinträchtigt. Behufs Beseitigung dieses Mißstandes ist die Herstellung eines umfassenden Nachschlagewerkes erforderlich. Dasselbe soll sich auf die Zeit vom 1. Jan. 1900 ab erstrecken und alle Entscheidungen der Zivilsenate berücksichtigen, mit Ausschluß derjenigen, welche Gesetzesvorschriften betreffen, die an dem genannten Tage außer Geltung getreten sind."

Mit diesen Worten wurde der Antrag begründet, der die Einstellung der Mittel für die Schaffung eines Nachschlagewerkes oder, wie damals gesagt wurde, eines „Präjudizienbuches" in den Etat des RG. für 1905 forderte. Nachdem diese Mittel bewilligt waren, wurde alsbald mit den Vorarbeiten begonnen, die sich bis ins Jahr 1906 hinzogen, ohne zu einem befriedigenden Ergebnis zu führen. Erst nachdem am 1. Juli 1906 der aus dem badischen Justizdienst stammende Reichsgerichtsrat Eduard Müller die Oberleitung der Arbeit übernommen und der Amtsrichter beim Amtsgericht Leipzig, Dr. Warneyer, mit der Durchführung des Planes betraut worden war, konnte mit der Herstellung des Werkes begonnen und ihm die Gestalt, in der es jetzt vorliegt, gegeben werden. Die bis dahin aus den Urteilen der Jahre 1900 bis 1905 angefertigten Auszüge entsprechen den Erfordernissen, die an das Nachschlagewerk nach dem endgültigen Plane zu stellen waren, nicht. Sie waren weder vollständig, noch ließen sie die Gestaltung des einzelnen Falles überall erkennen. Vielfach beschränkten sie sich auf kurze Hinweise oder auf Fragen. Daher machte sich eine Umarbeitung und Ergänzung des vorhandenen Stoffes notwendig. Erstere erfolgte in der Weise, daß die vorhandenen Auszüge sämtlich an der Hand der Urteilsabdrücke in positive Rechtssätze umgewandelt, letztere dadurch, daß alle in Zeitschriften abgedruckten Entscheidungen, die noch nicht für das Nachschlagebuch exzerpiert waren, neu bearbeitet wurden. Diese Art der Umarbeitung und Ergänzung beschränkte sich jedoch auf die zum BGB. und dem Einführungsgesetze dazu ergangenen Urteile. Es mußte dieser Weg gewählt werden, damit mit der Anlage des Nachschlagebuchs überhaupt begonnen werden konnte.

Das Material zu den übrigen Gesetzen in derselben Weise umzuarbeiten und zu ergänzen, erschien aus verschiedenen Gründen nicht durchführbar. Deshalb wurde beschlossen, alle seit dem 1. Jan. 1900 ergangenen Entscheidungen noch einmal durchzuarbeiten und neue Auszüge davon anzufertigen. Damit jedoch schon vor Fertigstellung dieser im Sommer 1907 begonnenen, auf zwei Jahre berechneten Nacharbeit die fortlaufend angefertigten Auszüge aus den seit dem 1. Jan. 1906 ergangenen Urteilen den Mitgliedern des RG. nutzbar gemacht würden, erfolgte deren Aufnahme in eine 12 Bände umfassende sog. „vorläufige Anlage", die ebenso wie das BGB. samt dem Einführungsgesetze durch Nachträge auf dem laufenden erhalten wurde.

Nachdem die Nacharbeit bis zur Hälfte gediehen war, wurde zur endgültigen Anlage des Nachschlagebuchs für die übrigen Gesetze geschritten. Jeweils nach Fertigstellung der Auszüge aus den Jahren 1903 und 1904 wurde das gewonnene Material in die vorhandene Anlage nachgetragen. Nach Vollendung der Nacharbeit wurde mit der Fortführung der endgültigen Anlage, unter Auflösung der vorläufigen, bis zur Gegenwart begonnen.

Diese Arbeit war im Dezember 1909 beendet. Ihre Erledigung war nur dadurch ermöglicht worden, daß dem Amtsrichter Dr. Warneyer 2, zeitweilig auch 3 Assessoren beigegeben waren, die ausschließlich am Nachschlagewerk beschäftigt wurden; es waren die preußischen Assessoren Jeß, Dr. Anz (jetzt Präsident des Oberlandesgerichts Kassel), Dr. v. Dorrien (im Weltkrieg als Amtsrichter gefallen), Remelé; der sächsische Assessor Dr. Ritter und die badischen Assessoren Dr. Glockner und Dr. Jolly.

Die Oberleitung war nach dem im September 1908 erfolgten Tode des Reichsgerichtsrats Eduard Müller dem Reichsgerichtsrat, späteren Senatspräsidenten Dr. Koenige übertragen worden.

Die Einrichtung des Werkes ist derart erfolgt, daß für alle Paragraphen der einzelnen Gesetze mindestens ein Blatt, für Paragraphen mit reichhaltiger Rechtsprechung mehrere Blätter angelegt wurden, worauf die in zeitlicher Reihenfolge gedruckten, mit fortlaufender Nummer versehenen Auszüge aufgeklebt werden. In Nebenspalten wird auf ähnlich gelagerte Fälle sowie auf abändernde, bestätigende oder den ausgesprochenen Rechtsgrundsatz weiter ausbauende Erkenntnisse verwiesen und dadurch der Zusammenhang zwischen den einzelnen Entscheidungen hergestellt. Liegt zu einem Paragraphen eine große Anzahl von Entscheidungen vor, so ist ihm ein Stichwortverzeichnis vorausgeschickt, unter dem die Nummern der entsprechenden Entscheidungen vermerkt sind. War die Zahl der Entscheidungen zu einem Paragraphen so groß, daß auch durch vorgesetzte Stichwortverzeichnisse die Übersichtlichkeit nicht gewahrt werden konnte, so wurden die Auszüge systematisch gruppiert und mit jeder Gruppe ein neues Blatt begonnen. Die Anlage solcher Paragraphen war besonders schwierig und erforderte stundenlange Beratungen, zu denen auch außerhalb des RG. stehende Autoritäten zugezogen wurden, so beispielsweise zu den Vorschriften der ZPO. der große Prozessualist Professor Dr. Stein.

Da das Nachschlagewerk nur für den internen Gebrauch des RG. und das Reichsjustizministerium bestimmt ist, wird es nur in 10 Exemplaren hergestellt. Es besteht jetzt aus 50 Bänden, von denen 19 das BGB., 9 das Handelsrecht, 3 den gewerblichen Rechtsschutz und das Urheberrecht, 12 das Prozeß- und Konkursrecht, 4 das öffentliche Recht, 3 das preußische Recht enthalten. Es umfaßt zur Zeit mehr als 500 Gesetze mit weit über 50000 Entscheidungen.

Nachdem das Werk Ende 1909 aufs laufende gebracht war und sich die weitere Arbeit auf die Fortführung des Werkes beschränkte, und nachdem sich diese Fortführung beständig dadurch vereinfachte, daß in einem von Jahr zu Jahr steigendem Umfang die Urteilsverfasser in den einzelnen Senaten selbst die Auszüge der nach Ansicht des betreffenden Senats für die Aufnahmen ins Nachschlagewerk geeigneten Urteile anfertigten, konnte die weitere Bearbeitung einem Assessor allein übertragen werden. Im Herbst 1912 wurde der badische Assessor Behrle damit beauftragt, im Herbst 1913 der bayerische Assessor Dr. Ziegler. Seit dem Herbst 1916 obliegt die Bearbeitung des Nachschlagewerkes dem preußischen Gerichtsassessor Dr. Menge, der im Jahre 1925 unter Umwandlung seiner Stelle in eine etatsmäßige zum Archivrat ernannt wurde.

Die Leitung des Werkes übernahm im Herbst 1916 an Stelle des zu den Fahnen einberufenen Dr. Koenige der Reichsgerichtsrat Dr. Busch und nach dessen Pensionierung am 1. Dez. 1924 der Reichsgerichtsrat Dr. Warneyer, der als Amtsrichter das Werk mit angelegt hatte. Seit dem 1. April 1925 liegt die Leitung des Nachschlagewerkes in Zivilsachen in den Händen des Senatspräsidenten Dr. Flad.

Der schon vor längerer Zeit aufgetauchte Plan, das Nachschlagewerk auf die Strafsachen auszudehnen, ist infolge der eifrigen Bemühungen des Senatspräsidenten Dr. Lobe und des tatkräftigen Eintretens des Präsidenten Dr. Simons im Jahre 1924 verwirklicht worden. Allerdings ist die Anlage dieses Teiles des Nachschlagewerkes, der Kostenersparnis halber, zunächst nur provisorischer Art und reicht mit ihren 3 Bänden nicht an die großen Ausmaße des Nachschlagewerks in Zivilsachen heran. Aber es ist doch ein vielversprechender Anfang gemacht, und es darf die Hoffnung ausgesprochen werden, daß nach Abschluß der Strafgesetz- und Strafprozeßreform und nach Inkrafttreten der neuen Gesetze auch das Nachschlagewerk für Strafsachen weiter ausgebaut und in seiner Anlage dem für Zivilsachen angepaßt wird.

Das Nachschlagewerk in Strafsachen ist eingerichtet vom Archivrat Dr. Menge, dem auch die Fortführung obliegt. Die Leitung hatte zunächst Reichsgerichtsrat Dr. Buff; nach dessen Pensionierung ist sie dem Reichsgerichtsrat v. Kienitz anvertraut. **Dr. Warneyer.**

c) Überblick über die Geschäfte des Reichsgerichts und der bei ihm angegliederten Gerichte am 31. Juli 1929.

Zivilsenate. Ende 1928 anhängig 2304, eingegangen bis 31. Juli 1929 2985, noch anhängig 2538 Sachen.

Strafsenate. a) Revisionen: Ende 1928 anhängig 560, eingegangen bis 31. Juli 1929 2572, noch anhängig 670.

b) Erstinstanzliche Sachen: Ende 1928 anhängig 3, eingegangen bis 31. Juli 1929 56, noch anhängig 4.

Ehrengerichtshof. Ende 1928 anhängig 27, eingegangen bis 31. Juli 1929 54, noch anhängig 30.

Reichsdisziplinarhof. Ende 1928 anhängig 65, eingegangen bis 31. Juli 1929 82, noch anhängig 60.

Staatsgerichtshof für das Deutsche Reich. Ende 1928 anhängig 21, eingegangen bis 31. Juli 1929 17, noch anhängig 30.

4. Strafsenat als **Verwaltungsgericht** nach Gesetz zum Schutze der Republik. Ende 1928 anhängig 1, eingegangen bis 31. Juli 1929 29, noch anhängig 15.

Reichsarbeitsgericht. Seit 1. Jan. bis 31. Juli 1929 724 Revisionen, noch anhängig 244 Sachen. **Dr. Lobe.**

C. Die dem Reichsgericht angegliederten Gerichtshöfe.

1. Der Staatsgerichtshof für das Deutsche Reich.

1. Die Verfassungsgerichtsbarkeit wird nicht selten mit der anderen Art öffentlich-rechtlicher Gerichtsbarkeit, der Verwaltungsgerichtsbarkeit, verwechselt. Und doch haben beide völlig verschiedene Arten von Rechten zum Gegenstand. Letztere befaßt sich mit den subjektiven öffentlichen Rechten der einzelnen Staatsgenossen gegenüber den Behörden, erstere mit dem Widerstreit der einzelnen staatlichen Organe über ihre verfassungsmäßige Amtsbefugnis untereinander und die Frage, welchen Umfang sie hat, ob die Behörde sich in ihrem Amtskreise gehalten hat. In besonderem Maße tritt ein Bedürfnis, diese Streitigkeiten durch einen Gerichtshof zu schlichten, in einem Bundesstaate oder Staatenbunde hervor, wo es sich um Abgrenzung der den Bundesstaaten gegenüber der Zentralgewalt verbleibenden Befugnisse handelt, sodann, wenn das Volk unmittelbar durch seine Volksvertretung an Gesetzgebung und Verwaltung beteiligt ist und so in Gegensatz zu Maßregeln der Regierung treten kann. Hier tritt namentlich die Ministeranklage hervor, die praktisch übrigens der seltenste Fall ist.

Im alten Deutschen Reich, dem „Römischen Reich Deutscher Nation", übten die Reichstage und das Reichskammergericht in beschränktem Maße eine schiedsrichterliche Tätigkeit bei auftauchenden Verfassungsstreitigkeiten aus. Im Deutschen Bund entwickelte sich das „Austrägalverfahren", im Deutschen Reiche konnte nur der Bundesrat in einigen Fällen durch Mehrheitsbeschluß öffentlich-rechtliche Streitigkeiten der Bundesglieder untereinander schlichten oder es mußte ein besonderes Schiedsgericht, wie bei der Lippeschen Erbfolge, eingesetzt werden. 1912 wurde dann die Einrichtung eines Staatsgerichtshofes näher in Erwägung gezogen und nach Einführung der parlamentarischen Regierungsform durch das Reichsges. vom 28. Okt. 1919 (RGBl. 1274) ein Entwurf eines Gesetzes über die Errichtung eines Staatsgerichtshofes von der Reichsregierung ausgearbeitet. Infolge der Staatsumwälzung kam er nicht zur Verabschiedung.

Die Weimarische Reichsverfassung vom 11. Aug. 1919 sah ebenfalls einen Staatsgerichtshof vor (Art. 108) und bestimmte, daß bis zum Inkrafttreten des Reichsgesetzes über den Staatsgerichtshof seine Befugnisse ein Senat von 7 Mitgliedern auszuüben habe, von denen der Reichstag 4 und das RG. aus seiner Mitte 3 wählt. Das RG. wählte hierfür den Senatspräsidenten Dr. Koenige, zugleich als Stellvertreter des Präsidenten, und die Reichsgerichtsräte Rosenberg II und Dr. Pietzcker; der Reichstag die Abgeordneten Prof. Dr. Beyerle, Ministerpräsident a. D. Hoffmann, Prof. Dr. Kahl, Senator Dr. Petersen, als Stellvertreter Staatsanwalt Dr. Emminger, Ministerpräsident a. D. Dr. Gradnauer, Rechtsanwalt Kempkes, Rechtsanwalt Dr. Koch-Weser. Das Amt ist ein unentgeltliches Ehrenamt. Der Gerichtshof wurde „beim RG." gebildet, tagte daher auch in Leipzig. Das Verfahren regelt er selbst (Art. 172 RVerf.; Vorläufiger Staatsgerichtshof). Dieser Gerichtshof ist nicht viel länger als ein Jahr in Tätigkeit gewesen und durch den ordentlichen Staatsgerichtshof nach dem Reichsges. vom 9. Juli 1921 (RGBl. 905) abgelöst worden. Dessen Geschäftsordnung datiert vom 20. Nov. 1921 (Bek. vom 6. Dez. 1921 im RGBl. 1535). Auch dieser freilich kann nur wieder als ein vorläufiger betrachtet werden, insofern er an das RG. nach § 31 nur bis zur Errichtung eines Reichsverwaltungsgerichts angegliedert ist.

2. Der Staatsgerichtshof ist kein ständiger Gerichtshof, vielmehr wird er nach dem Gesetz nach Bedarf einberufen, und zwar in den Fällen der §§ 2—15 des Ges. vom 9. Juli 1921, wenn es sich um eine Ministeranklage handelt, stets beim RG., andernfalls in den Fällen der §§ 16—23 beim Reichsverwaltungsgericht, und nur solange ein solches noch nicht vorhanden ist, ebenfalls beim RG. Auch die Zusammensetzung ist dann verschieden.

a) Bei Anklagen des Reichstages gegen den Reichspräsidenten, Reichskanzler und Minister oder eines Landtages gegen seinen Staatspräsidenten besteht der Staatsgerichtshof aus dem Präsidenten des RG. als Vorsitzenden und je einem Mitgliede des Preußischen Oberverwaltungsgerichtes, des Bayrischen Obersten Landesgerichtes, des Hanseatischen Oberlandesgerichtes, einem deutschen Rechtsanwalt und 10 weiteren Beisitzern. Die Mitglieder der genannten 3 Gerichte werden nebst den Stellvertretern vom Präsidenten ihres Gerichtes für die Dauer ihrer Zugehörigkeit zum Gericht, der Rechtsanwalt wird vom Vorstand der Anwaltskammer beim RG. gewählt, die 10 Beisitzer werden nebst ihren Stellvertretern zur Hälfte vom Reichstag, zur Hälfte vom Reichsrat gewählt (§ 3 des Gesetzes), und zwar nach dem Zusammentreten jedes neuen Reichstages (§ 4). Nicht können Beisitzer des Staatsgerichtshofes sein Mitglieder der Reichsregierung, des Reichstages und des Reichsrates, des Reichswirtschaftsrates, einer Landesregierung und eines Landtages oder Staatsrates.

b) In Fällen des Art. 16 wird der Staatsgerichtshof zur Zeit aus dem Reichsgerichtspräsidenten oder einem Senatspräsidenten — solange noch kein Reichsverwaltungsgericht da ist — 3 Reichsgerichtsräten und 3 Räten des Reichsverwaltungsgerichtes, an deren Stelle jetzt je ein Rat des Preußischen Oberverwaltungsgerichtes, des Bayrischen Verwaltungsgerichtshofes und des Sächsischen Oberverwaltungsgerichtes tritt, gebildet (§ 18 Nr. 1 und § 31).

c) In den Fällen des Art. 17 wird der Staatsgerichtshof aus dem Präsidenten des Reichsverwaltungsgerichtes als Vorsitzenden, je einem Rat des RG. und des Reichsverwaltungsgerichtes und 4 weiteren Beisitzern, die nebst 4 Stellvertretern vom Reichstag und Reichsrat je zur Hälfte gewählt werden, gebildet (§ 18 Nr. 2). Nach § 31 tritt in diesen Fällen an Stelle des Präsidenten des Reichsverwaltungsgerichtes der Reichsgerichtspräsident und der Reichsverwaltungsräte ein Rat des Preußischen Oberverwaltungsgerichtes, solange ein Reichsverwaltungsgericht noch nicht errichtet ist (§ 31).

3. Zuständig ist der Staatsgerichtshof nach §§ 16 u. 17 des Gesetzes zur Verhandlung und Entscheidung über folgendes:

a) § 16 Nr. 1 über Meinungsverschiedenheiten in den Fällen des Art. 15 Abs. 3 RVerf., falls nicht ein Reichsgesetz ein anderes Gericht bestimmt. Dieser Artikel lautet: „Die Landesregierungen sind verpflichtet, auf Ersuchen der Reichsregierung Mängel, die bei der Ausführung der Reichsgesetze hervorgetreten sind, zu beseitigen. Bei Meinungsverschiedenheiten kann sowohl die Reichsregierung als die Landesregierung die Entscheidung des Staatsgerichtshofes anrufen.

b) § 16 Nr. 2 über Vermögensauseinandersetzungen in den Fällen des Art. 18 Abs. 7 RVerf., d. h. bei Vermögensauseinandersetzungen, die anläßlich der Vereinigung oder Abtrennung von Gebieten der Länder stattfinden und streitig werden.

c) § 16 Nr. 3 über Streitigkeiten in den Fällen des Art. 19 Abs. 1 RVerf., soweit nicht ein anderes Gericht zuständig ist. Das sind solche Verfassungsstreitigkeiten innerhalb eines Landes, in dem kein Gericht zu ihrer Erledigung besteht, sowie Streitigkeiten nicht privatrechtlicher Art zwischen verschiedenen Ländern oder zwischen dem Reich und einem Lande.

d) § 17 Nr. 1 über den Umfang der Rechte des Reiches in Streitfällen nach Art. 90 RVerf., d. h. die aus der Übernahme der Eisenbahnen durch das Reich entstehen.

e) § 17 Nr. 2 über die Bedingungen für die am 1. April 1921 erfolgte Übernahme der Post- und Telegraphenverwaltungen Bayerns und Württembergs sowie der Staatseisenbahnen, Wasserstraßen und Seezeichen der Länder auf das Reich, soweit bis zum 1. Okt. 1920 keine Verständigung erzielt ist (Art. 170 Abs. 2 und Art. 171 Abs. 2 RVerf.).

f) § 17 Nr. 3 über Meinungsverschiedenheiten, deren Entscheidung die Zuständigkeit des Staatsgerichtshofes in den Staatsverträgen über die Übernahme dieser und ähnlicher Einrichtungen auf das Reich und über die hiermit zusammenhängenden Angelegenheiten vorgesehen wird.

4. Das Verfahren wird in §§ 20ff. des Ges. vom 9. Juli 1921 und in der vorerwähnten Geschäftsordnung geregelt. Zweifel entstanden über die Auslegung des § 27 des Gesetzes, wonach der Staatsgerichtshof jedes einzelne Verfahren in der Zusammensetzung zu Ende führt, in der es begonnen hat, ohne Rücksicht darauf, ob inzwischen ein richterliches Mitglied aus seinem Hauptamt ausgeschieden ist usw." Diese Bestimmung wurde einschränkend dahin ausgelegt, daß nur die Ausscheidung aus dem Amt in Frage komme, die erst nach Bildung des entscheidenden Senats von 7 Mitgliedern erfolgt sei, nicht schon nach Anhängigwerden der Streitsache beim Staatsgerichtshof. Nur die einmal zur Verhandlung und Beratung herangezogenen Mitglieder sind ohne Rücksicht auf ein Ausscheiden aus ihrem Amt auch zur Endentscheidung berufen. Wichtig ist ferner, daß sich der Staatsgerichtshof die Befugnis beilegt, einstweilige Verfügungen zu erlassen (Urt. vom 17. Sept. 1928).

5. Das Nebeneinanderbestehen eines Staatsgerichtshofes nach dem Reichsges. vom 9. Juli 1921 und der Funktionierung eines Senats des RG. als Staatsgericht auf Grund von Art. 13 RVerf. nach dem Reichsges. vom 8. April 1920 ist kein glücklicher Zustand, um so weniger, als das Gesetz kein

Mittel gibt, etwa einander widersprechende Entscheidungen beider Gerichte zu vermeiden, ein Fall, der allerdings bisher noch nicht vorgekommen ist. Auch in der Frage der Gültigkeit der Landtagswahlgesetze hat sich der Reichsgerichtssenat die Auffassung des Staatsgerichtshofes zu eigen gemacht. Zugleich aber hat er im Beschluß vom 23. Nov. 1928 ausgesprochen, daß ein die gleiche Rechtsfrage betreffendes, beim Staatsgerichtshof für das Deutsche Reich anhängiges Verfahren die Zuständigkeit des RG. nach Art. 13 Abs. 2 RVerf. nicht ausschließe. Es ist hier unbedingt Abhilfe geboten, am einfachsten durch Übertragung der jetzt dem RG. zugewiesenen Entscheidungen auf den Staatsgerichtshof.

6. Der Staatsgerichtshof hat bereits eine reiche Fülle wichtiger Entscheidungen erlassen. Für besonders bedeutungsvoll ist der Ausspruch zu erachten, der sich in der Entscheidung vom 12. Mai 1928 findet: „Der Staatsgerichtshof für das Deutsche Reich ist ein Gericht, das über verfassungsrechtliche Streitigkeiten nach Rechtsgrundsätzen zu entscheiden hat. Die Ergebnisse, zu denen er auf Grund des von ihm anzuwendenden objektiven Rechts gelangt, hat er auszusprechen, ohne die politische Tragweite seines Spruches in Betracht ziehen zu dürfen.“ Die Angriffe, die gegen seine Entscheidungen gerichtet sind, verkennen diesen allein richtigen Standpunkt. Es ist bedauerlich, daß er auch von manchen Staatsrechtslehrern nicht verstanden wird. Über seine eigene Zuständigkeit hat sich der Staatsgerichtshof mehrfach ausgesprochen. Hervorgehoben seien Urt. vom 3. Juli 1927, wonach dem Staatsgerichtshofe nach Art. 19 RVerf. nur Rechtsstreitigkeiten zur Entscheidung unterbreitet werden können, und Urt. vom 17. Nov. 1927, wonach der Staatsgerichtshof zur Prüfung abstrakter Rechtsfragen nicht berufen ist. Er kann aber in einem konkreten Rechtsstreit die Verfassungsmäßigkeit eines Reichsgesetzes nachprüfen. Zur Entscheidung von Verfassungsstreitigkeiten innerhalb des Reiches ist er nicht zuständig (Beschluß vom 7. Juli 1928). Verfassungsstreitigkeiten innerhalb eines Landes im Sinne von Art. 19 RVerf. sind nicht nur Streitigkeiten über Auslegung und Anwendung einer Landesverfassung, sondern auch Streitigkeiten über Auslegung und Anwendung solcher reichsrechtlicher Verfassungsvorschriften, die auf das Landesverfassungsrecht einwirken und es ergänzen (Entscheidung vom 15. Okt. 1927). Hierbei ist die Parteifähigkeit von Landtagsfraktionen anerkannt worden (Entscheidung vom 12. Jan. 1922). Politischen Parteien ist namentlich zuerkannt worden, in Verfassungsstreitigkeiten, die das Wahlrecht zum Gegenstand haben, Anträge vor dem Staatsgerichtshof zu stellen. Der einzelne Staatsbürger oder einzelne Parteimitglieder haben jedoch dieses Recht nicht (Entscheidung vom 17. Dez. 1927). Die Entscheidung vom 19. Jan. 1929 befaßt sich mit dem Verhältnis des Staatsgerichtshofes des Deutschen Reiches zu den Staatsgerichtshöfen der einzelnen Länder, hier Bayerns. Interessant ist ferner auch, daß der Staatsgerichtshof die Frage, ob die Aufrechterhaltung der öffentlichen Sicherheit und Ordnung oder die Beseitigung eines ungewöhnlichen Notstandes den Erlaß einer Notverordnung dringend erfordert hat, selbständig prüft, wennschon er dem Ermessen der Regierung hierbei einen gewissen Spielraum läßt (Entscheidung vom 21. Nov. 1925). Das RG. und namentlich die

Straffenate haben in ähnlichen Fällen einen viel engeren Standpunkt eingenommen und sich jedes Nachprüfungsrecht überhaupt versagt. Wichtig ist auch die Entscheidung vom 7. Juli 1928 über die Begrenzung der Aufgaben eines parlamentarischen Untersuchungsausschusses. Der Staatsgerichtshof sagt, er sei ein Hilfsorgan des Parlaments und als solches begrenzt durch die Zuständigkeit des Parlamentes selbst.

7. Im Jahre 1928 sind 20 Sachen beim Staatsgerichtshof eingegangen. 12 waren am 1. Jan. 1928 noch anhängig als Rest vom vergangenen Jahre.

Der Staatsgerichtshof ist ein Wahrer und Hort der Reichsverfassung geworden und damit ein Hüter des Rechtes und der persönlichen Freiheit. Es wäre tief zu beklagen, wenn die Bestrebungen, die am Werke sind, seine hohe Stellung zu schmälern, von Erfolg begleitet wären. Vor allem ist erforderlich, daß er nicht einem künftigen Reichsverwaltungsgericht angegliedert wird, sondern beim RG. verbleibt. Nur dann ist auch eine Übertragung der Entscheidungen nach Art. 13 RVerf. zulässig.

8. Die Entscheidungen des Staatsgerichtshofes werden teilweise als Anhang zu den Entscheidungen des RG. in Zivilsachen veröffentlicht. Neuerdings geben Ministerialrat Lammers und Reichsgerichtspräsident i. R. Dr. Simons eine vollständige „Rechtsprechung des Staatsgerichtshofes und des Reichsgerichtes auf Grund des Art. 13 RVerf." bei Georg Stilke in Berlin heraus, von der der 1. Band, umfassend 1920—1928, erschienen ist. **Dr. Lobe.**

2. Der Disziplinarhof.

1. Der Reichsdisziplinarhof, bis zum Juni 1919 „Kaiserlicher Disziplinarhof" genannt, beruht auf der Vorschrift des § 91 des Ges. vom 31. März 1873 über die Rechtsverhältnisse der Reichsbeamten (RGBl. 61). Durch die Staatsumwälzung im Jahre 1918 ist er nicht außer Kraft gesetzt worden, es hat jedoch schon das Ges. vom 16. Juni 1879 an die Stelle des Wortes „Reichsoberhandelsgericht" das Wort „Reichsgericht" gesetzt. § 91 hatte ursprünglich folgenden Wortlaut: „Der Disziplinarhof besteht aus 11 Mitgliedern, von denen wenigstens 4 zu den Bevollmächtigten zum Bundesrate, der Präsident und wenigstens 5 zu den Mitgliedern des Reichsoberhandelsgerichtes gehören müssen. Die mündliche Verhandlung und Entscheidung in den einzelnen Disziplinarsachen erfolgt durch 7 Mitglieder. Der Vorsitzende und wenigstens 3 Beisitzer müssen zu den richterlichen Mitgliedern gehören." Durch Ges. vom 19. Juli 1921 wurde die Vorschrift wie folgt geändert: „Der Disziplinarhof besteht aus 18 Mitgliedern, von denen wenigstens 6 zu den Mitgliedern des Reichsrates, der Präsident und wenigstens 8 zu den Mitgliedern des Reichsgerichtes gehören müssen." Ges. vom 4. Juli 1922 änderte nochmals dahin, daß die Zahl 18 durch 30, die Zahl 6 durch 10, die Zahl 8 durch 14 ersetzt wurde. Das Ges. vom 22. Juli 1922 gab dem § 91 die jetzt noch geltende Fassung dahin:

> „Der Disziplinarhof besteht aus 11 Mitgliedern. Der Präsident und 2 Mitglieder müssen zu den Mitgliedern des Reichsgerichtes gehören. 2 weitere Mitglieder müssen Bevollmächtigte zum Reichsrat sein. Die

übrigen Mitglieder werden aus dem Beamtenstand entnommen. Für jedes Mitglied sind 4 Stellvertreter zu ernennen.

Die mündliche Verhandlung und Entscheidung in den einzelnen Disziplinarsachen erfolgt durch 7 Mitglieder. Der Vorsitzende und wenigstens ein Mitglied müssen zu den richterlichen Mitgliedern gehören."

Nach § 93 werden die Mitglieder des Disziplinarhofes für die Dauer von 3 Jahren vom Reichspräsidenten ernannt, die richterlichen Mitglieder und die des Reichsrates nach Anhörung des Reichsrates. Die Ernennung erfolgt unter Verantwortung des Ministers des Innern, dem Justizminister ist jedoch vorher Gelegenheit zur Stellungnahme gegeben. Daß der Präsident des Reichsdisziplinarhofes stets der Präsident des RG. sein müsse, ist gesetzlich nicht vorgeschrieben. Aber es beruht auf einer Verwaltungsübung, die sich als zweckmäßig und notwendig erwiesen hat, daß der Präsident der Reichsgerichtspräsident ist und seine Stellvertreter Senatspräsidenten sind.

Der Reichsdisziplinarhof besteht nicht aus mehreren Senaten, wie der Ehrengerichtshof für Rechtsanwälte. Da den Vorsitz in ihm aber fortlaufend wechselnd der Reichsgerichtspräsident und die ihn vertretenden Senatspräsidenten führen und auch die übrigen Mitglieder stets in anderer Zusammensetzung teilnehmen, so liegt selten ein und dieselbe Zusammensetzung vor. Es ist deshalb verwunderlich, daß sich gleichwohl eine ziemlich einheitliche und stetige Rechtsprechung entwickelt hat. Nur in einer, unten noch zu behandelnden Frage ist Unstimmigkeit hervorgetreten, die mangels der Einrichtung eines Plenums auch nicht beseitigt werden kann, außer durch Gesetz.

Die Reichsanwaltschaft übt die Funktionen der Staatsanwaltschaft beim Reichsdisziplinarhof aus, aber nur kraft besonderer Bestellung durch die oberste Reichsbehörde, die allerdings die Regel bildet (§ 23 Nr. 7 zu § 21 Satz 6 der Geschäftsordnung für die Disziplinarbehörden.)

Die Regelung der Geschäftseinrichtungen ist, wie für das Bureau des Ehrengerichtshofes, so auch für das des Disziplinargerichtshofes durch das Gesetz dem Reichskanzler übertragen worden und durch VO. vom 29. Sept. 1879 erfolgt, nachmals aber verschiedentlich abgeändert worden. Die Register für Berufungen in Disziplinarsachen wurden ursprünglich bei der Reichsanwaltschaft geführt, werden aber von 1923 an beim Bureau des Reichsdisziplinarhofes geführt.

2. Der Reichsdisziplinarhof ist Berufungsinstanz gegen die Urteile der Reichsdisziplinarkammern, gegen die sowohl der Beamte der Staatsanwaltschaft wie der Angeklagte Berufung einlegen kann. Die Prüfung der Formalien über die Zulässigkeit der Berufung nimmt der Disziplinargerichtshof von Amts wegen vor; sie werden aber auch schon vorher zwecks Stellung von Anträgen vom Oberreichsanwalt geprüft. Oft ist zu rügen, daß die Zustellung des angefochtenen Urteils nicht an den Angeklagten selbst nach § 108 ReichsbeamtenG., sondern an den Verteidiger erfolgt.

Gegenstand des Verfahrens und der Entscheidung bilden allein Dienststrafsachen von Reichsbeamten (§ 72), die sich auf Verletzung der ihnen nach §§ 10, 10a und 10b obliegenden Pflichten beziehen. In §§ 10a und 10b sind insbesondere Pflichten gegen die verfassungsmäßige republikanische Staatsgewalt hervorgehoben worden. Durch das Hinzutreten der Post- und Telegraphenverwaltung und der Reichsbahn ist das Heer der Beamten, auf die sich die Zuständigkeit des Disziplinarhofes erstreckt, begreiflicherweise sehr angeschwollen.

3. Nicht auf alle Reichsbeamte findet das Reichsbeamtengesetz hinsichtlich des Disziplinarverfahrens jedoch Anwendung. Ausgenommen von ihm sind

a) die Mitglieder des RG. (Art. 104 RVerf. und §§ 126, 127 GVG.),

b) die Mitglieder des Bundesamtes für das Heimatwesen; vgl. Ges. über den Unterstützungswohnsitz vom 30. Mai 1908 (RGBl. 381) in Verbindung mit § 28 der VO. über Fürsorgepflicht vom 13. Febr. 1924 (RGBl. I 100).

c) die richterlichen Mitglieder der Militärjustiz, nach Aufhebung der Militärgerichtsbarkeit jedoch nur für Kriegszeiten und gegen die an Bord von Kriegsschiffen eingeschifften Mannschaften der Reichsmarine. VO. über den Disziplinarhof für richterliche Militärjustizbeamte auf Grund des § 25 des Ges., betr. Aufhebung der Militärgerichtsbarkeit, vom 17. Aug. 1922 (RGBl. I 334). Für diese wird alljährlich durch das Präsidium ein Strafsenat des Reichsgerichts zum Disziplinarhof bestellt.

4. Dagegen erstreckt sich das Reichsbeamtengesetz und das von ihm geordnete Disziplinarverfahren auf

a) die Kolonialbeamten (KolonialbeamtenG. vom 8. Juni 1910),

b) die Reichsbankbeamten (§ 9 ReichsbankbeamtenG. vom 30. Aug. 1924; RGBl. II 272),

c) die Bediensteten der Deutschen Reichsbahngesellschaft (§ 19 des Ges. vom 30. Aug. 1924; RGBl. II 272).

5. Die Rechtsprechung des Reichsdisziplinarhofes hat über das vor ihm stattfindende Berufungsverfahren wichtige Rechtsgrundsätze aufgestellt. Hervorzuheben sind folgende. Die Frage, ob die Frist zur Einlegung der Berufung gewahrt ist, wird äußerst milde beurteilt; dagegen gibt es keine Wiedereinsetzung in den vorigen Stand bei Verschulden des Verteidigers (Beschl. vom 17. Okt. 1921), im Anschluß an die Rechtsprechung der Strafsenate (RGSt. 40, 120). Die Beschränkung der Berufung auf das Strafmaß und besonders die Höhe der Pension ist zulässig und nicht widerruflich (Urt. vom 1. Nov. 1920). Der Grundsatz des ne bis in idem gilt auch gegen eine Ordnungsstrafe, aber nicht gegenüber einer Verwarnung. Sind mehrere Tatbestände abzuurteilen, so findet der Gesichtspunkt einer Realkonkurrenz wie beim Strafgesetzbuch keine Anwendung. Es ist weder auf mehrere Dienststrafen noch teilweise auf Freisprechung zu erkennen. Vielmehr hat sich die dienststrafrechtliche Beurteilung des Angeklagten immer auf sein ganzes Verhalten zu erstrecken. Die Wiederaufnahme des Verfahrens gegen ein Urteil des Reichsdisziplinarhofes ist nach § 117 ReichsbeamtenG. unzulässig und auch durch Art. 129 RVerf. nicht gegeben, wie Beschl. vom 9. Juli 1924 entschieden und am 30. Sept. 1925 bestätigt hat. Diese Vorschrift ist vom Gericht selbst oft bedauert worden. Die Reichsregierung hatte auch am 4. Juli 1913 dem Bundesrat einen Entwurf eines Gesetzes über die Wiederaufnahme eines Disziplinarverfahrens vorgelegt,

Dr. Gutbrod

Reichsgerichtspräsident 1903—1905

er ist aber infolge des Umsturzes nicht zur Verabschiedung gelangt. Dem Gesuch des Deutschen Beamtenbundes vom 17. Juli 1924, eine Unterbrechung des Verfahrens durch die Gerichtsferien nicht eintreten zu lassen, konnte nicht entsprochen werden, da nicht die genügenden Mitglieder zur Verfügung stehen, namentlich auch die Mitglieder, die nicht dem RG. angehören, nicht bereit sind.

Daß der Disziplinarrichter an die tatsächlichen Feststellungen des Strafrichters und an dessen rechtliche Beurteilung gebunden sei, hat der Reichsdisziplinarhof in ständiger Rechtsprechung angenommen. Nur die Feststellungen über die Vorgeschichte der Tat und über Nebenumstände binden ihn nicht. Diese übrigens auch von einzelnen Disziplinarkammern nicht befolgte Auffassung ist vielfach bekämpft worden, namentlich auch vom preußischen Staatsministerium und dem Großen Disziplinarsenat des Kammergerichtes, und der Entwurf einer neuen Dienststrafordnung schlägt auch hier Änderungen vor. Der Präsident des Disziplinargerichtshofes war hierüber zur gutachtlichen Äußerung aufgefordert worden und es hat zunächst sein Stellvertreter, Senatspräsident Dr. Lobe, sich folgendermaßen geäußert: „Gegen die von den Ausschüssen des Reichsrates beschlossene Fassung des § 17 des Entwurfes einer Reichsdienststrafordnung muß insoweit entschieden Widerspruch erhoben werden, als danach die Feststellungen des strafgerichtlichen Urteils dann nicht bindend für das Dienststrafgericht sein sollen, wenn dieses einstimmig Zweifel an der Richtigkeit der Feststellungen hat. Diese Regelung ist aus mehreren Gründen unannehmbar. Zunächst wird dadurch, wie bereits der Herr Präsident des RG. in der gutachtlichen Äußerung vom 15. Okt. 1923 hervorgehoben hat, die Möglichkeit geschaffen, daß zwei selbständige Behördengruppen über denselben Tatbestand widersprechende rechtskräftige Entscheidungen treffen, was zwecks Erhaltung des Ansehens dieser Behörden, insbesondere der Gerichte, unter allen Umständen vermieden werden muß. Ist dieser Zwiespalt schon nicht erfreulich, wenn es sich um widersprechende Urteile der Zivilgerichte und Strafgerichte in derselben Sache handelt, so ist er doch dort immerhin erträglich und verständlich, weil es sich um zwei verschiedene Verfahrensarten, ein Offizialverfahren und einen Parteibetrieb, handelt. Hier aber kommen zwei gleichartige Offizialverfahren allein in Betracht. In den Augen der Beamten würden die Dienststrafgerichte damit zu einer Oberinstanz gegenüber den Strafgerichten werden, bei der man die Strafurteile nachprüfen lassen kann. Und wenn man bei den Dienststrafgerichten ein die Feststellungen des Strafgerichts verwerfendes, günstiges Urteil erzielt hätte, würde man sich natürlich mit einem Antrag auf Wiederaufnahme des Verfahrens an das Strafgericht wenden. Es besteht dann die Möglichkeit, daß dieses bei seiner Feststellung des Sachverhaltes bestehen bleibt und die Anschauung des Dienststrafgerichtes verwirft. So würde das Ansehen der Behörden und die Schaffung eines festen Tatbestandes durch einen abschließenden Richterspruch fortgesetzt erschüttert werden, und niemand wüßte nun schließlich, was denn eigentlich das Maßgebende ist. Es bestehen aber auch gegen die Zuverlässigkeit der Nachprüfung durch die Dienststrafgerichte die schwerwiegendsten Bedenken. Der Strafrichter ist in der Regel in der Lage gewesen, bald nach der Tat auf Grund des frischen Eindruckes und

Erinnerungsvermögens der Zeugen und der von ihm sonst auf Grund seiner weitreichenden Befugnisse angestellten Ermittlungen sich sein Urteil zu bilden. Dagegen können die Dienststrafgerichte erst weit später, oft erst nach Jahren, zur Untersuchung und Entscheidung kommen. Inzwischen ist die Erinnerung der Zeugen verblaßt und entweder durch absichtliche Einwirkungen oder durch das über den Sachverhalt anderweitig Gehörte beeinflußt und getrübt. Gewissenhafte Zeugen werden die Vorgänge oft nicht mehr mit der früheren Bestimmtheit bekunden können, und so kann es dann leicht vorkommen, daß sichere Feststellungen hinsichtlich der Schuld des Angeschuldigten nicht mehr zu treffen sind und das Dienststrafgericht sich zu einem non liquet entschließt. Zu einem Bedenken dagegen, das rechtskräftige Urteil des Strafgerichts auch für das Disziplinargericht maßgebend sein zu lassen, liegt endlich jetzt um so weniger Anlaß vor, als in einem Berufungsverfahren eine Wiederholung und Nachprüfung der Beweiswürdigung und tatsächlichen Feststellungen zulässig ist und im Revisionsverfahren die prozessuale Korrektheit nachgeprüft werden kann. Zu alledem kommt noch die Möglichkeit eines Wiederaufnahmeverfahrens. Nur nebenbei mag noch auf die Gefahr drohender Überlastung des Dienststrafgerichtes hingewiesen werden. Läßt man nämlich eine Abweichung des Dienststrafgerichtes von den Feststellungen des Strafrichters zu, so wird leicht ein Beamter, der im Strafverfahren verurteilt ist, bestrebt sein, mit allen Mitteln eine Nachprüfung im Dienststrafverfahren zu erreichen. Es müßte dann also zum mindesten jedesmal eine eingehende Prüfung der Tatsachenfeststellung des Strafrichters und der umfangreichen neuen Anführungen des Angeschuldigten dazu erfolgen. Das Verlangen der Einstimmigkeit hinsichtlich der Zweifel an der Richtigkeit der Feststellungen des Strafrichters bietet dagegen keinen genügenden Schutz. Die Dienststrafgerichte, und besonders der Reichsdisziplinarhof, sind aber bereits derart überlastet, daß diese weitere Vermehrung der Arbeit den Gang der Geschäfte völlig ins Stocken bringen müßte und also eine erhebliche Erhöhung der Zahl der Mitglieder bedingen würde. Dies könnte nur dann in Kauf genommen werden, wenn es im Interesse der Rechtspflege liegen würde. Das Gegenteil ist aber der Fall. — Leipzig, den 21. April 1925. Der Stellvertretende Vorsitzende des Reichsdisziplinarhofs. gez. Dr. Lobe."

Diesem Gutachten hat sich sodann der Reichsgerichtspräsident Dr. Simons selbst angeschlossen, indem er an den Reichsminister der Justiz berichtete:

„Mein Stellvertreter in Leipzig hat mir die gutachtliche Äußerung des Stellvertretenden Präsidenten des Reichsdisziplinarhofs Dr. Lobe zu der von den Ausschüssen des Reichsrates beschlossenen Fassung des § 17 des Entwurfes einer Reichsdienststrafordnung vorgelegt, ebenso wie die Begleitbemerkungen, mit denen er sie dorthin überreicht hat. Ich kann mich beiden nur durchweg anschließen und bitte, dem Beschlusse der Reichsratsausschüsse mit aller Entschiedenheit zu widersprechen. Sowohl in meiner Eigenschaft als Reichsgerichtspräsident wie in derjenigen als Präsident des Reichsdisziplinarhofes würde ich es für ein schweres Unglück halten, wenn diese Beschlüsse Gesetzeskraft erlangten. Es ist meines Erachtens unerträglich, daß ein Beamtenstrafgerichtshof als Kontrollinstanz für die ordentliche Strafgerichtsbarkeit eingesetzt und in die Lage gebracht wird, rechtskräftige Urteile der ordentlichen Strafgerichte mit autoritativer Wirkung als irrig hinzustellen. Der Reichsdisziplinarhof würde dadurch gegenüber den tatsächlichen Feststellungen der hierfür zuständigen Strafgerichte eine stärkere Position erlangen als die Strafsenate des RG.; das ist nicht ohne schwere Erschütterung der Autorität unserer ordentlichen Gerichte denkbar. Dabei besteht die Gefahr, daß die Wiederaufnahme der tatsächlichen Feststellungen im Disziplinarverfahren, die vielfach auf abgeschwächtem Beweismaterial beruhen wird, dem Beamten gegenüber günstiger verläuft als das ordentliche Verfahren, und daß die öffentliche Meinung darin eine Bestätigung des alten Spruches finden würde: clericus clericum non decimat, so daß auch die Autorität der Disziplinargerichte Schaden erleiden könnte.

Vom Standpunkt des Reichsdisziplinarhofes möchte ich noch besonders unterstreichen, daß die Hoffnung, auf dem Wege des Disziplinarverfahrens eine Wiederaufnahme des Strafverfahrens zu erzielen, die Anzahl der Berufungen gegen die Entscheidungen der Disziplinarkammern, die jetzt schon viel zu groß ist, noch vermehren und überdies im Einzelfalle das Verfahren vor der Berufungsinstanz mit Beweisaufnahmen belasten würde, denen sie in ihrer jetzigen Besetzung einfach nicht gewachsen ist. Der Reichsdisziplinarhof würde binnen kurzer Zeit seinen völligen geschäftlichen Bankrott anmelden müssen. gez. Dr. Simons."

Eine bedeutsame und für die Beamten wichtige Rolle spielt die Pensionsbewilligung für einen aus dem Dienst entlassenen Beamten. Der Gerichtshof ist hier im allgemeinen geneigt, große Milde walten zu lassen, indem er von dem Grundsatz ausgeht, daß das Ruhegehalt ein durch die vorausgegangenen Dienste bereits verdientes und vom Staat nur durch entsprechende geringere Besoldung während des Amtes aufgespartes Gehalt ist. Demnach ist die Pensionsbewilligung kein Gnadenakt und keine Art Sozialversicherung, ihre gänzliche oder teilweise Entziehung vielmehr nur Strafe, und sie muß deshalb auch so bemessen werden, daß sie als Strafübel wirkt, wenn ihre Entziehung überhaupt stattfindet (Urt. vom 27. Mai 1924). Über die Auslegung des § 75 des Reichsbeamtengesetzes bestehen seit einigen Jahren, veranlaßt namentlich durch Ausführungen der Mitglieder Reichsgerichtsrat Zeiler und des Präsidenten des Bundes für Heimatwesen Dr. Falck, Meinungsverschiedenheiten. Diese vertreten nämlich die Ansicht, daß es zulässig sei, dem verurteilten Angeschuldigten, gegen den auf Dienstentlassung erkannt ist, das gesetzliche Ruhegehalt zum Teil auch so zu belassen, daß es erst von der Erreichung einer gewissen Altersgrenze, bei der die Erwerbsfähigkeit aufhört oder nachläßt, zu zahlen ist oder daß der Beginn der Zahlung davon abhängig ist, daß der Angeschuldigte den Nachweis gänzlicher oder teilweiser Erwerbsunfähigkeit führt. Dieser Meinung hat sich auch der Reichsdisziplinarhof ein paarmal angeschlossen. Die Mehrzahl lehnt jedoch diese Erwägungen in begründeten Gutachten ab, weil sie mit dem Wortlaut des Gesetzes nicht vereinbar seien, das die Zubilligung nur auf Lebenszeit oder auf gewisse Jahre kenne, sie auch nicht praktisch erscheinen. Denn dem Angeschuldigten liege regelmäßig mehr an einer alsbaldigen Regelung und daran, daß er sicher etwas bekomme, als an einer unsicheren

Anwartschaft, von der er nicht wisse, ob er ihren Anfall überhaupt erlebe. Auch der Oberreichsanwalt hat sich dagegen ausgesprochen. Zweifel sind ferner darüber aufgetaucht, ob ein bereits im einstweiligen Ruhestand befindlicher Beamter noch zu einer Strafversetzung verurteilt werden kann, da doch dieses Urteil nicht vollzogen werden könne. Der Disziplinargerichtshof hat dennoch bisher schon mehrfach auch in diesen Fällen auf Strafversetzung erkannt. Bei der bestehenden gegenteiligen Meinung vieler Mitglieder ist aber auch, je nach der Zusammensetzung des Spruchgerichts, mit einer anderen Entscheidung zu rechnen. Gerade diese wechselnde Zusammensetzung des erkennenden Disziplinargerichtshofes zeigt, daß irgendwie Vorsorge getroffen werden muß, solche widersprechende Entscheidungen zu vermeiden, etwa durch Anrufen des gesamten Disziplinarsenates.

Über das Reichsbeamtenverhältnis hat der Reichsdisziplinarhof bedeutungsvolle und grundlegende Rechtssätze aufgestellt. Das Urt. vom 30. Juni 1877 behandelt den Unterschied zwischen Beamtenverhältnis und privatrechtlichem Dienstverhältnis, das Urt. vom 20. Okt. 1924 den Begriff der Beamten nach dem Reichsbeamtengesetz und dem Reichsstrafgesetzbuch, was für die Bindung des Disziplinarrichters an die Feststellung des Strafrichters wichtig ist. Die Entscheidung vom 29. Jan., 30. April 1925, wonach die im Dienst der Eisenbahnverwaltungen beschäftigten Beamten durch die Übernahme der Eisenbahn auf das Reich Reichsbeamte geworden und der Disziplinargewalt des Reiches auch durch die Gründung der Reichsbahngesellschaft unterstellt geblieben sind.

Wichtig namentlich für die Beamtenschaft nach der Staatsumwälzung sind die Entscheidungen, die sich mit dem politischen Verhalten des Beamten befassen und sein Recht zur freien Meinungsäußerung betreffen. In Entscheidung vom 5. Dez. 1921 wird dargelegt, daß das Recht der Gesinnungsfreiheit (Art. 130 Abs. 2 RVerf.) ohne weiteres das Recht auf freie Äußerung dieser Gesinnung in sich schließe. Damit sei aber vereinbar, daß der Minister seinen ihm unterstellten Beamten Zurückhaltung in ihren Äußerungen auferlegt, wo es sich um von ihnen an verantwortlicher Stelle dienstlich zu bearbeitende Angelegenheiten handelt. Ein Beamter, der im politischen Kampf die Pflicht des Maßhaltens verletzt, gefährdet das Vertrauen in die unparteiische Amtsführung. Insbesondere ist nach Entscheidung vom 1. Juli 1924 eine Beschimpfung der neuen Staatsform nicht zulässig, nach Entscheidung vom 4. Juli 1910 ist es mit den Dienstpflichten nicht vereinbar, eine Kritik an Regierungshandlungen zu üben, die den Boden der Sachlichkeit verläßt und nicht in gemäßigten Tönen geübt wird.

Über das Streikrecht der Beamten hat sich der Reichsdisziplinarhof ebenfalls wiederholt ausgesprochen und solches durchaus verneint. Entscheidung vom 10. April 1923 sagt: „Es ist... davon auszugehen, daß es ein Streikrecht für Beamte nicht nur nicht gibt, sondern daß das Eintreten eines Beamten in den Streik ein schweres Dienstvergehen darstellt, das regelmäßig nicht anders als mit der schwersten Dienststrafe, der Entlassung, bestraft werden kann.“ Entscheidung vom 14. Dez. 1922: „Ein Streikrecht der Beamten kann nicht anerkannt werden, weil es unvereinbar ist mit der Stellung eines Beamten in einem geordneten Rechtsstaate. Der Beamte steht zum Staate nicht in einem nur privatrechtlichen Vertragsverhältnisse, sondern die Anstellung begründet ein öffentlich-rechtliches Gewaltverhältnis mit bestehenden Pflichten der Treue, des Gehorsams und der gewissenhaften Erfüllung der übertragenen Obliegenheiten ... Auch Nr. 2 des Aufrufes des Rates der Volksbeauftragten vom 12. Nov. 1918 (RGBl. 1303) besage nur, daß das Vereins- und Versammlungsrecht keiner Beschränkung unterliege, auch nicht für Beamte und Staatsarbeiter. Hieraus folge aber kein Streikrecht."

Auch über die Wirkungen der verschiedenen Amnestien, so der vom 8. Mai 1920 und der durch das Londoner Protokoll vom 16. Aug. 1924 angeordneten, hatte sich der Reichsdisziplinarhof auszusprechen. Hierbei hat er angenommen, daß er auch im Fall des § 4 Abs. 2 des Ges. vom 8. Mai 1920 sich nicht auf die formelle Feststellung beschränken dürfe, ob die Niederschlagung durch den Minister erfolgt sei, sondern in eigene sachliche Würdigung über die Voraussetzungen einzutreten habe.

6. Die Arbeitslast des Reichsdisziplinarhofes ist ständig gestiegen. Da dessen Urteile ausschließlich von den beisitzenden Reichsgerichtsräten angefertigt werden und nur diese Berichterstatter in den anstehenden Sitzungen sind, so leuchtet ein, daß sowohl die Senatspräsidenten als die Reichsgerichtsräte, die Mitglieder des Disziplinarhofes sind, eine sehr erhebliche Mehrarbeit neben ihrer ordentlichen Senatsarbeit aufzuwenden haben. Eine Entlastung von der Senatsarbeit ist nicht durchzuführen, würde auch nur die übrigen Senatsmitglieder noch mehr beschweren. Hierzu kommt, daß sowohl Senatspräsidenten wie Räte auch dadurch mehr Sitzungstage haben, die sie wieder von der häuslichen Arbeit abziehen. Es wird unbedingt darauf bedacht werden müssen, hier eine organische Änderung vorzunehmen und den Disziplinarhof erheblich zu entlasten, am besten dadurch, daß man ihn nicht mehr als Berufungsinstanz, sondern als Revisionsinstanz einrichtet. Aus der Geschäftsübersicht möge folgendes mitgeteilt werden. Es wurden erledigt

im Jahre	1923	1924	1925	1926	1927	1928	
	199	395	233	245	262	182	Sachen.

Im Verhältnis zu diesen Zahlen sei darauf hingewiesen, daß in der ganzen Zeit von 1873 bis 1913 der Disziplinarhof nur 440 Sachen, also 11 im Jahre zu bearbeiten hatte, in den folgenden Jahren bis zu 1923 stieg die Zahl auf etwa 100 im Jahre.

7. Eine Sammlung der Entscheidungen wird seit 1926 als „Rechtsprechung des Reichsdisziplinarhofes" von dem — seit kurzem verstorbenen — sächsischen Ministerialdirektor Dr. Alfred Schulze und Reichsgerichtspräsident i. R. Dr. Simons im Verlag von Franz Vahlen in Berlin herausgegeben.

Dr. Lobe.

3. Der Ehrengerichtshof für die deutschen Rechtsanwälte.

Die Entstehung und Entwicklung bis heute.

Die Rechtsanwaltsordnung vom 1. Juli 1878 gehört mit dem Gerichtsverfassungsgesetz, der Zivilprozeßordnung, der Strafprozeßordnung und der Konkursordnung zu den großen Gesetzeswerken der Justizorganisation, die sich das Deutsche Reich geschaffen hat. Durch die Einführung des Anwaltszwanges im Zivilprozeß vor den Kollegialgerichten und der notwendigen Verteidigung im Strafprozeß war die Anwaltschaft auch im neuen Gerichtsverfahren zu einem seiner notwendigen Bestandteile geworden. Es bedurften deshalb die Verhältnisse der Anwaltschaft einer Regelung. Sie sollte zunächst im Gerichtsverfassungsgesetz erfolgen. Damit wäre auch äußerlich in der Nebeneinanderstellung der Bestimmungen über Richter, Staatsanwälte und Rechtsanwälte die Nebeneinanderordnung der drei zur Ausübung der Rechtspflege vornehmlich berufenen Gruppen zum Ausdruck gekommen. Die Aufnahme in das Gerichtsverfassungsgesetz unterblieb zunächst mit Rücksicht auf den Widerspruch des Bundesrats, der damals noch die Regelung der Anwaltsangelegenheiten für eine Sache der Länder hielt, und später auf das dem Reichstag gegebene Versprechen hin, alsbald den Entwurf einer Rechtsanwaltsordnung vorzulegen. Dieses Versprechen ist am 16. Febr. 1878 erfüllt worden.

Aus den Beratungen des Entwurfs ist die Rechtsanwaltsordnung hervorgegangen. Sie erfüllt das von der Anwaltschaft aller deutschen Länder — insbesondere auf dem am 25. und 26. Sept. 1874 abgehaltenen Deutschen Anwaltstag — ausgesprochene Verlangen nach einer einheitlichen deutschen Anwaltschaft. Sie schuf außerdem die innerhalb der Länder keinen wesentlichen Zulassungsbeschränkungen unterworfene sog. freie Anwaltschaft, die dadurch zu einem freien Berufe wurde.

Schon damals wurde infolge dieser deshalb auch bekämpften Maßregeln eine starke Vermehrung der Rechtsanwaltschaft vorhergesehen. Die dadurch im Guten wie im Bösen freiwerdenden Kräfte bedurften der eingehenden Regelung. Dem Kampfe gegen unvermeidliche Auswüchse hatte eine sorgfältige Gestaltung des Disziplinarrechts zu dienen. So nimmt die Ordnung des ehrengerichtlichen Verfahrens einen großen Raum im Gesetze ein. Nach ihm wachen über die Erhaltung der Anwaltspflichten die Vorstände der Anwaltskammern, die als Ehrengerichte erster Instanz Recht zu sprechen haben. Über ihnen steht als Berufungsinstanz der Ehrengerichtshof.

Vor dem Inkrafttreten der Rechtsanwaltsordnung — 1. Juli 1879 — waren, wie die Verhältnisse der Rechtsanwälte überhaupt, auch ihre Disziplinarrechte durch die Gesetzgebungen der einzelnen Länder geregelt. Mit Ausnahme von Sachsen lag die ehrengerichtliche Tätigkeit der zweiten Instanz in der Hand der staatlichen Gerichte. Sie waren überall nur mit Richtern besetzt. Nur in Oldenburg saßen auch in den staatlichen Gerichten drei Anwälte. Der Entwurf der Rechtsanwaltsordnung hatte beabsichtigt, die Berufung gegen die Urteile der Ehrengerichte dem I. Strafsenat des RG. zu übertragen. Eine Mitwirkung der

Anwaltschaft war damals nicht in Frage gekommen. Es wurde als unbedenklich betrachtet, die letzte Entscheidung den Gerichten zuzuweisen, und nur in Zweifel gezogen, ob dem Oberlandesgericht oder dem RG. Die Entscheidung fiel für das RG., weil man nur in der Judikatur eines obersten Gerichts, dem alle deutschen Rechtsanwälte unterworfen wären, die Gewähr dafür zu finden glaubte, daß die Grundsätze des Gesetzes übereinstimmend überall zur gleichen Anwendung kämen. Die Gefahr abweichender Entscheidungen in den bisher zum Teil wenigstens selbständig organisierten Oberlandesgerichtsbezirken war hier um so größer, als nicht nach festen Normen, sondern nur nach einer allgemein gehaltenen, die Verletzung der Berufspflicht mit Strafe bedrohenden Bestimmung geurteilt werden mußte.

Während dem Gedanken einer einheitlichen Spitze der Rechtsprechung allgemeiner Beifall gezollt wurde, erhoben sich gegen die Nichtbeteiligung der Anwälte an der letztinstanzlichen Rechtsprechung sofort die Stimmen der Anwaltschaft. Es wurde schon damals das Verlangen gestellt, daß auch die zweite Instanz nur mit Anwälten zu besetzen sei. Der Frankfurter Anwaltstag des Jahres 1878 machte den vermittelnden Vorschlag, zum Berufungsgericht ein Oberehrengericht einzusetzen, das aus dem Präsidenten des RG., 3 seiner Mitglieder und 3 Mitgliedern der Anwaltskammer beim RG. bestehen sollte. Diesen Vorschlag hat in der Reichstagskommission der Abgeordnete v. Forcade aufgenommen und sein Inhalt ist als § 90 RAO. Gesetz geworden.

In dieser Gestalt hat der Ehrengerichtshof bis zu seiner Verdoppelung am 1. Juni 1910 die ihm übertragenen Aufgaben gelöst.

Nach dem Inkrafttreten der Rechtsanwaltsordnung, dem 1. Okt. 1879, mußte alsbald mit der Bildung des Gerichtshofes begonnen werden; RG. und Rechtsanwaltschaft beim RG. hatten dazu mitzuwirken.

Die Ernennung des Präsidenten des Ehrengerichtshofs war durch die Ernennung des Reichsgerichtspräsidenten Dr. Simson, die der Kaiser mit Zustimmung des Bundesrats vorgenommen hatte, erfolgt. Sein Stellvertreter für den Fall der Verhinderung war nach § 65 Abs. 2 GVG., der nach § 90 Abs. 5 RAO. anzuwenden ist, der älteste Senatspräsident des RG. Die Mitglieder des RG., die Beisitzer sein sollten, wurden (und werden noch) nach § 90 Abs. 3 RAO. in Verbindung mit den §§ 62, 63, 133 GVG. jetzt §§ 63, 64, 131 von Jahr zu Jahr bestimmt. Sie mußten also vom Präsidium des RG. ernannt werden. Ihnen traten 3 Stellvertreter, die in gleicher Weise zu bestimmen waren, zur Seite. Die anwaltlichen Mitglieder sind vor Beginn des Geschäftsjahres auf die Dauer von einem Jahre zu wählen. Sowohl die Bestimmung der ersten Mitglieder durch das Präsidium des RG. wie die Wahl durch die Anwaltskammer erfolgte am 15. Nov. 1879. Das Präsidium bestimmte als erste Mitglieder die Reichsgerichtsräte Lesser, Welst und Schlomka und zu Stellvertretern die Reichsgerichtsräte Dr. v. Vangerow, Plathner und Hartmann. Von der Anwaltskammer beim RG. wurden einstimmig durch Akklamation gewählt die Justizräte Arndts und Romberg und der Rechtsanwalt Dr. Crome. Stellvertreter wurden die Justizräte Fenner und Dr. Bohlmann. Diese Bestimmung galt zunächst nur für die kurze Zeit bis zum 31. Dez.

1879. Doch fielen Ernennung und Wahl für das Geschäftsjahr 1880 auf dieselben Personen. Nur bei den Reichsgerichtsräten wechselte ein Stellvertreter.

Am 20. Dez. 1879 traten die Mitglieder des Ehrengerichtshofs auf Grund der Verfügung des Reichsgerichtspräsidenten Dr. Simson zu einer ersten „konstituierenden" Sitzung zusammen. In ihr wurde die Geschäftsordnung des Ehrengerichtshofs beraten und beschlossen. Berichterstatter waren der Reichsgerichtsrat Lesser und der Reichsgerichtsanwalt Justizrat Arndts. Beide Berichterstatter hatten im Auftrage des Reichsgerichtspräsidenten Gutachten erstattet. Beratung und Beschlüsse, die sich fast durchweg den Vorschlägen des Justizrats Arndts anschlossen, hatten zum Gegenstand die Führung der Bezeichnung „Ehrengerichtshof" ohne die Bezeichnung „Kaiserlich", die Frage der Einberufung der Stellvertreter, die Reihenfolge bei der Abstimmung, die Kosten, die Zulassung von Zuhörern und die Führung eines Dienstsiegels, über welche letzte die Entscheidung des Reichsjustizamts eingeholt werden sollte. Als wichtigster Punkt der Erörterung wurde den anderen Beschlüssen vorangestellt der Satz:

> „Der Ehrengerichtshof ist ein Zubehör des RG., nicht eine von letzterem unabhängige selbständige Institution."

Hiermit bestimmte der Ehrengerichtshof in erster Linie seine eigene Stellung, aus der er Folgerungen für die anderen Beschlüsse der Geschäftsordnung zog. Die Feststellung hat freilich keine Gesetzeskraft und bindet auch den Ehrengerichtshof selber nicht. Er würde also z. B. die Frage, ob ein beim RG. zugelassener Anwalt durch § 100 Abs. 2 RAO. verhindert ist, als Verteidiger vor dem Ehrengerichtshof aufzutreten, immer von neuem wieder entscheiden können, hätte aber andererseits hierüber für den konkreten Fall endgültig zu entscheiden. Der Grundsatz ist niemals angezweifelt worden und entspricht auch dem Gesetz. Das ergibt schon die Entstehungsgeschichte des § 90 RAO. Wie bereits erwähnt, sollte die Berufung in ehrengerichtlichen Sachen dem I. Strafsenat des RG. übertragen werden. Wenn den Bestrebungen der Anwaltschaft entsprechend auch Angehörige ihres Kreises zur Mitwirkung in der Berufungsinstanz herangezogen wurden, so hat damit das Berufungsgericht nicht seinen Charakter als Bestandteil des RG. geändert. Nur die Besetzung des zu erkennenden Senats hat eine Umgestaltung erfahren. Auch die Art, wie die Mitglieder des Ehrengerichtshofs bestellt werden, spricht für diese Auffassung. Wollte man annehmen, der Ehrengerichtshof sei ein selbständiges Gericht, so müßte es auffallen, daß das Gesetz keinerlei Bestimmungen über die Organisation dieses Gerichts vorsieht. Auch die Tatsache, daß die Mitglieder eines solchen Gerichtshofs durch das Präsidium des RG. und nicht durch die Justizverwaltung ernannt werden, wäre ein in der Justizorganisation einzig dastehender Fall.

Für die Frage der Reihenfolge der Abstimmung erforderte die Zugehörigkeit des Ehrengerichtshofs zum RG. eine besondere Regelung. Nach dem Gerichtsverfassungsgesetz hat die Abstimmung nach dem Dienstalter zu erfolgen, indem der Jüngste zuerst abzustimmen hat (§ 197 GVG.). Nun haben wohl die Reichsgerichtsräte ein verschiedenes Dienstalter, nicht aber die Anwälte, die infolge ihrer Wahl für ein Geschäftsjahr die gleiche Dienstzeit beim Gerichtshof hätten. Es ist deshalb beschlossen worden, daß alle Mitglieder des Ehrengerichtshofs nach dem Lebensalter abstimmen, auch die Reichsgerichtsräte zusammen mit den Rechtsanwälten. Der Referent soll zuerst, der Präsident zuletzt stimmen.

Für das Dienstsiegel hat der Staatssekretär des Reichsjustizamts die Bezeichnung Ehrengerichtshof bestimmt.

Der Ehrengerichtshof hat zunächst mit den bereits anhängigen Disziplinarsachen sich beschäftigen müssen, wie dies im § 115 RAO. vorgesehen ist. Seine erste Sitzung hat am 29. Jan. 1880 stattgefunden. In ihr sind zwei Entscheidungen gefällt worden. Damit hat seine immer wachsende Tätigkeit ihren Anfang genommen.

In den ersten 4 Jahren des Bestehens des Ehrengerichtshofs ging die Zahl der bei ihm anhängig gewordenen Fälle nicht über 16 hinaus. Sie hat sich indessen mit dem Anwachsen der Anwaltschaft erheblich gesteigert. In den Jahren 1905 und 1906 waren beim Ehrengerichtshof 56 bzw. 41 Sachen anhängig. Die Sitzungen dauern dabei häufig außerordentlich lange. Eine im Jahre 1906 gemachte Aufstellung ergibt Sitzungen, die in seltenen Fällen 5 bis 6 Stunden, in den meisten darüber hinaus bis zu 16 Stunden gedauert haben. Doch haben einzelne Fälle auch zwei, ja sogar drei volle Tage in Anspruch genommen. Dies bedeutete für die schon in ihrem Hauptberufe stark in Anspruch genommenen Mitglieder des Ehrengerichtshofs, insbesondere für dessen Präsidenten eine außerordentlich starke Belastung. Deshalb sah sich im Jahre 1907 der Staatssekretär des Reichsjustizamts veranlaßt, in eine Prüfung der Frage einzutreten, wie im Wege der Gesetzgebung eine Entlastung des Ehrengerichtshofs herbeigeführt werden könne. Auf sein Ersuchen wurde vom Ehrengerichtshof am 9. April 1907 ein Gutachten hierüber erstattet.

Aus diesem ergibt sich, daß für die Jahre 1880 bis 1888 zusammen 79, durchschnittlich also 8,77 Sitzungen jährlich, für die Jahre 1889 bis 1897 zusammen 107, durchschnittlich 11,9 Sitzungen, und für 1898 bis 1906 zusammen 121, durchschnittlich also 13,44 Sitzungen, zur Bewältigung der dem Ehrengerichtshof zugefallenen Arbeit notwendig waren. Die Zahl der Anwälte war damals schon von 4091 im Beginn des Jahres 1890 bis auf 8174 am Ende des Jahres 1906 gewachsen. Ein weiteres Anwachsen war mit Bestimmtheit zu erwarten, und das Verlangen nach künftiger Entlastung erschien deshalb begründet. Darin waren der hierüber befragte Oberreichsanwalt und die Mitglieder des Ehrengerichtshofs einig.

Der Oberreichsanwalt schlug vor, zur Verhandlung und Entscheidung über die Berufung in den minder schweren Sachen bei den Oberlandesgerichten Ehrengerichtshöfe zu errichten, die mit dem Präsidenten des Oberlandesgerichts, drei Oberlandesgerichtsräten und drei Anwälten des Bezirks besetzt werden sollten. Die ehrengerichtlichen Berufungssachen sollten nach diesem Vorschlag nach wie vor an den Ehrengerichtshof beim RG. gelangen, dieser aber in der Lage sein, ohne mündliche Verhandlung solche Sachen, bei denen er eine Entscheidung durch den Ehrengerichtshof des RG. nicht für notwendig hält, an den Ehrengerichtshof des betreffenden Landes zu überweisen. Der

Vorschlag des Oberreichsanwalts fand bei den Mitgliedern des Ehrengerichtshofs keine Zustimmung. Es wurde gegen ihn geltend gemacht, daß bei den kleinen Oberlandesgerichten sich weder das geeignete Personal für das zu schaffende Berufungsgericht noch eine regelmäßige Beschäftigung finden würde, daß der Ehrengerichtshof des RG. durch den Wegfall der mündlichen Verhandlung bei den überwiesenen Sachen kaum erheblich entlastet werden würde, und daß schließlich die zu schaffenden Berufungsgerichte bei der Anwaltschaft, die bereits ihre besten Vertreter in die unterinstanzlichen Ehrengerichte entsenden, nicht das nötige Ansehen finden würden. Ein zweiter Vorschlag aus der Mitte des Ehrengerichtshofs ging dahin, die Berufung gegen die Urteile des einen Ehrengerichts das durch den Präsidenten des Oberlandesgerichts und einen Oberlandesgerichtsrat verstärkte Ehrengericht einer anderen, möglichst benachbarten Anwaltskammer entscheiden zu lassen. Auch ihm wurde nicht zugestimmt. Endlich wurde noch folgender Vorschlag abgelehnt: Ein zweiter Senat sollte bei dem Ehrengerichtshof selbst errichtet werden, gebildet entweder aus 1 Anwalt beim RG. als Vorsitzenden und 6 von den übrigen Anwaltskammern delegierten Anwälten, oder aus 1 Senatspräsidenten des RG. als Vorsitzenden, 1 Reichsgerichtsrat und 1 Rechtsanwalt beim RG. als ständigen Mitgliedern und 4 Delegierten der übrigen Anwaltskammern als weiteren Beisitzern. Ihm sollten Sachen von geringerer Bedeutung zugewiesen werden. Man befürchtete, daß durch die Bildung eines solchen Senates die Einheitlichkeit der Rechtsprechung des Ehrengerichtshofes gefährdet werden würde.

Der Ehrengerichtshof entschied sich vielmehr für den von dem Berichterstatter, Justizrat Syring, eingebrachten Vorschlag: „Die Berufung in den kleineren Sachen wird überhaupt beseitigt, und zwar in der Weise, daß wegen geringerer Verfehlungen auf schriftlichen Antrag der Staatsanwaltschaft von dem Vorstande der Anwaltskammer ohne mündliche Verhandlung ein schriftlicher Strafbescheid erlassen wird. Der Strafbescheid darf nur auf Warnung oder auf Geldstrafe bis zu 150 ℳ lauten. Gegen ihn ist der Einspruch an das Ehrengericht zulässig. Dieses entscheidet in mündlicher Verhandlung. Die Berufung gegen ein solches Urteil ist ausgeschlossen.“ Für diesen Vorschlag wurde geltend gemacht, daß dadurch solche Sachen von dem Ehrengerichtshof ferngehalten würden, deren geringe Bedeutung nicht das Anrufen dieser Instanz rechtfertige, daß aber dem Beschuldigten durch den Fortfall der Berufung kein erheblicher Nachteil zugefügt werden würde, weil er durch die Einschiebung des erfahrungsgemäß mit großer Gewissenhaftigkeit verfahrenden Anwaltskammervorstandes als Vorinstanz hinreichend gesichert sei. Dieser Vorschlag fand auch die Zustimmung des Oberreichsanwalts.

Die von anderer Seite herrührende Anregung, zwecks gründlicher Entlastung des Ehrengerichtshofs die Befugnisse des Kammervorstandes zum Erlaß von Strafbescheiden bis auf 300 ℳ und auf den Verweis auszudehnen, fand keinen Anklang. Vielmehr wurde nach dem weiteren Antrag Syrings für den Fall, daß sein Vorschlag sich nicht als genügend wirksam erweisen und daher abgelehnt werden sollte, die Bildung zweier Senate mit gleichen Befugnissen für zweckmäßig erklärt. Den Vorsitz in dem ersten Senat sollte der Reichsgerichtspräsident, den in dem anderen ein Senatspräsident des RG. führen. Die Mitglieder der beiden Senate sollten sich in Behinderungsfällen gegenseitig vertreten.

Dieser letzte Vorschlag des Ehrengerichtshofs ist, wie bekannt, durch die Novelle zur RAO. vom 22. Mai 1910, in Kraft getreten am 1. Juni 1910, Gesetz geworden. Die Geschäftsordnung mußte der neuen Einrichtung angepaßt werden.

Seit dem 1. Juni 1910 bestehen also bei dem Ehrengerichtshof 2 Senate.

Die Zuteilung der Geschäfte an die einzelnen Senate erfolgt durch das Präsidium des RG. In der Sitzung des Präsidiums vom 6. Juni 1910 fand die Wahl der reichsgerichtlichen Ehrengerichtshofsmitglieder sowie die Verteilung der Geschäfte statt. Von den dem Ehrengerichtshof obliegenden Geschäften wurden zugewiesen:

Dem I. Senat

aus dem ganzen Reich die ehrengerichtlichen Sachen, die wegen Versagung der Zulassung zur Rechtsanwaltschaft anhängig geworden sind (§ 16 Abs. 2 RAO.),

die anderen ehrengerichtlichen Sachen aus den Bezirken der Anwaltskammern beim Kammergericht und den OLG. München, Nürnberg, Dresden, Stuttgart, Darmstadt, Hamburg, Kolmar,

die Anträge auf Wiederaufnahme des Verfahrens auch aus den dem II. Senat zugeteilten Bezirken, soweit sie sich auf die bis dahin erledigten Berufungen beziehen;

dem II. Senat

alle übrigen ehrengerichtlichen Sachen aus dem ganzen Reich.

Eine Sache, die nach der Geschäftsverteilung an sich wohl dem II. Senat gehört hätte, in der aber bereits Termin am 12. Juli 1910 anstand, wurde dem I. Senat belassen.

Diese Geschäftsverteilung ist bis zum Jahre 1919 beibehalten worden.

Im Jahre 1920 wurden dem II. Senat außerdem die Sachen aus den Bezirken der Anwaltskammern bei den OLG. Nürnberg und Hamburg, die bis dahin zur Zuständigkeit des I. Senats gehörten, zugewiesen.

Um die im Laufe der Zeit hervorgetretene ungleiche Belastung der beiden Senate zu beseitigen, beschloß das Präsidium am 14. April 1921, die bisherige Geschäftsverteilung aufzugeben und alle Sachen, auch die Zulassungssachen, unter beiden Senaten gleichmäßig zu verteilen, und zwar die mit ungeraden Geschäftsnummern dem I., die mit geraden Nummern dem II. Senat zuzuweisen. Dieser Plan liegt der Geschäftsverteilung der folgenden Jahre zugrunde.

Im Jahre 1925 wurde im Anschluß an die in der 18. Vertreterversammlung des Deutschen Anwaltsvereins am 8. Mai 1925 gemachten Ausführungen, wonach der II. Senat in zwei Erkenntnissen sich in Gegensatz zu der Rechtsprechung des I. Senats gesetzt habe, vorgeschlagen, die Zulassungssachen im Interesse der Wahrung der Einheitlichkeit der Rechtsprechung auf diesem Gebiete ausschließlich dem I. Senat zuzuweisen. Dieser Vorschlag wurde vom Präsidium zunächst abgelehnt, im Jahre 1927 jedoch mit Wirkung vom 1. Jan.

1928 ab angenommen. Seit diesem Tage ist also der I. Senat des Ehrengerichtshofs wieder allein für alle Zulassungsfälle zuständig.

Es muß zweifelhaft erscheinen, ob diese Lösung glücklich ist. Aus dem Zwiespalt der beiden Senate ergibt sich, daß die Frage, die von ihnen verschieden beantwortet wurde, noch nicht vollkommen geklärt ist. Durch eine Aussprache aller Mitglieder des Ehrengerichtshofs, wie sie in einem Plenum stattfinden könnte, müßte die Klärung gefördert werden. Auch außerhalb der Zulassungsfrage sind Zwiespältigkeiten zwischen den beiden Senaten sehr wohl denkbar. Zwar bringt die Natur der ehrengerichtlichen Verfehlungen, in deren Mittelpunkt die Person des Angeklagten in ihren besonderen Verhältnissen steht, es mit sich, daß jeder Fall eine besondere Behandlung erfordert und daß somit die einzelnen Fälle stark individualisiert erscheinen. Dennoch zeigt die ehrengerichtliche Rechtsprechung, daß man auch auf dem Gebiete der Verfehlungen zu einheitlichen Grundsätzen gekommen ist. Eine Abweichung der beiden Senate auf diesem Gebiete wäre nicht minder nachteilig, als dies bei der Entscheidung über eine bestimmte Zulassungsfrage gewesen ist.

Das im ehrengerichtlichen Verfahren nicht vorgesehene Plenum könnte deshalb wohl aus der ordentlichen Gerichtsbarkeit herübergenommen werden.

Für das Bedürfnis spricht auch eine im Jahre 1925 herbeigeführte Verständigung beider Senate über die Frage, ob im Zulassungsverfahren das auf Bestätigung der Versagungsgründe lautende Urteil mit der qualifizierten Mehrheit der Verurteilung gefällt werden müsse (§ 16 RAO., § 263 StPO.). Der I. Senat, der diese Frage in einem Zulassungsfalle bejaht hatte, legte in einer von seinen Mitgliedern unterzeichneten Entschließung seine Gründe dar (Abw. Ansicht ist Friedländer, Komm. z. RAO. Anm. 26 zu § 93) und ersuchte dann den II. Senat, eine Stellungnahme dazu herbeizuführen. Diese erfolgte in zustimmendem Sinne. Ein anderes Mittel wäre auch ein häufigerer Austausch unter den Mitgliedern der beiden Senate. Die richterlichen Mitglieder bleiben in der Regel 3 Jahre lang dem Ehrengerichtshof zugewiesen, die anwaltlichen mindestens so lange, meistens noch längere Zeit. Hinüberwechseln von dem einen in den anderen Senat würde eine engere Verbindung der beiden zur Folge haben. Die Schwierigkeit, die durch die Bearbeitung der in dem einen Geschäftsjahr anfallenden, aber im nächsten erst zur Verhandlung kommenden Sachen entsteht, ist für den Fall des völligen Ausscheidens der einzelnen Mitglieder überwunden, deshalb auch bei häufigerem Wechsel nicht unüberwindbar.

Die Erörterung dieser Frage muß um so mehr auf die Tagesordnung gesetzt werden, als mit der immer mehr fortschreitenden Belastung des Ehrengerichtshofs auch schon wieder seine Entlastung gefordert und deren Möglichkeit erörtert wird. Dazu gehört auch etwa die Bildung eines III. Senats. Am 17. Mai 1926 hat der Präsident des RG. erneut auf die Zunahme der Zahl der Anwälte, die inzwischen bis zum 1. Jan. 1929 auf 15855 gestiegen ist, und auf das damit zusammenhängende Anwachsen der Ehrengerichtssachen hingewiesen. Bei der Prüfung der Entlastungsmittel mußte er sich mit der inzwischen in den Kreisen der Anwaltschaft lebhaft erörterten Frage auseinandersetzen, ob es angezeigt sei, auch die zweite ehrengerichtliche Instanz vollständig in die Hände der Anwälte zu legen, also einen nur aus Anwälten bestehenden Ehrengerichtshof zu bilden. Er hat es abgelehnt, auf diesen Gedanken einzugehen. Der Stand der Rechtsanwälte sei in Deutschland so eng mit der Organisation der Rechtspflege verknüpft, die Anwälte seien so sehr als Mitarbeiter der Richter an der Findung des Rechts beteiligt, daß ein völliges Ausschalten richterlicher Mitwirkung bei der Erledigung der Ehrengerichtsfälle nicht im Interesse der Reichsjustizverwaltung zu liegen scheine. Es müsse deshalb die Errichtung eines III. Senats erwogen werden. Der Vorstand der Anwaltskammer beim RG. nahm zu gleicher Zeit zu dem Problem Stellung und legte die Ergebnisse dieser Verhandlung in einem Bericht an den Reichsminister der Justiz nieder. Auch er sprach sich einstimmig dafür aus, daß der Ausschluß der richterlichen Mitglieder aus der Rechtsprechung in Ehrengerichtssachen nicht erwünscht sei. Er lehnte aber auch die Bildung eines III. Senats ab, empfahl vielmehr die Zuteilung je eines weiteren richterlichen und anwaltlichen Mitgliedes zu den bisherigen Senaten und die erweiterte Vertretung des Senatsvorsitzenden. Es wurde auch empfohlen, den Begründungszwang für die Berufung einzuführen. Erfahrungsgemäß blieben zahlreiche Berufungen unbegründet, so daß sich die Bearbeitung des Falles auf den gesamten Tatbestand erstrecken müsse, während sich in der Hauptverhandlung herausstelle, daß das Urteil des Ehrengerichts nur in einzelnen Punkten oder in bezug auf das Strafmaß angefochten werde. Es sei deshalb zu erwarten, daß durch den Begründungszwang die Arbeit des Ehrengerichtshofs vermindert werden würde.

Den Vorschlägen ist bisher keine Folge gegeben. Vielmehr arbeiten die beiden Senate mit der bisherigen Belastung weiter. Im Jahre 1927 waren 82 Entscheidungen in 37 Sitzungen zu fällen, so daß jeder Senat die Arbeit zu bewältigen hatte, die bei der Einführung des II. Senats für beide vorlag. Im Jahre 1928 zeigte sich ein Rückgang auf 56 Entscheidungen, die in 29 Sitzungen zu erledigen waren. Daß damit ein dauernder Rückgang eingetreten sei, ist nicht anzunehmen. Die Entlastung wird deshalb früher oder später von neuem dringlich werden.

Die Mitglieder des Ehrengerichtshofs seit dem Jahre 1879.

Seit dem Beginn der Spruchtätigkeit des Ehrengerichtshofs haben ihm bis heute 92 Richter, darunter 25 Präsidenten, und 44 Reichsgerichtsanwälte angehört. (Ein vollständiges Verzeichnis der Mitglieder des Ehrengerichtshofs findet sich am Schlusse.) Da man aufgegeben hatte, die Sachen einem bestimmten Senate des RG. zu überweisen, erfolgte die Bestimmung der richterlichen Mitglieder durch das Präsidium zwar anfangs noch durch Bestimmung der jüngsten Mitglieder eines Senats des RG., später aber nach freier Auswahl aus sämtlichen Senaten, und zwar auch aus Zivilsenaten. In der Mehrzahl gehören freilich die richterlichen Beisitzer des Ehrengerichtshofs den Strafsenaten an. Auch bei ihnen aber wird man von einem strafrichterlichen Spezialistentum nicht sprechen können. Die Reichsgerichtsräte wechseln vielfach aus den Zivilsenaten nach den Strafsenaten und umgekehrt, insbesondere bei der Ernennung zum Senatspräsidenten. Überdies werden die Richter durch die Absonderung des Ehrengerichtshofs und die Zusammenstellung mit den Mitgliedern anderer Senate und mit den Anwälten aus ihrer täglichen Berufsarbeit herausgehoben. Sie bringen in den Ehrengerichtshof wohl ihre große richterliche und rechtswissenschaftliche Erfahrung mit, treten aber gleichzeitig ihrer Aufgabe mit der Frische gegenüber, die die Übertragung einer neuartigen Arbeit zu erzeugen pflegt. Dazu kommt, daß sie ein Ehrenamt versehen und sich der außerordentlichen Belastung, die ihrer sonstigen, im wesentlichen unverkürzten Berufsarbeit hinzugefügt wird, mit großer Opferwilligkeit unterziehen. Die Zugehörigkeit zum Ehrengerichtshof ist, wie schon hervorgehoben war, von verschiedener Dauer. Die Richter, zunächst länger darin festgehalten, sind später bis jetzt durchweg auf 3 Jahre dem Hofe zugeteilt. Durch diesen ständigen Wechsel ist ein Zufluß immer neuer Kräfte gewährleistet, eine Erstarrung in Gewohnheiten ausgeschlossen. Die Stetigkeit der Rechtsprechung ist trotzdem gewährleistet, vor allem durch die Person der Präsidenten, von denen namentlich der Reichsgerichtspräsident während der ganzen Dauer seines Amtes dem Ehrengerichtshof vorzusitzen hat. In früheren Zeiten, namentlich unter den Präsidenten Gutbrod und Freiherrn v. Seckendorff hat der Präsident von der Möglichkeit, auch seinen Stellvertreter vorsitzen zu lassen, nur sparsam Gebrauch gemacht; dies wird in Berichten besonders hervorgehoben. Mit dem außerordentlichen Anwachsen der Präsidialgeschäfte ist ein regelmäßiger Wechsel im Vorsitz mit dem Stellvertreter eingeführt. Dabei ist immer dafür gesorgt, daß soweit möglich der Reichsgerichtspräsident an den Sachen von grundsätzlicher Bedeutung teilnimmt. Er kann nach § 90 Abs. 6 RAO. jederzeit auch die Vertretung des Präsidenten des II. Senats übernehmen.

Die Reichsgerichtsanwälte müssen ihrer beschränkten Zahl wegen dem Ehrengerichtshof länger angehören als die Richter. Mit Rücksicht auf die ihnen dadurch erwachsende Belastung und in Erwägung, daß bei ihnen eine allzu lange Dauer nicht zweckmäßig, sondern ein Wechsel erwünscht ist, tritt zuweilen wenigstens eine Unterbrechung ihrer Mitgliedschaft ein; sie treten nach einer gewissen Zeit aus dem Ehrengerichtshof aus und werden später wieder hineingewählt. Da es erwünscht erscheint, daß alle beim RG. zugelassenen Anwälte früher oder später dem Ehrengerichtshof angehören, wird sowohl bei der Zulassungsentscheidung des Präsidiums wie bei den vorausgehenden Gutachten des Vorstandes der Anwaltskammer auch auf die Eignung zu dieser Richtertätigkeit Rücksicht genommen. So verlangt man von dem Reichsgerichtsanwalt nicht nur juristische Befähigung für seinen Beruf, sondern auch eine längere Anwaltserfahrung. Diese haben sich die in den Ehrengerichtshof gewählten Anwälte vielfach in der Arbeit für die freie Organisation der Anwaltschaft im Deutschen Anwaltsverein, dessen frühere Vorsitzende ausnahmslos dem Ehrengerichtshof angehört haben, zu schaffen gesucht. Gerade aus den beiden zusammen geübten Tätigkeiten entsprang eine sicherlich vorteilhafte Wechselwirkung. Die Reichsgerichtsanwälte sind durchweg in erster Linie Zivilisten. Die strafrechtliche Praxis, die am RG. von jedem deutschen Anwalt geübt werden kann, tritt stark zurück. So sprechen zum Vorteil des Ehrengerichtshofs in den Senaten Zivilisten und Kriminalisten miteinander Recht. Von den Richtern gehören außerdem einzelne dem Reichsdisziplinarhof an und bringen Erfahrungen aus diesem wenn auch verschiedenen, so doch ähnlichen Tätigkeitsgebiete mit.

Die Vertretung der Anklage erfolgt durch die Reichsanwaltschaft; in den Jahren 1911 bis 1919 übernahm der Oberreichsanwalt Zweigert selbst in zahlreichen Fällen den Sitzungsdienst. Dies persönliche Eintreten der obersten Spitze der Reichsanklagebehörde ist seither durch die Vervielfachung der reichsanwaltschaftlichen Tätigkeit unmöglich geworden. Gutachtliche Äußerungen des Ehrengerichtshofs werden von gleichzeitig eingeforderten Erklärungen des Oberreichsanwalts begleitet. Gegensätze zwischen beiden Amtsstellen sind niemals hervorgetreten, nur hat sich die Anklagebehörde gegen die später noch zu erörternden Strafherabsetzungen in der zweiten Instanz gewendet. Völlige Unabhängigkeit gegenüber den Anträgen der Staatsanwaltschaft und sorgfältiges, der Bedeutung der Anwaltschaft entsprechendes Abwägen aller für und wider die Anklage sprechenden Umstände kennzeichneten das Auftreten in der Hauptverhandlung. Zusammenstöße zwischen Ankläger und Angeklagten gibt es nicht; die ruhige Sachlichkeit des Reichsanwalts würde sie auch dem leidenschaftlichsten Angeklagten unmöglich machen.

Außer den Reichsgerichtspräsidenten, von denen der erste, Dr. E. v. Simson, mit dem Gewichte einer in ganz Deutschland hochgeachteten, geradezu historischen Persönlichkeit dem Ehrengerichtshof den Rang verlieh, der ihm bis heute geblieben ist, haben ihm auf der Richterseite zahlreiche weitbekannte bedeutsame Richterpersönlichkeiten angehört. Es sei nur unter den ausgeschiedenen Mitgliedern auf so bekannte Namen verwiesen wie Drechsler, Löwenstein, Olshausen, Kolb, Predari, Koenige, Ebermayer, Lobe, Reichert. Unter den Anwälten steht an erster Stelle Arndts, der nicht nur Berichterstatter für die erste gründende Sitzung des Ehrengerichtshofs war, sondern auch noch nach seinem Ausscheiden bei der Beratung eines für das Reichsjustizamt zu erstattenden Gutachtens vom Präsidenten v. Simson selbst hinzugezogen worden ist. Ebenso sind Romberg und Syring besonders gutachtlich tätig gewesen. Alle Vorsitzenden der Anwaltskammer außer Dorn und Bussenius haben im Ehrengerichtshof gesessen. Ich nenne Mecke, Patzki, Erythropel, Haber, Putzler, Wildhagen.

Die Sitzungen des Ehrengerichtshofs fanden in dem Saal V des alten Reichsgerichtsgebäudes in der Goethestraße statt. Später nach der Errichtung des neuen Hauses war es wiederum der zu ebener Erde in der Mitte liegende Saal V, der für die Verhandlungen bestimmt worden ist.

In der Spruchsitzung tragen die Mitglieder des Ehrengerichtshofs seit etwa 10 Jahren ihre Amtskleider, früher den traditionellen ununterscheidbar machenden Frack. Sie sitzen dem Alter nach durcheinander, der Jüngste vorn am linken Flügel. Diese Vermischung ist das äußere Zeichen auch des Geistes, der über den Verhandlungen und Beratungen schwebt; nicht hier Reichsgerichtsräte, dort Anwälte, sondern zu gemeinsamer Tätigkeit berufene Ehrenrichter bilden den Senat. Die Zusammensetzung des RG. und seiner Anwaltschaft, deren Mitglieder aus den verschiedensten Ländern und Provinzen des Reichs entstammen, zwingt zu einem — auch immer gefundenen — Ausgleich der Anschauungen; richterliches und anwaltliches Denken verschmelzen hier durchaus, der Richter sicherer in der Bildung des Urteils über den Tatbestand und die Wirkung des anwaltlichen Handelns klar erkennend, der Anwalt notwendigerweise beweglicher, weniger konservativ, bewußter des Drängens und Strebens in der Anwaltsnatur und vertrauter mit den Schwierigkeiten der Parteivertretung, jeder des anderen besondere Erfahrung für die eigene Erkenntnis verwertend. Beide Gruppen ergreifen gern die Gelegenheit, einander kennenzulernen, und es zeigt sich die Verwandtschaft von Naturen, die in ihrer Fachbildung von einer Quelle ausgehend doch auf den Berufswegen weit auseinandergegangen sind. Dies ist der Platz, aus eigenem Erleben heraus zweier Männer zu gedenken, die durch Alter und Beruf weit voneinander geschieden, doch die geschilderte Harmonie ergaben, des in Ruhestand lebenden früheren Präsidenten des RG. Dr. Freiherrn v. Seckendorff, des Vorsitzenden des I. Senats des Ehrengerichtshofs, und des seinerzeit jüngsten Mitgliedes des Senats, des Rechtsanwalts beim RG. Dr. Rudolf Lehmann aus Hamburg, der im Jahre 1917 — 48 Jahre alt — gestorben ist. Beide Männer waren geborene Juristen, beide Weltmänner, der Ältere von einer reichen dienstlichen und gesellschaftlichen Erfahrung außerhalb des eigentlichen Gerichtsdienstes bereichert, voll unermüdlicher Geduld dem Angeklagten gegenüber, dem er durchaus sein Recht, auch das strenge gegen ihn gesprochene werden lassen wollte, voller unerzwungener Teilnahme für die Anwaltschaft, seine Ansicht in der Beratung auf Grund genauester Kenntnis des Sachverhalts und seiner Menschenkenntnis in ausführlicherer Erläuterung darlegend, der Jüngere, Lehmann, wegen seines Wissens, seiner Klugheit, Sorgfalt und Gabe der Wortbeherrschung im vollen Besitz der Achtung seines Barreaus und des Gerichts, im Ehrengerichtshof die geringere Lebenserfahrung durch die Sicherheit eines Gefühls ersetzend, das auf Bildung und Wissen von nicht gewöhnlichem Maße beruhte, in der Beratung als Siebenter und Letzter seine Stimme erhebend für seine neu zusammenfassende Darstellung und sein Urteil doch die unermüdete Achtung und die Zustimmung der Senatsgenossen findend.

Mit ihm im Zusammenhang sei noch einmal der Geh. Justizrat Paul Spring genannt, Mitglied des Ehrengerichtshofs in den Jahren 1906 bis 1910 und später wieder als 73jähriger von 1925 bis 1928, unter den Mitgliedern des Ehrengerichtshofs der wissenschaftliche Bearbeiter des anwaltlichen Ehrenrechts. Nicht eine dämonische Natur wie die beiden oben Genannten, sondern die unbedingt gewollte Klarheit auf dem Wege der Denkarbeit, der wissenschaftlichen Ergründung erstrebend, ein Mann voller Reinheit, Güte und doch richterlicher Konzessionslosigkeit. Dafür zeugte seine Haltung zur Frage der Wiederaufnahme des Verfahrens. Die Rechtsprechung des Ehrengerichtshofs ließ sie zunächst in solchen Fällen nicht zu, in denen auch bei Beseitigung des Hauptanklagepunktes eine Verfehlung übrigblieb, die zur Bestrafung des angeklagten

Phot. E. Hoenisch, Leipzig

Dr. Freiherr v. Seckendorff
Reichsgerichtspräsident 1905—1920

Anwalts führen mußte. In solchen Fällen würde nach § 399 Nr. 5 StPO. (a. F.) die Wiederaufnahme nur möglich sein, wenn die Bestrafung bei Wegfall der von der Wiederaufnahme betroffenen Handlung nach einem milderen Strafgesetze zu erfolgen hätte. Der § 62 RAO., so war die Ansicht, enthalte nur ein einziges Strafgesetz. Die Wiederaufnahme galt also nur dann als möglich, wenn die volle Freisprechung des Verurteilten zu erwarten war. In einem besonders hart empfundenen Falle hatte der Ehrengerichtshof die Wiederaufnahme mit der Begründung zugelassen, daß die Ausschließung aus der Anwaltschaft neben den übrigen Ehrenstrafen als ein besonderes strengeres Strafgesetz zu betrachten sei (EGHE. 12, 80; die Entscheidungen sind im folgenden nur nach Band und Seitenzahl zitiert). Syrings eindringlicher Begutachtung ist es zuzuschreiben, daß der Ehrengerichtshof zu der mitleidlosen, aber zweifellos richtigen Gesetzesauffassung zurückkehrte (13, 29), die seitdem wieder die Rechtsprechung beherrscht. Gleichzeitig richtete Syring einen Antrag an den Präsidenten des Ehrengerichtshofs, dieser möge eine Änderung des § 62 RAO. dahin anregen, daß durch seine Fassung die Wiederaufnahme des Verfahrens ermöglicht werde.

Die Tätigkeit des Ehrengerichtshofs.

Die Spruchtätigkeit.

Die Tätigkeit des Ehrengerichtshofs besteht in der Hauptsache in der Fällung von Urteilen und Beschlüssen in anhängigen Sachen. Daneben hat er auch Gutachten erstattet. So ist er insbesondere außer in den erwähnten Fällen aufgefordert worden, sich über die Zweckmäßigkeit der Einführung einer Zwischenstrafe zwischen der mit Verweis verbundenen höchsten Geldstrafe und Ausschließung aus der Anwaltschaft auszusprechen. Das am 16. März 1890 erstattete Gutachten ist zum Ergebnis gekommen, daß es nicht wünschenswert sei, wenn die allein als Zwischenstrafe in Betracht kommende Ausschließung von der Rechtsanwaltschaft auf Zeit als ehrengerichtliche Strafe eingeführt würde. Im gleichen Sinne hatte sich übrigens auch der 1913 in Breslau tagende Deutsche Anwaltstag ausgesprochen.

Die Spruchtätigkeit erfolgt auf die Berufung gegen die Urteile der Ehrengerichte. Die Ehrengerichte haben in Ausübung der Strafgewalt auf die wegen Verletzung des § 28 RAO. erhobenen Anklagen, sodann aber auch auf die Anträge zu entscheiden, mit denen die Ehrengerichte angerufen werden, wenn auf Grund des Gutachtens des Vorstandes der Anwaltskammer die Landesjustizverwaltung die von dem Antragsteller begehrte Zulassung zur Rechtsanwaltschaft versagt hat. Die Urteile gehen in Rechtskraft über; namentlich hat ein auf Ausschließung lautendes Urteil die Wirkung, daß das Recht auf Zulassung zur Rechtsanwaltschaft (§ 4 RAO.) endgültig verlorengeht, wenn nicht Begnadigung erfolgt. Die Urteile wegen Versagung der Zulassung sind in ihrer Wirkung auf die gerade begehrte Zulassung beschränkt, sofern sie nicht aussprechen, daß die Zulassung aus dem Grunde des § 5 Nr. 5 versagt werde. War sie deshalb versagt, weil der Antragsteller nach dem Gutachten des Vorstandes der Anwaltskammer sich eines Verhaltens schuldig gemacht habe, welches die Ausschließung von der Rechtsanwaltschaft bedingen würde, und hat der Ehrengerichtshof diesen Versagungsgrund bestätigt, so hat das Urteil dieselbe Wirkung wie die Ausschließung: eine erneute Zulassung muß nach § 5 Nr. 1 RAO. versagt werden (13, 9).

Den Entscheidungen über Verfehlungen eines Anwalts liegt allein die Bestimmung des § 28 RAO. zugrunde. „Der Rechtsanwalt ist verpflichtet, seine Berufstätigkeit gewissenhaft auszuüben und durch sein Verhalten in Ausübung des Berufs sowie außerhalb desselben sich der Achtung würdig zu zeigen, die sein Beruf erfordert." Nach der Auffassung des Ehrengerichtshofs ist der Verstoß gegen diese Pflicht die zur Aburteilung stehende Straftat in allen Fällen, mag sie durch eine oder mehrere Handlungen begangen sein. Der Ehrengerichtshof hat es abgelehnt, bei mehreren Verfehlungen mehrere Delikte anzunehmen, auch wenn er zuweilen in der Urteilsformel den Angeklagten von einzelnen Vorwürfen freigesprochen hat. (Vgl. dagegen Friedländer, RAO. Exk. zu § 88 I.) Es gibt auch keine nähere Begriffsbestimmung der in § 28 genannten Pflichten, ihr Inhalt ergibt sich allein aus der Stellung des Anwalts.

Sie zu einer würdevollen zu machen, ist zunächst Interesse des einzelnen Anwalts, dessen Wert und Ansehen sich nach seiner Haltung bestimmt. Es erweitert sich zum sozialen Interesse. Seine Wahrung ist in die Hand des Vorstandes der Anwaltskammer gelegt, der nach § 69 RAO. die Aufsicht über die Erfüllung der den Mitgliedern der Kammer obliegenden Pflichten zu üben und die ehrengerichtliche Strafgewalt zu handhaben hat. Nach beiden Richtungen ist es durch das Gesetz in die Hände der Anwaltschaft selbst gelegt worden, Vorschriften und Absichten des Gesetzes zu verwirklichen, was sie in nunmehr 50jähriger Arbeit durch Schaffung eines großen und immer wachsenden, im Kampfe mit den Mächten innerhalb und außerhalb des eigenen Körpers stehenden Standes getan hat. Die Vorstände der Anwaltskammer, als Ehrengerichte zusammentretend, waren es, die zunächst in der Handhabung des Aufsichtsrechts und der ehrengerichtlichen Strafgewalt die engeren Beziehungen des Anwalts zu seinem Beruf, die weiteren zu den Kollegen, zum Gericht und anderen Behörden, schließlich zu den Parteien zu erkennen und zu regeln hatten. Dazu sind sie gerade durch die Verbindung von Aufsichtsrecht und Strafgewalt besonders befähigt. Sie leisten die Vorarbeit für den Ehrengerichtshof, auch wenn ihre Entscheidungen nur in den Grenzen der Anwaltskammern bekanntwerden.

Diese Grenzen zu überspringen und durch die Veröffentlichung seiner Entscheidungen die Beurteilung der vielfachen Vorkommnisse des anwaltlichen Lebens in alle Teile Deutschlands zu tragen, ist dem Ehrengerichtshof aufgegeben, der, wie das RG. die Spitze der bürgerlichen und Strafgerichtsbarkeit, so die Stelle ist, wo alle Linien der Ehrengerichtsbarkeit zusammenlaufen. Er ist dem RG. angegliedert und nimmt an seiner Universalität teil. Hieraus ergibt sich seine ungemeine Bedeutung und gleichzeitig die Größe der Aufgabe, die ihm durch das Gesetz zugewiesen ist. Man wird, nach 50 Jahren seines

Bestehens, ihn feiern und zugleich auffordern, über die ihm anvertraute Arbeit Rechenschaft abzulegen. Sie liegt in den bis Ende 1928 reichenden 22 Bänden seiner Entscheidungen vor.

Die Aufgabe ehrengerichtlicher Entscheidungen ist nicht die gleiche wie die der Urteile der ordentlichen Gerichte. Auch durch diese wird das Recht fortgebildet, indem ihm immer neue Tatbestände subsumiert werden. Aber die Entscheidung fällt doch nach gegebenen, offenbarten Regeln. Sie fehlen dem handelnden Anwalt ebenso wie dem erkennenden Ehrenrichter. Er umschreibt das Gebot erst in seinem Urteil, in dem er zugleich die Verletzung ahndet. Darum hat seine Entscheidung eine weit unmittelbarere Bedeutung für die Zukunft, mag auch der Ehrengerichtshof mit Recht ausgesprochen haben (16, 260), daß seine Entscheidungen nicht die Bedeutung neuer Grundsätze hätten, nach denen sich die Anwälte in Zukunft zu richten hätten, daß mit ihnen vielmehr das erkennbar pflichtwidrige Verhalten des Anwalts geahndet würde. Wenn der Ehrengerichtshof fortfährt: Der Angeklagte wird bestraft, nicht weil er Grundsätze des Ehrengerichtshofs verletzt, sondern weil er sich nicht mit den durch seine Standessitte gebotenen Pflichten vertraut gemacht hat, so bleibt doch, daß gerade die Entscheidungen des Ehrengerichtshofs die vornehmste Quelle sind, aus der man Erkenntnis einer allgemeinen, über territoriale Verschiedenheiten hinweggehenden Standessitte gewinnen kann. Der Ehrengerichtshof berücksichtigt selbst oft genug die Unerfahrenheit des jüngeren Anwalts und scheut sich nicht, dem Angeklagten Vorhaltungen zu machen und ihm mit härteren Strafen für die Zukunft zu drohen. So geht die Bedeutung des ehrengerichtlichen Urteils über den Zweck der Spezial- und Generalprävention des Strafrechts hinaus.

Man muß aus diesem Grunde noch mehr als von dem ordentlichen Richter Klarheit und Bestimmtheit der Urteilsbegründung verlangen. Ähnlich wie im Gesetz selbst müssen strafbarer Tatbestand und verletztes Gebot klar hervortreten, Zweifel beiseite gelassen, Streitfragen entschieden, aber nicht erörtert werden.

Man darf getrost sagen, daß die Entscheidungen des Ehrengerichtshofs diesen Anforderungen entsprechen.

Einzelne Fragen von besonderer Bedeutung.

Sieht man zunächst von der Entscheidung über die Zulassung zur Rechtsanwaltschaft ab, so ist Gegenstand der Rechtsfindung des Ehrengerichtshofs die Prüfung des Einzelverhaltens daraufhin, ob sich damit der Anwalt einer Verletzung seiner Pflichten schuldig gemacht hat, Untersuchung also des einzigen und Generaldelikts. Diese Praxis des Gerichts ist unerschöpflich wie das Leben selbst, das dem Anwalt in der Ergründung und Vertretung der Parteirechte und in der Wahrnehmung seiner eigenen Interessen in Konflikte führt. Diese sind im wesentlichen seit dem Bestehen der Rechtsanwaltsordnung — und sicher auch schon vorher — gleichgeblieben und werden immer wiederkehren. Ein Versuch, in einem Bericht über die Rechtsprechung des Ehrengerichtshofs diese Fülle zu bewältigen, kann hier nicht gemacht werden. Wildhagen (DJZ. 1901, 367) und Friedländer, Komm. z. RAO. Bem. zu § 28, nennen die Rechtsprechung des Ehrengerichtshofs den Ehrenkodex der Rechtsanwaltschaft. Bei beiden findet sich eine eingehende systematische und kasuelle Wiedergabe der entschiedenen Fälle. In einer Anzahl von Fragen aber wird nicht der Kampf mit der Unzulänglichkeit, der Schwäche, dem bösen Willen der Einzelpersonen geführt, sondern um die Grenzen der Rechte und Befugnisse selbst gestritten. Dieser Kampf bringt auch die neu auftauchenden Streitigkeiten, in denen sich die Entwicklung der Anwaltschaft spiegelt. Hier sind Gegensätze zwischen den Wünschen und Forderungen einzelner Anwälte oder von Teilen der Anwaltschaft, vielleicht auch zwischen der Ansicht der die Ehrengerichte bildenden Anwaltskammervorstände und dem Ehrengerichtshof denkbar. Die Entscheidungen des Ehrengerichtshofs sind hier von besonderer Wichtigkeit. Solche teils immer streitige, teils streitig gewordene Fragen betreffen das Verhältnis des Anwalts zum Vorstande seiner Kammer, die Ergreifung seiner privaten oder politischen Tätigkeit durch die Berufspflicht, die Vereinbarung eines besonderen Honorars für den Fall des Erfolges, das Recht des Anwalts, sich selbst mit einer spezialistischen Bezeichnung zu versehen und im Beruf sich eines in außerberuflicher Tätigkeit erworbenen Titels zu bedienen und schließlich neben dem Anwaltsberuf noch einen anderen zu betreiben. Mit dem letzten Problem hat sich der Ehrengerichtshof vornehmlich bei der Entscheidung über die Zulassung eines in einem anderen Berufe stehenden Anwärters zu befassen.

Allen Entscheidungen, in denen der Begriff der beruflichen und außerberuflichen Pflichten des Anwalts zu umschreiben gesucht wird, dient als Grundlage die Auffassung, daß der Anwalt ein Organ der Rechtspflege sei, daß ihm damit die Pflicht auferlegt werde, sich der dem Stande gebührenden Achtung würdig zu zeigen, weil seine Handlungen nicht nur ihn allein betreffen, sondern auf den Stand und dessen einzelne Angehörige zurückwirken. Diese Pflicht ist das notwendige Gegenstück zu dem Recht auf Achtung und Berücksichtigung, das ihm als Organ der Rechtspflege verliehen ist. Der Ehrengerichtshof hat diesem Rechte des Anwalts in der Entscheidung vom 22. Jan. 1927 (21, 50) einen entschiedenen Ausdruck gegeben. Es wird darin von den staatlichen Organen, d. h. im konkreten Falle vom Staatsanwalt und Untersuchungsrichter, verlangt, daß sie den Anwalt als Organ der Rechtspflege achten und behandeln, und dem Anwalt die Verpflichtung auferlegt, im Standesinteresse sich gegen eine diese Rücksicht außer acht lassende Behandlung zu wehren.

a) Das Verhältnis des Anwalts zum Kammervorstand.

Die Aufsichtspflicht des § 49 RAO. ist von Anfang an bis heute Gegenstand lebhafter Erörterung gewesen. Indem dem Vorstand der Anwaltskammer auferlegt ist, über die Erfüllung der dem Mitglied der Kammer obliegenden Pflichten Aufsicht zu üben, hat man ihn aus der bloßen Kollegialität herausgehoben, ohne ihn gleichzeitig zu dem Vorgesetzten der übrigen Anwälte zu machen. Der Anwalt kennt keinen Vorgesetzten und auch der Kammervorstand kann ihm keine Anweisungen erteilen. Deshalb hat sich von Anfang an bis in die neueste Zeit der Unabhängigkeitssinn der Anwälte gegen die Mißbilligung durch den Vorstand gewehrt. Das Gesetz gibt keinen Anhalt dafür, mit welchen Mitteln die Aufsicht wirksam gemacht werden kann, soweit nicht gleich die ehrengerichtliche Strafgewalt gehandhabt wird; deshalb die Meinung, daß die Aufsicht sich nur in dieser Handhabung betätigen dürfe. Die Aufsicht würde nach dieser Ansicht nur darin wirksam werden, daß der Vorstand auf Grund von Beschwerden über den Anwalt oder aus eigenem Antriebe Ermittelungen anstellt, denen der Anwalt sich fügen und denen er durch Bereitstellung des Materials entgegenkommen muß. Würde er einem solchen Verlangen nicht nachkommen oder würde sich aus den Ermittelungen ein ehrengerichtlich zu ahndendes Verhalten des Anwalts ergeben, so hätte dann die ehrengerichtliche Strafgewalt einzugreifen. In der Praxis beschränken sich die Vorstände nicht auf diese Art der Ausübung ihres Aufsichtsrechts, sondern sie sprechen Mißbilligungen, zum Teil in abgestufter Form, aus.

Der Ehrengerichtshof hat das Mißbilligungsrecht als Grundsatz anerkannt. Der Vorstand muß sich insbesondere auf Beschwerden über den Anwalt mit der beanstandeten Berufsführung oder sonstigen Betätigung befassen, den Beschwerdeführer bescheiden und dem Kammermitglied seine Meinung, dabei also auch seine Mißbilligung, kundtun können (15, 36). Die Vorstände der Anwaltskammern sind die aus den Wahlen hervorgehenden Organe der gesetzlichen Selbstverwaltung der deutschen Rechtsanwaltschaft. Ihnen obliegt eine Reihe von Pflichten, deren Erfüllung im Interesse der Allgemeinheit der Rechtsanwaltschaft und des rechtsuchenden Publikums von größter Bedeutung sind und die sie ohne eine autoritative Stellung zu den übrigen Kammermitgliedern gar nicht erfüllen können (18, 88). Der Kampf gegen den Vorstand, dessen Mißbilligungsrecht nach Inhalt und Form angegriffen wird, gilt dem Ehrengerichtshof deshalb bei hartnäckiger Fortführung als eine zu ahndende Verfehlung (20, 111, 146). Werden ihm bei der Erfüllung dieser Pflicht wie durch Nichtbeantwortung von Anfragen oder Nichtvorlegung von Akten, durch unwahre Angaben oder Verschweigungen Hindernisse in den Weg gelegt, so erfolgt Bestrafung.

Die Bestrebungen innerhalb der Anwaltschaft haben sich deshalb jetzt auf eine gesetzliche Änderung des als eine Art von nichtförmlichem Disziplinarverfahren angesehenen Mißbilligungsrechts gerichtet, dem sie insbesondere ein Beschwerdeverfahren angliedern wollen. Vgl. Drucker, Vorentwurf eines Ges., betr. die Änderung des 4. Abschn. der RAO., Anwaltsblatt 1927, 271 ff.

Ebenso unzweideutig werden aber die Grenzen der Befugnisse des Vorstandes gezogen. Er ist zwar in einer Stellung, die der einer Disziplinarbehörde gegen den unterstellten Beamten ähnlich ist (15, 33), doch nicht der Vorgesetzte der Kammermitglieder (4, 200; 14, 190). Er kann dem Mitglied keine Anweisungen erteilen, es z. B. nicht zur Niederlegung eines Mandats zwingen (16, 117). Nirgends ist dem Vorstande der Anwaltskammer das Recht beigelegt, den Kammermitgliedern die Vornahme bestimmter Berufshandlungen gegen ihren Willen aufzunötigen (1, 199).

Die Kammervorstände haben sich namentlich in neuerer Zeit häufiger veranlaßt gesehen, für sich allein oder unter Zustimmung aller Kammermitglieder allgemeine Richtlinien über das Verhalten der Anwälte in bestimmten Fragen aufzustellen, um aus der Not der Zeit entstandene Konkurrenzerscheinungen nach ihrer Meinung wirksam zu bekämpfen. Sie sind dann auch dazu übergegangen, Zuwiderhandlungen einzelner Kammermitglieder gegen solche allgemeinen Richtlinien schon deshalb ehrengerichtlich zu ahnden, weil sie als eine Art Gehorsamsverweigerung zu betrachten seien. In diesen Bestrebungen ist ihnen der Ehrengerichtshof entgegengetreten. Er hat ausgesprochen, daß die Nichtbefolgung allgemeiner, vom Vorstand aufgestellter Grundsätze niemals als solch eine Verfehlung, solchen Anweisungen zu gehorchen, keine Berufspflicht sei (21, 101, 151). Der Anwalt ist deshalb für berechtigt erklärt worden, an unbegründeten Maßnahmen des Kammervorstandes Kritik zu üben und Übergriffe zurückzuweisen (14, 190; 15, 47).

b) Das Privatleben und die politische Betätigung des Anwalts.

Die Einbeziehung des privaten Lebens des Anwalts in die Erfüllung seiner Standespflichten ist ebenfalls von jeher Gegenstand des Kampfes gewesen. Schon im Jahre 1881 hatte der Ehrengerichtshof über einen Fall zu befinden, in dem das Ehrengericht einen Anwalt wegen tadelnswerten Verhaltens im Privatleben verurteilt hatte. Der Angeklagte verwehrte sich gegen Anwendung des § 28 RAO. auf seinen Fall. Das Verhalten des Rechtsanwalts, so führte er aus, unterliege außerhalb seines Berufes der ehrengerichtlichen Kognition nur so weit, als es in Beziehung zum Berufe stehe, und dies sei nur dann der Fall, wenn der Rechtsanwalt als solcher auftrete. Diese Meinung hat der Ehrengerichtshof verworfen. Er hat die Beobachtung der Standespflichten als zu dem Kreis der dem Rechtsanwalt auferlegten Berufspflichten gehörig erklärt und als eine Verletzung der Standespflichten jede Handlung des einzelnen gekennzeichnet, die eine Herabwürdigung des Standes zur Folge hat. An diesen Grundsätzen hat der Ehrengerichtshof trotz vielfacher Angriffe bis heute festgehalten. Die Angriffe richten sich vor allem dagegen, daß die von dem einzelnen begangene Privathandlung an sich, mag sie auch moralisch Unrecht sein, weder verboten noch strafbar ist, daß der einzelne ihretwegen auch nicht zur Verantwortung gezogen werden kann, wenn sie nicht von der Öffentlichkeit als eine den Stand herabwürdigende angesehen wird, daß sie also nur durch die Beziehung auf den Stand zu einer Berufspflichtverletzung wird. Es wird daraus gefolgert, daß der Begriff des Standesdelikts überhaupt zu verwerfen sei. Der Ehrengerichtshof indessen hält an der gegebenen Tatsache fest, daß von der Allgemeinheit die Rechtsanwaltschaft als ein Stand angesehen wird, der bestimmte Aufgaben, Rechte und Pflichten hat und dessen Mitglieder mit Recht oder Unrecht einer für den anderen verantwortlich gemacht werden. Sobald eine unmoralische Handlung nur den einzelnen berührt, ohne den Stand zu treffen, was nach den Umständen der Fall sein kann, liegt keine Verletzung der Standes-, somit auch nicht der Berufspflichten vor. Das Disziplinargericht ist insofern ein echtes Gericht, als es sich mit gegebenen Normen abfindet und danach urteilt. Die Wandlung der Norm, die vielleicht erwünscht ist, kann nicht durch das Gericht, auch nicht durch ein mit so weitgehenden Befugnissen ausgestattetes Gericht, wie es der Ehrengerichtshof ist, herbeigeführt werden. Auch der Stand selbst ist außerstande, diese Norm für sich allein zu bestimmen, vielmehr kann das nur im Einklang mit dem viel weiteren Kreis geschehen, in dem wiederum der Stand steht, allerletzten Endes also durch die Gesamtheit aller billig und gerecht Denkenden. Auf diesem großen Hintergrund erwächst schließlich die Standesehre, und diese ist das verletzte Rechtsgut.

Der immer festgehaltenen Auffassung des Ehrengerichtshofs liegt auch die viel angegriffene Entscheidung vom 4. Nov. 1922 (18, 51) zugrunde, durch welche ein Rechtsanwalt mit Ausschließung bestraft worden ist, weil er — verheiratet und mit seinen Scheidungsbemühungen gescheitert — mit einer anderen Frau öffentlich in den Formen der Ehe lebte. Hier wird besonders auf die Anschauungen der Allgemeinheit hingewiesen, die beim Verbleiben des Angeklagten in der Anwaltschaft ihre Achtung vor dem Berufe des Anwalts als Organs für Rechtspflege verlieren würde. Der Ehrengerichtshof läßt es ausdrücklich dahingestellt, wie das Verhalten des Angeklagten vom allgemein menschlichen und sittlichen Standpunkte zu beurteilen sei. Eine moralische Verurteilung wird also nicht ausgesprochen. Auf sie soll es nicht ankommen. Das allein maßgebende Interesse der Rechtspflege verlange es, daß ihre Diener eine derart offene Auflehnung gegen das Recht unterlassen.

Für die publizistische und im weiteren Sinne politische Tätigkeit des Anwalts ist vielfach völlige Freiheit gefordert. (Vgl. Schweitzer, Anwaltsblatt 1926, 241.) Die große Bedeutung der Frage ist unverkennbar, weil der Anwalt kraft seiner Fachausbildung, seiner im Beruf erlangten Kenntnis wirtschaftlicher Strömungen und ihrer Auswirkung, seiner Fähigkeit des Debattierens und Erkennens der Schwächen des Gegners, seiner Übung in der Darlegung der eigenen Meinung ein sehr wirksames politisches Instrument sein kann. Damit ist aber gerade die Gefahr der rücksichtslosen Behauptungen, der scharfen Angriffe und der allem anderen vorgehenden Zweckstrebigkeit verbunden. Hierin gehemmt zu sein, ist dem Anwalt als Politiker doppelt empfindlich. Trotzdem haben sich die Ehrengerichte und auch hier wieder im vollen Einklang mit ihnen der Ehrengerichtshof dem Verlangen nach voller Freiheit der öffentlichen Betätigung nicht gefügt. Der Standpunkt des Ehrengerichtshofs geht am besten aus den beiden gegen den verstorbenen Rechtsanwalt Karl Liebknecht ergangenen Urteilen hervor. Liebknecht hat zweimal vor dem Ehrengerichtshof gestanden, die erste Verhandlung endete mit Freispruch, die zweite mit Verurteilung. Der ersten Anklage war die Verurteilung Liebknechts wegen des Verbrechens aus § 86 StGB. vorangegangen, weil er in einer Broschüre die Mittel angegeben und ihre Anwendung gefordert hatte, welche bestimmt und geeignet erschienen, die gewaltsame Beseitigung des Heeres und die gewaltsame Änderung der Verfassung zu ermöglichen und zu fördern. Unter Hervorhebung des Satzes, daß der Anwalt ein mitwirkendes Organ der Rechtspflege sei, daß diese Stellung ihm die Pflicht auferlege, die Verwirklichung und Aufrechterhaltung der Rechtspflege und Rechtsordnung im Auge zu haben, hat der Ehrengerichtshof die Berufung der Staatsanwaltschaft zurückgewiesen, weil aus diesem Satze nicht folge, daß der Anwalt nicht einzelne Bestandteile der geltenden Rechtsordnung bekämpfen dürfe und daß nicht jede Verletzung des Strafgesetzes dabei ein Verhalten darstelle, das ihn der Achtung unwürdig mache (14, 81). — In dem zweiten Anklagefalle hatte Liebknecht gegen mehrere Bundesregierungen schriftlich und mündlich den Vorwurf gerichtet, daß sie den als Repräsentanten einer barbarischen, gesetzlosen und hochverräterischen Willkürherrschaft bezeichneten russischen Zaren, der sich damals auf deutschem Boden befand, gegen die Empörung des deutschen Volkes durch Maßnahmen zu schützen versuchten, durch welche die deutschen Gesetze rücksichtslos mit Füßen getreten würden, und so auch in Deutschland eine barbarische Willkürherrschaft etabliert werde. Es wurde festgestellt, daß der Angeklagte nach seinen eigenen Erklärungen nicht in der Lage sei, seine Schmähungen zu rechtfertigen und daß er sie ausgesprochen habe, um gewisse Zwecke bei seinen Hörern zu erreichen. Der Ehrengerichtshof (16, 412) fährt fort: „Daß der Angeklagte nicht in seiner Eigenschaft als Anwalt, sondern als politischer Agitator gehandelt hat, kann ihn nicht entschuldigen. Wenn der Ehrengerichtshof wiederholt grundsätzlich ausgesprochen hat, daß die Zugehörigkeit zu einer politischen Partei dem Anwalte nicht zum Vorwurfe gemacht werden kann, so versteht sich von selbst, daß sie ihn auch nicht von seinen anwaltlichen Pflichten zu entbinden geeignet ist. Wäre wirklich, wie der Angeklagte zu meinen scheint, der Politiker als solcher an keine Schranken gebunden, so hat sich der Anwalt immer in den Grenzen zu bewegen, die ihm die Rücksicht auf seinen Beruf zieht; er muß sich der Achtung, die dieser erfordert, auch in seiner politischen Tätigkeit würdig zeigen. Der Anwalt ist Organ der Rechtspflege und wird als solches in der Öffentlichkeit angesehen; er spricht kraft seiner Stellung mit größerem Gewicht als andere und hat deshalb auch die Pflicht sorgfältiger sachlicher Prüfung seiner Äußerungen, die auch in der Form beherrscht sein müssen. Man wird gerade dem Angeklagten als Anwalt bei seinen Zuhörern zugetraut haben, daß er über Gesetzesverletzungen und ihre Ursachen ein zutreffendes Urteil hat. Entschlägt er sich hierbei einer sachlichen Prüfung und maßvollen Behandlung der Fragen, so macht er sich einer Verletzung der Standespflichten schuldig, für die er einzutreten hat."

Auch hier haben beide Instanzen gleich geurteilt.

Den tragenden Grundsätzen beider Entscheidungen entspricht auch die Beurteilung in weiteren Fällen. Zunächst hat (18, 122) der Ehrengerichtshof die Berufung eines Anwalts zurückgewiesen, der verurteilt war, weil er den Richtern in einer politischen Versammlung schlimmste Klassenjustiz vorgeworfen hatte. Diese Entscheidung ist auch von einem grundsätzlichen Anhänger der Einbeziehung politischer Tätigkeit in die Berufspflichten getadelt worden, weil sie im Einzelfall der Würde des Anwalts eine zu schmale Grenze gesetzt habe, M. Friedländer, JW. 1919, 2562, worüber sich natürlich streiten läßt. Der Ehrengerichtshof hat in einem zweiten, ähnlichen Falle, in dem nach seiner Ansicht der Angeklagte wiederum in einer Versammlung maßlose und ungerechtfertigte Vorwürfe gegen die deutschen Richter und ihre Amtsführung erhoben hatte, die Berufung des Angeklagten zurückgewiesen und auf die Berufung des Staatsanwalts die Strafe verschärft (19, 131). Doch beruht die Verschärfung auf der Feststellung weiterer gleicher Entgleisungen.

Auf der anderen Seite hat wiederum der Ehrengerichtshof den in der Vorinstanz wegen Betätigung dänischfreundlicher Gesinnung im Abstimmungsgebiet zur Ausschließung verurteilten Angeklagten freigesprochen, weil er nur ein Recht ausgeübt habe, von dem er der Auffassung sein durfte, daß es jedem Bürger des Abstimmungsgebietes durch das Gesetz eingeräumt worden sei. Hier erscheint die Entscheidung des Ehrengerichtshofs im Zusammenhang mit der sonstigen Rechtsprechung auch der Ehrengerichte jedenfalls folgerichtiger als die der ersten Instanz.

c) Die Führung von Titeln und spezialistischen Bezeichnungen.

Der Ehrengerichtshof hatte in einer Entscheidung vom 24. Febr. 1923 (18, 89) zu den beiden hier genannten Fragen Stellung genommen. Er hat den angeklagten Anwalt mit einer Warnung bestraft, weil er sich Steueranwalt genannt hatte und daran auch festhielt, obwohl er von dem Vorstande seiner Kammer auf das Unzulässige seines Handelns hingewiesen war. Dagegen hat der Ehrengerichtshof denselben Anwalt von dem Vorwurfe freigesprochen, daß er durch das Führen seiner früheren Amtsbezeichnung als Regierungsrat die Berufspflichten verletzt habe. Diesen letzten Standpunkt hat derselbe Senat in einer Entscheidung vom 24. Nov. 1926 aufgegeben. Er hat zwar den damaligen Angeklagten, der sich in seinen anwaltlichen Kundgebungen als Senatssyndikus a. D. bezeichnete, auch diesmal freigesprochen, aber nur mit Rücksicht auf seine eigene frühere Rechtsprechung, auf die sich der Angeklagte habe verlassen können. In der Sache selbst hat er die Führung früherer Amtsbezeichnungen oder aus gegenwärtiger anderweiter Tätigkeit zustehender Bezeichnungen oder Titel für unzulässig erklärt (20, 116). Er hat also den Grundsatz ausgesprochen, daß der Anwalt sich in seinen Kundgebungen, zu welchen ja auch die Führung eines Titels gehört, in nichts von den anderen Anwälten unterscheiden dürfe, was ihm den Anschein einer besonderen Befähigung oder besonderer Beziehung zu Amtsstellen verschaffen könnte. Die den Anwälten als solchen verliehenen Bezeichnungen und der weitverbreitete Doktortitel seien davon ausgenommen, weil auf Grund ihrer niemand etwas Besonderes von den damit Bedachten erwarte. Beide Entscheidungen entsprechen in ihrem negativen Teile den Anschauungen, die je länger je mehr in den Standesvertretungen der Anwaltschaft laut geworden sind. In dem Urt. vom 24. Nov. 1926 ist auf die Kundgebung des Vorstandes des Deutschen Anwaltsvereins und der Vereinigung der Kammervorstände aus den Jahren 1920 bis 1926 und auf die Einmütigkeit ihrer Stellungnahme im Sinne der Entscheidung hingewiesen. Der Ehrengerichtshof hat aber in erster Linie eine eigene Untersuchung angestellt und dabei betont, daß er sich nicht etwa einer Standesauffassung der Anwaltschaft anschließe, weil sie deren communis opinio sei. Diese Erklärung ist besonders bemerkenswert in einem Falle, in dem es sich um unabgeschlossene, offenbar in der Entwickelung befindliche Verhältnisse handelt. Auch hier will der Ehrengerichtshof sich nicht allein auf die engere Standesanschauung, sondern auf einen aus weiteren Gesichtspunkten gewonnenen Pflichtenbegriff stützen.

Der gemeinsame Gedanke der Beurteilung sowohl der Spezialistenbezeichnung wie der Titelführung ist das Verwerfen jedes Werbens um Praxis. Der Ehrengerichtshof will die Notwendigkeit eines Spezialistentums nicht bezweifeln, hält seine Kundbarmachung aber für unvereinbar mit der Standesehre der Anwälte. Das reklamehafte Werben um Zuspruch möge allen Ständen und Berufen gestattet sein, deren Hauptzweck die Erzielung wirtschaftlicher Erfolge sei; einen Stand mit öffentlich-rechtlichen Funktionen und Sonderrechten wie den Anwaltsstand würden derartige Handhabungen in der Schätzung und Wertachtung, ja in der Ehre herabsetzen (18, 93). Eine solche Kundbarmachung stelle aber schon die Hervorhebung besonderer spezialistischer Kenntnisse dar. Das Verbot der Titelführung in der späteren Entscheidung wird mit denselben Erwägungen begründet, der Anwalt solle nicht Fähigkeiten, die er in seinem Beruf oder außerhalb desselben erworben habe, durch Beifügung einer Amtsbezeichnung oder Titelführung zu seiner Berufsbezeichnung dem Publikum vorführen, weil dieses mit oder ohne Willen des Anwalts ihm dann eine besondere Befähigung zuschreibe. Das zweite Urteil leitet diese Sätze von dem Gedanken ab, daß das Interesse des einzelnen gegen das des Standes zurücktreten müsse.

Schon aus dem vielfachen Widerspruch, den die Entscheidung nicht nur innerhalb der Anwaltschaft, sondern auch in Richterkreisen gefunden hat (z. B. Lebrecht, Anwaltsblatt 1927, 63; Weyrauch, ebenda S. 278; Pinner, ebenda 1928, 356; vgl. auch Rundfrage des Vorst. d. Deutschen Anwaltsvereins, ebenda S. 398; Hinrichsen, Führung des Professortitels durch Anwälte, Anwaltsblatt 1927, 160), ist zu entnehmen, daß es sich hier nicht um eine abgeschlossene Frage handelt. Wenn wirklich, wie die Entscheidung vom 24. Febr. 1923 annimmt, die Ausbildung eines Spezialistentums infolge der immer wachsenden Spezialisierung des Rechts eine unabweisbare Notwendigkeit ist, so muß es vor allem den Parteien, für die die Anwaltschaft als Organ der Rechtspflege in erster Linie geschaffen ist, möglich sein, sich an die richtige Stelle zu wenden. Sobald sich daraus ein öffentliches Bedürfnis nach der Erreichbarkeit spezialistisch ausgebildeter Anwälte entwickelt, muß sich auch die Umschreibung der Standesehre in dieser Beziehung wandeln. Nur kommt es dabei nicht auf das mit Recht in der Entscheidung vom 24. Nov. 1926 zurückgestellte Interesse des Anwalts an, sondern auf die Funktion der Anwaltschaft in Gesamtverkehr, deren Erfüllung ebenfalls zu den Berufspflichten des Anwalts gehört. Die aus dem Mißbrauch der Spezialistenbezeichnungen sicherlich noch erwachsenden Schwierigkeiten werden wohl, solange dem Mißbrauch nicht vorgebeugt werden kann, durch ehrengerichtliche Ahndung bekämpft werden müssen. Hier kommt es nur darauf an, über den Standpunkt des Ehrengerichtshofs zu dieser so überaus wichtigen Zukunftsfrage zu berichten.

Der Wechsel in der Behandlung der Titelfrage fällt mit dem vermehrten Eindringen früherer Beamter in die Rechtsanwaltschaft seit Ende des Krieges zusammen. Diese suchen ihre früheren Titel auch im Anwaltsberuf fortzuführen. Die Führung während des Anwaltsberufs erworbener Titel dagegen ist von erhöhter Bedeutung geworden, seitdem in steigendem Maße hervorragende Anwälte zur Rechtslehrerschaft zugezogen werden. Sollte sich das Bedürfnis nach einer spezialistischen Bezeichnung des Anwalts als unabweisbar herausstellen, so würde vermutlich eine andere Rechtsprechung auch in bezug auf die Titelführung die Folge sein; wenigstens insoweit, als sich aus der während der Berufstätigkeit erworbenen Amtsbezeichnung oder Betitelung ein Hinweis auf besondere spezialistische Betätigung ergibt. Ein Bedürfnis nach dem Führen der früheren Amtsbezeichnung scheint allerdings damit noch nicht gerechtfertigt; ganz sicherlich nicht insoweit, als eine frühere Amtsbezeichnung auf besondere behördliche Beziehungen hinweisen soll.

d) Erfolgshonorar.

Die Entlohnung des Anwalts durch die Partei vollzieht sich in der Regel nach den Sätzen der Gebührenordnung. Gebührenüberhebungen sind nach Strafgesetz und Ehrenkodex strafbar, wenn nicht besondere Entschuldigungsgründe vorliegen. Statt der gesetzlichen Gebühren kann aber der Anwalt nach § 93 RAGebO. ein von der gesetzlichen Gebühr abweichendes Honorar vereinbaren. Die Grenzen, die ihm hierbei durch Gesetz und Standesehre gezogen sind, werden bestritten, und ihre Feststellung hat zu ehrengerichtlichen Erörterungen Anlaß gegeben, ohne daß die Frage durch die vorliegende Rechtsprechung voll ausgeschöpft würde.

Ständiges Vereinbaren einer unter der Taxe stehenden Entlohnung wird als Unterbieten der Kollegen, als Werben um Praxis, als unlauterer Wettbewerb gebrandmarkt.

Die Vereinbarung eines höheren Honorars zwischen dem Anwalt und der Partei, welcher er nicht beigeordnet ist, wird sich in den meisten Fällen reibungslos abwickeln, sofern der Anwalt ein festes Honorar fordert und dabei mit seiner Forderung in den Grenzen der Mäßigung bleibt, was ihm durch das Gesetz geboten wird.

Es wird dem Anwalt aber das Recht bestritten, seine Honorarforderung so zu stellen, daß sie überhaupt oder ihrer Höhe nach von dem erreichten Erfolg abhängt. Insbesondere soll dem einer armen Partei beigeordneten Anwalt verboten sein, sich von ihr ein Honorar für den Fall versprechen zu lassen, daß sie durch Realisierung ihrer Forderung in den Besitz von Mitteln kommt. Als ganz besonders unwürdig wird es angesehen, wenn ein nach der quantitativen Größe des Erfolges abgestuftes Honorar, eine quota litis, vereinbart wird.

Der Ehrengerichtshof hat sich keineswegs der ganz strengen Ansicht angeschlossen. Er hält gerade der armen Partei gegenüber die Forderung eines Erfolgshonorars nicht für grundsätzlich unerlaubt, weil im Falle des Erfolges die Partei in die Lage kommt, die Sondervergütung zahlen zu können (17, 192). Er will nur vorausgesetzt wissen, daß die Bewilligung des Honorars an sich durch die Wichtigkeit der Sache, den Aufwand an Anwaltsarbeit und die Größe der Verantwortung gerechtfertigt ist, sich auch in den Grenzen der Mäßigung hält. Dagegen hat er in allen zur Entscheidung gelangten Fällen die nach dem Erfolg vorgesehene Abstufung des Honorars nicht gebilligt, aber immer aus dem Grunde, weil infolge der besonderen Umstände des Falles der Anwalt durch die Vereinbarung den Anschein erweckte, als werde sein Interesse und sein Eifer durch den zu erwartenden höheren Lohn überhaupt oder in stärkerem Maße geweckt und angespornt; weil durch besonders große Erfolghonorare die Objektivität des Anwalts gefährdet werde, und weil eine Verquickung der geldlichen Interessen des Anwalts mit den Interessen des Auftraggebers unzulässig sei. (Vgl. EGHE. 15, 201, 208; 16, 296, 349; 17, 191, 192.) Man wird sich durchaus Fälle denken können, in denen der Vereinbarung einer quota litis keines der genannten Bedenken entgegenstehen, vor allem dann, wenn der höchste zu zahlende Betrag ein angemessenes Honorar darstellt, die geringeren Beträge aber nur als Abstufungen anzusehen sind, die der abgeschwächten Leistungsfähigkeit des entsprechend unterliegenden Mandanten angepaßt sind, und wenn ein angemessenes Honorar nur unter diesen besonderen Bedingungen von der Partei zu erlangen ist. In diesem Falle spricht keine Vermutung für das Schwinden der anwaltlichen Objektivität, und ebensowenig ist ihre notwendige Folge eine Verquickung der anwaltlichen und Parteiinteressen. Trotzdem hat das RG. die Gebührenklage des Anwalts in einem solchen Falle abgewiesen, weil die Vereinbarung gegen die guten Sitten verstoße. So etwas hat der Ehrengerichtshof nie ausgesprochen. Es ist deshalb auch gegen das Urteil (RGZ. 115, 141) lebhafte Verwahrung eingelegt. Es ist bekannt, daß derartige Vereinbarungen nicht selten getroffen werden, und es spricht die Tatsache, daß der Ehrengerichtshof sich nur in einzelnen besonders kraß liegenden Fällen mit der Frage zu beschäftigen hatte, dafür, daß die Vereinbarung im allgemeinen nicht als ungültig oder sittenwidrig empfunden wird. Eine vollkommene Übersicht der Streitfrage befindet sich bei M. Friedländer, „Gerichts- und Standesauffassung", JW. 1927, 497.

e) Zulassungsfragen.

Es ist schon verschiedentlich auf die Tätigkeit des Ehrengerichtshofs bei der Entscheidung von Zulassungsgesuchen hingewiesen worden.

Diese Entscheidungen nehmen immer mehr Raum in der Judikatur des Ehrengerichtshofs ein. Auch dies hängt mit den Zeiterscheinungen zusammen. Auf die Zulassung hat nach § 4 RAO. mit einer lokalen Beschränkung jeder zum Richteramt Befähigte Anspruch, wenn ihm nicht bestimmte Gründe entgegenstehen, aus denen die Zulassung versagt werden muß (§ 5 Nr. 1—6 RAO). Soll die Zulassung versagt werden, weil dem Bewerber die geistigen Fähigkeiten zur Ausübung des Anwaltsberufs fehlen oder weil er sich eines Verhaltens schuldig gemacht hat, welches ihm als Anwalt die Ausschließung zugezogen haben würde, oder weil er einen mit dem Berufe oder der Würde des Anwalts unvereinbaren Nebenberuf ausübt (§ 5 Nr. 4—6 RAO.), so muß dem Zulassungsbescheid der Landesjustizverwaltung ein Gutachten des zuständigen Anwaltskammervorstandes vorhergehen. Gegen den die Zulassung versagenden Bescheid steht dem Bewerber der Antrag auf Entscheidung im ehrengerichtlichen Verfahren zu. Das Ehrengericht hat dann darüber zu entscheiden, ob der Versagungsgrund des Gutachtens gerechtfertigt ist oder nicht.

Ist dem Antragsteller der Vorwurf standeswidrigen, zur Ausschließung führenden Verhaltens gemacht, so entscheiden die Ehrengerichte und auch der Ehrengerichtshof nach den Grundsätzen, nach denen ein ehrengerichtliches Strafverfahren behandelt wird. Die Bestätigung des Versagungsgrundes hat nach den Entscheidungen des Ehrengerichtshofs die Wirkung eines rechtskräftigen Ausschlußurteils (1, 83; 13, 9). Der Versagungsgrund der mangelnden geistigen Befähigung interessiert hier nicht.

Von größter Bedeutung ist dagegen der dritte Versagungsgrund geworden. Seine Behandlung durch den Ehrengerichtshof hat die heftigsten Angriffe erfahren.

Der Ehrengerichtshof hat stets Fälle zu entscheiden gehabt, in denen der zukünftige Anwalt eine andere Beschäftigung betreiben wollte. Hier ist in jedem einzelnen Falle abgewogen worden, ob die Nebenbeschäftigung nach ihrer Natur mit dem Berufe oder der Würde des Rechtsanwalts vereinbar sei. Entscheidend war die Art der den Anwalt zufallenden Geschäfte und seine persönliche Inanspruchnahme durch sie, namentlich soweit sie in der Berührung mit dritten Personen bestand. Vgl. z. B. 1, 60; 9, 209; 10, 199; 16, 11. Auch schon früher gehörte zu den häufigeren Fällen die Beschäftigung des Anwalts als ständiger Berater eines gewerblichen Unternehmens. Hier wurden die Anstellungsbedingungen geprüft, insbesondere der Grad der Selbständigkeit des Angestellten, die Natur der Tätigkeit und ihre Vereinbarkeit mit den besonderen Pflichten, die dem Rechtsanwalt durch die Bestimmung des Gesetzes über das Armenrecht auferlegt waren. Die allgemeine Tendenz ging dahin, den sog. juristischen Kommis nicht zuzulassen. Auch in dieser Beziehung enthalten die Entscheidungen des Ehrengerichtshofs ein reiches Material.

Nach Beendigung des Krieges vermehrten sich die Gesuche der sog. Syndìzi, d. h. der zwecks juristischer Beratung in gewerblichen Unternehmungen fest Angestellten, in außerordentlicher Weise. Die Gründe dafür waren zum Teil auf seiten der Unternehmungen zu suchen, die auch ihre Prozesse durch eigene fest angestellte Anwälte zu führen wünschten, teils auf der Seite der Syndizi, die entweder noch einen Nebenverdienst haben wollten oder in der Zugehörigkeit zur Anwaltschaft einen festeren Rückhalt gegen ihren Arbeitgeber suchten, oder aber im Hinblick auf die Unsicherheit ihrer Stellung und die Bestimmung des § 6 Nr. 1 RAO., nach der sie nur 3 Jahre nach dem Examen ein unabweisbares Recht auf Zulassung behielten, sich die Möglichkeit der künftigen Anwaltschaft sichern wollten.

In diesem Zeitpunkte entstand innerhalb der Anwaltschaft eine starke Strömung, die sich grundsätzlich gegen die Zulassung der Syndizi wandte. Es wurde zwar auf der 19. Vertreterversammlung des Deutschen Anwaltsvereins vom 6. und 7. März 1926 ein Beschluß dahin gefaßt, daß man sich für die grundsätzliche Zulassung aussprach und nur forderte, daß die Prüfung der Anstellungsverhältnisse nach bestimmten Richtlinien erfolgen sollte.

Die Beschlüsse der 19. Vertreterversammlung haben folgenden Wortlaut:

A. 1. Bei der Prüfung, ob im Hinblick auf ein festes Anstellungsverhältnis die Zulassung zur Rechtsanwaltschaft zu gewähren oder zu versagen ist, sind die **persönlichen** Eigenschaften des **Antragstellers** nur insoweit zu berücksichtigen, als dies nach den Zulassungsvorschriften der Rechtsanwaltsordnung bei einem nicht in feste Anstellung tretenden Antragsteller zu geschehen hätte.

Dagegen können Bedenken hinsichtlich der Vereinbarkeit des Anstellungsverhältnisses mit dem Beruf oder der Würde der Anwaltschaft im Einzelfalle aus der **Person** des Vertrags**gegners** des Antragstellers entnommen werden.

Aus dem Gegenstande des Unternehmens, auf das sich der Anstellungsvertrag bezieht, sind Bedenken zu entnehmen, wenn er gegen die Staatsordnung, die guten Sitten oder das Interesse der Rechtspflege verstößt.

2. Hinsichtlich der Art der **Tätigkeit** sind dem fest angestellten Anwalt keine anderen Grenzen zu ziehen als dem freien Anwalt.

Die Nichtausübung einer Prozeßtätigkeit bildet kein grundsätzliches Bedenken gegen die Zulassung eines fest angestellten Anwalts.

Es ist nicht zu verkennen, daß es zu Unzuträglichkeiten führen kann, wenn der Anwalt für das Unternehmen, bei dem er in leitender oder abhängiger Stellung angestellt ist, Prozesse führt. Er wird also mit besonderer Sorgfalt zu prüfen haben, ob er trotz des festen Anstellungsvertrages im einzelnen Falle die für die Ausübung der Anwaltstätigkeit gebotene Objektivität besitzt. Aus der Verpflichtung zur Übernahme von Prozeßtätigkeit können aber Bedenken gegen die Zulassung nicht hergeleitet werden.

3. Aus dem Inhalte des Anstellungsvertrages können sich Bedanken gegen die Zulassung ergeben:

a) wenn der Vertrag den angestellten Anwalt in seiner Entschließung über die Ausübung seiner anwaltlichen Tätigkeit in weitergehendem Maße beschränkt, als dies im Auftragsverhältnis des freien Anwalts der Fall ist;
b) wenn die Vergütung des Anwalts für seine Leistungen unwürdig bemessen ist;
c) wenn dem Anwalt für die ihm obliegende Führung von Prozessen nicht die vollen Sätze der Reichsgebührenordnung gewährt und entrichtet werden.

B. Unter Beachtung der vorstehenden Erwägungen bildet das feste Anstellungsverhältnis keinen Grund für die Versagung der Zulassung.

C. Die seit dem Inkrafttreten der Rechtsanwaltsordnung eingetretene Veränderung der für die anwaltliche Tätigkeit bestimmenden und grundlegenden Verhältnisse läßt eine Umgestaltung der Rechtsanwaltsordnung geboten erscheinen.

Sofortiger Regelung bedarf:

die Frage einer Erweiterung der Voraussetzungen für die Zurücknahme der Zulassung;

die Frage der Streichung der Ziffer 1 des § 6 oder der anderweitigen Bemessung der daselbst bestimmten Frist.

Die einzelnen Anwaltskammern, deren Vorstände zunächst als Begutachter der Zulassungsgesuche und dann in der Zusammensetzung als Ehrengericht sich mit einzelnen Zulassungsgesuchen zu befassen hatten, blieben bei ihrem grundsätzlichen Widerstand. Auch der Ehrengerichtshof fühlte sich nach dem schon erwähnten Grundsatz nicht an die überwiegende Anschauung des Anwaltsstandes gebunden, sondern trat in eine selbständige Prüfung ein. Übrigens konnte nach dem Gesagten von einer communis opinio nicht die Rede sein. Die Zwiespältigkeit der in der Anwaltschaft vertretenen Ansichten drückte sich auch in einer Zwiespältigkeit der Entscheidungen des Ehrengerichtshofs aus, dessen beide Senate die Zulassungsfrage nicht nach ganz gleichen Grundsätzen entschieden. Der erwähnte Wechsel in der Geschäftsverteilung, die schon einmal vorübergehend und dann endgültig vorgenommene Zuweisung der Zulassungssachen an den I. Senat war ein Ausdruck für die Unsicherheit der Rechtsprechung.

Die erste grundlegende Entscheidung erließ der I. Senat am 8. Juli 1922 (18, 262). In dieser gab er ausdrücklich seinen bisherigen Standpunkt auf. Das Entscheidende war nicht mehr die Selbständigkeit in der Durchführung der übernommenen Aufgaben, die seiner Stellung auch nach außen Ansehen zu verschaffen geeignet war, sondern die Selbständigkeit in der Übernahme der Aufgaben überhaupt. Der Anwalt müsse in der Lage sein, auch Anforderungen seiner Auftraggeber durch Ablehnung der Aufträge oder durch Niederlegung der weiteren Vertretung entgegenzutreten. Ein angestellter Anwalt werde infolge der dadurch geschaffenen Abhängigkeit leichter geneigt sein, selbst bei bedenklichen Aufträgen den Anforderungen des Geschäftsherrn zu entsprechen. Die volle Folgerung auf Verweigerung der Zulassung für jeden Festangestellten ist in dieser Entscheidung nicht gezogen, weil der I. Senat gerade in diesem Falle überhaupt jede Selbständigkeit des Angestellten vermißte.

Im Gegensatz hierzu hielt in seiner Entscheidung vom 27. Okt. 1923 (18, 100) der II. Senat an der früheren Rechtsprechung fest. Für ihn blieb der maßgebende Gesichtspunkt lediglich, ob dem vertraglich Gebundenen ungeachtet der Beschränkung seiner persönlichen Freiheit, die ihm der Anstellungsvertrag für dieses Verhältnis auferlegt, das zur Ausübung des Anwaltsberufs unbedingt erforderliche Maß von Bewegungsfreiheit und Unabhängigkeit gesichert bleibe.

Die Entscheidung des I. Senats befand sich in Übereinstimmung mit der Entscheidung des Ehrengerichts, dessen gleiche Ansicht in dem vom II. Senat entschiedenen Falle berichtigt worden ist.

In zwei Entscheidungen der beiden Senate vom 6. und 8. Jan. 1927 I. Senat 21, 7 f.; vgl. auch 19 S. 5 ff., 21, 15 ff., 18 ff.; II. Senat 21, 5 ff.; vgl. auch 21 S. 20 ff., 25 ff. trat ein neuer Gegensatz zwischen den beiden Senaten hervor. In der Erwägung, daß es dem Rechtsanwalt freistehe, den Umfang seiner Tätigkeit zu bestimmen, hielt es der II. Senat für ausreichend, wenn dem Angestellten, dem im übrigen die vom Senat geforderte Selbständigkeit gelassen war, nur die Möglichkeit offenblieb, nebenbei Anwaltsgeschäfte zu führen, auch wenn er dies gar nicht beabsichtigte. Der I. Senat dagegen verlangte nicht nur die Möglichkeit, sondern auch den ausgesprochenen Willen zur Ausübung des Anwaltsberufes. Es dürfe dieser Ausübung weder ein äußeres Hindernis in dem Umfang der Nebenberufspflichten noch ein inneres Hindernis in dem eigenen Willen entgegenstehen. Wiederum befand sich der I. Senat in Übereinstimmung mit dem Ehrengericht, der II. Senat im Gegensatz mit ihm.

Die Folge dieses Zwiespalts war in Erkenntnis der Unmöglichkeit eines vom Gesetz nicht vorgesehenen Plenums der Beschluß des Präsidiums des RG. von Ende 1927, durch den alle Zulassungssachen künftig dauernd an den I. Senat gelangten, und die bei dem II. Senat schon anhängigen an den I. abgegeben wurden.

Damit hat die Auffassung des I. Senats praktisch gesiegt. Im weiteren Verfolg bedeutet dies eine erhebliche Beschränkung der Zulassung der Syndizi, die in ihrer Mehrzahl allerdings von den Geschäften der festen Anstellung so ausgefüllt sind, daß zwar die Möglichkeit einer anwaltlichen Berufsausübung nicht ausgeschlossen, die Neigung dazu aber in den meisten Fällen nicht vorhanden ist. Die Gefahr, die dem Festangestellten droht, daß er nach dreijähriger Tätigkeit die Anwaltszulassung nicht mehr erreichen kann, besteht weiter fort. Man kann fragen, ob das Ergebnis erwünscht ist, d. h. ob es im Interesse der Anwaltschaft liege, Männer, die längere Zeit in einem immerhin anwaltähnlichen Verhältnis Erfahrungen gesammelt haben, von der freien Anwaltschaft fernzuhalten. Die Erörterung kann aber nach der jetzigen Rechtsprechung des Ehrengerichtshofs nur zu Zwecken einer Abänderung des § 6 RAO. stattfinden. Hierfür ist es von bedeutendem Werte, daß jetzt eine einheitliche und klare Rechtsprechung des höchsten anwaltlichen Disziplinargerichts vorliegt. Ob sie nicht besser durch ein Zusammenarbeiten der beiden Senate erreicht worden wäre, ist schon erörtert worden.

Angriffe gegen die Rechtsprechung des Ehrengerichtshofs.

Aus den kurzen Berichten, die den Veröffentlichungen des Deutschen Anwaltsvereins über die Entscheidung des Ehrengerichtshofs mitgegeben sind, ergibt sich, daß in zahlreichen Fällen das zweite Urteil eine Änderung der von der ersten Instanz verhängten Strafe, und zwar meistens eine Milderung enthält. Diese Praxis des Ehrengerichtshofs hatte schon im Jahre 1905 Angriffe aus Anwaltskreisen zur Folge gehabt, die sich in Nr. 1 der Juristischen Wochenschrift von 1905 und in einem Artikel der Vossischen Zeitung kundgaben. Es wurden darin Zweifel ausgesprochen, ob etwa die mitwirkenden Richter eine weniger, und zwar zu wenig strenge Auffassung von der Integrität der Anwaltschaft hätten. Dies führte zu einer amtlichen Erhebung des Reichsjustizamts, das sich mit dem Oberreichsanwalt in der durch das Interesse der Rechtspflege gebotenen Bestrebung einig zeigte, die Rechtsanwaltschaft schädigende Elemente mit voller Schärfe zu verfolgen. Den Ermittlungen lagen damals die in den Jahren 1903 und 1904 gefallenen Entscheidungen zugrunde, die, soweit nicht prozessuale Fragen entschieden waren, einen Satz von etwa 25% mildernder Abänderungen aufwiesen. Greift man in einen anderen späteren Zeitabschnitt, etwa den der Bände 17—21 der Entscheidungen des Ehrengerichtshofs, also in die Zeit vom 1. Jan. 1919 bis 31. Dez. 1928, so findet man in 146 von 509 materielles Strafrecht enthaltenden Fällen eine

Delbrück

Reichsgerichtspräsident 1920—1922

mildernde Änderung. Der Prozentsatz der Milderung ist also etwa der gleiche geblieben. Infolgedessen wird auch immer wieder hervorgehoben, daß der Ehrengerichtshof den strengen Anforderungen an die Integrität des Standes nicht gerecht werde.

Die Abänderung des erstinstanzlichen Urteils durch den Ehrengerichtshof hat in den 50 Jahren seines Bestehens im wesentlichen immer dieselben mehrfachen Gründe gehabt. Von den Entscheidungen um die Zulassung von Anwärtern, die zugleich einen anderen Beruf haben, war schon die Rede. In der Beurteilung der Vergehen hat man zu unterscheiden zwischen den Fällen einer anderen Beweiswürdigung, denen einer milderen Beurteilung der vom ersten Richter festgestellten Tat und denen einer grundsätzlich abweichenden Auffassung.

Abweichungen von den tatsächlichen Feststellungen der Vorinstanz sind von dem Verfahren einer Berufungsinstanz nicht zu trennen, solange man den zweiten Richter nicht an den Tatbestand des ersten Urteils bindet. Es ist die vornehmliche Bedeutung der lange geforderten und endlich eingeführten Berufung in Strafsachen, daß das Beweismaterial erweitert, neu gesichtet und überprüft werden kann. Häufig gibt erst das Urteil der unteren Instanz die Grundlage für ein vollständiges Vorbringen. Nie ist daran gezweifelt worden, daß durch den zeitlichen Abstand manche Farbe gemildert wird, manche Einzelheit verschwindet. Es kommt in ehrengerichtlichen Sachen hinzu, daß nach dem Gesetz (§§ 84—86 RAO.) eine unmittelbare Beweisaufnahme nicht stattzufinden braucht. Der Berichterstatter hält einen Vortrag über die Ergebnisse des bisherigen Verfahrens und das Ehrengericht bestimmt nach reinem Ermessen den Umfang der Beweisaufnahme und über die Vernehmung der Zeugen und Sachverständigen durch ersuchten Richter oder in der Hauptverhandlung. Die in erster Instanz gehörten Zeugenaussagen brauchen deshalb vom Ehrengerichtshof nur in ihrer Niederschrift kennengelernt zu werden. In diesem Falle wird die Abweichung von der Auffassung des ersten Richters leicht etwas Bedenkliches haben. Trotzdem bleibt die zweite Instanz der selbständigen Prüfung nicht überhoben. Auch darf es als Regel bezeichnet werden, daß der Ehrengerichtshof in zweifelhaften Fällen die Beweisaufnahme vor sich wiederholt. Einen Schutz gegen unzulängliche Wertung des Beweismaterials wird aber nur die Einführung der strafprozessualen Hauptverhandlung bilden; daß sie hier sowenig wie im Dienststrafverfahren der Beamten eingeführt ist, gehört zu den unerfüllten Forderungen, die bisher an Geld- und Belastungsrücksichten gescheitert sind.

Die Hauptzahl der Milderungsfälle liefert die Festsetzung des Strafmaßes. Gegen sie dürfen noch am ehesten allgemeine Bedenken erhoben werden. Es könnte sein, daß sich hierin eine übergroße Nachsicht ausdrückt. Mit diesem Gedanken wird gegen die Zusammensetzung des Ehrengerichtshofs aus Anwälten und Richtern gekämpft. Indessen darf aus der eigenen Erfahrung und aus amtlichen Erklärungen des Vorstandes der Reichsgerichtsanwaltskammer entnommen werden, daß sich bei den Beratungen niemals Gegensätze zwischen den beiden Richtergruppen gezeigt haben.

Grundsätzlich hat auch in der Frage des Strafmaßes der Ehrengerichtshof frei zu entscheiden. Er hat stets die Berufung allein des Strafmaßes wegen für zulässig erklärt. Er kann in Einzelheiten des Sachverhalts Milderungsgründe finden, die der erste Richter in seiner Urteilsbegründung nicht berührt hat. So wird in Band 21, 115 und 138 den Entlastungsgründen des Ehrengerichtshofs ausdrücklich noch ein weiterer hinzugefügt, in 21, 140 die Unerfahrenheit eines noch jungen Anwalts entlastend beurteilt. Hier ist erkennbar, daß nicht etwa die Entscheidung des ersten Richters einfach beiseite geschoben ist. In 14, 84 ist im Gegenteil ausdrücklich gesagt, daß die Mitglieder des Ehrengerichtshofs auf ihre persönliche Kenntnis von dem Charakter des Angeklagten Bezug genommen hätten und daß ihre Anschauungen nicht ohne Einfluß auf die Beurteilung des Ehrengerichtshofs bleiben könne. In anderen Entscheidungen findet sich dagegen nur der Hinweis auf die Angemessenheit der erkannten Strafe, ohne daß die Abweichung besonders begründet würde.

Eine solche Begründung ist wünschenswert, nicht etwa weil damit eine begreifliche Empfindlichkeit der Ehrengerichte und der ihnen nahestehenden Anwaltskreise geschont würde, sondern weil mit der Notwendigkeit der Begründung manche Änderung fortfallen würde. Diese ist an sich geeignet, die Wirkung der ehrengerichtlichen Rechtsprechung abzukürzen, die Überzeugung richtig gesprochenen Rechts, die den Betroffenen veranlaßt, den Spruch der Standesgenossen hinzunehmen.

Dabei darf indessen nicht verkannt werden, daß nicht selten eine andere Bewertung der Straftat stattfinden muß. Das Urteil der nächsten Berufsgenossen, die durch die nur zu leicht auch dem Stande zur Last gelegte Verfehlung mitbetroffen sind, ist erfahrungsgemäß besonders hart. Die größere Entfernung rückt den Tatbestand in einen größeren Rahmen, der ihn minder belastend erscheinen läßt. Die Entgegnung, daß es aber gerade auf das Urteil der Standesgenossen, und zwar der am meisten mit den Verhältnissen Vertrauten ankomme, ist nicht stichhaltig. Wohl sind im Kreise der Anwaltschaft die stärksten Empfindungen für das, was dem Stande not tut, lebendig. Sie wäre verloren, wenn sie nicht unerbittlich an Standesanschauungen festhielte; sie lebt in dem eigenen Ehrgefühl, ihr Urteil gibt deshalb die Grundlage für die Bestimmung ihrer Pflichten. Aber der Anwalt, der freilich im engsten Kreise mit den übrigen Anwälten lebt, steht in einem weiteren mit den Gerichtspersonen und in den weitesten mit allen seinen Volksgenossen. In diesen ist ihm die Stellung eines besonderen Standes eingeräumt; er darf sich daher nicht mit Zunftregeln umgeben, seine Standesanschauung nicht von einer allgemeinen entfernen. (Vgl. des Näheren das Referat des Verfassers vom 2. Juni 1927, Stenogr. Ber. 20. Vertr.-Vers. d. DAV. S. 27.)

Weiter aber hat der Ehrengerichtshof als die Spitze der ganzen Ehrengerichtsbarkeit die Aufgabe, die Einheit der Rechtsprechung zu wahren. Es dürfen nicht Verfehlungen in einem Bezirk mit einem Verweis bestraft werden, in anderen eine höhere oder geringere Strafe finden. Dem erfahrenen Richter wird hinter der Individualität des Falles das Typische hervortreten, das von allen den eigenen unliebsamen Erfahrungen gegenüber gern übersehen wird.

In der dritten Gruppe beruhen die Abweichungen auf einer grundsätzlichen anderen Entscheidung über die anwaltlichen Berufspflichten. Nur hier kann man überhaupt von einem wirklichen Gegensatz sprechen. Es wäre bedenklich, wenn hier die Abweichung die Regel wäre. Es könnte das eine Aufhebung der Standesanschauung bedeuten, die gerade zu erhalten und durchzusetzen Aufgabe der Ehrengerichte ist. Hiervon darf jedoch keine Rede sein.

Es ist schon dargelegt worden, in welchen grundsätzlichen Fragen die zweitinstanzliche Rechtsprechung von dem Urteile der Ehrengerichte abweicht. Der Ehrengerichtshof will nicht anerkennen, daß die Vorstände der Anwaltskammer Übertretungen der von ihnen gegebenen allgemeinen Anweisungen für sich als Verfehlungen ansehen dürfen. Haben die Ehrengerichte aus diesem Grunde verurteilt, so ist, von Besonderheit des Einzelfalls abgesehen, vom Ehrengerichtshof immer freigesprochen worden. Hier sind aber die Ehrengerichte als Vorstände der Anwaltskammern selber Partei, und es war Sache des Ehrengerichtshofs, den Streit zwischen ihnen und dem einzelnen Anwalt zu schlichten. Die Entscheidungen, die der Ehrengerichtshof gefällt hat, betonen die Freiheit, vor allem aber die Verantwortlichkeit des einzelnen Anwalts. Man wird aus dieser Stellungnahme des Ehrengerichtshofs schwerlich eine Verkennung der Standesehre herleiten können.

Eine offenbare Abweichung von der Anschauung der Ehrengerichte ergibt sich in den Entscheidungen des II. Senats des Ehrengerichtshofs über die Zulassung der sog. Syndizi. Hier ging die Tendenz der Ehrengerichte offenbar auf eine Beschränkung der Zulassung. Auch hier wurde die Stellung der Ehrengerichte beeinflußt durch ihre gleichzeitige Stellung als Anwaltskammervorstände, die vor der Zulassung das Gutachten zu erstatten hatten, über dessen Begründung dann im ehrengerichtlichen Verfahren zu entscheiden war. Wie schon hervorgehoben, entsprach die Stellungnahme der Kammervorstände in der Zulassungsfrage keineswegs der einmütigen Anschauung der Anwaltschaft. Die Ansichten waren vielmehr geteilt. Auch hier galt es für den Ehrengerichtshof, nach Gesichtspunkten zu entscheiden, die über den Standesanschauungen standen, wie sie von dem Ehrengericht vertreten wurden. Die Möglichkeit eines Gegensatzes war also nicht auszuschließen.

In allen anderen grundsätzlichen Fragen befinden sich die Ehrengerichte beider Instanzen im Einklang.

Ehrengerichtsreform.

Wenn auch der hauptsächlichste Zweck der vorliegenden Arbeit der ist, Werden und Sein des Ehrengerichtshofs während der 50jährigen Dauer seines Bestehens zu betrachten, so erscheint es doch notwendig, am 50jährigen Geburtstag des höchsten Anwaltsgerichtshofs die Blicke auch auf die Zukunft zu lenken. Bestrebungen, das Ehrenrecht und die Ehrengerichtsverfassung der deutschen Anwälte zu reformieren, waren auch bisher vorhanden. Das beweisen die am Anfang der Abhandlung berichteten Reformpläne, die innerhalb des Ehrengerichtshofs selbst laut geworden sind und denen er in Form von Vorschlägen an das Reichsjustizamt Ausdruck gegeben hat. In letzter

Zeit haben neue Reformbewegungen eingesetzt, die innerhalb der Anwaltschaft teilweise einen starken Widerhall gefunden haben.

Am weitesten geht der Vorschlag, die Ehrengerichtsbarkeit überhaupt abzuschaffen. Man dürfe keinem Stande eine besondere Ehre zubilligen, die Verneinung der Standesehre fordere aber folgerichtig auch die Beseitigung der Ehrengerichtsbarkeit. Dieser anfangs mit einigem Beifall aufgenommene Gedanke hat mit Recht die Ablehnung — man kann sagen — fast der gesamten Anwaltschaft gefunden. Die Anwaltschaft ist ein vom Staate mit besonderen Rechten und Privilegien ausgestatteter Beruf. Der Gewährung von Rechten entspricht aber die Auferlegung von Pflichten. Nur der Umstand, daß die Verletzung der Pflichten von einer unabhängigen Stelle aus geahndet werden kann, gibt dem Außenstehenden die Gewähr des richtigen Gebrauchs dieser Rechte. Die Beseitigung der Ehrengerichtsbarkeit würde notwendig eine Schwächung des Vertrauens des Publikums zur Anwaltschaft, wenn nicht gar eine Entziehung oder Beschränkung der ihr verliehenen Rechte zur Folge haben.

Weitere Reformpläne beruhen auf der grundsätzlichen Erhaltung der Ehrengerichtsbarkeit. Ein besonderes Problem bietet in dieser Beziehung die fortschreitend zunehmende Belastung des Ehrengerichtshofs. Die Ausgestaltung der Berufungsinstanz, wie sie bei ihrer Schaffung vorgenommen wurde, erwies sich bei der dauernd steigenden Zahl der Anwälte als unzureichend. In dieser Beziehung ist schon durch Errichtung des II. Senats eine Änderung gegenüber dem früheren Zustand eingetreten. Das ständige Wachsen der Anwaltschaft legt aber die Vermutung nahe, daß diese Änderung allein für die Zukunft nicht ausreichen wird. Die Bildung weiterer Senate, die aus der Mitte des Ehrengerichtshofs selbst angeregt worden ist, würde zwar die Belastung der jetzt zur Erledigung der Ehrengerichtssachen berufenen Mitglieder mindern, aber auch das kostbare Gut der Einheitlichkeit der Rechtsprechung gefährden. Auch die Bedenken gegen ein Plenum wachsen mit der Zahl der Senate.

Der schon von Syring gemachte und neuerdings wieder aufgegriffene Vorschlag auf Einführung einer Art nichtförmlichen Strafverfahrens für geringere Delikte gewinnt deshalb wieder erhöhte Bedeutung. Sowohl die Anregungen Syrings wie die der Vertreterversammlung des Anwaltsvereins im Jahre 1927 unterbreiteten Vorschläge sahen ein Strafbescheidsrecht des Vorstandes vor, das bis zu einer gewissen Strafhöhe reichen sollte. Das Verfahren mündete bei dem Ehrengericht erster Instanz.

Die Vorschläge, die zweifellos eine Entlastung des Ehrengerichtshofs herbeiführen würden, haben bisher in der Anwaltschaft ein Entgegenkommen nicht gefunden, weil sie die Empfindlichkeit des Anwalts berühren, der aus der Hand der von ihm nicht als Vorgesetzte betrachteten Vorstandsmitglieder keinen Strafbescheid entgegennehmen will. Sie sind aber auch mit einer erheblichen Belastung der in großen Bezirken schon jetzt im Übermaß in Anspruch genommenen Vorstände verbunden und tragen deshalb das Schicksal aller Entlastungsvorschläge, daß die Belastung, die nicht verschwindet, von anderen Schultern nicht übernommen werden will. Ihre Durchführung würde deshalb vermutlich eine Änderung der Organisation der Anwaltschaft erfordern.

Ein weiterer Vorschlag geht auf die Umgestaltung des Ehrengerichtshofs. Auch in zweiter Instanz soll die Rechtsprechung in Ehrengerichtssachen über Rechtsanwälte ausschließlich in deren eigene Hand gelegt, die Mitwirkung der Richter ganz ausgeschlossen werden. Diese Forderung, schon bei der Beratung der Rechtsanwaltsordnung ausgesprochen, hat besonders in den letzten Jahren eine immer wachsende Anhängerschaft gefunden. Sie ist mit ihrem Bestreben nach Selbstregelung ein Kind der Zeit. Genährt wird sie von einem berechtigten Selbstbewußtsein und Stolz über eine 50jährige glänzende Entwicklung. Der Anwaltsstand, so heißt es, sei endlich mündig, seine Angelegenheiten in eigene Hand zu nehmen.

Die geplante Neuordnung würde aber über eine Änderung der Besetzung des Ehrengerichtshofs hinauswirken.

Es ist schon dargetan, in welch weitestem Umfange die Erziehung der Standeswürde, die Erhaltung der Standesehre in die Hand der Anwälte selbst und der Organe der Anwaltschaft gelegt ist. Die Anwaltschaft beaufsichtigt sich selbst ganz allein. Jeder Anwalt ist auch in der Lage, die Sprüche der allein aus seinen Kollegen zusammengesetzten Ehrengerichte hinzunehmen, wenn er sie für verdient und gerecht hält.

Die Mitwirkung der Richter hat eine ganz andere Bedeutung. Daß während ihrer Mitwirkung im wesentlichen und grundsätzlich gute und gerechte Richtersprüche erlassen sind, darf als allgemeine Ansicht bezeichnet werden. Es ist oben geschildert, wie erwünscht das Zusammenarbeiten zwischen Männern von verschiedener Berufseignung ist. Das Schrifttum und ehrengerichtliche Praxis beherrschende, auch innerhalb des Ehrengerichtshofes als unentbehrlich behandelte, ausgezeichnete Buch über die Rechtsanwaltsordnung von A. und M. Friedländer ist gemeinschaftlich von einem Richter und einem Anwalt geschrieben. Es ist ehrenvoll, daß der höchste Richter des Reiches die Spitze auch der anwaltlichen Ehrengerichtsbarkeit bildet. Das alles dürfte aber nicht ausschlaggebend sein, wenn ein höheres Interesse die Beseitigung der Richter forderte. Das Gegenteil ist der Fall.

Ein nur aus Anwälten zusammengesetztes Gericht ist ein reines Standesgericht. Ein solches ist zweifellos am Platze, wo seine Sprüche allein Wirkung für den Stand und seine Mitglieder haben. In solchen Fällen muß auch der Stand allein für befugt erklärt werden, über die Aufnahme in den Stand zu entscheiden. Die Aufnahme in die Rechtsanwaltschaft ist anders geregelt. Sie erfolgt durch die Justizverwaltung und ist jedem zu gewähren, der die gesetzlichen Erfordernisse erfüllt. Sie ist also ein Staatsbürgerrecht, dessen Verwirklichung man nicht ohne weiteres den künftigen Standesgenossen überlassen wird. Wer die Zulassung zur Rechtsanwaltschaft vergebens beantragt hat, wem sie versagt ist, weil ein Gutachten des Vorstandes der Anwaltskammer gegen ihn Versagungsgründe angeführt hat, hat Anspruch darauf, von einem überparteilichen Gericht beschieden zu werden.

Auch ein nur aus Anwälten zusammengesetztes Gericht darf nicht die in der Anwaltschaft allein herrschenden Ansichten dem Begriff der Standesehre zugrunde legen. Wo sich Gegensätze zwischen Ehrengerichten und Ehrengerichtshof herausgebildet haben, wie z. B. bei der Frage der Befugnisse der Kammervorstände, kann man erkennen, daß in der höheren Instanz die Pflichten des Anwalts von einem anderen als dem reinen Anwaltsstandpunkt aus betrachtet worden sind. Der Begriff der Standesehre überhaupt wird nicht allein dadurch bestimmt, welche Wirkung ihre Verletzung auf den Kreis der anderen Anwälte ausübt, sondern welche Wirkung sie für die Anwaltschaft hat, weil durch das Verhalten des einzelnen das Ansehen aller Anwälte geschädigt wird, das Ansehen nämlich in den Augen nicht der Anwaltschaft, sondern dritter Personen. Die Behauptung, daß es keine besondere Standesehre geben könne, ist insofern richtig, als eine nicht öffentlich anerkannte Standesehre keine Berücksichtigung verdient. Deshalb ist die Wahrung der Standesehre der Anwaltschaft eine öffentliche Angelegenheit, nicht allein eine Angelegenheit der Anwälte. Mit den gleichen Gründen hat sich der Reichsgerichtspräsident gegen die reinen Anwaltsgerichte ausgesprochen. Er hat mit Recht das Staatsinteresse betont. Man kann darüber hinaus behaupten, daß auch das Anwaltsinteresse in der Hand eines Gerichts, in dem die Anwaltschaft mit ihrem großen Gewicht zur Geltung kommt, ohne daß sie allein maßgebend wäre, besser gewahrt ist als in einem reinen Anwaltsgericht, dessen Kompetenz dann bestritten werden kann, wenn Konflikte zwischen den Forderungen der Anwaltschaft und dem Widerstand außerhalb der Anwaltschaft zum Austrag zu bringen sind. Die Entscheidung 21, 50, in der der Ehrengerichtshof die Stellung des Anwalts gegenüber der Anklagebehörde und dem Untersuchungsrichter auf das entschiedenste gewahrt hat, könnte dieselbe Wirkung, wenn sie lediglich von einem Anwaltsgericht erlassen worden wäre, nicht haben.

Das Entscheidende ist auch hier die öffentliche Stellung des Anwalts, die Eingliederung der Anwaltschaft in den großen Kreis der Rechtspflege. Sie gibt ihm seine Rechte und legt ihm die vielfachen Beschränkungen auf: Zurücktreten des persönlichen Interesses gegen die Parteien, gegen das Gericht und andere Behörden, Rücksichten vor allem gegenüber der von seinem Auftreten beeindruckten Öffentlichkeit. Zu ihnen gehört auch die Unterwerfung unter ein öffentliches, unparteiliches Gericht. Als solches hat sich der Ehrengerichtshof in den 50 Jahren seines Bestehens bewiesen. **Kurlbaum.**

4. Das Reichsschiedsgericht.

Das Reichsschiedsgericht ist auf Grund des Reichsgesetzes zur Sicherung einer einheitlichen Regelung der Beamtenbesoldung, des sog. Besoldungssperrgesetzes, vom 21. Dez. 1920 im Februar 1921 errichtet worden und hat bis zum 31. März 1926, dem Tage des Ablaufs der Geltungszeit dieses von vornherein zeitlich beschränkten Gesetzes, bestanden. Nach diesem Gesetze, das durch die Gesetze vom 22. März und 23. Juni 1923, durch Art. 11 der Personalabbauverordnung vom 27. Okt. 1923 und durch das Gesetz vom 24. März 1925 geändert wurde (die neueste Fassung wurde im RBesBl. 1925 S. 116 veröffentlicht), durften die Dienstbezüge (einschließlich der Wartegelder, Pensionen und Hinterbliebenenbezüge) der Beamten und Lehrer der Länder,

Gemeinden und sonstigen öffentlichen Körperschaften nicht günstiger geregelt werden als die der gleich zu bewertenden Reichsbeamten, es sei denn, daß besondere Verhältnisse und besondere Gründe für eine günstigere Regelung vorlagen. Gegen eine günstigere Regelung der Länder sowie gegen die Zustimmung der zuständigen Landesbehörden oder eines Landesschiedsgerichts zu einer günstigeren Regelung einer Gemeinde oder einer sonstigen öffentlichen Körperschaft konnte der Reichsminister der Finanzen binnen bestimmter Frist Einspruch bei der Regierung des beteiligten Landes erheben. Über Zulässigkeit und Begründetheit des Einspruchs hatte auf fristgerechten Anruf der Regierung des beteiligten Landes, der beteiligten Gemeinde oder sonstigen öffentlichen Körperschaft oder auch des Reichsministers der Finanzen das Reichsschiedsgericht in erster und letzter Instanz zu entscheiden.

Das Reichsschiedsgericht wurde bei dem RG. gebildet. Es entschied in der Besetzung von 1 Vorsitzenden und 6 Beisitzern, und zwar 2 ständigen und 4 für den einzelnen Fall bestellten. Der Vorsitzende und die beiden ständigen Beisitzer nebst deren Stellvertretern wurden von dem Präsidenten des RG. ernannt; ersterer mußte ein Mitglied des RG., letztere zum Richteramt oder zum höheren Verwaltungsdienste befähigt sein. Von den nichtständigen Beisitzern wurden je 2 von dem Reichsminister der Finanzen und von dem beteiligten Lande von Fall zu Fall berufen, und zwar der eine der beiden vom Lande ernannten aus der Zahl der bei dem betreffenden Einspruche beteiligten Beamten nach Anhörung der beteiligten Beamtenorganisationen. Bei Entscheidungen über Besoldungsvorschriften einer Gemeinde oder sonstigen öffentlichen Körperschaft trat nach dem Abänderungsgesetze vom 24. März 1925 an die Stelle eines der beiden vom Reichsgerichtspräsidenten bestellten ständigen Beisitzer auf Antrag des beteiligten Landes ein vom Lande ein für allemal ernannter Beisitzer (oder Stellvertreter), der aus dem obersten Verwaltungsgerichte des Landes oder, wenn ein solches nicht vorhanden war, aus dem höchsten Gericht am Regierungssitze des Landes zu entnehmen war; von dieser Befugnis machten 6 Länder Gebrauch. Ausnahmsweise, nämlich wenn sich der Einspruch des Reichsministers der Finanzen sofort als unzulässig oder als unbegründet oder sofort als zulässig und begründet erwies, entschied nach der VO. vom 27. Okt. 1923 das Reichsschiedsgericht ohne Hinzuziehung nichtständiger Beisitzer in der Besetzung von 3 Mitgliedern, dem Vorsitzenden und den von dem Reichsgerichtspräsidenten bestellten Beisitzern, und ohne mündliche Verhandlung, selbst wenn solche von einer Partei beantragt war; jedoch stand den Parteien alsdann das Recht zu, binnen 4 Wochen die Entscheidung des vollbesetzten Reichsschiedsgerichts zu beantragen. Übrigens setzte auch die Entscheidung des letzteren nicht notwendig eine mündliche Verhandlung voraus; nach den Verfahrensvorschriften vom 12. Febr. 1921 fand sie nur dann statt, wenn der Vorsitzende sie anordnete oder sie von einem der Streitteile beantragt wurde.

Zum Vorsitzenden bestellte der Reichsgerichtspräsident am 9. Febr. 1921 den Senatspräsidenten Dr. Meyn, der als außergewöhnlich hervorragende Persönlichkeit sowie als Vorsitzender des mit den Beamtenansprüchen befaßten

III. Zivilsenats und wegen seiner eigenartigen Beamtenlaufbahn sich für dieses Amt ganz besonders eignete; er war vor seiner Ernennung zum Reichsgerichtsrat Amtsrichter, Spezialkommissar, Mitglied einer Generalkommission, Oberlandeskulturgerichtsrat und Oberverwaltungsgerichtsrat gewesen. Er erließ am 12. Febr. 1921 die Verfahrensvorschriften (RGBl. 491), die am 27. März 1924 nur in einem Punkte im Anschluß an den Erlaß einer Gebührenordnung für das Reichsschiedsgericht vom 26. März 1924 geändert wurden (RBesBl. 1924 S. 71, 96). Seiner energischen und klugen Leitung ist die glatte Erledigung der Aufgaben des Reichsschiedsgerichts trotz der vielen Anfeindungen, die das bei manchen Ländern, bei den Gemeinden und sonstigen öffentlichen Körperschaften und vor allem bei den Beamtenverbänden höchst unbeliebte Besoldungssperrgesetz und deshalb auch das seiner Durchführung dienende Reichsschiedsgericht erfahren hat, in erster Linie zu verdanken. Als er am 1. Juli 1923 in den Ruhestand trat, schied er auch aus dem Reichsschiedsgericht aus, da nach § 7 des Besoldungssperrgesetzes nur ein Mitglied des RG. Vorsitzender des Reichsschiedsgerichts sein konnte; der Vorschlag des Reichsministers der Finanzen, diese Bestimmung dahin zu ändern, daß auch ein früheres Mitglied des RG. zum Vorsitzenden bestellt werden könnte, um das Ausscheiden des Präsidenten Dr. Meyn zu verhindern, wurde leider nicht Gesetz. An seiner Stelle und auf seinen Vorschlag bestellte der Reichsgerichtspräsident am 27. Juni 1923 den damaligen Reichsgerichtsrat Dr. Strecker zum Vorsitzenden. Dieser blieb es bis zum Ende des Reichsschiedsgerichts. Zum stellvertretenden Vorsitzenden wurde am 8. Juni 1922 anläßlich einer Behinderung des Präsidenten Dr. Meyn Reichsgerichtsrat Dr. Strecker und vom 1. Juli 1923 ab Reichsgerichtsrat Schliewen ernannt.

Ständige Beisitzer waren zunächst die Reichsgerichtsräte v. Romeick und Dr. Mansfeld und Stellvertreter die Reichsgerichtsräte Dr. Strecker und Dr. Lobe. Schon am 27. Mai 1921 trat an Stelle des zum Senatspräsidenten beförderten Dr. Lobe Reichsgerichtsrat Schliewen. Am 19. Jan. 1922 wurden die Reichsgerichtsräte i. R. Dr. Peters und Maenner zu ständigen Beisitzern und Dr. Mansfeld (neben Schliewen) zum Stellvertreter und am 26. Mai 1922 wieder Dr. Strecker zum Stellvertreter bestellt. Zum 1. Juli 1923 schieden auf ihren Wunsch Dr. Peters und Maenner aus. Ständige Beisitzer waren von diesem Tage ab die Reichsgerichtsräte Schliewen und Hagemann und Stellvertreter die Reichsgerichtsräte Krühne und Dr. Krug.

Die Zahl der bei dem Reichsschiedsgericht anhängig gewordenen Einsprüche betrug 656, und bei vielen von ihnen handelte es sich um eine große Zahl von Streitpunkten, die zum Teil auch in mehreren selbständigen Entscheidungen ihre Erledigung fanden. Von diesen Sachen blieben 74 wegen des Ablaufs des Besoldungssperrgesetzes unerledigt, viele (seit dem 1. Jan. 1923: 356) erledigten sich ohne Entscheidung, da nach der Anrufung des Reichsschiedsgerichts eingehende schriftliche und mündliche Verhandlungen zwischen den Parteien stattzufinden pflegten, die oft zu einer Einigung führten. Sitzungen des vollbesetzten Reichsschiedsgerichts fanden an 92 Tagen statt, die erste am 22. Okt. 1921, die letzte am 25. März 1926. Die Zahl der sachlichen Entscheidungen, einschließlich der von dem Vorsitzenden und den beiden ständigen Beisitzern erlassenen Bescheide, war 254; Abschriften von ihnen befinden sich in der Reichsgerichtsbibliothek; einige sind in dem Reichsbesoldungsblatt 1923, 1924 und 1925 veröffentlicht worden.

Die obenerwähnte eigenartige Zusammensetzung des Reichsschiedsgerichts hat sich trotz der Teilnahme beteiligter Beisitzer gut bewährt. Hierüber hat sich Präsident Dr. Meyn in einem Schreiben an den Reichsfinanzminister vom 13. Nov. 1922 geäußert: „Ich halte die Zusammensetzung des Reichsschiedsgerichts, wie sie durch das Besoldungssperrgesetz bestimmt ist, für eine außerordentlich glückliche Lösung der Frage, wie am besten die Behörde zu gestalten ist, die über die aus dem Reichssperrgesetz erwachsenden Streitigkeiten zu entscheiden hat. Der Vorsitzende und die beiden ständigen Beisitzer bilden das rechtskundige, objektive, ausgleichende Element in der Spruchbehörde, die von dem Reichsfinanzminister und dem Lande zu ernennenden Beisitzer aber bringen die unbedingt erforderliche Sach- und Fachkunde in das Kollegium hinein. Wie überaus hoch der letztere Umstand zu werten ist, ist kaum nachdrücklich genug zum Ausdrucke zu bringen. Kein Zivilrichter und kein Verwaltungsrichter kann alle diejenigen Kenntnisse besitzen, die auf diesem schwierigen, oft bis in die kleinsten Einzelheiten eindringenden Gebiete nötig sind, um eine wirklich sachgemäße Entscheidung zu treffen. Ich glaube von mir sagen zu dürfen, daß mir eine besonders eingehende Bekanntschaft mit dem preußischen Beamtentum und Beamtenrecht beiwohnt, da ich nicht nur preußischer Richter, sondern auch preußischer Verwaltungsbeamter und preußischer Verwaltungsrichter (Oberverwaltungsgerichtsrat) gewesen und bei dem RG. viel mit Beamtenfragen beschäftigt gewesen bin, insbesondere aber seit langen Jahren Präsident desjenigen Senats des RG. bin, dessen Tätigkeitsgebiet das ganze Beamtenrecht umfaßt. Dennoch würde ich ohne die Sach- und Fachkunde der Beisitzer nicht mit Sicherheit die Überzeugung gewinnen, daß diejenigen Entscheidungen, bei denen ich zustimmend beteiligt bin, die richtigen seien. Ja, ich trage keine Scheu auszusprechen, daß, wenn die Streitigkeiten aus dem Besoldungssperrgesetze von einem Kollegium von Berufsrichtern, möge dieses auch ein Senat des RG. oder des Reichsoberverwaltungsgerichts sein, entschieden würden, die Gefahr von manchen Fehlurteilen — dieser Begriff im Sinne des Besoldungsgesetzes genommen — nicht von der Hand zu weisen ist. Die sachlichen Mitteilungen der beiden Streitteile, die in den Schriftsätzen enthalten sind und die in der mündlichen Verhandlung vorgebracht werden, reichen in der Mehrzahl aller Fälle keineswegs aus, um die erforderliche Sicherheit in der Beurteilung des tatsächlichen Stoffes und insbesondere auch der Folgen der einen und anderen Entscheidung zu gewähren. Erst die sach- und fachkundige Aufklärung und Erörterung der betreffenden Dinge bei der Beratung im Schoße des Reichsschiedsgerichts geleitet zu einer zutreffenden Entscheidung. Ich finde diese Erfahrung fast in jeder Sitzung des Reichsschiedsgerichts bestätigt . . .“ Die Richtigkeit dieser Ausführungen ist auch in der späteren Zeit voll bestätigt worden. Stets lag der Schwerpunkt des Verfahrens in der Beratung. Diese pflegte daher regelmäßig sehr viel längere Zeit in Anspruch zu nehmen als die Verhandlung, obwohl in ihr neben den Parteivertretern auch die Vertreter der Beamtenverbände auf Wunsch zu Worte kamen. Da, wie erwähnt, viele Einsprüche sich ohne Entscheidung erledigten und, namentlich in den letzten Jahren, nur die zweifelhaftesten Fragen zur Entscheidung kamen, war diese meist recht schwierig; sehr häufig waren auch die Ansichten der ständigen Beisitzer geteilt und gab die Stimme des Vorsitzenden den Ausschlag.

Der Streit drehte sich natürlich meist um die nach § 1 des Besoldungssperrgesetzes zu prüfenden Fragen, ob überhaupt den betreffenden Landes- oder Körperschaftsbeamten gleichzubewertende Reichsbeamte vorhanden waren und welche dies waren, wobei nach § 1 Abs. 1 Satz 2 des Gesetzes alle Umstände berücksichtigt werden mußten, die für die Bewertung der Eigenart der zu beurteilenden Beamtenstellen in Betracht kamen, ferner ob die Regelung jener eine günstigere war (vgl. § 2 des Gesetzes) und ob nicht, wie sehr häufig von den Ländern und insbesondere von den Gemeinden geltend gemacht wurde, besondere Verhältnisse und besondere Gründe eine günstigere Regelung rechtfertigten (§ 1 Abs. 2 des Gesetzes). Besondere Schwierigkeiten ergaben sich z. B. bei der Anwendung der für die Reichsbeamten aufgestellten Richtlinien über die Zahl der Beförderungsstellen der einzelnen Beamtengruppen (Verhandlungen des Reichstags 1920/21 Drucksache Nr. 1835 S. 4f.; RBesBl. 1924, 169; RGBl. 1925 II 741). Aber nicht nur die Anwendung der Besoldungsgrundsätze des Reichs auf die Landes- und Körperschaftsbeamten war die Aufgabe des Reichsschiedsgerichts; dieses hat auch selbst Besoldungsgrundsätze aufgestellt, denen der § 9a des Besoldungssperrgesetzes (Fassung vom 27. Okt. 1923) in gewissem Umfange verbindliche Kraft beigelegt hat, so über die Besoldung der Vorsteher von Landgemeinden (RBesBl. 1924, 67) und der Bürgermeister der Städte (RBesBl. 1923, 251; 1924 S. 67, 287), über die Schlüsselung der Gemeindebeamten des schwierigeren Büro- und Kassendienstes (RBesBl. 1924, 194) und über die Besoldung der Geschäftsführer von Ortskrankenkassen, welche Beamteneigenschaft besitzen (das. S. 285). Ferner gab die Auslegung des Besoldungssperrgesetzes selbst zu manchen Zweifeln und Streitigkeiten Anlaß, insbesondere dessen Anwendung auf die Besoldung der Gemeindebeamten. Heftig umstritten war namentlich die (vom Reichsschiedsgerichte verneinte) Frage, ob der Reichsminister der Finanzen gegen eine günstigere Regelung einer Gemeinde nur dann Einspruch erheben könne, wenn die Regelung ihm gemäß § 4 des Gesetzes von der Landesbehörde mitgeteilt war (RBesBl. 1923, 214; 1924, 151). Ferner war zweifelhaft, ob bei Einsprüchen gegen Besoldungsbestimmungen einer Gemeinde das Land (so für den Regelfall das Reichsschiedsgericht) oder die Gemeinde Partei sei, die Beisitzer zu ernennen und im Falle des Unterliegens die Kosten zu tragen habe. Zu ziemlich umfangreichem Schriftwechsel des Vorsitzenden mit den beteiligten Ministern gab auch die Bestimmung Anlaß, daß der eine Beisitzer aus der Zahl der „beteiligten Beamten" zu berufen sei, z. B. über die Frage, ob das Wort „beteiligt" eng oder weit aufzufassen sei, ob ferner auch gerade der Beamte, um dessen Besoldung es sich handelte, Beisitzer, also in eigener Sache Richter sein durfte, und vor allem darüber, ob bei Einsprüchen gegen die Regelung der Gehaltsbezüge aktiver Beamten auch Beamte im Ruhestande zu Beisitzern bestellt werden konnten, was namentlich von den Beamtenverbänden, deren Vorstand ein Ruheständler war, gewünscht, aber von dem Vorsitzenden des Reichsschiedsgerichts verneint wurde. Vereinzelt hatte das Reichsschiedsgericht auch Rechtsfragen von allgemeinerer Bedeutung zu entscheiden, z. B. über die Beamteneigenschaft der Krankenkassenangestellten (RBesBl. 1924, 73), über die Stellung der Beamten der Landesversicherungsanstalten gemäß § 1348 RVersO. (das. S. 196 und zwei Entsch. vom 14. Okt. 1925) und über den Umfang der den Religionsgesellschaften im Art. 137 Abs. 2 Satz 2 RVerf. gewährten Ämterhoheit (das. S. 327). Die Entscheidung über die letzte Frage hat in dem Urteile des IV. Zivilsenats des RG. vom 5. Juli 1926 (RGZ. 114, 220) Beachtung gefunden und der III. Zivilsenat hat wiederholt (z. B. RGZ. 115, 340) Entscheidungen des Reichsschiedsgerichts berücksichtigt. Auch sonst dürften einige dieser Entscheidungen trotz des Ablaufs des Besoldungssperrgesetzes und der inzwischen erfolgten neuen Besoldungsregelungen noch eine gewisse Bedeutung behalten haben. **Dr. Strecker.**

5. Der Staatsgerichtshof zum Schutze der Republik.

Am 24. Juni 1922 wurde der Reichsminister Dr. Walther Rathenau ermordet; schon vorher war am 26. Aug. 1921 der frühere Reichsminister Erzberger getötet und am 4. Juni 1922 ein Mordversuch gegen den früheren Ministerpräsidenten Scheidemann unternommen worden. Das gab der Reichsregierung Veranlassung, durch besondere Maßnahmen „den Schutz des Staates und der Republik und das Leben seiner durch politische Mordorganisationen bedrohten Vertreter zu sichern“ (Reichskanzler Dr. Wirth im Reichstag am 24. Juni 1922). Zu diesen Maßnahmen gehörte die Schaffung eines beim RG. zu errichtenden Staatsgerichtshofs zum Schutze der Republik. Auf dessen Verbindung mit dem RG. wurde dabei besonderer Wert gelegt, denn dieser Staatsgerichtshof zum Schutze der Republik sollte kein Revolutionstribunal sein, sondern eine objektive Rechtsprechung gewährleisten; und diese Gewähr glaubte man am besten in der engen Verbindung mit dem RG. zu finden. Warnende Bedenken des Oberreichsanwalts Dr. Ebermayer (dieser in DJZ. 1928, 36) dagegen, das RG. noch mehr mit erstinstanzlichen Sachen zu belasten und in erhöhtem Maße in die Wirren des politischen Lebens hineinzuziehen, blieben erfolglos.

Unter dem 26. Juni 1922 erließ der Reichspräsident Ebert auf Grund des Art. 48 RVerf. eine „Verordnung zum Schutze der Republik“, die mit ihrer Verkündung in RGBl. I 521 am 26. Juni 1922 in Kraft trat. Sie ermächtigte die Landeszentralbehörden oder die von ihnen bestimmten Stellen zu Verboten von Versammlungen, Aufzügen, Vereinen usw., gab ferner Strafbestimmungen u. a. in § 5 für Angriffe auf die republikanische Staatsform, auf Mitglieder der Regierung, für Beschimpfungen der Reichs- und Landesfarben usw. und wies die Aburteilung von Gewalttaten gegen die republikanische Staatsform usw. und der nach § 5 strafbaren Vergehen einem beim RG.

zu errichtenden, mit 3 Mitgliedern des RG. und 4 Laien besetzten Staatsgerichtshof zum Schutze der Republik zu, dem auch die Entscheidung über die Beschwerden gegen Versammlungsverbote, Auflösung von Vereinen oder Vereinigungen oder das Verbot von Druckschriften übertragen wurde. Eine zweite Verordnung zum Schutze der Republik vom 29. Juni 1922 (RGBl. I 532) bestimmte eine Reihe weiterer strafbarer Tatbestände, deren Aburteilung auch dem Staatsgerichtshof zum Schutze der Republik übertragen wurde, und regelte das Druckschriftenverbot weiter. Ergänzende Vorschriften über das Verfahren vor diesem Staatsgerichtshof traf eine Verordnung des Reichsjustizministers vom 30. Juni 1922 (RGBl. I 534), nach deren § 3 die Entscheidung außerhalb der Hauptverhandlung in der Besetzung von 3 Mitgliedern erging, die im übrigen aber wesentlich mit der später noch zu besprechenden Verordnung übereinstimmt. Vorsitzender dieses Gerichtshofes wurde der Senatspräsident Dr. Hagens, zu dessen Stellvertreter wurden der Senatspräsident Dr. Schmidt, zeitweise Senatspräsident Dr. Richter bestellt. Dieser Staatsgerichtshof zum Schutze der Republik hatte gleich von Anfang an eine rege Tätigkeit, namentlich in Beschwerdesachen, zu entfalten.

Unter dem 30. Juni 1922 wurde sodann der Entwurf eines Gesetzes zum Schutze der Republik dem Reichsrat vorgelegt und am 3. Juli 1922 von diesem angenommen. Gegen ihn hatte Bayern namentlich wegen der Bestimmung über die Errichtung des Staatsgerichtshofs zum Schutze der Republik gestimmt. Am 18. Juli 1922 wurde der Entwurf vom Reichstag angenommen, ebenso wie im Reichsrat mit der für Verfassungsänderungen erforderlichen Mehrheit, als Gesetz am 21. Juli 1922 ausgefertigt und am 23. Juli 1922 (RGBl. I 585) verkündet. Der in ihm vorgesehene Staatsgerichtshof zum Schutze der Republik wurde mit Wirkung vom 1. Sept. 1922 errichtet; bis zu diesem Zeitpunkte blieb nach § 27 des Gesetzes der nach der Verordnung vom 26. Juni 1922 errichtete Staatsgerichtshof bestehen. Im übrigen wurden unbeschadet der §§ 26, 27 des Gesetzes die Verordnungen vom 26. und 29. Juni 1922 durch Verordnung vom 23. Juli 1922 (RGBl. I 630) aufgehoben.

Der nach dem Republikschutzgesetz beim RG. errichtete Staatsgerichtshof zum Schutze der Republik entschied nach § 12 das. in einer Besetzung von 9 Mitgliedern. 3 von ihnen waren Mitglieder des RG., während die übrigen 6 Mitglieder die Fähigkeit zum Richteramt nicht zu haben brauchten. Die Mitglieder und ihre Stellvertreter wurden vom Reichspräsidenten ernannt. Entscheidungen außerhalb der Hauptverhandlung ergingen in einer Besetzung von 3 Mitgliedern, von denen mindestens 1 dem RG. nicht angehörte. Anklagebehörde war die Reichsanwaltschaft. Auf das Verfahren fanden die Vorschriften über das Verfahren vor den Strafkammern entsprechende Anwendung; doch konnten zum Teil besondere Vorschriften vom Reichsjustizminister erlassen werden. Ein Rechtsmittel gegen die Entscheidungen des Gerichtshofs war nicht gegeben.

Nähere Ausführungsbestimmungen zu dem Gesetz enthält die Verordnung des Reichsjustizministers vom 29. Juli 1922 (RGBl. I 673). Nach deren § 2 hatten alle Mitglieder und Stellvertreter vor ihrer ersten Dienstleistung in öffentlicher Sitzung zu schwören, daß sie die ihnen anvertrauten Obliegenheiten eines Mitgliedes des Staatsgerichtshofs zum Schutze der Republik treu und gewissenhaft erfüllen und ihre Stimme nach bestem Wissen und Gewissen abgeben würden. Nach § 3 berief der Reichsgerichtspräsident die zur Erledigung der Geschäfte erforderlichen Gerichtsschreiberei-, Kanzlei- und Unterbeamten. Er hatte auch die erforderlichen Anordnungen über die Geschäftsräume und Geschäftsbedürfnisse des Gerichtshofs zu treffen. Die nähere Bestimmung über den Geschäftsgang und die Geschäftsverteilung war dem Vorsitzenden des Staatsgerichtshofs zum Schutze der Republik überlassen (erste Geschäftsordnung vom 14. Febr. 1923, letzte Geschäftsordnung vom 26. Juni 1925). In § 5 war die Ernennung eines besonderen Ermittlungsrichters des Staatsgerichtshofs zum Schutze der Republik vorgesehen, der die nach der StPO. im vorbereitenden Verfahren dem Amtsrichter obliegenden Geschäfte zu erledigen hatte. Die Voruntersuchungen wurden nach § 7 das. durch einen Untersuchungsrichter des Staatsgerichtshofs zum Schutze der Republik geführt, der vom Reichsjustizminister, im Einzelfalle auch vom Vorsitzenden des Staatsgerichtshofs zum Schutze der Republik, zu ernennen war.

Der Staatsgerichtshof zum Schutze der Republik war teils als Strafgericht, teilweise auch als Verwaltungsgericht tätig.

Als Strafgericht war er gemäß § 13 des Gesetzes zuständig für die in den §§ 1—8 das. bezeichneten Handlungen (ihre Aufführung im einzelnen hat jetzt nach der Aufhebung des Staatsgerichtshofs zum Schutze der Republik kein Interesse mehr), gleichgültig, ob sie nach diesem Gesetz oder anderen Gesetzen strafbar waren, ferner für Hochverrat sowie für Tötung oder Tötungsversuch, begangen gegen Mitglieder einer früheren republikanischen Regierung (der Schutz der Mitglieder der im Dienst befindlichen Regierungen war im Gesetz selbst geregelt). Soweit die Taten ausschließlich gegen die Staatsform eines Landes, die Mitglieder einer im Amt befindlichen oder einer früheren republikanischen Regierung eines Landes oder gegen Landesfarben sich richteten, war die Zuständigkeit des Staatsgerichtshofs zum Schutze der Republik nur begründet, wenn die Landesregierung oder der Verletzte beim Oberreichsanwalt vor der Eröffnung des Hauptverfahrens die Einleitung oder Übernahme des Verfahrens beantragt hatte. Der Staatsgerichtshof zum Schutze der Republik war ferner zuständig für Handlungen, die mit den seiner sonstigen Zuständigkeit unterliegenden Handlungen im tatsächlichen Zusammenhange standen. Der Oberreichsanwalt konnte eine Untersuchung an die zuständige Staatsanwaltschaft abgeben, desgleichen konnte der Staatsgerichtshof zum Schutze der Republik eine bei ihm anhängige Untersuchung auf Antrag des Oberreichsanwalts zum ordentlichen Verfahren verweisen.

In Verwaltungssachen war der Staatsgerichtshof zum Schutze der Republik berufen gegen Entscheidungen

1. über Beschwerden:

a) gegen Verbote von Versammlungen, Aufzügen oder Kundgebungen und gegen Auflösungen von Vereinen oder Vereinigungen nach Maßgabe der §§ 14 bis 16 des Gesetzes;

b) gegen Verbote von periodischen Druckschriften (§ 21 des Gesetzes), zulässig bei Tageszeitungen bis zur Dauer von 4 Wochen, in anderen Fällen bis auf die Dauer von 6 Monaten, falls durch ihren Inhalt die Strafbarkeit einer der in den §§ 1—8 das. bestimmten Handlungen begründet war;

c) gegen Anordnungen auf Grund des § 23 des Gesetzes gegenüber Mitgliedern vormals landesherrlicher Familien;

2. auf Anrufung seitens der Landeszentralbehörden oder des Reichsministers des Innern in den Fällen des § 17 Abs. 2 Satz 2 (Ablehnung eines Ersuchens des Reichsministers des Innern um Anordnung einer Maßnahme gemäß § 14 des Gesetzes seitens einer Landeszentralstelle) und daselbst Abs. 3 Satz 5 (auf Anrufen des Reichsministers des Innern gegen die Entscheidung einer Landeszentralbehörde, die einer Beschwerde gegen eine Anordnung aus §§ 14, 15 des Gesetzes abgeholfen hat).

Das Verfahren in diesen Verwaltungssachen regelte eine Verordnung des Reichsministers des Innern vom 1. Aug. 1922 (RGBl. I 675). Danach waren die Entscheidungen regelmäßig in der in § 12 des Gesetzes vorgesehenen Besetzung von 9 Mitgliedern zu erlassen. Beschlüsse, die lediglich die Vorbereitung einer Entscheidung betrafen, konnten außerhalb einer Sitzung des vollbesetzten Staatsgerichtshofs zum Schutze der Republik in einer Besetzung mit nur 3 Mitgliedern, unter denen sich mindestens ein nicht dem RG. angehörendes Mitglied befinden mußte, ergehen. In der letzteren Besetzung konnte in dringenden Fällen (die allerdings bei der Eilbedürftigkeit der Verwaltungssachen allmählich fast zur Regel wurden) auch eine vorläufige Entscheidung ergehen, die in den Fällen 1a und b bei Einstimmigkeit für endgültig erklärt werden konnte; jedoch stand binnen bestimmter Frist den Beteiligten die Anrufung des Staatsgerichtshofs zum Schutze der Republik in voller Besetzung zu. Die Entscheidungen ergingen in der Regel ohne vorherige mündliche Verhandlung, doch konnte der Staatsgerichtshof zum Schutze der Republik eine solche Verhandlung anordnen, zu der dann die Beteiligten zu laden waren.

Die grundsätzlichen Bedenken, die Bayern von Anfang an gegen die Errichtung und Besetzung des Staatsgerichtshofs zum Schutze der Republik erhoben hatte, wurden im August 1922 durch eine Vereinbarung beigelegt, in der u. a. festgesetzt wurde, daß bei der Auswahl der Mitglieder des Staatsgerichtshofs zum Schutze der Republik jede Einseitigkeit vermieden werden würde; die Auswahl sollte in erster Linie unter dem Gesichtspunkte der persönlichen Eignung zur richterlichen Tätigkeit erfolgen und sich auf Personen erstrecken, die in der Öffentlichkeit das für ein Mitglied eines höchsten Gerichtshofes nötige Ansehen hatten. Bei ihrer Auswahl sollten die besonderen Interessen der Länder berücksichtigt werden. Zugleich wurde die Bildung mehrerer Senate und die Besetzung sowie Geschäftsverteilung unter dem Gesichtspunkte des örtlichen Ursprungs der Sache aus den Ländern geregelt. In Verfolgung dieses Abkommens wurde mit dem 1. Febr. 1923 ein zweiter Senat beim Staatsgerichtshof zum Schutze der Republik, und zwar für Strafsachen aus den süddeutschen Ländern errichtet. Als Folge des starken Anwachsens der

Geschäfte, namentlich unter den Wirkungen des unruhigen Jahres 1923, waren schließlich 3 Senate tätig.

Den Vorsitz erhielt zunächst Senatspräsident Dr. Hagens. Sein Stellvertreter blieb Senatspräsident Dr. Schmidt. Weiterer Stellvertreter wurde Reichsgerichtsrat Niedner. Vom 1. Jan. 1923 ab erhielt Senatspräsident Dr. Schmidt den Vorsitz, sein Stellvertreter war Reichsgerichtsrat Niedner und zeitweise auch Reichsgerichtsrat Döhn. Am 7. Aug. 1924 übernahm der inzwischen als solcher ernannte Senatspräsident Niedner den Vorsitz, stellvertretende Vorsitzende wurden die Reichsgerichtsräte Lorenz und Hettner.

Als sonstige richterliche Mitglieder des Staatsgerichtshofs zum Schutze der Republik waren zunächst Mitglieder anderer (Revisions-) Senate tätig; als die Geschäftslast im Jahre 1924 sehr erheblich anwuchs, wurde der IV. Strafsenat besonders stark besetzt und die Beisitzer des Staatsgerichtshofs zum Schutze der Republik in der Regel aus dessen Mitgliedern entnommen.

Die nichtrichterlichen Mitglieder wechselten häufig. Ihre Besetzung war nicht ganz gleichmäßig. Während in den norddeutschen Senaten zum großen Teil, wenn auch bei weitem nicht ausschließlich, im politischen Leben stehende Herren sich befanden, wurden von den süddeutschen Ländern überwiegend im Ruhestand befindliche und auch noch aktive Juristen vorgeschlagen, so daß nicht selten an den Sitzungen des süddeutschen Senates als sog. Laien fast ausschließlich Juristen mitwirkten, darunter ein früherer Reichskanzler (von Beruf Rechtsanwalt), Oberlandesgerichtspräsidenten, Senatspräsidenten und Landgerichtspräsidenten, ein Regierungspräsident a. D., Professoren der Rechte, Bürgermeister, Rechtsanwälte, Amtsgerichtsräte.

Die Gerechtigkeit erfordert hervorzuheben, daß trotz der verschiedenartigen Besetzung der Senate und trotz des Zusammenwirkens von Männern teilweise erheblich abweichender Weltanschauung die Zusammenarbeit in den Senaten sich reibungslos vollzog und jeder bemüht war, seine richterlichen Entscheidungen unabhängig von seiner politischen Einstellung, seiner hohen Pflicht bewußt, zu treffen. Trotzdem wurde die Rechtsprechung des Staatsgerichtshofs zum Schutze der Republik, insbesondere in seiner Eigenschaft als Strafgericht, infolge des politischen Einschlags, den die Strafsachen überwiegend hatten, von Anfang an in der Öffentlichkeit, namentlich bei den politischen Parteien, starken Anfechtungen ausgesetzt. Die Zahl seiner Freunde verringerte sich ständig, die Zahl seiner Gegner wuchs, so daß es ihm nicht beschieden war, während der im Gesetz vorgesehenen Zeit, nämlich für die ganze Dauer der Geltung des Republikschutzgesetzes, in Kraft zu bleiben. Die Parteien auf der rechten Seite standen ihm von Anfang an mit Mißtrauen entgegen, wohl unter dem fortwährenden Einfluß der Erklärungen, die bei der Vorbereitung des Republikschutzgesetzes auch von Regierungsseite aus abgegeben waren, daß die Bestimmungen ausschließlich gegen Mitglieder und Anhänger der Rechtsparteien angewendet werden sollten. Auf der anderen Seite verstimmte es die linksgerichteten Parteien, daß das Republikschutzgesetz, welches sie lediglich gegen rechts angewendet wissen wollten, sich im Laufe der politischen Erschütterungen, insbesondere des Jahres 1923 und der folgenden Zeit, dem äußeren Anschein nach mehr und mehr zu einer Waffe gegen links entwickelte. Das beruhte zwar auf sachlichen Gründen, namentlich darauf, daß Straftaten rechtsradikaler Kreise mehrfach seiner Entscheidung nicht unterstanden; so wurden die Münchener Novembervorgänge von 1923 vor bayerischen Volksgerichten abgeurteilt, und für die Straftaten, die beim sog. Küstriner Putsch (Oktober 1923) sich ereigneten, wurde ein außerordentliches Gericht eingesetzt. Zweifellos trug auch die Wahl des Reichspräsidenten von Hindenburg und die hohe Autorität, welche dieser weit in die rechtsradikalen Kreise hinein genießt, dazu bei, bei ihnen die Neigungen zu hochverräterischen Handlungen und sonstigen Angriffen gegen die von diesem geschützte Reichsverfassung zu mindern. Aber, was auch die sachlichen Ursachen dafür waren, daß schließlich zum größeren Teile strafbare Handlungen, die von kommunistischer Seite ausgingen, zur Entscheidung des Staatsgerichtshofs zum Schutze der Republik gelangten; die Parteien, die ihn einst ins Leben gerufen hatten, hielten ihn für entbehrlich. In gewissem Umfange kam hinzu, daß die Beschäftigung mit erstinstanzlichen Straftaten politischen Charakters namentlich wegen der Zuziehung von Laien mit den eigentlichen Aufgaben des RG. nicht recht im Einklang stand und daher beim RG. auch keine besondere Neigung für sie bestand. Nicht ohne Bedeutung war auch der Kostenpunkt; die zahlreichen Hauptverhandlungen (solche haben z. B. im Jahre 1925 an 203 Tagen stattgefunden, neben denen noch an 62 weiteren Tagen Beschlußsitzungen abgehalten wurden) erforderten, da die Laienbeisitzer ganz überwiegend außerhalb von Leipzig, zum Teil sehr weit entfernt wohnten, allein an Reise- und Tagegeldern für diese ganz erhebliche Beträge. So wurden durch Gesetz vom 31. März 1926 (RGBl. I 190) für die Strafsachen, die zur Zuständigkeit des Staatsgerichtshofs zum Schutze der Republik gehörten, vom 1. April 1926 ab die ordentlichen Gerichte für zuständig erklärt. Dem RG. (IV. Strafsenat) verblieben von ihnen hauptsächlich nur die im § 134 GVG. bezeichneten erstinstanzlichen Strafsachen, daneben die Wiederaufnahmesachen gegen Urteile des Staatsgerichtshofs zum Schutze der Republik und die bei der Vollstreckung von diesem erlassener Urteile notwendig werdenden gerichtlichen Entscheidungen (§ 462 StPO.).

Der Staatsgerichtshof zum Schutze der Republik bestand zunächst weiter für die Entscheidungen in Verwaltungssachen, aber auch nur bis zum Ablauf der in § 27 des Republikschutzgesetzes vorgesehenen 5jährigen Zeit. Als durch Gesetz vom 2. Juni 1927 (RGBl. I 125) die Geltungsdauer des Republikschutzgesetzes verlängert wurde, wurde bestimmt, daß die noch bestehenden Zuständigkeiten des Staatsgerichtshofs zum Schutze der Republik an das Reichsverwaltungsgericht und bis zu dessen Errichtung auf einen durch den Geschäftsverteilungsplan zu bestimmenden Senat des RG. übergingen. Seit dem Inkrafttreten dieses Gesetzes am 23. Juli 1927 wurden sie vom IV. Strafsenat bearbeitet. Nach dem Beschlusse des Reichstages vom 28. Juni 1929 ist die Geltungsdauer des Republikschutzgesetzes nicht wieder verlängert worden.

Lorenz.

D. Dr. Simons
Reichsgerichtspräsident 1922—1929

6. Das Reichsbahngericht.

Das Reichsgesetz über die Deutsche Reichsbahn-Gesellschaft vom 30. Aug. 1924 (RGBl. II 272), das im Rahmen der dem Deutschen Reich von seinen früheren Feinden aufgezwungenen Dawes-Gesetzgebung erlassen worden ist, unterstellt die Reichsbahnen einer in ihrer Geschäftsführung und Vermögensverwaltung selbständigen öffentlich-rechtlichen Körperschaft, die den Namen „Deutsche Reichsbahn-Gesellschaft" führt. Die Rechtsverhältnisse der Körperschaft sind durch eine dem Gesetz als Anlage beigefügte Gesellschaftssatzung geregelt worden; diese wurde durch § 1 Abs. 2 des Gesetzes zu dessen Bestandteil erhoben. Die Loslösung der Gesellschaft von der Verwaltung des Reiches hat zur Folge, daß zwischen den beiden rechtlich voneinander unabhängigen Körperschaften Streitigkeiten mannigfacher Art entstehen können. Zur Entscheidung solcher Streitigkeiten wurde durch § 44 des Reichsbahngesetzes ein besonderes Gericht eingesetzt, dessen Zuständigkeit dahin bestimmt worden ist, daß ihm alle Streitfälle zu unterbreiten sind, die zwischen der Reichsregierung und der Gesellschaft über die Auslegung der Bestimmungen des Reichsbahngesetzes und der Gesellschaftssatzung, über Maßnahmen auf Grund des Gesetzes oder der Satzung oder über sonstige ähnliche Fragen entstehen. Nach § 44 Abs. 2 setzt sich das Gericht, das beim RG. zu bilden ist, aus 1 Vorsitzenden und 2 Beisitzern zusammen. Der Vorsitzende und ein für den Fall seiner Behinderung zu bestimmender Stellvertreter werden vom Präsidenten des RG. auf 5 Jahre bestellt; sie müssen deutsche Richter von besonderer Erfahrung sein und können nach Ablauf der 5 Jahre wiederernannt werden. Die Bestellung der Beisitzer geschieht durch den Präsidenten des RG. für jeden Streitfall besonders; für den einen von ihnen steht der Reichsregierung, für den anderen der Reichsbahngesellschaft das Vorschlagsrecht zu. Auf das Reichsbahngericht sind ferner aus dem Gesetz über den Staatsgerichtshof vom 9. Juli 1921 (RGBl. S. 905) die folgenden Bestimmungen für entsprechend anwendbar erklärt worden: § 19 Satz 2 und 3 (Sachkunde der Beisitzer, die deutsche Reichsangehörige sein und das 30. Lebensjahr vollendet haben müssen), §§ 20 bis 22 (Verfahren, Beweisaufnahme, Rechtshilfe, Form der Entscheidung), §§ 24—26 (Ausschluß der Öffentlichkeit, Vereidigung, Befugnisse des Vorsitzenden außerhalb der Sitzung, Pflicht der Behörden zur Vorlegung von Akten und Urkunden), § 28 Abs. 1 (Entscheidung „Im Namen des Reichs"), § 29 Abs. 1 und 2 Satz 1 (Gebührenfreiheit, Ausschluß jeder Erstattungspflicht), § 30 (ehrenamtliche Tätigkeit der Mitglieder). Im übrigen ist die Regelung des Verfahrens einer vom Präsidenten des RG. zu erlassenden Geschäftsordnung vorbehalten worden. Diese ist am 20. Dez. 1924 ergangen und im RGBl. 1925 II 113 veröffentlicht worden. Aus ihr ist als wesentlich hervorzuheben,

daß einer oder beide Beisitzer zu Berichterstattern ernannt werden können und von den Berichterstattern gutachtliche Äußerungen schriftlich einzureichen sind,

daß mündliche Verhandlung angeordnet werden kann und auf Antrag einer Partei angeordnet werden muß, daß die Vorschriften der ZPO. über die Ausschließung und Ablehnung von Gerichtspersonen und die Leitung der Verhandlung sowie diejenigen des GVG. über die Öffentlichkeit, Beratung und Abstimmung entsprechende Anwendung finden, die Öffentlichkeit in der mündlichen Verhandlung jedoch nur wegen Gefährdung der Staatssicherheit ausgeschlossen werden darf,

daß die Entscheidung auf Grund nichtöffentlicher Beratung durch schriftlichen Beschluß ergeht, der bei mündlicher Verhandlung zu verkünden und in jedem Falle den Beteiligten von Amts wegen zuzustellen ist.

Zu den nach dem Reichsbahngesetz aus dem Gesetz über den Staatsgerichtshof nicht übernommenen Bestimmungen gehört dessen § 28 Abs. 2, wonach gegen die Entscheidung des Gerichtshofs weder ein Rechtsmittel noch die Wiederaufnahme des Verfahrens stattfindet. Dafür sieht das Reichsbahngesetz in § 44 Abs. 3 vor, daß sowohl die Reichsregierung als auch die Reichsbahngesellschaft gegen die Entscheidung binnen Monatsfrist seit der Verkündung den im § 45 bezeichneten Internationalen Schiedsrichter anrufen kann, sofern sie glaubt, daß bei Durchführung der Entscheidung der Zinsen- und Tilgungsdienst der Reparationsschuldverschreibungen (11 Milliarden Goldmark) gefährdet würde. Dieser Schiedsrichter, dem im übrigen auch die Entscheidung in Streitigkeiten zwischen der Reparationskommission, den Gläubigerstaaten und deren Vertretern einerseits und der Reichsregierung oder der Reichsbahngesellschaft anderseits zugewiesen ist, wird von dem jeweiligen Präsidenten des Ständigen Internationalen Gerichtshofs im Haag ernannt und soll, falls ein Streitteil es wünscht, neutrale Staatsangehörigkeit besitzen; seine Entscheidung ist endgültig und unanfechtbar (§ 45).

Das Reichsbahngericht nimmt daher nicht, wie es beim RG. selbst und den übrigen ihm angeschlossenen Nebengerichtshöfen der Fall ist, unbedingt die Stellung eines obersten Gerichtshofs ein, sondern es muß gewärtig sein, daß seine Entscheidung auf Berufung eines der Streitteile durch eine einzige Persönlichkeit, den Internationalen Schiedsrichter, der aller Wahrscheinlichkeit nach niemals ein Deutscher sein wird, nach dessen Gutbefinden, möglicherweise aus rein politischen Erwägungen, abgeändert wird. Wenn diese Überordnung des Schiedsrichters im Gesetz auch insofern eine Einschränkung erhalten hat, als sie nur für den Fall der Gefährdung der Reparationsverpflichtungen der Reichsbahn wirksam werden soll, so beeinträchtigt sie doch in hohem Maße die Stellung des Reichsbahngerichts nach außen, eine Tatsache, die bei Bildung des Gerichts dem als Vorsitzenden in Aussicht genommenen Senatspräsidenten beim RG. Dr. Meyer und dem Senatspräsidenten Katluhn als seinem Stellvertreter den Entschluß zur Übernahme des ihnen angetragenen Amtes außerordentlich erschwerte. Wenn beide schließlich ihre Bedenken zurückstellten, so geschah es aus der Erwägung, daß es vaterländische Pflicht sei, der Reichsregierung bei der Durchführung der Dawes-Gesetzgebung nach Kräften behilflich zu sein, zumal da die Einsetzung des Reichsbahngerichts schon eine Günstigerstellung des Reiches bedeutete gegenüber der Fassung des Dawes-Gutachtens, demzufolge alle Streitigkeiten zwischen Reichsregierung und der Reichsbahngesellschaft der Entscheidung des Internationalen Schiedsrichters unmittelbar unterliegen sollten, auch wenn davon die Zins- und Tilgungsforderungen der Gläubigerstaaten nicht betroffen wurden. Daß nunmehr ein deutsches Gericht eingesetzt wurde, um in den Streitfällen zwischen Reichsregierung und Reichsbahn zu entscheiden, und daß gegenüber seiner Entscheidung, falls sie den Zinsen- und Tilgungsdienst der Schuldverschreibungen nicht gefährdet, die Berufung an den Internationalen Schiedsrichter ausgeschlossen wurde, muß immerhin gegenüber dem ursprünglichen Plan als ein Fortschritt zum Vorteil des Reichs gewertet werden. Allerdings ist die Bestimmung, daß in jeder Streitsache zwischen Reichsregierung und Reichsbahngesellschaft zunächst eine Entscheidung des Reichsbahngerichts eingeholt werden müsse, durch § 44 Abs. 4 wiederum insofern durchbrochen worden, als jedem Teil das Recht zur unmittelbaren Anrufung des Schiedsrichters eingeräumt worden ist, wenn binnen Jahresfrist, bei Tariffragen binnen 3 Monaten, seit Eingang des ersten Antrages das Gericht eine Entscheidung nicht verkündet und wenn sich daraus eine Gefährdung des Dienstes der Schuldverschreibungen ergibt. Ein derartiger Ausnahmefall wird jedoch kaum praktisch werden. Die Fristen des § 44 Abs. 4 sind so bemessen, daß es dem Gericht, wenn es von vornherein auf Beschleunigung dringt, regelmäßig gelingen wird, innerhalb der Fristen ein bei ihm anhängig gewordenes Verfahren bis zur Entscheidung durchzuführen und so die Einstellung des Verfahrens zu vermeiden.

Eigenartig und mehr einem schiedsgerichtlichen als einem ordentlichen Gerichtsverfahren angepaßt ist die auf die Zusammensetzung des Reichsbahngerichts maßgebliche Vorschrift, daß neben dem auf 5 Jahre bestellten Vorsitzenden (der übrigens lediglich deutscher Richter von besonderer Erfahrung, nicht Mitglied des RG. zu sein braucht) nur 2 für den Einzelfall ernannte Beisitzer in Wirksamkeit treten sollen, von denen der eine auf Vorschlag der klagenden, der andere auf Vorschlag der beklagten Partei auszuwählen ist. Aus dieser Gestaltung des Gerichts erwächst für den Vorsitzenden bei der naheliegenden Möglichkeit grundsätzlicher Meinungsverschiedenheit der beiden Beisitzer ein ungewöhnliches Maß der Verantwortung.

Bisher sind die Verhandlungen in den wenigen Sachen, die das Reichsbahngericht beschäftigt haben, reibungslos verlaufen; auch ist gegen die Entscheidungen Berufung an den Internationalen Schiedsrichter nicht eingelegt worden.

Die ergangenen Beschlüsse betrafen folgende Rechtsfälle:

1. Durch Beschluß vom 13. März 1926 (RBGer. 1/25) ist ausgesprochen worden, daß die §§ 8—10 des Gesetzes über die gegenseitige Besteuerung des Reichs, der Länder und der Gemeinden vom 10. Aug. 1925 (Heranziehung der Bahnhöfe, Werkstätten und ähnlichen Einrichtungen der Reichsbahn zu Zuschüssen für den Verwaltungsaufwand der Wohngemeinden) in Widerspruch mit § 14 des Reichsbahngesetzes steht.

2. Der Beschluß vom 9. Juni 1926 (RBGer. 1/26) entscheidet, daß die Verbindlichkeitserklärung von Schiedssprüchen der zuständigen Behörden über die Arbeitsbedingungen der Reichsbahnarbeiter nicht mit dem Reichsbahngesetz oder der Gesellschaftssatzung im Widerspruch steht.

3. Nach dem Beschluß vom 27. Juni 1927 (RBGer. 4/26) ist die Deutsche Reichsbahngesellschaft durch das Reichsbahngesetz nicht von der preußischen Landesstempelsteuer befreit.

4. Der Beschluß vom 24. Juli 1928 (RBGer. 1/28) befaßt sich mit den Bestimmungen des Entwurfs eines Arbeiterschutzgesetzes und entscheidet, daß einzelne Vorschriften dem Reichsbahngesetz widersprechen, daß dies bei anderen nicht der Fall ist, und daß eine fernere Vorschrift sowie ein bestimmter Abschnitt der Begründung des Entwurfs einer Ergänzung oder Änderung bedarf.

5. Der Beschluß vom 24. Aug. 1928 (RBGer. 2/28) erklärt die Reichsbahn für berechtigt, zu einem vom Reichsverkehrsminister zu bestimmenden, möglichst nahen Zeitpunkt eine Tariferhöhung für den Güterverkehr und den Personenverkehr in einem Verhältnis von etwa 4 : 1 zueinander und in einem Ausmaß vorzunehmen, daß sie eine jährliche Mehreinnahme von 250 Millionen *RM* erzielen kann.

Die letztgenannte Entscheidung ist für das gesamte deutsche Wirtschaftsleben von außerordentlicher Tragweite gewesen und hat die ganze Öffentlichkeit in hohem Grade erregt. Sie zeigt, von welcher großen Bedeutung die Streitfälle sein können, die zur Zuständigkeit des Reichsbahngerichts gehören.

Bei Errichtung des Gerichts wurde der Senatspräsident Dr. Meyer zum Vorsitzenden und der Senatspräsident Katluhn zu seinem Stellvertreter bestellt. Nachdem Dr. Meyer am 1. Aug. 1928 in den Ruhestand getreten war und Leipzig als Wohnort aufgegeben hatte, wurde Katluhn zum Vorsitzenden und der Reichsgerichtsrat Triebel zum Stellvertreter ernannt.

Katluhn.

7. Das Reichsarbeitsgericht.

Das Reichsarbeitsgericht verdankt seine Entstehung dem Arbeitsgerichtsgesetz vom 23. Dez. 1926 (RGBl. I S. 507) und ist mit diesem am 1. Juli 1927 in Wirksamkeit getreten. Es ist demnach der jüngste der mit dem Reichsgericht verbundenen Gerichtshöfe, hat aber trotz der verhältnismäßig geringen Dauer seines Bestehens schon eine sehr umfangreiche, für die Anwendung des Arbeitsrechts bedeutungsvolle Tätigkeit entwickelt. Seine Stellung im System der Rechtspflege und die Bedeutung seiner Aufgabe für das Rechtsleben läßt sich nur im Zusammenhang mit dem Wesen der Arbeitsgerichtsbarkeit überhaupt verstehen. Es bedarf daher eines kurzen Rückblicks auf die Entwicklung, die zur Einführung einer umfassenden Gerichtsbarkeit in Arbeitssachen und damit zur Errichtung des Reichsarbeitsgerichts selbst geführt hat (I). Daran soll sich eine Darlegung der Stellung und Aufgabe des Reichsarbeitsgerichts (II) und ein Überblick über die wesentlichen Ergebnisse seiner bisherigen Rechtsprechung (III) anschließen.

I. Entwicklung der Arbeitsgerichtsbarkeit.

Der Gedanke einer besonderen Gerichtsbarkeit für Arbeitssachen, d. h. für Streitigkeiten aus dem Gebiete der abhängigen Arbeit, geht weiter zurück. Landesrechtliche Einrichtungen dieser Art, wie die an französische

Einrichtungen anknüpfenden „Königlichen Gewerbegerichte" in der Rheinprovinz, bestanden in Deutschland schon vor der Gründung des Deutschen Reiches. Die Gewerbeordnung vom 21. Juni 1869, die dann zur Reichsgewerbeordnung wurde, bestimmte in ihrem ursprünglichen § 108, daß Streitigkeiten zwischen Gewerbetreibenden und ihren Gesellen, Gehilfen oder Lehrlingen über Antritt, Fortsetzung und Aufhebung des Arbeits- oder Lehrverhältnisses, über die gegenseitigen Leistungen aus diesem, sowie über die Erteilung und den Inhalt von Abgangszeugnissen, soweit hierfür besondere Behörden bestehen, bei diesen zur Entscheidung zu bringen, sonst von den Gemeindebehörden zu entscheiden seien, wobei es den Gemeinden auch überlassen blieb, durch Ortsstatut Schiedsgerichte unter gleichmäßiger Zuziehung von Arbeitgebern und Arbeitnehmern zu bilden. Spätere Änderungen der Gewerbeordnung machten den Innungen — den freien Innungen wie den Zwangsinnungen — die Entscheidung von Streitigkeiten zwischen den Innungsmitgliedern und ihren Lehrlingen zur gesetzlichen Aufgabe und erteilten ihnen weiter die Befugnis zur Errichtung von Schiedsgerichten, die über gewisse Streitigkeiten zwischen den Innungsmitgliedern und ihren Gesellen (Gehilfen) und Arbeitern an Stelle der sonst zuständigen Behörden zu entscheiden hatten (vgl. GewO. §§ 81 a Nr. 4, 81 b Nr. 4, dazu § 83 Abs. 2 Nr. 11, §§ 91—91 b, 100c). Das Gerichtsverfassungsgesetz griff in diese sondergerichtlichen Einrichtungen gewerblicher Art nicht ein, ließ vielmehr im § 14 Nr. 4 Gewerbegerichte als besondere Gerichte ausdrücklich zu.

Eine umfassendere reichsrechtliche Regelung nach Art der staatlichen Gerichte brachte erst das Gewerbegerichtsgesetz vom 29. Juli 1890, dem für handelsrechtliche Arbeitsverhältnisse mit im wesentlichen gleichen Grundsätzen das Gesetz betreffend Kaufmannsgerichte vom 6. Juli 1904 folgte. In diesen Gesetzen waren für die Entscheidung von gewerblichen Streitigkeiten zwischen Arbeitern und Arbeitgebern, sowie zwischen Arbeitern des nämlichen Arbeitgebers Gewerbegerichte und für die Entscheidung von Streitigkeiten aus dem Dienst- oder Lehrverhältnis zwischen Kaufleuten und ihren Handlungsgehilfen und Handlungslehrlingen Kaufmannsgerichte vorgesehen. Es waren dies nicht staatliche, sondern gemeindliche Gerichte, deren Errichtung zunächst allgemein in das Ermessen der Gemeinden oder Gemeindeverbände gestellt war, später für Gemeinden mit mehr als 20000 Einwohnern zwingend vorgeschrieben wurde, die mit Beisitzern aus den Kreisen der Arbeitgeber und Arbeitnehmer zu besetzen waren und unter Vorsitzenden tätig wurden, die die Befähigung zum Richteramt oder zum höheren Verwaltungsdienst bei den Kaufmannsgerichten nach gesetzlicher Vorschrift haben mußten und bei den Gewerbegerichten wenigstens tatsächlich regelmäßig hatten. Die Zuständigkeit der Gewerbe- und Kaufmannsgerichte erfaßte die Streitigkeiten aus abhängiger Arbeit in großem Umfange, erstreckte sich aber keineswegs auf das ganze Gebiet des gewerblichen und handelsrechtlichen Arbeitsrechtes, war vielmehr persönlich und sachlich beschränkt. Das Gewerbegerichtsgesetz galt nicht für die Arbeitsverhältnisse der Betriebsbeamten, Werkmeister und mit höheren technischen Dienstleistungen betrauten Angestellten, deren Jahresarbeitsverdienst eine bestimmte Höhe überstieg, das Gesetz betreffend Kaufmannsgerichte ebenso nicht für Handlungsgehilfen mit einem entsprechend höheren Einkommen. Auch fanden beide Gesetze keine Anwendung auf Gehilfen und Lehrlinge in Apotheken. Auch innerhalb des hiernach verbleibenden Personenkreises hatten die Gewerbe- und Kaufmannsgerichte nicht über alle Streitigkeiten aus dem Arbeitsverhältnisse zu entscheiden, sondern nur über die in den Gesetzen (§ 4 GewGG., § 5 KGG.) einzeln aufgeführten, der Erledigung in einem vereinfachten beschleunigten Verfahren besonders bedürftigen Sachen, hier allerdings ohne Rücksicht auf den Wert des Streitgegenstandes. Für Streitigkeiten der in Bergwerken, Salinen, Aufbereitungsanstalten und unterirdisch betriebenen Brüchen und Gruben beschäftigten Arbeiter mit ihren Arbeitgebern waren im Gewerbegerichtsgesetz besondere Gewerbegerichte vorgesehen (GewGG. § 82). Daneben wurde die nach Maßgabe der Gewerbeordnung begründete Zuständigkeit der Innungen und Innungsschiedsgerichte ohne Einschränkung aufrechterhalten und zugleich bestimmt, daß durch sie die Zuständigkeit eines für den Bezirk der Innung bestehenden oder später errichteten Gewerbegerichts ausgeschlossen werde (GewGG. § 84). Auch die nach dem Gerichtsverfassungsgesetz zugelassenen landesgesetzlichen Gewerbegerichte blieben, ihre gleichmäßige Besetzung mit Beisitzern aus den Kreisen der Arbeitgeber und der Arbeitnehmer vorausgesetzt, bestehen (GewGG. § 85). Die Zuständigkeit der Gewerbe- und Kaufmannsgerichte beschränkte sich ebenso wie die der sonst zugelassenen sondergerichtlichen Einrichtungen in allen Fällen auf Streitigkeiten aus dem Einzelarbeitsvertrag. Das Recht der Gesamtvereinbarung, das im modernen Arbeitsrecht an erster Stelle steht, war nicht berücksichtigt. Für Streitigkeiten wirtschaftlicher Vereinigungen der Arbeitgeber und der Arbeitnehmer untereinander oder mit Dritten blieben ebenso wie für Einzelarbeitsstreitigkeiten, soweit die Sondergerichtsbarkeit nicht eingriff, die ordentlichen Gerichte zuständig. Das Verfahren vor den Gewerbe- und Kaufmannsgerichten, die nur als erste Instanz tätig wurden, war unter dem Gesichtspunkt einer einfachen, beschleunigten Rechtspflege abweichend von dem der ordentlichen Gerichtsbarkeit geregelt und endigte in zweiter und letzter Instanz bei dem Landgericht, das als Berufungs- oder Beschwerdegericht in der gewöhnlichen Besetzung und in dem für die ordentlichen Gerichte geltenden Verfahren zu entscheiden hatte.

Die Gewerbe- und Kaufmannsgerichte boten durch ihre Besetzung den Vorzug, daß die Rechtskunde des Vorsitzenden durch das Sachverständnis der unmittelbar im Erwerbsleben stehenden Beisitzer bezüglich der tatsächlichen Verhältnisse glücklich ergänzt wurde. Das Verfahren ermöglichte durch seine auf Vereinfachung und Beschleunigung gerichteten Vorschriften eine rasche Erledigung und hat sich, wie überhaupt die Tätigkeit der Gewerbe- und Kaufmannsgerichte, im allgemeinen gut bewährt. Die Beschränkung der Sondergerichtsbarkeit auf bestimmte Gebiete des Erwerbslebens und ihre weitere Beschränkung innerhalb dieser Gebiete auf bestimmte Arten von Streitfällen sowie unter Ausscheidung ganzer Personengruppen, wie insbesondere der Angestellten mit höherem Einkommen, bedeutete aber eine Zersplitterung der Rechtspflege auf dem Gebiete des Arbeitsrechts, in dessen Anwendung sich danach die Gewerbe- und Kaufmannsgerichte sowie andere sondergerichtliche Einrichtungen, zu denen später noch die Schlichtungsausschüsse und vorläufigen Arbeitsgerichte kamen, mit den ordentlichen Gerichten teilten. Und vor allem fehlte infolge des mit den Landgerichten abschließenden Instanzenzuges die Möglichkeit einer gleichmäßigen Rechtsprechung in einer einheitlichen obersten Instanz. Die ganze Regelung entsprach, abgesehen von der Besetzung der Gerichte und den durch den Zweck der Vereinfachung und Beschleunigung geforderten Besonderheiten des Verfahrens der für die Amtsgerichte geltenden und mochte insoweit und insolange genügen, als es sich um Streitigkeiten handelte, denen eine größere Tragweite nicht beizumessen war. Sie entsprach aber nicht mehr dem allgemeinen Rechtsempfinden, nachdem durch den Krieg und die ihm folgende politische und wirtschaftliche Umwälzung eine weitgehende Veränderung des Arbeitslebens eingetreten war und das Arbeitsrecht, durch eine rege Gesetzgebung gefördert und von der Wissenschaft als ein besonders geartetes Recht anerkannt, eine erhöhte Bedeutung für sich in Anspruch nehmen konnte. Das Hauptproblem, das sich hieraus ergab, bildete das Verhältnis der Arbeitsgerichte zu den ordentlichen Gerichten. Es galt eine Ordnung des Arbeitsgerichtswesens zu finden, die unter Wahrung der Eigenart des sondergerichtlichen Verfahrens dessen Beschränkungen und Mängel beseitigte und, ohne die Grundlagen der ordentlichen Rechtspflege zu erschüttern, der Entwicklung des Arbeitsrechts und den veränderten Verhältnissen des Arbeitslebens Rechnung trug. Der Erfüllung dieser Aufgabe galten die Bestrebungen der in Gesetzgebung, Wissenschaft und Praxis tätigen Kräfte, auch der Vereinigungen der Richter und Rechtsanwälte, sowie des Deutschen Juristentages, der für seine 32. Tagung im Jahre 1901 das Thema: „Sind die Arbeitsgerichte und ähnliche Spruchgerichte den ordentlichen Gerichten anzugliedern?" als Gegenstand der Verhandlung und Beschlußfassung aufstellte. Die Erfüllung des im Interesse einer einheitlichen Gesamtorganisation der Rechtspflege liegenden Gedankens, die gesamte Gerichtsbarkeit in Arbeitssachen unter Wahrung der bei den Gewerbe- und Kaufmannsgerichten erprobten Vorzüge und Besonderheiten in den ordentlichen Gerichten zu vereinigen, ließ sich dabei ebensowenig erreichen, als ihre vom entgegengesetzten Standpunkt aus erstrebte völlige Lostrennung aus dem Bereiche der ordentlichen Gerichtsbarkeit. Das Ergebnis des jahrelangen Ringens war eine Regelung, die eine völlige Eingliederung in die ordentlichen Gerichte ebenso vermied wie die völlige Loslösung von ihnen, aber eben deshalb ihren kompromißartigen Charakter nicht verleugnen kann. Der Widerstreit der Meinungen fand seinen Ausdruck auch in den Gesetzesentwürfen. Während der von dem Reichsarbeitsminister berufene Arbeitsrechtsausschuß in seinem 1921 vorgelegten Entwurf für die erste und zweite Instanz selbständige, d. h. von den allgemeinen Gerichten unabhängige Gerichtsbehörden vorschlug und nur die Revision an ein beim Reichsgericht zu bildendes Reichsarbeitsgericht gehen ließ, sah ein noch im gleichen Jahr ausgearbeiteter Referentenentwurf, den Bedenken gegen die Selbständigkeit der Arbeitsgerichtsbehörden folgend, eine völlige Eingliederung dieser Behörden in die ordentlichen Gerichte für alle

Instanzen vor. Da auch dieser Vorschlag Widerspruch, insbesondere bei der Arbeitnehmerschaft, hervorrief, kam man schließlich auf eine vermittelnde Lösung. Danach sollten nur die Arbeitsgerichte als die erste Tatsacheninstanz selbständige Gerichte sein, Landesarbeitsgericht und Reichsarbeitsgericht dagegen bei den ordentlichen Gerichten (Landgerichte, Reichsgericht) errichtet werden. Auf dieser Grundlage beruhte sowohl ein Regierungsentwurf aus dem Jahre 1923, der mit Rücksicht auf die allgemeine Finanzlage wieder zurückgezogen wurde, als auch der letzte Entwurf, der von der Regierung im Jahre 1925 dem vorläufigen Reichswirtschaftsrat und dem Reichsrat, im März 1926 dem Reichstag vorgelegt wurde, nach verschiedenen Änderungen die Billigung der gesetzgebenden Körperschaften fand und so zu dem jetzt geltenden Arbeitsgerichtsgesetz führte.

Das Arbeitsgerichtsgesetz brachte eine Ausdehnung der Gerichtsbarkeit in Arbeitssachen auf nahezu alle Streitigkeiten aus dem Verhältnis der abhängigen Arbeit und übertrug diese umfassende Gerichtsbarkeit einer auf das ganze Reich sich erstreckenden einheitlichen Einrichtung von Arbeitsbehörden, die von dem breiten Unterbau der Arbeitsgerichte ausgehend über die Landesarbeitsgerichte zum Reichsarbeitsgericht als der obersten Spitze hinaufführt. Alle diese Gerichte sind staatliche Behörden, die Arbeitsgerichte selbständig, d. h. von den ordentlichen Gerichten getrennt, die Landesarbeitsgerichte bei den Landgerichten, das Reichsarbeitsgericht beim Reichsgericht errichtet. Besetzt sind die Arbeitsgerichtsbehörden sämtlich, nicht nur wie die Gewerbe- und Kaufmannsgerichte im ersten Rechtszug, mit rechtsgelehrten Richtern und mit Beisitzern aus den Kreisen der Arbeitgeber und der Arbeitnehmer (Arbeitsrichter, Landesarbeitsrichter, Reichsarbeitsrichter). Aufrechterhalten ist daneben an sondergerichtlichen Einrichtungen nur die Zuständigkeit der Innungen für die Entscheidung von Streitigkeiten aus dem Lehrverhältnis; gegen den Beschluß des Innungsausschusses ist aber Klage beim Arbeitsgericht möglich (ArbGG. § 111). Die Arbeitsgerichte sind nicht allgemein und ohne Unterschied für alle Streitigkeiten zuständig, die aus Arbeitsverhältnissen hervorgehen oder mit solchen zusammenhängen. Das Gesetz führt die Gegenstände der Arbeitsgerichtsbarkeit vielmehr im einzelnen auf, seine Bestimmungen sind aber so weit gefaßt und werden durch andere auf eine Erweiterung der Zuständigkeit zielende Vorschriften derart ergänzt, daß, von den im Gesetz selbst gemachten Ausnahmen abgesehen, nur wenige Verhältnisse der abhängigen Arbeit ausgeschlossen sind. Die Zuständigkeit der Arbeitsgerichte umfaßt zwei ihrem Wesen nach verschiedene und auch im Verfahren verschieden zu behandelnde Gruppen von Streitigkeiten: die bürgerlichen Rechtsstreitigkeiten, die im Urteilsverfahren entschieden werden, und die öffentlich-rechtlichen Streitigkeiten aus dem Rechte der Betriebsverfassung, für die ein besonderes Beschlußverfahren eingeführt ist. Auf dem Gebiete der bürgerlichen Rechtsstreitigkeiten sind die Arbeitsgerichte gemäß ArbGG. § 2 Abs. 1 Nr. 1 bis 4 unter Ausschluß der ordentlichen Gerichte ohne Rücksicht auf den Wert des Streitgegenstandes zuständig

1. für Streitigkeiten zwischen Tarifvertragsparteien oder zwischen diesen und Dritten aus Tarifverträgen oder über das Bestehen oder Nichtbestehen

solcher und für Streitigkeiten zwischen tarifvertragsfähigen Parteien oder zwischen diesen und Dritten aus unerlaubten Handlungen, sofern es sich um Maßnahmen zu Zwecken des Arbeitskampfes oder um Fragen der Vereinigungsfreiheit handelt;

2. für Streitigkeiten zwischen Arbeitgebern und Arbeitnehmern aus dem Arbeits- und Lehrverhältnis, über das Bestehen oder Nichtbestehen eines Arbeits- oder Lehrvertrages, aus Verhandlungen über die Eingehung eines Arbeits- oder Lehrverhältnisses und aus dessen Nachwirkungen, sowie für Streitigkeiten aus unerlaubten Handlungen, die mit dem Arbeits- oder Lehrverhältnis zusammenhängen, ausgenommen Streitigkeiten, deren Gegenstand die Erfindung eines Arbeitnehmers bildet, soweit es sich nicht nur um eine Vergütung oder Entschädigung für die Erfindung handelt, und Streitigkeiten der nach § 481 HGB. zur Schiffsbesatzung gehörenden Personen;

3. für Streitigkeiten zwischen Arbeitnehmern aus gemeinsamer Arbeit und aus unerlaubten Handlungen, soweit diese mit dem Arbeits- oder Lehrverhältnis zusammenhängen;

4. für Streitigkeiten zwischen Arbeitgebern und Arbeitnehmern aus den §§ 86, 87 des Betriebsrätegesetzes.

Diese Zuständigkeit besteht, wie das Gesetz besonders hervorhebt, auch in den Fällen, in denen der Rechtsstreit durch einen Rechtsnachfolger oder durch eine Person geführt wird, die kraft Gesetzes an Stelle der ursprünglichen Partei hierzu befugt ist (§ 2 Abs. 2). Der Kreis der Personen, die der Arbeitsgerichtsbarkeit unterliegen, ist, wenn man zunächst die Streitigkeiten aus dem einzelnen Arbeitsverhältnis (Nr. 2 bis 4) betrachtet, gegenüber dem früheren Recht ganz erheblich erweitert, insofern nunmehr Arbeitnehmer *aller Berufsarten* einbezogen sind und keine *Begrenzung nach der Höhe des Arbeitsverdienstes* besteht. Die Arbeitsgerichtsbarkeit erstreckt sich daher beispielsweise auf alle gewerblichen und kaufmännischen Angestellten, auch auf diejenigen, die nicht unter das Gewerbe- oder Kaufmannsgerichtsgesetz fielen, ferner die Arbeitnehmer in Land- und Forstwirtschaft, auf Büroangestellte bei Rechtsanwälten, Notaren, Gerichtsvollziehern, sowie auf Angestellte und Arbeiter des Staates und anderer öffentlicher Körperschaften, soweit diese Personen nicht in ihrer Eigenschaft als öffentliche Beamte in Betracht kommen. Gesichert ist die Einbeziehung eines möglichst großen Personenkreises noch ganz besonders durch die Bestimmung des § 5 Abs. 1, wonach den Arbeitnehmern, d. h. den Arbeitern und Angestellten einschließlich der Lehrlinge, solche Personen gleichgestellt sind, die ohne in einem Arbeitsvertragsverhältnis zu stehen, im Auftrag und für Rechnung bestimmter anderer Personen Arbeit leisten, wie Hausgewerbetreibende und sonstige Arbeitnehmern ähnliche Personen, mögen sie auch die Roh- oder Hilfsstoffe selbst beschaffen, auch Zwischenmeister, die den überwiegenden Teil ihres Verdienstes aus ihrer eigenen Arbeit am Stücke beziehen. Ausgeschieden sind abgesehen von Personen in ihrer Eigenschaft als öffentliche Beamte sowie von den Angehörigen des Reichsheeres und der Reichsmarine auch die gesetzlichen Vertreter von juristischen Personen und von Personengesamtheiten des öffentlichen und privaten Rechts, doch können bürgerliche Rechtsstreitigkeiten zwischen juristischen Personen des privaten Rechts und ihren gesetzlichen Vertretern kraft Vereinbarung vor das Arbeitsgericht gebracht werden (§ 5 Abs. 2, § 3 Abs. 2). Eine besonders bedeutsame Neuerung ist die Ausdehnung der Arbeitsgerichtsbarkeit über den Kreis der Einzelarbeitsverhältnisse hinaus auf Streitigkeiten zwischen Tarifvertragsparteien und sonstige Streitigkeiten kollektiver Art, die früher den ordentlichen Gerichten zustanden (Nr. 1), womit das Gesetz der Entwicklung des Arbeitsrechts vom individuellen zum kollektiven Rechte Rechnung trägt. Neben die umfassende ausschließliche Zuständigkeit der Arbeitsgerichte tritt eine in ihrer Allgemeinheit nicht unbedenkliche, nach Ermessen des Klägers wirksam werdende Erweiterung der Zuständigkeit, insofern bei dem Arbeitsgericht auch andere Klagen gegen Arbeitgeber oder Arbeitnehmer, sowie von solchen gegen Dritte erhoben werden können, wenn der Anspruch mit einer in die ausschließliche Zuständigkeit der Arbeitsgerichte fallenden Rechtsstreitigkeit in rechtlichem oder unmittelbarem wirtschaftlichen Zusammenhang (dazu RArbG. 2, 330), steht und für ihn nicht eine andere ausschließliche Zuständigkeit begründet ist (§ 3 Abs. 1). Auf dem Gebiete der öffentlich-rechtlichen Streitigkeiten aus dem Rechte der Betriebsverfassung sind die Arbeitsgerichte gemäß ArbGG. § 2 Abs. 1 Nr. 5 unter Ausschluß der ordentlichen Gerichte ohne Rücksicht auf den Wert des Streitgegenstandes zuständig in bestimmten Fällen des Betriebsrätegesetzes: für die Entscheidung über das Erlöschen der Mitgliedschaft in Betriebsvertretungen (§§ 39, 56 Abs. 2, 60), und über die Auflösung von Betriebsvertretungen (§§ 41 Abs. 2, 44 Abs. 4, 56 Abs. 2, 60), für die Entscheidung über Bildung und Auflösung gemeinsamer Betriebsvertretungen (§§ 52, 53), für die Festsetzung von Strafen nach § 134b der GewO. (§ 80 Abs. 2), für die Entscheidung über das Vorliegen eines Verstoßes gegen vereinbarte Richtlinien über die Einstellung von Arbeitnehmern (§§ 82, 83), für die Entscheidung von Streitigkeiten über die Errichtung, Zusammensetzung und Tätigkeit von Betriebsvertretungen und aus Wahlen zu ihnen (§ 93) und für die Ersetzung der Zustimmung von Betriebsvertretungen zur Kündigung und Versetzung ihrer Mitglieder (§§ 97, 98).

Das arbeitsgerichtliche Verfahren ist in Fortbildung der für die Gewerbe- und Kaufmannsgerichte maßgebend gewesenen Grundsätze unter dem Gesichtspunkte der Billigkeit, Einfachheit und Beschleunigung eingehend und selbständig geregelt. Das Gebot der Beschleunigung ist im Gesetze noch besonders hervorgehoben, die Gerichtsferien sind auf das Verfahren ohne Einfluß (ArbGG. § 9 Abs. 3). Das Arbeitsgerichtsgesetz hat die Vorzüge und Besonderheiten, die sich bei den Gewerbe- und Kaufmannsgerichten bewährt hatten, beibehalten, durch neue Vorschriften über die Verfassung und das Verfahren der Arbeitsgerichtsbehörden aller Instanzen ausgebaut und für nahezu das gesamte Gebiet der Streitigkeiten aus abhängiger Arbeit nutzbar gemacht. Sein Hauptverdienst aber besteht darin, daß es dem Ganzen eine einheitliche Organisation gab, die allein die Gewähr für eine einheitliche Anwendung und Fortbildung des Arbeitsrechts gibt. Der Träger dieser Rechtseinheit ist das Reichsarbeitsgericht.

II. Stellung und Aufgabe des Reichsarbeitsgerichts.

Das Reichsarbeitsgericht ist bei dem Reichsgericht errichtet und gleich den übrigen Arbeitsgerichtsbehörden mit rechtsgelehrten Richtern und mit Beisitzern aus den Kreisen der Arbeitgeber und der Arbeitnehmer besetzt. Zu richterlichen Mitgliedern (Senatspräsidenten beim Reichsgericht als Vorsitzende, Senatspräsidenten oder Reichsgerichtsräte als stellvertretende Vorsitzende, Reichsgerichtsräte als richterliche Beisitzer) sollen nur solche Richter berufen werden, die auf arbeitsrechtlichem und sozialem Gebiet besondere Kenntnisse und Erfahrungen besitzen. Die nichtrichterlichen Beisitzer müssen gleich den Mitgliedern des Reichsgerichts das 35. Lebensjahr vollendet haben und sollen seit längerer Zeit im Deutschen Reiche als Arbeitgeber oder als Arbeitnehmer tätig gewesen sein. Sie werden auf Grund von Vorschlagslisten der Spitzenverbände wirtschaftlicher Vereinigungen der Arbeitgeber und Arbeitnehmer, sowie des Reiches, der Länder, Gemeinden und Gemeindeverbände und anderer Körperschaften des öffentlichen Rechts vom Reichsarbeitsminister im Einvernehmen mit dem Reichsminister der Justiz auf die Dauer von drei Jahren berufen. Für ihre Berufung und Stellung gelten im übrigen die gleichen Grundsätze wie für die nichtrichterlichen Beisitzer der Arbeitsgerichte. Ihre Einberufung zu den einzelnen Sitzungen geschieht nach der Reihenfolge einer Liste, die der Vorsitzende vor Beginn des Geschäftsjahres aufstellt. Für die Amtsenthebung ist der Präsident des Reichsgerichts zuständig. Das Reichsarbeitsgericht wird in der Besetzung mit einem Vorsitzenden, zwei richterlichen Beisitzern und je einem Beisitzer der Arbeitgeber und der Arbeitnehmer tätig. Im übrigen stehen die Senate, deren Zahl — zur Zeit ein Senat — der Reichsminister der Justiz im Einvernehmen mit dem Reichsarbeitsminister bestimmt, den Zivilsenaten des Reichsgerichts im Sinne des Gerichtsverfassungsgesetzes gleich. Die Zuteilung der richterlichen Mitglieder und bei mehreren Senaten auch die Verteilung der Geschäfte auf diese geschieht wie beim Reichsgericht durch dessen Präsidium. Eine Mitwirkung (Anhörung) von Beisitzern der Arbeitgeber und der Arbeitnehmer ist nur für eine Verteilung der Geschäfte und der nichtrichterlichen Beisitzer auf mehrere Senate vorgesehen. Bei Entscheidungen der Vereinigten Zivilsenate oder des Plenums des Reichsgerichts über arbeitsrechtliche Fragen, mögen diese auch nicht beim Reichsarbeitsgericht selbst, sondern bei einem der Zivil- oder Strafsenate des Reichsgerichts zu entscheiden sein, wirken je ein Arbeitgeberbeisitzer und je ein Arbeitnehmerbeisitzer von jedem Senate des Reichsarbeitsgerichts mit, die für diesen Fall im Sinne des § 138 des Gerichtsverfassungsgesetzes als Mitglieder des Reichsgerichts gelten. Dieses Ineinandergreifen von Sondergericht und ordentlichem Gericht, das die kompromißartige Lösung des Gesetzes besonders deutlich hervortreten läßt, ergibt, daß das Reichsarbeitsgericht, wenn auch Sondergericht, doch dem Reichsgericht nicht (wie andere Gerichtshöfe) nur äußerlich angegliedert und durch die Personen der richterlichen Mitglieder verbunden, sondern ihm, wie die Landesarbeitsgerichte den Landgerichten, organisch eingefügt ist. Gerade diese enge Verbundenheit hat das Reichsarbeitsgericht auch dazu geführt, die für das Reichsgericht geltenden Entlastungsvorschriften, soweit es deren Inhalt gestattet, im arbeitsgerichtlichen Revisionsverfahren für anwendbar zu erklären. Neu und für die Entwicklung der Rechtspflege bedeutsam ist an der ganzen Regelung die Tatsache, daß hier zum ersten Male Laien als Richter in der Revisionsinstanz tätig sind. Eine Neuerung, deren Berechtigung aus dem Grunde angefochten werden kann und angefochten worden ist, weil in dieser Instanz grundsätzlich nur Rechtsfragen entschieden werden, während die tatsächlichen Verhältnisse in dem Verfahren vor den Arbeitsgerichten und Landesarbeitsgerichten zu klären sind. Das Gesetz hat sich, übereinstimmend mit den vom Deutschen Juristentag im Jahre 1921 angenommenen Leitsätzen für die Zuziehung von Laienbeisitzern entschieden, ersichtlich von der Erwägung ausgehend, daß es bei der besonderen Bedeutung der Arbeitsverhältnisse für unsere ganze Wirtschaft, wenn nicht notwendig, so doch zweckmäßig und wünschenswert sei, auch bei dem obersten Gericht in Arbeitssachen die Rechtskunde der gelehrten Richter durch die Sachkunde und Erfahrung der nichtrichterlichen Beisitzer zu ergänzen und so dem Reichsarbeitsgericht die unmittelbare Fühlung mit dem Arbeitsleben und seinen Bedürfnissen zu erhalten. Die praktische Zusammenarbeit der Berufs- und Laienrichter beim Reichsarbeitsgericht hat sich denn auch im Sinne des Gesetzes durchaus sachgemäß entwickelt und bewährt. Wenn die Mitwirkung der Beisitzer aus den Kreisen, der Arbeitgeber und der Arbeitnehmer, wie angenommen werden darf, noch dazu geführt hat, Verständnis für das Recht und seine Anwendung in weitere Kreise des deutschen Volkes hinauszutragen und so das allgemeine Vertrauen in die Rechtspflege überhaupt zu stärken, so kann auch dies als ein wertvolles Ergebnis betrachtet werden.

Der Geschäftsbereich des Reichsarbeitsgerichts erstreckt sich auf die beiden den Arbeitsgerichten zugewiesenen Gruppen von Rechtsstreitigkeiten: die bürgerlichen und die auf dem Gebiete der Betriebsverfassung liegenden öffentlich-rechtlichen Rechtsstreitigkeiten. Den Hauptanteil an den Geschäften haben die Revisionen, die gegen die Berufungsurteile der Landesarbeitsgerichte, im Fall der Sprungrevision gegen die Urteile der Arbeitsgerichte, in bürgerlichen Rechtsstreitigkeiten eingelegt werden. Die Zulässigkeit dieses Rechtsmittels ist im Arbeitsgerichtsgesetz abweichend von den Grundsätzen des ordentlichen Prozesses und derart abschließend geregelt, daß sie durch Heranziehung der Vorschriften der ZPO. weder beschränkt noch erweitert werden kann. Insbesondere ist § 547 Nr. 1 ZPO., wonach die Revision ohne Rücksicht auf den Wert des Beschwerdegegenstandes stattfindet, soweit es sich um die Unzulässigkeit des Rechtswegs oder die Unzulässigkeit der Berufung handelt, auf das arbeitsgerichtliche Verfahren nicht anwendbar (RArbG. 1, 1). Das Rechtsmittel der Revision ist auch nicht ausnahmslos in allen Arbeitssachen, sondern nur bei den unter § 2 Abs. 1 Nr. 1 bis 3 ArbGG. in Verbindung mit § 3 a. a. O. bezeichneten Gesamt- und Einzelarbeitsstreitigkeiten gegeben, während für die in § 2 Abs. 1 Nr. 4 bezeichneten Einspruchsklagen der Instanzenzug beim Landesarbeitsgericht endigt. Die Revision ist in dem so umschriebenen Gebiete ferner grundsätzlich nur statthaft, wenn der Wert des Streitgegenstandes (nicht der des Beschwerdegegenstandes, RArbG. 1, 134) die Revisionsgrenze des ordentlichen Prozesses (zur Zeit 6000 RM, vorher 4000 RM) übersteigt oder wenn das Landesarbeitsgericht die Revision wegen grundsätzlicher Bedeutung des Rechtsstreites zugelassen hat. Sprungrevision ist nur im ersteren Fall zulässig, eine Zulassung wegen grundsätzlicher Bedeutung des Rechtsstreites ist nicht vorgesehen. Die für die Sprungrevision regelmäßig erforderliche Einwilligung des Gegners kann dadurch ersetzt werden, daß der Reichsarbeitsminister die sofortige Entscheidung des Rechtsstreites durch das Reichsarbeitsgericht im Interesse der Allgemeinheit für notwendig erklärt. Die erwähnten Voraussetzungen der Revision dienen nicht nur ihrer Beschränkung auf bedeutungsvolle Streitigkeiten, sondern auch der Vereinfachung und Beschleunigung des Verfahrens. Die Festsetzung des Streitwertes muß in dem Urteil des AG. oder des LAG., die Zulassung der Revision wegen grundsätzlicher Bedeutung des Rechtsstreits im Urteil des LAG. (RArbG. 1, 263) ausgesprochen sein, so daß jeder Beteiligte daraus ohne weiteres erkennen kann, ob eine Anfechtung im Wege der Revision zulässig ist, und auch dem Revisionsgericht die bei der Prüfung der Zulässigkeit des Rechtsmittels sonst vielfach nötigen umständlichen Erörterungen und Feststellungen erspart bleiben. Gefördert wird die Übersichtlichkeit durch die Ordnung, welche die Zuständigkeit zur Festsetzung des Streitwertes gefunden hat. Die Festsetzung steht grundsätzlich dem Arbeitsgericht zu (§§ 61 Abs. 2, 64 Abs. 1, 72 Abs. 1). Nur dann, wenn sich der Wert des Streitgegenstandes nach der Verkündung des arbeitsgerichtlichen Urteils geändert hat, kann das LAG. ihn neu festsetzen (§ 69 Abs. 2). Hiervon abgesehen, darf das LAG. die Festsetzung des AG. weder von Amts wegen noch auf ein Rechtsmittel hin ändern (RArbG. 1, 261). Auch das AG. selbst ist, unbeschadet einer Berichtigung offenbarer Unrichtigkeiten gemäß § 319 ZPO. (RArbG. 1, 5) zu einer Änderung nicht befugt. Festsetzungen, die vom AG. oder LAG. über die so begrenzte Zuständigkeit hinaus vorgenommen werden, sind unwirksam und für die Zulässigkeit der Revision ohne jede Bedeutung (RArbG. 4,46). An die im Rahmen der Zuständigkeit getroffenen Festsetzungen des AG. oder LAG. ist das RAG. gebunden, ohne daß ihm eine Nachprüfung zusteht. Es läßt sich nicht verkennen, daß nach dieser Regelung ein Irrtum in der Berechnung des Streitwertes den Beteiligten ohne ihr Verschulden ein Rechtsmittel entziehen kann, das ihnen bei richtiger Berechnung zugestanden hätte. Der Gesetzgeber hat aber diese Folge hier ebenso wie beim Rechtsmittel der Berufung mit Rücksicht auf das von ihm erstrebte Ziel, von vornherein jede Ungewißheit über die Anfechtbarkeit eines Urteils auszuschließen, bewußt mit in den Kauf genommen. Zu Bedenken in umgekehrter Richtung kann die Zulassung der Revision wegen grundsätzlicher Bedeutung des Rechtsstreits Anlaß geben. Wie die Erfahrung lehrt, wird die Revision vielfach bei Streitigkeiten zugelassen, deren Bedeutung über den einzelnen zur Entscheidung stehenden Fall nicht hinausreicht, die daher im Sinne des Gesetzes nicht als grundsätzlich bezeichnet werden können. Indessen darf erwartet werden, daß es sich hier im wesentlichen um eine Übergangserscheinung handelt, die allmählich einer gleichmäßigeren

Übung Platz machen wird, und jedenfalls muß auch diese Folge hinter dem Vorzug der Einrichtung zurücktreten, die es ermöglicht, wichtige, der Entscheidung durch eine einheitliche oberste Instanz würdige und bedürftige Rechtsfragen auch ohne Rücksicht auf den Streitwert vor das RAG. zu bringen. Welche Bedeutung diese Zulassung der Revision für die Inanspruchnahme des RAG. hat, läßt die Tatsache erkennen, daß von den im Jahre 1928 eingelaufenen insgesamt 675 Revisionen nur 157, also weniger als ein Viertel, einen die damalige Revisionsgrenze von 4000 RM übersteigenden Wert des Streitgegenstandes aufwiesen, während die übrigen nur wegen grundsätzlicher Bedeutung des Rechtsstreits zugelassen worden waren. Die ausdrückliche Zulassung der Revision kann allerdings nur den fehlenden Streitwert ersetzen, nicht Urteile revisibel machen, denen das Gesetz aus anderen Gründen die Anfechtbarkeit entzogen hat, wie z. B. Urteile in Einspruchsstreitigkeiten (§ 72 Abs. 1, RArbG. 1, 341), Urteile über die Anordnung, Abänderung oder Aufhebung eines Arrestes oder einer einstweiligen Verfügung (ArbGG. § 72 Abs. 1, RArbG. 1, 11), sowie Zwischenurteile über den Grund des Anspruchs, die, anders als im ordentlichen Prozeß in bezug auf Rechtsmittel nicht als Endurteile anzusehen sind (§§ 61 Abs. 5, 64 Abs. 3, RArbG. 1, 233, auch 2, 113). Unwirksam und für die Zulässigkeit der Revision belanglos ist ihre ausdrückliche Zulassung auch dann, wenn sie erkennbar nicht wegen der grundsätzlichen Bedeutung des Rechtsstreits, sondern z. B. nur deshalb ausgesprochen ist, um den Beteiligten die wegen irriger Festsetzung des Streitwerts durch das AG. verschlossene Revisionsinstanz zu eröffnen (RArbG. 3, 320). Das Revisionsverfahren ist der Eigenart der Arbeitssachen angepaßt und insbesondere unter dem Gesichtspunkt der Vereinfachung und Beschleunigung geordnet, wie z. B. aus der Herabsetzung der Revisions- und Revisionsbegründungsfristen auf zwei Wochen und der regelmäßigen Befugnis des Vorsitzenden, die nicht auf Grund einer mündlichen Verhandlung ergehenden Beschlüsse und Verfügungen allein zu erlassen, ersichtlich ist. Erwähnt sei, daß die Revision auf die Verletzung einer jeden Rechtsnorm ohne Rücksicht auf deren räumlichen Geltungsbereich gestützt werden kann, und daß den gesetzlichen Bestimmungen der normative Inhalt der Tarifverträge gleichgestellt ist (§ 73 Abs. 1), eine Vorschrift, die dem RAG. nicht nur ein reiches Arbeitsgebiet in der Auslegung und Anwendung bestehender Tarifverträge, sondern mittelbar auch einen erheblichen Einfluß auf deren künftige Gestaltung gibt. Hervorzuheben ist in diesem Zusammenhang noch, daß für das Verfahren vor dem RAG. Anwaltszwang besteht, die Vertretung der Parteien aber nicht nur durch die Rechtsanwälte des RG., sondern durch jeden bei einem deutschen Gericht zugelassenen Rechtsanwalt erfolgen kann. Zum Gebiete der Revision im weiteren Sinne gehört auch die sogenannte Revisionsbeschwerde gegenüber Beschlüssen des LAG., worin eine Berufung als unzulässig verworfen wird (§ 77 in Verb. mit ZPO § 519b Abs. 2). Hiervon abgesehen ist das RAG. für Beschwerden gegen Entscheidungen der AG. oder LAG. im Urteilsverfahren nicht zuständig (§§ 70, 78).

Der Zahl nach gering, aber inhaltlich nicht minder wichtig als die Revisionen und für die Entwicklung der Betriebsverfassung sehr bedeutsam sind die Rechtsbeschwerden bei Streitfällen aus dem Betriebsrätegesetz (§ 2 Abs. 1 Nr. 5 ArbGG.). Allerdings sind zur Entscheidung über Rechtsbeschwerden grundsätzlich die Landesarbeitsgerichte berufen. Das RAG. ist nur dann zuständig, wenn es sich um Unternehmungen oder Verwaltungen handelt, die sich innerhalb des Reiches über die Bezirke eines Landes hinaus erstrecken oder in bezug auf die dienstlichen Verhältnisse der Arbeitnehmer der Aufsicht des Reiches unterstehen (ArbGG. § 85). Berücksichtigt man aber, daß hierher große Betriebe wie die der Post und der Eisenbahn gehören, und daß der Zweck einheitlicher Rechtsgestaltung für den ganzen Umfang solcher Unternehmungen das RAG. auch dann als zuständig erscheinen läßt, wenn sich der einzelne Streitfall auf einen örtlich eng begrenzten Bezirk beschränkt (RArbG. 1 S. 58, 195 u. öfter), so weist auch diese Zuständigkeit auf ein Arbeitsfeld von großer Tragweite.

Die Aufgabe des RAG. deckt sich, soweit bürgerliche Rechtsstreitigkeiten in Frage stehen, weitgehend mit dem Arbeitsgebiet, das bisher dem RG. als Revisionsinstanz zustand. Dies gilt sowohl für Streitigkeiten aus dem Einzelarbeitsverhältnis, soweit hierfür die ordentlichen Gerichte zuständig geblieben waren, als auch für die Gesamtarbeitsstreitigkeiten, die von der Sondergerichtsbarkeit überhaupt nicht erfaßt worden waren. Eine besonders umfangreiche Tätigkeit in der arbeitsrechtlichen Rechtsprechung hatte namentlich der III. Zivilsenat des RG. entfaltet, der mit geringen Verschiebungen seit dem Inkrafttreten des BGB. das gesamte Recht des Dienstvertrages im Sinne des BGB., des HGB. und der Gewerbeordnung zu bearbeiten hatte und mit der fortschreitenden Entwicklung vom Individualrecht des BGB. zu dem vom Kollektivgedanken beherrschten modernen Arbeitsrecht auch den hier auftretenden Fragen gerecht werden mußte. Gerade auf diesem Gebiete hat die Rechtsprechung des III. Zivilsenats eine Fülle neuer Probleme geklärt, wofür beispielsweise nur auf seine grundlegenden Entscheidungen zum Tarifrecht (Tariffähigkeit, Tarifberechtigung), zum Recht der Betriebsverfassung sowie über die gerichtliche Nachprüfbarkeit von Beschlüssen der Betriebsvertretungen und anderer durch das neue Recht geschaffener Organe hingewiesen sei. Die sachliche Erweiterung des Arbeitsgebiets beim RAG. ergibt sich abgesehen von den Fällen der Rechtsbeschwerde im wesentlichen daraus, daß, wie schon erwähnt, auch da, wo der Wert des Streitgegenstandes die Revisionssumme nicht übersteigt, die Revision wegen grundsätzlicher Bedeutung des Rechtsstreits ganz allgemein zugelassen werden kann, so daß viele wichtige Rechtsfragen, die nach den Vorschriften des ordentlichen Prozesses beim Fehlen der Revisionssumme der Entscheidung des RG. entzogen waren, nunmehr in dem RAG. die einheitliche oberste Instanz gefunden haben. Um der Rechtsprechung des RAG. den Zusammenhang mit der anerkannten Anwendung des neuen Arbeitsrechts durch den III. Zivilsenat des RG. zu sichern, wurde das RAG. in seinem zunächst einzigen Senat in der Weise besetzt, daß der Präsident des III. Zivilsenats (Senatspräsident Oegg) zugleich den Vorsitz im RAG. übernahm, dem gleichen Senat auch der stellvertretende Vorsitzende (Reichsgerichtsrat Dr. Staffel) und drei weitere richterliche Mitglieder (Reichsgerichtsräte Dr. Czolbe, Linz, Teichmann) unter Fortdauer ihrer Zugehörigkeit zu diesem Senat entnommen wurden. Drei aus der arbeitsrechtlichen Praxis kommende neuernannte Reichsgerichtsräte (Dr. Königsberger, Pick, Schrader, später Citron, Obladen), die gleichzeitig anderen Zivilsenaten zugeteilt wurden, traten hinzu. Zu nichtrichterlichen Beisitzern wurden vom Reichsarbeitsminister im Einvernehmen mit dem Reichsjustizminister nach Vorschlag großer Arbeitgeber- und Arbeitnehmerverbände, sowie der Reichsbahn auf Arbeitgeberseite, je 19 Reichsarbeitsrichter aus den Kreisen der Arbeitgeber und der Arbeitnehmer berufen. Die Geschäftsstelle des RAG. wurde mit der des III. Zivilsenats verbunden.

Während die bei den Sondergerichten anhängigen Arbeitssachen mit dem Inkrafttreten des ArbGG. am 1. Juli 1927 auf die Arbeitsgerichte übergingen, blieben für die in diesem Zeitpunkt bereits bei den ordentlichen Gerichten anhängig gewordenen Sachen diese bis zur rechtskräftigen Erledigung zuständig. Daraus erklärt es sich, daß die Inanspruchnahme des RAG. insbesondere mit Revisionen nur allmählich eintrat und erst nach Monaten in ihrem vollen Umfang sich auswirkte. Die erste Revision lief am 12. Aug. 1927, die erste Rechtsbeschwerde am gleichen Tage ein. Die Zahl der bis zum 31. Dez. 1927 eingegangenen Revisionen betrug 123, wovon im gleichen Jahre 21 durch Urteil, 15 auf andere Weise erledigt wurden, während 87 auf das Jahr 1928 übergingen. An Rechtsbeschwerden liefen im Jahre 1927 ein 18, wovon 10 erledigt wurden und 8 unerledigt blieben. Im Jahre 1928 erreichten die neu eingehenden Revisionen die Zahl von 675, mit den aus 1927 gebliebenen 87 zusammen 762, wovon 311 durch Urteil, 82 auf andere Weise erledigt wurden. Der Rest von 369 Revisionen ging auf das Jahr 1929 über. Der Zugang an Rechtsbeschwerden, im Jahre 1928 insgesamt 53, hielt sich auch fernerhin in mäßigen Grenzen. Die erste öffentliche Sitzung fand am 26. Okt. 1927 statt, die nächsten Sitzungen folgten in Zwischenräumen von etwa zwei Wochen, seit Januar 1928 fanden, der Vermehrung der Revisionen entsprechend, zunächst monatlich drei bis vier Sitzungen, dann je eine Sitzung in der Woche statt. Der starke Eingang an Revisionen, der sich im Laufe des Jahres 1928 fortgesetzt gesteigert und zu einer außerordentlichen Häufung der unerledigten Revisionen geführte hatte, machte es schließlich notwendig, daß seit November 1928 die Zahl der Sitzungen auf wöchentlich zwei erhöht wurde. Die damit gegebene Verdoppelung der Arbeitslast wurde für das RAG. nur dadurch tragbar, daß gleichzeitig der III. Zivilsenat des RG. von einem Teile seiner Geschäfte (Miet- und Pachtsachen) entlastet wurde, was eine stärkere Heranziehung der dem RAG. angehörenden Mitglieder dieses Senats und zugleich die aushilfsweise Heranziehung der übrigen Senatsmitglieder zu den Sitzungen des RAG. ermöglichte. Das Jahr 1929 brachte gegenüber dem Vorjahr keine weitere Steigerung der Revisionen. Dies führte in Verbindung mit der seit November 1928 eingetretenen außerordentlichen Mehrleistung des RAG. dazu, daß die Zahl der unerledigten Revisionen von 369 am Ende des Jahres 1928 auf 256 Ende Mai 1929 zurückging.

Phot. Taggeselle, Leipzig

Große Halle

III. Ergebnisse der bisherigen Rechtsprechung.

Die Vielgestaltigkeit des Arbeitslebens und die Eigenart des modernen Arbeitsrechts, dessen Vereinheitlichung noch im Werden ist, hat in Verbindung mit der Möglichkeit, die Revision in grundsätzlichen Rechtsstreitigkeiten ohne Rücksicht auf den Streitwert zuzulassen, dem RAG. arbeitsrechtliche Fragen in einem Umfang zugeführt, wie sie bisher nicht Gegenstand der oberstrichterlichen Rechtsprechung gewesen waren. Eine Reihe grundsätzlicher Rechtsfragen hat denn auch bereits eine einheitliche Lösung gefunden, andere harren der Erledigung. Es ist nicht Aufgabe dieser Darstellung, die Ergebnisse der Rechtsprechung im einzelnen zu erörtern, es soll nur auf die Hauptgebiete hingewiesen werden, auf denen sich die Entscheidungen des RAG. bewegen, und auf einige der Hauptfragen, zu denen es bisher Stellung genommen hat.

Anlaß zu Zweifeln bot schon das Arbeitsgerichtsgesetz selbst. Hierher gehört die Bestimmung des Umfangs der Arbeitsgerichtsbarkeit, die im Gesetz durch Aufzählung der einzelnen Gruppen von Streitigkeiten begrenzt, aber dem Zwecke des Gesetzes, eine möglichst umfassende Zuständigkeit der Arbeitsgerichtsbehörden zu begründen, entsprechend im weitesten Sinne zu verstehen ist (RArbG. 1, 250). Bei den Rechtsstreitigkeiten aus dem kollektiven Arbeitsrecht (§ 2 Abs. 1 Nr. 1) fand der Begriff des Dritten mit dem eine Tarifvertragspartei im Streite steht, seine Erläuterung dahin, daß darunter jeder verstanden werden müsse, der nicht selbst Partei des Tarifvertrages sei, also auch Angehörige eines tarifschließenden Verbandes im Streite mit diesem, sofern es sich um Streitigkeiten aus dem Tarifvertrag oder über sein Bestehen oder Nichtbestehen, nicht um das rein innere Verhältnis des Verbandes zu seinen Mitgliedern handelt (RArbG. 2, 219; 3 S. 286, 323). Für Streitigkeiten aus dem einzelnen Arbeitsverhältnis spielt der Begriff des Arbeitnehmers und der arbeitnehmerähnlichen Person (§ 5) eine wichtige Rolle. Unter diesem Gesichtspunkt, nicht nur wegen der Verschiedenheit des anzuwendenden materiellen Rechts, wurde der Unterschied zwischen dem Handlungsgehilfen, der als Arbeitnehmer ohne weiteres unter die Arbeitsgerichtsbarkeit fällt, und dem Handlungsagenten, der ihr nur ausnahmsweise bei persönlicher und wirtschaftlicher Abhängigkeit als arbeitnehmerähnliche Person unterliegt, wiederholt erörtert (RArbG. 1, S. 252, 263, 268). Allgemein wurde dabei betont, daß der Begriff „arbeitnehmerähnlich" dem Zwecke des Gesetzes entsprechend nicht eng auszulegen sei (RArbG. 2, 141). Den Arbeitgebern wurden im Sinne der Zuständigkeitsvorschrift des § 2 Abs. 1 Nr. 2 auch gesetzliche Vertreter juristischer Personen gleichgestellt, deren Arbeitnehmer gegen jene Ansprüche aus unerlaubter Handlung erheben, die mit dem Arbeitsverhältnisse zusammenhängen (RArbG. 3, 210). Mit den Ansprüchen der unter Erwerbslosenfürsorge stehenden Personen und der Notstandsarbeiter befassen sich die Entscheidungen in RArbG. 1, S. 60, 91. Rechtsnachfolge im Sinne des § 2 Abs. 2 wurde nicht nur bei Übertragung von Ansprüchen, sondern auch bei anderen Fällen eines abgeleiteten Erwerbs, so auch bei der Begründung von Ansprüchen durch Verträge zugunsten Dritter (BGB. § 328) angenommen (RArbG. 2, 279).

Andere Entscheidungen behandeln die in Wissenschaft und Praxis außerordentlich bestrittene Frage, was unter den wirtschaftlichen Vereinigungen von Arbeitgebern und von Arbeitnehmern zu verstehen sei, denen § 10 die Parteifähigkeit im arbeitsgerichtlichen Verfahren ganz allgemein zuspricht, und deren Mitglieder und Angestellte nach Maßgabe des § 11 als Prozeßbevollmächtigte auftreten können. Das RAG. ging, der Entstehungsgeschichte des Gesetzes folgend, zunächst davon aus, daß mindestens alle tariffähigen Vereinigungen hierher gehören, während es später seinen Standpunkt dahin festlegte, daß nur tariffähige Vereinigungen den Begriff erfüllen (RArbG. 1, 349; 2, S. 289, 299). Hierauf ist bei der Frage der Tariffähigkeit zurückzukommen. Die Parteifähigkeit von Ortsgruppen wirtschaftlicher Vereinigungen von Arbeitnehmern wird in RArbG. 1, 349 behandelt. Mit der Unzulässigkeit von Feststellungsklagen in Bezug auf dienstrechtliche Vorfragen für den Räumungsanspruch des Arbeitgebers (§ 20 MSchG.) und für die Erlangung der Arbeitslosenunterstützung befassen sich die Entscheidungen in RArbG. 2, 22 und 3, 25. Von der Eigenart der Regelung, welche die Zulassung der Revisionen im Urteilsverfahren gefunden hat und von den grundsätzlichen Folgerungen, die daraus abzuleiten sind, war schon oben (unter II) die Rede. Von allgemeiner, über den Bereich des arbeitsgerichtlichen Verfahrens hinausgehender Bedeutung ist der den technischen Fortschritten des Verkehrs Rechnung tragende Ausspruch, daß bei telegraphischer Revisionseinlegung der schriftlichen Aufgabe des Telegramms die durch Fernsprecher gleichzustellen sei (RArbG. 3, 252). Die Einlegung der Anschlußrevision behandelt RArbG. 1, 13. Daß die Revision nach ausdrücklicher Gesetzesvorschrift auch auf die Verletzung normativer Bestimmungen eines Tarifvertrages gestützt werden kann (§ 73 Abs. 1), ist schon hervorgehoben worden. Im übrigen folgt das RAG. in bezug auf die Auslegung von Verträgen der überwiegenden Rechtsprechung des RG., wonach, soweit nicht typische Vertragsbestimmungen in Frage stehen, nur nachzuprüfen ist, ob die Auslegung des Tatrichters mit dem Wortlaut vereinbar, also möglich ist und nicht gegen gesetzliche Auslegungsregeln verstößt. Die Anwendbarkeit des zur Entlastung des RG. eingeführten, inzwischen wieder außer Kraft getretenen Ausschlusses von Revisionsrügen aus §§ 139, 286, 287 ZPO. auf das arbeitsgerichtliche Verfahren ist wiederholt, zuletzt mit eingehender Begründung, in RArbG. 3, 132 ausgesprochen worden. Das Entlastungsgesetz vom 8. Febr. 1929, das die Möglichkeit eines schriftlichen Verfahrens in der Revisionsinstanz eröffnet, ist nicht anwendbar, weil es ausdrücklich auf Revisionen gegen Urteile der Oberlandesgerichte beschränkt ist. Die Art wie die Zulassung der Revision geregelt ist, wirkt auch auf die nur in den Grenzen der Revision mögliche Revisionsbeschwerde, die demgemäß auch bei an sich revisionsfähigen Rechtsstreitigkeiten nur zulässig ist, wenn der Wert des Streitgegenstandes die Revisionsgrenze übersteigt oder das Rechtsmittel vom LAG. bei der Verwerfung der Berufung ausdrücklich zugelassen worden ist (RArbG. 1, 1). Mit Fragen der Rechtshilfe befassen sich die Entscheidungen RArbG. 2, 275; 3, 153, mit Übergangsfragen die Entscheidungen in 1, S. 3, 7, 68, 243. Auch im Rechtsbeschwerdeverfahren ergab sich Anlaß zur Entscheidung prozessualer Rechtsfragen. Insbesondere fand das Verhältnis zwischen Urteils- und Beschlußverfahren mehrfache Erörterung (RArbG. 1, 28; 1, 5). Bezüglich der Verhängung von Strafen für Arbeitnehmer wurde ausgesprochen, daß Streitigkeiten zwischen Arbeitgeber und Betriebsvertretung im Beschlußverfahren, solche zwischen ersterem und dem Arbeitnehmer, dem der Strafbetrag am Lohn gekürzt worden ist oder werden soll, im Urteilsverfahren auszutragen sind (RArbG. 1 S. 17, 141; 2, 354). Die Abgrenzung der Zuständigkeit zwischen dem RAG. und den Landesarbeitsgerichten ist oft behandelt worden (RArbG. 1, S. 55, 195: 2, S. 56, 84; 3, 290: 4, 43 u. a.). Bei der Prüfung der Zulässigkeit von Rechtsbeschwerden mußte wiederholt darauf hingewiesen werden, daß die Einreichung einer Beschwerdeschrift beim Reichsarbeitsgericht unter Anwaltszwang (§ 11 Abs. 2) steht (RArbG. 1 S. 27, 28, 55, 58; 3, 37). Auch der Begriff der Erklärung zur Niederschrift der Geschäftsstelle (§ 87 Abs. 1) fand Erläuterung (RArbG. 1 S. 58, 255). Da die Rechtsbeschwerdeerklärung auch die Begründung angeben muß, ergab sich als Folge, daß eine Verlängerung der Begründungsfrist nicht stattfinden kann (RArbG. 1, 80). Das Armenrecht kann, wie in RArbG. 1, 67 dargelegt ist, für das Rechtsbeschwerdeverfahren nicht bewilligt werden. Als verfehlt erwies sich die Vorschrift, daß im Rechtsbeschwerdeverfahren eine Zurückverweisung an das AG. nicht zulässig ist (§ 89 Abs. 1). Da das Beschwerdegericht, dem Wesen der Rechtsbeschwerde entsprechend, nur mit der Rechtsanwendung befaßt ist, die Feststellung der Tatsachen aber dem AG. obliegt, so mußten bei unvollständiger oder mangelhafter Feststellung des Sachverhalts vielfach Beschlüsse aufgehoben werden, ohne daß sachlich entschieden werden konnte. Das RAG. weist in solchen Fällen den Antrag, der das Beschlußverfahren eingeleitet hat, formell ab, es bleibt aber dem Antragsteller überlassen, durch einen neuen Antrag ein neues Beschlußverfahren herbeizuführen, in dem dann die Ergänzung der Feststellungen erfolgen kann (RArbG. 2, 56 u. a.). Die Vorschrift, die der Beschleunigung dienen soll, führt also nur zur Verdoppelung des Verfahrens.

Im materiellen Recht scheiden sich Fragen des Einzelarbeitsverhältnisses und der Gesamtvereinbarung, die aber bei der weitgehenden Einwirkung der letzteren auf die einzelnen Arbeitsverhältnisse sich vielfach berühren und ineinander übergehen. Auf dem Gebiet des Einzelarbeitsvertrags war über Art und Maß der zu leistenden Arbeit insbesondere die Arbeitszeit, über den Anspruch auf Lohn und Gehalt, sowie über Urlaub und Urlaubsvergütung zu entscheiden. Zu der besonders wichtigen Frage des Einflusses von Betriebsstörungen auf die Lohnansprüche der Arbeitnehmer hat das RAG. in seiner grundlegenden Entscheidung vom 20. Juni 1928 (RArbG. 2, 74), den Standpunkt des III. Zivilsenats zur Frage des Teilstreiks (RGZ. 106, 272) aufrechterhaltend und fortentwickelnd dahin Stellung genommen, daß ihre Lösung nicht allein und nicht in erster Linie aus den §§ 615, 323 ff. BGB., sondern aus dem modernen Arbeitsrecht und den modernen Arbeitsverhältnissen mit dem Gedanken der sozialen Arbeits- und Betriebsgemeinschaft zu entnehmen sei, wonach der Arbeitnehmer nicht mehr als einzelner dem Arbeitgeber gegenüber steht, sondern ein organisches Glied des Betriebes ist, was nicht nur die Rechte der Arbeitnehmerschaft in ihrer Stellung zum Betrieb erweitert, sondern auch eine gewisse Mitverantwortung für den Betrieb zur Folge hat. Die Entscheidung wurde demgemäß, für den Fell, daß nicht eine vertragliche Regelung vorliegt, oder dem Arbeitgeber ein Verschulden an der Betriebsstörung beizumessen ist, davon abhängig gemacht, ob die Ursachen der Betriebsstörung in den Gefahrenkreis des Arbeitgebers oder der Arbeitnehmer fallen, was in letzter Linie aus § 242 BGB. unter dem Gesichtspunkte von Treu und Glauben nach den Umständen des Falles zu entscheiden sei. Das RAG. hat aber gleichzeitig unter dem Gesichtspunkt der Betriebsverbundenheit gewisse Richtlinien aufgestellt, von denen bei der Beurteilung des einzelnen Falles ausgegangen werden kann. Aus der Verbundenheit der Arbeitnehmer untereinander ist zu folgern, daß die Gefahr solcher Ereignisse, die wie z. B. Streik auf dem Verhalten der Arbeitnehmerschaft selbst beruhen, von den Arbeitnehmern getragen werden muß, auch soweit sie daran nicht unmittelbar beteiligt sind. (RArbG. 3, 69). Aus der Verbundenheit der Arbeitnehmerschaft mit dem Betriebe folgt, daß sie regelmäßig solche Ereignisse mittreffen, die nicht nur die Führung des Betriebes, sondern seinen Bestand beeinträchtigen, den Betrieb vernichten oder auf längere Zeit lahm legen. Andererseits fallen in den Gefahrenbereich des Arbeitgebers in der Regel Ereignisse, die nicht den Bestand des Betriebes sondern seine Führung treffen, wie z. B. der Mangel an Betriebsstoffen, auch Störungen, die allgemein oder unter den besonderen Verhältnissen des Betriebes öfter vorkommen, insofern der Arbeitgeber sie, wenn auch nicht vermeiden, so doch von vornherein in Rechnung stellen kann. Einen häufigen Gegenstand des Streites bilden die Ansprüche auf Gewährung von Urlaub und Urlaubsvergütung (RArbG. 1, 42, 153, 217, 324; 2, 69; 3, 274; 4, 10 u. a.). Aus der Fülle der meist auf eine Auslegung von Tarifverträgen hinauslaufenden Entscheidungen sei nur die grundsätzliche Auffassung des RAG. von dem Inhalt des Urlaubsanspruchs hervorgehoben. Der Anspruch umfaßt danach ein Doppeltes: Das Recht auf Freistellung von der Arbeit und das Recht auf die sogenannte Urlaubsvergütung, eine Konstruktion, die zur Folge hat, daß, wenn z. B. durch Beendigung des Arbeitsverhältnisses eine Befreiung von Arbeit unmöglich geworden ist, der Anspruch auf die Urlaubsvergütung bleibt, gleichviel worauf die Beendigung des Arbeitsverhältnisses zurückzuführen ist, und also auch dann, wenn diese vom Arbeitnehmer verschuldet ist (RArbG. 1, 42; 2, 69; 3 S. 90, 130, 277, 306, 330). Zu zahlreichen Entscheidungen gaben ferner die Fragen der Arbeitszeit Anlaß, die vornehmlich in der Arbeitszeitverordnung vom 21. Dezember 1923 in der Fassung vom 14. April 1927 (RGBl. I S. 110) geregelt ist. Die Verordnung enthält jedoch, wie das RAG. wiederholt ausgesprochen hat, wenn man von den Bestimmungen über Mehrarbeitsvergütung (§ 6a) absieht, nur die dem Schutze des Arbeitnehmers dienende öffentlich-rechtliche Regelung der Arbeitsdauer, während die Frage, ob der Arbeitnehmer zur Leistung der hiernach zulässigen Arbeit dem Arbeitgeber gegenüber privatrechtlich verpflichtet ist, sich ausschließlich nach dem Inhalt des Arbeitsvertrages richtet, und mangels ausdrücklicher Vertragsbestimmungen (vgl. auch RArbG. 1, 301; 4, 14) nach Treu und Glauben, mit Rücksicht auf die Verkehrssitte, die Gepflogenheiten und Verhältnisse des Betriebes und auch den schon erwähnten Grundsatz der Betriebsverbundenheit zu beurteilen ist (RArbG. 2, 177; 3, 41). Eine Verpflichtung zur Nachholung versäumter Arbeit besteht im allgemeinen nicht (RArbG. 2, 266; 4, 38). Viele Entscheidungen befassen sich mit der Mehrarbeitsvergütung (RArbG. 1 S. 318, 233; 2 S. 33, 45, 319), wobei auch die Stellung des Schlichters und die ihm in § 6a Abs. 3 AGO. zugewiesene bindende Regelung eingehend gewürdigt worden sind (RArbG. 1, 333; 3 S. 9, 78). Im Rahmen des Arbeitszeitrechtes hat das RAG. auch den Begriff der gewerblichen Gärtnereien dahin festgelegt, daß als solche diejenigen Gärtnereibetriebe anzusehen sind, bei denen die naturhafte Erzeugung gegenüber der intensiven und kunstmäßigen Bearbeitung der Pflanzen durch geschulte Kräfte zurücktritt und deren Betriebsrichtung notwendig auf Umsatz der Erzeugnisse geht (RArbG. 2, 256; 3, 159).

Einen großen Umfang in der Rechtsprechung des RAG. nehmen die Fragen der Dauer des Arbeitsverhältnisses, insbesondere der Kündigung und des Kündigungsschutzes ein. Soweit dem Arbeitnehmer allgemein aus wichtigem Grunde fristlos gekündigt werden kann, hat sich das RAG. dem RG. darin angeschlossen, daß in der Revisionsinstanz nur nachzuprüfen ist, ob ein bestimmtes Verhalten, eine bestimmte Eigenschaft oder ein bestimmtes Ereignis an sich einen Grund zur sofortigen Auflösung des Arbeitsverhältnisses bilden kann, während die Frage, ob der im einzelnen Fall vorliegende Grund nach den Umständen so wichtig ist, daß er die Kündigung rechtfertigt, vom Tatrichter zu entscheiden ist (RArbG. 1, 104, 222; 2, S. 61, 232; 3, 281). Mit dem Entlassungsgrund der beharrlichen Verweigerung arbeitsvertraglicher Pflichten (GewO. § 123 Abs. 1 Nr. 3) befassen sich u. a. die Entscheidungen in RArbG. 1, 30; 2, 350; 3, 40. Der Kündbarkeit aus wichtigen Gründen, die § 124a der Gewerbeordnung nur solchen Arbeitsverhältnissen beilegt, die auf mindestens vier Wochen oder unter Vereinbarung einer Kündigungsfrist von mehr als vierzehn Tagen abgeschlossen sind, ist von dem RAG. entsprechend auch auf Schwerbeschädigte im Sinne des Gesetzes über die Beschäftigung Schwerbeschädigter vom 12. Jan. 1923 (RGBl. I S. 58), dagegen nicht auf die unter Kündigungsschutz stehenden Mitglieder einer Betriebsvertretung (BRG. § 96) angewendet worden (RArbG. 2, 245). Zu den zahlreichen Streitfragen aus dem Gesetz über die Fristen für die Kündigung von Angestellten vom 9. Juli 1926 (RGBl. I S. 399), dem sog. Kündigungsschutzgesetz, hatte das RAG. schon in den ersten Monaten seiner Tätigkeit mehrfach Stellung zu nehmen. Es ging dabei von dem Gedanken aus, daß das Gesetz, das den älteren Angestellten längere Fristen sichern will, seinem sozialen Zweck entsprechend ausgelegt werden muß, und daß bei der Feststellung der Voraussetzungen dieses Schutzes mehr auf die wirtschaftliche Bedeutung der Vorgänge als auf ihre formaljuristische Gestaltung zu sehen ist. Unter diesen Gesichtspunkten wurde die für den Kündigungsschutz maßgebende Fortdauer der Beschäftigung im Falle der Rechtsnachfolge auf Seite des Unternehmers auch da angenommen, wo der neue Arbeitgeber mit den Arbeitnehmern neue Arbeitsverträge abschloß, vorausgesetzt nur, daß der Betrieb selbst der gleiche blieb (RArbG. 1, 7). In mehreren Entscheidungen vom 7. Dezember 1927 wurde anerkannt, daß der Angestellte sich zur Begründung einer längeren Kündigungsfrist nicht nur auf seine Tätigkeit als Angestellter, sondern auch auf die Zeit berufen kann, während der er als Arbeiter in dem Betriebe tätig war. Der Kündigungsschutz wird auch nicht dadurch ausgeschlossen, daß die im Gesetz geforderte Beschäftigungszeit Unterbrechungen, auch solche von längerer Dauer wie z. B. durch den Krieg, erfahren hat; vorausgesetzt nur, daß zwischen den einzelnen Beschäftigungsabschnitten ein innerer Zusammenhang besteht (RArbG. 1, 20, s. auch 3, 353). Der zwingende Charakter der Schutzvorschriften ist nicht nur für die Kündigungsfristen, sondern auch für die Kündigungstermine anerkannt worden (RArbG. 1, 7; 4, 6). Weiter kommt in Betracht der Kündigungsschutz für Schwerbeschädigte, der in dem schon erwähnten Gesetz vom 12. Jan. 1923 neben der Zuweisung Schwerbeschädigter an Arbeitgeber eingehend geregelt ist. Grundsätzlich ausgesprochen wurde namentlich, daß dieser Schutz jedem zukommt, der im Augenblick der Kündigung die Eigenschaft eines Schwerbeschädigten hat, nicht nur demjenigen, den der Arbeitgeber als Schwerbeschädigten bewußt und freiwillig eingestellt oder von der Hauptfürsorgestelle zugewiesen bekommen hat (RArbG. 1, 89). Auf den Kündigungsschutz kann sich der Schwerbeschädigte dem Arbeitgeber gegenüber auch dann berufen, wenn dieser außer ihm schon so viele Schwerbeschädigte beschäftigt, wie gesetzlich von ihm verlangt werden kann (RArbG. 3, 313). Der Begriff des Schwerbeschädigten (§ 3 des Gesetzes) wurde ferner dahin erläutert, daß diese Eigenschaft nicht schon mit dem tatsächlichen Vorliegen einer Erwerbsbeschränkung und dem Bestehen eines darauf sich gründenden Pensions- und Rentenanspruchs gegeben ist, sondern erst dann, wenn die zuständige Stelle eine entsprechende Pension oder Rente festgestellt hat (RArbG. 3, 49). Andere Entscheidungen befassen sich mit den Lohnansprüchen der Schwerbeschädigten (RAG. 2, 9), der Stellung der Schwerbeschädigten bei Arbeitskämpfen (RArbG. 1, 171), wieder andere mit der Bedeutung und Wirkung von Entscheidungen der Hauptfürsorgestellen und der Schwerbeschädigtenausschüsse, sowie mit der Nachprüfbarkeit dieser Entscheidungen durch die Gerichte (RArbG. 2 S. 186, 317; 3 S. 167, 241, 261). Auch der Schutz gegen vorzeitige Entlassung, den die Betriebsstillegungsverordnung vom 8. Nov. 1920 (RGBl. S. 1901) bietet, ist wiederholt erörtert worden (RArbG. 1, 287; 2, 341; 4, 27). Hervorzuheben ist endlich der Kündigungsschutz des Betriebsrätegesetzes. Für die Rechtsprechung des RAG. scheidet dabei allerdings das Kündigungseinspruchsverfahren (§§ 86, 87) aus, da insoweit, wie schon erwähnt, das Rechtsmittel der Revision ausgeschlossen ist. Umso mehr Entscheidungen befassen sich mit dem Kündigungsschutz, der sich aus den §§ 95, 96, 97 BRG. ergibt. (RArbG. 1 S. 136, 151, 337; 2 S. 18, 28, 106, 143, 196, 211, 248, 341; 3 S. 21, 33, 96, 162, 268). Der Kündigungsschutz für Mitglieder einer Betriebsvertretung (§§ 96, 97), wonach zur Kündigung, wie auch zur Versetzung in einen anderen Betrieb die Zustimmung der Betriebsvertretung, ersatzweise des Arbeitsgerichts erforderlich ist, setzt erst mit dem Augenblick ein, in dem die Betriebsvertretung, der das Mitglied angehört, ihr Amt antritt, also keinesfalls vor Ablauf der Amtszeit der bisherigen Betriebsvertretung (RArbG. 3 S. 33, 97). Vorher kann ein Schutz nur unter dem Gesichtspunkt des § 95 Platz greifen, wonach den Arbeitgebern und ihren Vertretern untersagt ist, ihre Arbeitnehmer in der Ausübung ihrer Rechte aus dem Betriebsrätegesetz zu beschränken oder sie deswegen zu benachteiligen, was zur Nichtigkeit der verbotswidrigen Kündigung (BGB. § 134) oder auch zu Schadenersatzansprüchen (BGB. § 823 Abs. 2) führen kann (RArbG. 1, 336; 2 S. 18, 248; 3, 33; 4, 23). Die Zustimmung zur Kündigung ist vom Gericht nicht, auch nicht unter dem Gesichtspunkt des § 95 nachzuprüfen (RArbG. 1, 136) und hat grundsätzlich rückwirkende Kraft (RArbG. 1, 151). Ausgesprochen wurde ferner, daß, falls nach einem Arbeitskampf Arbeitnehmer zufolge einer Wiedereinstellungsklausel wiederaufgenommen werden, auch ihr Betriebsratsamt und damit der Kündigungsschutz ohne weiteres wieder auflebt (RArbG. 2, 259). Für alle Fälle eines Kündigungsschutzes gilt, daß er auf Kündigungen jeder Art Anwendung findet, auch auf solche, die im Arbeitskampf oder nur zu dem Zweck erklärt werden, um eine Fortsetzung des Arbeitsverhältnisses unter anderen dem kündigenden Arbeitgeber günstigeren Bedingungen zu ermöglichen (RArbG. 2, S. 28, 211, 341; 3, S. 63, 235). Überall ist ferner der Arbeitnehmer nur dann geschützt, wenn die Voraussetzungen des Kündigungsschutzes im Augenblick der Kündigung vorliegen, es genügt nicht, daß sie bis zum Ablauf der Kündigungsfrist eintreten (RArbG. 1, 342; 2, 18; 3, 33). Endlich greift ein Kündigungsschutz nicht Platz, wenn das Arbeitsverhältnis auf bestimmte Zeit eingegangen ist, daher mit dem Ablauf dieser Zeit ohne Kündigung erlischt (RArbG. 1, S. 226, 361; 3, 162). Doch ist es unzulässig zur Umgehung von Kündigungsbeschränkungen an Stelle eines einheitlichen Arbeitsverhältnisses eine fortlaufende Kette sich ständig erneuender kurzfristiger Arbeitsverträge einzugehen (RArbG. 1, 361, auch 2, 92).

Zu dem unter die Arbeitsgerichtsbarkeit fallenden Verhältnisse der Arbeitnehmer untereinander (ArbGG. § 2 Abs. 1 Nr. 3) war wiederholt der Fall zu beurteilen, daß ein Arbeitnehmer aus seiner Arbeitsstätte durch die übrigen Arbeitnehmer des Betriebes verdrängt wurde. Das RAG. hat ein solches Verhalten als gegen die guten Sitten verstoßend (BGB. § 826) erklärt, falls es nicht durch besondere in der Person des Verdrängten liegende Umstände gerechtfertigt wird, sondern etwa wegen seiner Zugehörigkeit zu einer anderen Organisation, seiner abweichenden Überzeugung und Anschauung, erfolgt (RArbG. 3, 125; 4, 19).

Auf dem Gebiete des Gesamtarbeitsvertrags (Tarifvertrag, Betriebsvereinbarung) behandeln zahlreiche Entscheidungen das die modernen Arbeitsverhältnisse beherrschende Tarifrecht. Der wirksame Abschluß von Tarifverträgen setzt vor allem die Tariffähigkeit der Vertragsteile, d. h. ihre Fähigkeit voraus, Partei einer tariflichen Regelung zu sein. Das RAG. knüpft die Tariffähigkeit wirtschaftlicher Vereinigungen von Arbeitgebern und Arbeitnehmern, die, wie erwähnt, auch für Fragen der Parteifähigkeit und der Prozeßvertretung (§§ 10, 11 ArbGG.) erheblich ist, im Anschluß an die Rechtsprechung des III. Zivilsenats, diese bestätigend und vertiefend, an drei Voraussetzungen. Die Vereinigungen dürfen einmal im wesentlichen nur aus Arbeitgebern oder aus Arbeitnehmern bestehen (dazu RArbG. 1, 112, auch 3, 357), sie müssen ferner nach ihrer Satzung oder ihrem tatsächlichen Verhalten die Wahrnehmung der Arbeitgeber- oder Arbeitnehmerinteressen gegenüber dem anderen Teil zur Aufgabe haben und endlich, was praktisch allerdings nur für Vereinigungen von Arbeitnehmern bedeutungsvoll ist, gegenüber dem anderen Vertragsteil tatsächlich (auch finanziell) derart selbständig sein, daß sie ihre Interessen so unabhängig und wirksam vertreten können, wie dies überhaupt im Verkehr einer Person gegenüber einer anderen ebenso selbständigen möglich ist (RArbG. 2 S. 289, 299). Ob sie die finanzielle Kraft haben, im einzelnen Falle einen Wirtschaftskampf erfolgreich durchzuführen, ist nicht entscheidend. Die Tariffähigkeit wird auch nicht dadurch ausgeschlossen, daß eine Vereinigung ihre Ziele grundsätzlich nicht durch Kampf, sondern auf friedlichem Wege erreichen will, auch die sogenannten wirtschaftsfriedlichen Vereinigungen können tariffähig sein (RArbG. 2 S. 289, 299). Selbst den auf den Betrieb eines Arbeitgebers beschränkten Werkvereinen ist die Tariffähigkeit nicht grundsätzlich zu versagen, wenngleich bei ihnen die Frage der Unabhängigkeit und Selbständigkeit gegenüber dem anderen Teil, dem Arbeitgeber, besonders genau zu prüfen ist (RArbG. 2, 299; 3 S. 170). Stets ist nach den Umständen des einzelnen Falles zu würdigen, ob die Voraussetzungen der Tariffähigkeit vorliegen, wobei neben dem Gesamtinhalt der Satzungen einer Vereinigung auch deren tatsächliches Verhalten zu beachten ist. Sind hiernach die Voraussetzungen gegeben, so kann die Tariffähigkeit nicht dadurch beseitigt werden, daß beispielsweise eine Vereinigung von Arbeitgebern Tarifverträge mit Arbeitnehmervereinigungen zu schließen ablehnt, vielleicht sogar den Abschluß satzungsgemäß ausschließt. Es gibt keine „gewollte Tarifunfähigkeit“ in dem Sinne, daß eine Vereinigung, die sich mit der Wahrnehmung von Arbeitgeber- oder Arbeitnehmerinteressen befaßt, sich nur durch ihren Willensentschluß jeder tariflichen Regelung entziehen könnte, ein Grundsatz, der sich praktisch dahin auswirkt, daß solche Vereinigungen als Partei im Schlichtungsverfahren herangezogen und einem Schiedsspruch durch seine Verbindlichkeitserklärung auch gegen ihren Willen unterworfen werden können (RArbG. 3, 357; 4, 1). Für den *Inhalt von Tarifverträgen* ist wesentlich die Scheidung zwischen dem *obligatorischen* Teil, d. h. den Bestimmungen eines Tarifvertrages, die nur schuldrechtliche Verpflichtungen der Vertragschließenden untereinander begründen sollen, und dem *normativen* Teil, dessen Inhalt bestimmt und geeignet ist, die Einzelarbeitsverträge normgebend zu regeln. Die Scheidung hat, wie schon erwähnt, auch prozessuale Bedeutung, da die Anwendung der Normativbestimmungen gleich der von Gesetzen in der Revisionsinstanz uneingeschränkt nachzuprüfen ist, während der schuldrechtliche Teil eines Tarifvertrags der Nachprüfung nur in dem gleichen Umfang unterliegt, wie andere Vertragsbestimmungen. In den Bereich der obligatorischen Bestimmungen fällt namentlich die Friedenspflicht, d. h. die Verpflichtung den Arbeitsfrieden zu erhalten und alles, was ihn stören könnte, zu unterlassen (RArbG. 1, 306), sowie eine gewisse Durchführungspflicht,

Phot. Taggeselle, Leipzig

Aufgang zur Präsidentenwohnung

die nicht nur die Erfüllung der schuldrechtlichen Verpflichtungen, sondern auch die Sicherung des tarifgemäßen Abschlusses der Einzelarbeitsverträge umfaßt. Vornehmlich dieser Zusammenhang zwischen dem schuldrechtlichen und dem normativen Teil hat dazu geführt, die Zulässigkeit von Feststellungsklagen zwischen den Parteien eines Tarifvertrages auch in bezug auf seine normativen Bestimmungen anzuerkennen (RArbG. 1 S. 132, 207; 2 S. 81, 219; 3, 323). Dagegen sind beim Mangel schuldrechtlicher Beziehungen oder eines sonstigen rechtlichen Interesses Feststellungsklagen zwischen der Partei eines für allgemein verbindlich erklärten Tarifvertrages und einem Außenseiter in der Regel für unzulässig erklärt (RArbG. 2, 208; 3, 265) und selbst Klagen dieser Art zwischen einer Tarifvertragspartei und einem Angehörigen der anderen nur ausnahmsweise zugelassen worden (RArbG. 2, 219; 3, 323). Es ist naturgemäß in erster Linie Sache der Tarifvertragsparteien selbst, Streitigkeiten über den Inhalt des Tarifvertrags untereinander zum Austrag zu bringen und so die Rechtslage für alle ihre Mitglieder und für alle Einzelarbeitsverträge einheitlich zu klären. In einer neueren Entscheidung hat das RAG. aus Gründen des Tarifrechts auch die Rechtskraftwirkung eines zwischen den Tarifvertragsparteien ergangenen Urteils auf die Angehörigen dieser Parteien ausdrücklich anerkannt. Zu Streitigkeiten gibt besonders der normative Teil von Tarifverträgen Anlaß, der nach den Grundsätzen des Tarifrechts für die in seinen Bereich fallenden Arbeitsverträge unmittelbar und unabdingbar maßgebend ist. Zu den Arbeitsverhältnissen, die so der tariflichen Regelung unterliegen, gehört, wie das RAG. zunächst für das Baugewerbe, dann auch für andere Gewerbezweige ausgesprochen hat, regelmäßig auch das Verhältnis zwischen Lehrherrn und Lehrling (RArbG. 1, 313; 2 S. 226, 241). Ob eine Bestimmung normativer Art ist, daher im Falle der Allgemeinverbindlichkeit auch Außenseiter bindet, kann unter Umständen sehr zweifelhaft sein, dies gilt namentlich für Friedensbestimmungen, welche die Wiederherstellung des vor dem Arbeitskampf vorhandenen Zustandes sichern und Maßregelungen verhüten sollen (RArbG. 3, 140). Normative Bedeutung wurde z. B. der im Tarifvertrag zwischen dem Allgemeinen Deutschen Bäderverband und dem Deutschen Musikerverband enthaltenen Bestimmung „Arbeitgeber der Mitglieder der Kurkapellen sind die Kurdirektoren, welche berechtigt sind, den Kapellmeister mit ihrer Vertretung zu betrauen" beigelegt (RArbG. 3, 255). Normativ kann auch die Vorschrift sein, daß Wettbewerbsverbote bei Meidung der Unverbindlichkeit bestimmten Bedingungen entsprechen müssen, ihre Normwirkung besteht allerdings nur darin, daß an Stelle des unzulässigen Wettbewerbsverbots die Bestimmung des Tarifvertrags tritt, daß es unverbindlich sein soll (RArbG. 3, 224). Mit der Unabdingbarkeit der Tarifnormen hängt die sehr streitige Frage des Verzichts auf Tarifansprüche zusammen. Das RAG. hat sie in dem Sinne bejaht, daß zwar nicht für die Zukunft, wohl aber auf die kraft des Tarifvertrages bereits entstandenen Ansprüche, auch stillschweigend z. B. durch widerspruchslose Annahme des vereinbarten untertariflichen Lohnes, wirksam verzichtet werden kann, wobei der schwächeren Stellung des Arbeitnehmers dadurch Rechnung getragen wird, daß ein wirtschaftlicher Druck, der, für den Arbeitgeber erkennbar, das Verhalten des Arbeitnehmers bestimmt hat, die Annahme eines Verzichts regelmäßig ausschließt (RArbG. 1, 118; 2 S. 159, 170). Zahlreiche Entscheidungen befassen sich mit dem persönlichen und sachlichen Anwendungsgebiet von Tarifverträgen, insbesondere auch mit dem Zusammentreffen mehrerer Tarifverträge (RArbG. 1, 203; 2 S. 25, 37, 145, 181, 222; 3 S. 109, 244; 4, 39), sowie mit dem Wirkungsbereich und der Auslegung von Allgemeinverbindlichkeitserklärungen (RArbG. 1 S. 203, 327, 344; 2 S. 37, 99, 222). Was die zeitliche Geltung der Tarifverträge betrifft, so hat auch das RAG. die Möglichkeit einer Rückwirkung der Tarifnormen auf inzwischen gelöste Arbeitsverhältnisse anerkannt, sofern nur ihre Dauer noch in die Zeit hineinreicht, die rückwirkend von der tariflichen Regelung umfaßt sein soll (RArbG. 2, 347; 3, 238). Die Frage der Nachwirkung eines Tarifvertrags ist grundlegend noch nicht behandelt worden. Umfang und Dauer der Tarifgebundenheit eines aus dem Tarifverband ausgeschiedenen Arbeitgebers werden in RArbG. 1, 167 erörtert. Besonders zahlreich sind die Entscheidungen, die sich mit der Auslegung von Tarifnormen befassen, die vielfach, wie z. B. die regelmäßig vorkommende Bestimmung „bezahlt wird nur die geleistete Arbeit" (RArbG. 2, 305; 3, 86; 4, 14), von außerordentlicher praktischer Tragweite sind. Auf Einzelheiten kann bei der Fülle der Entscheidungen (vgl. RArbG. 1 S. 109, 114, 127, 148, 182, 191, 207, 301; 2 S. 94, 145, 181, 235, 251, 263, 271, 357; 3 S. 104, 114, 155, 211, 217, 293, 343) nicht eingegangen werden.

Andere Streitfragen betreffen das Recht der Betriebsvereinbarung (RArbG. 1, 162), insbesondere den Bestand und Inhalt der gesetzlich vorgeschriebenen oder auch freiwillig vereinbarten Arbeitsordnungen. Hervorzuheben ist hier der wiederholt anerkannte Grundsatz, daß der Inhalt von Betriebsvereinbarungen, und zwar, unbeschadet bestimmter im Gesetz vorgesehener Ausnahmen, auch der gesetzlich vorgeschriebenen Arbeitsordnung, durch den Einzelarbeitsvertrag sowohl zugunsten als zuungunsten der Arbeitnehmer abgeändert werden kann, es müßte denn sein, daß nach der ganzen Art des Vorgehens, z. B. bei grundsätzlich abweichender Regelung in allen einzelnen Verträgen eine Umgehung der gesetzlichen Vorschriften über die Abänderung oder Aufhebung einer Arbeitsordnung vorliegt (RArbG. 3, 73). Zu den Betriebsvereinbarungen rechnet das RAG. auch den Fall des § 78 Nr. 2 BRG., wonach es zur Aufgabe der Betriebsvertretungen gehört, mangels tariflicher Regelung im Benehmen mit den wirtschaftlichen Vereinigungen der Arbeitnehmer bei der Regelung der Löhne und sonstigen Arbeitsverhältnisse mitzuwirken (RArbG. 2, 167).

Soweit Gesamtvereinbarungen (Tarifverträge, Betriebsvereinbarungen) nicht oder nicht mehr bestehen und solche auch nicht durch freien Vertragsschluß oder durch eine vereinbarte Schlichtungsstelle herbeigeführt werden können, greift die Aufgabe der Schlichtungsbehörden (Schlichtungsausschüsse, Schlichter) ein, zum Abschlusse von Gesamtvereinbarungen Hilfe zu leisten. Das Schlichtungsverfahren, dessen Rechtsgrundlage bis zur endgültigen gesetzlichen Ordnung die vom Reichskanzler und Reichsarbeitsminister auf Grund des Ermächtigungsgesetzes vom 13. Okt. 1923 (RGBl. I S. 943) erlassene Verordnung über das Schlichtungswesen vom 30. Okt. 1923 nebst den zugehörigen Ausführungsbestimmungen des Reichsarbeitsministers bildet, führt, wenn eine Einigung der Beteiligten nicht zu erzielen ist, regelmäßig zu einer tariflichen Regelung durch Schiedsspruch der Schlichtungskammer, der mangels Annahme durch die Parteien von der zuständigen Stelle, in der Regel dem Reichsarbeitsminister, für verbindlich erklärt werden kann. Bei der weitgehenden Inanspruchnahme der Schlichtungsbehörden durch die Beteiligten nimmt die Auslegung und Anwendung von Schiedssprüchen (über ihre Rückwirkung s. RArbG. 3 S. 137, 140) einen großen Raum in der arbeitsgerichtlichen Rechtsprechung ein und auch das RAG. hatte zu den Problemen des Schlichtungswesens, namentlich zur Frage der Nachprüfbarkeit für verbindlich erklärter Schiedssprüche wiederholt Stellung zu nehmen. Dabei wurde stets ausgesprochen, daß zwar die sachliche Richtigkeit und Gesetzmäßigkeit der Schiedssprüche, wie anderer staatlicher Verwaltungsakte nicht nachzuprüfen sei, wohl aber, ob sich der Spruch in den Grenzen der gesetzlichen Zuständigkeit halte, insbesondere nicht unzulässigerweise in bestehende Tarifverträge eingreife (RArbG. 1, 47, 333; 2, 150). Von Bedeutung ist in diesem Zusammenhang namentlich das Urteil des RAG. vom 22. Jan. 1929, das dem Arbeitskampf in der nordwestdeutschen Eisenindustrie den rechtlichen Abschluß gegeben hat (RArbG. 3, 178). Da die Entscheidung in ihrer Tragweite über den einzelnen Fall weit hinausreicht und in der Öffentlichkeit lebhaft erörtert worden ist, so sei ihr Gegenstand auch hier kurz wiedergegeben. Von den für die erwähnte Industrie maßgebenden tariflichen Regelungen war der Rahmentarifvertrag vom 16. Mai 1927 in Kraft geblieben, der Lohnschiedsspruch vom 15. Dez. 1927 nebst folgenden Vereinbarungen aber zum 31. Okt. 1928 gekündigt worden. Mangels Einigung der Beteiligten kam es zu einem Schlichtungsverfahren, das im Oktober 1928 mit einem vom Reichsarbeitsminister für verbindlich erklärten Schiedsspruch endigte. Von Arbeitgeberseite wurde der Schiedsspruch nicht anerkannt, vielmehr aus doppeltem Grunde für nichtig erklärt: weil er auf der alleinigen Stimme des Vorsitzenden beruhe, daher entgegen § 5 Abs. 4 der Schlichtungsverordnung nicht von der Schlichtungskammer erlassen sei, und weil er durch seine Bestimmungen unzulässigerweise in den noch geltenden Rahmentarifvertrag eingegriffen habe. Der entsprechenden Feststellungsklage des Arbeitgeberverbandes gab das AG. statt. Das LAG. wies sie ab, indem es ausführte: Formell sei der Schiedsspruch, auch wenn er — was dahingestellt blieb — auf der alleinigen Stimme des Vorsitzenden beruhe, gedeckt durch § 21 Abs. 5 Satz 4 der vom Reichsarbeitsminister erlassenen Ausführungsbestimmungen zur Schlichtungsverordnung vom 29. Dez. 1923 (RGBl. 1924 I S. 9). Die Vorschrift sei dahin auszulegen, daß, falls eine Mehrheit nicht zustande komme, die Stimme des Vorsitzenden selbst dann entscheide, wenn er mit seiner Meinung in der Schlichtungskammer allein stehe. Sie verstoße auch nicht gegen die Schlichtungsverordnung, halte sich vielmehr im Rahmen der von dieser dem Reichsarbeitsminister erteilten Befugnis zum Erlasse der zur Durchführung der Verordnung erforderlichen Ausführungsbestimmungen. Zudem sei ein etwa der Willensbildung der Kammer anhaftender Mangel vom Gericht nicht zu berücksichtigen, da der Vorsitzende den ordnungsmäßig verfaßten und unterschriebenen Schiedsspruch als solchen der Kammer in Gegenwart ihrer Mitglieder verkündet habe. In materieller Beziehung stellte das LAG. zwar fest, daß der Schiedsspruch in verschiedenen Punkten in den Rahmentarifvertrag eingreife, erachtete dies aber für zulässig, indem es im bewußten Gegensatz zu der vom RAG. schon in einem Urteil vom 27. Juni 1928 (RArbG. 2, 153) vertretenen Auffassung annahm daß die Schlichtungsbehörden befugt seien, bei der Abgabe eines Schiedsspruchs in bestehende Tarifverträge einzugreifen, sofern dies im höheren Staatsinteresse zur Herbeiführung des Arbeitsfriedens geboten erscheine. Das RAG. erklärte den Schiedsspruch für nichtig und nahm in der Begründung zu den im Rechtsstreit erörterten Fragen wie folgt Stellung: Zwar sei § 21 Abs. 5 Satz 4 der Ausführungsverordnung mit dem Berufungsgericht dahin zu verstehen, daß der Vorsitzende durch seine Stimme auch einer Meinung zum Sieg verhelfen könne, die nur von ihm allein vertreten werde. Die Vorschrift verstoße aber eben wegen dieser ihrer Bedeutung gegen den maßgebenden Grundsatz des § 5 Abs. 4 der Schlichtungsverordnung, wonach die Schlichtungskammer, also ein Kollegium, nicht ein Einzelner den Schiedsspruch abzugeben habe. Sie werde daher durch die in der Schlichtungsverordnung ausgesprochene Ermächtigung nicht gedeckt und sei also ungültig. Eine praktische Folge für den vorliegenden Fall könne daraus jedoch nicht gezogen werden, da mit dem LAG. davon auszugehen sei, daß gegenüber einem als Spruch der Schlichtungskammer verkündeten, sonach als Willensäußerung der Kammer, ordnungsmäßig in die Erscheinung getretenen Schiedsspruch, wie gegenüber anderen in gesetzmäßiger Form erlassenen Verwaltungsakten, eine gerichtliche Nachprüfung auf Mängel der inneren Willensbildung ausgeschlossen sei. Der Schiedsspruch sei daher aus formellen Gründen nicht zu beanstanden. Materiell aber ergebe sich seine Nichtigkeit daraus, daß er in wesentlichen Bestimmungen im Widerspruch zu dem Rahmentarif stehe, die Schlichtungskammer also über den Kreis der ihr durch die Schlichtungsverordnung gegebenen Zuständigkeit hinausgegangen sei. Das RAG. trat dabei grundsätzlich der Auffassung entgegen, daß die Einleitung eines Schlichtungsverfahrens mit dem Ziele der Abänderung eines bestehenden Vertrags zulässig sei, und erklärte, den Standpunkt seines Urteils vom 27. Juni 1928 bestätigend, es in der gleichen Weise für unzulässig, daß in einem an sich zulässigerweise eingeleiteten Verfahren ohne Zustimmung beider Teile in bestehende Tarifverträge eingegriffen werde. Auch bei einer wesentlichen Veränderung der Verhältnisse, dem Fall der clausula rebus sic stantibus, sei die Einleitung eines Schlichtungsverfahrens gegenüber bestehenden Verträgen ausgeschlossen, hierüber sei wie bei anderen Rechtsstreitigkeiten von den Gerichten zu entscheiden. Die Überschreitung der gesetzlichen Zuständigkeit führe zur Nichtigkeit des Schiedsspruchs. Die Verbindlichkeitserklärung durch den Reichsarbeitsminister könne daran nichts ändern, da sie nur die Annahme des Schiedsspruchs durch die Parteien ersetze, daher einen in den Grenzen der gesetzlichen Zuständigkeit ergangenen Schiedsspruch voraussetze. Im näheren muß auf die eingehende

Begründung des Urteils verwiesen werden. Was die clausula rebus sic stantibus betrifft, so hat das RAG. in einem kurz danach erlassenen Urteil an den Grundsätzen der Entscheidung vom 22. Jan. 1929 festhaltend, die Auffassung, daß es sich bei der Anwendung der clausula um eine Rechtsfrage handelt, die von den Gerichten zu entscheiden ist, bestätigt, zugleich aber darauf hingewiesen, daß bei Tarifverträgen für die Anwendung der clausula rebus sic stantibus in der Regel kein Raum sei, weil sie meist auf verhältnismäßig kurze Zeit abgeschlossen werden oder doch vereinbarungsgemäß auf kurze Frist kündbar sind. Nur bei völlig unerwarteten und ganz außergewöhnlichen Ereignissen, wie sie etwa Krieg und Inflationszeit gebracht haben, könne ihre Anwendung ausnahmsweise gerechtfertigt sein (RArbG. 3, 231). Die praktische Folge einer Nichtigkeit des für verbindlich erklärten Schiedsspruchs aus formellen Gründen, die in dem Urteil vom 22. Jan. 1929 mit Rücksicht auf die äußere Ordnungsmäßigkeit des als Akt der Schlichtungskammer sich darstellenden Schiedsspruchs nicht gezogen werden konnte, hat das RAG. in einem späteren Fall gezogen, in dem der vom Vorsitzenden verkündete Schiedsspruch ausdrücklich als mit der alleinigen Stimme des Schlichters gefaßt bezeichnet war.

In den Bereich des kollektiven Arbeitsrechts fällt auch die Beurteilung von Maßnahmen, die von Arbeitgeber- oder Arbeitnehmerseite im Arbeitskampf vorgenommen werden. Das RAG. hat hier an der Rechtsprechung des RG. festgehalten und grundsätzlich ausgesprochen, daß, wie die Arbeitskämpfe selbst, so auch die Maßregeln, die zur Überwindung seines Widerstandes auf den Gegner einen wirtschaftlichen Druck ausüben sollen und so naturgemäß mit seiner Schädigung verbunden sind, an sich weder als rechtswidrig noch als gegen die guten Sitten verstoßend bezeichnet werden können, weil ihr Ziel, der Sieg im Arbeitskampf, nicht unerlaubt ist. Die Sittenwidrigkeit von Kampfmaßregeln wie Aussperrung, Streik, Boykott, bedarf also besonderer Begründung und ist regelmäßig nur dann anzunehmen, wenn die zur Erreichung des Ziels angewendeten Mittel in ihrer tatsächlichen Ausgestaltung unsittlich sind, oder wenn der dem Gegner zugefügte Nachteil zu seiner wirtschaftlichen Vernichtung führt oder doch zu dem im Kampf angestrebten Vorteil nicht mehr in einem erträglichen Verhältnis steht (RArbG. 1 S. 81, 273). Betont wurde dabei auch, daß, wer von einem Kampfmittel wie z. B. dem Boykott Gebrauch macht, die sittliche Pflicht hat zu prüfen, ob die Sachlage wirklich zur Anwendung dieses letzten und schwersten Mittels zwingt, und ob sich das Ziel nicht auf eine andere einfachere, dem Handelnden zumutbare Weise erreichen läßt (RArbG. 1, 273). Die schuldhafte, insbesondere grobfahrlässige Außerachtlassung dieser Pflicht kann die Annahme eines Verstoßes gegen die guten Sitten rechtfertigen und damit eine Schadensersatzpflicht nach § 826 BGB. begründen.

Den Gegenstand vieler Entscheidungen bildet endlich das Recht der Betriebsverfassung, wie es sich aus dem Betriebsrätegesetz und den dazu ergangenen Ausführungs- und Ergänzungsverordnungen ergibt. Übereinstimmend mit der Rechtsprechung des III. Zivilsenats geht das RAG. davon aus, daß die Betriebsvertretungen öffentlich-rechtliche Organe mit öffentlich-rechtlichen Aufgaben sind, und in gleicher Übereinstimmung befindet es sich mit jener Rechtsprechung in der Frage der gerichtlichen Nachprüfbarkeit von Beschlüssen dieser Organe (RArbG. 1, 136). Treten Fragen der Betriebsverfassung schon im Urteilsverfahren auf (RArbG. 2 S. 162, 179; 3, 100; 4, 33), so gilt dies um so mehr für die Rechtsbeschwerde im Beschlußverfahren, dessen eigentlichen und einzigen Gegenstand gerade Fragen der Betriebsverfassung nach dem Betriebsrätegesetz bilden (§ 2 Abs. 1 Nr. 5 AGG.). Zu entscheiden war, wann und unter welchen Voraussetzungen Betriebsvertretungen überhaupt zu errichten sind, wobei namentlich der Begriff des Betriebes (§ 9 BRG.) und die Voraussetzungen für die Bildung eines Gesamtbetriebsrats (§§ 50ff. BRG.) erörtert wurden (RArbG. 1 S. 195, 198; 2, 125). Andere Entscheidungen befassen sich mit der Stellung und den Amtspflichten der Mitglieder einer Betriebsvertretung (RArbG. 1 S. 23, 158, 241), mit der Aufbringung der durch die Geschäftsführung der Betriebsvertretung entstehenden Kosten (§ 36 BRG.; RArbG. 1 S. 64, 294; 2 S. 15, 52, 122), wieder andere mit der Ersetzung der Zustimmung von Betriebsvertretungen zu einer Kündigung oder Versetzung der Mitglieder im Betriebe (§§ 97, 98 BRG.; RArbG. 2, 106). Besonders häufig mußte zu Fragen des Wahlrechts Stellung genommen worden, namentlich in bezug auf Betriebsvertretungen bei Unternehmungen und Verwaltungen des Reichs, der Länder und der Gemeindeverbände, die sich über einen großen Teil des Reichs- oder Landesgebiets, oder über mehrere Gemeindebezirke erstrecken und bei denen die Bildung von Einzel- und Gesamtbetriebsräten, sowie die Abgrenzung ihrer Befugnisse gegeneinander in Anlehnung an den Aufbau der Unternehmung oder Verwaltung im Verordnungswege geregelt ist (BRG. § 61; RArbG. 1 S. 99, 146, 198, 236; 2 S. 18, 56, 200, 203, 205, 361; 3 S. 58, 369; 4, 43). Aus der Rechtsprechung über die Festsetzung von Strafen (§ 80 Abs. 2 BRG.) seien noch zwei Grundsätze hervorgehoben: die Anwendbarkeit dieser Vorschrift (Mitwirkung der Betriebsvertretung) auch über den dort erwähnten Fall des § 134b Nr. 4 der GewO. und über die der Gewerbeordnung unterliegenden Gewerbe hinaus auf alle unter das Betriebsrätegesetz fallenden Betriebe (RArbG. 2, 354; 3, 327) und die Auslegung des Gesetzes dahin, daß die Mitwirkung der Betriebsvertretung nicht nur bei der Aufstellung von Strafvorschriften, sondern auch und vor allem bei der Festsetzung der Strafen im einzelnen Fall erforderlich ist (RArbG. 1, 141).

Die leitenden Gesichtspunkte, unter denen das RAG. bei den erwähnten und allen anderen Entscheidungen seiner Aufgabe als oberster Instanz auf dem Gebiete der Arbeitsgerichtsbarkeit gerecht zu werden bestrebt war, lassen sich im wesentlichen in drei Grundsätze zusammenfassen: den allgemeinen, daß das Recht nicht um seiner selbst willen da ist, sondern dem Leben dienen, seine Bedürfnisse befriedigen soll; den für die Rechtsprechung in Arbeitssachen besonders bedeutsamen Grundsatz, daß das moderne Arbeitsrecht entsprechend dem sozialen Gedanken, dem es seine Entstehung verdankt, ausgelegt und angewendet werden muß, und endlich dem über allem stehenden Grundsatz der Gerechtigkeit, der es erfordert, das Gesetz möglichst so anzuwenden, daß den

Interessen beider Teile Rechnung getragen wird. Unter diesen Gesichtspunkten das Arbeitsrecht einheitlich anzuwenden und fortzubilden und so gleichzeitig die Grundlage für eine künftige Gesetzgebung auf dem Gebiet des Arbeitsrechts zu bereiten, wird auch ferner die vornehmste Aufgabe des RAG. sein müssen.

Oegg.

8. Das Wahlprüfungsgericht beim Reichstag.

Wie dem Reichstag so auch den Parlamenten der deutschen Bundesstaaten war nach früherem Rechte die Prüfung über die Gültigkeit der Wahlen ihrer Mitglieder übertragen. Zum ersten Male in Deutschland wurde der Grundsatz durchbrochen durch § 9 des Ges. über die Verfassung Elsaß-Lothringens vom 31. Mai 1911, in dem im Anschluß an ausländische Vorgänge bestimmt wurde, daß über Einsprüche gegen die Gültigkeit der Wahlen der Landtagsmitglieder der oberste Verwaltungsgerichtshof und bis zu seiner Errichtung ein Senat des OLG. in Kolmar zu entscheiden habe. Bei der Beratung der Weimarer Reichsverfassung wurden die Bedenken hervorgehoben, daß die Nachprüfung der Wahlen durch das Parlament die Gefahr einer von parteipolitischen Rücksichten nicht freien Entscheidung gegen sich habe, daß aber andererseits die erforderliche Kenntnis der einschlägigen praktischen Verhältnisse, die sich bei den Mitgliedern des Parlaments finde, nicht ausgeschaltet werden dürfe. Man sah deshalb davon ab, die Prüfung der Wahlen zum Reichstage einem bestehenden Gerichtshofe zu übertragen, bildete vielmehr beim Reichstage ein besonderes Wahlprüfungsgericht, das aus Mitgliedern des Reichstags und aus Mitgliedern des Reichsverwaltungsgerichts zusammengesetzt sein soll (Art. 31 RVerf.). Die Mitglieder des Reichstags werden von diesem für die Wahlperiode gewählt, die Mitglieder des Reichsverwaltungsgerichts auf Vorschlag des Präsidiums dieses Gerichts vom Reichspräsidenten bestellt. Nach Art. 166 tritt bis zur Errichtung des Reichsverwaltungsgerichts an seine Stelle das RG.

Die Zuständigkeit des Wahlprüfungsgerichts beim Reichstage erstreckt sich nach Art. 31 Abs. 1 RVerf. auch auf die Frage, ob ein Abgeordneter die Mitgliedschaft verlieren kann. Sie wurde außerdem erweitert, indem ihm durch § 22 des Ges. über den Volksentscheid vom 27. Juni 1921 (RGBl. S. 790) die Prüfung des Ergebnisses von Volksentscheiden und durch § 7 des Ges. über die Wahl des Reichspräsidenten vom 25. Febr. 1924 (RGBl. I S. 186) auch die des Ergebnisses über die Wahl des Reichspräsidenten übertragen wurde. Durch § 3 des Ges. zur Ausführung des Art. 18 RVerf. vom 8. Juli 1922 (RGBl. I S. 545), in dem die entsprechende Anwendung der Vorschriften des Gesetzes über den Volksentscheid angeordnet wird, ergibt sich endlich die Zuständigkeit des Wahlprüfungsgerichts beim Reichstag auch für die Prüfung des Ergebnisses aller auf Grund des § 18 RVerf. vorzunehmenden Abstimmungen und Vorabstimmungen.

Die Reichsverfassung beschränkt sich auf die Bestimmung, daß das Wahlprüfungsgericht auf Grund öffentlicher mündlicher Verhandlung durch

3 Mitglieder des Reichstags und 2 richterliche Mitglieder zu erkennen habe, und hat im übrigen die Regelung des Verfahrens dem Wahlprüfungsgerichte überlassen. Auf Grund dieser gesetzlichen Ermächtigung hat das Wahlprüfungsgericht in seiner Vollsitzung vom 8. Okt. 1920 die im RGBl. 1920 S. 1773 veröffentlichte Wahlprüfungsordnung beschlossen, der Gesetzeskraft zukommt und die seitdem, ohne inzwischen eine Änderung erfahren zu haben, in Geltung gestanden hat. Diese Wahlprüfungsordnung ist auf Grund eines in der ersten Vollsitzung des Gerichtshofs am 29. Juli 1920 gefaßten Beschlusses von den 3 in dieser Sitzung anwesend gewesenen Reichsgerichtsräten Cornelius, Katluhn und Niedner ausgearbeitet und ohne wesentliche Änderungen zu erfahren, angenommen worden. Hervorzuheben ist aus ihr, daß entweder der Vorsitzende oder sein Stellvertreter ein Mitglied des RG. sein muß. Während zunächst die Errichtung von 2 Senaten in Aussicht genommen war, deren Mitglieder sich gegenseitig vertreten sollten, nahm man dann hiervon Abstand. Es hat sich die Übung gebildet, daß, um die Ständigkeit der Rechtsprechung zu gewährleisten, der Vorsitzende möglichst an allen Spruchsitzungen teilnahm, während die übrigen Mitglieder abwechselnd zugezogen wurden.

Zu richterlichen Mitgliedern des Wahlprüfungsgerichts sind auf Vorschlag des Präsidiums des RG. vom Reichspräsidenten am 21. Juni 1920 zunächst die Reichsgerichtsräte Cornelius, Katluhn, Dr. Lobe und Niedner, zu ihren Stellvertretern Dr. Buff und Zeiler ernannt worden. An Stelle Dr. Lobes, der nach seiner Ernennung zum Senatspräsidenten ausschied, trat am 12. Mai 1921 Dr. Buff, für ihn wurde Dr. Flad stellvertretendes Mitglied. Am 14. Juni 1924 schieden Cornelius und Niedner aus und wurden durch die Reichsgerichtsräte Dr. Flad und Hettner ersetzt. Stellvertreter wurde Lorenz, der am 5. Jan. 1927 für den inzwischen zum Senatspräsidenten ernannten und deshalb aus dem Wahlprüfungsgericht ausscheidenden Reichsgerichtsrat Katluhn zum ordentlichen Mitglied ernannt wurde. Dr. Buff schied wegen Eintritts in den Ruhestand am 7. Juni 1927, Dr. Flad nach seiner Ernennung zum Senatspräsidenten am 30. Jan. 1928, Lorenz aus dem gleichen Grunde am 23. März 1928 aus. An ihre Stelle traten die Reichsgerichtsräte Zeiler, Dr. Boos und Schmitz. Gegenwärtig sind ordentliche Mitglieder Hettner, Zeiler, Dr. Boos und Schmitz, Stellvertreter Dr. Nieland und Dr. Lindenmaier.

Vorsitzender ist bisher stets ein Mitglied des Reichstags gewesen. In der ersten Vollsitzung wurde der langjährige Vorsitzende der früheren Wahlprüfungskommission des alten Reichstags, der Abg. Exz. Dr. Spahn gewählt. Nach dem Inkrafttreten der Wahlprüfungsordnung am 8. Okt. 1920 fiel die Wahl wiederum auf ihn, ebenso nach den Neuwahlen vom 4. Mai 1924 und 7. Dez. 1924 in den Vollsitzungen vom 27. Juni 1924 und 17. März 1925. Nach seinem am 1. Sept. 1925 erfolgten Tode wurde der Abg. Reichskanzler a. D. Fehrenbach am 12. Dez. 1925 gewählt. Er verstarb bereits am 26. März 1926. An seiner Stelle fiel die Wahl am 12. Juni 1926 auf den Abg. Senatspräsidenten am OLG. Breslau Schulte. Nach den letzten Neuwahlen wurde

Phot. Otto Kurt Vogelsang, Berlin

Dr. Dr. Bumke
Reichsgerichtspräsident 1929

am 13. Juli 1928 der Abg. Minister a. D. Dr. Bell zum Vorsitzenden gewählt. Stellvertretende Vorsitzende waren die Reichsgerichtsräte Cornelius vom 29. Juni 1920 und Dr. Buff vom 27. Juni 1924 an je bis zu ihrem Ausscheiden. Gegenwärtig ist es Reichsgerichtsrat Hettner.

Nach dem Ableben von Exz. Dr. Spahn wurde in der Vollsitzung am 12. Dez. 1925 vom Abg. Dr. Kahl vorgeschlagen, dieses Mal einen Herrn des RG. zum Vorsitzenden zu wählen. Nach längerer Aussprache wurde aber doch mit Mehrheit beschlossen, den Vorsitz beim Parlament zu belassen. Maßgebend für die Mehrheit war vor allem der Gesichtspunkt, daß die Geschäftsführung sehr erschwert werde, wenn der Vorsitzende nicht in ständiger Fühlung mit dem Reichstagsbüro, das die Geschäfte des Gerichtshofs führe, sein könne, daneben wurde aber auch angeführt, daß die Mehrzahl der Mitglieder dem Reichstage angehöre und daß es dessen Bedeutung erheische, den Vorsitz einem seiner Mitglieder zu übertragen. Demgegenüber wurde auf die frühere Regelung in Elsaß-Lothringen und auf die Tatsache hingewiesen, daß im Wahlprüfungsgericht beim Preußischen Landtage ein Mitglied des Preußischen Oberverwaltungsgerichts den Vorsitz führe. Bei der nächsten Wahl, am 12. Juni 1926, wiederholte sich die Aussprache. Diesmal gaben nach der ausdrücklichen Erklärung eines Abgeordneten rein politische Beweggründe den Ausschlag für seine Stellungnahme; die erste Abstimmung ergab 5 Stimmen für den Abg. Schulte, 5 Stimmen für den Senatspräsidenten Katluhn. Nach einer vertraulichen Aussprache bat dann Herr Katluhn, von seiner Wahl abzusehen, er erklärte aber, daß durch die diesmalige Abstimmung kein Präjudiz geschaffen und die Gleichberechtigung der Mitglieder des RG. nicht in Frage gestellt werden dürfe. Die anderen richterlichen Mitglieder und 2 Abgeordnete, die Herren Dr. Kahl und Lohmann, schlossen sich dieser Auffassung an, während die anderen 4 Abgeordneten, die Herren Brodauf, Dittmann, Schulte und Torgler, als Meinung ihrer Fraktionen erklärten, der Vorsitzende im Wahlprüfungsgericht sei vom Reichstag zu stellen.

Geprüft wurden bisher die Wahlen zum Reichstag vom 6. Juni 1920, vom 4. Mai 1924, 7. Dez. 1924 und — teilweise, die Arbeiten sind noch nicht abgeschlossen — vom 20. Mai 1928, die Wahl des Reichspräsidenten vom 29. März/26. April 1925, ferner die auf Grund des § 18 RVerf. in der preußischen Provinz Hannover am 18. Mai 1924 vorgenommene Urabstimmung und das Abstimmungsergebnis bei dem Volksentscheid über Enteignung der Fürstenvermögen vom 20. Juni 1926.

Diese Prüfungen wurden in 28 öffentlichen, im Reichstagsgebäude in Berlin abgehaltenen Sitzungen vorgenommen. Außerdem wurden in Vollsitzungen innere Fragen — Aufstellung der Wahlprüfungsordnung und Wahlen der Vorsitzenden — behandelt. In der einen öffentlichen Sitzung — am 17. Jan. 1927 — wurde eine größere Anzahl von Zeugen vernommen.

Das Wahlprüfungsgericht beim Reichstag war vor ganz neue Aufgaben gestellt, weil nach der RVerf. vom 11. Aug. 1919 die Abgeordneten nach dem Grundsatze der Verhältniswahl gewählt werden. Die infolgedessen durch das Reichswahlgesetz vorgeschriebene Listenwahl unterscheidet sich von dem bisherigen für die Reichstagswahlen in Geltung gewesenen Verfahren grundlegend und warf eine große Anzahl von Zweifelsfragen auf, die bisher noch nicht in die Erscheinung getreten waren. Die von den Wahlprüfungskommissionen der früheren Reichstage getroffenen Entscheidungen konnten nur in seltenen Fällen zum Vorbilde genommen, es mußten ganz neue Grundsätze entwickelt und aus ihnen die Folgerungen für die neuartigen und bisher noch nicht erprobten Bestimmungen der neuen Wahlgesetze und Wahlvorschriften entwickelt werden. Für die Auslegung des Reichswahlgesetzes und der Reichsstimmordnung sind die Urteile des Wahlprüfungsgerichts von grundlegender Bedeutung. Sie dienen, wenn dies auch gesetzlich nicht vorgeschrieben ist, doch tatsächlich bei allen nachfolgenden Wahlen und Abstimmungen den mit deren Vornahme betrauten Behörden und Stellen als Richtschnur. Da sich auch in einer größeren Zahl von Landeswahlgesetzen Bestimmungen finden, die dem Reichswahlgesetze nachgebildet sind, werden sie auch in den meisten Fällen bei den Landesprüfungsstellen beachtet und üben deshalb einen bedeutsamen Einfluß auf die Fortbildung des öffentlichen Rechts in Deutschland aus.

Die meisten Erkenntnisse betreffen Einzelfragen der Wahltechnik, doch sind auch einige weittragende Entscheidungen von grundlegender Bedeutung erlassen worden.

Im Urteil vom 8. Mai 1925, die Wahl des Reichspräsidenten betreffend, ist gegenüber dem Verlangen, das Wahlprüfungsgericht möge aussprechen, daß von den Reichsbehörden durch die Beeidigung und Einführung des neuen Präsidenten noch vor dem endgültigen Abschluß der Wahlprüfung nicht ordnungsmäßig verfahren sei, ausgeführt worden, daß dem Gericht die Zuständigkeit zu einer Entscheidung hierüber fehle, weil ihm nur die Prüfung über die Gültigkeit der Wahlhandlung zugewiesen sei.

Sehr bedeutsam sind die Ausführungen in dem die Vorabstimmung in Hannover über die Abtrennung von Preußen betreffenden Urteile vom 8. Juni 1925 über die Beeinflussung der Abstimmung durch Behörden und Beamte des Reichs und Preußens. Während im alten Reichstage streng an dem Grundsatze festgehalten worden war, alle Beamten als solche hätten sich von jeder Wahlagitation fernzuhalten, wird hier ausgeführt, in § 18 Abs. 2 werde für die Neubildung eines Landes innerhalb des Reichs neben der Forderung durch den Willen der Bevölkerung auch vorausgesetzt, daß ein überwiegendes Reichsinteresse sie erheische und daraus folge, daß dieses Interesse von der Reichsregierung jederzeit und schon vor der Abstimmung wahrgenommen werden müsse, um die zu ihr zugelassene Bevölkerung über die dem Reiche und dem einzelnen Lande aus der geplanten Neubildung erwachsenden Gefahren aufzuklären. Ebenso seien auch die Länder als solche durch ihre verfassungsmäßigen Organe zur Mitwirkung bei einer Neubildung nach Art. 18 berufen und, da die Abtrennung eines Landesteils für die Lebensbedingungen und unter Umständen für die Lebensmöglichkeit des Restgebietes von entscheidender Bedeutung sei, so sei es Sache der Landesregierung, diese Belange auch schon vor der Abstimmung zu vertreten, außerdem dürfe sie als Regierung eines deutschen Landes auch die Reichsinteressen vertreten. Deshalb sei auch gegen die Bereitstellung staatlicher Mittel für Propaganda durch Flugblätter und Plakate nichts einzuwenden.

Bei der Entscheidung über das Abstimmungsergebnis bei dem Volksentscheid vom 20. Juni 1926, die das Wahlprüfungsgericht in seiner Sitzung vom 17. Okt. 1927 erledigte, war zunächst festzustellen, ob auch das Ergebnis des vorangegangenen Eintragungsverfahrens (Volksbegehrens) als einer Voraussetzung für die Anordnung eines Volksentscheids mit zu prüfen sei. Das Wahlprüfungsgericht hielt sich hierfür nicht für zuständig. Dagegen bejahte es seine Zuständigkeit für die Frage, ob das zum Volksentscheid gestellte Gesetz verfassungsändernd sei. Im vorliegenden Falle glaubte es aber einer Beantwortung dieser Frage enthoben zu sein, weil auch die für ein die Verfassung nicht änderndes Gesetz erforderliche Stimmenzahl nicht aufgebracht war. Schließlich wurde gegenüber einer im Schrifttum vertretenen Ansicht klargestellt, § 3 Abs. 1 des Volksentscheidgesetzes spreche von einem vom Reichstag beschlossenen abweichenden Gesetz nur für den Fall, daß ein solches Gesetz beschlossen sei und vorliege, mache aber ein solches Gesetz nicht zur Voraussetzung für die Anordnung des Volksentscheids.

Nach der Reichstagswahl vom 20. Mai 1928 waren Beschwerden eingegangen, daß die Reichsverfassung in zweifacher Beziehung verletzt sei, einmal sei gegen Art. 125 dadurch verstoßen worden, daß in einer größeren Anzahl von Gemeinden die Stimmabgabe nach Geschlechtern getrennt erfolgt sei, ferner seien die §§ 30—32 des Reichswahlgesetzes verfassungswidrig, weil sie mit dem Grundsatze der Gleichheit der Wahl nicht vereinbar seien. Im Urteil vom 20. Okt. 1928, die Wahlen in Wahlkreisverband II (Brandenburg I) betreffend, wurden beide Beschwerden für unbegründet erklärt. Das Wahlgeheimnis werde, so wird dort dargelegt, dann nicht gefährdet, wenn die Gruppen von Wählern, für die getrennte Abstimmung angeordnet sei, eine so große Zahl von Wählern umfaßten, daß ein Schluß auf die Entschließung des einzelnen Wählers nicht ermöglicht werde. Bei der Wahl 1928 sei die Anordnung aber nur für größere Gemeinden und Wahlbezirke getroffen worden. Die Bedenken gegen die §§ 31 und 32 des Reichswahlgesetzes, nach denen Reststimmen bei der Verteilung innerhalb des Wahlkreisverbandes unberücksichtigt bleiben, wenn nicht auf einen der verbundenen Kreiswahlvorschläge 30000 Stimmen abgegeben sind, und daß einem Reichswahlvorschlage höchstens die gleiche Zahl von Abgeordnetensitzen zugeteilt werden dürfe, die auf die ihm angeschlossenen Kreiswahlvorschläge entfallen sind, waren damit begründet, daß hierdurch gegen die Grundsätze der Gleichheit der Wahl und der Verhältniswahl (Art. 22 RVerf.) verstoßen werde. Diesen Bedenken wird in eingehenden Ausführungen entgegengetreten. Diese gipfeln darin, daß der Grundsatz der Gleichheit nur die gleiche Bewertung aller Stimmen (im Gegensatz zu dem Klassen- und dem Mehrstimmenwahlrecht) gewährleiste, und daß bei der dem Reichswahlgesetz vorbehaltenen Auswahl unter den verschiedenen Verhältniswahlsystemen auch andere für das Wohl des Volkes und eine gesunde Entwicklung des Staatsganzen wichtige Gesichtspunkte berücksichtigt werden dürften.

Wenn auch unter den jeweils mitwirkenden 5 Richtern nur 2 Mitglieder des RG. waren, so haben diese doch auf die Entscheidungen einen sehr weitgehenden, mehrfach einen bestimmenden Einfluß ausgeübt. Das Ziel, die Wahlprüfungen von den Wirrnissen des Parteigetriebes zu befreien und neben dem Grundsatze der Gerechtigkeit auch den praktischen Notwendigkeiten Rechnung zu tragen, ist dank ihrer Mitarbeit erreicht worden.

Hettner.

D. Die Reichsanwaltschaft.

Fünfzig Jahre hindurch hat die Reichsanwaltschaft die Geschicke des RG. geteilt.

Aber während die Bestrebungen zur Gründung und Erhaltung eines obersten deutschen Gerichtshofes sich auf Jahrhunderte zurück verfolgen lassen, während der Gedanke eines einheitlichen höchsten Richterspruchs als Krönung des Rechtslebens in Deutschland nie erstarb, sich vielmehr immer von neuem regte, ist die oberste Staatsanwaltschaft des Reichs ihrem Ursprung und Wesen nach eine Einrichtung der neuen Zeit.

Als Franz II. die Krone des alten römischen Reiches deutscher Nation niederlegte, hörte auch — nach mehr als dreihundertjähriger Tätigkeit — das Reichskammergeicht auf, zu bestehen. Noch in dem gleichen Jahre versuchte Preußen in Fortführung der Fürstenbundspolitik Friedrichs des Großen die Staaten des nördlichen Deutschlands unter dem Namen eines Nordischen Reichsbundes zu einen, in dem — wenn auch zur Erledigung von Streitfällen mehr staatsrechtlicher Natur — die Errichtung eines eigenen nordischen Reichsbundestribunals vorgesehen war. Der Zusammenbruch des Jahres 1806 vernichtete diese Pläne. Auch nach Abschüttelung des Jochs der Fremdherrschaft, nach der Erhebung des Volkes in den Freiheitskriegen wurden die Hoffnungen der Nation auf die Errichtung eines obersten Bundesgerichts nicht erfüllt. Vergebens brachten die Vertreter Preußens zum Ausdruck, „ohne Bundesgericht würde es dem Rechtsgebäude in Deutschland an dem letzten und notwendigsten Schlußsteine mangeln“. Die Forderung des Staates, der am meisten auf eine feste Einigung Deutschlands bedacht war, scheiterte an den Ränken des Wiener Kongresses und dem Widerspruche süddeutscher Staaten. Der Deutsche Bund kannte kein oberstes Bundesgericht und gewährte als kümmerlichen Ersatz nur eine Art bundesschiedsrichterlicher Tätigkeit sowie das Recht auf Austräge, indem jeweils der höchste Gerichtshof eines einzelnen Bundesstaats als Austrägalinstanz im Namen der Bundesversammlung zu erkennen hatte. Die Folgezeit brachte keine Abhilfe. Selbst auf den Karlsbader Konferenzen fand der preußische Vorschlag auf Einsetzung eines außerordentlichen Bundesgerichts keine Billigung. Erst das Jahr 1848 brachte die Dinge in schnelleren Fluß. Schon 1847 hatte Radowitz die Einsetzung eines obersten Bundesgerichts für erforderlich bezeichnet, 1848 verlangte im Patent wegen beschleunigter Einberufung des vereinigten Landtags Friedrich Wilhelm IV. ein deutsches Bundesgericht zur Schlichtung von Streitigkeiten staatsrechtlichen Ursprungs. Vollends der Entwurf des deutschen Reichsgrundgesetzes, der dem Bundestage als Gutachten der siebzehn Männer des öffentlichen Vertrauens am 26. April 1848 überreicht wurde, sah ein Reichsgericht zu Nürnberg vor mit umfassender Zuständigkeit, erstmals auch mit der wegen Hoch- und Landesverrats gegen das Reich. Die Nationalversammlung der Paulskirche folgte diesem Vorbilde und verhieß in der von ihr beschlossenen Verfassung dem Deutschen Reiche eigene, durch ein Reichsgericht ausgeübte Gerichtsbarkeit. Die Forderung der Paulskirche blieb ein Traum. Wieder war es Preußen, das den Gedanken aufnahm. Auf Grund des Dreikönigsbündnisses verlangte die Unionsverfassung von 1849 abermals ein Reichsgericht als „den Teil der Verfassung, dessen baldigste Verwirklichung zu den unabweislichsten Bedürfnissen gehöre". „Der Versuch dürfe nie aufgegeben werden, dieses Institut als ein gemeinsames deutsches ins Leben zu rufen und damit auch wieder das Recht als Basis des deutschen Staatslebens durch ein höchstes Organ der Rechtsprechung zur Anerkennung zu bringen." Aber wiederum nur ein Versuch. Erfolglos auch die Beratungen auf den Dresdener Konferenzen. Preußens Gang nach Olmütz führte zum reaktivierten Bundestage, auf dem die Anträge betreffend die Errichtung eines obersten Bundesgerichts nicht zur Erledigung kamen. Auch die von Österreich vorgelegte Reformakte mit ihrem Projekt eines Bundesgerichts blieb Entwurf. Die schleswig-holsteinische Frage und der Kampf um die Vorherrschaft in Deutschland hatten die preußischen Grundzüge einer neuen Bundesverfassung zur Folge, die aber nach so vielen Hoffnungen und Entwürfen zum allgemeinen Erstaunen ein Bundesgericht nicht erwähnten. Die Enttäuschung war um so größer, als inzwischen auch der 1. Deutsche Juristentag im Interesse der Einheit der Rechtsanwendung die sofortige Einführung eines höchsten Gerichtshofes für wünschenswert bezeichnet hatte. Aber weder die Anregungen namentlich der oldenburgischen Regierung noch die Anträge im Reichstage des Norddeutschen Bundes auf Errichtung eines Bundesgerichts fanden Berücksichtigung. Nur so viel verordnete die Verfassung, daß für Hoch- oder Landesverrat gegen den Norddeutschen Bund das gemeinschaftliche Oberappellationsgericht der drei freien und Hansestädte in Lübeck die zuständige Spruchbehörde in erster und letzter Instanz sein sollte, welche Bestimmung demnächst auch in die Verfassung des Deutschen Reichs übergegangen ist. Den Grund für die Zurückhaltung auf dem Gebiete einer eigenen Bundesgerichtsbarkeit ergaben die Thronrede bei der Eröffnung des Reichstages des Norddeutschen Bundes und die Ausführungen des preußischen Bundeskommissars: Man wollte der Selbständigkeit der Einzelstaaten zugunsten der Gesamtheit nur die Opfer zumuten, die unentbehrlich seien, nur das sollte geboten werden, was die verbündeten Regierungen sofort zu gewähren imstande seien. Brachte somit die Verfassung des ersten deutschen Bundesstaats kein Bundesgericht, so wurde doch der große Fortschritt erzielt, daß die Zuständigkeit der Gesetzgebung des Norddeutschen Bundes über den Verfassungsentwurf hinaus auf das Obligationen-, Handels-, Wechsel-, Strafrecht und das gerichtliche Verfahren erstreckt wurde. Es war das Verdienst der sächsischen Staatsregierung, die Frage der Einsetzung eines höchsten Bundesgerichts einer baldigen Lösung zugeführt zu haben. Unter dem 23. Febr. 1869 legte sie den Entwurf eines Gesetzes, betreffend die Errichtung eines obersten Gerichtshofes für Handelssachen, dem Bundesrate vor. Überraschend schnell und ohne wesentliche Änderungen wurde der Gesetzentwurf im Bundesrat und Reichstag angenommen. Durch Ges. vom 12. Juni 1869 (BGBl. S. 201) wurde das Bundesoberhandelsgericht in Leipzig errichtet. Am 5. Aug. 1870, zwischen Weißenburg und Wörth, begann es seine Tätigkeit. Im Jahre 1871 wurde seine Zuständigkeit auf Süddeutschland erstreckt, am 26. Aug. 1871 war es für Elsaß-Lothringen als oberster Gerichtshof an die Stelle des Kassationshofs zu Paris getreten. Seit dem Plenarbeschlusse vom 2. Sept. 1871 (BOHG. II 448) führte der Gerichtshof den Namen „Reichsoberhandelsgericht", acht Jahre später hörte er auf zu bestehen, als am 1. Okt. 1879 auf Grund der Reichsjustizgesetze das RG. an seine Stelle trat.

Das RG. war der erste Gerichtshof des geeinten Deutschlands, bei dem eine ständige Staatsanwaltschaft: die **Reichsanwaltschaft** als öffentliche Behörde errichtet wurde. Sie ist, wie erwähnt, eine Schöpfung der neuen Zeit. Zwar war auch schon beim alten Reichskammergericht ein Reichsfiskal bestellt. Sein und seiner Gehilfen, der Fiskaladvokaten, Tätigkeit erstreckte sich aber im wesentlichen auf den Betrieb fiskalischer Prozesse. Doch verdient festgehalten zu werden, daß der Reichsfiskal auch am Strafprozesse beteiligt und gehalten war, bei Anschlägen gegen die äußere und innere Sicherheit des Reichs, bei Verbindung mit Reichsfeinden und beim Bruch des gesetzten Landfriedens einzuschreiten, ein erster Anklang an die erstinstanzliche Zuständigkeit der Reichsanwaltschaft. Das Reichsfiskalat war mit dem Reichskammergericht erloschen. Erst mit dem Eindringen des Anklageprozesses in das deutsche Strafverfahren, in den vierziger Jahren des neunzehnten Jahrhunderts kommt es in Deutschland zur Einführung der Staatsanwaltschaft. In der Reformakte des Bundestages wird bei dem Vorschlage der Einsetzung eines Bundesgerichts die Aufstellung einer Bundesanwaltschaft vorbehalten. Beim Bundesoberhandelsgericht war eine Staatsanwaltschaft nicht vorgesehen. Da dieser Gerichtshof aber nach den Prozeßgesetzen der Gebiete, aus dem die Sachen an ihn gelangten, zu verfahren hatte und insbesondere nach hannöverschem und rheinischem Verfahrensrecht die Mitwirkung der Staatsanwaltschaft geboten war, so war diese nach § 20 des Ges. vom 12. Juni 1869 (BGBl. S. 201) durch ein vom Präsidenten zu ernennendes Mitglied des Bundesoberhandelsgerichts zu vertreten. Eine ähnliche behelfsmäßige Regelung erfolgte im Urheberrechtsgesetze vom 11. Juni 1870 (BGBl. S. 339), wonach in den einschlägigen Strafsachen die Verrichtungen der Staatsanwaltschaft von dem Staatsanwalt des betreffenden obersten Landesgerichtshofes wahrzunehmen waren und dieser Staatsanwalt sich bei der mündlichen Verhandlung durch einen Leipziger Staatsanwalt oder Advokaten vertreten lassen konnte. Auch in den aus Elsaß-Lothringen an das Bundesoberhandelsgericht gelangenden Sachen wurde die Staatsanwaltschaft von einem Mitglied des Gerichtshofes oder einem Leipziger Staatsanwalt oder einem dortigen Advokaten, die durch den Präsidenten zu ernennen waren, vertreten. Im Jahre 1873 wurde zunächst ein Professor der Rechte der Universität Leipzig, dann ein Appellationsgerichtsrat aus Kolmar mit den Verrichtungen der Staatsanwaltschaft beim Reichsoberhandelsgericht betraut. Endlich wurde noch 1876 ein besonderer Staatsanwalt beim Reichsoberhandelsgericht bestellt, aber er und seine Vorgänger traten ab, als zum 1. Okt. 1879 die Reichsanwaltschaft als Staatsanwaltschaft des RG. ihre Tätigkeit begann.

Die durch Gesetze und Verwaltungsvorschriften der Reichsanwaltschaft zugewiesene Geschäftsaufgabe bestand — und besteht noch heute nach 50 Jahren — im wesentlichen in der Wahrnehmung der Verrichtungen der Staatsanwaltschaft im Strafprozeß, in einem Teile bürgerlichen Streitverfahrens, im ehrengerichtlichen Verfahren gegen Rechtsanwälte, im Disziplinarverfahren gegen Reichsbeamte und auf dem Gebiete der Justizverwaltung.

Der Schwerpunkt der Tätigkeit der Reichsanwaltschaft liegt in ihrer Beteiligung im Strafverfahren. Sie wirkt dort hauptsächlich im ersten und dritten Rechtszuge mit. Den Kern bildet ihre Teilnahme in der **Revisionsinstanz.** Denn das RG. ist seinem Wesen nach Revisionsgericht. Als solches war es nach dem Gerichtsverfassungsgesetze zunächst zuständig für die Verhandlung und Entscheidung über die Rechtsmittel der Revision gegen Urteile der Schwurgerichte und gegen Urteile der Strafkammern in erster Instanz, soweit nicht das Rechtsmittel ausschließlich auf die Verletzung einer in den Landesgesetzen enthaltenen Rechtsnorm gestützt war. Überdies konnte die Zuständigkeit des RG. in Strafsachen wegen Verfehlungen gegen die Vorschriften über die Erhebung öffentlicher, in die Reichskasse fließender Abgaben auch für die Entscheidung über die Revision gegen Urteile der Strafkammern in der Berufungsinstanz durch einen entsprechenden, bei der Einsendung der Akten an das Revisionsgericht von der Staatsanwaltschaft zu stellenden Antrag begründet werden. Durch diese Zuständigkeitsbestimmungen waren das RG. und die Reichsanwaltschaft zu Einrichtungen der Rechtspflege bestellt worden, denen es oblag, an höchster Stelle und in letzter Instanz durch Nachprüfung der angefochtenen Urteile der Landesgerichte bei der Rechtsanwendung die Rechtseinheit innerhalb des Reichsgebiets vornehmlich im Strafrecht und im Strafprozesse zu wahren. Das Rechtsmittel der Revision war an die Stelle der Nichtigkeitsbeschwerde des früheren Rechts gesetzt worden. Sie schloß die Nachprüfung des vom Vorderrichter festgestellten Tatbestands — es sei denn, daß diese Feststellung selbst unter Gesetzesverletzung erfolgt war — in der Revisionsinstanz grundsätzlich aus und befaßte die zur Rechtsfindung über die Revision berufenen Stellen lediglich mit der Überprüfung der angefochtenen Entscheidung auf Gesetzesverletzungen durch unrichtige Rechtsanwendung. Das war der Grundgedanke, unter dem sich die Tätigkeit der Reichsanwaltschaft im Rechtsmittelzuge der Revision vollzog. Ihr war die bedeutungsvolle und interessante, eine Verbindung praktischer Rechtspflege und wissenschaftlicher Durchdringung des Rechtsstoffes darstellende Aufgabe zugewiesen, mitzuwirken an der Klärung der geltenden Gesetze, an der Fortbildung des Rechts und an der Einheitlichkeit der Rechtsprechung. Im Einzelfalle hat bei Revisionssachen die Tätigkeit der Reichsanwaltschaft folgende Gestaltung angenommen. Nach der Instruktion des Rechtsmittels beim judex a quo gelangen die Akten zunächst zur Reichsanwaltschaft, bei der die Wahrung der Förmlichkeiten geprüft wird, ob das Rechtsmittel rechtzeitig eingelegt, die Revisionsanträge rechtzeitig und in der vorgeschriebenen Form angebracht, die Revisionsschriften richtig zugestellt sind. Hindernisse und Unstimmigkeiten, die behebbar sind, läßt die Reichsanwaltschaft durch Fühlungnahme mit dem Gericht oder der Staatsanwaltschaft der Vorinstanz beseitigen. Sie hat immer den Standpunkt vertreten, daß die Rechtsmittel des Angeklagten möglichst im Sinne ihrer Zulässigkeit beurteilt werden, andererseits darauf gehalten, daß sich bei einer Verfahrensrüge aus den Erklärungen des Beschwerdeführers nicht die Möglich- oder Wahrscheinlichkeit der Verletzung einer Rechtsnorm, sondern die bestimmte Behauptung, daß die Gesetzesverletzung tatsächlich erfolgt sei, ergeben muß (RGSt. 48, 288; 53 S. 51, 189). Erachtet die Reichsanwaltschaft die Bestimmungen über die Einlegung und die Rechtfertigung der Revision für beobachtet und die Zuständigkeit des RG. für gegeben, so legt sie dem Präsidenten des durch die Geschäftsverteilung bestimmten Strafsenats die Akten zur Terminsanberaumung vor. Dem zum Vertreter des Oberreichsanwalts für die Hauptverhandlung bestellten Reichsanwalt fällt die wichtige und entscheidende Aufgabe zu, das Urteil des Senats vorzubereiten und sich hierzu mit der tatsächlichen Gestaltung des Einzelfalles und seiner Rechtslage so vertraut zu machen, daß er gegenüber jedem Revisionsangriff auf alle Möglichkeiten rechtlicher Beurteilung der Sache hinzuweisen, jedes Bedenken aufzudecken und zu beleuchten imstande ist. Es darf gesagt werden, daß es in der Reichsanwaltschaft immer als eine vornehme Pflicht betrachtet worden ist, die Entscheidungen der Senate in der Revisionsinstanz etwa vom Standpunkte eines Mitberichterstatters an der Hand der Wissenschaft, des Schrifttums und höchstrichterlicher Vorentscheidungen anzuregen und, soweit ihr eine Einflußnahme gesetzlich verstattet war, auf sie einzuwirken. Das Ergebnis solcher Vorbereitung wird vom Reichsanwalt in knappen Ausführungen in der Revisionsverhandlung vorgetragen, dargelegt, welche Gesetzesverletzung gerügt, ob sie tatsächlich gegeben ist und ob, soweit nicht absolute Nichtigkeitsgründe vorliegen, die angefochtene Entscheidung auf der Gesetzesverletzung beruht. Dabei war gegenüber den Urteilen der Schwurgerichte bis zu deren durch die Verordnung über Gerichtsverfassung und Strafrechtspflege vom 4. Jan. 1924 (RGBl. I 15) bewirkten Umgestaltung zu beachten, daß bei ihnen die sachliche Revision sich auf die Prüfung beschränkte, ob nach dem Spruche der Geschworenen der Tatbestand einer durch das Gesetz unter Strafe gestellten Handlung vorlag (RGSt. 53 S. 199, 205). Die Ausführungen des Reichsanwalts schließen grundsätzlich mit einem fest bestimmten Antrage auf Verwerfung des Rechtsmittels oder Aufhebung des angefochtenen Urteils, letzterenfalls unter der Darlegung, ob sich die Vernichtung des Vorerkenntnisses auf den Strafausspruch beschränken, auf den Schuldspruch erstrecken und die zugrunde liegenden tatsächlichen Feststellungen umfassen soll. Ist die Sache sofort spruchreif, so wird von der Reichsanwaltschaft auf die alsbaldige Freisprechung, auf Beseitigung offensichtlicher Mängel des Urteilssatzes, auf eine absolut bestimmte oder — hierzu hat sich die Reichsanwaltschaft ständig aus eigener Entschließung auch ohne Fühlungnahme mit der vorinstanzlichen Staatsanwaltschaft für be-

Phot. Georg Brokesch Leipzig

Dr. Freiherr v. Seckendorff
Wirklicher Geheimer Rat. Oberreichsanwalt 1879—1885

fugt gehalten — auf die gesetzlich niedrigste Strafe angetragen. Desgleichen ist es, um zwecklose Weiterungen zu vermeiden, für zulässig erachtet worden, die sofortige Freisprechung in der Revisionsinstanz zu beantragen, sobald zweifelsfrei feststeht, daß im Falle der Zurückverweisung der Sache der Tatrichter freisprechen müßte (RGSt. 51 S. 47, 49; 53, 13; 61, 135). In den geeigneten Fällen endlich wird von dem Reichsanwalt die Zurückverweisung der Sache an ein anderes Gericht angeregt und bei Urteilsaufhebung wegen Verletzung des sachlichen Rechts die Mitberücksichtigung nichtrevidierender Angeklagter beantragt. In denjenigen Revisionssachen, in denen es sich um besonders schwierige Rechtsfragen handelt, wird die Stellungnahme der Reichsanwaltschaft in einem schriftlichen Rechtsgutachten niedergelegt (z. B. RGSt. 33, 204). Insbesondere wird zu jeder von der Staatsanwaltschaft eines Landes eingelegten Revision in einer schriftlichen, das Für und Wider erörternden Erklärung zum Ausdruck gebracht, ob das Rechtsmittel der Staatsanwaltschaft vertreten oder ob es für unbegründet erachtet wird. Die Reichsanwaltschaft ist ausschließlich eine Behörde des Reichs, sie verwaltet dem Reiche eigene Justizhoheit und Gerichtsbarkeit (RGSt. 28, 423; 33, 211). Sie ist nicht in der Lage, über den von der Landesstaatsanwaltschaft geltend gemachten Strafanspruch des einzelnen Gliedstaates zu verfügen, sie ist daher auch nicht befugt, das von ihr für unbegründet erachtete, von der Landesstaatsanwaltschaft eingelegte Rechtsmittel der Revision zurückzunehmen. Um so mehr nimmt sie gegebenenfalls Veranlassung, dem RG. gegenüber schriftlich zum Ausdruck zu bringen, daß und weshalb sie nicht in der Lage sei, für das Rechtsmittel der Staatsanwaltschaft in die Schranken zu treten. Bei der Mitwirkung im Revisionsrechtszuge hat die Reichsanwaltschaft nach der ihr zugedachten Stellung einen doppelten Zweck zu verfolgen, für den einzelnen und für das Allgemeine. Es geht nicht nur darum, die Rechtsbeständigkeit oder die Fehlerhaftigkeit des einzelnen Urteils festzustellen, sondern die Einheit der Rechtsprechung zu wahren. Zu diesem Ende werden alle ein Interesse bietenden Entscheidungen des RG. bei den Mitgliedern der Reichsanwaltschaft alsbald nach ihrem Erlaß in Umlauf gesetzt, damit der einzelne Reichsanwalt imstande ist, den Senat, vor dem er auftritt, von den Entscheidungen der anderen Senate zu unterrichten. Stehen Entschließungen von besonderer Tragweite bevor, so wird — eine bewährte, von der Generalstaatsanwaltschaft des preußischen Obertribunals übernommene Überlieferung — der Stoff in einer Besprechung der Reichsanwaltschaft erörtert, wobei nach dem Wesen der Staatsanwaltschaft der Oberreichsanwalt entscheidet, aber die Erfahrungen und Meinungen der Mitglieder der Behörde verwertet werden.

Im ersten und letzten Rechtszuge war durch das Gerichtsverfassungsgesetz dem Oberreichsanwalt die Pflicht zur Strafverfolgung in den Fällen des Hochverrats und des Landesverrats auferlegt, sofern diese Verbrechen gegen den Kaiser oder das Reich gerichtet waren. Die Tatbestände, deren Feststellung oder Verneinung hiernach der Reichsanwaltschaft oblag, waren im Strafgesetzbuche gegeben. Die Zuständigkeit erstreckt sich nicht nur auf die Vollendung der Verbrechen und die Täterschaft, sondern auch auf den Versuch, die strafbare Vorbereitung und die verschiedenen Formen der Teilnahme. Auch besteht nach der Strafprozeßordnung die Möglichkeit, Straffälle, die mit den zur Zuständigkeit der Reichsanwaltschaft gehörenden im Zusammenhange stehen, zum Zwecke gleichzeitiger Untersuchung zu verbinden. Besondere Vorschriften für das von der Reichsanwaltschaft und nach Eröffnung der gerichtlichen Untersuchung von dem RG. in den erstinstanzlichen Strafsachen zu beobachtende Verfahren sind abgesehen von wenigen Einzelbestimmungen nicht erlassen. Dies ist verschiedentlich bemängelt worden. Der Grund liegt in dem Umstande, daß auch nur der Anschein vermieden werden sollte, als würde bei den in Betracht kommenden Staatsverbrechen in einem Ausnahmeverfahren vorgegangen. Das RG. und die Reichsanwaltschaft werden auch hier als Behörden der ordentlichen, regelmäßigen Gerichtsbarkeit tätig, was sich aus dem ganzen Aufbau des Gerichtsverfassungsgesetzes, aus § 12 daselbst ergibt und auch noch durch Art. 103 der neuen Reichsverfassung v. 11. Aug. 1919 eine weitere Bestätigung erfahren hat. Demgemäß kommen für das Untersuchungsverfahren der Reichsanwaltschaft lediglich die allgemeinen Vorschriften in Frage. Es besteht auch hier strengstes Legalitätsprinzip mit Ausnahme der im objektiven Strafverfahren zu erledigenden Fälle und der nach § 4 StGB. im Auslande verübten hoch- oder landesverräterischen Handlungen, bei denen der Grundsatz der Opportunität gilt (RGSt. 44, 119). Durch besondere Verwaltungsvorschriften ist dafür Sorge getragen, daß der Oberreichsanwalt von den Sicherheitsbehörden des Reichs und der Länder sowie von den örtlichen Staatsanwaltschaften über alle zu ihrer Kenntnis gelangenden Fälle, in denen seine Zuständigkeit in Frage kommen kann, unterrichtet wird. Es ist seitens der obersten Reichsbehörden anerkannt, daß der Oberreichsanwalt auf Grund des ihm anvertrauten Strafrechtsschutzes für die Sicherheit des Reichs wesentlich mitverantwortlich ist. Auf die bei ihr eingegangenen Anzeigen oder Nachrichten erforscht die Reichsanwaltschaft den Sachverhalt in jeder geeigneten Form Rechtens. Sie nimmt entweder eigene Erhebungen vor oder betraut damit die Behörden des Polizei- und Sicherheitsdienstes sowie die Landesstaatsanwaltschaften. In dieser Richtung ist es von wesentlicher Bedeutung, daß nach den Bestimmungen des Gerichtsverfassungsgesetzes in denjenigen Sachen, für welche das RG. in erster und letzter Instanz zuständig ist, nicht nur sämtliche Beamte der Staatsanwaltschaft, sondern auch alle Beamte des Polizei- und Sicherheitsdienstes in ihrer Eigenschaft als Hilfsbeamte der Staatsanwaltschaft verpflichtet sind, den Anweisungen des Oberreichsanwalts Folge zu leisten. Auf Grund dieser weittragenden Vorschrift ist der Oberreichsanwalt der einzige Beamte des Reichs, der befugt ist, Beamte der einzelnen Länder unmittelbar, ohne Vermittlung der Regierungen oder oberen Behörden der Länder, mit Weisungen zu versehen. Haben die Beamten der Polizei oder bei Gefahr im Verzuge die örtlichen Amtsrichter Anordnungen getroffen oder Untersuchungshandlungen vorgenommen, so sind sie verpflichtet, den Oberreichsanwalt unverzüglich in Kenntnis zu setzen, dem allein die weitere Verfügung gebührt. Bieten die angestellten Ermittlungen keinen genügenden Anlaß zur Erhebung der öffentlichen Klage innerhalb ihrer

Zuständigkeit, so verfügt die Reichsanwaltschaft die Einstellung des Verfahrens oder die Abgabe der Sache an die zuständige Strafverfolgungsbehörde. Mit Rücksicht auf die Gesetzesvorschrift, wonach der die Erhebung der öffentlichen Klage begehrende Antragsteller, wenn er zugleich der Verletzte ist, das Recht hat, letzten Endes die gerichtliche Entscheidung über die Erhebung der Anklage herbeizuführen, waren nach Eröffnung des RG. zahlreiche Anträge gegenüber den in der Beschwerdeinstanz ergangenen Bescheiden der Oberstaatsanwälte auf gerichtliche Entscheidung eingelaufen. Sie sind sämtlich auf Antrag des Oberreichsanwalts wegen Unzuständigkeit des RG. zurückgewiesen worden, weil das RG. nur in den seiner Zuständigkeit in erster Instanz unterfallenden Sachen zur Entscheidung über die öffentliche Klage berufen sei, nicht aber in denjenigen, die möglicherweise vermittelst der Revision an es gelangen (RGRspr. 1, 41). Andererseits ist die Frage, wer über den die Erhebung der öffentlichen Klage ablehnenden Bescheid des Oberreichsanwalts zunächst zur Entscheidung berufen sei, erst nach mehr als 40jährigem Bestehen der Reichsanwaltschaft praktisch geworden. Sie ist 1920 dem Antrage des Oberreichsanwalts entsprechend dahin gelöst worden, daß gegen seinen Bescheid unmittelbar auf Entscheidung des RG. angetragen werden könne, da der Oberreichsanwalt in dem Reichsminister der Justiz zwar einen Vorgesetzten habe, letzterer aber keine höhere staatsanwaltschaftliche Instanz darstelle (RGSt. 55, 62). Erachtet der Oberreichsanwalt genügenden Anlaß zur Erhebung der öffentlichen Klage für gegeben, so ist er — bei gänzlich spruchreifen Sachen eine überflüssige Maßregel — kraft gesetzlicher Vorschrift gehalten, in allen Sachen seiner Zuständigkeit die Führung einer gerichtlichen Voruntersuchung zu beantragen, und zwar auch in solchen, die nur im Wege des Zusammenhangs vor dem RG. verhandelt werden sollen. Der Untersuchungsrichter wird für jede Sache von dem Präsidenten des RG. aus der Zahl der Mitglieder des RG., der eines andern deutschen Gerichts oder der Amtsrichter bestellt. Mitglieder des RG. sind nur in Ausnahmefällen zu Untersuchungsrichtern bestellt worden. Die in der ersten Zeit zwischen RG. und Reichsanwaltschaft strittige Frage, ob die reichsgerichtliche Voruntersuchung vom RG. selbst zu eröffnen und von dem erst dann zu bestellenden Untersuchungsrichter lediglich zu führen oder ob sie ohne Befassung des RG. vom Untersuchungsrichter zu eröffnen sei, ist längst in dem letzteren, vom RG. vertretenen Sinne beantwortet worden. Kommt es auf Grund der Voruntersuchung zur Erhebung der Anklage, so werden entsprechend den neueren Anschauungen der Strafrechtspflege in das wesentliche Ermittlungsergebnis der Anklageschrift die Erhebungen über die Persönlichkeit und die Lebensverhältnisse des Angeschuldigten aufgenommen. Auch wird stets auf die gesetzliche Notwendigkeit eines Verteidigers hingewiesen, wozu auch die in Leipzig wohnhaften Rechtsanwälte der sächsischen Gerichte bestellt werden können (§§ 140, 144 StPO.). Ist nach dem Ergebnis der Voruntersuchung das Vorliegen einer zur Zuständigkeit des RG. gehörigen Straftat zu verneinen, dagegen einer anderen zu bejahen, so beantragt die Reichsanwaltschaft bei dem RG. die Eröffnung des Hauptverfahrens vor dem in Betracht kommenden Landesgericht (RGR. 2, 219). Andererseits kann die

Reichsanwaltschaft mit einer bei einem Landesgerichte schwebenden Sache dadurch befaßt werden, daß dieses nach dem Ergebnis der mündlichen Hauptverhandlung eine reichsgerichtliche Zuständigkeit für vorliegend erachtet und die Sache an das RG. verweist, eine wenig angemessene Regelung, die den Instanzgerichten die Befugnis gibt, den obersten Gerichtshof zur Verhandlung einer Sache zu zwingen. Die vielfach an sie gestellten Anträge, eine gerichtliche Voruntersuchung zu übernehmen, weil sich der Verdacht einer zu ihrer Zuständigkeit gehörigen Straftat ergeben habe, hat die Reichsanwaltschaft stets mit der Begründung abgelehnt, daß es ihr verwehrt sei, in die bei einem Landesgerichte anhängige Voruntersuchung einzugreifen, daß diese bis zu ihrem Schlusse durchzuführen und alsdann von dem Gerichte zu beschließen sei, ob die Akten dem RG. zur Entscheidung vorzulegen seien. Die Verrichtungen der Reichsanwaltschaft in der Hauptverhandlung erster Instanz werden grundsätzlich von dem Sachbearbeiter, in geeigneten Fällen von einem Reichsanwalt oder dem Oberreichsanwalt wahrgenommen. Bei Druckschriften hoch- und landesverräterischen Inhalts war die Reichsanwaltschaft vielfach genötigt, ein selbständiges Verfahren auf Einziehung, Vernichtung oder Unbrauchbarmachung durchzuführen. In allen erstinstanzlichen Strafsachen des RG. ist die Reichsanwaltschaft Strafvollstreckungsbehörde. Da das Reich keine eigenen Strafhäuser unterhält, so wurden die vom RG. Verurteilten gemäß einer Vereinbarung in preußischen Strafanstalten untergebracht. Seit 1924 werden die Strafgefangenen nach ihrer Staatsangehörigkeit auf Anstalten der Länder verteilt, um sie nicht aus ihrer wirtschaftlichen Umwelt herauszureißen und ihnen nicht den Verkehr mit ihren Angehörigen unmöglich zu machen. Die Strafanstalten sind nach Benehmen mit der Landesbehörde ab und zu vom Oberreichsanwalt besichtigt worden. Über Strafaufschub von Gesetzes wegen entscheidet die Reichsanwaltschaft als Vollstreckungsbehörde, zur Aufschiebung und Unterbrechung des Strafvollzugs im Gnadenwege, zur Stundung von Geldstrafen und Bewilligung von Ratenzahlungen ist ihr die Befugnis in bestimmtem Umfange übertragen worden; auch wirkt sie beim Vollzuge von Gesamtstrafen, an denen das RG. beteiligt ist, mit. Die Todesstrafe ist seit dem Bestehen der Reichsanwaltschaft aus einem Urteile — es betraf den Anschlag bei Enthüllung des Niederwalddenkmals — vollstreckt worden; mit der Veranlassung des Vollzugs hatte der Oberreichsanwalt den preußischen Ersten Staatsanwalt in Halle beauftragt. In den erstinstanzlichen Sachen obliegt der Reichsanwaltschaft auch die Bearbeitung der Gnadenangelegenheiten. Sie erörtert die Gnadengesuche, berichtet über die vorläufige Entlassung, die Erteilung eines alsbaldigen Gnadenerweises oder eine bedingte Strafaussetzung.

Bis zum Ges. vom 8. Juli 1922 (RGBl. I 569) hatte über die Anträge des Oberreichsanwalts der I. Strafsenat und nach Eröffnung des Hauptverfahrens bei Hoch- und Landesverrat der Vereinigte II. und III. Strafsenat des RG. zu befinden. In letzter Zeit ist vielfach die Frage aufgeworfen worden, ob das RG. das zur Aburteilung von Staatsverbrechen geeignete Erstinstanzgericht sei. Demgegenüber darf festgehalten werden, daß seit 1848 alle Verfassungen und Verfassungsentwürfe Deutschlands der Meinung Ausdruck gegeben haben, daß das Reich eine eigene Gerichtsbarkeit über die Verbrechen, die sich gegen seine eigene Existenz richten, nicht entbehren könne. Die Motive zum GVG. begründen die Errichtung des RG. in erster Reihe mit der Notwendigkeit des Schutzes der Unversehrtheit und Sicherheit des Reichs. Das Reich könne sich nicht damit beruhigen, den Ländern die Aburteilung von Verbrechen zu überlassen, die gegen seine eigene Existenz, Unversehrtheit, Sicherheit oder Verfassung gerichtet seien. Richter, welche für würdig erachtet seien, Mitglieder der höchsten richterlichen Behörde des Reichs zu sein, denen durch diese Stellung alle kleinlichen Beweggründe des Ehrgeizes entrückt seien, die so unabhängig gestellt würden, daß von einer eigentlichen Disziplinargewalt über sie nicht die Rede sei, würden, wenn sie ohne jede Willkür zum Spruchgericht formiert seien, die höchst mögliche Gewähr für eine Unabhängigkeit der Rechtspflege gegenüber der Regierung und für Gerechtigkeit ihres Spruchs gegen den Angeklagten geben. Es entbehrt nicht eines Reizes, sich zu erinnern, daß bei der Beratung der Reichsjustizgesetze im Reichstage der Abgeordnete Dr. Lasker der Begründung des Regierungsentwurfs namens der Mehrheit an die Seite und den wenigen Gegnern mit der Ausführung entgegengetreten ist, es sei in der Tat peinlich, wenn Mitglieder des Hauses beflissen seien, fast jeder vorgeschlagenen Bestimmung eine schlechte Seite abzugewinnen, selbst auf die Gefahr hin, daß die zukünftigen Einrichtungen in der Meinung Unkundiger mit einem nicht verdienten Odium behaftet würden. Er bekenne, daß er einen Gerichtshof von größerer Zuverlässigkeit, als zwei vereinigte Senate des höchsten Gerichtshofes, nicht zusammenzusetzen wüßte. In der Tat wird niemand, der Gelegenheit hatte, an einer Verhandlung des Vereinigten II. und III. Strafsenats beteiligt zu sein, mit dem Zeugnis zurückhalten dürfen, daß eine bessere Feststellung des Tatbestands, eine ausgezeichnetere Rechtsbegründung, ein gerechterer Spruch nicht gedacht werden konnte. Ob die Schwerfälligkeit der Einrichtung groß genug war, um mit ihr alle ihre Vorzüge aufzugeben, darf bezweifelt werden.

Gegenüber der Beteiligung der Reichsanwaltschaft an der Revisions- und an der ersten Instanz tritt ihre Mitwirkung beim **Rechtsmittel der Beschwerde** zurück. Sie besteht im wesentlichen in der eigenen Einlegung des Rechtsmittels oder in der Abgabe gutachtlicher Erklärungen zu den Beschwerden gegen Entscheidungen der Ermittlungs- und Untersuchungsrichter in reichsgerichtlichen Erstinstanzsachen. Auch vor den Entscheidungen, die das RG. als das gemeinschaftliche obere oder als das zunächst obere Gericht fällt, wird der Oberreichsanwalt regelmäßig mit seinen Erklärungen gehört, sei es daß es sich handelt um die Verbindung zusammenhängender oder um die Trennung verbundener Strafsachen mit Rücksicht auf die sachliche oder örtliche Zuständigkeit (§§ 4, 13 StPO.), um die Lösung positiven und negativen Zuständigkeitsstreits (§§ 14, 19 a. a. O.), um die Übertragung der Untersuchung beim Zusammentreffen mehrerer Gerichtsstände (§ 12 a. a. O.) oder bei Verhinderung des zuständigen Gerichts (§§ 15, 27 a. a. O.). Der Mitwirkung der Reichsanwaltschaft an der Bestimmung des zuständigen Gerichts beim Mangel eines Gerichtsstands (§ 9 StPO.) steht die Vorschrift nahe, wonach ihr die Entscheidung zusteht, falls die Staatsanwaltschaften verschiedener Länder sich wegen Übernahme der Verfolgung nicht einigen können (§ 143 GVG.). Vor der dem RG. letztinstanzlich zustehenden Beschlußfassung innerhalb des Gebiets der Rechtshilfe (§ 159 GVG.) hat die Reichsanwaltschaft ebenfalls stets das Wort genommen, in Übereinstimmung mit dem Gerichtshofe beim Ersuchen eines Gerichts in seiner Eigenschaft als Vollstreckungsbehörde eine Bitte um Rechtshilfe nicht für vorliegend erachtet (RGSt. 20, 101), jedoch die Anerkennung des von ihr vertretenen Standpunktes, die Vorschriften über die Rechtshilfe seien bei entsprechenden Ersuchen der Disziplinarbehörden an die ordentlichen Gerichte ebenmäßig anzuwenden, nicht erreichen können (RGSt. 19, 438). Wo nach landesgesetzlichen Bestimmungen auf Grund des § 11 EG. zum GVG. bei Verfolgung von Beamten dem RG. die Vorentscheidung darüber zustand, ob der Beamte sich einer Überschreitung seiner Amtsbefugnisse schuldig gemacht habe, hatte die Reichsanwaltschaft die Entscheidungen mitvorbereitet, die sich mit der verfahrensrechtlichen Behandlung und der sachlichen Umgrenzung der Amtsbefugnisse beim Konflikt zugunsten mecklenburgischer und elsaß-lothringischer Beamter befassen (RGSt. 16, 197; 32, 322; vgl. auch RGZ. 52, 107; 64, 249). Andererseits haben RG. und Oberreichsanwalt in Fällen, in denen gegenüber reichsgerichtlich anhängigen Untersuchungen die Konfliktserhebung zugunsten eines Beamten erfolgte, zwar die Einstellung der Verfahrens herbeigeführt, aber die weitere Anwendung des landesrechtlich geordneten Konfliktsverfahrens (JMBl. 1888 S. 6) durch die oberste Spruchbehörde des Reichs für ausgeschlossen erachtet. Wenn das RG. vor seinen Entschließungen in Strafsachen überall — auch in der Beschwerdeinstanz regelmäßig (§ 309 StPO.) — die Reichsanwaltschaft mit ihrer gutachtlichen Äußerung hört, so beruht diese Übung auf dem Grunde, die Bedingungen für die Gewähr möglichster Irrtumslosigkeit der Entscheidungen im Hinblick auf das Ansehen höchstrichterlichen Spruches zu verstärken.

So war der Reichsanwaltschaft vom 1. Oktober 1879 an einen Aufgabenkreis gestellt, der ihr gegeben hat, an der bunten Zahl der Fälle, wie sie nur die vielgestaltige Praxis bringt, alle Gebiete des Strafrechts und des Strafprozesses zu durchforschen. Von den Grundlagen der Strafrechtswissenschaft, der Lehre von den Schuldformen, dem untauglichen Versuch, der Teilnahme, dem ursächlichen Zusammenhange, den Gründen der Schuld- und Strafausschließung bis zu jedem einzelnen Merkmal der Strafrechtstatbestände war sie tätig an der Auslegung und Klärung gesetzgeberischer Gedanken. Die Nachprüfung der Anwendung der Normen des StGB. wurde vornehmlich aus den Händen des preußischen Obertribunals übernommen. Die Reichsjustizgesetze gewannen gleichzeitig mit dem Beginne des RG. ihr Leben. Von den bereits bestehenden Strafnebengesetzen hatten die Gewerbeordnung, das Vereinszollgesetz, das Post-, Preß- und das Nahrungsmittelgesetz besondere Bedeutung für die Rechtsprechung. Neues Recht kam hinzu. Deutschland war in den Sattel gesetzt worden. Das junge Reich nahm seinen Weg. Die politische, wirtschaftliche, soziale Entwicklung drängte nach neuen Ausdrucksformen, betätigte sich in neuen Gesetzen. Gleich das Jahr 1880 brachte eine Abänderung des StGB. durch das Wuchergesetz, das den Kreditwucher, in seiner Erweiterung von 1893 auch den

Sachwucher, unter Strafe stellte und insbesondere zur Umschreibung der Merkmale der „Ausbeutung" (RGSt. 3, 218; 15, 333) und der „Notlage" (12, 303; 28, 290; 53, 285; 58, 329) Veranlassung gab. Der Bund mit Österreich kam in dem Ges., betr. die Bestrafung von Zuwiderhandlungen gegen die österreichisch-ungarischen Zollgesetze, vom 17. Juli 1881 (RGBl. 247) zum Ausdruck, durch das die wesentlichsten Begriffe des Vereinszollgesetzes auf die gegen die Donaumonarchie verübten Zollstraftaten übertragen wurden. Mit dem Krankenversicherungsgesetz vom 15. Juni 1883 (RGBl. 73) beginnt die Sozialgesetzgebung in das Wirkungsfeld der Reichsanwaltschaft zu treten; auf Grund der Fassung des Ges. vom 10. April 1892 (RGBl. 417) wird — und zwar bis in die Geltungszeit der Reichsversicherungsordnung — daran festgehalten, daß der Arbeitgeber, der Lohnbeträge um die Beitragsteile gekürzt hat, von dem Vorwurf strafbaren Vorenthaltens nicht durch den Einwand des Mangels an Mitteln entschuldigt wird (RGSt. 25, 194; 30, 161; 39, 333; 40, 42; 50, 133). Neue Aufgaben für die Reichsanwaltschaft bringt 1884 die Aktiennovelle mit den Tatbeständen der handelsrechtlichen Untreue, der schwindelhaften Angaben über die Gründung, der Bilanzverschleierung, des Stimmenkaufs. Das Sprengstoffgesetz bildet durch 45 Jahre bis zur Jetztzeit ständiges Anwendungsgebiet. Festgehalten wird, daß nur der wissentlich unerlaubte Besitz von Sprengstoff strafrechtlich beanstandet wird (RGSt. 13, 35; 28, 130; 48, 316) und — nach einer Abweichung (56, 222) — daß auch die nachkriegsrechtliche Behandlung der Handgranaten die Anwendung des Sprengstoffgesetzes nicht ausschließt (RGSt. 57, 329; 59 S. 2, 6). Die Gesetzgebung des Jahres 1886 führt einen entscheidenden Einfluß der Reichsanwaltschaft auf die Wahrung der Einheitlichkeit in der Rechtsprechung herbei. Das GVG. hatte ursprünglich Plenarentscheidungen der Vereinigten Zivil- oder Strafsenate nur vorgesehen, wenn ein Zivilsenat in einer Rechtsfrage von einer früheren Entscheidung eines anderen Zivilsenats oder der Vereinigten Zivilsenate, ingleichen ein Strafsenat von einem anderen Strafsenat oder den Vereinigten Strafsenaten abweichen wollte. Einen Ausgleich zwischen Widersprüchen der Zivilsenate einerseits und der Strafsenate andererseits kannte man nicht. Dieser wird jetzt eingeführt und dem Plenum des RG. übertragen. Ferner wird, während früher den Vereinigten Senaten die ganze Verhandlung und Entscheidung der Sache selbst — zur Wahrung des Grundsatzes der Unmittelbarkeit vor dem erkennenden Gerichte — oblag, nunmehr lediglich die streitige Rechtsfrage der Entscheidung durch die Vereinigten Senate oder das Plenum unterworfen, eine Regelung, die schon 1836 für das preußische Obertribunal eingeführt worden war. Endlich wird über die Mitwirkung der Reichsanwaltschaft, der bisher lediglich vorbehalten war, in den Fällen ihrer Beteiligung bei der mündlichen Hauptverhandlung ihren Antrag zu stellen, ausdrücklich Bestimmung getroffen. Vor der Entscheidung des Plenums, der Vereinigten Strafsenate sowie in Ehe- und Entmündigungssachen ist der Oberreichsanwalt mit seinen schriftlichen Anträgen zu hören, die nach der Geschäftsordnung des RG. vor der Abgabe der Gutachten der Senatsberichterstatter zu stellen und jedem zur Mitwirkung an der Plenarentscheidung berufenen Gerichtsmitgliede vor der Sitzung schriftlich mitzuteilen sind. Auf Grund dieser Vorschriften hat die Reichsanwaltschaft bislang in 31 von den Vereinigten Strafsenaten und in 4 von den Vereinigten Zivilsenaten entschiedenen Fällen die streitige Rechtsfrage begutachtet. Eine Entscheidung des Plenums des RG. ist bisher nicht ergangen. Das Ges., betr. die unter Ausschluß der Öffentlichkeit stattfindenden Gerichtsverhandlungen, vom 5. April 1888 (RGBl. 133) half einem Bedürfnis ab, das sich gerade in den von dem Oberreichsanwalt anhängig gemachten Strafverfahren herausgestellt hatte. Die bisherigen Vorschriften hatten nicht ausgereicht, um die namentlich bei Hoch- und Landesverratsverfahren im Interesse des Reichs notwendige Geheimhaltung des Inhalts der Verhandlungen zu sichern. Die Staatssicherheit wird hervorgehoben, die Möglichkeit des Ausschlusses der Öffentlichkeit auf die Urteilsgründe anerkannt, ein Schweigebefehl eingeführt und unter Strafrechtsschutz gestellt, eine Berichterstattung über — aus Gründen der Staatssicherheit — geheim geführte Verhandlungen für unzulässig erklärt. Die gesetzliche Regelung der Erwerbs- und Wirtschaftsgenossenschaften (RGBl. 1889 S. 55) zwingt die Reichsanwaltschaft zum Vergleich der hier geregelten Untreue mit der des StGB. (RGSt. 37, 25; 58, 391). In das Gebiet des Invalidenversicherungsgesetzes (RGBl. 1889 S. 97) fällt die Begutachtung der Rechtsfrage über die Unzulässigkeit von Eintragungen in die Quittungskarte, die zu der Plenarentscheidung RGSt. 32, 263 geführt hat. Die im Jahre 1891 erfolgten Änderungen der GewO. und des StGB. berührten den Geschäftskreis der Reichsanwaltschaft insofern, als im Interesse einer Entlastung die Möglichkeit der Verweisung einer Reihe von Gewerbevergehen ans Schöffengericht eingeführt und als Folgerung aus RGSt. 4, 406; 11, 336; 17, 394 die strafrechtliche Bedeutung der Wiederverwendung entwerteter Postwertzeichen sowie schon der Gefährdung, nicht nur der tatsächlichen Verhinderung des Telegraphen- und Rohrpostbetriebs festgestellt wurde (§§ 276, 317ff. StGB.). Bei der Anwendung der Gesetze zum Schutze des gewerblichen Eigentums schließen sich Strafsenate und Reichsanwaltschaft den Zivilsenaten des RG. an. So innerhalb des Patentgesetzes von 1891, wo die Wirkung des Patents gegen den Vorbenutzer (RGSt. 28, 27), die patentrechtliche Freiheit geschützter, vom Patentinhaber einmal in den inländischen Verkehr eingeführter Erzeugnisse (36, 178) erörtert wird, wo die Grundsätze aufgestellt werden, nach denen zu beurteilen ist, ob der äußere und innere Tatbestand eines Eingriffs in ein patentiertes Verfahren vorliegt und welche Bedeutung einem Irrtum über den Inhalt der Patenterteilung zukommt (43, 397; 44, 185; 49, 202). Die Nachprüfung der von den Instanzgerichten behandelten Verletzungen eines Gebrauchsmusterschutzes ergibt die Notwendigkeit, die Bedeutung des Modells in seiner Verkörperungsform (RGSt. 25, 214; 29, 435), die Begriffe der Neuheit und offenkundigen Benutzung (32, 375; 28, 158) sowie die lediglich deklarative Wirkung der Eintragung (46, 92) darzulegen. Beim Reichsgesetze betreffend die Gesellschaften mit beschränkter Haftung ist das RG. der Anschauung der Reichsanwaltschaft, daß zur Auslegung der vom Geschäftsführer zum Handelsregister abgegebenen Anmeldeerklärung mündliche Abreden der Beteiligten nicht zu berücksichtigen seien, beigetreten (RGSt. 40, 285), dagegen ihrem Antrage,

Phot. Georg Brokesch, Leipzig

Dr. h. c. Tessendorff
Oberreichsanwalt 1886—1895

einem Redaktionsversehen gegenüber dem klaren und unzweideutigen Wortlaut des Gesetzes den Vorzug zu geben, nicht gefolgt (40, 191). Die Weingesetzgebung des Reichs bringt ein neues Rechtsgebiet. Die Grundsätze, die der I. und II. Strafsenat bei der Anwendung des Nahrungsmittelgesetzes auf angebliche Weinfälschungen aufgestellt hatten, ließen sich nicht vereinigen (RGSt. 14, 428; 15, 192). Der Gesetzgeber griff ein. In den Jahren 1892, 1901 und 1909 werden, in stets größerer Verschärfung, Weingesetze erlassen, bei deren Auslegung die Reichsanwaltschaft Stellung genommen hat zur Begriffsbestimmung für Wein, zu den Fragen des Verschnitts, der Zuckerung, der Kellerbehandlung, der Bezeichnung des Weins und seiner Nachmachung. Die erstinstanzliche Tätigkeit der Reichsanwaltschaft erfährt 1893 eine bedeutende Erweiterung durch den Erlaß des Gesetzes gegen den Verrat militärischer Geheimnisse. Gerade im Geschäftskreis der Reichsanwaltschaft hatten sich die strafgesetzlichen Bestimmungen über den Landesverrat gegenüber der Preisgabe militärischer Geheimnisse als unzureichend erwiesen. Die Lücken der Straflosigkeit der Ausspähung und des Verrats an Spione — nur der an fremde Regierungen war bislang strafbar — wurden geschlossen, wegen des gegen das Reich gerichteten Ziels der Spionage und des Bedürfnisses einheitlicher und gleichmäßiger Rechtsprechung die Zuständigkeit des Oberreichsanwalts und RG. begründet. Bei der Anwendung des Gesetzes wird vom Gericht und der Reichsanwaltschaft der Ausschluß von Landesverrat zugunsten des Sondergesetzes, sobald Geheimnisse der Landesverteidigung in Frage stehen, für gegeben erachtet (RGSt. 25 S. 45, 52). Aus der Fülle der Rechtsfragen, die innerhalb des Gesetzes zum Schutze der Warenbezeichnungen (RGBl. 1894 S. 441) von der Reichsanwaltschaft zu lösen waren, sei nur diejenige erwähnt, welche die zeichenrechtliche Freigabe des Privatgebrauchs eines mit fremdem Warenzeichen versehenen Gefäßes betraf und von den Vereinigten Strafsenaten dem Antrage des Oberreichsanwalts entsprechend entschieden wurde (RGSt. 43 S. 87, 90). Auch in dem Bestreben, die Bekämpfung des unlauteren Wettbewerbs auf Grund der Gesetze von 1896 und 1909 wirksam zu fördern, ist das RG. den Anträgen der Reichsanwaltschaft beigetreten, so hinsichtlich der Schwindelreklame (RGSt. 40, 438; 44, 143; 45, 362; 47, 417; 61, 58), der Nachschiebung bei Ausverkäufen (37, 358; 44, 282), des Schmiergelderunwesens (48, 291) und des Verrats von Geschäftsgeheimnissen (33, 6). In demselben Jahre, in dem das Wettbewerbsgesetz entstand, trat die Gesetzgebung den Schäden entgegen, die sich im Börsenverkehr und bei der Aufbewahrung fremder Wertpapiere im Bankgeschäfte gezeigt hatten. Bei Auslegung des Börsengesetzes hatte sich die Reichsanwaltschaft in ihren Anträgen mit dem Begriff des Börsentermingeschäftes (RGSt. 44, 55) und gerade bis in die letzte Zeit mit der Untreue des Kommissionärs (61, 314; 62, 31) zu beschäftigen, während sie innerhalb des Depotgesetzes die Abweichung von der in RGSt. 47, 38 vertretenen Rechtsansicht und die Annahme des Standpunktes erreicht hatte, die für den Kunden angeschafften Wertpapiere brauchten für den Einkaufskommissionär keine fremden zu sein (61, 336). Der Abschluß des BGB. und der mit ihm zusammenhängenden Gesetze gab der Reichsanwaltschaft Gelegenheit, an der Klärung bürgerlich-rechtlicher Normen mitzuwirken; hier sei nur auf ihre Anträge zu den Fragen der Vollendung eines bestimmten Lebensjahres (RG. 35, 37), der offenen Stellvertretung (52, 43), des Zurückbehaltungsrechtes (37 S. 118, 130), der Aneignung herrenloser Sachen (39, 26; 42, 75), der Eheschließung (35, 265) und der Stellung des Vormundes (39 S. 204, 205) hingewiesen. Innerhalb des HGB. war sie in ihrer Anträgen auf strenge Anforderungen hinsichtlich der Einzahlung und des Besitzes des Aktienkapitals bedacht (RGSt. 43, 182; 53, 153). Nachdem mit der Neuordnung des bürgerlichen Rechts die Umgestaltung der KO. auch eine Erweiterung des einfachen Bankerott-Tatbestandes gebracht hatte, wurde die Antragstellung des Oberreichsanwalts vor Plenarentscheidungen auch auf die Rechtsstreitigkeiten ausgedehnt, welche die Feststellung des Rechtsverhältnisses zwischen Eltern und Kindern und die Anfechtung einer Todeserklärung zum Gegenstande haben. Im Jahre 1898 trat das Gesetz betreffend die Entschädigung der im Wiederaufnahmeverfahren freigesprochenen Personen in Kraft, dem 1904 das die Entschädigung für unschuldig erlittene Untersuchungshaft regelnde folgte. Beide bezeichneten für die reichsgerichtlichen Sachen des ersten Rechtszuges die Reichsanwaltschaft als die Behörde, bei der die auf Grund der Gesetze erhobenen Ansprüche zu verfolgen seien. Demgemäß hatte die Reichsanwaltschaft derartige Ansprüche durch geeignete Ermittlungen zu erörtern und über ihre Stichhaltigkeit an die Ministerialinstanz zu berichten. Dem wiederholten Antrage des Oberreichsanwalts, bei sofortiger Freisprechung in der Revisionsinstanz auch über die Entschädigung für unschuldig erlittene Untersuchungshaft zu entscheiden, hat das RG. nicht stattgegeben, weil solche Beschlußfassung mit der auf die Rechtsfrage beschränkten Stellung des Revisionsgerichts nicht vereinbar sei und dem letzten Tatrichter gebühre (RGSt. 39, 291). Die neue Militärstrafgerichtsordnung versetzte den Oberreichsanwalt nicht nur in die Notwendigkeit, innerhalb des Rechtsmittels der Revision die Voraussetzungen bürgerlicher und militärischer Gerichtsbarkeit zu erörtern, sondern auch Stellung zu nehmen vor der dem RG. letztinstanzlich übertragenen Entscheidung im Gebiete militärgerichtlich erbetener Rechtshilfe (§ 12 EG. zur MStGO.). Auch hatte der Oberreichsanwalt die Mitteilung aller wichtigen Reichsgerichtsentscheidungen an die Militäranwaltschaft übernommen, um die Durchführung des § 85 MStGO. zu sichern, wonach eine Abweichung von den Vereinigten Strafsenaten oder dem Plenum des RG. in einer Rechtsfrage der bürgerlichen Strafgesetze nicht durch einen Senat, sondern nur durch das Plenum des Reichsmilitärgerichts beschlossen werden durfte. Bei Beginn des neuen Jahrhunderts waren es drei strafgesetzliche Neuerungen, die den Geschäftskreis der Reichsanwaltschaft besonders berührten. Zunächst das Gesetz betreffend die Bestrafung der Entziehung elektrischer Arbeit (RGBl. 1900 S. 288). Vergeblich hatte gerade die Reichsanwaltschaft den Standpunkt des IV. Strafsenats, daß elektrische Kraft mangels Voraussetzung der Körperlichkeit nicht Gegenstand des Diebstahls sein könne (RGSt. 29, 111), bekämpft und die Annahme ihrer gegenteiligen Rechtsansicht durch den Antrag auf Verweisung der Frage vor die Vereinigten Strafsenate zu erreichen versucht (32, 166). Der I. Strafsenat trat dem IV. bei, so daß die Lücke im Wege der Gesetzgebung geschlossen werden mußte. Dagegen befanden sich die Vereinigten Strafsenate und die Reichsanwaltschaft in Übereinstimmung bei Bejahung der Frage, daß innerhalb des ebenfalls 1900 in Kraft getretenen Schlachtvieh- und Fleischbeschau- sowie des späteren Viehseuchengesetzes auf Einfuhrverbote auch die Vorschriften des Vereinszollgesetzes über Konterbande Anwendung zu finden hätten (RGSt. 49, 127). Endlich brachte die sog. Lex Heinze eine Verschärfung und Neugestaltung der strafgesetzlichen Tatbestände der Kuppelei, Zuhälterei und des Vertriebs unzüchtiger Schriften, auf welcher Grundlage sich unter Mitwirkung der Reichsanwaltschaft eine vielgestaltige Rechtsprechung des RG. entwickelte. Nicht minder vielfältig war die Tätigkeit der Reichsanwaltschaft beim Schutze des Urheberrechts an Werken der Literatur und Kunst; ihren Anträgen zur Bestimmung selbständiger literarischer Arbeit (RGSt. 37, 294), des Urheberrechts bei Herausgabe eines Sammelwerks (38, 241), der Aufführung eines Tonstücks gegen Entgelt (43, 189), des Nachdrucks von Fernsprechbüchern (62, 398) schließen die Senate sich an. Inzwischen hatte sich infolge der Fülle der Geschäfte bei den Strafsenaten und der Reichsanwaltschaft eine Belastung ergeben, der im Interesse des Ansehens des obersten Gerichtshofes und der beschleunigten Durchführung des Strafverfahrens entgegengetreten werden mußte. Schon im Gesetze betreffend die Kinderarbeit in gewerblichen Betrieben war, um das Rechtsmittel der Revision nicht durchweg vor das RG. zu bringen, die Überweisungsfähigkeit der Gewerbevergehen an das Schöffengericht angeordnet worden. Die Geschäftslast war aber inzwischen so angewachsen, daß der Staatssekretär des Reichsjustizamts bei der Begründung der gesetzgeberischen Entlastung vor dem Reichstage erklärte, man beginne bereits in den Spuren des seligen Reichskammergerichts zu wandeln. In der Tat waren Ende 1904 Sachen in der Zahl von 2776 unerledigt geblieben, die Verhandlungstermine hatten 7—9 Monate hinausgerückt werden müssen. Dieser Zustand war unhaltbar, ihm wurde durch das, mit auf den Anregungen des damaligen Oberreichsanwalts Dr. Olshausen beruhende und von ihm beeinflußte Ges., betr. Änderungen des GVG., vom 5. Juni 1905 (RGBl. 533) abgeholfen, das durch unmittelbare Erweiterung der Zuständigkeit des Schöffengerichts und durch Ausdehnung der Überweisungsmöglichkeit an dieses eine große Zahl Strafsachen von der Revisionsinstanz des RG. fernhielt. Aber neue Aufgaben kamen bald wieder hinzu. Um hervorgetretene Härten abzuschwächen, wurde der Tatbestand der Majestätsbeleidigung eingeschränkt, die Strafsatzung gemildert. Der Erlaß des Reichsvereinsgesetzes erfüllte eine immer wieder erhobene Forderung. Die Reichsanwaltschaft hatte Stellung zu nehmen zu den Begriffen der Öffentlichkeit und Auflösung von Versammlungen (RGSt. 44, 132), der Auf- und Umzüge (46, 31), zur strafrechtlichen Verantwortlichkeit des Vereinsvorstands (56, 371), zu den Wirkungen der neuen Reichsverfassung auf das Vereinsgesetz (56, 183). Der Verkehr mit Kraftfahrzeugen, der sich sprunghaft steigert, durch ein besonderes Gesetz (RGBl. 1909 S. 437) und durch immer neue Verordnungen geregelt werden muß, hat die Anerkennung des ständig festgehaltenen Grundsatzes zur Folge, daß der Kraftwagenführer verpflichtet ist, sein Augenmerk auf alle in Betracht kommenden Gefahrenquellen zu richten (RGSt.

59, 318), mit Unbesonnenheiten des Publikums auf der Straße zu rechnen (61, 120). Mit der Klärung steuerrechtlicher Fragen hatte sich die Reichsanwaltschaft seit der Zeit ihres Bestehens beschäftigen müssen. Dieser Zweig ihrer Tätigkeit erfährt eine bedeutende Erweiterung durch die Finanzreformen der Jahre 1906 und 1909. Infolge von Fehlbeträgen hatte sich die Beschaffung von Deckungsmitteln für den Reichshaushalt immer schwieriger gestaltet. In Verbindung mit dem Ges., betr. die Ordnung des Reichshaushalts und die Tilgung der Reichsschuld, vom 3. Juni 1906 (RGBl. 620) wird eine ganze Reihe von Steuergesetzen, unter denen das zur Besteuerung der Zigaretten die Rechtsprechung besonders in Anspruch nimmt, geschaffen und geändert. Eine Finanzreform noch größeren Stiles mit weitreichender Veränderung der Steuergesetzgebung bringt 1909 das Gesetz über die Veränderung im Finanzwesen (RGBl. S. 743). Die Umschreibung der Begriffe des Steuerschuldners und der Steuerpflicht (RGSt. 46, 281; 54, 278; 55, 286; 56, 311), der Rechtsvermutungen (45, 297; 48, 104), der Einziehung (44, 366; 46, 131), des vom Verschulden unabhängigen Formaldelikts (43, 390; 49 S. 68, 150) erweist sich als erforderlich. Das Zuwachssteuergesetz schließt sich an, den Gedanken einer Reichsabgabe von der unverdienten Wertsteigerung bei Grundstücken einführend (RGSt. 49, 78). Die außenpolitischen Verhältnisse spitzen sich zu. Die Notwendigkeit, zum Schutze der Geltung und Wohlfahrt des Reiches Heer und Flotte zu verstärken, hat zur Bestreitung der einmaligen Kosten das Wehrbeitragsgesetz, zur Sicherung der dauernden Ausgaben das Besitzsteuergesetz zur Folge. Neue Fragen bedürfen der Lösung. Umfang und Tragweite, sachliche und verfahrensrechtliche Bedeutung des „Generalpardons" werden festgestellt (RGSt. 48 S. 303, 372; 49 S. 59, 188, 357; 53, 39). Innerhalb des Besitzsteuergesetzes wird an der Maßgeblichkeit der Veranlagung zum Wehrbeitrag festgehalten (RGSt. 52 S. 157, 338; 54, 68), die tätige Reue durch Berichtigung abgegrenzt (59, 115), der Herkunft von Vermögensbeträgen aus sittenwidriger Quelle für die Besitzsteuer jede Bedeutung abgesprochen (54 S. 49, 68).

Es erübrigt noch, einen Blick zurückzuwerfen auf die Änderungen, die das StGB. im Jahre 1912 erfahren hat. Abgesehen von einigen Strafmilderungen wird die Bestrafung der Mißhandlung Jugendlicher und Wehrloser verschärft, Notdiebstahl, Notunterschlagung, Notbetrug eingeführt. Zu den Merkmalen „grausamer und boshafter Behandlung"(RGSt.49, 389; 58, 336; 62,160), zum Beweggrund der „Not" nimmt die Reichsanwaltschaft Stellung (46 S. 265, 387, 408; 52, 296). Hand in Hand mit der Verschärfung der außenpolitischen Zustände zeigt sich gerade unter den bei der Reichsanwaltschaft anfallenden Sachen des ersten Rechtszuges ein stetiges Anwachsen gefährlicher Spionage. Die Gegner von morgen bekunden ein immer lebhafteres Interesse an der Ausspähung militärischer Geheimnisse des Reichs. Noch gelingt es, ein neues Gesetz gegen den Verrat militärischer Geheimnisse (RGBl. 1914 S. 195) zu erwirken, das den Strafrechtsschutz verstärkt, insbesondere auch die Preisgabe geheimer Nachrichten und schon die Anknüpfung von Beziehungen mit Spionageagenten beanstandet. An Stelle des Vereinigten II. und III. Strafsenats wird der II. Strafsenat zum erkennenden Gerichte bestellt. Da, während man noch bedacht ist auf den Schutz des Reichs, schließt sich der Kreis seiner Gegner. Die eisernen Würfel rollen, der Weltbrand lodert. Die Gesetzgebung wird umgestellt, die Wirkungen des preußischen Gesetzes über den Belagerungszustand, des bayerischen Kriegszustandgesetzes beginnen. Die in gefährdeten Gebieten erfolgte Einsetzung außerordentlicher Kriegsgerichte greift tief in die Tätigkeit der Reichsanwaltschaft ein. Sie haben gesetzlich die Zuständigkeit für Hoch- und Landesverrat. Ihre je nach der örtlichen Lage wechselnde Errichtung und Aufhebung hat während des Krieges oft einen Wechsel in der Bearbeitung durch sie oder die Reichsanwaltschaft zur Folge. Sprunghaft wachsen die der Reichsanwaltschaft verbleibenden Spionagesachen an; kein Gebiet der Rüstung und Landesverteidigung, das nicht der Feind zu erkunden versucht. In der Revisionsinstanz wird vom Oberreichsanwalt gegen Kriegsteilnehmer, damit dem im Dienst des Vaterlandes Stehenden nicht das Recht der Verteidigung verschränkt werde, die Aussetzung und im weiteren Verlaufe des Krieges auf Grund der in den Bundesstaaten ergangenen Gesetze die Einstellung des Verfahrens wegen Niederschlagung der Untersuchung herbeigeführt. Die Anwendung des Kriegsrechts stellt neue Forderungen. Die zugleich mit der Erklärung des Kriegszustandes zur Sicherung der Kriegführung und Volksversorgung erlassenen Ausfuhrverbote werden für rechtswirksam erklärt (RGSt. 50, 51; 52, 93). Die Anordnungen im Interesse der Kriegswirtschaft werden vom Höchstpreisgesetz eingeleitet. Höchstpreisdelikte beschäftigen — nach Handlung (RGSt. 49, 7; 50, 77) und Täter (50, 301), nach Schuldform (49, 116) und Gegenstand (51, 285) — durch ein Jahrzehnt die Reichsanwaltschaft. Auf Grund des Ermächtigungsgesetzes folgen in sinnverwirrender Fülle die zur Abhilfe wirtschaftlicher Schädigungen für notwendig erachteten Maßnahmen mit Kraft und Wirkung von Reichsgesetzen (RGSt. 52 S. 131, 134). Der Wunsch, die Decke inländischen Vorrats zu strecken, Kriegsbedarf und Volksernährung sicherzustellen, zeitigt die unablässig strömende Flut von Verordnungen, mit denen angesichts der feindlichen Blockade alles zu regeln versucht wird: Vom Verkehr mit Brotgetreide und Mehl bis zum Absatz von Brennesseln und Schilf, vom Kraftfahrzeug bis zum getragenen Schuhwerk. Und alle diese aus der Not der Zeit zu erklärenden Anordnungen erheischten bei ihrer Anwendung den Versuch einer Klärung des spröden Stoffes durch RG. und Reichsanwaltschaft. Immer wieder ist bei dem ständigen Wechsel der Gesetze die Rechtsprüfung nötig, ob ein Zeitgesetz abgelöst wird oder eine Läuterung der Rechtsanschauung eingetreten ist. Aus der Fülle der Verordnungen des zweiten Kriegsjahres treten die über Vorratserhebungen und die Sicherstellung des Kriegsbedarfs hervor. Sie sowohl wie die Bekanntmachungen zur Fernhaltung unzuverlässiger Personen vom Handel, über Preisprüfungsstellen und gegen übermäßige Preissteigerung beschäftigen unausgesetzt die Revisionsinstanz. Das Kriegswucherrecht wird ausgebildet, der Begriff des Handelsbetriebs wird geklärt (RGSt. 50, 411), die Zulässigkeit landesrechtlicher Ausfuhrbeschränkungen anerkannt (52, 131), die Berechnungsweise des übermäßigen Gewinns dargelegt mit den zu berücksichtigenden Faktoren des Einstandspreises, der allgemeinen und besonderen Betriebsunkosten, des Kapitalzinses, der Risikoprämie, des Unternehmerlohns (RGSt. 51 S. 24, 43, 142, 146, 259, 333, 381).

Das alte preußische Gesetz über den Belagerungszustand wird lebendig, auch von den ordentlichen Gerichten angewendet und bei der letztinstanzlichen Rechtsnachprüfung klargestellt mit Bezug auf die vollziehende Gewalt (RGSt. 49, 1), die Natur und Zuständigkeit der Kriegsgerichte (49, 124; 50, 22), die Rechte des Militärbefehlshabers (49 S. 89, 161, 253, 280, 314). Mit der Auslegung des Gesetzes über den Belagerungszustand wird die Reichsanwaltschaft um so mehr befaßt, als durch Bek. vom 21. Sept. 1916 (RGBl. 1067) den Kriegsgerichten das Recht der Verweisung von Sachen an den ordentlichen Richter verliehen war. Von besonderer Bedeutung wird für die höchstrichterliche Rechtsprechung im Jahre 1916 außer dem sich eng an das Besitzsteuergesetz anschließenden Kriegssteuergesetze die Kettenhandelsverordnung, die dem volkswirtschaftlich schädlichen Verschieben der Ware entgegentritt. Der Kettenhandel wird vom RG. als das eigensüchtige Einschieben eines unnützen Zwischengliedes in den Weg der Ware vom Erzeuger zum Verbraucher bezeichnet (RGSt. 50, 270; 51, 54; 52, 227; 57, 98). War der Gesetzgeber gezwungen, gegen die unlauteren Machenschaften des Schieberunwesens einzuschreiten, so sah sich die Reichsanwaltschaft bereits Mitte 1916 auf Grund der bei ihrer erstinstanzlichen Tätigkeit gewonnenen Erfahrung genötigt, gegen eine Verbreitung von Flugblättern vorzugehen, deren Inhalt den Verdacht einer vorsätzlichen Schwächung der Pflichttreue des Heeres und einer gewaltsamen Erzwingung der Beendigung des Krieges erweckte. Das Gebot, durch Verhinderung der Einfuhr entbehrlicher Waren die deutsche Zahlungsbilanz zu stärken, brachte zu Beginn des vierten Kriegsjahres die Bekanntmachung über die Regelung der Einfuhr, die ein beschränktes Einfuhrverbot, keine bloße Einfuhrbeschränkung enthielt (RGSt. 52, 251; 56, 78) und den Begriff der Einfuhr dem der Konterbande des Vereinszollgesetzes gleichstellte (51, 400; 55, 138). Es schloß sich eine Regelung betreffend die bei Behörden und in kriegswirtschaftlichen Organisationen beschäftigten Personen an, die bis heute — jetzt als Verordnung gegen Bestechung und Geheimnisverrat Nichtbeamteter — die Reichsanwaltschaft beschäftigte und ihr Gelegenheit gab, zu den Grenzen zwischen der Bestechung der neuen Vorschrift und der des Wettbewerbsgesetzes und StGB. Stellung zu nehmen (RGSt. 55, 31; 62, 96).

Die immer wachsende Zahl kriegswirtschaftlicher Strafbestimmungen veranlaßte den Gesetzgeber, den Belangen der Rechtsprechung und der Bevölkerung Rechnung zu tragen. Den Bedürfnissen jener entsprachen die Vorschriften zur Vereinfachung der Strafrechtspflege, die durch die Erweiterung der Möglichkeit, den Strafbefehl zu gebrauchen und an Stelle der Überweisung die Zuständigkeit des Schöffengerichts unmittelbar zu begründen, auch eine Entlastung der Reichsanwaltschaft zur Folge hatten. Andererseits konnte angesichts der Überfülle von alle Lebensäußerungen erfassenden Strafbestimmungen die Fiktion der Gesetzeskenntnis nicht mehr aufrechterhalten werden. Diese Einsicht zeitigte die rechtsgrundsätzlich bedeutsamste, für die Kriegswirtschaft erlassene, auf die Zwecke der Übergangswirtschaft erstreckte Kriegsverordnung, die unter bestimmten Voraussetzungen die Berücksichtigung des Rechtsirrtums befahl. Sie hat die Reichsanwaltschaft unausgesetzt zur Stellungnahme veranlaßt. Es wurde anerkannt, daß bei Annahme unverschuldeten Strafrechtsirrtums nicht ein Schuld-, sondern ein persönlicher Strafausschließungsgrund gegeben sei (RGSt. 53 S. 81, 320). Sei der Irrtum des Täters über das Strafgesetz nicht unverschuldet, so sei er unbeachtlich; die gesetzwidrige Handlung sei dann nicht etwa wegen schuldhaften Strafrechtsirrtums selbst fahrlässig, sondern trotz dieses Irrtums vorsätzlich, sofern nur im übrigen die Voraussetzungen des Vorsatzes gegeben seien (RGSt. 50, 309; 51 S. 91, 305). Interessant ist auch die Ansicht des RG. aus jüngster Zeit, daß unverschuldeter Strafrechtsirrtum nicht mit dem Einwande begründet werden könne, man habe die bekannte Rechtsprechung des RG. wegen des abweichenden Standpunktes anderer Gerichts für falsch gehalten (RGSt. 62, 110). Das letzte Kriegsjahr, das für Deutschland entscheidende Schicksalsjahr 1918, suchte noch durch einen Ausgleich zwischen den Belangen der Verbraucher und der Erwerbskreise dem Kriegswucher entgegenzutreten. Das Ergebnis war die Schleichhandels- und die Preistreibereiverordnung, die beide für viele Jahre das ständige Anwendungsgebiet in der Revisionsinstanz bildeten. Beim Schleichhandel spielte die Frage seines Zusammentreffens mit anderen Verstößen gegen Regelungsvorschriften eine große Rolle (RGSt. 53 S. 68, 296; 54 S. 145, 347; 55, 122). Innerhalb der Preistreibereiverordnung, für deren Grundtatbestand gerade die Rechtsprechung des RG. gesetzlich verwertet wurde, mußte die rechtliche Natur der die Erfassung übermäßigen Kriegsgewinns vorschreibenden Einziehung bestimmt (RGSt. 53 S. 89, 257) und in der Folge die Berücksichtigung der Geldentwertung, der gesunkenen Inlandskaufkraft der Mark erörtert werden (57 S. 35, 228, 424; 58 S. 169, 337; 59, 73). Die gebotene Steigerung der Einnahmen des Reichs zur Bestreitung der Kriegsausgaben, die den Erlaß einer Reihe von Finanzgesetzen zur Folge hatte, stellte die Reichsanwaltschaft von neuem mitten in die Beschäftigung mit dem Steuerrecht, insbesondere mit den Gesetzen über die Wein-, Umsatzsteuer und das Branntweinmonopol. Auch die Friedensverträge mit Rußland, Finnland und der Ukraine, die wie eine leise Hoffnung durch Deutschland gingen, berührten mit den in ihnen enthaltenen Amnestien die Revisionsinstanz (RGSt. 53 S. 39, 41). Doch jegliche Hoffnung wurde vernichtet, der Krieg verloren, die Staatsform zerbrochen! Daß die Umwälzung die Reichsanwaltschaft bis ins Mark traf, lag auf der Hand. Sie war die Behörde, der es nach dem Grundgesetze der Gerichtsverfassung oblag, der Form des Reichs den Strafrechtsschutz zu gewähren. Aber die Dinge hatten unaufhaltsam ihren Lauf genommen. Neue Gewalten übernahmen die Regierung und setzten sich durch. Zivil- und Strafsenate des RG. sprachen in Übereinstimmung mit der Stellung der Reichsanwaltschaft aus, daß ihrem tatsächlichen Bestand die staatsrechtliche Anerkennung gebühre (RGSt. 53 S. 52, 65; 54, 87; 56, 266; RGZ. 100, 25). Der vom Rat der Volksbeauftragten erlassene Aufruf bringt die Aufhebung des Belagerungszustandes (RGSt. 54, 193) und die erste umfassende Amnestie, die sich auf alle im Zusammenhange mit Kämpfen um die staatliche, soziale oder wirtschaftliche Ordnung verübten Taten, nicht aber auf Fälle mit dem ausschließlichen Beweggrund der Gewinnsucht bezieht und von der Reichsanwaltschaft vornehmlich auf die reichsgerichtlichen Strafsachen des ersten Rechtszuges angewendet werden muß. Zwei weitere Straffreiheitsverordnungen, über eine bürgerliche und eine militärische Amnestie, folgen alsbald. Sie bilden in der Rechtsprechung die Grundlage für die Auslegung aller folgenden Normen gleicher Art, werden als Reichsgesetze mit Geltung auch gegenüber den Ländern anerkannt (RGSt. 53, 52), von Amts wegen in der Revisionsinstanz beobachtet (53 S. 39, 235), als Quelle eines persönlichen Strafausschließungsgrundes angesehen (55, 233), der ein verfahrensrechtliches Hindernis schafft und sachlich die Tilgung des Strafrechtsanspruchs bewirkt (53, 37; 54 S. 19, 333). Auf Grund des Waffenstillstandsabkommens mußte die Reichsanwaltschaft die Rückführung aller Einwohner von Belgien, Frankreich, Luxemburg und Elsaß-Lothringen, die sich in reichsgerichtlicher Untersuchungs- oder Strafhaft befanden, in ihre Heimat veranlassen. Sie hat aber stets den Standpunkt vertreten, daß der Waffenstillstandsvertrag grundsätzlich die deutsche Gesetzgebung und Gerichtsbarkeit im besetzten Gebiete nicht beschränke (RGSt. 56 S. 194, 288). Die neue Regierung hatte schwer zu kämpfen. Aufruhr und Unruhen tobten im Reich (RGSt. 53, 65; 54 S. 87, 149, 152). Zur Aufrechterhaltung der öffentlichen Sicherheit mußte in vielen Gebieten von neuem der Belagerungszustand verhängt werden. Aus dem Chaos erhob sich als erstes Grundrecht das Gesetz über die vorläufige Reichsgewalt. Der hierdurch geschaffenen vorläufigen Verfassung wurde auf den Antrag des Oberreichsanwalts der gleiche Schutz gewährt wie einer endgültigen (RGSt. 53, 289; 56, 264). Die von der Nationalversammlung zu Weimar beschlossene Verfassung gab dem Reiche neue Grundlage und Form. Ihre Bestimmungen mußten auch vor den Strafsenaten des RG. von der Reichsanwaltschaft erörtert werden, so ihre Sicherung durch das StGB. gegen gewaltsame Änderungen (RGSt. 56 S. 173, 261), die Diktaturmaßnahmen des Reichspräsidenten (55, 115; 56 S. 161, 419; 58, 269; 59 S. 29, 41, 185), die Fragen des Petitionsrechts Heeresangehöriger (58, 274), des Streiks von Beamten (56 S. 412, 419), der parlamentarischen Immunität (59, 113). Der Vertrag von Versailles mit dem Diktat der Sieger schnitt aus dem Rechtsgebiet des Reichs die Bezirke der Oberlandesgerichte Posen und Kolmar, verstümmelte die von Königsberg und Breslau, von Marienwerder, Köln und Kiel. Für das Saargebiet wurde ein oberster Gerichtshof in Saarlouis errichtet, Besatzungsgerichte im Rheinland eingesetzt, Urteile des RG. in elsaß-lothringischen Sachen für nichtig erklärt. Aufstände der Polen bedrohten das östliche Reichsgebiet; die von der Reichsanwaltschaft eingeleiteten Strafverfahren verfielen den deutsch-polnischen Verträgen über Gewährung einer Amnestie. Inzwischen hatte die Überführung der Kriegs- in die Friedenswirtschaft eine vereinfachte Form der Gesetzgebung notwendig gemacht, auf Grund welcher sich von neuem eine Flut von Verordnungen über das Reich ergoß. Unter ihnen beschäftigten die Reichsanwaltschaft in erhöhtem Maße die Wuchergerichtsverordnung und die über die Außenhandelskontrolle. Die Rechtsgültigkeit jener, die durch den erschreckenden Umfang von Preiswucher und Schleichhandel veranlaßt war, wurde ebenso anerkannt (RGSt. 55, 246) wie die selbständige Regelung der nach letzterer unerlaubten Ausfuhr. Und die Geldnot des Reichs führte im Jahre 1919 wieder zum Erlaß von zehn Finanzgesetzen, durch deren Auslegung die Reichsanwaltschaft

Phot. Georg Brokesch, Leipzig

Dr. h. c. Hamm

Oberreichsanwalt 1896—1899

immer mehr mit der Handhabung des Steuerrechts befaßt wurde. Einzelne erlangen in der Revisionsnachprüfung besondere Bedeutung. So das Tabaksteuergesetz mit dem Begriff einer eigenen Steuerhehlerei (RGSt. 56, 6), das Gesetz über die Grunderwerbsteuer mit der Anerkennung steuerrechtlicher Erheblichkeit wirtschaftlicher Vorgänge (62, 285) und das Umsatzsteuergesetz mit dem Ausspruch, daß die Umsatzsteuer ihrem Wesen nach nicht aus den vereinnahmten Entgelten zu entrichten, sondern nur von ihnen zu berechnen sei (61, 186). Vor allem aber die Reichsabgabenordnung mit der grundsätzlichen, später vielfach abgewandelten Stellungnahme, daß im Strafverfahren über Steuerhinterziehungen die Vorabentscheidung durch die Finanzbehörde eine dem sachlichen und dem Verfahrensrecht angehörende Urteilsvoraussetzung bilde (RGSt. 56 S. 107, 396). Das erste Nachkriegsjahr schloß, indem es der Reichsanwaltschaft durch Begründung ihrer Zuständigkeit zur Verfolgung sog. Kriegsverbrechen eine sie schwer niederdrückende Zumutung auferlegte. Nicht daß alle am Kriege beteiligten Staaten übereinkamen, verübte Kriegsdelikte zu untersuchen; Deutschland allein wurde es angesonnen, einseitig seine eigenen Söhne, die ihre Heimat verteidigt hatten, vor die Schranken des Strafrichters zu ziehen. Ja die Verjährung, jede Amnestie, selbst der seit Rom geltende Grundsatz: „ne bis in idem“ wurden aufgehoben. Das trübste Kapitel deutscher Rechtsgeschichte! — Auch im Jahre 1920 war die öffentliche Sicherheit und Ordnung im Reiche dermaßen bedroht, daß der Reichspräsident vielfach die zu ihrer Wiederherstellung erforderlichen Maßnahmen ergreifen mußte. Bei der höchstrichterlichen Nachprüfung wurde anerkannt, daß der Reichspräsident auf Grund des Art. 48 der RVerf. auch zum Erlasse von Rechtsverordnungen und Strafvorschriften sowie zur Einsetzung außerordentlicher Gerichte befugt sei (RGSt. 55, 115; 56, 161). Im März 1920 war es durch den sog. Kapp-Putsch unternommen worden, die neue Verfassung des Reichs gewaltsam zu ändern (RGSt. 56, 259). Das Unternehmen wurde von entgegengesetzter Seite mit einem auf die Einführung der Räteherrschaft gerichteten Gegenstoß beantwortet (RGSt. 56 S. 161, 173). Bei der Reichsanwaltschaft waren infolgedessen von April 1920 ab viele Hunderte von Verfahren wegen Hochverrats anhängig geworden, deren Durchführung jedoch bis auf wenige Ausnahmen durch die schon Anfang August 1920 erlassene Reichsamnestie verhindert wurde. Aber die Zulassung des Wiederaufnahmeverfahrens gegen die Erkenntnisse der außerordentlichen Kriegsgerichte und die Aufhebung der Militärgerichtsbarkeit brachten der Reichsanwaltschaft neue Aufgaben. Sie hatte nunmehr mitzuwirken an der Revisionsspruchtätigkeit des RG. in Militärstrafsachen, sei es, daß Entscheidungen der jetzt zuständigen bürgerlichen Gerichte oder in Marinestrafsachen die der Marineoberkriegsgerichte nachzuprüfen waren. Im ersten Rechtszuge wurde durch den Wegfall der Militärgerichtsbarkeit die Zuständigkeit des Oberreichsanwalts auf den gegen das Reich gerichteten Kriegsverrat ausgedehnt. Bei der Auslegung des durch das Straftilgungsgesetz verwirklichten Gedankens, daß eine Vorbestrafung mit der Zeit an Bedeutung für die Wertung des Täters verliere, drang die Auffassung der Reichsanwaltschaft durch, für den Eintritt der vom Gesetz beabsichtigten Rechtsfolgen entscheide nicht die Tilgungsreife, sondern der tatsächliche Vollzug der Tilgung im Strafregister (RGSt. 56, 75). In der Revisionsinstanz beschäftigten die Reichsanwaltschaft von 1920 ab, und zwar in steigendem Maße, die neue Einfuhrverordnung, die den durch das „Loch im Westen" geschaffenen Zuständen entgegentrat, sowie das Schleichhandelsschärfungsgesetz, das einen eigenartigen, dem Abbau der Zwangswirtschaft dienenden Strafaufhebungsgrund enthielt (RGSt. 55 S. 150, 193). Auch das Steuerrecht wurde 1920 in dem neuen Einkommensteuer- und in dem Kapitalfluchtgesetze wieder akut, und endlich berührten die Bestimmungen über die deutsch-polnischen und die elsaß-lothringischen Rechtsangelegenheiten den Geschäftskreis der Reichsanwaltschaft, die insbesondere bei Verweisung einer Rechtssache seitens einer elsaß-lothringischen Justizbehörde an eine deutsche die zur Fortsetzung des Verfahrens zuständige Behörde zu bestimmen hatte (RGBl. 1920 S. 1995, 2000). Die gewaltsamen Erhebungen im Reich hatten 1921 kein Ende genommen. Im Gegenteil bedrohte die aufrührerische Bewegung des mitteldeutschen Aufstandes die öffentliche Sicherheit so sehr, daß durch den Reichspräsidenten die Bildung außerordentlicher Gerichte verordnet wurde. Auf sie ging aber die Zuständigkeit des Oberreichsanwalts für Hoch- und Landesverrat nur zeitweise über. Nach ihrer noch im gleichen Jahre erfolgten Aufhebung mußten die noch in großer Zahl anhängigen Verfahren von der Reichsanwaltschaft zu Ende geführt werden. Die Aufgaben der Reichsanwaltschaft und des RG. konnten infolge der sich ständig erhöhenden Zahl der Strafgesetze, der Geldentwertung und des Steigens der Kriminalität in dem bisherigen Umfange nicht mehr bewältigt werden. Dem Übelstande wurde durch das Gesetz zur Entlastung der Gerichte vom 11. März 1921 (RGBl. 229) entgegentreten, das die Zuständigkeit der Schöffengerichte bedeutend erweiterte, den Strafbefehl in größerem Umfange zuließ und das Recht zur Privatklage erheblich ausdehnte. Alle diese Maßnahmen führten die notwendige Entlastung der Reichsanwaltschaft herbei. Bedauerlich war, daß auch in der Folgezeit die Verweisung aller Verletzungen des literarischen, künstlerischen und gewerblichen Urheberrechts auf den Weg der Privatklage aufrechterhalten blieb, so daß auf diesem kulturell so wichtigen Rechtsgebiete die strafrechtliche Stellungnahme des RG. und der Reichsanwaltschaft seit vielen Jahren entbehrt werden muß. Die Geldstrafengesetze, die seit Ende 1921 einander folgten, die Einschränkung kurzer Freiheitsstrafen bezweckten und der steigenden Geldentwertung Rechnung trugen, führten eine Umwälzung in den Strafsatzungen der Strafgesetze herbei. Dies nötigte die Reichsanwaltschaft zu einer subtilen Nachprüfung angefochtener Vorentscheidungen gerade in diesem Punkte. Dabei wurde festgestellt, daß die neue Norm trotz bedeutender Erhöhung des Geldstrafrahmens ein milderes Gesetz im Sinne des § 2 Abs. 2 StGB. sein könne (RGSt. 57 S. 121, 193), und den Anträgen des Oberreichsanwalts entsprechend anerkannt, daß bei Auferlegung von Geldstrafe an Stelle verwirkter Freiheitsentziehung für die Bildung einer Gesamtstrafe kein Raum (59, 21), auch daß die Anwendung des Geldstrafengesetzes auf dem Gebiete des Militärstrafrechts da ausgeschlossen sei, wo dieses zur Aufrechterhaltung der Manneszucht eine Geldstrafe ablehne (57, 410). Zu Beginn des Jahres 1922 erschütterte ein

Streik der Eisenbahner das deutsche Wirtschaftsleben. Dagegen wendete sich eine Verordnung des Reichspräsidenten, die das Verbot der Arbeitsniederlegung durch Beamte der Reichsbahn enthielt. Die Angriffe auf die Rechtsgültigkeit der Verordnung wurden in Übereinstimmung mit der Stellungnahme des Oberreichsanwalts für unbegründet erklärt, eine Streikfreiheit für Beamte verneint und die Anwendung der Verordnung trotz ihrer zur Zeit der Aburteilung bereits erfolgten Aufhebung für zulässig erachtet (RGSt. 56 S. 412, 419).

Die politische Erregung in Deutschland wurde bis zur Siedehitze gesteigert, als nach einem kurz zuvor verübten Anschlag auf den früheren Minister Scheidemann der Reichsminister des Auswärtigen Dr. Rathenau den Kugeln fanatischer Gegner zum Opfer fiel. Um die wirksame Ahndung der Verbrechen zu sichern und eine Wiederholung ähnlicher Anschläge unmöglich zu machen, griffen Reichspräsident und Reichsregierung mit mehreren Verordnungen ein, die aber schon unter dem 21. Juli 1922 durch ein Gesetz zum Schutze der Republik ersetzt wurden. Das Gesetz brachte neues materielles Strafrecht gegen Teilnahme an und Förderung von Mordvereinigungen, gegen Gewalttätigkeiten wider Regierungsmitglieder, gegen Verherrlichungen solcher Gewaltakte, gegen Beschimpfungen der Staatsform, erschwerte Geheimbündelei und die Ansammlung von Waffen. Diese Vorschriften des sachlichen Rechts fanden in der Öffentlichkeit im allgemeinen Zustimmung, angefochten wurden jedoch die verfahrensrechtlichen Bestimmungen des neuen Gesetzes. Die Errichtung und die Art der Besetzung des Staatsgerichtshofes zum Schutze der Republik, dessen Zuständigkeit für Hochverrat und die neuen Deliktstatbestände begründet wurde, erregten namentlich in Bayern Anstoß. Ein Ausgleich wurde geschaffen durch das sog. Berliner Protokoll, in dem zum Ausdruck gebracht wurde, daß bei der Besetzung des Staatsgerichtshofes jede Einseitigkeit vermieden werden, eine Abgabe von Untersuchungen an die Staatsanwaltschaften der Länder nur unterbleiben solle, falls die Bedeutung der einzelnen Sache ihre Entscheidung durch einen obersten Gerichtshof des Reichs erfordere, und daß die Reichsanwaltschaft in der Regel nur die polizeilichen Behörden des betreffenden Landes in Anspruch nehmen werde. Die Reichsanwaltschaft war nämlich zur Anklagebehörde beim Staatsgerichtshofe bestellt und dieser selbst bei dem RG. errichtet worden. Der damalige Oberreichsanwalt Dr. Ebermayer hatte dieser Regelung widerraten. Er sah voraus, daß durch die Angliederung eines in der Hauptsache zur Aburteilung politischer Straftaten bestellten Sondergerichts, dessen Zuständigkeit weit über die erstinstanzliche Kompetenz des RG. erstreckt wurde, der oberste Gerichtshof bald allzusehr in das Kreuzfeuer politischer Tageskämpfe gezerrt werden würde. Nachdem aber einmal der Gesetzgeber anders entschieden hatte, setzte sich die Reichsanwaltschaft bei Stellung ihrer Anträge vor dem Staatsgerichtshofe für eine streng objektive Rechtsprechung ein und verhielt sich ihm gegenüber nicht anders als vor den Senaten des RG. Die Aufgabe, die der Reichsanwaltschaft als Anklagebehörde des Staatsgerichtshofs auferlegt wurde, war eine ganz gewaltige. Sie verschob eine Zeitlang den Schwerpunkt ihrer Tätigkeit von der Revision in die erste Instanz und währte bis zu der am 31. März 1926 erfolgten Aufhebung strafgerichtlicher Zuständigkeit des Staatsgerichtshofs. Das von dem Oberreichsanwalt in den Sachen des Staatsgerichtshofs zu beobachtende Verfahren wies gegenüber dem allgemeinen Strafprozeßrecht unleugbare Vorzüge auf, indem es einen im Interesse der Beschleunigung schnell erreichbaren Ermittlungsrichter kannte, von dem Zwange, auch in spruchreifen Sachen eine Voruntersuchung durchführen zu lassen, absah und den Beschluß über die Eröffnung des Hauptverfahrens beseitigte. Gleichzeitig mit dem Gesetze zum Schutze der Republik wurde eine neue Reichsamnestie gewährt, die — unter bestimmten Ausnahmen — auch den von der Reichsanwaltschaft wegen Hochverrats zur Verantwortung gezogenen Tätern Straffreiheit brachte. Es schlossen sich Anmestiegesetze der Länder an, die in der Revisionsinstanz zu beachten waren.

Bei der Mitwirkung in der Rechtsmittelinstanz trat für die Reichsanwaltschaft das Steuerrecht von neuem in die vorderste Linie. Der harte Zwang, neue Steuerquellen zu erschließen und bereits vorhandene ergiebiger zu gestalten, hatte im Jahre 1922 den Erlaß von 14 Finanzgesetzen zur Folge, unter denen das Branntweinmonopolgesetz bis zum heutigen Tage die Rechtsprechung des RG. ständig beschäftigt. Auch das Gesetz zur weiteren Entlastung der Gerichte (RGBl. 1922 I 569) berührte den Wirkungskreis der Reichsanwaltschaft. War schon 1921 die ausschließliche Zuständigkeit des II. Strafsenats für das Hauptverfahren wegen Verrats militärischer Geheimnisse aufgehoben worden, so wurde jetzt die Einrichtung des Vereinigten II. und III. Strafsenats beseitigt; die übrigen Strafsenate des RG. bildeten nunmehr — abgesehen vom I. Strafsenat, der weiter als Ratskammer wirkte — das erkennende Gericht auch in den Sachen des Hoch- und Landesverrats. Eine bedeutsame Neuerung bestand darin, daß es den Strafsenaten des RG. verstattet wurde, die Revision durch Beschluß als unzulässig zu verwerfen, falls sie einstimmig für offensichtlich unbegründet erklärt wird. Diese Maßregel entband das RG. von der Verpflichtung, auch in zweifelsfrei aussichtslosen Sachen eine Hauptverhandlung abzuhalten, nötigte aber innerhalb der Reichsanwaltschaft vielfach zu einer doppelten Durchprüfung angefallener Revisionen, weil es sich bei ihr nicht durchführen läßt, daß der mit der ersten Beurteilung der Sache betraute Beamte sie auch stets in der Hauptverhandlung vertritt.

Das Jahr 1923 begann. Das schwerste der Nachkriegsjahre, das Reich und Recht bis an den Abgrund brachte. Dem unerhörtesten außenpolitischen Druck und innerer Zerrissenheit gesellte sich ein Verfall der Währung, Sitten und Gesetze. Wie ein Hagel prasselte die Zahl von Normen und Ordnungen auf das Reich herab, sich ablösend, verschlingend, verändernd. Widerrechtlich rückten wegen angeblicher Nichterfüllung von Reparationsforderungen fremde Truppen ins Ruhrgebiet. Die Reichsregierung legte Verwahrung ein, der passive Widerstand begann. Reich und beteiligte Länder verboten, den Weisungen der Einbruchsmächte Folge zu leisten. Die Verordnung des Reichspräsidenten vom 3. März 1923 (RGBl. I 159) rief die Reichsanwaltschaft auf den Plan und übertrug ihr die Verfolgung der den fremden Mächten wirtschaftlich, politisch oder militärisch dienenden Spione. Unablässig hat sie ihres Amtes gewaltet, bis das Gesetz auf Grund der Zerrüttung der Wirtschaft, des Sturzes der Mark den Abbruch des Widerstandes gebot. Im Innern des Reichs entwickelten sich die bedrohlichsten Zustände. Gegen Separatisten, die darauf ausgingen, Teile vom Reich loszureißen, schritt die Reichsanwaltschaft ein, soweit dies trotz der Besetzung möglich war. Das Recht zu erlaubten Versammlungen, Aufzügen und Kundgebungen mußte gegen gewaltsame Sprengungen strafgesetzlich (§ 107a StGB.) sichergestellt, ein Verbot staatsgefährlicher Schriften für zulässig, der Anreiz zum Steuerstreik für strafbar erklärt werden (RGBl. 1923 I S. 296, 768, 879). Im Herbst 1923 verhängte der Reichspräsident unter Außerkraftsetzung von verfassungsmäßigen Grundrechten den Ausnahmezustand, übertrug er die vollziehende Gewalt auf den Reichswehrminister, dann samt dem Oberbefehl über die Wehrmacht dem Chef der Heeresleitung (RGBl. 1923 I S. 905, 1084). Die gegen diese Maßnahmen erhobenen Bedenken wurdem vom RG. gemäß dem Antrage der Reichsanwaltschaft für unbegründet erachtet (RGSt. 59 S. 41, 185). Im Lande Sachsen war die Lage derart gefährdet, daß der Reichspräsident den Reichskanzler ermächtigte, Mitglieder der sächsischen Landesregierung und der Behörden ihrer Stellung zu entheben (RGBl. 1923 I 995). Alle diese einschneidenden Maßregeln äußerten ihre Rückwirkung auch auf die Tätigkeit der Reichsanwaltschaft. Zwar wurde die Aburteilung des Küstriner Handstreichs, des Hamburger Aufstandes, der Berliner Vorgänge von Reichs wegen außerordentlichen Gerichten übertragen, der Münchener Putsch vor ein bayerisches Volksgericht gezogen, aber die verbleibende Fülle hochverräterischer Umtriebe gegen das Reich beschäftigte die Reichsanwaltschaft die ganze folgende Zeit. Daneben zeigte der jähe Sturz der deutschen Mark überall bei Anwendung der ihm Rechnung tragenden Gesetze in der Revisionsinstanz seine Wirkung. Ein Notgesetz (RGBl. 1923 I 147) griff ein, um dem an der Anschaffung selbst des notwendigsten Lebensbedarfs verhinderten Teil des Volkes zu helfen. Auf Grund der durch das Notgesetz erteilten Ermächtigung wurden acht wichtige Wirtschaftsverordnungen neu gestaltet. Am bedeutsamsten war die veränderte Fassung der Preistreibereiverordnung und in ihr die Bestrafung des Leistungswuchers, unter den nach dem reichsgerichtlich gebilligten Standpunkt des Oberreichsanwalts nicht die Forderung übermäßig hoher Verzugszinsen (RGSt. 60, 9), wohl aber die wucherische Kreditgewährung fällt (58, 321; 60 S. 216, 264). Innerhalb der Verordnung über Handelsbeschränkungen dringt gleichfalls die Auffassung der Reichsanwaltschaft durch, inwieweit ein Zwang zur Kundgabe von Preisen für den Großhandel und Konsumvereine bestehe (RGSt. 58 S. 330, 363). Bei Auslegung der Verordnung über Auskunftspflicht wird ein Recht, die Auskunft wegen der Gefahr strafgerichtlicher Verfolgung zu verweigern, nicht anerkannt (RGSt. 60, 290). Das neue Jugendgerichtsgesetz greift in den erst- und in den letztinstanzlichen Geschäftsbereich der Reichsanwaltschaft ein. Strafsachen gegen Jugendliche gehören, auch wenn nach den allgemeinen Vorschriften das RG. zuständig ist, nunmehr vor die Jugendgerichte und sollen mit Straffällen gegen Erwachsene nicht verbunden werden. Die neue Begrenzung der Strafunmündigkeit wird materiell und verfahrensrechtlich für bedeutsam erklärt und noch in der Revisionsinstanz beachtet (RGSt. 57, 206), die Zulässigkeit der Erweiterung des Jugendgerichts durch einen zweiten Richter bejaht (58, 331) und anerkannt, daß bei Straftaten von Kindern und Jugendlichen mit dem Grundsatz der Abhängigkeit der Anstiftung und Beihilfe gebrochen ist (61, 265). Ein weiteres Gesetz zur Entlastung der Gerichte sucht dem Mißstand abzuhelfen, der bei der Bedeutung des Wertes des durch die Straftat gestifteten Schadens für die Zuständigkeit infolge des Währungsverfalls zum Nachteil des RG. eingetreten ist. Die Wertgrenzen für die Zuständigkeit des Schöffengerichts werden in steigender Folge der Geldentwertung angepaßt, betragen im September 1923 zwei Milliarden Mark, um im Oktober durch ein Produkt von Grund- und Teuerungszahlen ersetzt zu werden. Gleichzeitig wird, um bei der Fülle der Rechtsfragen alle übrigen Strafsenate für ihre eigentlichen Aufgaben frei zu machen, für das ganze erstinstanzliche Verfahren ein Senat gebildet, der außerhalb der Hauptverhandlung in der Besetzung von drei Mitgliedern entscheidet. Das Gesetz über Vermögensstrafen und Bußen, das deren Beträge dem Verfall der Mark entsprechend erhöht und eine Aufwertung erkannter Strafen vorsieht, bereitet in der Anwendung die größten Schwierigkeiten, ebenso die Ergänzungs- und Ersatzvorschriften gleicher Art (RGSt. 58 S. 62, 205, 268, 423; 60, 123). Aber in der verzweifeltsten Not des Reichs gelang über die Zwischenlösung der Rentenmark die Befestigung der Währung. Hand in Hand mit ihr ging eine scharfe Rationalisierung auch in der Rechtspflege. Durch VO. vom 12. Dez. 1923 wurde der Oberreichsanwalt ermächtigt, die zu seiner Zuständigkeit gehörenden Strafsachen wegen Landesverrats und Spionage an die Staatsanwaltschaft des Oberlandesgerichts abzugeben oder beim RG. mit der Eröffnung des Hauptverfahrens die Überweisung an das Oberlandesgericht zu beantragen. Eine beschleunigte Aburteilung von Straftaten wurde durch die VO. vom 17. Dez. 1923 veranlaßt, deren Rechtsgültigkeit bemängelt, vom RG. und der Reichsanwaltschaft jedoch anerkannt wurde. Die Sorge um den Bestand der neuen Währung und die finanzielle Not des Reichs erheischten eine Vereinfachung und Verbilligung des Rechtswesens, die Anfang 1924 durch die Verordnung über Gerichtsverfassung und Strafrechtspflege herbeigeführt wurde. Abgesehen von dringenden Notmaßregeln für eine Übergangszeit wurde der Schwerpunkt der Strafgerichtsbarkeit des ersten Rechtszuges in das Amtsgericht verlegt, das Strafbefehlsverfahren ausgedehnt, die Zuständigkeit des Einzelrichters und Schöffengerichts erhöht, die Erweiterung des letzteren durch einen zweiten Berufsrichter auf den Antrag der Staatsanwaltschaft vorgesehen. Beim Landgericht wurden Richter und Geschworene zur gemeinschaftlichen Entscheidung der Schuld- und Straffrage in ein einheitliches Schwurgericht zusammengefaßt, im übrigen die kleine und große Strafkammer nur noch als Berufungsgerichte beschäftigt; das Oberlandesgericht wurde endgültig für die vom Oberreichsanwalt abgegebenen oder vom RG. überwiesenen Sachen wegen Landesverrats oder Spionage geringerer Erheblichkeit zum Erstinstanzgericht bestellt. Von außerordentlicher Bedeutung waren die sich auf das RG. beziehenden Neuerungen. Die Zahl der entscheidenden Senatsmitglieder wird von 7 auf 5 herabgesetzt, das RG. in Strafsachen nur noch zur Entscheidung über die Revision gegen die Urteile der Schwurgerichte und der großen Strafkammer für zuständig erklärt, soweit nicht das Rechtsmittel ausschließlich auf die Verletzung einer in den Landesgesetzen enthaltenen Rechtsnorm gestützt wird oder in erster Instanz das kleine Schöffengericht entschieden hat. Es handelte sich für das RG. und die Reichsanwaltschaft um die einschneidendsten Änderungen in den Bedingungen ihrer Tätigkeit als Rechtsmittelbehörden seit 1879. Insbesondere wurde die Angemessenheit der Bestimmung, wonach die Zuständigkeit des RG. und Oberreichsanwalts im Einzelfalle von dem im Ermessen der Landesstaatsanwaltschaft stehenden Antrag auf Erweiterung des Schöffengerichts abhängt, vielfach angezweifelt. Eine in letzter Stunde veranstaltete Kundgebung der Berliner Anwaltschaft zeigte einmütig, wie die Rechtsanwälte in ihrer Eigenschaft als berufene Advokaten der Verurteilten von der Notwendigkeit letztinstanzlicher Kontrolle angefochtener Straferkenntnisse gerade durch RG. und Reichsanwaltschaft dachten. Es war erfreulich, daß von den Justizverwaltungen der Länder Weisungen an die Staatsanwaltschaften über den Antrag auf Zuziehung des zweiten Richters ergingen, die bislang geeignet waren, dem RG. und der Reichsanwaltschaft denjenigen klinischen Stoff zu sichern, ohne den die für die Belange des gesamten Rechts erforderliche Nachprüfung beabsichtigter Entscheidungen und ihrer Auswirkung ausgeschlossen ist. Die neuen Bestimmungen brachten für die Reichsanwaltschaft eine Belebung des Rechts der Gerichtsverfassung und des Strafverfahrens. Die grundlegende Verordnung selbst wurde erhobener Bedenken ungeachtet für rechtsgültig erklärt (RGSt. 58, 120), die als Ausnahme vom Verfolgungszwang neu zugelassene Einstellung des Verfahrens wegen Geringfügigkeit der Tat mit den Aufgaben eines Revisionsrichters nicht für vereinbar erachtet (59, 54), die Zweifel wurden erörtert, die einer Verbindung oder Wahl bei der Einlegung von Berufung und neuer Sprungrevision entgegenstehen (60 S. 354, 355; 62, 426). Gegenüber den Urteilen der Schwurgerichte nunmehriger Gestaltung eröffnete sich die Möglichkeit, Gebiete des sachlichen Rechts zu durchforschen, die angesichts des alten Geschworenenspruchs hierfür nicht zugänglich waren. Im übrigen machte sich auch für die Reichsanwaltschaft seit 1924 das Abflauen der Gesetzgebungsflut bemerkbar. Von erheblicherer Bedeutung war auch für sie noch die Londoner Konferenz. Trotz Umgestaltung der Reichsbahn in eine Gesellschaft eigenen Rechts werden die Reichsbahnbeamten als mittelbare Reichsbeamte und Beamte im Sinne des StGB. anerkannt (RGSt. 60 S. 2, 139). Die Begrenzung der Amnestie des Londoner Abkommens auf die mit dem Ruhreinbruch zusammenhängenden Straftaten wird durch die Rechtsprechung festgestellt (58 S. 414, 432); ihr verfallen auch die von der Reichsanwaltschaft gegen Separatisten angestrengten Verfahren. Im Jahre 1925 erweitert sich das Aufgabengebiet der Reichsanwaltschaft durch das Gesetz über die Wiederaufnahme des Verfahrens gegenüber Urteilen der bayerischen Volksgerichte; ihrem Antrage entspricht die auf Grund dieses Gesetzes ergangene Entscheidung des RG., die sich über die Reichweite der preßgesetzlichen Verjährung verhält

(RGSt. 61, 19). Eine Reichsamnestie vom 17. Aug. 1925, der Straffreiheitsgesetze der Länder folgen, nötigt die Reichsanwaltschaft zur alsbaldigen Überprüfung der einschlägigen Sachen des ersten Rechtszuges und der Revision zwecks Feststellung, inwieweit die erneute Vergünstigung in Frage komme. Die auf Grund der Rückkehr zu fester Währung ergangenen Steuergesetze beginnen erst allmählich, sich in der Revisionsinstanz auszuwirken. Mit der Aufhebung des Staatsgerichtshofes als Strafgericht endet 1926 die Tätigkeit der Reichsanwaltschaft als dessen Anklagebehörde. Die Hochverratssachen kehren wieder zum RG. zurück, für das die Möglichkeit mehrerer Erstinstanzsenate gleichzeitig geschaffen wird. Auf dem Gebiete des sachlichen Rechts folgt 1926 eine Vereinfachung des Militärstrafrechts, eine Verschärfung der strafgesetzlichen Vorschriften über den Zweikampf, eine Milderung der über die Abtreibung. Gerade die letztere zwingt beim Vergleich mit der bisherigen Strafnorm immer wieder zur Bestimmung des mildesten Gesetzes im Sinne von § 2 Abs. 2 StGB. (RGSt. 60, 362; 61 S. 76, 147, 322). Die gleiche Prüfung wird bei der Aufhebung der Preistreibereiverordnung und ihrer Zusammenhangsvorschriften kraft Gesetzes ausdrücklich für erforderlich erklärt (RGSt. 61, 130). Aber an die Stelle der mit der Preistreibereiverordnung beseitigten Bestimmungen über den Leistungswucher treten noch im gleichen Jahre die Änderungsvorschriften des Mieterschutzgesetzes über den Raumwucher, auf Grund welcher bei der Ausbeutung der noch herrschenden Wohnungsnot die Reichsanwaltschaft immer wieder Stellung nehmen muß zu den Fragen der Angemessenheit von Mietzins und Abstandssummen (RGSt. 61 S. 130, 346; 62, 228). Verfahrensrechtlich bringt das Jahr 1926 die Zulässigkeit, auch im militärgerichtlichen Verfahren die Verwerfung offensichtlich unbegründeter Revisionen durch Beschluß zu erwirken. Tiefer greift das Gesetz zur Abänderung der Strafprozeßordnung (RGBl. 1926 I 529) in den Aufgabenkreis der Reichsanwaltschaft ein. Es bringt das neue Haftprüfungsverfahren, wichtig für die erstinstanzlichen Strafsachen des Oberreichsanwalts. Das vom Gesetzgeber erstrebte Ergebnis scheint für die zur Zuständigkeit der Reichsanwaltschaft gehörenden Strafsachen durch die neuen Vorschriften nicht erreicht werden zu können. Denn da sich der Amtsbezirk der Reichsanwaltschaft auf das Gebiet des ganzen Reichs erstreckt, müssen zum Zwecke der Haftprüfung die Untersuchungen — bei Komplizen oft mehrfach — unterbrochen, die Strafakten von weither ans RG. versendet werden. Die Gesetzgebung der folgenden Zeit hat die erste Instanz des RG. nicht berührt, ist zum Rechtszuge der Revision noch kaum gediehen. Nur 1928 ergeht eine abermalige Amnestie, die Straffreiheit gewährt für Taten, die aus politischen Beweggründen begangen sind. Die Vergünstigung kommt dem Großteil erstinstanzlicher Strafsachen der Reichsanwaltschaft zustatten.

Auf eine fünfzigjährige Mitwirkung an der Spruchtätigkeit des obersten Gerichtshofes blickt heute die Reichsanwaltschaft zurück. Sie hat sich bei Ausübung ihres Amtes von keinen andern Erwägungen leiten lassen als von denen, beizutragen zur Verwirklichung des in Deutschland geltenden Rechtes und zu seiner den berechtigten Forderungen der Zeit entsprechenden Entwicklung.

Phot. Georg Brokesch, Leipzig

Dr. v. Olshausen

Oberreichsanwalt 1899—1907

Daran darf auch den heutigen Versuchen gegenüber, Unwägbarkeiten zu messen, die irrationalen Kräfte gerichtlicher Entscheidungen zu ergründen, festgehalten werden. Sie sind von vornherein dazu verurteilt, sich in willkürlichen Vermutungen zu ergehen. Auch hier sind dem Menschen Grenzen gesetzt: „Ignorabimus."

Die Entscheidungen des RG. in Strafsachen werden mit Recht als das Erzeugnis gemeinsamer Arbeit von RG. und Reichsanwaltschaft bezeichnet. Wie weit sie reichte, welch verschiedene Gebiete sie umfaßte, ist zu zeigen versucht worden. Und doch konnten nur die Gipfelpunkte berührt werden, die für die Rechtsprechung die Kammhöhe des Gesetzgebungswerkes überragten. Daß die Normen des Strafgesetzbuchs und der Reichsjustizgesetze Grund und Wesen der Tätigkeit der Reichsanwaltschaft bildeten, ist bereits gesagt. Das Recht der Länder drängte sich in die Rechtsmittelinstanz, die Verträge mit fremden Staaten bedurften der Auslegung. Scharf spitzten sich die Rechtsfragen zu, wenn ein Widerstreit zwischen den Meinungen der Senate ausbrach, der im Wege der **Plenarentscheidung** geschlichtet werden mußte. 31 mal hat der Oberreichsanwalt vor den Vereinigten Strafsenaten das Wort genommen. Innerhalb des Strafgesetzbuchs, des Verfahrensrechts und der Nebengesetze entstanden die Konfliktsfälle zwischen den Senaten. In den ersten Jahren nach der Errichtung des RG. folgten sie sich schnell, um dann mit der Zeit immer spärlicher zu werden.

1. Die erste Plenarentscheidung vom 24. Mai 1880 bejahte vom Standpunkte der subjektiven Theorie die Strafbarkeit des Versuchs mit absolut untauglichen Mitteln (RGSt. 1, 439).

2. Die zweite entschied sich unter dem 25. Okt. 1880 im Interesse der Ermittlung der materiellen Wahrheit für die Zulässigkeit, den Verletzten, auch wenn er sich der öffentlichen Klage als Nebenkläger angeschlossen, als Zeugen eidlich zu vernehmen (2, 384).

3. Am 4. April 1881 wurde bei Erläuterung des damaligen Brausteuergesetzes der Satz ausgesprochen, daß, wo ein Steuersondergesetz erkennen lasse, es habe einen seiner Ordnung an sich nicht entzogenen Tatbestand strafrechtlich nicht geregelt, der Anwendung des allgemeinen Strafgesetzes nichts im Wege stehe (4, 50).

4. Der Strafcharakter der öffentlichen Bekanntmachung ist der Ausgangspunkt, der am 17. April 1882 zu der Feststellung führt, die Befugnis zu ihrer Vornahme dürfe nicht zugesprochen werden, wenn durch dieselbe Handlung ein Gesetz mit schwererer Strafandrohung verletzt sei (6, 180).

5. Es wird verneint, daß der Tatbestand der Hehlerei auf das Ansichbringen erbettelter Sachen angewendet werden dürfe (6, 218 vom 17. April 1882).

6. Die studentische Schlägermensur ist strafbarer Zweikampf (8, 87 vom 6. März 1883).

7. Bei der Telegrammfälschung ist die Depeschenausfertigung auf Veranlassung des Absenders nicht nur mit falschem Namen unterschrieben, sondern auch von ihr dem Empfänger gegenüber Gebrauch gemacht (8, 92 vom 6. März 1883).

8. Die Unterschrift des Kaufmanns unter der Vermögensübersicht gehört nicht zu den wesentlichen Merkmalen der Bilanz im Sinne der Konkursordnung (8, 424 vom 20. Juni 1883).

9. Bei absoluten Antragsvergehen läuft in Komplizensachen die Strafantragsfrist gegenüber allen Beteiligten von der Kenntnis der Handlung und Person auch nur eines Beteiligten durch den Antragsberechtigten (9, 390 vom 2. Jan. 1884).

10. Die zehnte Plenarentscheidung befaßt sich mit der Stempelpflichtigkeit von Schlußnoten und erkennt auf Grund des damaligen Reichsstempelgesetzes an, daß der Firmeninhaber für die Unterlassung der Entrichtung der Stempelabgabe von einer durch seinen Prokuristen auf den Namen der Firma gefertigten und begebenen Schlußnote als Aussteller strafrechtlich verantwortlich sei (12, 22 vom 31. Jan. 1885).

11. Unter dem 9. Jan. 1886 wird verneint, daß eine gewillkürte Geschäftsverteilung einen Einfluß auf die jedem Vorstandsmitgliede einer Aktiengesellschaft auferlegte öffentlich-rechtliche Pflicht zur Buchführung und Bilanzziehung auszuüben vermöge (13, 235).

12. Wer zur Verübung von Mundraub ein straferhöhendes Merkmal des schweren Diebstahls ausführt, dann aber auf Grund neuen Entschlusses andere Sachen stiehlt, begeht beim Vorliegen einheitlicher Tat schweren, bei dem mehrerer Taten einfachen Diebstahl (14, 312 vom 7. Juli 1886)

13. Ein Standesbeamter, der unter schuldhafter Außerachtlassung der Vorschriften über die Erlaubnis zur Verheiratung die Eheschließung einer Militärperson vollzieht, ist strafbar (15, 47 vom 13. Nov. 1886).

14. Die Plenarentscheidung vom 20. April 1887 macht die Annahme der Vermögensbeschädigung beim Betruge abhängig von dem Vergleich der durch die Täuschung aufgegebenen Werte mit dem gleichzeitig erlangten Entgelt (16, 1).

15. Innerhalb des preußischen Erbscheingesetzes sind die Notare als zur Abnahme einer Versicherung an Eides Statt zwecks Erlangung des Erbscheins zuständige Behörde anerkannt worden (18, 246 vom 14. Nov. 1888).

16. Auch die Entscheidung der Vereinigten Straffenate vom 23. Okt. 1889 betraf die Versicherung an Eides Statt und bezeichnete sie als zulässiges Beweismittel für die Glaubhaftmachung einer tatsächlichen Behauptung im Zivilprozesse (19, 414).

17. Gegen den verantwortlichen Redakteur einer periodischen Druckschrift gelte kraft gesetzlicher Vermutung bis zum Beweise des Gegenteils, daß er die Druckschrift mit Kenntnis und Verständnis des Inhalts vorsätzlich veröffentlicht habe; die unmittelbare Anwendbarkeit des § 193 StGB. sei nicht ausgeschlossen (22, 65 vom 6. Juni 1891).

18. Forderungen gehören nicht zu den durch die Strafbarkeit des Verstrickungsbruchs geschützten Sachen (24, 40 vom 8. März 1893).

19. Die Merkmale der Gewerbs- und Gewohnheitsmäßigkeit gehören zu den persönlichen Eigenschaften und Verhältnissen, die nach § 50 StGB. nur

dem Täter oder Teilnehmer zuzurechnen sind, bei dem sie vorliegen (25, 266 vom 18. April 1894).

20. Am gleichen Tage wurde entschieden, daß im Falle der wegen Tatmehrheit erkannten Gesamtstrafe bei Aufhebung der Feststellung einer Straftat die Einzelstrafen der durch die Aufhebung nicht berührten Taten grundsätzlich bestehen bleiben (25, 297).

21. Bei Festsetzung der Gebühren für die Revisionsinstanz sind im Falle einer Mehrheit von Strafsachen nur die Strafen der Fälle maßgebend, die in die Revisionsinstanz gelangt sind (27, 58 vom 20. Febr. 1895).

22. Die in Ausführung des Versuchs einer Tötung auf Verlangen begangene Körperverletzung ist strafbar (28, 200 vom 8. Febr. 1896).

23. Unzulässig ist eine Eintragung in die Quittungskarte der Invaliditätsversicherung nicht schon dann, wenn ihr Inhalt zwar durch das Gesetz vorgesehen, sie aber von einem zur Eintragung nicht Befugten vorgenommen wird (32, 263 vom 8. Juli 1899).

24. Ein Eidesunmündiger kann sich trotz Unzulässigkeit der Beeidigung des Meineides schuldig machen (36, 278 vom 23. Mai 1903).

25. Unter die von der zuständigen Behörde angeordneten Absperrungs- oder Aufsichtsmaßregeln der in § 328 StGB. bezeichneten Art fallen auch die im Viehseuchengesetz enthaltenen (37, 178 vom 27. April 1904).

26. Die Plenarentscheidung vom 13. Okt. 1909 bewegt sich ausschließlich auf dem Gebiete des Verfahrensrechts und verbietet die Berücksichtigung einer Berichtigung des Hauptverhandlungsprotokolls seitens des Revisionsrichters, wenn sie nach erhobener Prozeßrüge zu ihren Ungunsten vorgenommen ist (43, 1).

27. Im gleichen Jahre wurde unter dem 24. Nov. 1909 die zeichenrechtliche Unerheblichkeit des ausschließlichen Privatgebrauchs einer mit fremdem Warenzeichen versehenen Umhüllung anerkannt (43, 87).

28. Am 14. Dez. 1910 erkennen die Vereinigten Senate unter Aufgabe des Begriffs des rechtlich geschützten Vermögens und unter Betonung seines wirtschaftlichen Charakters an, daß auch auf strafbaren Handlungen beruhende Ansprüche zu dem durch den Betrugstatbestand geschützten Vermögen gehören (44, 230).

29. Der Plenarbeschluß vom 7. Dez. 1912 befaßte sich mit den Grenzen des staatlichen Aufsichtsrechts über den Privatunterricht nicht mehr schulpflichtiger Jugend in Preußen (46, 312).

30. Die Möglichkeit gleichzeitiger Anwendung der Strafvorschriften des Vereinszollgesetzes neben denen des Schlachtvieh- und Fleischbeschau- sowie des Viehseuchengesetzes auf die in diesen Gesetzen wurzelnden Einfuhrverbote wird festgestellt (49, 127 vom 13. Jan. 1915).

31. Die letzte Plenarentscheidung hält gegenüber vielfachen Angriffen im Schrifttum daran fest, daß die studentische Schlägermensur Zweikampf im Sinne des StGB. ist (60, 257 vom 15. Mai 1926).

Bei den unter Ziff. 1—11 einschließlich mitgeteilten Entscheidungen handelt es sich nach Maßgabe der damaligen Vorschriften um Plenarurteile, während die Entscheidungen unter Ziff. 12—31 Plenarbeschlüsse sind. Unter den 31 von den Vereinigten Strafsenaten entschiedenen Fällen ist 23 mal nach dem Antrage der Reichsanwaltschaft erkannt worden. 8 mal — Ziff. 4, 10, 12, 14, 17, 18, 22, 23 — deckt sich die Plenarentscheidung nicht mit dem Standpunkt der Reichsanwaltschaft. Ihre Stellungnahme ist für die Fälle Ziff. 4 und 12—15 in der Rechtsprechung des RG. in Strafsachen 4, 333; 8 S. 526, 705; 9, 254; 10, 664 mitgeteilt, im übrigen für die Sachen Ziff. 16—31 mit zwei Ausnahmen — Ziff. 23 und 31 — an den oben angezogenen Stellen der Entscheidungen des RG. in Strafsachen veröffentlicht. Bei der letzten Plenarentscheidung — Ziff. 31 — wurde anerkannt, daß auch die Mitglieder der erstinstanzlichen Strafsenate zur Mitwirkung im Plenum berufen seien, eine Frage, die erst so spät aufgeworfen werden konnte, weil bis zum vorhergehenden Plenum ausschließlich mit Erstinstanzsachen beschäftigte Senate noch nicht bestanden hatten.

Die politische Geschichte des Deutschen Reiches von seiner Gründung und Blüte bis zur Einkreisung, von der Zeit des Krieges bis zur Staatsumwälzung, vom Zusammenbruch bis zum Wiederaufbau — der Schicksalsgang Deutschlands ist **in den erstinstanzlichen,** die Grundlagen des Reiches betreffenden **Sachen der Reichsanwaltschaft** deutlich erkennbar gewesen. Außenpolitisch, auf dem Gebiete des Landesverrats und der Spionage, waren es bis zum Weltkriege vornehmlich fremdländische Offiziere, die — in immer steigendem Maße — zugunsten ihres Heimatstaates den Stand der Rüstung und Landesverteidigung des Reiches auszuspähen suchten (RGSt. 13, 337; 25 S. 45, 50). Daneben gemeine Spione, die, in fremdem Solde stehend, die wichtigsten Belange ihres Vaterlandes aus Geldgier verrieten (RGSt. 10, 420; 17, 103; 28, 266). Besonderes Aufsehen erregte im Jahre 1887 ein Fall Verrats militärischer Geheimnisse, der aus Anlaß der Festnahme des französischen Kommissars Schnäbele zu diplomatischen Verwicklungen führte. Im Jahre 1888 beschäftigte die Öffentlichkeit das Verfahren gegen den Professor Dr. Geffken, der in der „Deutschen Rundschau" Stücke aus dem Kriegstagebuch Kaiser Friedrichs mitgeteilt hatte. Der I. Strafsenat des RG. gab der wegen diplomatischen Landesverrats erhobenen Anklage des Oberreichsanwalts keine Folge und stellte das Verfahren mangels ausreichender Gründe für den inneren Tatbestand ein. Von Kriegsbeginn an nahmen die Fälle des Landesverrats und des Verrats militärischer Geheimnisse gewaltig zu. Wieder waren es fremdländische Sendlinge der mit dem Reiche kriegführenden Staaten, aber auch in erschreckend großer Zahl Angehörige des eigenen Landes, die der Kriegsmacht des Reichs Nachteil zufügten (RGSt. 49, 421; 50, 423; 51, 282; 52, 9; 53 S. 6, 121; 55, 268). Jetzt handelte es sich nicht nur um die Auskundschaftung von militärischen Rüstungen, Anlagen und Plänen, sondern um Förderung der Flucht von Kriegsgefangenen, um verbotene Ausfuhr und Vernichtung von Kriegsbedarf, um Lieferung unbrauchbarer Munition, um die Anzettelung von Streiks in Rüstungsbetrieben. Gegen Ende des Krieges mehrten sich die Fälle, in denen vom Kriegsheer ins neutrale Ausland desertierte

Fahnenflüchtige feindlichen Nachrichtenstellen als Spione dienten. Allen diesen Staatsverbrechen, die das Reich zur Zeit des schwersten Kampfes seiner Geschichte gefährdeten, sind RG. und Reichsanwaltschaft mit der Schärfe des Gesetzes entgegengetreten. Auch nach der Beendigung des Krieges haben die Fälle des Landesverrats und der Spionage nicht nachgelassen. Trotz der Entwaffnung und Wehrlosmachung Deutschlands auf Grund des Versailler Diktats fährt ein Nachrichtendienst fremder Mächte fort, die geringe Möglichkeit der dem Reiche belassenen Verteidigung auszuspähen (RGSt. 56, 323; ähnlich 58, 1). Bei der Aburteilung solcher Fälle haben RG. und Reichsanwaltschaft den Standpunkt vertreten, daß auch die geschlossenen Verträge kein Recht gäben, die Erfüllung ihrer Bestimmungen durch Geheimagenten überwachen zu lassen. Gegenüber Veröffentlichungen in der Presse über angeblich vertragswidrige und ungesetzliche Zustände ist das RG. in Übereinstimmung mit dem Oberreichsanwalt davon ausgegangen, daß Landesverrat nur in Frage komme, wenn durch die Mitteilung ausdrücklich oder stillschweigend der Vorwurf erhoben werde, es handle sich um Ungesetzlichkeiten, die von der Regierung begünstigt würden, da regelmäßig nur in diesem Falle die Gefahr außenpolitischer Schädigung bestehe (RGSt. 62, 70). Andererseits ist daran festgehalten, daß weder die Strafvorschriften des Landesverrats durch den Versailler Vertrag beseitigt seien, noch der einzelne Staatsbürger das Recht habe, „ungesetzliche Zustände“ einer fremden Regierung mitzuteilen (RGSt. 62, 65). — Auch innerpolitisch kamen die Bewegungen, die sich gegen den Bestand des Reiches richteten, in den Erstinstanzsachen der Reichsanwaltschaft zum Ausdruck. Vor dem Weltkriege waren die Anschläge gegen die Verfassungsgrundlagen des Reiches nicht so zahlreich wie in der späteren Zeit. Das Attentat anläßlich der Einweihung des Nationaldenkmals auf dem Niederwald wurde 1884 vom RG. abgeurteilt (RGSt. 12, 64). In der Folgezeit waren es vornehmlich die Bildung revolutionärer Gruppen, die Verwendung von Sprengstoff, die Drucklegung und Verbreitung anarchistischer Schriften, die das Einschreiten des Oberreichsanwalts aus dem Gesichtspunkte des Hochverrats erforderlich machten (RGRspr. 8 S. 653, 656; 9, 490; RGSt. 5 S. 60, 215; 41, 138). Von erheblicher Bedeutung war das im Jahre 1907 erlassene Urteil wegen Abfassung, Drucklegung und Verbreitung der Liebknechtschen Schrift: „Militarismus und Antimilitarismus“, in der zur Zersetzung und Zermürbung des Heeres aufgefordert wurde. Während des Krieges mußte die Reichsanwaltschaft wegen der Verbreitung von Schriften vorgehen, in denen der Anreiz enthalten war, unter gewaltsamem Abbruch des Krieges eine andere Verfassung herbeizuführen und mit der russischen Volkserhebung gemeinsame Sache zu machen. Nach der Staatsumwälzung beschäftigten immer neue Anschläge gegen die Verfassungsgrundlagen des Reichs die Reichsanwaltschaft. Zunächst 1920 der sog. „Kapp“-Putsch (RGSt. 56, 259), dann die Erhebungen in Köthen, Velbert, Staßfurt (56 S. 161, 173). Der mitteldeutsche Aufstand des Jahres 1921 und die an ihn sich schließenden Gewalttaten wurden in den Anklageschriften des Oberreichsanwalts behandelt (RGSt. 58, 2). In den Zeiten des Jahres 1923 spielte das Komplott von Mitgliedern des Blücherbundes eine Rolle. Dann folgten, bis zur Jetztzeit sich fortsetzend, die von kommunistischer Seite verübten hochverräterischen Umtriebe, die RG. und Oberreichsanwalt immer wieder auf den Plan riefen. — Aber nicht nur gegen Angriffe auf die Verfassung, sondern auch wider die auf den territorialen Bestand des Reichs hatte die Reichsanwaltschaft strafgerichtlich vorzugehen. Im alten Reich waren es die Strafverfahren gegen die Mitglieder der Patriotenliga, die das Reichsland Elsaß-Lothringen, und gegen polnische Unternehmungen, die preußische Provinzen vom Reichsgebiete loszureißen trachteten (RGSt. 16, 165). Nach der Staatsumwälzung nahmen die den Bestand des Reichs gefährdenden Loslösungsbestrebungen einen gefährlichen Umfang an. Zunächst im Osten, wo eine polnische Bewegung es noch vor Friedensschluß unternahm, preußische Landesteile vom Reiche zu trennen. Dann im Westen, wo in den Rheinlanden und in der bayerischen Pfalz Sonderbündler die Not und die Ohnmacht des Vaterlandes benutzten, um unter dem Schutze des besetzten Gebiets deutsche Lande vom Reiche zu reißen. Endlich in Oberschlesien, wo ein Verband Aufständischer sich Deutsch-Oberschlesiens zu bemächtigen versuchte. Stets ist die Reichsanwaltschaft, soweit ihr Arm nicht durch die Lage der Verhältnisse gelähmt war, eingeschritten; oft ist es ihr nur unter den größten Schwierigkeiten möglich gewesen, die Schuldigen im unbesetzten Deutschland ihrer Bestrafung zuzuführen. — Bei der Ausübung dieser ihrer Tätigkeit ist der Reichsanwaltschaft in letzter Zeit oft der Vorwurf gemacht worden, sie fasse das zum Begriffe des hochverräterischen Unternehmens gehörige Merkmal der Bestimmtheit neuerdings rechtlich weiter auf als die frühere Rechtsprechung. Dieser Vorwurf entbehrt für jeden wirklichen Kenner der Verhältnisse der Begründung. Es ist hier wichtig, festzustellen, daß der Wortlaut des Gesetzes einen Begriff der Bestimmtheit hochverräterischen Unternehmens überhaupt nicht kennt und daß erst die Rechtsprechung des RG. es war, die das Erfordernis des ungeschriebenen Merkmals der Bestimmtheit für geboten erklärte (RGSt. 5 S. 60, 215; 16, 165; 41, 138; RGRspr. 8, 653). Als Hochverrat erachtete man nicht die revolutionäre Phrase für strafbar, nicht die ohne Beziehung auf eine geplante umstürzlerische Bewegung bewirkte Verbreitung von Grundsätzen, die an sich oder in ihrer weiteren Entwicklung, wenn sie im Volk Leben gewännen, zu gewaltsamen Angriffen auf die Verfassung führten (RGSt. 5, 60). Aber ebenso wurde schon vor fast 48 Jahren die Annahme abgelehnt, das hochverräterische Unternehmen müsse in der Vorstellung der Täter eine nach allen Richtungen bestimmte Gestaltung gewonnen haben. Schlagend führt das RG. aus, daß eine solche Einschränkung das Gesetz für alle Unternehmungen, deren Durchführung einen großen Umfang von Einzelhandlungen erfordere, illusorisch machen würde. Gerade mit Bezug auf eine Druckschrift hat das RG. schon 1881 die Erkennbarkeit des Angriffsgegenstands und des nächsten geeigneten Zeitpunktes der Ausführung für ausreichend bezeichnet. Denn auch Angabe von Zeit, Ort und Mittel der Tat zum Begriffe der Bestimmtheit mitzurechnen, hieße dem Gesetze eine absurde Voraussetzung unterstellen, da in der Regel kein zurechnungsfähiger Mensch, dem es mit seiner Tat ernst wäre, nun auch alle Modalitäten der Ausführung derart verlautbare, daß er die Bedrohten warne, ihre Abwehr herausfordere und die Ausführung unmöglich mache (RGSt. 5, 215). Diesen Standpunkt hat auch die Reichsanwaltschaft eingenommen und nie verlassen. Ein Vergleich mit dem von ihr mitgeteilten Sachverhalt der Entscheidungen in RGRspr. 8 S. 653 u. 656 zeigt, daß sie auch nach der Tatseite nie geringere Anforderungen gestellt hat. — Während der Zeit, da die Reichsanwaltschaft als Anklagebehörde beim Staatsgerichtshof zum Schutze der Republik tätig war, erregten die Strafverfahren wegen kommunistischen Hochverrats und hierunter der sog. Tschekaprozeß, die wegen der Ermordung des Ministers Dr. Rathenau, wegen des Parchimer Mordes und des Anschlages auf den Abgeordneten Scheidemann besonderes Aufsehen.

Dem **Umfange** nach lag der Reichsanwaltschaft innerhalb der ordentlichen Strafgerichtsbarkeit eine gewaltige Aufgabe ob. Vom 1. Okt. bis 31. Dez. 1879 waren 948 Revisionen in Strafsachen eingegangen. Im Jahre 1880 waren es 3533, die Zahl stieg bis zum Jahre 1890 auf 3813. Im Jahre 1895 waren gar 5323 Revisionen eingegangen, 1900 waren es 5116, im Jahre 1904 war die Zahl 6756 erreicht. Die Geschäftslast konnte nicht mehr bewältigt werden. Die Lex Hagemann des Jahres 1905 sollte Abhilfe schaffen. Unter ihrem Einflusse sank die Zahl der Revisionen 1907 auf 5507, um von da ab wieder mächtig zu steigen. 1910 betrug die Zahl 6158, Ende 1912 waren 6807 Revisionen eingelaufen. Nach dem Beginne des Krieges waren infolge der Einberufung zu den Fahnen und der Gnadenerweise zugunsten von Kriegsteilnehmern die Revisionen 1914 auf 5982, Ende 1915 auf 4480 und am Schlusse des Jahres 1916 auf 3207 zurückgegangen. Von dieser Zeit begann die Zahl wieder anzuwachsen, 1917 auf 3349, im Jahre 1918 auf 4343 und 1919 auf 5598. Unter der Einwirkung der Kriegs- und Nachkriegszeit schnellte dann die Zahl 1920 auf 9617, im Jahre 1921 auf 9221. Das Jahr 1920 hatte innerhalb der 50 Jahre mit 9617 die größte Zahl an Revisionen gebracht. Die Vorschriften des Ges. zur Entlastung der Gerichte vom 11. März 1921 drückten die Zahl der Revisionen 1922 auf 5985 und 1923 auf 5279 herab. Einen völligen Umschwung führte die VO. über Gerichtsverfassung und Strafrechtspflege vom 4. Jan. 1924 herbei. Sie drosselte die Zuständigkeit des RG. für Revisionen in Strafsachen stark ein und machte sie, abgesehen von Schwurgerichtssachen, von der in das Ermessen der Landesstaatsanwaltschaft verstellten Besetzung des Erstinstanzgerichts abhängig. Unter der Wirkung dieser Kompetenzeinschränkung sank die Zahl der Revisionen 1925 auf 2139, um 1926 auf 3044, Ende 1927 auf 3725 und beim Schluß des Jahres 1928 auf 4011 zu steigen. Die Zahl der Revisionen ist damit auf den Stand zurückgeführt, den sie im Jahre 1891 hatten. Gegen eine dem RG. noch die Wahrung der Rechtseinheit ermöglichende Beschränkung der Revisionen kann nichts eingewendet werden. Fraglicher erscheint, ob es angemessen ist, die Zuständigkeit des obersten Gerichtshofes des Reichs von der — durch Weisungen beeinflußbaren — Entschließung von Landesbehörden abhängig und diese damit zu Regulatoren für die Geschäftslast von RG. und Oberreichsanwalt zu machen. — Von den eingegangenen Revisionen waren bis zum Jahre 1892 etwa 20 bis 25,1 % erfolgreich. In der Zeit von 1892 bis 1903 hatten 18,1 — 25,6 % der Rechtsmittel Erfolg. Zwischen 1903 und 1913 betrug die geringste Jahreszahl erfolgreicher Revisionen 13,7 %, die höchste 18,3 %. In der Spanne 1914 bis 1922 waren die entsprechenden Zahlen 10,9% und 18,1%. Seit 1923 hat sich das Bild geändert, indem nunmehr bis Ende 1928 die geringste Erfolgszahl im Jahre 31,1%, die höchste 36,1% betrug, also etwa ein Drittel der Rechtsmittel durchdrang. — Die Revisionen der Staatsanwaltschaft hatten in der ersten Zeit nach der Errichtung des RG. nur etwa zur Hälfte Erfolg. Wenngleich ein staatsanwaltschaftliches Rechtsmittel von der Reichsanwaltschaft nur dann vor dem RG. vertreten wurde, falls es ihr begründet erschien, so hielt der Oberreichsanwalt es doch nicht für sachentsprechend, daß der oberste Gerichtshof mit einer unverhältnismäßig großen Zahl erfolgloser Rechtsmittel öffentlicher Behörden befaßt würde. Auf seine Anregung wurde das Erforderliche veranlaßt, insbesondere in fast allen Ländern des Reichs angeordnet, daß bei einer von der Staatsanwaltschaft eingelegten Revision die Akten nicht unmittelbar dem Oberreichsanwalt, sondern dem vorgesetzten Generalstaatsanwalt einzureichen seien, welch letzterer das Rechtsmittel einer geeigneten Vorprüfung zu unterziehen habe. In der Folgezeit betrug zwischen 1886 und 1898 die geringste Jahreszahl erfolgreicher Revisionen der Staatsanwaltschaft 52,8%, die höchste 62,6%. Die entsprechenden Zahlen waren in der Zeit von 1898 bis 1908 = 62% und 70,65%, zwischen 1908 und 1918 = 60,4% und 75,6%, endlich von 1918 bis 1928 = 63,2% und 75,3%. — Die Zahl der von der Reichsanwaltschaft bearbeiteten erstinstanzlichen Strafsachen war in den ersten 25 Jahren ihres Bestehens eine geringfügige. Bis 1905 war die höchste Jahresziffer 26. Erst von dieser Zeit ab begann der Eingang von Erstinstanzsachen zu steigen. Ende 1909 betrug ihre Zahl 55, dann 1911 = 124, 1913 = 257. Im ersten Kriegsjahre schnellte sie auf 666, beim Ende 1918 war die Zahl 913 erreicht. Nach einem Rückgang im Jahre 1919 waren 1920 — infolge der zahlreichen Anschläge gegen das Reich, des Anfalls der Kriegsverbrechenssachen und der Aufhebung der Militärgerichtsbarkeit — 2494 Strafsachen eingegangen; die Zahl fiel jedoch 1921 um mehr als die Hälfte auf 1075. Ganz gewaltig wuchs jedoch der Anfall von Erstinstanzsachen bei der Reichsanwaltschaft seit Errichtung des Staatsgerichtshofes. Sie war jetzt nicht nur zur Behandlung der Strafsachen wegen Hoch-, Kriegs- und Landesverrats, wegen Spionage, wegen Kriegsverbrechen zuständig, sondern auch für die wegen anderer politischer Gewalttaten, wegen Beschimpfungen, Waffenbesitzes und Geheimbündelei. Die Sachen all dieser Art zusammen bezifferten sich 1922 auf 2224, im Jahre 1923 auf 3700, Ende 1924 auf 3600, um von da ab beständig abzunehmen, so daß Ende 1928 mit der Zahl 998 der Stand von 1918 etwa erreicht ist. — Daß die Reichsanwaltschaft auf den Anfall der Erstinstanzsachen keinen Einfluß hat, liegt auf der Hand. Sie sind ihr von Regierungsstellen, von den Staatsanwaltschaften, von den Polizei- und Sicherheitsbehörden der Länder vorgelegt, auch durch Anzeigen Privater unterbreitet worden. Infolge des auch für sie bestehenden gesetzlichen Verfolgungszwanges war sie verpflichtet, jede eingegangene Einzelsache, soweit erforderlich, aufzuklären. Wie vorsichtig und zurückhaltend die Reichsanwaltschaft bei ihrer Entschließung über die Erhebung der öffentlichen Klage verfahren ist, zeigt die Tatsache, daß selbst in den stürmischen Jahren 1923 und 1924 nur 215 und 186 Anklageschriften bei Gericht eingereicht sind, was im

Phot. Georg Brokesch, Leipzig

Dr. h. c. Zweigert
Wirklicher Geheimer Rat. Oberreichsanwalt 1907—1921

Verhältnis zur Zahl der überhaupt eingegangenen Sachen einem Satz von 5 bis 6% entspricht.

In Strafsachen wirkte die Reichsanwaltschaft auch innerhalb der **Konsulargerichtsbarkeit** mit. Ursprünglich bestanden auch hier drei Instanzen, die Entscheidung im letzten Rechtsmittelzuge stand dem preußischen Obertribunal zu, wurde aber 1871 dem Bundes-, späteren Reichsoberhandelsgericht übertragen. Wurden hierbei Verrichtungen der Staatsanwaltschaft notwendig, so hatte zu deren Vertretung der Präsident des Reichsoberhandelsgerichts ein Mitglied desselben, einen in Leipzig angestellten Staatsanwalt oder einen dort wohnenden Advokaten zu ernennen. Deren Amtsgeschäfte übernahm die Reichsanwaltschaft am 1. Okt. 1879, zu welchem Zeitpunkte auch das Reichsgesetz über die Konsulargerichtsbarkeit in Kraft trat. Es sah nur zwei Instanzen vor und bestimmte, daß zur Verhandlung und Entscheidung über das Rechtsmittel der Beschwerde gegen die Entscheidungen des Konsulargerichts sowie über das Rechtsmittel der Berufung das RG. zuständig sei. In diesem Umfange bewegte sich auch die Tätigkeit der Reichsanwaltschaft, deren Wirkungskreis somit auch der zweite Rechtszug in Strafsachen, die Tatsacheninstanz der Berufung, zugeteilt war. Im Jahre 1900 wurde das Gesetz über die Konsulargerichtsbarkeit durch ein neues ersetzt, und es wurde mit Bezug auf das RG. verordnet, daß es nur noch über die Rechtsmittel der Beschwerde und der Berufung gegen die Entscheidungen des Konsulargerichts — nicht des Konsuls — in Strafsachen zu befinden habe. Daneben hatte es aber endgültig innerhalb des Gebiets der Rechtshilfe zu entscheiden, sofern diese von einem Konsul des Reichs versagt oder gewährt war, und endlich gehörte in bestimmten Fällen die Bezeichnung des zuständigen Gerichts zu seinen Aufgaben. Bei allen diesen zur eigenen Justizhoheit des Reichs gehörenden Angelegenheiten wirkte die Reichsanwaltschaft mit. Abgesehen von ihrer Teilnahme an der Berufungsinstanz handelte es sich bei den von ihr mit ihrer gutachtlichen Äußerung dem RG. vorgelegten Konsulargerichtssachen um Beschwerden über Haftbeschlüsse, Ordnungsstrafen, in Kostensachen, in Angelegenheiten der Privat- und Nebenklage, der Wiedereinsetzung in den vorigen Stand, um Ablehnungsgesuche, Gerichtsstandsbestimmungen und um Beschwerden gegen Beschlüsse des Konsulargerichts, durch die eine vom Konsul verfügte Ablehnung der Strafverfolgung gebilligt war. Trotzdem in letzteren Fällen das Konsulargericht bereits über die Beschwerde gegen eine Verfügung des Konsuls entschieden hatte, hat das RG. dem Antrage der Reichsanwaltschaft entsprechend nicht eine unzulässige weitere Beschwerde für vorliegend erachtet, weil hier der Konsul als Staatsanwalt, nicht als Richter entschieden und folgeweise das Konsulargericht in erster, nicht in der Beschwerdeinstanz richterlich beschlossen habe (RGSt. 24, 220). Ein anderer Standpunkt wurde im Privatklageverfahren eingenommen (RGSt. 28, 31) und ferner die unmittelbare Geltung des Gerichtsstandes des Tatorts auch für die Konsulargerichtsbezirke bejaht (40, 349). Da durch den Vertrag von Versailles dem Reiche das Recht zur Ausübung der Konsulargerichtsbarkeit in verschiedenen Ländern genommen war, brachte ein Reichsgesetz vom 1. Juli 1921 (RGBl. 805) Überleitungsvorschriften, denen zufolge in einer beim RG. anhängigen Konsulargerichtsstrafsache die Reichsanwaltschaft das Recht hatte, die Aufnahme und Fortführung des Verfahrens zu beantragen. Im Jahre 1925 ist die Ausübung der Konsulargerichtsbarkeit des Reichs in Ägypten neu geregelt worden. Das RG. ist hierbei nicht als Berufungsgericht, sondern als Revisionsinstanz gegen die Entscheidungen des Konsularobergerichts in Strafsachen vorgesehen. — Die höchste Jahreszahl der von der Reichsanwaltschaft zu bearbeitenden Berufungen in Konsulargerichtsstrafsachen betrug 12, wozu dann noch die im Beschlußverfahren zu erledigenden Angelegenheiten kamen. — Die Zuständigkeit des RG. und der Reichsanwaltschaft zum endgültigen Befinden über Berufungen und Beschwerden in Strafsachen war seit 1886 auch für die deutschen Schutzgebiete begründet. Diese Kompetenz bestand jedoch nur eine Zeitlang; sie wurde in den Jahren 1888 bis 1900 den in den einzelnen Schutzgebieten errichteten Gerichtsbehörden zweiter Instanz übertragen.

Gegenüber der umfangreichen und vielfältigen Mitwirkung in Strafsachen hatten die Reichsjustizgesetze der Reichsanwaltschaft nur eine arg beschränkte Beteiligung an der **Zivilgerichtsbarkeit** zugedacht. Bei der feierlichen Eröffnung des RG. hatte der erste Oberreichsanwalt Dr. Freiherr von Seckendorff darauf hingewiesen, daß man verschmerzen müsse, was die Staatsanwaltschaft an dem Inhalt ihres Berufes verloren; zum Troste gereiche, daß dort, wo die Staatsanwaltschaft den weitestgehenden Beruf, Wächter der Gesetze zu sein, in ausgedehntem Maße erfüllt und dieser Beruf lebendigen Boden gewonnen hätte, ihre Anerkennung bei Richterstand und Bevölkerung auch die größte gewesen wäre. Vergebens hatten sich in der Justizkommission des Reichstags die in der rheinpreußischen Justiz stehenden Abgeordneten zum Teil in leidenschaftlichen Ausführungen für eine umfangreichere Beteiligung der Staatsanwaltschaft in Zivilsachen eingesetzt. Seitdem der 3. und 5. Deutsche Juristentag in gegenteiligem Sinne beschlossen hatte, sah auch die Gesetzgebung von einer Mitwirkung der Staatsanwaltschaft in Zivilsachen grundsätzlich ab. Nur in Ehe- und Entmündigungssachen und seit dem Inkrafttreten des BGB. auch in Rechtsstreitigkeiten, welche die Feststellung des Rechtsverhältnisses zwischen Eltern und Kindern oder die Anfechtung einer Todeserklärung zum Gegenstande haben, war eine Beteiligung der Staatsanwaltschaft vorgesehen. Somit war auch die Reichsanwaltschaft in den zum Rechtszuge der Revision gediehenen Ehe- und Familienstandssachen — ohne Partei zu sein — zur Mitwirkung befugt, zur Anwesenheit in allen Terminen, zur gutachtlichen Äußerung über die zu erlassenden Entscheidungen berechtigt. Bei der von der Staatsanwaltschaft erhobenen Ehenichtigkeitsklage ist in der Revisionsinstanz die Reichsanwaltschaft auf Grund ihrer Amtsstellung Partei, zur Betreibung des Rechtsstreits, zur selbständigen Stellung von Anträgen ermächtigt. Im Rechtsstreit auf Nichtigkeitserklärung einer Ehe hat das RG. die Reichsanwaltschaft ausschließlich als die Behörde bezeichnet, die für die Revisionsinstanz die Befugnisse der Staatsanwaltschaft auszuüben, die Rolle einer Partei zu übernehmen, das Rechtsmittel der Revision einzulegen befugt sei (RGZ. 18, 407). Auch in den Rechtsstreitigkeiten, die nach Erhebung der Klage auf Anfechtung oder Wiederaufhebung einer Entmündigung an das RG. gelangen, liegt es der Reichsanwaltschaft ob, die Rolle der Gegenpartei des Entmündigten zu übernehmen; ihr allein steht es zu, hier die Revision zu erheben (RGZ. 18, 405; 25, 419; 36, 345). Bei Ausübung dieser Tätigkeit ist die Auffassung der Reichsanwaltschaft, daß nach gemeinem Recht bei geistesgestörten, aber handlungsfähigen Personen Gemeingefährlichkeit ein Grund zur Entmündigung sei, vom RG. nicht gebilligt (RGZ. 38, 191), aber in Übereinstimmung mit ihrem Antrage anerkannt worden, daß der zu Entmündigende auch im Berufungsverfahren unter Zuziehung eines Sachverständigen persönlich zu hören sei (RGZ. 57, 330). — Innerhalb der Zivilgerichtsbarkeit kam seit dem Jahre 1900 schließlich noch in den Sachen betreffend die Anfechtung einer Todeserklärung eine Zuständigkeit der Reichsanwaltschaft in Frage. — In vier Fällen des Widerstreits zwischen zwei Zivilsenaten hat die Reichsanwaltschaft nach Maßgabe der Vorschriften des GVG. sich gutachtlich über die streitige Rechtsfrage geäußert. Es handelte sich in allen vier Fällen um Ehesachen und um folgende Grundsätze:

1. Unter dem 12. Juni 1893 erkannten die Vereinigten Zivilsenate an, daß bei Erhebung einer Klage oder Widerklage auf Ehescheidung oder auf Herstellung des ehelichen Lebens in erster Instanz noch in der Berufungsinstanz die Ungültigkeitsklage als Klage oder Widerklage angestellt werden könne (RGZ. 31, 9).

2. Am 25. Juni 1898 erging die Plenarentscheidung, daß in den Fällen, in denen das anzufechtende Urteil nach dem Antrage der Partei gleichzeitig mit der Rechtsmittelschrift öffentlich zugestellt werden soll, das zur Entscheidung über das Rechtsmittel berufene Gericht nicht zuständig sei, auch die öffentliche Zustellung des anzufechtenden Urteils zu bewilligen (RGZ. 41, 426).

3. Am 29. Juni 1901 wurde beschlossen, daß die für Ehescheidungs- und Nichtigkeitsurteile vorgeschriebene Zustellung von Amts wegen nicht stattzufinden habe, selbst wenn es sich um ein bedingtes Urteil handle, in dem ausgesprochen werde, daß die Ehe sowohl im Falle der Leistung als auch in dem der Verweigerung des Eides erst noch geschieden werden solle (RGZ. 48, 423).

4. Endlich wurde am 12. Okt. 1903 verneint, daß deutsche Gerichte auf beständige Trennung von Tisch und Bett erkennen dürften, wenn nach deutschem Recht die Scheidung der Ehe gerechtfertigt, nach dem Recht des Staates aber, dem der Ehemann zur Zeit der Erhebung der Klage angehört, nur beständige Trennung von Tisch und Bett zulässig sein würde (RGZ. 55, 345).

Alle vier Entscheidungen der Vereinigten Zivilsenate entsprechen den Anträgen des Oberreichsanwalts.

Seit ihrer Errichtung war die Reichsanwaltschaft auch zur Vertretung der Anklage in **Disziplinarangelegenheiten** berufen, und zwar **im ehrengerichtlichen Verfahren gegen Rechtsanwälte** und im Dienststrafverfahren gegen Reichsbeamte. — Soweit die Handhabung der Disziplin über die Rechtsanwälte beim Reichsoberhandelsgericht in Frage kam, war auch hier die Wahrnehmung der Verrichtungen der Staatsanwaltschaft durch einen besonderen Beamten, ein Mitglied des Reichsoberhandelsgerichts, einen Leipziger Staatsanwalt oder Advokaten vorgesehen. Am 1. Okt. 1879 gingen diese Befugnisse auf die Reichsanwaltschaft über, die nach den Bestimmungen der Rechtsanwaltsordnung am ehrengerichtlichen Verfahren erster und zweiter Instanz beteiligt ist. Im ersten

Rechtszuge wirkt sie mit als Staatsanwaltschaft des Ehrengerichts der Anwaltskammer bei dem RG. Sie hat hier dieselbe Amtsstellung wie die Staatsanwaltschaft des Oberlandesgerichts hinsichtlich der Ehrengerichte der einzelnen Anwaltskammern, sie hat das Recht zur Anklage durch den Antrag auf Eröffnung ehrengerichtlicher Voruntersuchung oder durch Einreichung einer Anklageschrift, sie hat die Pflicht zur Vertretung der Anklage in der Hauptverhandlung, sie ist befugt, sich gutachtlich über die in der Beschwerdeinstanz zu erlassenden Entscheidungen zu äußern. Viel weittragender ist die Gesetzesvorschrift, nach der die Verrichtungen der Staatsanwaltschaft in der Berufungsinstanz von der Reichsanwaltschaft wahrzunehmen sind. Ihr ist hierdurch die Pflicht auferlegt, mitzuwirken an der dem Ehrengerichtshofe letztinstanzlich vorbehaltenen Wahrung der Standeswürde des Anwaltsberufs. Die Reichsanwaltschaft hat bei Überprüfung der durch Erhebung der Berufung an sie gelangenden Erkenntnisse der Ehrengerichte stets das öffentliche Interesse vertreten und — für und gegen den zur Untersuchung Gezogenen — die Anschauungen geltend gemacht, die über Berufsausübung und Beobachtung der Standessitte innerhalb der Rechtsanwaltschaft die Herrschaft erlangt hatten. Das Ergebnis der von den Senaten des Ehrengerichtshofs und der Reichsanwaltschaft bei Ausübung der Standesgerichtsbarkeit gemeinsam geleisteten Tätigkeit ist in den Entscheidungen des Ehrengerichtshofs für deutsche Rechtsanwälte enthalten, die vom Deutschen Anwaltverein herausgegeben werden. Sie zeigen die mannigfache Art der abgeurteilten Einzelfälle, sie lassen aber auch grundsätzliche Erwägungen erkennen, von denen, namentlich auf dem Gebiete des Verfahrensrechts, der Ehrengerichtshof in Übereinstimmung mit der Stellungnahme der Reichsanwaltschaft sich hat leiten lassen. So hat die Reichsanwaltschaft stets die Auffassung vertreten, daß die vorausgegangene Tätigkeit als Mitglied des Kammervorstands in der zur Entscheidung des Ehrengerichts stehenden Angelegenheit an sich die Ablehnung eines Ehrengerichtsmitgliedes nicht rechtfertige (EGH. 1, 14). Sie beanstandet es in ständiger Übung als Verfahrensmangel, wenn die Niederschrift über die ehrengerichtliche Hauptverhandlung den wesentlichen Inhalt der Aussagen von Angeklagten und Zeugen vermissen läßt, weil diese Unterlassung die für ein Berufungsverfahren erforderliche Feststellung des Ergebnisses erstinstanzlicher Beweisaufnahme gefährdet (EGH. 4, 32; 17, 59; 18, 47). Sie steht in Übereinstimmung mit dem Ehrengerichtshofe auf dem Standpunkte, daß die rechtskräftige, verurteilende Entscheidung — zwar nicht des Disziplinar- —, wohl aber des Strafrichters in der Schuld- und in der Gesetzanwendungsfrage das Ehrengericht bindet (EGH. 3 S. 73, 75; 11, 35; 14, 65; 21, 144). Sie teilt die Auffassung, daß bei Verletzung der Berufspflicht durch mehrere selbständige Handlungen der strafrechtliche Satz von Einzelstrafen und Gesamtstrafenbildung nicht gelte, weil stets das in den Verfehlungen zum Ausdruck gekommene Gesamtverhalten mit einheitlicher Strafe zu würdigen sei (EGH. 5, 86; 19, 52). Sie hat dafür erachtet, daß die Vorschriften über die Verjährung bei ehrengerichtlich zu ahndenden Verfehlungen nicht anwendbar seien (EGH. 4, 112; 10, 83). Der Oberreichsanwalt hat endlich ständig die Auffassung vertreten, daß eine Wiederaufnahme des ehrengerichtlichen Verfahrens nur zum

Zwecke der Freisprechung, nicht mit dem Ziel geringerer Bestrafung zulässig sei, weil die Rechtsanwaltsordnung für die Verletzung anwaltlicher Pflicht kein schwereres und milderes, sondern nur ein einziges Strafgesetz kenne (EGH. 4, 95; 5, 53; 16, 103). In sachlicher Beziehung haben in letzter Zeit zwei Standesfragen die Berufungsinstanz besonders beschäftigt. Einmal im ehrengerichtlichen Zulassungsverfahren die Vereinbarkeit fester Anstellung in gewerblichen Unternehmen mit dem Berufe und der Würde der Anwaltschaft. Hier hat der Ehrengerichtshof die Grenzen immer weiter ausgedehnt; die Ansichten sind geteilt und innerhalb der Anwaltschaft noch nicht ausgetragen. Die Zulässigkeit der Weiterführung früherer Amtsbezeichnungen im Anwaltsberuf hat der Ehrengerichtshof in Übereinstimmung mit der Reichsanwaltschaft zunächst bejaht (EGH. 18, 89), dann aber ihrem Antrage entgegen verneint (20, 116). Innerhalb der Ehrengerichtsbarkeit gelangt — von der Anwaltschaft des RG. abgesehen — nur der Ahndungsanspruch des einzelnen Landes in die Berufungsinstanz. Der Oberreichsanwalt ist in der Beurteilung des von der Staatsanwaltschaft eingelegten Rechtsmittels zwar völlig frei, zu seiner Rücknahme aber nicht berechtigt. Die Zahl der von der Reichsanwaltschaft zu bearbeitenden Ehrengerichtssachen betrug 1880 beim Schluß des ersten Geschäftsjahres 14. Sie stieg 1886 auf 35, erreichte 1897 die Ziffer 47, um dann bis 1905 abzunehmen. Ende 1909 waren es 53 Sachen, so daß 1910 in Anbetracht auch der sonstigen Belastung des RG. zwei Senate beim Ehrengerichtshof gebildet wurden. Die Höchstzahl der Ehrengerichtssachen in der Vorkriegszeit brachte 1913 mit 82 Sachen. Dann sank die Zahl bis auf 18 im Jahre 1919. Während des Krieges wurden die Verfahren gegen heeresangehörige Rechtsanwälte ausgesetzt, ein Teil wegen Niederschlagung der Untersuchung eingestellt. In der wirtschaftlichen Not der Nachkriegszeit stieg die Zahl der Ehrengerichtssachen 1926 auf 90; sie ist Ende 1928 auf 68 gesunken.

Die Vorschriften über das förmliche **Disziplinarverfahren gegen Reichsbeamte** sehen zwar die Mitwirkung eines Beamten vor, der die Verrichtungen der Staatsanwaltschaft wahrzunehmen hat, sie haben aber die Ausübung dieses Amtes der Reichsanwaltschaft auch für die Berufungsinstanz nicht ausdrücklich übertragen. Vielmehr ernennt nach den Vorschriften des Reichsbeamtengesetzes grundsätzlich die oberste Reichsbehörde des Geschäftszweiges, dem der beschuldigte Beamte angehört, den Beamten der Staatsanwaltschaft für den einzelnen Fall. Dies galt schon in der Zeit, in welcher der Disziplinarhof unter Zuziehung von Mitgliedern des Reichsoberhandelsgerichts an dessen Sitze zusammentrat. Doch verordnete das im Reichsbeamtengesetz vorgesehene Regulativ für die Geschäftsordnung bei den Disziplinarbehörden, daß der bei dem Reichsoberhandelsgericht mit Wahrnehmung der Verrichtungen der Staatsanwaltschaft beauftragte Beamte auf Anordnung der zuständigen obersten Reichsbehörde diese Verrichtungen auch bei dem Disziplinarhofe wahrzunehmen hätte. Nachdem auf Grund gesetzlicher Vorschrift auch im Dienststrafverfahren gegen Reichsbeamte das RG. an die Stelle des Reichsoberhandelsgerichts getreten war, wurde durch eine neue Geschäftsordnung bestimmt, daß das Amt der Staatsanwaltschaft beim Disziplinarhofe nach Anordnung der obersten Reichsbehörde von der Reichsanwaltschaft oder von besonders damit beauftragten Beamten zu versehen sei. Bei dieser Regelung ist es bis heute verblieben, die Verrichtungen der Staatsanwaltschaft beim Disziplinarhofe sind in den letzten fünfzig Jahren regelmäßig von der Reichsanwaltschaft ausgeübt und nur in ganz wenigen Einzelfällen durch Sonderbeauftragte der jeweils zuständigen obersten Reichsbehörde vorgenommen worden. Bei Wahrnehmung dieser Tätigkeit, die sie zur Teilnahme an der Handhabung der Dienstzucht über Reichsbeamte, elsaß-lothringische Beamte, Beamte der Reichsbank, der Schutzgebiete und gewisse Militärbeamte berief, hat die Reichsanwaltschaft sich stets als Vertreter des öffentlichen Interesses betrachtet, die Belange der beteiligten Reichsbehörde an der Reinhaltung ihres Beamtenkörpers wahrgenommen, sich aber auch, wo es erforderlich war, zugunsten des angeschuldigten Beamten eingesetzt. Diese Auffassung von dem Berufe der Staatsanwaltschaft kommt auch in der Entscheidung des Reichsdisziplinarhofes zum Ausdruck, in der unter Abweichung von einer früheren Rechtsprechung anerkannt ist, daß auch die zum Nachteil des Beamten eingelegte staatsanwaltliche Berufung die Fähigkeit hat, zugunsten des Angeschuldigten zu wirken. Die Reichsanwaltschaft hat das Amt der Staatsanwaltschaft nicht nur in den Berufungsverhandlungen vertreten, sondern überall da ausgeübt, wo eine Beschlußfassung des Disziplinarhofs in Frage kam, wie bei Streitigkeiten über die Zuständigkeit verschiedener Disziplinarkammern oder bei Anerkennung von Gründen gegen ihre Unbefangenheit. Wenngleich mit der Errichtung neuer Reichsbehörden der Kreis der unter das Reichsbeamtengesetz fallenden Beamten sich ständig ausdehnte, so fand doch auch mit der Zeit eine Einschränkung in der Zuständigkeit des Disziplinarhofs statt. Zunächst wurden 1896 durch die Errichtung eines besonderen Disziplinarhofs für die Schutzgebiete mit dem Sitze in Berlin die Kolonialbeamten der Dienststrafgewalt des Disziplinarhofs in Leipzig entrückt. Dann brachten nach Kriegsverlust die Abtretungen das Ausscheiden der Disziplinarkammern zu Danzig, Bromberg, Posen und im Reichsland. Endlich wurden 1921 durch das Wehrgesetz die Militärdisziplinarkommissionen aufgehoben, entscheidende Disziplinarbehörden erster Instanz für die ausschließlich unter Militärbefehlshabern stehenden Militärbeamten, über die im Laufe der Zeit auf erhobene Berufung die Reichsanwaltschaft mehrfach mit zu Gericht gesessen hatte. Eine gewaltige Erweiterung ihrer Tätigkeit in Disziplinarsachen führte aber in den Jahren 1919 und 1920 die Übernahme ganzer Verwaltungszweige durch das Reich herbei. Die Übertragung der Steuer- und Zollverwaltung der Länder, des bayerischen und württembergischen Post- und Telegraphenwesens, der Staatseisenbahnen auf das Reich begründeten für große Beamtenkörper die Dienststrafgerichtsbarkeit des Reiches. Bei ihrer Ausübung wurde anerkannt, daß die neuen Reichsbeamten nach Übernahme ihres ganzen Geschäftszweiges durch das Reich auch wegen solcher Handlungen von Rechts wegen dienststrafrechtlich abgeurteilt werden konnten, die sie im früheren Landesdienst begangen hatten.

Die Besetzung der Disziplinargerichte für die mündliche Verhandlung und Entscheidung in der einzelnen Sache war von 1879 bis 1922 hinsichtlich des richterlichen Elements die gleiche geblieben. Gegenüber dem Entwurfe der verbündeten Regierungen, der für die einzelne Verhandlung in beiden Instanzen unter fünf Mitgliedern die Teilnahme von wenigstens zwei Richtern vorsah, hatte der Reichstag von 1872/73 es im Interesse einer Gewähr für die Unabhängigkeit und Ständigkeit der Rechtsprechung durchgesetzt, daß in erster Instanz unter fünf Mitgliedern wenigstens drei, in zweiter unter sieben wenigstens vier Richter zu beteiligen, auch alle Disziplinarrichter für die Dauer der von ihnen bekleideten Reichs- oder Staatsämter zu ernennen seien. Das wurde 1922 geändert, für beide Instanzen — beim Disziplinarhof unter sieben Mitgliedern — die Teilnahme von nur zwei Richtern für erforderlich erklärt und bestimmt, daß die Ernennung der Disziplinarrichter für die Dauer von drei Jahren zu erfolgen habe. Der Reichsdisziplinarhof hat im Einzelfalle geprüft, ob die gesetzlich vorgeschriebene Zahl richterlicher Mitglieder eingehalten worden ist und im Verneinungsfalle das erstinstanzliche Erkenntnis aufgehoben. Andrerseits hat er anerkannt, daß nunmehr auch Kommunalbeamte Mitglieder der Disziplinargerichte des Reichs sein könnten. Auf Grund eines Reichsgesetzes über die Gewährung von Straffreiheit und Strafmilderung aus dem Jahre 1920 wurde von der Reichsanwaltschaft die Einstellung von Dienststrafverfahren wegen Niederschlagung veranlaßt, falls die Annahme gerechtfertigt war, daß die endgültige Entscheidung nicht auf Dienstentlassung lauten würde. Der Eisenbahnerstreik von 1922 brachte eine Häufung von Disziplinarverfahren gegen Eisenbahnbeamte. Hierbei hat der Disziplinarhof in Übereinstimmung mit der Stellungnahme der Reichsanwaltschaft ausgesprochen, daß ein Streikrecht von Beamten mit deren Stellung in einem geordneten Rechtsstaate unvereinbar sei. Auch der Übergang des Eisenbahnbetriebes auf die Reichsbahngesellschaft führte zur Lösung neuer Fragen im Disziplinarrecht. Der Dienststrafgewalt des Reichs waren nunmehr auch die Beamten der Reichsbahngesellschaft unterstellt. Es wurde anerkannt, daß hierzu nur die beim Übergang im aktiven Dienst befindlichen Reichsbahnbeamten zu rechnen seien, nicht aber die vorher auf Wartegeld gesetzten. Gegen solche Wartegeldempfänger, die als Beamte einstweilig in den Ruhestand versetzt worden waren, hatte die Reichsanwaltschaft mehrfach im Dienststrafverfahren mitgewirkt. Hier wurde die Strafversetzung auch gegen Beamte zur Disposition als zulässige Ahndung angesehen. Während der ganzen Dauer ihrer Mitwirkung bei Erledigung der Disziplinarsachen hat die Reichsanwaltschaft im Widerspruche mit dem preußischen Staatsministerium und dem Großen Disziplinarsenat des Kammergerichts, aber in Übereinstimmung mit dem Reichsdisziplinarhof, dem Ehrengerichtshof für Rechtsanwälte, dem Disziplinarhof für die Schutzgebiete und dem preußischen Oberverwaltungsgericht den Grundsatz vertreten, daß die causa criminalis als causa major den Disziplinarrichter in der Schuldfrage binde. Gegenüber den Versuchen, Ruhegehaltsteile erst von einem späteren, nach der Dienstentlassung liegenden Zeitpunkte ab zu bewilligen, hat sie, da mit Sinn und Wortlaut des Gesetzes nicht vereinbar, Stellung genommen, auch die Wiederaufnahme des rechtskräftig geschlossenen Disziplinarverfahrens fortdauernd für nicht zulässig erachtet, weil selbst die neue RVerf. hier nicht unmittelbar anwendbares Dienststrafrecht geschaffen. — Die Zahl der bei der

Reichsanwaltschaft eingelaufenen Disziplinarsachen hat sehr geschwankt. Ende 1880 betrug sie 22, hat diese Höhe aber bis Ende 1918 niemals wieder erreicht. Seit dieser Zeit hat sich das Bild vollständig geändert. Infolge vielfacher Ursachen, vornehmlich der Übernahme ganzer Verwaltungszweige auf das Reich, aber auch infolge des Zusammenbruchs, wirtschaftlicher Not und Lockerung der Dienstzucht stieg die Zahl der Disziplinarsachen 1921 auf 118, Ende 1923 auf 206, am Schluß von 1924 gar auf 338, um von da ab zu fallen: 1925 auf 226 und Ende 1928, nach zwischenzeitlicher Steigerung, auf 178.

Im Jahre 1922 ist im Anschluß an die Aufhebung der Militärgerichtsbarkeit ein alljährlich durch das Präsidium zu bestimmender Strafsenat des RG. zum Disziplinarhof für richterliche Militärjustizbeamte bestellt worden. Zugleich wurde angeordnet, daß hierbei die Verrichtungen der Staatsanwaltschaft von dem Oberreichsanwalt zu versehen seien.

Der Sache nach handelte es sich gegenüber den Mitgliedern der Gewerbe- und Kaufmannsgerichte ebenfalls um Disziplinarstrafrecht, bei dessen letztinstanzlicher Handhabung die Reichsanwaltschaft bis zum Inkrafttreten des Arbeitsgerichtsgesetzes vom 23. Dez. 1926, durch das die Gesetze betreffend die Gewerbe- und Kaufmannsgerichte aufgehoben wurden, beteiligt war. Der Form nach wirkte die Reichsanwaltschaft hier im Rechtsmittelzuge der Revision des ordentlichen Strafverfahrens mit (RGSt. 29, 171; 47, 365).

Die Mitglieder des RG. unterstehen keinem Disziplinarrecht, sind lediglich hinsichtlich des Amtsverlustes und der vorläufigen Enthebung vom Amte unter gesetzlich bestimmten Voraussetzungen dem Spruche ihres eigenen Plenums als Pairsgericht unterworfen, vor dessen Beschlußfassung der Oberreichsanwalt zu hören ist. Ingleichen ist seine Anhörung vorgeschrieben bei der unfreiwilligen Versetzung eines Mitgliedes in den Ruhestand, die in einem Falle wegen der geistigen Erkrankung desselben in Frage kam.

Neben ihrer Mitwirkung an der ordentlichen Rechtsprechung in Straf- und Zivilsachen, an der Konsulargerichtsbarkeit, an Ehrengerichts- und Disziplinarangelegenheiten war die Reichsanwaltschaft vielfach im Gebiete der **Justizverwaltung** beteiligt worden.

So wurde durch gemeinschaftlichen Erlaß des Reichsjustiz- und des Reichsschatzamtes vom 20. Dez. 1879 die nach § 4 des GKG. vom 18. Juni 1878 der Reichskasse zustehende Erhebung von Erinnerungen gegen den Kostenansatz bei dem RG. sowie die Wahrnehmung der Rechte der Reichskasse in einem bei dem RG. stattfindenden Verfahren über Erinnerungen oder über Beschwerden gegen den Kostenansatz der Reichsanwaltschaft übertragen. Demgemäß sind in der Folge die von den Zahlungspflichtigen eingelegten Erinnerungen oder Beschwerden der Reichsanwaltschaft zur Erklärung vorgelegt, und es sind von der Reichsanwaltschaft namens der Reichskasse gegen den Gebührenansatz Erinnerungen erhoben worden. Außerdem wurde zufolge einer Anordnung des Staatssekretärs des Reichsjustizamts in den Geschäftsstellen des RG. jährlich mindestens einmal eine Revision des Kostenansatzes unter Auswahl und Durchsicht einer Anzahl von Akten durch einen Reichsanwalt unter Zuziehung eines im Rechnungs- und Kostenwesen erfahrenen Beamten des Reichsjustizamts vor-

Dr. jur. h. c. et med. h. c. Ebermayer
Oberreichsanwalt 1921—1926

genommen. Die aus Anlaß der Prüfung gezogenen Erinnerungen wurden den zuständigen Senaten des RG. zur Entscheidung vorgelegt; sie gaben dem Oberreichsanwalt auch Veranlassung, wegen des Erlasses allgemeiner Anordnungen an den Staatssekretär des Reichsjustizamts zu berichten oder mit dem Präsidenten des RG. ins Benehmen zu treten. Bei der Wahrnehmung der fiskalischen Interessen des Reichs hat die Reichsanwaltschaft sich gegenüber den Zivil- und Strafsenaten des RG. vor Entscheidungen im Kostenwesen gutachtlich geäußert, so z. B. in Zivilsachen über den Umfang der Gebührenfreiheit der Bundesstaaten vor dem RG. (RGZ. 78, 126) und in Strafsachen über die Festsetzung der Gebühren für die Revisionsinstanz im Falle einer Mehrheit von Strafsachen (RGSt. 27, 58). In beiden Fällen deckte sich die Entscheidung des RG. mit der Stellungnahme der Reichsanwaltschaft. Auch der Beschluß der Vereinigten Zivilsenate vom 24. Juni 1899, in dem der Rechtssatz angenommen wurde, daß dem mit Gerichtsbarkeit versehenen Konsul des Reichs für die auf Ersuchen eines inländischen Gerichts in einem bürgerlichen Rechtsstreite bewirkte Zustellung die vorgesehenen Gebühren zustehen, entspricht der hierzu abgegebenen Äußerung der Reichsanwaltschaft (RGZ. 44, 409). — Die jährliche Prüfung des Gerichtskostenansatzes bei dem RG. und die Wahrnehmung der Rechte der Reichskasse in Verfahren über Erinnerungen gegen den Kostenansatz hat die Reichsanwaltschaft durch zweiundvierzig Jahre hindurch vorgenommen. Seit den Jahren 1921/1922 ist sie bei diesen, nunmehr anderweit geregelten Geschäften nicht mehr beteiligt.

Auch auf eine weitere, der Reichsanwaltschaft im Wege der Verwaltung übertragene und von ihr vierzig Jahre geübte Tätigkeit ist 1922 verzichtet worden. Gemäß den Vorschriften des Reichskanzlers vom 11. Mai 1883 über die Dienst- und Geschäftsverhältnisse der bei dem RG. mit den Zustellungen zu beauftragenden Beamten mußte das Dienstregister der Gerichtsvollzieher vierteljährlich durch einen vom Oberreichsanwalt zu bestimmenden Reichsanwalt einer Prüfung unterzogen werden. Die Prüfung wurde im Register vermerkt, etwaige Erinnerungen wurden dem Präsidenten des RG. zur weiteren Veranlassung mitgeteilt.

Um eine alsbaldige und lückenlose Unterrichtung der Zentralstellen des Reichs über die ihren Geschäftsbereich berührenden höchstrichterlichen Entscheidungen zu gewährleisten, war es dem Oberreichsanwalt übertragen worden, dem Auswärtigen Amt die reichsgerichtlichen Erkenntnisse auf dem Gebiete des Auslieferungsrechts mitzuteilen, dem Reichsministerium des Innern aus dem Vereins-, dem Versicherungsrecht, dem Gesundheitswesen, dem Aufsichtsamt für Privatversicherung diejenigen betreffend das Gesetz über die privaten Versicherungsunternehmungen, der preußischen Zentralgenossenschaftskasse die aus dem Genossenschaftswesen u. dgl. Das Reichsjustizministerium ist fortlaufend durch die Reichsanwaltschaft von den wichtigeren Entscheidungen des RG. in Kenntnis gesetzt worden. Auch wurden ihm aus Anlaß von Einzelfällen sowie bei gesetzgeberischen Vorlagen Berichte über Rechtsfragen und Gesetzentwürfe erstattet sowie Denkschriften eingereicht. Im Jahre 1905 hat namentlich der damalige Oberreichsanwalt Dr. Olshausen das Reichsjustizamt bei den Fragen der Entlastung des RG. beraten, der Oberreichsanwalt Dr. Zweigert hat bei der Aufstellung und Erörterung des Gesetzentwurfs gegen den Verrat militärischer Geheimnisse vom 3. Juni 1914 mitgewirkt, der Oberreichsanwalt Dr. Ebermayer hat an allen Vorarbeiten für die Strafrechtsreform teilgenommen. Im Jahre 1902 wurde der damalige Reichsanwalt Dr. Nagel in die Kommission zwecks Reform des Strafprozesses berufen, 1928 wurde der aus dem württembergischen Justizdienst hervorgegangene Reichsanwalt Niethammer eine Zeitlang zum Reichssparkommissar abgeordnet, um über die Justizverhältnisse seines Heimatlandes ein Gutachten abzugeben. — Es gehört noch in das Gebiet der Justizverwaltung, daß dem Oberreichsanwalt in Gemeinschaft mit dem Präsidenten das RG. die Regelung einiger persönlicher und sächlicher Angelegenheiten, die RG. und Reichsanwaltschaft gemeinschaftlich betreffen, vorbehalten ist; auch darf noch erwähnt werden, daß der Oberreichsanwalt auf Wunsch der Ministerialinstanz ausländische Staatsmänner und Justizbeamte bei ihrem Besuche des RG. empfangen und ihnen einen Einblick in den Geschäftsgang der Reichsanwaltschaft gewährt hat. — Im Jahre 1923 wurde eine Kommission zur Prüfung von Kanzleibeamten behufs ihrer Beförderung zu Büreaubeamten gebildet und innerhalb des Geschäftsbereichs der Reichsanwaltschaft ein Reichsanwalt mit ihrem Vorsitze betraut; sie hat mehrere ihr von dem Präsidenten des RG. und dem Oberreichsanwalt erteilte Prüfungsaufträge erledigt.

Die Grundlagen für **die Rechtsstellung der Reichsanwaltschaft** sind im GVG. enthalten. Danach ist sie wie jede andere Staatsanwaltschaft in ihren Amtsverrichtungen von dem Gerichte, bei dem sie gebildet ist, unabhängig. Auch in den Sitzungen unterliegen ihre Vertreter nicht der Dienststrafgewalt des RG. Sie ist eine selbständige, bei dem RG. bestehende, ihm gleichgeordnete Behörde unter ausschließlicher Leitung des Oberreichsanwalts, ihres ersten Beamten. Die Reichsanwaltschaft hat ihre Stellung stets so aufgefaßt und gewahrt, daß sie als Vertreter des öffentlichen Interesses aufzutreten, die Belange des Reichs an der Befolgung der Gesetze wahrzunehmen und „kraft allgemeiner Amtsstellung zur Mitwirkung bei der Ausübung der Gerichtsbarkeit berufen, nicht als Partei, sondern als selbständige Reichsbehörde Aufgaben der Rechtspflege zu erfüllen habe“ (RGSt. 60, 189). Das Amt der Staatsanwaltschaft bei dem RG. wird seit 1879 durch einen Oberreichsanwalt und mehrere Reichsanwälte ausgeübt. Die letzteren handeln als Vertreter des Oberreichsanwalts, der kraft des Grundsatzes der Einheitlichkeit und Unteilbarkeit der Staatsanwaltschaft das Recht hat, in allen Angelegenheiten allein zu entscheiden; sie sind aber beim Auftreten für ihn zu allen seinen Amtsverrichtungen ohne den Nachweis eines besonderen Auftrags berechtigt. Wie alle Beamten der Staatsanwaltschaft den dienstlichen Anweisungen ihres Vorgesetzten nachzukommen haben, so stand hinsichtlich des Oberreichsanwalts und der Reichsanwälte das Recht der Aufsicht und Leitung bis zur Staatsumwälzung dem Reichskanzler zu, der es durch den Staatssekretär des Reichsjustizamts ausübte; jetzt eignen diese Befugnisse dem Reichsminister der Justiz, der die vorgesetzte Aufsichts- und Beschwerdeinstanz für die Reichsanwaltschaft ist (RGSt. 57, 420) und auf diesem Wege jederzeit die Möglichkeit hat, seine Rechtsauffassung und die der Reichsregierung zur Kenntnis des RG. zu bringen und vor ihm vertreten zu lassen. Nach den Vorschriften des GVG. sind der Oberreichsanwalt und die Reichsanwälte nicht richterliche Beamte, sie dürfen richterliche Geschäfte nicht wahrnehmen, auch darf ihnen eine Dienstaufsicht über Richter nicht übertragen werden. Zu ihren Ämtern können nur zum Richteramt befähigte Beamte ernannt werden. Im alten Reich erfolgte die Ernennung auf Vorschlag des Bundesrats vom Kaiser; jetzt wird sie auf Vorschlag des Reichsrats vom Reichspräsidenten vollzogen. Der Oberreichsanwalt und die Reichsanwälte konnten durch kaiserliche Verfügung und können nunmehr durch Verfügung des Reichspräsidenten jederzeit mit Gewährung des gesetzlichen Wartegeldes einstweilig in den Ruhestand versetzt werden. Im übrigen kommen auf den Oberreichsanwalt und die Reichsanwälte die Vorschriften des Reichsbeamtengesetzes zur Anwendung. Dies galt bis zum Jahre 1921 auch von ihren Ruhegehaltsansprüchen. Durch das Ges. zur Entlastung der Gerichte vom 11. März 1921 (RGBl. 229) wurden jedoch, um die im Interesse der Rechtspflege notwendige Ständigkeit in der Besetzung der Reichsanwaltschaft zu sichern und den Anreiz zum Übertritt ans RG. zu verringern, für die Versetzung in den Ruhestand und das zu gewährende Ruhegehalt die hinsichtlich der Mitglieder des RG. geltenden Vorschriften für anwendbar erklärt. Diese Gleichstellung der Staatsanwälte mit den Richtern des RG. hat aber durch die Personalabbauverordnung schon 1923 eine erhebliche Einschränkung erfahren, indem die Mitglieder der Reichsanwaltschaft drei Monate nach Ablauf des fünfundsechzigsten, die des RG. erst nach Vollendung des achtundsechzigsten Lebensjahres in den Ruhestand zu treten haben. Im Jahre 1923 erfolgte durch Ges. vom 27. März die Abänderung einer Vorschrift, die von den Mitgliedern der Reichsanwaltschaft jeher als eine Unbilligkeit empfunden wurde. Nach der vom Bundesrat bestätigten Geschäftsordnung des RG. richtete sich das Dienstalter der Mitglieder des RG. in allen Fällen nach dem Tage ihrer Ernennung, so daß auch ein Reichsanwalt, der lange Jahre in dieser Eigenschaft tätig gewesen war, bei einem Übergang ans RG. als dessen jüngstes Mitglied eintreten mußte. Nunmehr wurde bestimmt, daß auf das Dienstalter beim RG. die Zeit anzurechnen sei, die das Mitglied als Reichsanwalt tätig gewesen ist. — Für die Zeit bis 1918 ist von Interesse, daß den Mitgliedern der Reichsanwaltschaft ebenso wie den Mitgliedern des RG. ein bestimmter Rang nicht beigelegt worden war. Doch wurden hinsichtlich der verordnungsmäßigen Tagegelder und der verliehenen Staatsuniform der Oberreichsanwalt den Räten erster, die Reichsanwälte den Räten zweiter Klasse zugerechnet. — Im Oktober 1879 war angeordnet worden, daß bei dem RG. die Richter, die Beamten der Staatsanwaltschaft und die Gerichtsschreiber in den öffentlichen Sitzungen in einer Amtstracht zu erscheinen und daß der Oberreichsanwalt die Amtstracht der Senatspräsidenten, die Reichsanwälte die der Reichsgerichtsräte zu tragen hätten. — Was die Besoldung der Mitglieder der Reichsanwaltschaft anlangt, so war bei der Gründung der Behörde für den Oberreichsanwalt ein Gehalt von 14000 *M*, für die Reichsanwälte von 12000 *M* ausgeworfen worden. Durch das Besoldungsgesetz von 1909 wurden die Gehälter für den Oberreichsanwalt auf 15000 ℳ erhöht, wozu noch 1500 ℳ Dienstaufwandsentschädigung traten, für die Reichsanwälte auf 13000 ℳ. Beim Beginn der Geldentwertung wurde durch Ges. von 1920 die Besoldung des Oberreichsanwalts auf 28000 ℳ, die der Reichsanwälte auf 22000 ℳ festgesetzt. In der Zeit des schlimmsten Währungsverfalls Ende 1923 betrugen die Diensteinkünfte für je eine Woche beim Oberreichsanwalt etwa 108, bei den Reichsanwälten etwa 84 Billionen ℳ. Bei der Stabilisierung der Mark wurde für den Oberreichsanwalt ein Gehalt von 6690 ℳ, für die Reichsanwälte von 5280 ℳ, endlich durch das letzte Besoldungsgesetz des Jahres 1927 von 18000 ℳ bzw. von 16000 ℳ festgesetzt. Zu den mitgeteilten Beträgen tritt noch überall der gesetzliche Wohnungsgeldzuschuß; im Kriege wurden Kriegsbeihilfen und Teuerungszuschläge gewährt.

Der innere Geschäftsgang bei der Reichsanwaltschaft ist derart geregelt, daß die Reichsanwälte die ihnen zugewiesenen Geschäfte in Revisions-, erstinstanzlichen Sachen und in allen übrigen Angelegenheiten zwar selbständig erledigen, aber durch besondere Einrichtungen dem Oberreichsanwalt der Überblick über den gesamten Geschäftsbetrieb und die Kenntnis aller Vorgänge gesichert ist. Ebenso ist die Einheitlichkeit und Gleichmäßigkeit des Auftretens der Behörde vor den Senaten gewährleistet. Alle entscheidenden Verfügungen von besonderer Bedeutung bedürfen der Genehmigung des Oberreichsanwalts, die der Hilfsarbeiter der vorherigen Gegenzeichnung durch einen Reichsanwalt.

Wie die Rechtsprechung des preußischen Obertribunals in Strafsachen von den Mitgliedern der Generalstaatsanwaltschaft herausgegeben wurde, so haben — nicht in amtlicher Stellung, sondern privatim — die Mitglieder der Reichsanwaltschaft von 1879 bis 1889 die für die Gesetzesauslegung wertvollen Entscheidungen des RG. strafrechtlicher Natur unter dem Titel: „Rechtsprechung des deutschen Reichsgerichts in Strafsachen“ veröffentlicht. Die Leitung des Werks hatte der im Schrifttum des Strafrechts bekannte Reichsanwalt Stenglein, dessen Name noch heute durch seinen, zur Zeit von früheren und jetzigen Mitgliedern des RG. und der Reichsanwaltschaft neu herausgegebenen Kommentar zu den Strafnebengesetzen lebendig erhalten wird. Um die Störungen, die bei dem gleichzeitigen Erscheinen der vom RG. herausgegebenen „Entscheidungen in Strafsachen“ nicht ausgeblieben waren, zu beseitigen, gaben die Mitglieder der Reichsanwaltschaft 1889 ihre bis dahin auf zehn Bände gediehene Entscheidungssammlung der „Rechtsprechung“ auf und beteiligten sich an den „Entscheidungen des Reichsgerichts“, die demgemäß seit dem neunzehnten Bande der Strafsachen von den Mitgliedern des Gerichtshofes und der Reichsanwaltschaft herausgegeben werden. In den Schriftleitungsausschuß trat ein Reichsanwalt ein, der Reichsanwaltschaft wurde die Befugnis eingeräumt, den Abdruck von Entscheidungen zu beantragen, es wurde bestimmt, daß der Antrag des Oberreichsanwalts, wenn er von dem Revisionsantrage der örtlichen Staatsanwaltschaft abweicht, hervorzuheben und dem Ersuchen des Oberreichsanwalts, beim Abdruck einer Entscheidung seinen Antrag und dessen Begründung mitzuveröffentlichen, stattzugeben sei.

Als die Reichsanwaltschaft ins Leben trat, erschienen zur Bewältigung der ihr zugedachten Geschäftsaufgabe der Oberreichsanwalt und drei Reichsanwälte ausreichend. Aber schon im Laufe des Jahres 1881 zeigte sich, daß mit den vorhandenen Kräften das Arbeitsmaß nicht geleistet werden konnte. Zunächst behalf man sich mit der Einberufung von Hilfsarbeitern, dann wurde 1885 ein vierter Reichsanwalt bewilligt, durch den Reichshaushalt von 1908 eine fünfte und endlich, nach mehrfacher Ablehnung, 1919 die sechste Reichsanwaltstelle eingerichtet, so daß zur Zeit neben dem Oberreichsanwalt sechs Reichsanwälte planmäßig im Dienst sind. Diese Planstellen waren aber bei der Fülle der Geschäfte, die der Reichsanwaltschaft im Laufe der Jahre, namentlich in der Nachkriegszeit, stets von neuem zugewiesen wurden, nicht in der Lage, den gestellten Aufgaben gerecht zu werden. Es mußten seitens des Reichsjustizministers immer wieder Beamte von den Landesjustizverwaltungen angefordert und der Reichsanwaltschaft als Hilfsarbeiter zugewiesen werden, zeitweise in solchem Umfange, daß die Zahl der Hilfsarbeiter doppelt so hoch war als die der Reichsanwälte. Innerhalb der fünfzig Jahre waren Justizbeamte — in der Regel Staatsanwälte — der Länder Preußen, Bayern, Sachsen, Württemberg, Baden, Hessen, Mecklenburg-Schwerin und des früheren Reichslandes Elsaß-Lothringen als Hilfsarbeiter bei der Reichsanwaltschaft tätig. An sich hatte der Umstand, daß bei der Behörde stets einige Hilfskräfte beschäftigt waren, sich als zweckmäßig erwiesen. Denn die Reichsanwaltschaft verfügte auf diese Weise über einen Stamm eingearbeiteter Beamter, die nirgendwo in gleicher Weise die Gelegenheit erhalten konnten, die eigenartigen und schwierigen Geschäfte der Behörde kennenzulernen. Demgemäß sind auch — von verschwindenden Ausnahmen abgesehen — in der Regel, wie nach einem bei Zentralbehörden üblichen Verwaltungsgrundsatz, die Reichsanwälte dem Kreise der geeigneten Hilfsarbeiter entnommen worden. Aber die Beschäftigung zu vieler Hilfsarbeiter barg auch eine Gefahr. Der ständige Wechsel und das verständliche Bestreben mancher Landesbeamter, angesichts der schwierigen Leipziger Wirtschafts- und Wohnungsverhältnisse und angesichts der geringen Möglichkeit einer dauernden Übernahme zur Reichsanwaltschaft in den heimischen Justizdienst und zu ihren Familien zurückzukehren, bedrohte die Interessen des Dienstes und die Ständigkeit der Rechtsprechung. Um diesen Gefahren zu begegnen und damit zugleich eine bessere Aussicht auf Übernahme in den Reichsdienst zu schaffen, erwirkte die Reichsjustizverwaltung die Etatisierung dreier Hilfsarbeiterstellen. Durch einen Nachtrag zum Reichshaushaltsplan für 1922 wurden zwei Oberregierungsratsstellen und 1923 eine Regierungsratsstelle bei der Reichsanwaltschaft geschaffen. Noch 1923 wurde angeordnet, daß entsprechend ihrer Tätigkeit die Inhaber der ersteren die Dienstbezeichnung „Oberstaatsanwalt", der der letzteren „Erster Staatsanwalt" zu führen hätten. Durch das Haushaltsgesetz für 1928 wurde auch die dritte Stelle in die eines Oberstaatsanwalts umgewandelt. Daneben werden zur Zeit nach Maßgabe des Bedürfnisses noch fünf Hilfsarbeiter bei der Reichsanwaltschaft beschäftigt.

Zum Beamtenkörper der Reichsanwaltschaft gehören noch das Sekretariat, die Kanzlei und das Botenamt.

Das **Sekretariat,** an dessen Spitze der Sekretariatsvorsteher steht, ist nach Materien in Abteilungen geteilt, in denen die Eingänge büreaumäßig bearbeitet, die Akten, Register und Listen geführt werden. Die Mitglieder des Sekretariats, ausgesuchte Beamte aus dem Justizdienste der Länder, bereiten die von den Dezernenten zu treffenden Entschließungen nach jeder Richtung vor, bewirken die in ihr Geschäftsgebiet fallenden Verfügungen, prüfen die Förmlichkeiten der Rechtsmittel und des Verfahrens, überwachen die Ausführung der getroffenen Anordnungen und entwerfen unter genauer Kenntnis der Rechtsprechung einen Teil der beschlußmäßig zu erledigenden Anträge.

In der **Kanzlei** wird das gesamte Schreibwerk der Reichsanwaltschaft erledigt. Die Fertigung wird in letzter Zeit unter Benutzung von Schreibmaschinen und Kurzschrift von männlichen und weiblichen Kräften im privatrechtlichen Dienstverhältnis besorgt, während die wirklichen Kanzleibeamten im einfacheren Büreaudienst Verwendung finden.

Im **Botenamt** liegt den Wachtmeistern die Vermittlung des gesamten Aktenverkehrs, die Mitwirkung bei der Annahme der Eingänge, die Ortsbestellung und die Zustellung von Amts wegen ob.

Bei der Gründung der Reichsanwaltschaft war im Sekretariat, in der Kanzlei, im Botenamte je eine Kraft tätig. Mit den Aufgaben der Behörde wuchs auch die Zahl ihrer Beamten. Im Jahre 1925 waren 16 Beamte im Sekretariat, 16 Kräfte in der Kanzlei, 8 in der Wachtmeisterei beschäftigt. Zu allen Zeiten haben die Mitglieder des Sekretariats, die Beamten der Kanzlei und des Botendienstes — oft unter den schwierigsten Verhältnissen — ihre Ehre dareingesetzt, dem Ansehen ihrer Behörde zu entsprechen. Während des Krieges standen der Sekretariatsassistent Obst, die Aktuare Meyer, Zschornack, Förtsch, der Kanzleisekretär Hofmann, der Kanzleidiätar Prüfer, die damaligen Boten Schneider, Morgner und Heßler unter den Fahnen; die Aktuare Meyer und Zschornack sind auf dem Felde der Ehre geblieben. — Infolge der Einführung einer Altersgrenze wurden die Leiter des Sekretariats und des Botenamts in den Ruhestand versetzt. Zum 31. Jan. 1926 der Sekretariatsvorsteher Geheimer Rechnungsrat Wenzel, der über 40 Jahre bei der Reichsanwaltschaft tätig gewesen war. Bei seinem Abschiede wurde ihm vom Reichsjustizminister bescheinigt, daß er nahezu 24 Jahre den Büreaudienst der Reichsanwaltschaft vorbildlich geleitet und ihr dadurch an seinem Teile ermöglicht habe, die ihr obliegenden schwierigen Aufgaben reibungslos zu erfüllen. — Am 30. Nov. 1923 war nach einer mehr als 55jährigen Militär- und Zivildienstzeit der Botenmeister Bock in den Ruhestand getreten. Ein prächtiger Beamter von treuester Pflichterfüllung, der heute noch im Alter von 81 Jahren gern den Weg zu seiner alten Behörde findet.

Was die **Chefs und die Mitglieder der Reichsanwaltschaft** selbst anlangt, so stellte bei der Einrichtung der Behörde im Jahre 1879 die preußische Justizverwaltung dem Reich für den Posten des Oberreichsanwalts den Provinzialchef der Staatsanwaltschaft zur Verfügung, der gegenüber den übrigen Oberstaatsanwälten amtlich die größten Zuständigkeiten besaß. Der Generalprokurator des rheinischen Appellationsgerichtshofes, Geheimer Oberjustizrat

Dr. Freiherr v. Seckendorff wurde zum ersten Oberreichsanwalt ernannt. Im ehemaligen Herzogtum Nassau geboren, den größten und ihm ans Herz gewachsenen Teil seiner Dienstlaufbahn in der rheinpreußischen Prokuratur, trat er in einem Alter, in dem er sich nach der heutigen Gesetzeslage 7 Jahre hätte im Ruhestand befinden müssen, 72jährig frisch und mit Tatkraft sein neues Amt an. Ihm gebührt das Verdienst, die Grundlagen für die Einrichtung und die Arbeitsweise der Reichsanwaltschaft geschaffen zu haben. Als langjähriger Leiter der Staatsanwaltschaften des Landgerichts und des Appellationsgerichtshofes in Köln mit der Führung großer Behörden vertraut, legte er überall die preußischen Bestimmungen zugrunde. Sein Erstes war, den Staatsanwaltschaften der Bundesstaaten zum Ausdruck zu bringen, wie nur ein auf gegenseitigem Vertrauen gegründetes Zusammenwirken geeignet sei, die gemeinsamen Aufgaben einer Lösung zuzuführen. Er sorgte für eine harmonische Zusammenarbeit seiner Behörde mit den Senaten des RG. Dem Reichsjustizamt begegnete er ehrerbietig, doch mit selbstbewußter Würde. Das Verhältnis zum ersten Präsidenten des RG., zu Eduard v. Simson, der nach Bismarcks Worten zu den Männern gehörte, die dem Gange der nationalen Entwicklung nicht nur beobachtend, sondern auch beeinflussend nahegestanden, meisterte er mit ruhigem Takte. Für die Verwaltungsgeschäfte und für die Rechtsprechung von gleichem Interesse, beteiligte er sich am Sitzungsdienste, trat er in den Plenarverhandlungen persönlich auf. Er wurde von einer allgemeinen Verehrung getragen, ein Grandseigneur der alten Schule, sicher und bestimmt, vornehm in Charakter und Haltung. Im Westen zu Hause, war er doch erfüllt von der fesselnden Staatsidee Preußens, in dessen oberstem Gerichtshof er 15 Jahre zu Berlin gesessen. Es war ihm vergönnt, das 50jährige Dienstjubiläum im Amte zu feiern. Am 30. Dez. 1885 wurde Freiherr v. Seckendorff aus diesem Leben abberufen.

Zu seinem Nachfolger wurde im Frühjahr 1886 der Senatspräsident bei dem Kammergerichte Dr. Tessendorf ernannt. Pommer von Geburt, hatte Tessendorf den überwiegenden Teil des Dienstes bei der Staatsanwaltschaft zurückgelegt, in der Mark, im preußischen Sachsen, viele Jahre hatte er die Staatsanwaltschaften in Magdeburg und Berlin geleitet, bis er bei der Justizreorganisation zum Senatspräsidenten ernannt als solcher bei den Oberlandesgerichten in Königsberg und Naumburg und zuletzt am Kammergerichte gewirkt hatte. Er war der bekannteste Staatsanwalt Berlins gewesen, in vielen politischen Prozessen tätig, von seinen Gegnern bis über das Grab gehaßt, vom Vertrauen des ersten Reichskanzlers getragen. Es ist bezeichnend, daß in der Reichstagskommission bei Beratung der Reichsjustizgesetze die praktische Brauchbarkeit wichtiger Vorschriften unter dem Gesichtswinkel erörtert wurde, was der Staatsanwalt Tessendorf dazu sage. Als Oberreichsanwalt führte er die von v. Seckendorff begonnene Organisation der Reichsanwaltschaft zu Ende. Niemals trat die Einheit und Unteilbarkeit des öffentlichen Ministeriums des Reichs so geschlossen zutage. Ohne die Selbständigkeit seiner Mitarbeiter zu beschränken, hatte er in allen Angelegenheiten das Regiment fest in der Hand. Seine Kenntnis höchstrichterlicher Rechtsprechung, des Obertribunals, des Reichsgerichts war umfassend; überall half er mit seinem Wissen aus. Mit seiner erstaunlichen Arbeitskraft griff er stets selbst in die Speichen. Zu fast allen während seiner Dienstzeit ergangenen Plenarentscheidungen hat er selbst das Gutachten der Reichsanwaltschaft gefertigt. Mit lebendiger, heißer Anteilnahme begleitete er die Erstinstanzsachen seiner Behörde. Ihn durchzitterte die Sorge um das Wohl des Reichs. Dem Berufe des Staatsanwalts schien er ganz verschrieben. Restlos setzte er seine starke Persönlichkeit für die innere Bedeutung und die äußere Stellung der Reichsanwaltschaft ein. Eisern, fast hart, unbeugsam, verschlossen, stets sich selber treu, ging er auf in den Pflichten seines Amtes. Er starb am 1. Dez. 1895 im Dienste. Patriae inserviendo consumptus est!

Die freigewordene Stelle wurde im Beginne des Jahres 1896 wieder mit dem leitenden Beamten der Staatsanwaltschaft des Rheinlandes, dem Oberstaatsanwalt Geheimen Oberjustizrat Dr. Hamm, besetzt. Auch er war aus der rheinischen Staatsanwaltschaft hervorgegangen, hatte als Hilfsarbeiter im Parkett des Generalprokurators, dann bei der Generalstaatsanwaltschaft des Obertribunals Dienst getan, um nach kurzer richterlicher Tätigkeit beim Oberlandesgericht in Köln in jungen Jahren dessen Oberstaatsanwalt zu werden. Er war ein Mann von durchdringendem Scharfsinn, schnellem, beweglichem Geiste, mit der Gabe eleganter Rede und der heiteren Lebensfreude seiner rheinischen Heimat. Als Oberreichsanwalt wandte er sein Interesse vornehmlich den Aufgaben der Verwaltung, den Sachen erster Instanz, den Disziplinar-Ehrengerichtsangelegenheiten, dem Sitzungsdienste zu. Er war vor allem in der Praxis zu Hause, in der Organisation, der Justizverwaltung, ein Meister in der schnellen Aufstellung fertiger Gesetzentwürfe. Er bekleidete den Posten des Oberreichsanwalts nur drei Jahre, um 1899 als Oberlandesgerichtspräsident nach Köln zurückzukehren.

Im gleichen Jahre wurde der Reichsgerichtsrat Dr. Olshausen zum Oberreichsanwalt ernannt. Einer Gelehrtenfamilie Schleswig-Holsteins entstammend, hatte Dr. Olshausen in Ostpreußen und Hannover, in der Ostmark und in Berlin als Richter und Staatsanwalt gewirkt. Er gehörte dem RG. bereits neun Jahre an, als er an die Spitze der Reichsanwaltschaft berufen wurde. Dr. Olshausen war vornehmlich ein Mann der Wissenschaft, der Rechtsprechung zugewandt. Die Leistungsfähigkeit von RG. und Reichsanwaltschaft suchte er unablässig zu fördern, sie von minder wichtigen Aufgaben zu befreien. Er richtete bei der Reichsanwaltschaft ein Sammlungswerk ein, das alle bedeutenderen Entscheidungen des RG., Ehrengerichtshofs und Disziplinarhofs umfaßt, die Reichsanwälte dauernd auch über die neueste Rechtsprechung auf dem laufenden hält und für die Wahrung der Rechtseinheit ein unschätzbares Hilfsmittel geworden ist. Im Schrifttum hat Oberreichsanwalt Dr. Olshausen zu vielen Fragen des Strafrechts das Wort genommen, den 28. Deutschen Juristentag in seiner Vaterstadt Kiel hat er als Präsident geleitet; sein Kommentar zum Strafgesetzbuch hat 40 Jahre die Praxis beherrscht. Nach achtjähriger Leitung der Reichsanwaltschaft trat er, seinem Wunsche entsprechend zum Senatspräsidenten ernannt, ans RG. zurück.

Phot. E. Bieber, Berlin

Werner
Oberreichsanwalt seit 1926

Zum Oberreichsanwalt wurde Ende 1907 ein Mitglied der Reichsanwaltschaft selbst berufen: der Reichsanwalt Dr. Zweigert. Er war, in richterlicher Stellung und als Staatsanwalt in der Mark und in der Provinz Hannover tätig gewesen, 1895 als Hilfsarbeiter zur Reichsanwaltschaft abgeordnet, 1907 zum Reichsanwalt ernannt worden. Er war Gelehrter und Staatsmann, von sinnender Besonnenheit, alle Folgen seiner Entschließung erkennend und abwägend. Gütig und teilnehmend am Schicksal des einzelnen, ein Vorbild hingebender Pflichterfüllung, auch im hohen Alter die eigene Gesundheit nicht schonend. Nie schied man von ihm, ohne ein Wort der Belehrung, des Rates empfangen zu haben. Oberreichsanwalt Dr. Zweigert war mit der Reichsanwaltschaft ganz verwachsen, von allen Leitern, ja von allen Mitgliedern hat er ihr am längsten, durch 26 Jahre — mehr als die Hälfte ihres bisherigen Bestehens — angehört. Zum 70. Geburtstage sprach die Behörde ihrem Chef in einer Glückwunschadresse ihre Dankbarkeit und Verehrung aus. Im Frühjahr 1921 trat Exzellenz Zweigert, fast 71 Jahre alt, in den Ruhestand. Da ihm sein Gesundheitszustand es nicht erlaubte, sich persönlich zu verabschieden, hat er in zu Herzen gehenden Worten den Gefühlen innerer Befriedigung schriftlich Ausdruck geliehen, mit denen ihn der Dienst bei der Reichsanwaltschaft erfüllt hat.

Die erledigte Stelle des Oberreichsanwalts wurde im Frühjahr 1921 dem Senatspräsidenten des RG. Dr. Ebermayer verliehen, zum ersten Male einem Beamten, der nicht aus der preußischen Justiz hervorgegangen war. In beispiellos schneller Folge aufsteigend, hatte Oberreichsanwalt Dr. Ebermayer als Richter und Staatsanwalt in allen Instanzen des bayerischen Gerichtsdienstes gewirkt. Schon 1902, noch jung an Jahren, zum Reichsgerichtsrat, 1918 zum Senatspräsidenten des obersten Gerichtshofes ernannt, war er der Reichsanwaltschaft, mit der er im II., im III. Strafsenat sowie im Ehrengerichtshofe lange Jahre gemeinsam tätig gewesen, kein Fremder. Sie war sich bewußt, daß der erste Kriminalist der Praxis an ihre Spitze berufen war, seinen in Wissenschaft und Gesetzgebung weithin bekannten Namen für immer unauflöslich mit ihr verbunden hatte. Es war ein Mann von Eigenart und Größe, der in Deutschlands schwierigster Zeit, bedeutungsvoll für des Reiches äußeres und inneres Schicksal, bei einer schier nicht zu bewältigenden Fülle der Geschäfte auf umbrandetstem Posten stand. Ein Kenner des Rechts, der mühelos, wie von ungefähr, in der Intuition künstlerischer Schöpfung die Rechtsgebilde im Blachfeld vor sich liegen sah. Ein forensischer Redner, der die politischen Ereignisse einer sich überstürzenden Geschichte in dramatischer Bewegung eindrucksvoll gestaltete. Der unermüdliche Rufer im Streit der Strafrechtsreform, Erbgut bewahrend und doch aufgeschlossen den neuen Gedanken einer neuen Zeit. Ein Mensch mit all den packenden Zügen einer eigenartigen Persönlichkeit. Geistreich und schlagend, schlicht und herzlich, von erfrischendem Humor, frei im Geiste nach jeder Richtung. — Die Reichsregierung ersuchte den Oberreichsanwalt, auch über die Altersgrenze im Amte zu bleiben. Doch 1926, da er auch als Mitglied des RG. hätte scheiden müssen, trat er freiwillig vom Dienste zurück, nicht um zu rasten, sondern um weiterzuwirken mit seinem Rat unermüdlich in Gesetzgebung und Lehre. Eine tiefe Bewegung ging durch die Reihen der Behörde vom ältesten Reichsanwalt bis zum jüngsten Boten; ein jeder fühlte, was man verloren.

Zum Oberreichsanwalt wurde nunmehr, zum Herbst 1926, der Abteilungsleiter im Reichsjustizministerium Geheimer Regierungsrat Werner ernannt. Aus der bayerischen Pfalz entstammend, war er in den elsaß-lothringischen Justizdienst getreten, hatte er im Reichslande als Richter und Staatsanwalt, zuletzt beim Oberlandesgericht in Kolmar, gewirkt. Bei Kriegsausbruch rückte er ins Feld, stand lange als Landwehroffizier an der Front und dann in der Justiz besetzten Gebiets. Aus dem Kriegsdienst zurückgekehrt, hatte er die Not Deutschlands in den Reichslanden selbst erfahren, wurde er vom Sieger aus Amt und Heim verwiesen. Dann 1919 als Hilfsarbeiter ins Reichsjustizministerium berufen, war er dort als Ministerialrat, zuletzt als Abteilungsleiter tätig, bis ihm 1926 die Stelle des Oberreichsanwalts verliehen wurde.

Dem Oberreichsanwalt waren 1879 drei Reichsanwälte beigegeben worden: Wolf v. Wolff, Oberstaatsanwalt beim Obertribunal, vordem als Staatsanwalt in Brandenburg und Preußen tätig, Hofinger, Staatsanwalt beim Reichsoberhandelsgericht, aus dem bayerischen Justizdienst hervorgegangen, dann Landgerichtspräsident im Reichsland, und Stenglein, Advokat in München, zuvor Richter und Staatsanwalt bei bayerischen Gerichten. Fast sechs Jahre waren die Personalverhältnisse beständig, dann erhielt die neue, vierte Reichsanwaltsstelle 1885 der Hilfsarbeiter der Reichsanwaltschaft Erster Staatsanwalt Treplin, vorher Staatsanwalt in den Provinzen Pommern, Brandenburg und Hannover. Im Frühjahr 1886 wurde der Reichsanwalt v. Wolff zum Senatspräsidenten beim RG. ernannt; seine vornehme Würde bei der Leitung erstinstanzlicher Verhandlungen fand — wie die anläßlich des 25jährigen Jubiläums des RG. erschienene Chronik berichtet — selbst in ausländischen Blättern Anerkennung. Die v. Wolffsche Stelle erhielt der Hilfsarbeiter Erster Staatsanwalt Galli, früher Staatsanwalt in den Provinzen Posen, Schlesien, Hannover. Ende 1888 ging Reichsanwalt Stenglein ans RG. über; für ihn wurde der bayerische Erste Staatsanwalt Dr. Lippmann, zuvor Richter und Staatsanwalt in seinem Heimatsstaat, Reichsanwalt. Zum März 1892 trat der Reichsanwalt Hofinger in den Ruhestand, der durch den Hilfsarbeiter der Reichsanwaltschaft Kammergerichtsrat Dr. Menge, zuvor Staatsanwalt in Berlin, ersetzt wurde. Ebenfalls 1892 wurde Reichsanwalt Dr. Lippmann zum Reichsgerichtsrat ernannt und für ihn aus dem bayerischen Dienste der Erste Staatsanwalt Schumann, bisher in Nürnberg, zum Reichsanwalt befördert. Über drei Jahre fand in den Stellen der Reichsanwälte eine Veränderung nicht statt. Erst Ende 1895 wurde auch Reichsanwalt Galli Reichsgerichtsrat und bei der Reichsanwaltschaft durch deren Hilfsarbeiter Oberlandesgerichtsrat Heinemann, früher bei den Staatsanwaltschaften Posen, Berlin und Göttingen, ersetzt. Ende 1897 schied nach mehr als 15jähriger Zugehörigkeit Reichsanwalt Treplin infolge seiner Beförderung zum Senatspräsidenten beim RG. von der Reichsanwaltschaft. Seine Stelle erhielt ihr Hilfsarbeiter Oberlandesgerichtsrat Zweigert aus

Celle, der spätere Oberreichsanwalt. Die nächste Veränderung brachte das Jahr 1899, indem Reichsanwalt Schumann Reichsgerichtsrat, und der Hilfsarbeiter Oberlandesgerichtsrat Dr. Nagel aus Dresden, zuvor als Richter und Staatsanwalt zu Leipzig in sächsischen Diensten, mit der freigewordenen Stelle beliehen wurde. Im folgenden Jahre, 1900, trat auch Reichsanwalt Heinemann ans RG. über; er wurde durch den bayerischen Staatsanwalt beim Oberlandesgericht, Treutlein-Moerdes, der seine ganze Dienstlaufbahn in München zurückgelegt hatte, ersetzt. In der Zeit von 1900 bis 1906 schied keiner der Reichsanwälte aus, eine Veränderung brauchte nicht vorgenommen zu werden. Ein Wechsel trat erst ein, als 1906 der Reichsanwalt Treutlein-Moerdes, der — wie hier bemerkt werden darf — aus Anlaß ihres 25jährigen Bestehens die Chronik der Reichsanwaltschaft geschrieben hatte, aus dem Reichsdienste schied und als Ministerialrat in das bayerische Staatsministerium der Justiz berufen wurde. Seine Stelle wurde dem Hilfsarbeiter Kammergerichtsrat Richter übertragen, der vorher als Staatsanwalt in Schneidemühl, Berlin und zuletzt bei der Oberstaatsanwaltschaft des Kammergerichts tätig gewesen war. Nur wenig später, im Frühjahr 1906, wurde der Reichsanwalt Dr. Menge, der 15 Jahre zur Reichsanwaltschaft gehört hatte, zum Senatspräsidenten beim RG. ernannt. Er wurde durch den bayerischen Ersten Staatsanwalt Freiherrn v. Eberz und Rockenstein, bisher in Bamberg, ersetzt. Im nächsten Jahre, 1907, wurde der Landgerichtsdirektor Dietz, Hilfsarbeiter der Reichsanwaltschaft, vorher Staatsanwalt in Schneidemühl und Berlin, an Stelle des zum Oberreichsanwalt berufenen Dr. Zweigert zum Reichsanwalt befördert. Die durch den Reichshaushalt von 1908 geschaffene fünfte Reichsanwaltstelle wurde dem Hilfsarbeiter Erstem Staatsanwalt Schweigger verliehen, der in Ostpreußen, Posen und im Kammergerichtsbezirk tätig gewesen war, auch die Staatsanwaltschaften in Konitz und Halle geleitet hatte. Über vier Jahre dauerte es, ehe ein weiterer Wechsel eintrat. Im Jahre 1912 verließ nach 14jähriger Zugehörigkeit der Reichsanwalt Dr. Nagel die Behörde; er war zum sächsischen Staats- und Justizminister ernannt worden, in welcher Stellung er stets dienstfreundliche und harmonische Beziehungen zur Reichsanwaltschaft unterhielt. Seine Stelle bei der Reichsanwaltschaft wurde mit ihrem Hilfsarbeiter Oberlandesgerichtsrat Dr. Stitzer, früher Staatsanwalt in Schlesien und Ostpreußen, besetzt. Mit dieser Veränderung hatten die Personalverhältnisse bei der Reichsanwaltschaft einen gewissen Abschluß gefunden, ein Wechsel schien nicht in Aussicht zu stehen. Da unterbrach der Weltkrieg die Tätigkeit der Behörde. Obwohl die Mitglieder der Reichsanwaltschaft, ihrer Stellung entsprechend, sich in vorgerückten Jahren befanden, eilte, was waffenfähig war, zu den Fahnen. Allen voran der Reichsanwalt Dietz. Er, ein Mann von glühender Vaterlandsliebe, der schon vor Zeiten das heimische Gymnasium verlassen hatte, um am Feldzuge 1870/71 teilzunehmen, stellte sich bei der Mobilmachung sofort zur Verfügung, bildete Truppenersatz aus, ging dann an die Front und stand als Major dauernd im Felde. Ein Kriegsfreiwilliger von 62 Jahren! Die Reichsanwälte Schweigger und Dr. Stitzer wurden in den stellvertretenden Generalstab der Armee berufen. Schweigger war dann beim Generalgouvernement in Brüssel tätig, wo er am 9. Jan. 1915 von einem Herzschlag dahingerafft wurde. Reichsanwalt Dr. Stitzer leistete Dienst bei der deutschen Zivilverwaltung in Russisch-Polen und stand hernach der Zentralpolizeistelle des Generalgouvernements in Warschau vor. Gegen Ende des Krieges in den Zivildienst zurückberufen, erlag auch er am 5. Nov. 1918 einem durch die Anstrengungen des Krieges verursachten Leiden. Die Reichsanwaltschaft wird das Andenken an ihre im Dienste des Reichs dahingegangenen Mitglieder in Ehren bewahren! — Die durch den Tod von Schweigger und Dr. Stitzer verwaisten Reichsanwaltstellen wurden im Frühjahr 1919 zwei Hilfsarbeitern der Behörde verliehen. Dem Kammergerichtsrat Bünger, der als Staatsanwalt bei dem Land- und bei dem Oberlandesgericht in Frankfurt a. M. gewirkt hatte, als Hilfsarbeiter der Reichsanwaltschaft zu den Fahnen geeilt und im Kriegsdienst erst Hauptmann bei der Truppe, dann Abschnittführer der Zentralpolizeistelle in Polen war. Dem sächsischen Landgerichtsdirektor Dr. Freiesleben, vordem zu Leipzig in richterlicher Stellung. Ein Jahr später, 1920, wurde die durch das Haushaltgesetz von 1919 genehmigte sechste Reichsanwaltsstelle dem Hilfsarbeiter Landgerichtsdirektor Dr. Baumgarten, früher Staatsanwalt und Richter in Magdeburg und in Berlin, übertragen. Das Jahr 1921 brachte für die Reichsanwaltschaft die größten Veränderungen während der ganzen Zeit ihres Bestehens. Abgesehen von dem Wechsel in dem Posten des Oberreichsanwalts, bei dem Exzellenz Dr. Zweigert durch Dr. Ebermayer ersetzt wurde, schieden Reichsanwalt Richter infolge seiner Beförderung zum Senatspräsidenten des RG., Reichsanwalt Dr. Baumgarten durch seine Ernennung zum Reichsgerichtsrat von ihrer engeren Behörde aus. Für die Reichsanwaltschaft war es schwer, von dem Präsidenten Richter Abschied zu nehmen, einem Manne, der 18 Jahre zu ihr gehört, ihr die besten Kräfte seines Lebens geliehen, der durch 9 Jahre der Vertreter und erste Berater des Oberreichsanwalts gewesen war, die Reichsanwaltschaft oft, zuletzt lange Zeit mit der ihm eigentümlichen Ruhe, Sicherheit und Bestimmtheit geleitet hatte. An Stelle der Ausgeschiedenen wurden die Hilfsarbeiter der Reichsanwaltschaft Oberlandesgerichtsrat Dr. Feisenberger aus Celle und Kammergerichtsrat Dr. Neumann zu Reichsanwälten ernannt. Dr. Feisenberger war vor seiner Berufung ans Oberlandesgericht in Celle bei den Staatsanwaltschaften in Bochum und Magdeburg tätig gewesen. Dr. Neumann war Staatsanwalt in Aachen und Köln und bei der Oberstaatsanwaltschaft des Kölner Oberlandesgerichts. Die Verabschiedung der ausgeschiedenen Beamten und die Einführung des neuen Oberreichsanwalts sowie der Reichsanwälte nahm der Reichsjustizminister Dr. Heinze vor, der selbst der Reichsanwaltschaft als Hilfsarbeiter angehört und ihr stets ein anhängliches Interesse bewahrt hatte. Die Behörde befand sich in ihrer neuen Zusammensetzung gerade bei der ersten gemeinsamen Tätigkeit, da traf sie unerwartet ein schwerer Schlag. Nach einer Krankheit von wenigen Tagen starb plötzlich am 30. April 1921 der Reichsanwalt Freiherr v. Eberz. Er hatte der Reichsanwaltschaft 15 Jahre angehört, war einer ihrer markantesten Vertreter, von durchdringendem Scharfsinn, mit der Gabe bannender Beredsamkeit. Die Erinnerung an ihn lebt in der Behörde fort. Zu seinem Nachfolger wurde im Herbst 1921 der Hilfsarbeiter Landgerichtsdirektor Dr. Keßler ernannt, der vorher als Staatsanwalt und Richter in der Pfalz und im rechtsrheinischen Bayern tätig gewesen war. Zum 1. Okt. 1922 trat der Reichsanwalt Dietz in den Ruhestand, nachdem es ihm vergönnt gewesen war, zu Anfang des Jahres im Kreise der Behörde seinen 70. Geburtstag zu feiern. Er hat der Reichsanwaltschaft mehr als 15 Jahre angehört, sich eines hohen Ansehens, allgemeiner Beliebtheit erfreut und auch den jüngeren Mitgliedern stets mit seinem Rate herzlich und freundschaftlich zur Seite gestanden. An seine Stelle trat abermals ein Hilfsarbeiter, der württembergische Landgerichtsdirektor Niethammer, der in den verschiedensten richterlichen Stellungen seines Heimatlandes, zuletzt auch beim Generalstaatsanwalt in Stuttgart Dienst getan hatte. Die nächste Personalveränderung trat erst 1925 ein. Der Reichsanwalt Bünger, der schon seit 1920 dem Sächsischen Landtage angehörte und 1924 zum sächsischen Justizminister ernannt worden war, verließ nach fast 14jähriger Zugehörigkeit zur Reichsanwaltschaft den Reichsdienst. Auch er hat als Chef der sächsischen Justizverwaltung stets die besten Beziehungen zu seiner alten Behörde unterhalten. Die freigewordene Stelle erhielt der Oberstaatsanwalt bei der Reichsanwaltschaft Jorns, früher als Kriegsgerichtsrat in der Militärrechtspflege tätig. Endlich traten auf ihren Wunsch 1927 der Reichsanwalt Dr. Keßler, 1928 der Reichsanwalt Dr. Freiesleben als Reichsgerichtsräte zum RG. über. Für den ersteren trat der Hilfsarbeiter im Reichsjustizministerium Oberlandesgerichtsrat Dr. Nagel, vordem Staatsanwalt in Düsseldorf, ein. Die andere Stelle wurde dem Oberstaatsanwalt Dr. Kirchner, zuvor Landgerichtsdirektor in Leipzig, verliehen. — Planmäßige Oberstaatsanwälte bei der Reichsanwaltschaft sind zur Zeit Dr. Schneidewin und Floegel aus dem preußischen, Dr. Möricke aus dem badischen Justizdienste.

Der Überblick ergibt, daß die beiden ersten Oberreichsanwälte, Freiherr v. Seckendorff und Dr. Tessendorf, im Amte gestorben, die beiden nächsten, Dr. Hamm und Dr. v. Olshausen, in andere Dienststellungen, die beiden letzten, Dr. Zweigert und Dr. Ebermayer, in den Ruhestand getreten sind.

Von den übrigen Angehörigen der Reichsanwaltschaft haben drei: Dr. Nagel, Dr. Heinze und Dr. Bünger, das Amt des sächsischen Justizministers bekleidet.

Von den Reichsanwälten ist Dr. Bünger auch sächsischer Minister für Volksbildung gewesen und 1929 zum Ministerpräsidenten des Landes Sachsen gewählt worden. Vier Reichsanwälte: v. Wolff, Treplin, Menge, Richter, wurden zu Senatspräsidenten beim RG. ernannt, Reichsanwalt v. Treutlein-Moerdes ist als bayerischer Staatsrat im ordentlichen Dienst verstorben.

Von den Hilfsarbeitern der Reichsanwaltschaft haben viele hohe und bedeutende Stellungen im Reich und in den Ländern eingenommen. Zwei unter ihnen haben an der Spitze des Rechtswesens im Reiche gestanden: Exzellenz

Dr. Heinze zweimal als Reichsminister der Justiz, Dr. Joël seit 1908 in der Ministerialinstanz, seit 10 Jahren als Staatssekretär des Reichsjustizministeriums.

Männer aus Ost und West, aus Ostpreußen und vom Rhein, Süddeutsche und Sachsen waren durch ein halbes Jahrhundert in der obersten Staatsanwaltschaft des Reichs verbunden. Ein jeder diente dem Reiche auf seine Weise. Aber sie alle einte ein Idealismus des Rechts, erfüllte ein doppelter Zweck: der des Vaterlandes und der Rechtspflege!

Dr. Neumann.

E. Die Rechtsanwaltschaft beim Reichsgericht.

Die Rechtsanwaltschaft am RG. ist ein Teil seines Gesamtkörpers. Vom Präsidium des RG. nach freiem Ermessen in reifen Lebensjahren zugelassen, ist der Rechtsanwalt am RG. auf die verantwortungsvolle Tätigkeit am höchsten Gerichtshof eingeschränkt. In ihr findet er seine höchste und schönste Lebensaufgabe, von der nichts ihn mehr ablenken kann. Ihr hat er aber auch seine Arbeitskraft so vollständig zu widmen, daß ihm größere außerberufliche Aufgaben fast verschlossen sind, zumal er sich nicht, wie die Anwälte der Vorinstanzen, dadurch ständig entlasten kann, daß er sich mit jüngeren Anwälten seiner Wahl gesellschaftlich vereinigt oder Hilfsarbeiter beschäftigt. Daher kommt es, daß parlamentarische oder größere schriftstellerische Tätigkeit für die Reichsgerichtsanwälte eine Selbstaufopferung bedeutet, die nur selten und vorübergehend geleistet werden konnte.

Die gleiche Berufs- und Standesauffassung, die tägliche berufliche Verbundenheit und das nahe Zusammenwirken im engeren Raume führen innerhalb der Kammer zu einem nahen freundschaftlichen Zusammenschluß und einem einmütigen Körperschaftsgeist, der niemals getrübt worden ist. Und ein ähnliches Gefühl der Zusammengehörigkeit ergibt sich zwischen Gericht und Anwaltschaft. Die gleiche Begeisterung für hohe Aufgaben und Ziele, die gemeinsame Arbeit am deutschen Recht und an seiner Fortentwicklung, die gemeinsame richterliche Tätigkeit im Ehrengerichtshof schaffen den Nährboden dafür; gemeinsame wissenschaftliche Bestrebungen, die ihren Mittelpunkt in der von Bolze gegründeten „Juristischen Gesellschaft" haben, und gemeinsame Geselligkeit dienen zu seiner Pflege. So fühlt sich die Anwaltschaft beim RG. von Jahr zu Jahr immer enger mit dem Gerichtshof verbunden. Nichts kann diese Zusammengehörigkeit trennen, solange die Grundlagen der großen Gesetzgebung von 1877 erhalten bleiben.

Man hat die Stellung der Reichsgerichtsanwälte häufig in der Öffentlichkeit als eine bevorzugte bezeichnet. Das trifft gewiß in manchem Sinne zu. Die Befreiung von alltäglichem Kleinkram, von dem Vollstreckungswesen und den Beweiserhebungen, die Beschränkung der Verhandlungen auf ein einziges verhältnismäßig kleines und schnell zu erreichendes Gericht, die uns die Hetze des großstädtischen oder Überlandbetriebes erspart, die — bis auf die beiden Messezeiten! — im allgemeinen weniger gestörte Arbeit in der behaglichen Wohnung — das alles sind gewiß große Annehmlichkeiten. Aber auch auf die Kehrseite darf hier wohl hingewiesen werden. Die fast ausschließlich kritische Tätigkeit wird auf die Dauer doch als einseitig angreifend empfunden: man sehnt sich oft nach aufbauender Arbeit und denkt gern an die wohltätige Abwechselung zurück, die sich dem Instanzanwalt in der Sprechstunde so reichlich bietet. Dazu kommt die tägliche drückende Verantwortung des letztinstanzlichen Rechtsberaters, dessen Versehen nicht mehr zu heilen sind, und der ständige Kampf mit den Parteien und manchen ihrer Anwälte, die sich von der Unmöglichkeit der Ausführung ihrer Anweisungen und Wünsche durchaus nicht überzeugen lassen wollen; und weiter die ewige Tretmühle der Begründungsfristen, die immer gerade dann abzulaufen drohen, wenn sich vorübergehend einmal die Verhandlungen häufen, gleichzeitig die gefürchteten eiligen Gutachten wenige Tage vor dem Ablaufe der Revisionsfrist gefordert werden und obendrein Parteien unangemeldet zu langen Rücksprachen erscheinen. Diese Schilderung enthält kaum eine Übertreibung. Auch der beschäftigte Instanzanwalt kennt ja solche Zeiten. Aber er kann sich in weitem Umfange entlasten und das ist dem Reichsgerichtsanwalt versagt. Auch öfteres kürzeres Ausspannen außerhalb der Gerichtsferien, wie es die Vereinigung mehrerer Anwälte jedem Teilhaber gestattet, ist ihm so gut wie verschlossen, jedenfalls sehr erschwert, und muß jedesmal nach der Rückkehr durch aufreibendes Aufarbeiten der Reste wettgemacht werden. Das sind in großen Zügen die Schattenseiten unserer Sonderstellung, die wir als unvermeidlich hinnehmen müssen.

Das Arbeitsfeld der Reichsgerichtsanwälte liegt fast ausschließlich auf dem Gebiete des bürgerlichen Streitverfahrens. Es ist öfters von seiten der Strafsenate bedauert worden, daß die roten Roben so selten vor ihnen erscheinen. Die Tatsache ist richtig. Man hat daran gedacht, Anwälte heranzuziehen, die sich die strafrechtliche Tätigkeit als Sonderfach erkoren haben. Es haben sich aber niemals solche von Ruf beworben — und mit gutem Grund. In Strafsachen fehlt der Anwaltszwang und in den meisten Fällen die Notwendigkeit anwaltlicher Vertretung in der Hauptverhandlung vor dem RG. Die an kurze Fristen gebundenen schriftlichen Revisionsbegründungen können hier in aller Regel nur von dem Verteidiger gefertigt werden, der in der vorinstanzlichen Hauptverhandlung mitgewirkt hat. In allen wichtigeren Fällen, in denen die Angeklagten sich vertreten lassen, treten denn auch die vorinstanzlichen Verteidiger selbst auf. Was übrigbleibt, bietet nur selten Aufgaben von Bedeutung, und die von anderer Seite herrührenden Revisionsangriffe vorzutragen, hat oft etwas Mißliches an sich. Endlich würde eine größere Tätigkeit der Reichsgerichtsanwälte in Strafsachen nicht selten zum Zusammenfallen von Terminsaufrufen führen, ein Übelstand, dessen völlige Vermeidung schon vor den Zivilsenaten allein manchmal schwierig genug wird, obwohl hier durch geeignete Verabredungen der Anwälte eher Abhilfe möglich ist. So hat sich eine größere Beteiligung an der strafgerichtlichen Arbeit des RG. leider nicht durchführen lassen.

Die Tätigkeit der Reichsgerichtsanwälte in den bürgerlich-rechtlichen Revisionssachen ist in den letzten 25 Jahren öfters in der Öffentlichkeit, und selten in anerkennendem Sinne, besprochen worden. Die Schwierigkeit ihrer Stellung, auf die schon Boyens in der Festschrift zu der Jubelfeier von 1904 hingewiesen hat, und ihre Gründe sind bekannt und brauchen hier nicht nochmals näher dargelegt zu werden. Die Partei verlangt — nicht immer aus Rechtsüberzeugung oder aus sachlichen Gründen! — in unzähligen Fällen die Revision, in denen ihr ein Erfolg unmöglich beschieden sein kann, und die daher dem RG. fernzuhalten sind, damit es seine Aufgabe erfüllen kann, das geltende Recht festzustellen, zu erläutern und fortzuentwickeln. Die Kriegs- und Geldverfallszeit, die Steigerung der Wirtschaftsnöte und die staatliche und gesellschaftliche Umwälzung haben alle Gegensätze verschärft, die Sicherheit des Rechts vermindert, die Ehen gelockert und eine Fülle von Rechtsfragen und Rechtsstreitigkeiten gezeitigt, die einerseits die Belastung des RG. und andererseits die Verantwortung der Anwaltschaft beim RG. gewaltig steigerte. Das RG. in dem gleichen Verhältnis zu vergrößern, in dem seine Geschäftslast anwuchs, war und ist unmöglich; das Mittel der Erhöhung der Revisionssumme ist nicht ohne Schranken anwendbar, trifft auch eine Hauptquelle der Belastung, die Ehesachen, nicht. Sollte eine sachliche Verschlechterung des Rechtsmittels vermieden werden, so mußten die Anwälte in der Sichtung der Fälle, die vor das RG. wirklich gehören, unbeirrt von Angriffen und Anfeindungen fortfahren. Sie haben diese Pflicht nach bestem Wissen erfüllt und lieber die oft erdrückende Verantwortung getragen, als daß sie den bequemeren Weg gingen, jedem Ansinnen der Parteien nachzukommen. Wieviel mühevoller, zeitraubender und nervenaufreibender die oft weitschichtigen mündlichen und schriftlichen Verhandlungen über die Durchführung der Revisionen sind, als ihre Einlegung und förmliche Begründung, das weiß nur der Eingeweihte. Nach vorsichtigen Ermittlungen ist mehr als der dritte Teil der eingegangenen Aufträge dem RG. ferngehalten worden. Gegen Mißgriffe gibt bekanntlich der § 33 RAO. eine wirksame Abhilfe. Es gehört aber zu den größten Seltenheiten, daß das RG. in einer Sache, die mehrere Anwälte als aussichtslos abgelehnt haben, einen Anwalt bestellt hat. Leider ist trotz allen Bemühungen der Anwaltschaft infolge der gekennzeichneten Umstände die Belastung des RG. in den letzten Jahren doch so angewachsen, daß es zu Verschlechterungen des Rechtsmittels gekommen ist, auf die in anderem Zusammenhang einzugehen sein wird.

Die Anwaltskammer des Reichsgerichts besetzt die anwaltlichen Stellen der Richter des Ehrengerichtshofs für Deutsche Rechtsanwälte. Über diese Tätigkeit der Kammer und ihrer Mitglieder, ihren Umfang und ihre Bedeutung ist hier im einzelnen nicht zu berichten, weil ihr ein besonderer Aufsatz in dieser Schrift gewidmet ist. Nur das eine sei auch hier gesagt: Fast der dritte Teil sämtlicher Kammermitglieder ist jeweils in den beiden Senaten des Ehrengerichtshofs tätig, und zwar pflegt jeder einzelne etwa acht Jahre lang im Ehrengerichtshof zu bleiben. Die Arbeit und Verantwortung der Ehrenrichter und die auf die anderen Kollegen entfallende Vertretungslast ist groß. Noch größer aber ist unsere Genugtuung über das einmütige Zusammen-

Phot. Taggeselle, Leipzig

Zimmer der Rechtsanwälte

arbeiten mit den Präsidenten und Mitgliedern des höchsten Gerichtshofes zum Wohle der deutschen Anwaltschaft.

Während im übrigen der Anwaltskammer und ihrem Vorstande ganz der gleiche Geschäftskreis zufällt wie jeder anderen Anwaltskammer im Reiche, nimmt in unserer Kammer und ihrem Vorstande wohl einen breiteren Raum ein die Beteiligung an der Vorbereitung der Gesetzgebung.

Von jeher hat es der Vorstand der Anwaltskammer für seine Pflicht gehalten, bei hervortretenden Bestrebungen auf Gesetzesänderungen gemäß § 50 RAO. rechtzeitig seine Stimme zu erheben und unsere Erfahrungen anregend oder abratend nutzbar zu machen. Insbesondere ist — bis auf einen bedauerlichen Fall aus allerneuester Zeit — kaum ein wichtigeres Gesetz über das bürgerliche Streitverfahren erlassen worden, ohne daß der Vorstand sich — meist aufgefordert von der Reichsjustizverwaltung, oft aber auch von sich aus — allein oder auch nach gemeinsamer Beratung mit den Kreisen des RG. in der eingehendsten Weise gutachtlich geäußert hätte. Da die Notlage des RG. in den letzten 25 Jahren sich immer wieder zeigte und schließlich zu einer Dauererscheinung wurde, haben Beratungen in der Kammer und in Ausschüssen, oft vorbereitet durch sorgfältige schriftliche Gutachten, sich immer wieder nötig gemacht. Dies mag an den eigentlichen „Entlastungsgesetzen“ beispielsweise etwas näher gezeigt werden.

Während man in dem ersten Vierteljahrhundert noch mit einer mäßigen Vergrößerung des RG. auskommen konnte, setzten gegen dessen Ende die Änderungen der Gesetzgebung ein.

Das Ges. vom 5. Juni 1905 (Begründungszwang, keine Beschwerden an das RG., Revisionssumme 2500 *M*) ist von langer Hand vorbereitet worden. Schon am 22. Okt. 1903 und am 30. März 1904 erstattete der Vorstand nach Einholung von Berichten und nach zahlreichen Beratungen in der Kammer ein eingehendes Gutachten an das Reichsjustizamt, das er kurz vor der Annahme des Gesetzes in einem wichtigen Punkte (Möglichkeit der Verlängerung der Begründungsfrist) mit Erfolg ergänzte. Die Entscheidung fiel in einem Hauptpunkte gegen den Vorschlag der Anwaltskammer, die sich aus wohlerwogenen Gründen gegen den Begründungszwang ausgesprochen hatte.

Schon Ende 1907 erwies sich weitere Abhilfe nötig, die diesmal von einflußreicher Seite in der sog. Vorprüfung und in dem Erfordernis der sog. „duae difformes“ gesucht wurde. Beiden Vorschlägen setzte sich die Anwaltskammer mit Erfolg entgegen. Im Schoße des RG. fanden um die Wende des Jahres gemeinsame Beratungen mit der Anwaltschaft statt, auf Grund deren der Kammervorstand ein Gutachten vom 13. Jan. 1908 erstattete. Ferner wurde am 6. Febr. 1908 ein Kammerausschuß, bestehend aus Erythropel, Haber, Eickhoff, Lehmann und Kurlbaum, gebildet, die in sorgfältigen Einzelberichten alle Möglichkeiten erörterten. Auf Grund dieser umfangreichen Vorarbeiten erstattete der Vorstand zwei Berichte an den Reichskanzler vom 30. März 1909. Arbeiten einzelner Kammermitglieder in der Fachpresse und ein Gutachten Syrings zum 29. Juristentage (3, 129ff., 179ff.) wiesen auf die dringende Gefahr einer endgültigen Verkümmerung der Revision hin. Das

Ges. vom 22. Mai 1910 begnügte sich denn auch im wesentlichen mit sog. „kleinen“ Mitteln, wie sie auch die Anwaltskammer vorgeschlagen hatte.

Galt während des Krieges für die Verfahrensgesetze der Grundsatz „inter arma silent leges“, so erforderte die erst zu spät als Währungsverfall erkannte Teuerung der Nachkriegszeit immer wieder Eingriffe der Gesetzgebung zur Entlastung des RG. An dem Inhalt aller der zahlreichen Gesetze und Verordnungen „zur Entlastung der Gerichte“ hat die Anwaltskammer mehr oder weniger großen Anteil, und bis in die neueste Zeit ist es ihr gelungen, jeden Einbruch in den Grundsatz der mündlichen Verhandlung abzuwenden. Glaubte ein Gutachten vom 12. April 1922 noch mit einer mäßigen Erhöhung der Revisionssumme auszukommen, so ging die Kammer doch schon am 16. Juni 1922 der Frage ihrer Anpassung an die fortschreitende Geldentwertung nachdrücklich zu Leibe und brachte den Gedanken zur Geltung, daß nicht mehr der Streitwert zur Zeit der Klageerhebung entscheidend bleiben könne, sondern auf den Zeitpunkt der Revisionseinlegung gesehen werden müsse. Im Winter 1922—1923 mußte dann die Kammer schweren Herzens die harte, aber unentbehrlich gewordene Maßnahme der VO. vom 27. März 1923 anregen, daß die Revisionen, deren Beschwerdewert die neuerdings bis auf 500000 Papiermark erhöhte Revisionssumme nicht überschritt, durch Beschluß zu verwerfen seien — ein grausamer Einschnitt, dessen schlimme Folgen das RG. nach der Schaffung der neuen Währung aber bekanntlich in vielen Fällen wieder mildern konnte.

Erschienen die VO. vom 31. Okt. und 13. Dez. 1923, welche die Revision aus dem Elend der vernichteten Papiermark herausführten, als nötige und billigenswerte Maßnahmen, so ging am Ende des Unglücksjahres 1923 die Regierung, wie auf vielen anderen Gebieten, so auch auf dem der Rechtspflege dazu über, auf Grund des sog. Ermächtigungsgesetzes Verordnungen zu erlassen, die tief in die Gerichtsverfassung und die Verfahrensgesetze eingriffen, ohne daß sie mit der nötigen Gründlichkeit vorbereitet werden konnten. Zwar wurde ein Entwurf des Ges. vom 13. Febr. 1924 auch der Anwaltskammer des RG. bekanntgegeben. Der Vorstand äußerte sich am 22. Jan. 1924 gutachtlich wenigstens über die Hauptpunkte; er nahm auch an den vom Deutschen Anwaltverein veranlaßten Beratungen teil und fand Gelegenheit, durch seinen Vorsitzenden seine Bedenken im Reichsjustizministerium mündlich zur Geltung zu bringen. Wenn es den vereinten Bemühungen auch gelang, eine Anzahl der verfehltesten Bestimmungen des Entwurfs zu Fall zu bringen, so blieb doch in der Verordnung infolge der überhasteten Art ihres Zustandekommens neben Gelungenem Bedenkliches genug stehen, vor allem eine Verstümmelung des Rechtszuges der Berufung im bürgerlichen Rechtsstreit, die sich in ihrer Handhabung durch die überlasteten Oberlandesgerichte geradezu unheilvoll auswirken sollte.

Noch tiefer und gewaltsamer schnitt die VO. vom 15. Jan. 1924 zur Entlastung des RG., welche die wichtigsten Verfahrensrügen (§§ 139, 286, 287 ZPO.) beseitigte und die Ehesachen dem RG. im Erfolge fast völlig entzog, in das Rechtsmittel der Revision ein. Freilich war dieser Eingriff, dem die Anwaltskammer auf das entschiedenste widersprach, von vornherein zeitlich befristet, und er wurde hinsichtlich der Ehesachen schon am 21. Dez. 1925 vollständig rückgängig gemacht, während der Kammervorstand eine wirksame Einschränkung der sachlichen Revisionsrügen (§ 1568 BGB.) empfohlen hatte, zumal eine starke Neubelastung des RG. infolge des Aufwertungsgesetzes mit Sicherheit zu erwarten war. Die Regierung hatte in einem Entwurf vom 10./16. Okt. 1925 für die Ehesachen eine Vorprüfung einführen wollen: das RG. sollte Revisionen ohne mündliche Verhandlung durch Beschluß verwerfen dürfen, die es einstimmig für unbegründet erachtete. Diesem untauglichen Versuche, durch Abschneiden der mündlichen Verhandlung eine Entlastung zu erzielen, setzte die Kammer und ihr Vorstand sich in ausführlichen Eingaben an das Reichsjustizministerium vom 14. Nov. 1925 und an den Rechtsausschuß des Reichstages vom 24. Nov. 1925 in Übereinstimmung und im Zusammenwirken mit dem Deutschen Anwaltverein mit dem größten Nachdruck entgegen, und es gelang auch diesmal, den geplanten Einbruch in den Grundsatz der mündlichen Verhandlung zu verhüten.

Da indessen die unbeschränkte Revision in Ehesachen im Verein mit der Aufwertungsflut sehr bald das RG. wieder lahmlegen mußte, suchte die Kammer alsbald von sich aus nach neuen Mitteln zur Abhilfe. Sie legte in einer Eingabe des Vorstandes vom 19. Juli 1926 die Hand an einen der größten Mißstände unserer Rechtsprechung, vor allem in den Ehesachen: die mangelhafte Aufklärung, Erörterung und Feststellung des in 2. Instanz der Rechtsanwendung zugrunde gelegten „Sachverhalts“, und forderte, daß dieser in gedrängter Darstellung den Entscheidungsgründen vorangeschickt werde. Hierdurch sollte eine sehr bedeutende Entlastung des RG. sowohl für die Bescheidung der zahllosen Armenrechtsgesuche als auch für die Entscheidung der Revisionen in Ehesachen herbeigeführt werden; auch ließ sich erhoffen, daß die Revisionen sich vermindern würden, wenn der Zwang zur Darstellung des — das RG. im wesentlichen bindenden — „Sachverhalts“ zu einer bedeutenden Verbesserung der Berufungsurteile und ihres Ansehens führte. Der Vorstand wurde zwar nicht vom Präsidium des RG., wohl aber von einem seiner hervorragendsten Mitglieder lebhaft unterstützt. Er drang aber mit seinem Gesetzentwurf, dessen spätere Ausdehnung auf sämtliche bürgerliche Streitsachen beabsichtigt war, nicht durch.

Schon am 9. Okt. 1926 versuchte es die Reichsregierung mit einer anderen Art der Vorprüfung in Ehesachen: diesmal sollte vorgeprüft werden, ob das Berufungsurteil von der Rechtsprechung des RG. abweiche. Auch dieser Entwurf wurde aufgegeben, nachdem der Kammervorstand ihn am 19. Okt. 1926 bekämpft hatte. Nicht anders erging es dem Plan vom 6. Febr. 1928, die VO. vom 15. Jan. 1924 für die Ehesachen wieder herzustellen und die Revisionssumme auf 5000 ℳ zu erhöhen.

Als der letzte Entwurf — unter Erhöhung der Revisionssumme auf 6000 ℳ — im Okt. 1928 wiederum erschien, konnte der Vorstand nur seine früheren Vorschläge wiederholen und auf das wirksame Mittel der Einschränkung der Rügen aus § 1568 BGB. als auf das kleinere Übel hinweisen; er sah sich aber gleichzeitig veranlaßt, eine Einschränkung des Verbotes der Rügen aus § 139 ZPO. zu fordern.

Das bedauerliche Ergebnis, das die Beratungen des Rechtsausschusses und die in beispielloser Weise durchgepeitschten Beschlüsse des Reichstages Anfang dieses Jahres hatten, ist allbekannt.

Als der Reichstag die Verlängerung des bestehenden Restes der VO. vom 15. Jan. 1924 über den 30. Juni 1929 hinaus ablehnte, wurde ohne amtliche Anhörung des RG. und der Anwaltskammer, ohne tatkräftigen Widerstand der Regierung und fast unter Ausschluß der Öffentlichkeit das Gesetz vom 8. Febr. 1929 durchgedrückt, das eine erste allgemeine Durchlöcherung des Grundsatzes der mündlichen Verhandlung bedeutet, also die Axt an eine der Wurzeln legt, aus denen die ruhmvolle Rechtsprechung des RG. in bürgerlichen Streitsachen erwachsen ist und fast ein halbes Jahrhundert lang Blüten und Früchte gezeitigt hat.

Das nach Ansicht wohl aller Sachkenner verfehlte Gesetz wird sich um so unheilvoller auswirken, als schon am 1. Juli 1929 die durch die VO. vom 15. Jan. 1924 eingeführte Einschränkung der Verfahrensrügen vollständig fallen soll, ohne daß die Rechtsprechung der Oberlandesgerichte durch Wiederbesetzung ihrer Zivilsenate mit fünf Richtern auf ihre alte Höhe gebracht werden kann. Daß diese — das Rechtsmittel an sich verbessernde — Änderung zu einer starken Vermehrung der Revisionen führen muß, ist mit Sicherheit vorauszusehen. Das Gesetz vom 8. Febr. 1929 kann aber, wenn es nicht geradezu eine Mehrbelastung des RG. zur Folge haben soll, nur in einer verschwindend kleinen Anzahl von Fällen angewendet werden. Denn der mündliche Vortrag durch erfahrene und mit dem Rechtsmittel der Revision vertraute Anwälte beider Parteien ist und bleibt — das ist auch die Meinung der Zivilsenate — der kürzeste Weg und das beste Mittel, die Rechtsfälle zur Kenntnis der Richter zu bringen; und der eindringenden mündlichen Erörterung der Rechtsfragen in Rede und Gegenrede, die häufig durch Fragen und Einwürfe vom Richtertisch belebt und vertieft wird, ist kein noch so ausgedehnter Schriftsatzwechsel in der Wirkung an die Seite zu stellen. Freilich muß die mündliche Verhandlung dem großen Gedanken der Gesetzgebung von 1877 auch wirklich entsprechen. Der Sachvortrag ist auf das für die begehrte Entscheidung Wesentliche zu beschränken, und die Rechtsausführungen sind ebenso von ermüdender Weitschweifigkeit wie von Oberflächlichkeit freizuhalten. Die Grenzen richtig zu ziehen, ist gewiß schwierig. Es gehört dazu nicht nur Erfahrung und Augenmaß, sondern auch eine nähere Kenntnis der Persönlichkeiten der Richter, die nur durch die ständige Berührung der Anwälte mit ihnen gewonnen werden kann. Es wäre vermessen, zu behaupten, daß stets Mustergültiges geleistet würde. Aber die nun fünfzigjährige Überlieferung innerhalb des RG. und seiner Anwaltschaft hat doch zu einer Ausgestaltung der mündlichen Verhandlung geführt, die dem, was der Gesetzgeber gewollt hat, so nahekommen dürfte, wie dies die menschliche Unvollkommenheit eben zuläßt. Die Anwaltschaft beim RG. erlebt es immer wieder, daß die Parteien und auch die Anwälte der Vorinstanzen, die den mündlichen Verhandlungen beim RG. zum ersten Male beiwohnen, aufs höchste darüber erstaunt sind, wie vor dem höchsten Gerichtshof mündlich verhandelt wird.

Nur der anscheinend unausrottbaren Unkenntnis der wirklichen Verhältnisse kann es zuzuschreiben sein, wenn immer wieder, und auch von rechtskundigen Seiten, Beschränkungen der mündlichen Verhandlung oder ihrer Überlassung an die vorinstanzlichen Anwälte das Wort geredet wird. Das RG. selbst hat sich diesen Bestrebungen zur hohen Genugtuung seiner Anwaltschaft niemals geneigt gezeigt, sondern an dem bestehenden Zustande festgehalten und höchstens vorübergehende Notmaßnahmen (in Ehesachen) für erträglich erklärt, damit aber klar zu erkennen gegeben, daß solche unter allen Umständen Verschlechterungen des Rechtsmittels darstellen.

Das Gesetz vom 8. Febr. 1929 wird — davon ist die Anwaltschaft des RG. überzeugt — bald wieder aufgehoben werden müssen, und sie wird ihm keine Träne nachweinen, obwohl sie selbst im Falle seiner häufigen Anwendung stark entlastet werden könnte.

Eine schöne, aber schwere Aufgabe der kommenden Umgestaltung des bürgerlichen Streitverfahrens wird es sein, Mittel zu finden, die dem RG. ermöglichen, das große Werk der Wahrung der Rechtseinheit und der gesunden Fortentwicklung des geschriebenen Rechts zu verrichten, ohne von einem Übermaße minder bedeutender Arbeit erdrückt zu werden. Nach der Auffassung der Anwaltskammer ist (neben dem verbesserungsbedürftigen sachlichen Eherecht) die Überlastung und unzureichende Besetzung der Zivilsenate der Oberlandesgerichte die Wurzel alles Übels. Gelingt es, deren Rechtsprechung, vor allem nach der Seite der tatsächlichen Feststellung und Würdigung, auf die Höhe zu bringen, die sie einnehmen sollte, dann wird das RG. immer weniger in Anspruch genommen zu werden brauchen; dann wäre sogar später einmal eine Umgestaltung der Revision möglich, die das RG. in der Hauptsache auf die Nachprüfung der Anwendung des sachlichen Rechts beschränkte.

Bis Anfang 1929 blieb das Zulassungsverfahren unverändert. In den ersten 25 Jahren des RG. kaum Gegenstand öffentlicher Erörterung, wurde es gegen Ende dieses Zeitabschnittes, zunächst nur von vereinzelten Kritikern in wenigen Tageszeitungen, dann allmählich von weiteren Kreisen der deutschen Anwaltschaft mißbilligenden Besprechungen unterzogen und schließlich von politischen Parteiführern im Rechtsausschuß des Reichstags beanstandet. Die Anwaltskammer des RG. hat sich an diesen Erörterungen zunächst kaum beteiligt und sich auch später damit begnügt, gröbliche Unrichtigkeiten zu widerlegen, z. B. die Behauptung, daß die politische Haltung oder das Bekenntnis der Bewerber bei dem Kammervorstand oder beim Präsidium irgendeine Rolle spiele. Nach der Staatsumwälzung verstärkten und vermehrten sich die Angriffe, und man ging dazu über, Forderungen zu erheben, die auf die Einführung der freien Zulassung beim RG. hinausliefen. Der Vorstand erstattete nunmehr zunächst einen gutachtlichen Bericht vom 21. Mai 1926 über die Notwendigkeit des § 99 RAO. und die von ihm bei der Begutachtung der Bewerbungen beobachteten Grundsätze. Als man sodann — unter Berufung auf ein Erläuterungswerk zur RAO. — behauptete, § 90 RAO. gebe dem Präsidium nicht das Recht der Prüfung der Bedürfnisfrage, widerlegte der Vorstand in einem von Spring entworfenen eingehenden Gutachten vom 5. Febr. 1928 die Angriffe aus dem geltenden Recht und führte den Nachweis, daß die Beseitigung des § 99 RAO. zur Lahmlegung des RG. führen müsse. Die Kammer befand sich auch in dieser Frage stets in voller Übereinstimmung mit dem RG. und seinem Präsidium. Sie im einzelnen zu behandeln, ist hier nicht der Ort.

Nur in einem Punkte glaubte das Präsidium in Übereinstimmung mit dem Kammervorstande versuchsweise eine Änderung des Zulassungsverfahrens bewilligen zu können. Bei den Neuzulassungen ist nicht nur auf die Bedürfnisfrage und die allgemeine Eignung der Bewerber, sondern von jeher auch darauf Bedacht genommen worden, daß die größeren Oberlandesgerichtsbezirke zahlreicher vertreten, daß nach und nach möglichst alle Bezirke berücksichtigt wurden und daß eintretendenfalls Bewerber mit Sondererfahrungen den Vorzug erhielten. Diesen Anforderungen konnte bei dem früheren Verfahren nicht immer ganz entsprochen werden. Das Bevorstehen neuer Zulassungen wurde nicht oder nicht rechtzeitig allgemein bekannt; noch weniger erfuhr die deutsche Anwaltschaft, welche Bezirke herankamen oder welche Sonderfächer das Präsidium etwa zu besetzen wünschte. Der Kammervorstand hat gelegentlich versucht, bestimmten Anwälten von hervorragender Bedeutung, die alle diese Anforderungen erfüllten, die Bewerbung nahezulegen, leider im allgemeinen ohne Erfolg, da die Befragten überhaupt oder gerade in dem fraglichen Zeitpunkt aus beruflichen oder persönlichen Gründen keine Neigung hatten, nach Leipzig zu gehen. Es empfahl sich daher in der Tat, der Anwaltschaft, insbesondere den Anwälten aus den örtlich jeweils in Frage kommenden Bezirken, frühzeitig zuverlässige Kenntnis von der Absicht neuer Zulassungen zu geben. Und ebenso durfte es als zweckmäßig angesehen werden, den örtlichen Kammern wegen ihrer genauen Personenkenntnis eine Sichtung der Bewerbungen in der Weise zu übertragen, daß ihnen eine Art Vorschlagsbefugnis eingeräumt wurde.

Da die Verhandlungen über die Neuordnung in die Zeit fielen, in der die seit langem bestehende Vereinigung der Vorstände der deutschen Anwaltskammern an Bedeutung und Einfluß gewann und Bestrebungen auf gesetzliche Einführung einer Reichsanwaltskammer einsetzten, hielt es das Präsidium — wiederum unter der Zustimmung des Vorstandes der Anwaltskammer des RG. — für zweckmäßig und im Zuge der Entwicklung liegend, die Bearbeitung der unter Vermittlung und Mitwirkung der örtlichen Kammervorstände eingehenden Bewerbungen und die Aufstellung der endgültigen Vorschlagslisten der Vereinigung der Kammervorstände zu übertragen, die künftig — neben dem Vorstande unserer Kammer, dessen gesetzliche Rechte gewahrt bleiben — auch über die Bedürfnisfrage gehört werden soll.

Diese Neuordnung, die den § 99 RAO. unangetastet läßt und eine freie Verwaltungsmaßnahme des Präsidiums darstellt, ist geeignet, den in der Öffentlichkeit erhobenen Beschwerden, soweit sie einen berechtigten Kern hatten, abzuhelfen. Sie entlastet den Vorstand unserer Kammer von einer ebenso mühe- und verantwortungsvollen wie oftmals undankbaren und peinlichen Arbeit und ist besonders deshalb geeignet, die Auswahl unter den Bewerbern zu verbessern, weil sie an die Stelle mehr oder weniger formelhafter Gutachten die eigene Verantwortung der Anwaltskammern und ihrer selbstgewählten Spitze setzt. Die Anwaltschaft beim RG. hat sich an den Verhandlungen mit Nachdruck beteiligt und kann nur wünschen und hoffen, daß die Neuordnung ihr den denkbar geeignetsten Nachwuchs bringen möge. Die Probe wird voraussichtlich bald nach dem Jubeltage des RG. gemacht werden. Bis zu dem Tage, an dem dieser Bericht abschließt, ist die Kammer nach dem alten Verfahren ergänzt worden.

Seit dem 1. Okt. 1904 hat ihr Personenbestand zum allergrößten Teile gewechselt. Von den **21** Anwälten, die ihr damals angehörten, sind nur noch 3 am Leben; diese sind noch unter uns tätig. Am 1. Juni 1929 betrug die Zahl der Kammermitglieder **22.** Ihre Verteilung auf die einzelnen deutschen Länder ergibt sich aus nachstehender Zusammenstellung.

Es waren zugelassen aus

	Land	OLG.-Bezirk	Am 1. 10. 1904	Außerdem inzwischen	Am 1. 6. 1929
1.	Preußen		13	6	10
	Davon aus	Berlin	2	1 (1914—15)	3
		Breslau	1	1 (1913—23)	1
		Kassel	—	—	—
		Celle	3	—	2
		Frankfurt a. M.	—	1 (1907—20)	1
		Hamm (u. Düsseldorf)	2	—	—
		Kiel	—	1 (1912—22)	—
		Köln	—	—	2
		Königsberg	1	—	—
		Marienwerder	—	1 (1904—28)	—
		Naumburg	2	—	1
		Stettin	2	—	—
2.	Bayern		1		3
	Davon aus	Augsburg	—	—	—
		Bamberg	—	—	—
		München	1	—	3
		Nürnberg	—	—	—
		Zweibrücken	—	—	—
3.	Sachsen	Dresden	2	—	2
4.	Württemberg	Stuttgart	1	—	—
5.	Baden	Karlsruhe	1	—	1
6.	Hessen	Darmstadt	1	—	2
7.	Thüringen	Jena	—	—	1
8.	Braunschweig	Braunschweig	—	—	—
9.	Oldenburg	Oldenburg	—	—	—
10.	Mecklenburg	Rostock	—	—	—
11.	Hansestädte	Hamburg	1	1 (1905—17)	1
12.	Saargebiet	O.G.H. Saarlouis	—	—	—
13.	Elsaß-Lothringen	Colmar	1	—	2
			21	**6**	**22**

Die Zusammenstellung zeigt, daß die größeren Länder (Bundesstaaten) stets etwa ihrer Größe entsprechend vertreten waren, bis auf Württemberg, das seit 1915 kein Mitglied mehr gestellt hat. Wenn die allerkleinsten Gebiete unvertreten blieben, so liegt das wohl daran, daß den dortigen Anwälten die Bewerbung als ein zu großes Wagnis erscheint, weil ihnen ein größeres Hinterland fehlt, in dem sie bekannt sind. Von etwas größeren Ländern hat Oldenburg bis 1904 einen Anwalt gestellt, dagegen Braunschweig und Mecklenburg bisher nicht; auch dies dürfte die obenerwähnte Ursache haben. Im übrigen sind sämtliche Länder vertreten gewesen, und es wird die Aufgabe der künftig mit der Auswahl, den Vorschlägen, der Begutachtung und Zulassung befaßten Stellen sein, von denselben Erwägungen geleitet, die schon bisher im Präsidium den Ausschlag gaben, ohne allzu ängstliches Festhalten an den starren, äußerlichen Handhaben der Reihenfolge der Bezirke usw., dem RG. eine Anwaltschaft zu geben, die den besten Überlieferungen der Kammer entspricht und ihren Hochzielen nahekommt.

Seit dem 1. Okt. 1904 führten den Vorsitz im Vorstande der Kammer folgende Mitglieder:

Geh. Justizrat Dr. Patzki von Sommer 1904 bis zu seinem Tode am 15. Dez. 1905,
„ „ Dr. Erythropel von Ende 1905 bis 3. März 1911,
„ „ Dr. Haber von Anfang März 1911 bis März 1912,
„ „ Putzler von März 1912 bis Ende April 1919,
„ „ Dr. Wildhagen vom 7. Mai 1919 bis heute, also seit mehr als zehn Jahren.

Allen diesen um die Anwaltschaft beim RG. hochverdienten Männern, die es verstanden haben, das feste Zusammenhalten innerhalb der Kammer, ihre Stellung im Gesamtkörper des RG. und ihre engen und vertrauensvollen Beziehungen zu seinen Präsidenten und Mitgliedern aufrechtzuerhalten und zu fördern, schuldet die Kammer tiefsten Dank. Ihrem derzeitigen Vorsitzenden, Geh. Justizrat Dr. Wildhagen der sie in schwerster Zeit aufopfernd und erfolgreich geführt, hat sie ihre Dankbarkeit anläßlich seines 70. Geburtstages dadurch zum Ausdruck gebracht, daß sie mit seinem lebensvollen Bildnis ihren Sitzungssaal schmückte, wo es seinen Platz gefunden hat gegenüber einem Bildnis des langjährigen früheren Präsidenten des RG., Dr. Freiherrn von Seckendorff, das im November 1920 gestiftet worden war, um das Andenken dieses um die Rechtspflege, das RG. und ganz besonders auch um dessen Anwaltskammer hochverdienten Mannes bis in die fernsten Zeiten lebendig zu erhalten.

Vier Präsidenten hat der höchste Gerichtshof in dem zweiten Vierteljahrhundert seines Bestehens verloren: Dr. Gutbrod, der die erste Jubelfeier nicht ein ganzes Jahr überleben sollte; Dr. Freiherrn von Seckendorff, der das RG. durch Krieg und Staatsumwälzung geführt hatte und Ende 1919 in den Ruhestand übertrat; Dr. Delbrück, den ebenfalls ein früher Tod abberief; und schließlich vor kurzem Dr. Simons, der seine Versetzung in den Ruhestand erwirkte, um die Würde des höchsten deutschen Richters zu wahren. Zu allen diesen ausgezeichneten Männern hat die Anwaltskammer zu ihrer

Phot. Taggeselle, Leipzig

Zimmer der Rechtsanwälte

Freude und Genugtuung die besten und engsten, niemals getrübten beruflichen und persönlichen Beziehungen pflegen können. Die Jahre ihres Wirkens am RG. in den Zeiten des Glanzes wie des Krieges und des Niederganges und ihre Persönlichkeiten werden in der Kammer unvergessen bleiben.

Von den Mitgliedern der Kammer, die ihr 1904 noch angehörten, sind ganz wenige noch am Leben.

Als erster wurde uns unser damaliger Vorsitzender Dr. Patzki durch den Tod entrissen, ein scharfsinniger altpreußischer Jurist, der wissenschaftliche Tiefe mit feinster Lebenskunst vereinigte. Er hatte der Anwaltskammer des RG. seit ihrer Gründung angehört, ebenso wie der feinsinnige, stille Dr. Romberg, der 1913 im Ruhestand starb, und der lebhafte, bewegliche Sachs, der schon als Dreißigjähriger beim Reichsoberhandelsgericht zugelassen war, sich 1907 zurückzog und 1912 verschied, in demselben Jahre wie unser langjähriger Schriftführer Dr. Seelig, dem erst die letzte Krankheit die Feder entrang. Schon vorher (1909) hatte uns der kernige, frohe Westfale Scheele verlassen, der noch bis 1920 die wohlverdiente Altersmuße genoß; und Ende 1910 hatte uns ein schneller Tod den überlieferungstreuen, klarblickenden, vornehmen Hanseaten Dr. Deiß genommen. In demselben Jahre gab nach schwerer Erkrankung, der er 1912 erliegen sollte, der Pommer Herr, ein Landrechtler von altpreußischem Schlage, und in ungebrochener Kraft der lebhafte Badener Lewald, der Meister der mündlichen Revisionsbegründung, die Zulassung auf; er lebte noch 14 Jahre im Ruhestande. 1911 legte unser damaliger Vorsitzender Dr. Erythropel die rote Robe ab, ein glänzender gemeinrechtlicher Jurist, der, gleich ausgezeichnet durch Geistesschärfe und Adel der Gesinnung, die Kammer allezeit hinter sich hatte. Er starb in seiner hannoverschen Heimat im Sommer 1915.

Schmerzliche Lücken riß das Jahr 1912 in unsere Reihen. Außer den schon erwähnten Kollegen Sachs, Dr. Seelig und Herr wurde im Februar der Hannoveraner Hacke dahingerafft, dessen knorriges niedersächsisches Wesen von goldener Laune verklärt war. Im besten Mannesalter und mitten in der erfolgreichsten Arbeit wurde uns ferner der treffliche Ostpreuße Malkwitz genommen, den kritischer Blick, klares Urteil und Knappheit des Vortrags besonders auszeichneten.

Das Jahr 1913 brachte uns das Ausscheiden unseres allverehrten Vorsitzenden, des Schlesiers Dr. Haber, der, geistig ungeschwächt, sich körperlich mehr schonen mußte. Aufrecht, tatkräftig und doch verbindlich, gütig und stets hilfsbereit, ein Mann von umfassender Bildung, gründlichster Rechtskenntnis und tiefem Empfinden für das Gemeinwohl, nahm er in der deutschen Anwaltschaft eine unbestrittene Führerstellung ein. Er starb Ende 1920, nachdem er noch jahrelang in schwerer Zeit den Deutschen Anwaltverein mit der größten Aufopferung seiner Kräfte geleitet hatte.

1915 wurde uns der wackere, stille Schwabe Dr. Schall und im Felde Dr. Siméon entrissen, der nach schneller und glänzender Laufbahn als preußischer Richter und Selbstverwaltungsbeamter erst im Februar 1914 zu uns gekommen und nach wenigen Monaten zu den Fahnen geeilt war.

Ende August 1917 hatten wir den Tod des Hamburgers Dr. Lehmann zu beklagen, der im blühendsten Mannesalter einer tückischen Krankheit rasch erlag. Lehmann hatte sich schon in jungen Jahren ein außerordentliches Ansehen errungen. Von Gestalt, Geistesgaben und Charakter ein hochragender, echt nordischer Mann, war er den höchsten Anforderungen gewachsen und zu hohen Zielen berufen.

Im Dezember 1917 starb der Vertreter des Elsaß in unserer Kammer, der vortreffliche, zuverlässige Zenetti. Ihm folgte im Januar 1920 in der Vollkraft seiner Jahre der Frankfurter Dr. Ganz, der sich schnell hohes Ansehen, insbesondere auf dem Gebiete des gewerblichen Rechtsschutzes, erworben hatte.

In den nächsten Jahren blieb die Kammer von eigenen Verlusten durch den Tod verschont. Unser früherer Kollege Dr. Bitter, der, ein gebürtiger Hannoveraner, aus Kiel zu uns gekommen und Ende 1922 zum Reichsgerichtsrat ernannt worden war — der zweite derartige Fall seit der Gründung des RG.! — starb, auch von uns allen schmerzlich betrauert, im Mai 1924.

Dann aber trafen uns 1925 wieder zwei schwere Verluste. Im Juli schied der Rheinländer Dr. Eickhoff, unser stellvertretender Vorsitzender, von uns. Ein Mann von unerschütterlichem Pflichtgefühl und vornehmster Standesauffassung, hatte er, durch schwere Schicksalsschläge und zunehmendes körperliches Leiden gebeugt, doch nicht gebrochen, bis zum letzten Atemzuge unter uns gewirkt.

Ihm folgte im Oktober im Tode der von der Wasserkante stammende Dr. Boyens, der nach schwerer Erkrankung Anfang 1925 die Zulassung aufgegeben hatte. Seine Verdienste um die Wissenschaft und die Anwendung des Seerechts sind bekannt; er hatte noch die hohe Genugtuung, sie durch die Verleihung der Ehrendoktorwürde der Hamburger Universität anerkannt zu sehen. Boyens war ein Mann von tiefer klassischer Bildung und ein höchst erfolgreicher Anwalt, dessen vorbildlich knappe schriftliche Revisionsbegründungen selten die Fülle der Rechtsgedanken vorhersehen ließen, die er in der mündlichen Verhandlung vorzutragen wußte.

Noch zwei unserer ältesten Mitglieder hat bis zu der Stunde, mit der dieser Bericht abschließt, der Tod ereilt.

Unser ehemaliger Vorsitzender Putzler, ein ausgezeichneter Jurist von umfassender Bildung, der nach langjähriger, an Arbeit und außerordentlichen Erfolgen reicher Berufstätigkeit 1919 seine Zulassung aufgegeben hatte, starb Ende Oktober 1927.

Endlich wurde uns Ende Mai 1928, als hoher Siebziger noch mit Freude und Erfolg im Berufe tätig, der Westpreuße Spring durch den Tod entrissen. Auch er hatte 1919 jüngerem Nachwuchs Platz machen wollen, aber gedrängt von der Not der Zeit, bald die Berufsarbeit wieder aufgenommen und 1922, von der Kammer freudig begrüßt, den Weg zu uns zurückgefunden, um bis zu seiner letzten kurzen Krankheit wie der Jüngsten einer vor Gericht und für die Kammer zu wirken. Noch aus seinen letzten Lebensmonaten stammt das obenerwähnte erschöpfende Gutachten über die Geschichte und Bedeutung des § 99 RAO., ein dauerndes Zeugnis der Hingebung, Sorgfalt und Urteilskraft, die Syring auszeichneten.

Breit und tief sind die Lücken, die der Tod in unsere Reihen gerissen hat. Durch zahlreiche Zulassungen jüngerer Kollegen ergänzt und um ein Geringes vergrößert, tritt die Kammer in das zweite Halbjahrhundert ihres Bestehens ein. Seit mehr als zehn Jahren tatkräftig und erfolgreich geführt von ihrem verehrten Vorsitzenden, Geh. Justizrat Dr. Wildhagen, und geleitet von den Überlieferungen des höchsten Gerichtshofes und den großen Vorbildern, die seit ihrer Gründung ihren Kreis zierten, wird sie bestrebt sein, im alten Geiste auch in neuer Zeit ihre hohen Aufgaben in und mit dem RG. zu erfüllen.

Axhausen.

F. Der Richterverein beim Reichsgericht.

I. Als gegen Ausgang des vorigen und Anfang dieses Jahrhunderts in Deutschland und seinen einzelnen Ländern Vereinigungen der Richter ins Leben gerufen wurden, geschah dies aus der berechtigten Überzeugung heraus, daß man die Wahrnehmung der Interessen der Rechtspflege und der mit ihnen untrennbar verbundenen des Richterstandes nicht mehr dritten Stellen allein überlassen dürfe, sondern selbst mit Hand anlegen, mitarbeiten und mitbestimmen müsse. Eine gut geordnete, unabhängige und unparteiische Rechtsprechung ist das Fundament eines Rechtsstaates, ohne das er einfach nicht bestehen kann. Soll sie im Staatsleben gedeihlich wirken, so bedarf sie hierzu einer Stellung, die ihr die Achtung und das Ansehen im Volke verbürgt, die sie zur Lösung ihrer besonders schwierigen Aufgaben befähigen. Sache des Staates ist es, ihr diese Stellung zuzuweisen, und nach außen hin wird sie immer nach der Wertschätzung beurteilt werden, die ihr der Staat selbst durch die Stellung ihrer Diener in Rang und Einkommen bezeugt. Insofern muß dem besonderen Platze der Rechtsprechung im Staate auch eine besondere Stellung des Richters entsprechen. Diese Grundsätze, die in allen Kultur- und Rechtsstaaten anerkannt sind, haben bei uns leider nicht immer die Beachtung der maßgebenden Stellen gefunden, die sie verdient hätten. Nicht nur, daß die Rechtspflege hinter die Verwaltung zurücktreten mußte, man hat auch gerade in der damaligen Zeit den Stimmen viel zuviel Gehör geschenkt, die eine Gleichstellung sämtlicher Beamten der einzelnen Verwaltungszweige und damit eine Zurücksetzung der Richter forderten. Unter diesen Umständen war es nicht zu verwundern, wenn die Richter aus ihrer früher beobachteten Zurückhaltung heraustraten und ihrerseits gegen eine weitere Herabdrückung ihrer Stellung Front machten. Nicht aus egoistischen, materiellen Gründen geschah dies, sondern im wohlverstandenen Staatsinteresse, im Interesse der Erhaltung der Stellung der Rechtspflege im Staatsleben, die für dieses Existenzbedingung war. Dazu kam noch ein weiteres. Bei der Ausgestaltung der Rechtspflege und ihres Verfahrens, bei der Gesetzgebung kam der Richter entweder überhaupt nicht oder nur ganz nebenbei zu Wort. Und doch erschien es angebracht, daß man auch diejenigen zugezogen hätte, die die vorhandenen Mängel in ihrer täglichen Arbeit, am eigenen Leibe am besten kennengelernt hatten und für Neuordnungen die erfahrensten und berufensten Berater hätten abgeben können und müssen.

Es war zu verstehen, daß die zuständigen Stellen diese Gründungen nur ungern sahen, sie als den Versuch eines Eingriffs in ihre ureigensten Rechte und Befugnisse betrachteten und eine abweisende Haltung ihnen gegenüber einnahmen. Lange Zeit hat es gedauert, bis man endlich erkannte, daß die Bewegung nicht von einer persönlich-egoistischen, sondern von einer rein sachlichen Einstellung getragen war, daß sie bei aller Wahrung ihrer Selbständigkeit nicht eine grundsätzliche Gegnerschaft zu den zuständigen Behörden, sondern ein gedeihliches Zusammenarbeiten mit ihnen anstrebte. Langsam, aber desto gründlicher hat sich diese Erkenntnis durchgesetzt, und heute darf man wohl sagen, daß das Bestehen von Richtervereinen in den einzelnen Ländern den Regierungen keine Sorge mehr, sondern eine willkommene Hilfe bedeutet, deren man nur ungern entraten möchte.

Dem RG., der einzigen richterlichen Reichsbehörde, lag damals nichts ferner als der Gedanke eines Zusammenschlusses zur Wahrnehmung seiner Interessen. Man hatte ihm — und zwar gerade der Reichstag — bei seiner Errichtung einen hervorragenden Platz in der Reihenfolge der Behörden angewiesen, es als richterliche Behörde, deren Bedeutung man richtig eingeschätzt hatte, weit über andere Beamte und Richter herausgehoben und dem auch in der Bemessung der Bezüge seiner Mitglieder Ausdruck gegeben. In einer von äußeren Sorgen freien Lebenslage sollten sich die letzteren mit ganzer Kraft ihrer hohen Aufgabe als Mitglieder des höchsten deutschen Gerichtshofes widmen können. Diese Regelung sicherte ihm nicht nur eine den Anforderungen gewachsene Besetzung, sie gewährte auch dem einzelnen die Möglichkeit, seinem Amte voll gerecht zu werden. Ein Anlaß, mehr zu verlangen, lag nicht vor, eine finanzielle Besserstellung lediglich ihrer selbst willen zu fordern, wäre als mit der Würde des Amtes unvereinbar entrüstet zurückgewiesen worden. Konnte man selbstverständlich auf die Bezüge auch nicht verzichten, man leistete seine Dienste nicht um der Bezahlung willen, sondern weil man sich seiner Pflicht gegen Staat und Volk und seiner Verantwortung als Richter bewußt war, die bei keiner anderen Behörde größer und schwerer sein, aber auch bei keiner strenger und gewissenhafter aufgefaßt und erfüllt werden konnte als gerade beim RG. Und dieses Verantwortungsgefühl und diese Pflichttreue, die innerhalb des Rahmens von Gesetz und Recht dem RG. seine Richtung kategorisch vorschreiben, haben sich bis auf den heutigen Tag unversehrt erhalten, obwohl seit seiner Errichtung vielerlei Maßnahmen getroffen worden sind, die seiner Stellung nachteilig sein und sie gefährden mußten. Und die zahlreichen Kritiker, die öfters nur aus persönlichen Motiven, vielfach aber auch ohne die erforderliche Rechts- und Sachkenntnis seine Entscheidungen abfällig besprechen, sollten besser versuchen, sich ihnen gegenüber objektiv einzustellen und von diesem allein billigen und gerechten Standpunkte aus ihr Urteil abgeben. Dann würde aus dem Tadel zwangsläufig ein Lob werden müssen, daß sich das RG. zum Heile des Staates und des Volkes von äußeren, insbesondere politischen Beeinflussungen frei gehalten hat und im Sinne wahrer Gerechtigkeit nach Gesetz und Recht und seinem Gewissen allein Recht spricht.

Leider hat man in den früheren Jahren versäumt, der Fortentwicklung anderer Verwaltungszweige und der Ausgestaltung ihrer Behörden die notwendige Aufmerksamkeit zu widmen. Neue Behörden wurden geschaffen, vorhandene umgestaltet, neue Stellen wurden errichtet, deren Bezüge sich denen der Mitglieder des RG. stark annäherten oder gar darüber hinausgingen, ohne daß ihre Bedeutung eine solche rechtfertigte. Das RG. andererseits wurde in seiner bisherigen Stellung belassen, mit anderen Worten herabgedrückt. Ob die für seine Belange verantwortlichen Stellen diese Entwicklung nicht verhindern konnten oder wollten, mag dahingestellt bleiben, jedenfalls fehlte es an einer Abwehr seitens der Mitglieder des RG., die bereits in den ersten Stadien dieser Entwicklung hätte einsetzen müssen. Sie wäre auch nur im Wege eines geschlossenen Vorgehens, also eines Zusammenschlusses möglich gewesen, und einen solchen hielt man eben nicht für angebracht.

Einen Wendepunkt in dieser Auffassung bedeutete das Besoldungsgesetz vom Jahre 1920. Es hatte die noch etwa bestehenden Unterschiede in der Besoldung nicht nur gründlich beseitigt, es hatte auch die Stellung des RG. weiter heruntergedrückt und aus dem einst so hochgestellten obersten Gerichtshofe des Reiches eine unbedeutende Behörde gemacht, deren Mitglieder eben noch in der untersten Stufe der Sonderklassen ihren Platz gefunden hatten. Seine Auswirkung schildert besser als alle Worte eine Eingabe vom Januar 1922, die von dem damaligen Ausschusse verfaßt und an das Reichsjustizministerium eingereicht worden ist. Sie sei hier wörtlich wiedergegeben.

„Leipzig, im Januar 1922.

Vor rund 45 Jahren ist das RG. als ein Hort der Rechtseinheit des Reiches geschaffen worden. Man war sich der hohen Bedeutung des Gerichtes bewußt und war daher bestrebt, dem RG. die hervorragendsten Kräfte zu sichern. So wurde auf Grund eines Reichstagsbeschlusses das Gehalt des Reichsgerichtsrats, das die Regierung mit 10000 ℳ vorgeschlagen hatte, auf 12000 ℳ erhöht. Das Gehalt des Senatspräsidenten wurde auf 14000, das des Reichsgerichtspräsidenten auf 25000 ℳ bestimmt. ‚Das RG. sollte so ausgezeichnet werden, daß es als die höchste Behörde des Reiches auch wirklich hervortrete, daß es eine Vereinigung von Männern bilde, die in ihrer Würde und ihrer äußeren Stellung Präsidenten gleichstünden; daher dürfe die Höhe seiner Gehälter nicht bemessen werden nach der bürokratischen Schablone, nicht nach der jetzigen Gehaltshöhe der höchsten Richter in den einzelnen Staaten.'

Dementsprechend war der Abstand der Gehaltshöhe gegenüber der der Richter an den Oberlandesgerichten.

In Preußen betrugen — nach dem Durchschnitt der Dienstaltersstufen — die Gesamtbezüge der oberlandesgerichtlichen Senatspräsidenten, der Landgerichtspräsidenten, der Ministerialräte 9900 ℳ, die der Oberlandesgerichtsräte 6600 *M*. Die Bezüge in den anderen Ländern waren fast durchweg erheblich niedriger.

Durch die 1879 wiederholt notwendig gewordene Neuregelung der Gehälter sind die Gehaltszahlen der Richter des RG. nur ganz unwesentlich erhöht worden, so daß der frühere Abstand ganz oder beinahe ausgeglichen, mehrfach sogar die Bezüge der Richter des RG. durch die Bezüge anderer Richter überholt wurden. Zwar ist auch jetzt noch das Durchschnittseinkommen der verschiedenen Dienstaltersstufen bei den oberlandesgerichtlichen Senatspräsidenten, den Landgerichtspräsidenten und den Ministerialräten unterhalb derer der Reichsgerichtsräte, aber das Höchstgehalt dieser Gruppen erreicht oder übersteigt sogar das der Reichsgerichtsräte.

Durch die Höhe des Gehaltes wird die Höhe der Stellung und das Ansehen des Gerichts wesentlich mit bestimmt. Die überragende Stellung des RG. an Gehaltsbezügen, die man einst mit gutem Bedachte geschaffen hatte, ist verloren. Das Ansehen des RG. muß dadurch notwendig Schaden leiden. Man wollte einst durch die Höhe der Bezüge einen Anreiz schaffen, daß die tüchtigsten Kräfte zu Mitgliedern des RG. gewonnen werden könnten. Man dachte dabei insbesondere an hervorragende Rechtsanwälte und Hochschullehrer. Diese Erwartung hat sich nicht erfüllt; sie konnte sich von Anfang an nicht erfüllen, weil in deren Augen das Gehalt eines Reichsgerichtsrats weitaus zu niedrig war. Erst recht trifft das heutigentags zu.

Früher konnten wenigstens die tüchtigsten Richter der einzelnen Länder nach Leipzig gezogen werden. Allmählich haben sich jedoch die Gehaltsverhältnisse der Länder so verbessert, daß sich die Zahl der Richterstellen, die im Höchstgehalt dem Reichsgerichtsrat gleichstehen oder ihn überragen, dutzendfach vermehrt hat. Die notwendige Folge ist die, daß sich hervorragende Kräfte einer Berufung an das RG. versagen; sie ziehen es vor, die aussichtsreichere Laufbahn in den vertrauten heimatlichen Verhältnissen zu verfolgen. Auf diese Gefahr wurde aus der Mitte des RG. in dem im Berliner Tageblatt vom 8. Nov. 1921 erschienenen Aufsatz des Senatspräsidenten Dr. Lobe hingewiesen. Aus dem Anwaltsstande hat sich die warnende Stimme des Vorsitzenden der Anwaltskammer am RG., Geh. Justizrat Dr. Wildhagen, in der Deutschen Juristenzeitung 1920 S. 297 erhoben. Aber auch die Mitglieder des RG. selbst haben sich in derselben Richtung im Juli 1920 mit ausführlicher Begründung an den Herrn Justizminister gewendet. Eine Antwort ist nicht erfolgt.

Der Senatspräsident ist das Rückgrat der Rechtsprechung des RG. und damit der Rechtseinheit; sein Charakter, seine richterliche Erfahrung und seine Beherrschung der Rechtsprechung und der Rechtslehre ist von wesentlicher Bedeutung für die Entscheidungen des höchsten Gerichtshofes. Deshalb war die Stellung eines Senatspräsidenten so gedacht, daß er dem öffentlichen Ankläger nicht nachstehen sollte. Auch sonst ist es feststehender Grundsatz, daß der oberste Staatsanwalt des Gerichts nicht höherstehen kann als der Vorsitzende der Kammer oder des Senats. Nach diesem bewährten Grundsatz ist seit der Gründung des RG. 42 Jahre verfahren worden. Durch die jüngste Besoldungsordnung ist jedoch davon abgegangen worden, indem der Oberreichsanwalt im

Gehalt über die Senatspräsidenten gehoben wurde. Dieser Bruch mit einer sonst nirgends bezweifelten Gleichstellung ist eine verhängnisvolle Maßregel, weil in ihr eine Minderbewertung des höchsten Gerichts liegt, das die unabänderliche Entscheidung über die Anträge des öffentlichen Anklägers zu treffen hat, weil sie ferner eine Zurücksetzung der Senatspräsidenten bedeutet und endlich geeignet ist, in der öffentlichen Meinung den Glauben zu nähren, daß einem gefügigen Vorsitzenden die Aussicht auf Beförderung zum Oberreichsanwalt vor Augen gehalten werde.

Die Mitglieder des RG. sind keinem Disziplinargerichtshof, sondern lediglich ihrem Plenum unterworfen, während im ganzen Reich kein Beamter, auch nicht der höchste der Disziplinargewalt entzogen, vielmehr in letzter Instanz dem reichsgerichtlichen Disziplinarhof, und selbst der Reichspräsident und die Minister dem beim RG. gebildeten Staatsgerichtshof unterworfen sind. Das RG. ist auch nicht eine dem Justizminister untergeordnete Reichsbehörde. Nur der Präsident und der Oberreichsanwalt für ihre Person, nicht aber das RG., sind nach kaiserlicher Verordnung vom 27. Dez. 1899 (RGBl. 730) dem Reichsjustizminister in reiner Verwaltungstätigkeit untergeordnet.

Die Bedeutung des RG. muß auch in der wirtschaftlichen Stellung seiner Richter ihren klaren Ausdruck finden. Will man das RG. nicht auf die Stufe eines Oberlandesgerichts herabdrücken, so muß ein in die Augen springender Abstand in den Gehaltsbezügen bestehen.

Hiernach rechtfertigt sich unser Antrag:

das RG. in die ihm gebührende frühere Stellung wieder einzusetzen."

Alle gegen die durch die Besoldungsordnung geschaffenen Unzuträglichkeiten unternommenen Schritte einzelner blieben ohne Erfolg, eine von sämtlichen Mitgliedern unterzeichnete Eingabe an das Reichsjustizministerium blieb ohne Antwort.

Ende 1919 traten zwei Ereignisse ein, die den endgültigen Zusammenschluß bringen sollten. Ein damals bekanntgewordener Entwurf eines Gesetzes über das neu zu errichtende Reichsverwaltungsgericht sah die Ernennung seiner Mitglieder auf Vorschlag des Reichsministeriums des Innern nach Anhörung des Präsidiums dieses Gerichts vor. Wurde er Gesetz, so war damit ein an sich gleichgestelltes Gericht mit Vorrechten ausgestattet, die dem RG. bisher versagt geblieben waren; hiergegen mußte Stellung genommen werden. In zweiter Linie war eine Änderung der Besoldungsordnung vorgesehen.

Diese beiden Punkte führten die richterlichen Mitglieder des RG. zu einer Versammlung zusammen, die am 3. Nov. 1921 unter dem Vorsitze von Exzellenz Planck in Anwesenheit des Reichsgerichtspräsidenten Delbrück stattfand. In ihr verbreitete sich Senatspräsident Meyn über die einstige Stellung des RG., mit der er seine jetzige verglich und zu dem Ergebnis gelangte, es sei als „degradiert" zu bezeichnen. Er berichtete von einer Besprechung mit dem Reichsjustizminister, der ihm erklärt habe, er habe die Wünsche des RG. nicht durchsetzen können. Zum Schlusse hielt er es für dringend geboten, sofort einen dauernden Ausschuß zu wählen, der die Betreibung der ideellen und materiellen Forderungen in die Hand zu nehmen habe. Hierfür sprach sich auch der Reichsgerichtspräsident aus, der noch mitteilte, er sei zu der jetzt beabsichtigten Änderung der Besoldung für das RG. nicht gehört worden und durch die Mitteilungen der Presse ebenso überrascht gewesen wie jeder andere. Da Eile geboten erschien, beschränkte man sich zunächst auf die Gehaltsfrage. Der Vorschlag des Präsidenten Meyn betreffs der Wahl einer Kommission wurde einstimmig angenommen und die Wahl vollzogen. Sie bestand aus den Mitgliedern Präsident Meyn als Vorsitzendem und den Räten Conrad, Reichert, Zeiler und Linz. Ihr Auftrag ging dahin, sofort eine Eingabe nach Berlin zu richten und persönlich dort vorstellig zu werden. Außerdem sollte sie die Vorbereitungen für die Einsetzung eines ständigen Ausschusses treffen.

Die Abfassung der Eingabe unterblieb. Präsident Meyn, der sofort nach Berlin gereist war, kam mit der Nachricht zurück, es sei ihm im Finanzministerium mitgeteilt worden, jede Änderung der Gehaltsnovelle nach den Wünschen des RG. sei ausgeschlossen, da es sich nur um eine prozentuale Erhöhung handele, die innerhalb acht Tagen zum Gesetz erhoben sein müsse.

Hingegen legte der Ausschuß, an dessen Spitze an Stelle des dienstlich zu sehr in Anspruch genommenen Präsidenten Meyn am 2. Jan. 1922 Präsident Koenige gewählt und getreten war, einer späteren Versammlung vom 24. Jan. 1922 eine „Ordnung für die Versammlungen der richterlichen Mitglieder des RG. in außerdienstlichen Angelegenheiten" und eine „Satzung für den ständigen Ausschuß der richterlichen Mitglieder des RG." vor. Als Aufgabe des Ausschusses war die „Wahrnehmung und Vertretung der Interessen der Mitglieder des RG." vorgesehen. Die beigegebene Begründung besagte:

„Die richterlichen Mitglieder des RG. sind in den letzten Zeiten wiederholt durch Ereignisse überrascht worden, die ihre Interessen tief berühren, gegenüber denen aber der Versuch einer Einwirkung seitens der Reichsgerichtsmitglieder nicht mehr möglich war, weil sie zu spät von dem Bevorstehen jener Ereignisse Kenntnis erhielten.

Diesem Zustande muß für die Zukunft vorgebeugt werden. Das kann nur in der Weise geschehen, daß Fühlung und Verbindung mit anderen Beamtenorganisationen gesucht wird, damit dadurch die Mitglieder des RG. auf dem laufenden erhalten werden bezüglich der Vorgänge und Bewegungen, die sich auf dem sie betreffenden Gebiete vollziehen. Der in dieser Richtung gegebene Weg ist der des Beitritts zum Deutschen Richterbund, und zwar in Gestalt einer gesamtheitlichen Zusammenschließung zu einem selbständigen Richterbund, der dann als selbständiges Glied gleich den Landesverbänden der deutschen Richter dem Deutschen Richterbunde sich hinzugesellt."

Der Antrag des Ausschusses ging dahin:

1. Die richterlichen Mitglieder des RG. treten als Gesamtheit unter der Bezeichnung

Richterbund der Mitglieder des Reichsgerichts

dem Deutschen Richterbunde bei.

2. Die Führung der hieraus erwachsenden Geschäfte sowie die Vertretung nach außen, insbesondere im Deutschen Richterbund steht dem ständigen Ausschusse zu.

Phot. Taggeselle, Leipzig

Großer Sitzungssaal

(Hauptverhandlungssaal)

In der Versammlung vom 24. Januar wurde zunächst die Frage behandelt, ob man nur eine lose Vereinigung oder einen eigenen Verein gründen solle, der später Mitglied des Deutschen Richterbundes werden solle. Die Versammlung entschied sich für das letztere und es wurde einstimmig beschlossen:

„Beim RG. wird ein Verein der richterlichen Mitglieder des RG. und der Mitglieder der Reichsanwaltschaft zur Wahrnehmung der Interessen der Rechtspflege und zur Wahrung der Standesinteressen gebildet. Der vorläufige Ausschuß wird mit der Ausarbeitung der Satzungen in diesem Sinne beauftragt."

Der Entwurf der Satzung wurde einer Mitgliederversammlung vom 29. März 1922 vorgelegt und von ihr angenommen. Er lautete in seinen Hauptsätzen:

§ 1. Der „Richterverein beim RG." bezweckt die Wahrnehmung und Vertretung der Standesinteressen seiner Mitglieder und die Förderung der Rechtspflege.

§ 2. Mitglied kann werden:

a) jedes ordentliche richterliche Mitglied des RG.,

b) jedes ordentliche Mitglied der Reichsanwaltschaft.

Die Mitgliedschaft wird erworben durch schriftliche oder mündliche Erklärung gegenüber dem Vorstande; sie geht verloren durch schriftliche Erklärung, die spätestens drei Monate vor Ablauf des Kalenderjahres dem Vorstande einzureichen ist.

Damit können aus dem Dienste ausscheidende Mitglieder im Vereine verbleiben.

Am 26. Okt. 1922 wurde der Beitritt zum Deutschen Richterbund beschlossen und vollzogen.

Als Vorsitzender wurde in einer folgenden Sitzung Präsident Koenige, als Beisitzer die bisherigen Mitglieder des Ausschusses Reichert, Zeiler und Linz, ferner neu Präsident Dr. Lobe und Reichsgerichtsrat Mentzel sowie Reichsanwalt Dr. Feisenberger gewählt.

Am 1. Okt. 1923 schied Präsident Koenige aus dem Dienste aus und verzog nach Hinterzarten im Schwarzwald; seiner hervorragenden Verdienste um die Gründung des Vereins und seiner unermüdlichen und opferfreudigen Arbeit für ihn zollte der Verein seinen Dank dadurch, daß er ihm die Würde eines Ehrenmitgliedes und eines Ehrenvorsitzenden verlieh. An seine Stelle trat Präsident Dr. Lobe, der das Amt in gleich dankenswerter Weise bis zu seiner Versetzung in den Ruhestand im April 1928 weiterführte. An seine Stelle trat Reichsgerichtsrat Linz. Die durch das Ausscheiden der beiden Herren und den Austritt des Herrn Mentzel freigewordenen Sitze im Vorstande wurden den Herren Lorenz, Hagemann und Helber übertragen.

Die Tätigkeit des Richtervereins.

Eine Darstellung der Tätigkeit, die der Richterverein im Laufe der Jahre entwickelt hat, kann sich selbstverständlich nicht mit allen Einzelheiten befassen, nur die wichtigeren Angelegenheiten, die von allgemeinerem Interesse sind, sollen hier Platz finden.

Zur Frage der Ernennung der Mitglieder des RG., von der bereits oben die

Rede war, hatte die Versammlung vom 24. Jan. 1922 beschlossen, mit Rücksicht auf die für das neu zu errichtende Reichsverwaltungsgericht vorgesehene Vorschrift, wonach die Ernennung neuer Mitglieder erst nach Anhörung des Präsidiums erfolgen sollte, dasselbe Recht für das RG. in Anspruch zu nehmen. Es wurde eine Eingabe folgenden Wortlautes beschlossen:

„Es wolle dem Reichstag ein Gesetzentwurf vorgelegt werden, der dahin lautet:

Die §§ 127 Abs. 1 und 141 des GVG. erhalten folgende Fassung:

§ 127 Abs. 1.

Die Mitglieder des RG. werden auf Vorschlag des Reichsrats von dem Reichspräsidenten ernannt, und zwar der Präsident nach Anhörung des RG., die Senatspräsidenten auf Vorschlag des RG. und mangels eines solchen nach Zustimmung des RG., die Räte nach Zustimmung des RG.

§ 141.

Die Ausführung der Bestimmungen im § 127 Abs. 1 sowie der Geschäftsgang werden durch eine Geschäftsordnung geregelt, welche das Plenum auszuarbeiten und dem Reichsrat zur Bestätigung vorzulegen hat.

Dem § 127 wird ein Absatz 3 folgenden Inhalts hinzugefügt:

Die Beamten des RG. ernennt der Präsident."

Diese Eingabe hatte ein eigenartiges Schicksal. Sie sollte erst nach Unterzeichnung durch sämtliche Mitglieder abgesandt werden. Der in der Versammlung nicht anwesend gewesene Reichsgerichtspräsident hatte sie alsbald nach der Versammlung erhalten und in Unkenntnis dieses Umstandes nach Berlin weitergegeben. Noch ehe die Unterschriften vorlagen, teilte der Reichsjustizminister gelegentlich eines Besuches des RG. dem Vorsitzenden des Ausschusses mit, die Eingabe sei bereits in Berlin eingetroffen und als nicht zeitgemäß, nicht durchführbar und nicht berechtigt ablehnend beschieden. Er sprach aber gleichzeitig den Wunsch nach weiteren Besprechungen zwischen ihm und einem Vertrauensmanne des Ausschusses aus. Daraufhin wurde von der endgültigen Einreichung der Eingabe abgesehen. Gleichwohl kam die Angelegenheit im Februar 1923 zur Sprache, ohne aber zu einer Lösung zu gelangen.

Die Frage der Besoldung war diejenige, die dem Richterverein die meiste Arbeit gebracht hat, die aber auch insofern eine sehr aufreibende war, als eine Enttäuschung der anderen folgte und alle Bemühungen seines Vorsitzenden Koenige vergeblich zu sein schienen. Von Anfang an hatte der Verein den Standpunkt eingenommen und trotz der damals kaum zum notdürftigen Unterhalte ausreichenden Bezüge festgehalten, daß eine Besserstellung nicht der einzelnen Mitglieder wegen angestrebt werden dürfe. Der leitende Gesichtspunkt könne und müsse nur der sein und bleiben, daß durch eine Besserstellung der fast abgeschnittene Zuzug der besten Juristen der Länder wieder angeregt und so die bisherige Güte und Höhe der Rechtsprechung gewahrt und gesichert werde. Diese Voraussetzung könnte nur dann als erfüllt angesehen werden, wenn das RG. aus dem Etat herausgenommen, zu einer selbständigen Behörde ausgestaltet und einer besonderen Gehaltsordnung unterstellt worden sei. Dies war von Anfang an das Bestreben des Vereins, von diesem Ziele ist er bisher auch nicht abgegangen, in allen seinen Eingaben hat er es in den Vordergrund gestellt.

Es würde zu weit führen, die gesamten zahlreichen schriftlichen und persönlichen Vorstellungen, die in dieser Frage bei allen möglichen Stellen erhoben worden sind, ausführlicher wiederzugeben. Nur der Gang der Verhandlungen und Besprechungen kann in großen Zügen hier Platz finden.

Auf die Eingabe vom Juli 1920 an das Reichsjustizministerium war, wie oben bereits erwähnt, eine Antwort nicht eingegangen. Die weitere Eingabe vom Januar 1922, die oben abgedruckt ist, hatte in Verbindung mit den darin erwähnten Aufsätzen von Lobe und Wildhagen, einem Aufsatze von Zeiler in der Deutschen Juristenzeitung 1922 Heft 3/4 und einem Aufsatze von Altmann in der Vossischen Zeitung vom 16. Febr. 1922 zu einer Anfrage der Deutschen Volkspartei im Hauptausschuß des Reichstages geführt, auf die der Justizminister Radbruch am 24. Febr. 1922 erwiderte, die Besoldung der Reichsgerichtsräte bilde für das Reichsjustizministerium einen Gegenstand der Besorgnis. Während früher fast alle richterlichen Gehälter ganz erheblich unter dem Gehalt der Reichsgerichtsräte gestanden hätten und so die Mitglieder des RG. schon durch ihre Bezahlung als die Richter der Länder geistig überragende Beamte gekennzeichnet gewesen seien, sei dies jetzt nicht mehr der Fall; die Frage könne jedoch endgültig erst bei der allgemeinen Revision der Beamtenbesoldungsordnung gelöst werden. War damit auch eine geringe Hoffnung begründet, weitere Schritte erfolgten weder seitens der Regierung noch des Reichstages.

Im Frühjahr 1922 erfuhr Präsident Koenige, daß das Reichsjustizministerium wohl eine neue Einstufung des RG. in Vorschlag gebracht, daß dieser aber an dem Widerstande des Reichsfinanzministeriums gescheitert sei. Der Verein beschloß darauf seine Taktik zu ändern und den Parteien des Reichstages selbst die Lage darzustellen und um ihre Hilfe zu bitten. Eine Besprechung mit den Führern derselben, Beyerle, Bolz, Düringer, Hoffmann, Marx und Scholz, ergab eine Verständigung dahin, daß zum Haushaltsetat eine Änderung der Besoldung für das RG. vorgeschlagen und dafür gesorgt werden solle, daß es seine frühere Stellung wiedererhalte. Als Grundlage für dieses Vorgehen wurde eine neue Eingabe ausgearbeitet, die sowohl an das Reichsjustizministerium als auch an alle Parteien übersandt wurde. Sie schildert die Sachlage so treffend und charakteristisch, daß auch sie hier ihren Platz finden muß.

„Leipzig, den 6. Juli 1922.

An den Herrn Reichsminister der Justiz

Berlin.

Als nach einem durch Jahrhunderte erschwerten und verzögerten Bildungsgang unseres Volkes im Jahre 1879 das RG., die Krönung des Einheitsgedankens, entstand, war man sich wohl bewußt, daß seine Aufgabe eine weit schwerere sein würde als diejenige der ausländischen höchsten Gerichtshöfe. Die höchsten Gerichtshöfe anderer Kulturstaaten konnten in dem Rahmen geschlossener Nationen unter dem Schutze machtvoller Regierungen die Ausstrahlungen des Rechtsbewußtseins durch Jahrhunderte in sich aufnehmen und sie wieder als den Ausdruck staatlichen Rechtsgefühls in ihr Volk aussenden; so sind diese Gerichtshöfe lange vor unserer Zeit die Träger ausgeprägt volkstümlicher Rechtsanschauungen geworden.

Ganz anders verlief die Entwicklung in Deutschland. Als das RG. an die Spitze unseres zerrissenen Rechtslebens gestellt wurde, gab es nicht die helfende Hand gefesteter Überlieferungen, in den Einzelstaaten ein buntes Gemisch der verschiedensten Rechtssysteme mit den jedem Volksstamm eigentümlichen Rechtsideen. Ein allgemeines deutsches Rechtsempfinden war völlig unbekannt. Mitten in diese Reibungen der deutschen Kleinwelt versetzt, war es ganz der Erfahrung, dem festen Willen und dem Takte des RG. überlassen, die Richtlinien zu finden, auf denen eine Rechtsgestaltung in einheitlichem deutschen Sinne herauswachsen sollte. Vergehendes Recht war mit schonender Hand seiner Bestimmung entgegenzuführen, werdendem Recht Licht und Luft zu schaffen. In diesen Zeiten des Überganges vom alten zum neuen Recht befinden wir uns heute in noch weit höherem Maße als zur Zeit der Einsetzung des RG.

Damals erkannte die deutsche Gesetzgebung klar, daß die Festigkeit und Sicherheit des Rechts, auf denen die Fundamente jeder staatlichen Ordnung ruhen, nicht allein durch Einsetzung einer höchsten Instanz gewährleistet werden konnte, sondern nur dadurch, daß ihr die Auslese der Besten an Charakter, Erfahrung und Geist zugeführt werde. Diese Grundbedingung konnte nur durch eine solche Ausstattung der Stellung erfüllt werden, daß sich die gesuchten Männer finden ließen. Deshalb schuf man dem RG. in jeder Beziehung eine Sonderstellung außerhalb jeder Beamtenhierarchie, so daß das RG. keiner Behörde unter- oder nachgeordnet sein sollte. Herausgehoben aus dem übrigen Beamtenkörper, haben die Reichsrichter keine Vorgesetzten, keine Titel und unterstehen nur ihrer eigenen Disziplinargewalt. Da in der ganzen Welt aber Ansehen und Geltung eines Amtes von der Besoldung abhängt, hat man besonderen Wert gerade darauf gelegt, die Stellung der Richter und Reichsanwälte würdig zu gestalten. Bezeichnend hierfür ist es, daß der Reichstag sich, alle bürokratischen Einwendungen abweisend, über den Vorschlag der Regierung hinaus dazu entschloß, das Gehalt statt auf 10000 ℳ auf 12000 ℳ festzusetzen. Damals wurde im Reichstag ausgesprochen:

> ‚Der Maßstab für die Höhe des Gehalts dürfe nicht von einer bürokratischen Schablone diktiert sein. Die jetzige Gehaltshöhe der höchsten Richter der Bundesstaaten sei nicht die maßgebende. Die ganze eigentümliche neue Stellung des Reichsgerichtsrates müsse darüber hinausgehoben werden.‘

So wurde es — wie beiliegende Übersicht ausweist — in der Tat erreicht, daß das Gehalt der Reichsgerichtsräte und Reichsanwälte jenes der Ministerialräte, Landgerichtspräsidenten und Senatspräsidenten der Oberlandesgerichte in allen Bundesstaaten, zum Teil sogar erheblich, überstieg und auch das Diensteinkommen der Senatspräsidenten des RG. das der Präsidenten der Oberlandesgerichte, von Preußen abgesehen, hinter sich ließ. Auch die Stadt Leipzig suchte, als der höchste Gerichtshof in ihre Mauern verlegt wurde, dessen Mitglieder durch eine erhebliche Steuererleichterung zu ehren.

Alle diese so reiflich überlegten Ideen sind in den letzten Jahrzehnten verlassen worden, je mehr das RG. der Erwartung entsprochen hatte, die alten Rechtsformen zu neuen Lebensbedingungen ohne Erschütterung überzuleiten und je mehr und je allseitiger seine Verdienste auf diesem Gebiete Anerkennung fanden.

Wenn man nicht einen Blick auf die gegenwärtigen Besoldungsverhältnisse wirft, sollte man es nicht für möglich halten, daß das RG. je höher sein Ansehen auch im Ausland stieg, um so mehr im Inland in seinen Besoldungsverhältnissen herabgedrückt wurde. Durch die Neuregelung der Gehälter ist der frühere Abstand von den erwähnten Beamtenkategorien ganz oder nahezu ausgeglichen; mehrfach sind sogar die Bezüge der Reichsrichter und Reichsanwälte durch die Gehälter anderer Richter in den Ländern überholt worden; auch von denen der Ministerialräte wurden sie überflügelt; denn die mit der Wahrnehmung von Dirigentenposten beauftragten Ministerialräte beziehen seit dem 1. Mai 1922 neben ihrem dem der Reichsgerichtsräte gleichen Diensteinkommen noch jährlich 10000 *M* als Zulage zum Grundgehalt. Dies bedeutet nichts anderes als eine andere Einstufung, und zwar gegenüber den Senatspräsidenten am RG., hinter denen sie im Jahre 1879 um Tausende zurückstanden, mindestens eine Gleichstellung mit diesen. Der Leipziger Steuervorzug ist uns ebenfalls verlorengegangen.

Diese Tatsachen ergeben augenfällig, wie sehr die Stellung der Reichsrichter und Reichsanwälte gegen früher herabgedrückt worden ist. Angesichts des Umstandes, daß z. B. die Gehaltsverhältnisse beim Oberlandesgericht Hamburg die gleichen sind wie beim RG., muß man sagen, daß das RG. unmittelbar davorsteht, auf den Rang eines Oberlandesgerichts herabzusinken.

Diese Senkung der Stellung ist durch nichts gerechtfertigt, mit der Aufgabe des RG. nicht nur völlig unverträglich, sondern es ist das höchste Gericht Deutschlands damit auch auf einem Wendepunkt angelangt, der die stetige Fortentwicklung des Rechtslebens unterbrechen und das Vertrauen in das RG. zerstören muß, wenn der derzeitige Zustand nicht bald und gründlich durch Rückkehr zu den altbewährten Grundsätzen geändert wird. Ist es schon an sich bedauerlich, daß der unwürdige Tiefstand der Bezüge eine so gedrückte Lebenshaltung erzwungen hat, daß ein großer Teil der Mitglieder des RG. aus Ersparnisrücksichten häusliche Handarbeiten verrichten muß, weil die Herren nicht mehr in der Lage sind, sich Dienstboten zu halten, daß sich am RG. niemand mehr auch nur die allernotwendigste Literatur zu beschaffen vermag, obgleich ein jeder ein besonderes Arbeitszimmer unterhalten muß, so müssen diese ungünstigen Lebensbedingungen in ihrer Auswirkung notwendigerweise zum Aufgeben des Grundsatzes von der Auslese der Tüchtigsten führen. Für die tüchtigen Juristen der Länder besteht keinerlei Anreiz mehr, die gleich gut besoldeten Stellen in ihrer Heimat, ihre heimatlichen Beziehungen gegen eine Berufung an das RG. zu vertauschen. Die etwas günstigeren Pensionsverhältnisse am RG. vermögen nicht ausgleichend zu wirken gegenüber den erwähnten Umständen und angesichts des Zwanges, zeitlebens an die Großstadt Leipzig mit ihren Teuerungsverhältnissen gefesselt zu sein. Eine Übersiedelung in die Heimat in den Zeiten des Ruhestands begegnet wegen der Höhe der Umzugskosten und wegen der Wohnungsnot den größten Schwierigkeiten. Sind die Länder somit gezwungen, dem Reichsjustizministerium jüngere Richter von Mittelmaß als Ersatz zu stellen, so ist es ohne weiteres klar, daß der oberste Gerichtshof das nicht mehr sein kann, was er war und sein soll.

Auf diese verhängnisvollen Umstände haben nicht nur die Gesamtheit der Reichsgerichtsmitglieder die Reichsregierung und den Reichstag wiederholt schriftlich hingewiesen, haben nicht nur ausgezeichnete Männer der Praxis in der Presse warnend aufmerksam gemacht, sondern es hat der Herr Reichsminister der Justiz selbst in der Reichstagssitzung vom 24. Febr. 1922 die drohende Gefahr ausdrücklich bestätigt. Mit vollem Recht hat er es damals als eine Frage ernstester Art bezeichnet, daß das RG. in seine Stellung bei seiner Gründung im Jahre 1879 nach Möglichkeit wieder eingesetzt werde.

Wir stehen mit dem Herrn Reichsjustizminister und mit allen, die zur Sache bis jetzt das Wort ergriffen haben, auf dem Standpunkte, daß man zu den bewährten Grundsätzen des Jahres 1879 zurückkehren und den im Gegensatz hierzu im Jahre 1920 eingeschlagenen Weg verlassen muß. Im Jahre 1920 hat man bei der Neuregelung der Gehälter erstmals geglaubt, die Mitglieder des RG. in eine Besoldungsklasse der allgemeinen Beamtenhierarchie einfügen zu sollen, mit der sie weder innerlich noch äußerlich etwas zu tun haben. Es geschah damals etwas, was man bei der Gründung des RG. ausdrücklich abgelehnt hatte; nämlich daß der Maßstab für die Bewertung des Amtes und die Höhe der Besoldung nicht durch die bürokratische Schablone bestimmt werden dürfe. Sie ist nur zu vermeiden, wenn man das RG. aus dem Etat des Reichsjustizministeriums heraushebt und hierdurch und durch die alsdann freie Regelungsmöglichkeit der Besoldungen dem höchsten Gericht sowie seinen Mitgliedern auch nach außen die Einschätzung wiedergibt, die es vordem gehabt hat. Damit wird auch der Stellung des RG. im Staatsorganismus entsprochen, das keiner Zentralstelle nachgeordnet ist.

Dreimal hat das RG. in kritischen Zeiten mit weitschauendem Blick überlebte Rechtszustände ohne Erschütterungen in eine lebendige Neuordnung übergeführt.

Das erstemal, als das RG. bei seiner Einsetzung ganz aus sich heraus auf den Grundlagen der geltenden Einzelrechte einer künftigen systematischen Reichsgesetzgebung die Wege zu ebnen hatte.

Das zweitemal, als es galt, den Geist der neuen Reichsjustizgesetze dieses Jahrhunderts in die Praxis und das Rechtsbewußtsein des Volkes zu übertragen.

Das drittemal, als die Stürme der Jahre 1918 und 1919 alle staatliche Ordnung aufzulösen drohten, die politischen Wogen am höchsten gingen; damals hat das RG. die Hoheit des Gesetzes in voller Reinheit gewahrt — niemand zulieb, niemand zuleid. Als dem RG. die schwerste Prüfung auferlegt war, die eigenen Volksgenossen wegen Kriegsverbrechen zur Verantwortung zu ziehen, als damals die Augen der ganzen Welt hierher gerichtet waren, vermochte niemand eine Schwäche in der Haltung des RG. zu entdecken — niemand zulieb, niemand zuleid. Gerade dieser Prüfung gedenkt das Ausland, weil sie bestanden wurde und von Deutschland Unheil und neue Demütigungen abgewendet hat.

Sollte das alles vom deutschen Volke vergessen sein?

Man hat dem RG. den Disziplinarhof für alle Reichsbeamten, den Ehrengerichtshof für Rechtsanwälte, die drei Staatsgerichtshöfe, das Reichsschiedsgericht angegliedert und seine Mitwirkung beim Reichswahlgerichtshof verfügt.

Überblickt man alle diese Aufgaben in ihrer Gesamtheit, so läßt sich ohne weiteres erkennen, daß sich im RG. die Verwirklichung aller Rechtsgedanken in allgemeinster und umfassendster Art verkörpert.

So sind denn auch alle anderen Kulturvölker eifrigst darauf bedacht, ihr höchstes Gericht als Repräsentanten der rechtsprechenden Gewalt auf die höchstmögliche Stufe zu stellen und mit Stolz darauf hinzuweisen. Soll Ähnliches bei uns geschehen, so ist die Heraushebung des RG. als ein selbständiger Körper aus dem Etat, wie dies früher bei dem Reichsmilitärgericht der Fall war, eine Notwendigkeit; dann erst wird die Stellung des RG. gegenüber den anderen Beamtenkategorien, bei denen ganz andere Verhältnisse in Betracht kommen, richtig gekennzeichnet.

Die Richtertätigkeit am RG. umfaßt das gesamte Rechts- und Wirtschaftsleben; sie verlangt festen Charakter, hohe Menschenkenntnis und reiche Lebenserfahrung nicht allein, sondern vor allem das Eindringen in die Seele und in die Gedankenwelt des Volkes, um teils nachgebend, teils lenkend mit vorausschauendem Blick alles Menschliche in sich aufzunehmen. Zu solch segensreichem Wirken gehört eine gewisse künstlerische Veranlagung im rechtzeitigen Erfassen aller Möglichkeiten. Daß es dem RG. nicht an solch echten Persönlichkeiten von schöpferischer Gestaltungskraft fehlte, haben die oben umrissenen Perioden reichsgerichtlichen Einflusses, hat das Schrifttum bewiesen, in dem eine übergewaltige Menge der Unseren führenden Geistes gewesen ist. Mehr als alle Worte bezeugen dasselbe die drei mehrfach berührten Leistungen des RG. in schweren Zeiten.

Solche Männer, wie wir sie brauchen, können, wenn die Verhältnisse sich nicht von Grund aus im obigen Sinne ändern, nicht mehr wiederkehren; an ihre Stelle werden Mittelmäßigkeiten treten, wenn man an dem jetzt eingeführten Beamtenschematismus festhält.

Wir — eine Vereinigung, bestehend aus sämtlichen 11 Senatspräsidenten, 90 Reichsgerichtsräten und 3 Reichsanwälten — wollen unsere Stimme hiermit mahnend erheben, ehe der Niedergang des RG. sich auswirkt, der Verfall der Rechtsprechung sich einleitet und das Vertrauen schwindet, zugleich aber auch dem derzeitigen Herrn Reichsjustizminister unseren Dank für sein Eintreten für das RG. ausdrücken und damit die Bitte verbinden, erneut mit allem Nachdruck bei Reichsregierung und Reichstag auf die Wiedererhebung des RG. hinwirken zu wollen.

Irdische Gerechtigkeit pflegen, heißt, gegenüber den Unzulänglichkeiten des Lebens, denen wir alle unterworfen sind, als einzigen Trost, den der Staat gewähren kann, wenigstens ein Vollkommenes zu bieten — das Recht, wie es von einem mit den höchsten Garantien umgebenen obersten Gerichtshof erkannt wird. Darum gibt es ein ungeschriebenes Grundgesetz, das über den Verfassungen aller Völker thront und allein das Dasein lebenswert macht, die ewige Wahrheit:

Justitia est fundamentum regnorum."

Dank dem Eintreten der Herren Abgeordneten — deren Namen hier zu nennen die Dankbarkeit gebietet — Bell, Beyerle, Dietrich, Düringer, Götz, Gräf, v. Guérard, Heimann, Helferich, Hoffmann, Kahl, Külz, Levi, Marx, Petersen, Radbruch, Rießer und Scholz kam es im Ausschusse für den Reichshaushalt vom 31. Jan. 1923 zu folgender Entschließung:

„Die Reichsregierung wolle mit tunlicher Beschleunigung erwägen, durch welche organisatorischen und finanziellen Maßnahmen das RG. entsprechend seiner Würde als höchsten Gerichtshof der Republik gehoben werden könne."

Da man auch im Plenum des Reichstags diese Entschließung billigte, hatte es den Anschein, als ob nunmehr alle Hindernisse behoben und die Anstrengungen von einem vollen Erfolge gekrönt seien. Aber dem war nicht so.

In einer Versammlung vom 12. Febr. 1923 nahm der Richterverein mit Befriedigung von der Entwicklung der Dinge Kenntnis, mußte aber zu seiner gleichzeitigen Enttäuschung erfahren, es bestehe die Absicht, nur die Senatspräsidenten mit einer Besserstellung zu bedenken, obwohl der Antrag der Parteien sich mit seinen Bestrebungen vollkommen deckte. Da die Erledigung nach diesem weder durch die bisher immer geltend gemachte Verkoppelung mit anderen Behörden, noch durch die bisherigen Bedenken des Reichsfinanzministers gehindert und vollständig in die Hand des Reichsjustizministers gelegt schien, richtete die Versammlung eine Entschließung an diesen:

„Angesichts dieser Sachlage unterbreiten wir die Bitte, es wolle mit dem Richterverein über die organisatorischen und finanziellen Maßnahmen, welche die Hebung des RG. entsprechend seiner Würde als obersten Gerichtshofs der Republik bezwecken, so zeitig ins Benehmen getreten werden, daß noch ein Nachtrag zum Reichshaushalt 1923 eingebracht werden kann. Sollte die Heraushebung allein der Senatspräsidenten beabsichtigt sein, so würde dies als der Überlieferung des RG. widersprechend abgelehnt."

Diese Entschließung wurde einstimmig angenommen.

In der Tat bestätigten sich im Laufe der Zeit die Befürchtungen, daß nur ein Teil der Mitglieder des RG., nämlich die Reichsgerichtsräte, höher eingestuft werden sollten. Die Aufbesserung der Senatspräsidenten sollte unterbleiben. Darauf richtete der Vorstand des Richtervereins eine weitere Eingabe an den Gehaltsausschuß des Reichstags, in der er auf seine Entschließung vom 12. Februar hinwies und erklärte, es sei damals die alleinige Heraushebung der Senatspräsidenten seinerseits abgelehnt worden.

„Ebensowenig würde eine alleinige Heraushebung der Reichsgerichtsräte und der Reichsanwälte dem Interesse der Rechtspflege gerecht werden. Der Reichstag kann gewiß nur beabsichtigen, das RG. als solches zu heben, nicht aber die Präsidenten zurückzusetzen. Dies würde geschehen, wenn nur die Reichsgerichtsräte und die Reichsanwälte gehoben werden sollten."

Mit dieser Stellungnahme, die das Scheitern der ganzen Aktion fast mit Sicherheit voraussehen ließ, die aber trotzdem geboten war, hat der Richterverein den Beweis erbracht, daß es ihm tatsächlich nicht um eine materielle Besserstellung seiner Mitglieder, sondern des Reichsgerichts überhaupt mit Rücksicht auf die Rechtsprechung zu tun war.

Auf die zahlreichen weiteren Schritte in der Folgezeit braucht hier nicht eingegangen zu werden, da sie sich alle in derselben Richtung bewegten, aber auch alle denselben Mißerfolg zu verzeichnen hatten. Erst bei der Beratung des Besoldungsgesetzes vom 16. Dez. 1927 war es den Parteien des Reichstags möglich, die Hebung der Senatspräsidenten und der Reichsgerichtsräte sowie der Reichsanwälte durchzusetzen.

Mit dieser Hebung kam den Mitgliedern allerdings nicht der ganze Unterschied zwischen den beiden Stufen zugute. Sie hatten bis dahin die Ministerialzulage widerruflich bezogen, auf deren Weitergewährung sie im voraus zu verzichten erklärt hatten. War sonach die tatsächliche Besserstellung auch keine erhebliche, so war doch der Stellung des RG. selbst Rechnung getragen und damit war viel, wenn auch nicht alles erreicht.

III. Nebenbeschäftigungen.

Neben der eigentlichen Gerichtsbarkeit bestanden von jeher bei dem RG. noch andere Gerichtshöfe, deren Besetzung ganz oder zum Teil aus den Mitgliedern des RG. gestellt werden mußte. Die Mehrbelastung war für die den einzelnen zugeteilten Mitglieder eine recht erhebliche. Sie litt außerdem unter dem Übelstande, daß für die Tätigkeit im Reichsdisziplinarhof, im Reichsschiedsgericht und im Staatsgerichtshofe zum Schutze der Republik eine besondere Vergütung gezahlt wurde, für die im Ehrengerichtshofe und im Staatsgerichtshofe für das Deutsche Reich nicht. Eine solche besondere Vergütung erschien dem Richterverein an sich mit dem Amte eines Richters nicht vereinbar, wenn sie aber einmal gezahlt werden sollte, so mußte sie mindestens für alle Nebenbeschäftigungen gezahlt werden. In diesem Sinne war er bereits unterm 30. Okt. 1923 bei dem Reichsjustizministerium vorstellig geworden. In einer weiteren Eingabe vom 8. Juli 1925 wies er erneut darauf hin, daß die mittlerweile getroffenen Änderungen dem Übelstande nicht abgeholfen hätten. Ihnen könne nur dadurch abgeholfen werden:

„daß für keine Art Nebentätigkeit, zu der die Mitglieder auf Grund von Gesetzen berufen sind, eine besondere Vergütung mehr gewährt werden sollte . . . Allerdings würde, wenn jetzt ohne weiteres die Entschädigungen für die Nebenbeschäftigungen wegfielen, diese Minderung der Einnahmen den einzelnen schwer treffen. Sie dürfte daher nur Hand in Hand gehen mit einer Aufbesserung der Gehälter der Richter am RG. überhaupt. Daß eine solche unabweisbare Notwendigkeit geworden ist, ist von uns schon so oft und so eindringlich nachgewiesen worden, daß hierüber kein Wort mehr verloren werden soll. Nur darauf möchten wir hinweisen, daß diese Aufbesserung nicht ausreichend durch eine bloße Einreihung in eine höhere Gehaltsstufe erfolgen kann. Vielmehr müssen die Mitglieder des RG. aus den für andere Staatsbeamte bestehenden Gehaltsklassen herausgenommen werden, und es muß ihre Besoldung eine besondere Behandlung in einem eigenen Staatshaushaltkapitel erfahren. Was für die Reichsbank, den Rechnungshof und jetzt für die Reichswehr möglich ist, muß auch für den höchsten deutschen Gerichtshof durchzuführen sein."

Eine befriedigende Lösung ist erst mit dem Besoldungsgesetz von 1927 erfolgt, indem mit der Ministerialzulage auch diese Nebenvergütungen in Fortfall gekommen sind und damit der Gedanke des Richtervereins, daß solche widerruflichen Zulagen mit der Stellung eines unabhängigen Richtertums nicht zu vereinbaren seien, verwirklicht worden ist.

IV. Gutachten.

Gelegentlich der Beratung der Vergütung für Nebenbeschäftigungen war auch bemerkt worden, daß im Reichstage die Ansicht vertreten werde, die Mitglieder des RG. bedürfen der höheren Bezüge nicht, da sie mit der Erstattung von Gutachten sehr erhebliche Nebeneinnahmen hätten. Diese Behauptung entbehrte der tatsächlichen Berechtigung, da nur ganz wenige Mitglieder in Frage kamen, die überhaupt einmal ein Gutachten erstattet hatten. Die Beschwerden stammten offenbar aus Kreisen der Rechtsanwaltschaft, denen die wirklichen Verhältnisse nicht bekannt waren. Immerhin erachtete es der Richterverein für seine Pflicht, der Sache nachzugehen, um so mehr, als nachträglich der Präsident des RG. in einer Mitteilung vom Mai 1927 auf einen besonderen Fall hingewiesen und daran anschließend die Ansicht ausgesprochen hatte, zur Erstattung von Gutachten sei nach § 12 RBG. seine Genehmigung einzuholen. Er halte es für bedenklich, wenn Mitglieder des RG. außergerichtliche Gutachten in Streitfällen übernähmen, die zur Entscheidung eines Senates des RG. gelangen könnten. Dabei begründe es keinen Unterschied, ob der Gutachter dem zuständigen Senate angehört oder nicht.

Für den Richterverein ergaben sich daraus zwei Fragen:

1. ob der Reichsgerichtspräsident im Sinne des § 12 RBG. Vorgesetzter der Mitglieder des RG. sei,
2. wie man sich zu der Frage der Erstattung von Gutachten zu stellen habe.

Zunächst wurde in einer Versammlung vom 17. Juni 1927 zu der zweiten ein Beschluß gefaßt:

„Die Erstattung eines Gutachtens hat zu unterbleiben in den vom Reichsgerichtspräsidenten genannten Fällen (d. h. also, wenn die Streitsache überhaupt an das RG. gelangen kann). Auch in anderen Fällen ist große Zurückhaltung geboten, insbesondere wenn es sich um Gutachten bei Interessenkämpfen handelt, oder wenn es sich um Gutachten in Prozessen handelt, die nicht an das RG. gelangen können."

Mit diesem Beschluß sollte nicht anerkannt werden, daß ein Gutachten eines Mitgliedes des RG. etwa die Entscheidung eines Instanzgerichts oder gar des

RG. selbst beeinflussen könne, es sollte aber mit Rücksicht auf die Stellung des RG. jeder Anlaß eines Verdachtes nach dieser Richtung hin ausgeschlossen werden.

Mit der ersten Frage beschäftigte sich der Verein nach gründlicher Vorbereitung durch Einholung von Gutachten der Reichsgerichtsräte Conrad, Hagemann und Mende in einer weiteren Versammlung vom 22. Febr. 1928. In ihr wurde eine Resolution folgenden Inhaltes beschlossen:

„Der Begriff eines Vorgesetztenverhältnisses ist nur dann erfüllt, wenn der Vorgesetzte befugt ist, das dienstliche und außerdienstliche Verhalten des Untergebenen zu überwachen und diesem Weisungen für sein Verhalten zu erteilen. Diese Befugnis steht dem Präsidenten des RG. gegenüber dessen übrigen Mitgliedern (Senatspräsidenten und Reichsgerichtsräten) nicht zu. Infolgedessen kann der Präsident als Vorgesetzter der übrigen Mitglieder des RG. nicht angesehen werden. Soweit ihm gewisse Befugnisse, die in der Regel ihre Grundlage in einem Vorgesetztenverhältnis finden, durch Gesetz oder Geschäftsordnung übertragen worden sind, handelt es sich um Verwaltungsmaßnahmen, die zur Aufrechterhaltung eines ordnungsmäßigen Geschäftsbetriebes und zur Wahrung der Stellung des RG. nach außen getroffen sind. Zu diesen besonderen Vorschriften gehört der § 12 RBG."

Ersuchen um Äußerungen und Vorschläge zu einer wirksamen Entlastung des RG. kam der Richterverein stets bereitwillig nach, betonte aber auch dabei, daß eine wirkliche Abhilfe nur im Wege einer durchgreifenden Änderung des Rechtsmittels der Revision möglich sei.

Gegen den Personalabbau beim RG. und eine Altersgrenze für seine Mitglieder sprach er sich entschieden aus. Dabei hob er auch hervor, daß mit dem 68. Lebensjahr als dem Jahre des Ausscheidens aus dem Dienste die Erreichung des vollen Gehaltes als Ruhegehalt nicht mehr möglich sei. Alle Hinweise, daß durch den Abbau dem RG. die erfahrensten Mitglieder verlorengingen und daß sich dieser Verlust zum Nachteile der Rechtsprechung auswirken müsse, blieben ohne Erfolg. Ebenso spätere Versuche, die Altersgrenze wieder zu beseitigen.

Daß der Richterverein auch in Fragen der Umzugskosten in den Ruhestand getretener Mitglieder, der Erhöhung ihrer Ruhegehälter auf die Sätze des Besoldungsgesetzes von 1927 und der Änderung der Ortsklasseneinteilung tätig geworden ist, sei nur nebenbei festgestellt, ebenso daß seine Bemühungen nach diesen Richtungen ohne Erfolg geblieben sind.

Besonderer Erwähnung bedarf noch die Stellung des Vereins zur Frage der Aufwertung. Es mag genügen, wenn hier die an die Reichsregierung im Januar 1924 gerichtete Eingabe mitgeteilt wird, der vielleicht doch eine Einwirkung auf die nachfolgende Regelung beigemessen werden darf. Sie gehört um so mehr hierher, als dem RG. vielfach der Vorwurf gemacht worden ist, es habe zu lange an dem Grundsatze „Mark ist gleich Mark" festgehalten. Verkannt wird hierbei stets, daß dieser Satz eine gesetzliche Bestimmung war, deren Änderung der Gesetzgebung oblag, über die sich das RG. erst hinwegsetzen konnte, als sie zu völlig unerträglichen Ergebnissen führte.

„Leipzig, den 8. Januar 1924.

Nach Zeitungsnachrichten erwägt die Reichsregierung eine Maßnahme, durch die eine Aufwertung von Hypotheken (und wohl auch anderer Geldansprüche) verboten werden soll. Der unterzeichnete Vorstand des Richtervereins des RG. würde glauben, gegen seine Pflicht zu verstoßen, wenn er es unterließe, seine warnende Stimme hiergegen zu erheben.

Niemand wird dem RG. den Vorwurf machen, daß es vorschnell und unüberlegt die Gleichung Mark gleich Mark aufgegeben habe. Langsam und vorsichtig hat es zunächst auf einzelnen Rechtsgebieten die Notwendigkeit einer Aufwertung anerkannt. Aber immer entschlossener und allgemeiner hat sich die neue Auffassung durchgesetzt. Von besonderer Bedeutung ist die Entscheidung des V. ZS. vom 28. Nov. 1923, die im Grundsatz dem Schuldner die Befugnis abspricht, eine in besserem Geld begründete Schuld in entwerteter Papiermark abzutragen und die Löschung der Hypothek zu fordern. Die zurückhaltende Art, wie dieses Urteil begründet ist, ist ein Zeugnis davon, wie sehr sich der Senat seiner Verantwortung angesichts der Tragweite der Entscheidung bewußt gewesen ist.

Wenn der höchste Gerichtshof des Reichs nach sorgfältiger Erwägung des Für und Wider zu einer solchen Entscheidung gelangt ist, so glaubt er von der Reichsregierung erwarten zu dürfen, daß die von ihm vertretene Auffassung nicht durch einen Machtspruch des Gesetzgebers umgestoßen wird.

Gestützt ist die Entscheidung auf den großen Gedanken von Treu und Glauben, der unser Rechtsleben beherrscht, gestützt auf die Erkenntnis, daß ein ferneres Festhalten an der Vorstellung, Mark sei gleich Mark, zu einem höchsten Maße des Unrechts führen würde, unerträglich in einem Rechtsstaat. Von demselben Gedanken war aber zugleich die Auffassung des Gerichts über das Maß der gebotenen Aufwertung getragen: wonach die Folgen der Geldentwertung angemessen auf Gläubiger und Schuldner zu verteilen sind, dem Gläubiger also — wenigstens für die Regel — keine volle Umwertung auf dem Goldfuße zukommt.

Dieser Gedanke von Treu und Glauben steht außerhalb des einzelnen Gesetzes, außerhalb einer einzelnen positiv-rechtlichen Bestimmung. Keine Rechtsordnung, die diesen Ehrennamen verdient, kann ohne jenen Grundsatz bestehen. Darum darf der Gesetzgeber nicht ein Ergebnis, das Treu und Glauben gebieterisch fordern, durch sein Machtwort vereiteln.

Das ist der Gedanke, der für das weite Gebiet der Geldentwertungsfrage beim RG. immer allgemeiner Eingang gefunden hat. Darum ist die Kunde von der geplanten gesetzgeberischen Maßnahme in den Kreisen des RG. mit Befremden aufgenommen worden.

Auch in der Tages- und Fachpresse ist scharfer Widerspruch erhoben worden. Zum Teil gestützt auf die Behauptung, starke Einflüsse eigensüchtiger Art seien die treibenden Kräfte. Es ist dem unterzeichneten Vorstand eine ernste Sorge, die Reichsregierung möchte, solchen Einflüssen nachgebend, eine Rechtslage herbeiführen, die gegen Treu und Glauben verstieße.

Eine gesetzgeberische Maßnahme, die die Betroffenen schädigt, kann sich vom

Standpunkte des Ganzen nachträglich als unzweckmäßig herausstellen. Der Gefahr **solcher** Mißgriffe kann kein Gesetzgeber entgehen. Aber ein schwerer Stoß nicht für das Ansehen der Regierung, sondern für das Rechtsgefühl im Volke und für den Glauben an das Recht wäre es, wenn es dazu kommen müßte, daß jemand, der sich im Rechtsstreit auf die neue gesetzliche Vorschrift beriefe, damit von den Gerichten mit der Begründung abgewiesen würde, seine Berufung auf die Vorschrift verstoße gegen Treu und Glauben.

Schon ist in der Öffentlichkeit mehrfach und eindringlich die Frage erörtert worden, ob nicht der geplante Eingriff selbst als ein Verstoß gegen Treu und Glauben, als unsittlich seiner unsittlichen Folgen wegen, als eine verfassungswidrige Enteignung oder als eine dem verfassungsmäßig gewährleisteten Grundsatz der Allgemeinheit der Besteuerung hohnsprechende Steuer rechtsunwirksam wäre. Die ernste Gefahr einer solchen oder ähnlichen richterlichen Beurteilung der geplanten Maßnahme — auch durch das höchste Gericht — besteht, und sie besteht auch dann, wenn die Regierung, unter dem Druck der aufgetretenen Widerstände die ursprünglich geplante Schroffheit mildernd, die im Recht begründete Aufwertung nur zum Teil verbieten sollte.

Der unterzeichnete Vorstand bittet, dieses Bild von der Stimmung beim RG., so ernst wie es geschildert ist, zu würdigen."

V. Zum Schlusse sei ein kurzes Wort noch der sozialen Fürsorge gewidmet, die der Richterverein für seine Mitglieder entwickelt hat.

Als im Jahre 1923 die Wohnungsnot auch die Mitglieder des RG. und gerade die neu ernannten besonders hart drückte und teilweise eine jahrelange Trennung von der Familie im Gefolge hatte, wandte sich der Vorstand an die Reichsregierung mit der Bitte, durch Errichtung von reichseigenen Bauten dieser Not abzuhelfen. Dank dem Entgegenkommen der Reichsregierung und der Stadt Leipzig war es möglich, je ein Haus für Beamte und für Mitglieder des RG. bis zum Frühjahr 1924 herzustellen. Die Befürchtung, daß 16 Reichsgerichtsmitglieder unter einem Dache unmöglich einig bleiben könnten, die — spottweise zunächst — dem Hause den Namen ‚Concordia' eintrug, ist in der Folgezeit glänzend widerlegt worden.

Die steigende Inflation, infolge deren auch die Begräbniskosten eine für die Hinterbliebenen unerträgliche Höhe erreicht hatten, rief auch den Gemeinschaftssinn auf den Plan. Es wurde die Gründung einer Sterbekasse ins Auge gefaßt und ihre Errichtung vorbereitet. Zu ihrer eigentlichen Gründung ist es nicht gekommen, weil die Wertbeständigerhaltung etwaiger Beiträge zur damaligen Zeit nicht möglich war. Als Mitglied des Richterbundes und damit des Landesverbandes der höheren Beamten Sachsens eröffnete er aber seinen Mitgliedern die Möglichkeit, der bei diesem bestehenden Kranken- und Sterbekasse beizutreten.

VI. Die vorstehenden Ausführungen geben in Kürze ein rein objektives Bild der Gründung und der bisherigen Tätigkeit des Richtervereins. Aus ihnen geht klar hervor, daß er von Anfang an die Sache über die Person gestellt und lediglich das Wohl von Staat und Volk, das sich in einer hochstehenden unabhängigen und unparteiischen Rechtsprechung verkörpert, zu fördern gesucht hat. Von diesem Grundgedanken und von dem weiteren, die Erreichung seines Zieles nur mit der Stellung seiner Mitglieder würdigen, einwandfreien Mitteln zu erreichen, waren alle seine Schritte geleitet. Es gibt keinen Punkt in seiner ganzen Wirksamkeit, der auch nur irgendwie das Licht der Öffentlichkeit zu scheuen hätte. Gerade das ist die Erklärung dafür, daß er in sich einheitlich geschlossen dasteht und nach außen als ein festes Gefüge aufzutreten in der Lage ist. Insbesondere kam eine grundsätzliche Einstellung zu den für das RG. zuständigen Behörden, der Reichsregierung und dem Reichsjustizministerium, weder bei der Gründung noch später jemals in Frage, wenn auch manche Maßnahmen — auch das muß hier offen ausgesprochen werden — nicht gerade als wohlwollend aufgefaßt werden konnten. Eine solche Einstellung hätten seine sämtlichen Mitglieder als mit ihren staatsbürgerlichen Pflichten unvereinbar einhellig abgelehnt. Was er wollte und noch will, ist ein von gegenseitigem Vertrauen getragenes Zusammenarbeiten auf dem Gebiete der Rechtspflege, zu dem er die reichen Erfahrungen seiner Mitglieder jederzeit bereitwillig zur Verfügung gestellt hat und jederzeit stellen wird. Und diesem Ziele wird der Richterverein beim RG. auch fernerhin treu bleiben

zum Wohle von Staat und Volk!"

Linz.

G. Reichsgerichtsgesellschaft.

Schon bald, nachdem das RG. ins Leben getreten war, wurde der Wunsch laut, eine gesellige Zusammenkunft aller Mitglieder des Gerichtshofs und ihrer Familien stattfinden zu lassen. Senatspräsident Dr. Bingner gab im Benehmen mit einigen anderen Herren dieser Anregung Folge und ließ die Aufforderung zur Teilnahme an die Richter, an die Reichsanwaltschaft und an die Rechtsanwaltschaft bei dem RG. ergehen. Der erste „Reichsgerichtsabend" (gemeinsames Abendessen mit nachfolgender Tanzunterhaltung) wurde am Mittwoch, dem 26. Jan. 1881 im alten Schützenhaus (Krystallpalast) abgehalten. Der glänzende Verlauf des Festes, das von 416 Personen besucht war, gab den Anstoß zur Gründung der Reichsgerichtsgesellschaft, die sich nach Annahme der im wesentlichen noch heute gültigen Satzung „zwecks Herbeiführung geselliger Zusammenkünfte der Familien des Reichsgerichts" Ende Oktober 1881 als „konstituiert" betrachtete und ihr erstes Winterfest am Mittwoch, dem 30. Nov. 1881 wiederum im alten Schützenhause und ihr erstes Sommerfest am Freitag, dem 9. Juni 1882 im Saal und Garten Bonorand im Rosental abhielt.

Von nun an folgten — mit Ausnahme der Kriegsjahre — in jedem Winter und Sommer die in der Satzung vorgesehenen geselligen Zusammenkünfte unter lebhafter Beteiligung seitens der Mitglieder der Gesellschaft und eingeführter Gäste. Die Winterfeste wurden in der ersten Zeit regelmäßig im Krystallpalast, später einmal in den Festräumen des Zentraltheaters und einmal im Zoologischen Garten, in den letzten Jahren im Palmengarten abgehalten. Die Sommerfeste fanden seit 1883 regelmäßig auswärts statt, so in

Rochlitz, Grimma, Altenburg, Kösen, Freyburg an der Unstrut, Halle an der Saale, Bad Lauchstädt, Bad Lausick, Wörlitz und Dessau.

Als erster Vorstand blieb „das provisorische Komitee" unter dem Vorsitz des Präsidenten Dr. Bingner, der bis 1896 Vorsitzender war, im Amte. Ausscheidende Mitglieder des Vorstandes wurden jeweils durch Zuwahl seitens der verbleibenden Vorstandsmitglieder ersetzt. Zur Zeit ist Vorsitzender Senatspräsident Dr. Struckmann.

Die Mitglieder des RG., der Reichsanwaltschaft und der Rechtsanwaltschaft beim RG. haben von jeher Wert auf die Pflege geselligen Verkehrs gelegt. Bei der großen Zahl der dem RG. angehörigen Familien ist es jedoch unmöglich, daß diesem Bedürfnis durch private Veranstaltungen von einzelnen in vollem Umfange Rechnung getragen wird, da selbstverständlich jede Familie nur mit den ihr näher befreundeten Familien in engeren Beziehungen stehen kann. Dadurch, daß die Reichsgerichtsgesellschaft alle Mitglieder des Gerichtshofes, der Reichsanwaltschaft und der Rechtsanwaltschaft beim RG. umfaßt, ist die Möglichkeit gegeben, daß alle diese dem RG. angehörigen und ihm nahestehenden Familien und Persönlichkeiten ohne Rücksicht auf sonstige gesellschaftliche Verpflichtungen in großem und doch geschlossenem Kreise gesellschaftlich zusammenkommen, sich näher kennenlernen und anregende Stunden verleben. Die Reichsgerichtsgesellschaft wird deshalb auch weiterhin bestehen und blühen, solange das RG. selbst bestehen wird. **Dr. Süpfle.**

H. Zur Entwicklung der Rechtsprechung des Reichsgerichts.

1. Allgemeines.

1. Das Gesetz ist nicht die einzige Quelle des Rechts. Recht gab es vor dem Gesetz und gibt es neben dem Gesetz. Es sei nur an das Gewohnheitsrecht und an die Regeln des Völkerrechts erinnert.

Das Recht ist ein Erzeugnis der geistigen Gemeinschaft eines Volkes nach Gefühl und Erkenntnis. Es erwächst aus der Überzeugung von der Notwendigkeit einer Ordnung zur Ermöglichung eines Gemeinschaftslebens. Und die Gestaltung dieser Ordnung wird gewonnen aus der Erkenntnis, daß gerade sie für die Belange der einzelnen zueinander und zur Gesamtheit die nützliche und angemessene ist, weil sie die Interessen gegeneinander richtig bewerte und abwäge. Diese Abwägung aber erzeugt zugleich ein Gefühl der Befriedigung, der Entspannung, wie es jeder Ausgleich zwischen gefühlsbetonten Interessen hervorbringt. So wird nur die Regelung durch die Ordnung als richtig empfunden, die diesem Gefühl entspricht. Damit wird das Gefühl zum Rechtsgefühl und das Rechtsgefühl neben der Erkenntnis von der Notwendigkeit einer ihm gemäßen Ordnung zur Quelle des Rechts. Wie das Gefühl für das Sittliche beherrscht es nunmehr die Volksgenossen und wird zum Element der Willensbildung bei ihren Handlungen. Die so entstandene Rechtsordnung ist, weil sie unmittelbar und naturnotwendig aus dem Gefühl und dem Urteil der Menschen fließt, die sich zu einer Volksgemeinschaft zusammengetan haben, am besten als Volksrecht zu bezeichnen. Nur eine besondere Erscheinungsform ist das Gewohnheitsrecht. Aber auch in den Gerichtsentscheidungen und den durch die Wissenschaft gewonnenen Erkenntnissätzen kommt es zutage, wie es die bekannte Rechtsfindungsvorschrift des Art. 1 des schweizerischen Zivilgesetzbuches, ebenso aber auch das österreichische Allgemeine BGB. und die italienischen und spanischen codes civiles ausdrücklich anerkennen.

Jene Erkenntnis und jenes Gefühl ist ebenfalls ein Erzeugnis einer langen Entwicklungsreihe der Menschheit, jetzt aber ein fester geistiger Bestand geworden. Und als solcher wirkt es noch immer fortzeugend zur Entstehung von Volksrecht.

Dem unmittelbar aus dem Rechtsgefühl des Volkes fließenden Volksrecht gegenüber steht das Gesetz, der von einem Machthaber ausgehende Befehl (ius-iubere). Ein solcher Machthaber entsteht überall, wo die Verfolgung gemeinsamer Ziele, wie sie in einer menschlichen Gemeinschaft stattfindet, eine organisierte Machtentfaltung nötig macht. Sie ist die notwendige Grundlage für die Erhaltung einer Ordnung, insbesondere auch der Rechtsordnung. Ob diese Macht einem einzelnen zusteht oder einer Mehrheit als Organ der Gesamtheit ist dabei ohne Belang. Zunächst tritt diese Macht nur verstärkend hinter das Volksrecht, indem es dieses teils festlegt, teils seine Durchführung sichert. Bald aber trifft sie eine eigene und selbständige Regelung der Rechtsordnung. Und diese vom Gesetz getroffene Regelung und ihre Durchsetzung beruht dann im Gegensatz zum Volksrecht nur auf der hinter ihm stehenden Macht, nicht auf der durch innere Überzeugung von der Richtigkeit und Billigkeit hervorgerufenen Motivierung der menschlichen Willensbildung. Deshalb schafft im eigentlichsten Sinne das Gesetz nicht Recht, sondern nur rechtsähnliche Wirkungen. Sofern es freilich inhaltlich mit dem Rechtsgefühl des Volkes und der von diesem vorgenommenen Abwägung widersprechender Interessen, also mit dem Volksrecht, übereinstimmt, verstärkt und sichert es dessen Geltung.

Aber es kann auch ein Widerstreit entstehen zwischen Recht und Gesetz, sei es, daß das Gesetz von vornherein wider das Rechtsgefühl verstößt, sei es, daß das Rechtsgefühl und die Wertung der verschiedenen Interessen im Laufe der Zeit sich wandelt und das aus ihm fließende Recht nicht mehr mit dem Inhalt des gesetzten Rechts sich deckt. Dann entsteht ein „Kampf des Rechts gegen das Gesetz“. Erkennt man, daß das Gesetz nicht die einzige Quelle des Rechts ist, so sieht man, daß es wohl ein unrichtiges Gesetz, niemals aber ein „unrichtiges Recht“ geben kann. Das Recht als Ausfluß des Rechtsgefühls des ganzen Volkes ist notwendig richtig, sonst ist es eben kein „Recht“. Es kann sich wandeln mit der Änderung des Rechtsgefühls, in jedem Stadium aber ist es das richtige Recht. Die Wandlung des Rechtsgefühls ist namentlich beeinflußt durch die wirtschaftliche und gesellschaftliche Gliederung eines Volkes. Das altgermanische und noch das mittelalterliche Recht kannte unsere

Phot. Taggeselle, Leipzig

Festsaal

Scheidung zwischen öffentlichem und privatem Recht nicht. Der Private war als Glied einer Gemeinschaft auch in seiner Privatwirtschaft durch die Gemeinschaft gebunden, und nur eine solche Gebundenheit entsprach dem Rechtsgefühl. Die Rezeption des gemeinen römischen Rechts, das ganz individualistisch gerichtet war, brachte die Scheidung in öffentliches und privates Recht, und es ist nicht zu verwundern, daß dies nicht ohne Störung und Verletzung des Rechtsgefühls vor sich ging. Heute stehen wir in der Umkehr der Entwicklung, die durch die Kriegswirtschaft eingeleitet wurde. Der Gemeinschaftsgedanke erobert wieder mehr und mehr auch das Privatrecht, ein neues Gemeinschaftsleben ist im Werden begriffen. Und so ist es begreiflich, daß auch das Rechtsgefühl wieder von dieser Entwicklungstendenz betroffen wird und verletzt erscheint, wo Gesetz und Urteil ihm nicht entsprechen. Es sei hier nur an Art. 153 Abs. 3 RVerf. erinnert: „Eigentum verpflichtet. Sein Gebrauch soll zugleich Dienst sein für das gemeine Beste." Ein dem römischen Recht völlig fremder Gedanke.

Der „Kampf des Rechts gegen das Gesetz" kann nicht auf die Dauer bestehen, er muß zum Austrag kommen. Im alten deutschen Recht war man nicht im Zweifel, welches das stärkere sei. Und auch das römische Recht stand auf demselben Standpunkt. Aufgabe des Prätors war es, das natürliche Recht zur Geltung zu bringen. Der Grundsatz der Billigkeit wurde durch das edictum praetoris eingeführt. Und von Cicero stammt das Wort: „Summum ius summa iniuria" im Anschluß an Terenz: „Jus summum saepe summa est malitia." Der Gedanke von „regis voluntas suprema lex" ist von Byzanz gekommen und erst durch die Rezeption versucht worden, in Deutschland eingeführt zu werden. Die Glosse zum Sachsenspiegel sagt: „Ein gesetzt Recht mag wohl das andere aufheben, aber kein natürlich Recht mag es abtun." Denn man glaubte, alles Recht komme von Gott, „got is selve recht". Die Lehre vom Naturrecht nahm den Kampf gegen die Allmacht der Staatsgewalt im Recht auf. Und den überwiegenden Standpunkt der heutigen Rechtswissenschaft kennzeichnet Triepel, wenn er erklärt: „Heilig ist nicht das Gesetz, heilig ist nur das Recht. Und das Gesetz steht unter dem Recht." (Festschrift für Kahl 1923 S. 93. Ebenso Frhr. v. Marschall, Vom Kampf des Rechts gegen die Gesetze, 1927.)

2. Im Gegensatz zum Obersten Bundesgericht der Vereinigten Staaten Nordamerikas, das jedes Gesetz, das es als ungerecht und unbillig ansieht, für unwirksam erklären kann — der Richter Coke sagte: „When an act of Parliament is against common right and reasen, the common law will control it and adjudge such act to be void" — im Gegensatz auch zum dänischen, schwedischen und norwegischen Richter hält sich das deutsche Reichsgericht streng an das Gesetz gebunden, auch wenn es mit Treu und Glauben und Billigkeit nicht im Einklang steht. Das Kammergericht hatte am 19. Jan. 1924 den freieren Standpunkt eingenommen und die Abgeltungsverordnung vom 24. Okt. 1923 für ungültig erklärt. Der III. Zivilsenat des RG. hatte im Urt. vom 25. Jan. 1924 (JW. 1924 S. 458) aber schon ausgesprochen, daß dem Richter nicht die Befugnis zustehe, einem ordnungsmäßigen Gesetz seines Inhalts wegen die Anwendbarkeit abzu-

sprechen, und dasselbe erklärte die Plenarentscheidung des RG. vom 22. Febr. 1924, zufolge der das kammergerichtliche Urteil dann aufgehoben wurde (RGZ. 107, 320). Am schärfsten kommt dies in RGZ. 118, 325 (JW. 1928 S. 102[6]) zum Ausdruck: „... Nun gibt es aber keine Bestimmung, aus der eine von den ordentlichen Gerichten erzwingbare Verpflichtung des Reiches zu entnehmen wäre, für die vermögensrechtliche Beeinträchtigung einzelner Staatsbürger durch ein verfassungsmäßig zustande gekommenes Gesetz deshalb einzustehen, weil dessen Inhalt oder seine Wirkungen gegen die guten Sitten verstoßen. Die Berufung auf § 826 BGB. ist verfehlt. Diese nur für Privatrechtsverhältnisse bestimmte Vorschrift findet keine Anwendung auf das öffentlich-rechtliche Verhältnis, das durch die beanstandeten Gesetzgebungsakte zwischen dem Reich und den seiner obrigkeitlichen Gewalt unterworfenen Staatsbürgern begründet wird ... Der Gesetzgeber ist selbstherrlich und an keine anderen Schranken gebunden als diejenigen, die er sich selbst in der Verfassung oder in anderen Gesetzen gegeben hat.“ Auf dem gleichen Standpunkt stand schon RGZ. 102, 161, und auch RGZ. 109, 322 steht nicht in Widerspruch. Reichsgerichtspräsident a. D. Dr. Simons hat ebenfalls die Antwort auf diese Frage einmal dahin gegeben: „Die Pflicht des deutschen Richters ist, dem deutschen Volke ein richtiges Recht zu sprechen. Richtiges Recht aber kann er, da er an das Gesetz gebunden ist, selbstverständlich nur sprechen, soweit nicht der Gesetzgeber ihm Vorschriften gemacht hat, die mit dem richtigen Recht nicht übereinstimmen.“ Auch von ihm wird also, wie vom RG., Recht und Gesetzesvorschrift einfach gleichgestellt und Recht nur als durch das Gesetz begründet anerkannt. Die Berufung auf Art. 102 RVerf. zur Begründung der ausschließlichen Maßgeblichkeit des Gesetzes für den Richter ist freilich verfehlt, denn dort soll keine Bevorzugung des Gesetzes vor dem Recht angeordnet, nicht ausgesprochen werden, daß nur das Gesetz Recht zeugen kann — was ja schon durch die Geltung des Gewohnheitsrechts und der Regeln des Völkerrechts (Art. 4 RVerf.) widerlegt wird, die vom Richter in gleicher Weise anzuwenden sind — sondern es soll vielmehr der Gegensatz zwischen gesetzlicher (rechtlicher) Vorschrift gegenüber den Anordnungen der Verwaltung und der Dienstbehörden hervorgehoben und gesagt werden, daß der Richter nicht an diese, sondern nur an das Gesetz gebunden sein soll. Es sollte insbesondere die Kabinettsjustiz ausgeschlossen und die Unabhängigkeit des Richtertums begründet werden; das ergibt auch die Entstehungsgeschichte.

Eine gesetzliche Vorschrift, die dem Richter verböte, ebenso das Volksrecht wie das Gewohnheitsrecht — das im Grunde dasselbe ist — oder die Regeln des Völkerrechts anzuwenden, besteht also nicht.

3. Anders verhält sich das RG. gegenüber den Grenzen der Gesetzgebung, die durch die Reichsverfassung gezogen werden.

Die Stellung des RG. zur Frage, ob es berechtigt sei, ein Gesetz — für Verordnungen ist das stets anerkannt worden — auf die Verfassungsmäßigkeit zu prüfen, ist freilich nicht immer gleichmäßig gewesen, wie Jellinek, „Das Märchen von der Überprüfung verfassungswidriger Reichsgesetze durch das Reichsgericht“, JW. 1925 S. 454 zugegeben werden kann. Noch heute ist die Frage ja auch in der Wissenschaft bestritten. Verneint wird z. B. diese Befugnis durch RGZ. 9, 235, und in RGZ. 24, 3 wird sie noch als bestritten erklärt. — Auch RGZ. 77, 229 sagt, es bestehe kein Anlaß, an dem Zustandekommen des Gesetzes nach Art. 78 RVerf. zu zweifeln, „weil es vom Bundesrat und Reichstag beschlossen und ordnungsmäßig verkündet sei", und sehr übel ist der Satz in RGZ. in JW. 1916 S. 597: „Verfassungsrechtliche Bestimmungen haben, wie sich aus Art. 78 RVerf. ergibt, keine stärkere Kraft als die Bestimmungen irgendeines anderen Reichsgesetzes, sie werden deshalb durch jedes spätere, eine abweichende Vorschrift enthaltende Reichsgesetz ohne weiteres außer Kraft gesetzt." Im Beschluß der Vereinigten Zivilsenate RGZ. 107, 322 ist dieser Grundsatz auf die in der Verfassung stehenden Vorschriften, die nicht Grundrechte sind, eingeschränkt worden. Und noch in RGZ. 107, 317 sagt der III. Zivilsenat, daß „grundsätzlich der Richter überhaupt nicht befugt sei, einem ordnungsmäßig erlassenen Gesetze seines Inhalts wegen die Anwendbarkeit abzusprechen". Dieser Satz ist jedoch von den Vereinigten Zivilsenaten nicht gebilligt worden (RGZ. 107, 319. Vgl. hierzu Simons in DRZ. 1924 S. 424). Diesen Urteilen gegenüber wird aber schon in RGZ. 102 S. 161, 164 die Befugnis anerkannt, die Verfassungsmäßigkeit von Gesetzen nachzuprüfen, und RGZ. 107, 379 sagt sogar: „Es ist . . . anerkannten Rechts, daß die Gerichte grundsätzlich befugt sind, die formelle wie die materielle Rechtmäßigkeit von Gesetzen und Verordnungen nachzuprüfen." Allen Zweifel über die Auffassung des RG. hat jedenfalls nunmehr der V. Zivilsenat durch sein Urt. vom 4. Nov. 1925 (RGZ. 111, 320) behoben, in dem er erklärt: „Da die Reichsverfassung selbst keine Vorschriften enthält, nach der die Entscheidung über die Verfassungsmäßigkeit der Reichsgesetze den Gerichten entzogen und einer bestimmten anderen Stelle übertragen wäre, so muß das Recht und die Pflicht des Richters, die Verfassungsmäßigkeit von Reichsgesetzen zu prüfen, anerkannt werden." Übereinstimmend auch RGZ. 118, 325. Damit hat das RG. nach anfänglichem Schwanken dem Rechtsstaatsgedanken zum Siege verholfen. Es hat diese Prüfung freilich manchmal recht milde durchgeführt und augenscheinlich zugunsten eines vermeintlichen Staatsinteresses manche Bedenken zurückgestellt. Jedenfalls befremdet es, den Erlaß einer Strafprozeßordnung als „wirtschaftliche Maßregel" und die Einführung der Altersgrenze nicht als Eingriff in wohlerworbene Rechte anzusehen. **Dr. Lobe.**

2. Die Rechtsprechung im bürgerlichen Recht.

So unbedingt das RG. ablehnt, daß das Gesetz als Ganzes unwirksam werde oder sei, wenn es mit dem aus dem Rechtsgefühl des ganzen Volkes fließenden Rechte in Widerstreit gerät, und allein das Gesetz für die Entscheidung des Einzelfalles für maßgebend erachtet, so sehr strebt doch andererseits die Rechtsprechung des Reichsgerichts dahin, im Einzelfalle das Volksrecht zur Geltung zu bringen. An dieser Tatsache ändert nichts, daß es sich dabei auf dem Boden des Gesetzes und seiner Anwendung zu bewegen glaubt. Es geschieht dies mit Hilfe der Auslegung des Gesetzes in einem Sinne, daß es dem Rechtsgefühl, dem Volksrecht, entspricht. Immer will die Entscheidung des dem Urteil des RG. unterstellten Falles billig im Sinne des alten Volksrechts sein, fordern, daß Anspruch und Leistung Treu und Glauben im Verkehr entsprechen, dem Gefühl „aller billig und gerecht Denkenden“ gemäß sei, nicht gegen die guten Sitten verstoße. Trifft es aber nach diesen Gesichtspunkten seine Entscheidung, so wendet es tatsächlich das aus dem Rechtsgefühl des Volkes fließende Recht an. Denn Treu und Glauben und gute Sitte usw. sind nur der Widerschein dieses Rechts auf den besonderen Fall.

Mag es auch nicht immer gelungen sein, diesen Grundsätzen in den Entscheidungen zum Durchbruch zu verhelfen — das muß namentlich für die Verneinung der Aufwertung von Banknoten und Darlehnskassenscheinen gesagt werden — und manche Kritik an den Urteilen berechtigt sein: Das Streben danach durchzieht doch im großen und ganzen die Rechtsprechung des RG., und so kann man wohl feststellen, daß diese in ihrer Entwicklung stetig in der Richtung fortschreitet, die guten Sitten und Treu und Glauben zum Maßstab der Fallentscheidung zu machen. Dabei kommt es auch den neuen Entwicklungstendenzen, die, wie bereits hervorgehoben, in einer stärkeren Geltendmachung der gemeinschaftlichen Gebundenheit auch im Privatrecht besteht, nach Möglichkeit entgegen, wie noch zu zeigen sein wird. Nichts ist ungerechter, als dem RG. bei der Gesamtheit seiner Rechtsprechung vorzuwerfen, „es sei stehengeblieben in Formalismus und abstraktdialektischer Weltfremdheit“. In RGZ. 100, 132 sagt das RG. hierzu goldene Worte: „Die erste und vornehmste Aufgabe des Richters geht dahin, in seiner Rechtsprechung den unabweislichen Bedürfnissen des Lebens gerecht zu werden und sich in dieser Beziehung von den Erfahrungen des Lebens leiten zu lassen.“ Und RGZ. 104, 397 heißt es: „Weder die vertraglichen noch die gesetzlichen Bestimmungen reichen gegenüber dieser Entwicklung der Verhältnisse (der Nachkriegszeit) aus, um die zur Entscheidung stehenden Fragen zur Lösung zu bringen. Der Richter muß deshalb im Rahmen jener Bestimmungen selbstschöpferisch die Entscheidung treffen. Maßgebend ist hierfür der Grundsatz, daß eine von den Forderungen der Gerechtigkeit und Billigkeit geleitete Ausgleichung der wirtschaftlichen Interessen der beiden Parteien stattzufinden hat.“ So hat das RG. unendlich viel zur Fortbildung des Rechts selbst beigetragen und eine seiner vornehmsten Aufgaben damit erfüllt. Das ist auch der tiefere Grund dafür, daß das RG. oft geneigt ist, die von dem Rechtsmittel der Revision ihm für seine Rechtsprechung gezogenen Beschränkungen zu überschreiten und der Würdigung des Tatsächlichen nicht aus dem Wege zu gehen. Eine rechtliche Handhabe boten ihm hierzu § 139 und § 286 ZPO., und es kann vom Gesichtspunkt der richtigen Entscheidung des Einzelfalles deshalb nur begrüßt werden, daß die zeitweilige Beseitigung dieser Vorschrift wieder weggefallen ist.

A. Das BGB.

Es war ein günstiger Umstand, daß der oberste deutsche Gerichtshof sich zunächst als Reichsoberhandelsgericht mit dem Handelsrecht zu befassen hatte, in dem ja ganz besonders der Grundsatz von Treu und Glauben und die gute Sitte im Verkehr als Richtschnur der Rechtsprechung dient. Die Gewöhnung an die freie Auffassung und die Herrschaft des Billigkeitsgefühls auf diesem Gebiete, die in hervorragender Weise die Rechtsprechung des Reichsoberhandelsgerichts auszeichnete, kam nunmehr auch dem RG. zugute, zumal hervorragende Richter aus jenem in dieses Gericht übertraten. So setzt sich zunächst diese Rechtsprechung auf dem Gebiete des Handelsrechts fort. Als Beispiel seien nur zwei jüngere Entscheidungen hervorgehoben: RGZ. 117, 165: „Im Verkehr unter Kaufleuten muß die Frage, ob ein Kaufmann einem seiner Angestellten Vollmacht zur Vornahme von Rechtsgeschäften, wie Wechselverbindlichkeiten, erteilt hat und ebenso der Umfang der Vollmacht nach dem in die äußere Erscheinung getretenen Verhalten des Kaufmanns beurteilt werden." Und RGZ. 116, 116: „Für den Begriff der Kostbarkeit im Eisenbahnfrachtrecht ist die Anschauung des Handels und Verkehrs und der allgemeinen Lebensanschauung maßgebend."

Von Bedeutung wurde die Rechtsprechung des RG. vornehmlich, als das BGB. in Geltung trat. Denn erst mit einem einheitlichen Recht für ein großes Gebiet, in dem die verschiedenartigsten Rechtsfälle vorkommen, läßt sich eine fruchtbringende Ausbildung und Fortbildung des Rechts durch die Rechtsprechung erzielen.

Die Anwendung der Grundsätze der Rechtsprechung auf dem Gebiete des Handelsrechts wurde für das BGB. schon dadurch gefördert, daß viele Rechtssätze des Handelsrechts, namentlich des Kaufes usw., in das BGB. übergegangen waren. Dadurch beeinflußten sie notwendig auch das übrige Recht des BGB.

1. Unmittelbar zur Geltung wurde aber das Volksrecht in dem vorgedachten Sinne dadurch gebracht, daß das BGB. selbst mehrere Blankettgesetze enthält, in denen durch Verweisung auf die guten Sitten, auf Treu und Glauben, auf die Verkehrssitte usw. die Anwendung dieses Volksrechts vorgeschrieben wird. Es wurde schon oben darauf hingewiesen, daß all dies nur Bewertungen der einzelnen Handlungen nach dem Maßstabe des aus dem Rechtsgefühl des Volkes fließenden natürlichen Rechts sind. Es handelt sich bei diesen Verweisungen auf das Rechtsgefühl aber nicht um eine solche auf das Rechtsgefühl nur des Richters, wie vielfach gesagt wird, sondern auf das Rechtsgefühl der Gesamtheit des Volkes, aus dem der Richter nur das Volksrecht zu ermitteln und festzustellen hat, wobei ihn selbstverständlich das eigene Rechtsgefühl, da er ja auch Glied der Gesamtheit ist, leiten wird. Deshalb bedeutet die Bezugnahme hierauf keineswegs eine Auslieferung an Willkür und subjektive Auffassung des Richters und gefährdet nicht die Rechtssicherheit. Dieses Recht wird vom RG. gegenüber dem formalen Warenzeichenrecht sogar einmal als „Recht höherer Ordnung" bezeichnet (RGZ. 97, 93),

und in RGZ. 107, 38 wird geradezu gesagt, „die Währungsvorschriften mußten zurücktreten, weil die aus ihnen sich ergebenden Folgerungen mit den Grundsätzen von Treu und Glauben und mit der Billigkeit nicht mehr vereinbar seien". Als solche Gesetze, die erst durch das Rechtsgefühl, durch das Volksrecht Inhalt erhalten, kommen in Betracht u. a. folgende:

a) BGB. § 138: „Ein Rechtsgeschäft, das gegen die guten Sitten verstößt, ist nichtig." In Abs. 2 werden nur Beispiele für die Zuwiderhandlung gegen die guten Sitten angeführt, im übrigen ist das, was gegen die guten Sitten verstößt, völlig dem Gefühl der Volksanschauung zu entnehmen, die sich auch wandeln kann. Maßgebend dabei ist nicht ein vages Billigkeitsgefühl, sondern eine solche Billigkeit, die als Rechtsordnung empfunden wird, das, „was dem herrschenden Volksbewußtsein, dem Anstandsgefühl aller billig und gerecht Denkenden entspricht" (RGZ. 63, 391; 80, 221). Die Verweisung auf das „herrschende Volksbewußtsein" zeigt, daß sich dieses auch ändern kann mit dem Wandel des Rechtsgefühls selbst und der Auffassung von der richtigen und billigen Regelung der Ordnung der Lebensverhältnisse. Es kann somit ein Rechtsgeschäft in späterer Zeit und unter anderen Verhältnissen sittenwidrig erscheinen, was es vordem und nachher wieder nicht war und ist, so z. B. Kettenhandel (RG. in WarnRspr. 1920 Nr. 72). Entgegen der Meinung der Motive zu § 138 müssen nach der Rechtsprechung des RG. die objektiven und subjektiven Momente zusammentreffen, um ein Rechtsgeschäft oder eine Rechtshandlung als wider die guten Sitten verstoßend erscheinen zu lassen (RGZ. 56, 230; 107, 72). Der Inhalt des Rechtsgeschäfts muß selbst sittenwidrig sein. Ein objektiv berechtigtes Geschäft wird durch seinen verwerflichen Beweggrund allein noch nicht zu einem sittenwidrigen (RGZ. 58, 217; 78, 283; 101, 401). Denn es handelt sich nicht um Beurteilung der inneren seelischen Tätigkeit, wie bei der Frage der Sittlichkeit, sondern um eine Regel für das äußere Verhalten der Rechtsgenossen. Verfolgt nur ein Vertragsteil unsittliche Zwecke, so liegt in der Regel keine Nichtigkeit des ganzen Vertrags vor (RGZ. 114, 338). Als Merkmale des Verstoßes gegen die guten Sitten hat die Rechtsprechung z. B. folgende herausgestellt:

aa) Den vom Rechtsgefühl gemißbilligten Zweck. So Einwilligung in die eigene Tötung (RGZ. 66, 308), Umgehung und Schädigung fremder Rechte (RGZ. 88, 366), Lieferung von Schleichwaren.

bb) Handeln aus Eigennutz auf Kosten anderer, so bei Streben nach übermäßigem Gewinn unter Benutzung unlauterer Machenschaften (RGZ. 93, 208), Verlangen unverhältnismäßig hohen Mäklerlohnes, Ausnutzung einer Monopolstellung (RGZ. 99, 107).

cc) Förderung eines Erfolgs gegen Entgelt, der seiner sittlichen Natur nach nicht zum Austauschgegenstand im Verkehr nach dem Rechtsgefühl gemacht werden darf, extra commercium ist; wie Erleichterung der Scheidung, Gewährung eines Vermögensvorteils dafür, daß der Ehegatte die Scheidungsklage anstellt (RGZ. in JW. 1913 S. 321[6]).

dd) Beschränkung der Willensfreiheit und Bewegungsfreiheit auf Gebieten, auf denen sich der Mensch nicht durch äußere Dinge, sondern nur durch innere sittliche Motive bestimmen lassen soll. Hierher gehören auch die sog. Knebelungsverträge (RGZ. 63, 297), durch die sich jemand zugunsten eines anderen der wirtschaftlichen Freiheit und Unabhängigkeit beraubt, und die Wettbewerbsverbote, die gleichfalls übermäßig die Freiheit beschränken.

ee) Ausnutzung des wirtschaftlich Schwächeren durch den wirtschaftlich Stärkeren, wie sie bei Abkommen zwischen dem Dienstherrn und dem vermögenslosen Angestellten vorkommen (RGZ. in JW. 1910 S. 5[5]), auch sich bei Verträgen über Bierbezüge zwischen Wirt und Brauerei finden (RGZ. 76, 78). Auch auf Generalversammlungsbeschlüsse von Aktiengesellschaften findet § 138 Anwendung, wenn sie von einer Mehrheit gefaßt sind, die in Verfolgung eigensüchtiger Interessen bewußt das Wohl der Gesellschaft hintansetzt und die Minderheit schädigt. Dagegen wird die Berufung auf § 138 wegen unsittlichen Verhaltens bei der Gründung nach erfolgter Eintragung einer Gesellschaft versagt (RGZ. 123, 107). Hierher gehört auch die Ausnutzung desjenigen, der wirtschaftlich schwächer ist zufolge geistiger Minderwertigkeit (RGZ. 67, 393).

Alles dies ist nur die Anwendung des Rechtsgefühls als Entscheidungsnorm auf den einzelnen Fall. Indem der Gesetzgeber ein gegen die guten Sitten verstoßendes Rechtsgeschäft für nichtig erklärt, bewirkt er, daß jedes Rechtsgeschäft diesen guten Sitten entsprechen muß; wann dies aber geschieht, sagt nicht das Gesetz selbst, sondern das Volksrecht, auf das es dabei verweist. Der Vorwurf, daß das RG. hier keine festen Richtlinien gebe, erscheint nicht begründet. Soweit dies nach der Natur der Sache überhaupt möglich ist, stellen die oben herausgehobenen Rechtssätze solche allgemeine Richtlinien dar.

b) Gleichfalls die guten Sitten zieht ergänzend heran eine andere Blankettvorschrift, BGB. § 826: „Wer in einer gegen die guten Sitten verstoßenden Weise einem anderen vorsätzlich Schaden zufügt, ist dem anderen zum Ersatz des Schadens verpflichtet.“ Auch hier ist verwiesen auf das im Volke lebende Rechtsgefühl als Maßstab des Handelns, „das Anstandsgefühl aller billig und gerecht Denkenden“ (RGZ. 48, 114; 73, 107). Einen Fall dieses Verstoßes gegen die guten Sitten hat das BGB. selbst erwähnt, indem es in § 226 die Ausübung eines Rechts für unzulässig erklärt, wenn sie nur den Zweck haben kann, einem andern Schaden zuzufügen, in dem sog. Schikaneverbot. Die Vorschrift gilt für das ganze Rechtsgebiet, auch für das Familienrecht und hat nicht etwa nur den Vermögensschaden im Auge (RGZ. 68, 424; 72, 254). Eine solche Ausübung des formalen Rechts ist vom höheren Gesichtspunkt des natürlichen Rechts aus ein Mißbrauch der Befugnis. Der Gesetzgeber setzt also hier selbst der Rechtsausübung eine Grenze, wie sie das Rechtsgefühl fordert. Im übrigen bestimmt sich der Verstoß gegen die guten Sitten nach § 826 ebenso wie bei § 138. Hierher gehört vor allem der Mißbrauch absoluter Rechte, wie des Eigentums, eines Warenzeichenrechts zum Zwecke der Täuschung (RGZ. 66, 236), der Mißbrauch einer persönlichen Machtstellung (RGZ. 58, 248), z. B. einer Reederei gegenüber ihren Angestellten (RGZ. in WarnRspr. 1909 Nr. 556), des Monopolmißbrauchs, z. B. bei Lieferung von Elektrizität, einer Vertretungsmacht. Auch die Ausnutzung einer Dienststellung zum Schaden des Dienstherrn, z. B. Verrat erlangter Geschäftsgeheimnisse, gehört hierher (RGZ. 65, 333). In besonderer Weise hat das RG. § 826 BGB. zur Bekämpfung unlauterer Mittel im gewerblichen und wirtschaftlichen Wettbewerb angewendet und so neben § 1 UWG. gestellt. Von Bedeutung ist hier, daß der Gebrauch auch rechtmäßig erworbener Warenzeichen zum Zwecke der Täuschung für sittenwidrig erklärt wird (RGZ. 66, 236; 85, 197), und der Gebrauch eines Vorratszeichens, das lange Zeit unbenutzt gelassen wurde, unter Umständen sittenwidrig sein kann (RGZ. GewRschutz 33, 306 [1927] und JW. 1928 S. 2084[10]). Dasselbe gilt für Preisschleuderei mit Markenartikeln (RGZ. 63, 400; 88, 9; RG. in LeipzZ. 1914, 1921). Auch bei der Regelung im gewerblichen Lohnkampfe und im Kampf um die Arbeitsbedingungen spielen die guten Sitten des § 826 eine Rolle. Die ganze Frage der Aussperrung und des Boykotts wird hiernach aus dem Rechtsgefühl, dem Volksrecht, entschieden. Das gilt sogar für den politischen Kampf (RGZ. 53, 171). Andererseits lehnt das RG. ab, die Berufung auf ein Gesetz, das jemandem zur Seite steht, schon deshalb als gegen die guten Sitten verstoßend anzusehen, weil seine Anwendung Schaden bringt (RGZ. 58, 214). Ebenso kann sich jeder auf den Mangel der gesetzlichen Form eines Vertrags berufen (RGZ. 52, 5), es sei denn, daß er die Anwendung der Form zu dem Zwecke verhindert hat, um sich später auf ihren Mangel berufen zu können, also hinterhältig sich verhält (RGZ. 82, 199; 107, 357; 117, 124). Arglist wird auch darin gefunden, wenn jemand vom Gegner etwas verlangt, was er diesem aus anderen Gründen sofort zurückgeben muß (RGZ. DJZ. 1929 S. 772). „Dolo facit qui petit, quod statim redditurus est" (RGZ. 123, 245). Die Verletzung der Schweigepflicht durch einen Sachverständigen kann möglicherweise gegen die guten Sitten verstoßen (RGZ. 123, 275). Zuweilen benutzt auch das RG. § 826, um Verletzungen des Persönlichkeitsrechts zu begegnen, für das es ja einen allgemeinen Rechtsschutz leider nicht anerkennt.

Geleitet wird das Rechtsgefühl besonders durch die Abwägung und Bewertung entgegenstehender Interessen, wobei, wie schon hervorgehoben, die Frage, ob unbeschränkter Individualismus der Einzelperson oder Gebundenheit durch die Gemeinschaft besteht, selbstverständlich diese Wertung und damit das Rechtsgeschäft maßgebend beeinflußt. Daß das RG. auch diese Abwägung unter den Begriff des Handelns nach oder gegen die guten Sitten bringt, erklärt sich daraus, daß es zur Geltendmachung des Rechtsgefühls sich der Blankettvorschriften des BGB. bedienen zu müssen glaubt und daher die Wege betritt, die §§ 226 und 826 vorgezeichnet haben. Daraus folgt aber noch nicht, daß es diese Abwägung nicht vornimmt. Abgelehnt wird sie freilich neuerdings in verschiedenen Entscheidungen, so RGZ. 110, 237; 111, 66; 114, 318 u. a., am deutlichsten vom II. Zivilsenat im Urt. vom 10. Juli 1926 (MuW. 26, 44 [1926]): „Die Frage (ob der Name Wagner in die Firma aufzunehmen sei) muß grundsätzlich nach rechtlichen Gesichtspunkten entschieden und darf nicht verschieden beantwortet werden, je nachdem im Einzelfalle ein dringenderes oder weniger dringendes wirtschaftliches Interesse an der Annahme des betreffenden Namens in die neue Firma zu bestehen scheint ... Es mag im Einzelfalle als Härte empfunden werden, wenn eine neugegründete GmbH., die das von einem Gesellschafter bisher unter seinem Familiennamen betriebene Geschäft in sich aufgenommen hat, durch das Warenzeichen eines Dritten an der Hereinnahme des Namens in die Gesellschaftsfirma gehindert wird. Dies kann aber nicht dazu führen, dem zeichenrechtlichen Anspruch des Dritten gegenüber so allgemeinen Billigkeitsmomenten Raum zu geben." Diese Urteile fallen aus dem sonst vom RG. innegehaltenen Rahmen heraus, gerade das Billigkeitsrecht als ein Recht höherer Ordnung dem formalen Recht aus dem Warenzeichen hinzustellen. Es ist daher diese Wendung in der Rechtsprechung des RG. mit Recht vielfach gemißbilligt worden, wenn es auch übertrieben ist, diese gleich als „in Formeln erstarrt" hinzustellen. Im Gegensatz zu diesen Urteilen steht z. B. das vom 25. Febr. 1927 desselben Senats (GewRschutz 1927 S. 306). Dort wird das wirtschaftliche Interesse an einem Vorratszeichen gegen ein Warenzeichen eines Dritten ausdrücklich abgewogen. Es wird verlangt, „daß für das Vorratszeichen beim Erwerb ein schutzwürdiges Bedürfnis bestehe und gesagt, daß man sich nicht auf das formale Vorratszeichen stützen dürfe gegenüber dem unter starker Werbearbeit in den Verkehr gebrachten Zeichen eines Dritten. Das hieße, die fremde Arbeitsleistung für sich ausnützen und den freien Wettbewerb übermäßig beeinträchtigen." Damit werden aber Abwägungen des Schutzbedürfnisses nach rein wirtschaftlichen Interessen vorgenommen. Und eine Rückkehr zur früheren richtigeren Auffassung zeigt auch das Urteil in Sachen Stollwerck in RGZ. 116, 209: Die Berechtigung, sich Vorratszeichen eintragen zu lassen, wird ausschließlich auf das wirtschaftliche Interesse der Industrie an solchen begründet (RGZ. 69, 380; RGZ. in JW. 1928 S. 2084[10]). Besonders scharf wird dieses in der Entscheidung über die Zulässigkeit der Anbringung einer Dachhochantenne durch den Mieter betont. RGZ. 116, 97 sagt: „Die Frage ist unter Abwägung der beiderseitigen Interessen nach Treu und Glauben zu entscheiden. Der Richter darf dabei nicht nur einen Ausschnitt aus den Interessen beider Parteien herausgreifen, wenn noch andere ihm bekannt sind und offen vor ihm liegen, auch wenn die Parteien sich nicht darauf berufen. Soll unter Anwendung des Satzes von Treu und Glauben ein objektives Bild gefunden werden, so sind sämtliche Interessen, sämtliche Umstände des Falles zu berücksichtigen. Hier darf also die Dachbeschädigung und die Blitzgefahr nicht außer Betracht bleiben."

c) Ebenso bedeutet die Bezugnahme auf Treu und Glauben und die Verkehrssitte, wie sie sich in §§ 157 und 242 BGB. findet, dieser „königlichen Paragraphen", wie sie einmal genannt wurden, nichts weiter als die Heranziehung des Rechtsgefühls, somit des Volksrechts als Entscheidungsnorm. Dies wird mittelbar vom RG. selbst dadurch anerkannt, daß es die Frage, welcher Sinn einer Erklärung nach Treu und Glauben beizumessen sei, für eine Rechtsfrage erklärt (RGZ. in JW. 1913 S. 593[4]), während es die Feststellung einer Verkehrssitte als Tatsachenfrage behandelt (RG. bei WarnRspr. 1919 Nr. 131). Als „Recht" aber kann nur das von dem BGB. in Bezug genommene Volksrecht in Betracht kommen, das angewendet oder verletzt worden ist. — § 157 BGB. will den Vertragsinhalt bestimmen, § 242 die Leistungsart. Die Rechtsprechung des RG. scheidet aber nicht mehr streng diese beiden Vorschriften und bringt durch beide zur Geltung, daß gegen Recht und Billigkeit verstoßende Ansprüche aus einem Vertrag, sei es durch Festhalten an seinem vereinbarten Inhalt, sei es durch Verlangen der vereinbarten Leistung als Erfüllung, geltend gemacht werden (RGZ. 60, 164; 100, 136; 101, 169). Indem als Grundsatz aus dieser Bezugnahme hingestellt wird, daß jeder Vertragsteil auf das Interesse des anderen billig Rücksicht zu nehmen habe (RGZ. 101, 49), wird das Rechtsgefühl zur Richtschnur genommen. Damit wird eine neue und vernünftige Auslegung von Verträgen ermöglicht und dem RG. durch § 157 BGB. ein Mittel an die Hand gegeben, auch als Revisionsgericht trotz der Bindung an die tatsächliche Würdigung des Unterrichters nachzuprüfen, ob diese Vorschrift beachtet ist. Während § 133 BGB. die Erforschung des wirklichen Willens ohne Rücksicht auf die buchstäbliche Erklärung bei Auslegung einer Willenserklärung vorschreibt, also allein auf den Willensinhalt der Erklärenden abstellt, hat § 157 die Feststellung des objektiven Inhalts des Vertrags im Auge und will, daß dieser nach äußeren objektiven Merkmalen, nämlich nach Treu und Glauben und Verkehrssitte, festzustellen ist, also vor allem auch nach dem, wie der andere Vertragsteil nach Treu und Glauben die Erklärungen auffassen muß und wie dies nach der Verkehrssitte zu geschehen pflegt. Dies wird namentlich von Bedeutung dann, wenn die getroffenen Vereinbarungen Lücken aufweisen. Dann sind diese, sofern es im Rahmen der getroffenen Vereinbarung möglich ist, und nicht der Vertrag dadurch einen ganz anderen Charakter gewinnt, nach den Grundsätzen von Treu und Glauben, d. h. so auszufüllen, wie es dem Rechtsgefühl entspricht (RGZ. 87, 211; 79, 738; 92, 320). Durch § 242 aber wird das auf Grund des Vertrags zu Leistende in den Schranken von Treu und Glauben gehalten, auf das Maß zurückgeführt, das dem Rechtsgefühl entspricht und so eine Überspannung des f.rmalen Rechts verhütet. § 242 beherrscht das ganze Schuldrecht und alle vertraglichen Leistungen; alle in den Vorschriften über einzelne Schuldverhältnisse angeordneten Rechte und Verpflichtungen sind immer unter dem Vorbehalt des § 242 zu verstehen, daß sie dem Rechtsgefühl nicht widersprechen. So kommt das RG. dazu, sogar bei Fixgeschäften das Rücktrittsrecht zu versagen, wenn die ausbedungene Zeit nur um ein geringes überschritten wird (RGZ. 117, 355). Auch hier hat das RG. einige Richtlinien herausgearbeitet, die als Sätze des anzuwendenden Volksrechts gelten können: Die Auslegung eines Vertrags muß die Interessen beider Teile berücksichtigen (RGZ. 88, 416); die Auslegung hat mit der Beweisführung nichts zu tun, nur wenn eine Partei sich auf außerhalb der Vertragsurkunde liegende Umstände stützt, liegt ihr für sie der Beweis ob (RGZ. in JW. 1926 S. 650[1]). Verspätetes Geltendmachen von Ansprüchen kann wider Treu und Glauben verstoßen und gibt daher einen Erlöschungsgrund für den Anspruch (RGZ. in LeipzZ. 1929 S. 474[5].) Es gibt keinen Rechtssatz dahin, daß gewisse Verträge eng auszulegen sind (RGZ. in JW. 1908 S. 476[4]), auch nicht, daß Verzichte nicht zu vermuten seien. Der Grundsatz pacta sunt servanda wird zunächst streng beibehalten und wird durch § 242 nicht als aufgehoben erachtet. Ganz unnötigerweise nimmt hier statt der unmittelbaren Berufung auf § 242 das RG. häufig das Mittel der Fiktion zu Hilfe: die Fiktion einer stillschweigenden Vereinbarung über die Abänderung einer nachgiebigen gesetzlichen Vorschrift, deren Anwendung auf den Einzelfall das Rechtsgeschäft verletzt. Damit hat z. B. das RG. die Vorschrift des alten § 833, die es anfänglich streng formal angewendet hatte (RGZ. 54, 73), später mit dem Rechtsgefühl in Einklang gebracht (RGZ. 65, 313).

aa) Von besonderer Wichtigkeit ist die Rechtsprechung auf Grund von § 242 BGB. über die Auslegung von Versicherungsverträgen geworden. Bei ihrer Auslegung und Feststellung, wie der Versicherungsnehmer die Bedingungen zu verstehen hat, ist ganz besonders Treu und Glauben maßgebend (RGZ. in JW. 1927 S. 1588[23]). Unklarheiten sind gegen den Versicherer auszulegen, der sich deutlich hätte aussprechen sollen (RGZ. in DJZ. 10, 71). Verwirkungsbedingungen sind stets so zu verstehen, daß sich der Versicherte vorbehalten hat, seine Schuldlosigkeit bei Eintritt des Verwirkungsfalles nachzuweisen (RGZ. 62, 190; 71, 440). Das gilt namentlich für die Verletzung der Anzeigepflicht (RGZ. 83, 43). Wichtig ist die Auffassung des RG. hier, daß die Anzeige nur eine Voraussetzung für die Geltendmachung des Anspruchs aus der Versicherung, keine Leistung an den Versicherer ist, daß daher § 278 BGB. nicht zur Anwendung kommt (RGZ. 83, 43).

Die allgemeinen Versicherungsbedingungen prüft das RG. in größerem Umfange nach als sonst vertragliche Vereinbarungen, weil sie typisch sind und für alle Versicherungsverträge gelten (RGZ. 81, 117; 112, 372). Bei den Versicherungsverträgen taucht auch zum ersten Male der Gedanke auf, daß die veränderten Umstände, die durch Wegfall der Sicherheit des Versicherers entstanden sind, nach Rücksicht auf Treu und Glauben ein Rücktrittsrecht gestatten, daß nach der Natur dieser Verträge die clausula rebus sic stantibus, obwohl sie keine Anerkennung im BGB. gefunden habe, als von Treu und Glauben gefordert, in Anwendung zu kommen habe (RGZ. 60, 57). In RGZ. 62, 267 wird dagegen ausdrücklich die Windscheidsche Voraussetzungslehre wieder abgelehnt.

bb) Die nach Kriegsende und durch die Revolution eintretende Umwälzung aller wirtschaftlichen Verhältnisse blieb nicht ohne Einfluß auf die rechtliche Beurteilung der vor dieser Zeit und in dieser Zeit abgeschlossenen Verträge. Sie zwangen dazu, das im BGB. niedergelegte Recht über die Haftung aus Verträgen und den Grundsatz pacta sunt servanda wesentlich zu modifizieren und wieder auf das Rechtsgefühl als der wirklichen Quelle alles natürlichen Volksrechts zurückzugreifen. Auch hier bediente man sich dazu hauptsächlich der Blankettvorschrift des § 242 BGB. Diese gestattete auch Rechtsinstitute und Rechtsgrundsätze, die ausschließlich auf dem Boden des Volksrechts erwachsen waren, wieder anzuwenden. Hierzu gehört die sog. clausula rebus sic stantibus. In Betracht kamen zunächst die gegenseitigen Verträge. Während sie nach der gemeinrechtlichen Lehre ohne weiteres Bestandteil aller Verträge und auch nach dem preußischen Allgemeinen Landrecht im wesentlichen anerkannt war, hat das BGB. sie nur für einzelne besondere Rechtsverhältnisse (§§ 321, 614, 712 u. 713) anerkannt, im allgemeinen aber, wie sich aus den Protokollen und auch aus den Motiven ergibt, nicht aufgenommen. Hieran hielt sich nun auch die Rechtsprechung des RG. und hat die Anwendung der clausula rebus sic stantibus zunächst strikt abgelehnt (RGZ. 50, 255; 60, 57), wenn sie nicht ausdrücklich oder „stillschweigend" von den Parteien selbst zum Vertragsinhalt erhoben worden ist. Über die Fiktion einer stillschweigenden Vertragsvereinbarung wurde oben schon gesprochen. Die durch den Krieg für die Vertragsaushaltung verursachten Schwierigkeiten fanden zunächst noch kein rechtes Verständnis beim RG. und es lehnte ausdrücklich ab, aus dem Grunde einen Ausgleich zwischen den Parteien zu schaffen und erschwerte Lasten der Leistung der einen Partei zu erleichtern oder gar den Rücktritt von dem ganzen Vertrag zu gestatten, weil dies nach Treu und Glauben berechtigt sei (RGZ. 86, 398; 90, 374). Für den Großhandel wurde sogar abgelehnt, überhaupt die Unmöglichkeit der Leistung im konkreten Falle aus § 242 BGB. zuzulassen, solange noch für die Ware ein Marktpreis bestand, Treu und Glauben forderten dies nicht (RGZ. 88, 175; 95, 43). Für Geschäfte, die nicht dem Großhandel angehörten, wurde zwar diese grundsätzliche und schlechthinige Ablehnung nicht durchgeführt, immerhin aber doch auch hier der Grundsatz von Treu und Glauben nur sehr eingeschränkt zur Geltung gebracht. So wurde entweder tatsächliche Unmöglichkeit der Leistung oder eine Leistung gefordert, die wirtschaftlich geradezu ruinös gewirkt hätte (RGZ. 99, 259; 100, 134; 101, 81; 102, 273). Weiter kam man dann dem Billigkeitsgefühl schon dadurch entgegen, daß man in gewissen Fällen annahm, die Leistung sei infolge der veränderten wirtschaftlichen Lage namentlich nach dem Kriege eine wesentlich andere geworden als ursprünglich vereinbart war, und deshalb eine Befreiung von der Lieferungspflicht zugestand (RGZ. 88, 71; 94, 46; 98, 18).

Erst nach dem Kriege rang sich unter Berufung auf § 242, aber in Verbindung mit § 325 und Gleichsetzung der wirtschaftlichen Unmöglichkeit mit der dort vorausgesetzten die volle Anerkennung der clausula rebus sic stantibus durch (RGZ. 100, 130). Man forderte nicht mehr die wirtschaftliche Unmöglichkeit und den wirtschaftlichen Ruin beim Festhalten am Vertrag, sondern machte den Gesichtspunkt der Veränderung der Geschäftsgrundlage geltend. Diese wurde für die Vertragsverpflichtung im wesentlichen als gleichbleibend vorausgesetzt, mit deren Wegfall oder Veränderung falle auch der Vertrag (RGZ. 103 S. 177, 329).

cc) Zunächst sah man bei den gegenseitigen Verträgen die Veränderung der Geschäftsgrundlage freilich nur auf der Seite der Sachleistung. Die Warenlieferung, die Dienstleistung usw. waren durch die wirtschaftlichen Verhältnisse erschwert worden. Bei der Frage, ob sich die Geschäftsgrundlage geändert habe, erhob sich für die Begründung, warum sie maßgebenden Einfluß auf den Bestand des Vertrags haben müsse, die Erwägung, daß bei jedem gegenseitigen Vertrag der Grundsatz der Äquivalenz der beiden gegenseitigen Leistungen herrsche im Synallagma. Genau besehen ist der Gedanke der „Äquivalenz" weiter nichts als das Erfordernis der Billigkeit und Gerechtigkeit, eine Anwendung des Rechtsgefühls. Denn eben dieses verlangt die „Äquivalenz".

Auf der Seite der Geldleistung ließ man zwar dann auch den Grundsatz der Äquivalenz gelten, die verlogene Annahme des Satzes „Mark gleich Mark" verhinderte aber die Einsicht, daß die Entwertung der Papiermark diese Äquivalenz irgendwie störe. Indem man den Nennwert der Geldschuld ausschließlich dem Schuldverhältnis zugrunde legte und den Zwangskurs für den Inhalt der Schuld maßgeblich erachtete, mußte man allerdings dazu kommen, irgendeine Störung der Äquivalenz zu verneinen (RGZ. 102, 98; V. Senat). Aber das Rechtsgefühl konnte sich damit nicht zufrieden geben, das natürliche Recht verlangte Geltung. Und so erklärte der II. Senat des RG. endlich im Urt. vom 3. Febr. 1922 (RGZ. 103, 329), daß die Veränderung der Geschäftsgrundlage auch eine Folge der seit Herbst 1919 eingetretenen Geldentwertung sein könne und diese „Valutaverschiebung die Anwendung der clausula rebus sic stantibus rechtfertige". Darauf hat dann auch der V. Senat seinen ablehnenden Standpunkt aufgegeben und es wurde von sämtlichen Senaten der Grundsatz nun befolgt, „daß ein in angemessenen Grenzen sich haltendes Wertverhältnis der gegenseitigen Leistungen ein Erfordernis von Treu und Glauben sei und eine unverhältnismäßig verminderte Leistung anzunehmen keinem Vertragsteile nach § 242 BGB. zugemutet werden könne". Bald ging die Rechtsprechung in Anwendung dieser Grundsätze dazu über, nicht nur die Lösung des Vertragsverhältnisses bei solcher veränderter Grundlage zu gestatten, sondern das gestörte Äquivalenzverhältnis, das durch die Geldentwertung entstanden war, dadurch wiederherzustellen, daß man die Geldleistung entsprechend im Nennbetrage aufwertete (RGZ. 100, 132). Das wurde nach Treu und Glauben für notwendig erachtet, namentlich bei langfristigen Rechtsverhältnissen, bei denen die in einzelnen Zeitabschnitten wiederkehrende Gegenleistung bei Eingehung des Vertrags vereinbart worden war, die Geltung des Vertrags aber in eine völlig umgestaltete wirtschaftliche Lage und entwertete Geldverhältnisse hineinragte. So bei Abschätzung des Inventars eines Pachtvertrags (RGZ. 104, 394). Und in ganz besonders klarer Weise machte sich das Rechtsgefühl bei Ansprüchen auf Rente aus Unterhaltungsverträgen und Altenteilsverträgen geltend (RGZ. 106, 233). Für diese hat die Aufwertung schon das Ges. vom 18. Aug. 1923 (RGBl. I S. 815) zugelassen.

Nachdem das RG. einmal den falschen Grundsatz „Mark gleich Mark" aufgegeben hatte, konnte es auf die Dauer nun auch nicht bei den gegenseitigen Verträgen stehenbleiben. War dort der Grundsatz von Treu und Glauben mit Hilfe des Erforderns einer Äquivalenz zur Geltung gebracht worden, so mußte man bei den einseitigen Verträgen diese Brücke verlassen und unmittelbar nach Treu und Glauben verneinen, daß Mark gleich Mark sei. Gegen dieses Rechtsgefühl verstieß offensichtlich das Vorgehen der Hypothekenschuldner, als diese begannen, sich die Herrschaft des Satzes „Mark gleich Mark" zunutze zu machen und ihre Hypotheken abzustoßen, indem sie nun an Stelle des empfangenen vollgültigen Geldes minderwertiges oder fast nichtswertiges Papiergeld nach gleichem Nennwerte zurückzahlten. Daß das gegen Treu und Glauben und jedes Rechtsgefühl verstieß, konnte füglich auch dem eingeschworenen Nominalisten nicht verborgen bleiben. Und so erkannte der V. Zivilsenat des RG. in seinem berühmt gewordenen Urt. vom 28. Nov. 1923 (RGZ. 107, 88), daß der Satz Mark gleich Mark auch für Hypothekenschulden nicht aufrechtzuerhalten sei. Er sagt: „Nach dem Eintritt des Verfalls der Papiermark entstand ein Widerstreit zwischen den Währungsvorschriften einerseits, auf der anderen Seite denjenigen sonstigen Gesetzesbestimmungen, die verhüten wollen, daß der Schuldner in der Lage sei, sich seiner Verbindlichkeit in einer Weise zu entledigen, die mit den Anforderungen von Treu und Glauben und mit der Verkehrssitte nicht vereinbar ist, also namentlich mit der das Rechtsleben beherrschenden Vorschrift des § 242 BGB. Bei diesem Widerstreit muß die letztere Vorschrift den Vorrang haben und müssen die Währungsvorschriften zurücktreten, weil bei ihrem Erlaß die Möglichkeit eines derartigen Währungsverfalls, infolgedessen die aus den Währungsbestimmungen sich ergebenden Folgerungen mit den Grundsätzen von Treu und Glauben und mit der Billigkeit nicht mehr vereinbar sind, nicht in Betracht gezogen waren, ein starres Festhalten an ihnen für diesen Fall also nicht vorgesehen war." So sehr der Durchbruch der richtigen Erkenntnis in diesem Urteile auch zu begrüßen ist, so bleibt es doch immerhin beklagenswert, daß er so spät erfolgte und das RG. so lange Zeit an dem Grundsatz Mark gleich Mark festzuhalten versucht hat. Die Begründung des Urteils ist überdies auch noch in anderer Richtung bemerkenswert.

Es wird nämlich nicht schlechthin das Währungsgesetz deshalb für unwirksam erklärt, weil es gegen das natürliche Rechtsgefühl, gegen Treu und Glauben verstößt und das Volksrecht ein Recht höherer Ordnung gegenüber dem Währungsgesetz sei — wie es z. B. dem Warenzeichengesetz gegenüber angenommen worden ist —, sondern es wird angenommen, daß das Währungsgesetz von vornherein für diese Fälle nicht hat gelten wollen, seine Wirkung also eingeschränkt nach dem Willen des Gesetzgebers. Damit wird eine Auslegungsregel gegeben, die von größter Bedeutung ist und auf die noch zurückzukommen ist. Die Folge dieser Auffassung war, daß das RG. nicht gewagt hat, als später der Gesetzgeber seiner Rechtsprechung nach Billigkeit und Rechtsgefühl in die Arme fiel und die freie Aufwertung durch die dritte Steuernotverordnung vom 14. Febr. 1924 (RGBl. I S. 74) und später durch die Aufwertungsgesetze auf weiten Gebieten ausschaltete und selbst dort die Aufwertung regelte, diese Gesetze, weil sie wider Treu und Glauben verstießen, für ungültig zu erklären. Auch ein Widerspruch mit den Grundrechten der Reichsverfassung, die verfassungswidrige Enteignung wohlerworbener Rechte, wurde verneint (RGZ. 107, 370; 108, 182). Daß sich nun eine völlige Verschiedenheit zwischen der gesetzlichen Aufwertung und der sog. freien Aufwertung auftat, ist gewiß beklagenswert. Sehr mit Unrecht wird aber statt dem Gesetzgeber dem RG. die Schuld daran beigemessen. Es ist ein völlig unberechtigtes Verlangen, das RG. solle sich auch bei seiner freien Aufwertung an die Grundsätze und Maßstäbe halten, die der Gesetzgeber in seinen Aufwertungsgesetzen aufgestellt habe. Das Verlangen wäre berechtigt, wenn diese dem natürlichen Rechtsgefühl, den Grundsätzen von Treu und Glauben entsprächen. Das Gegenteil aber ist bei diesen einseitig die Belange der Schuldner berücksichtigenden Gesetzen der Fall, und es muß deshalb als Verdienst des RG. bezeichnet werden, daß es sich auf den Gebieten, wo seine Rechtsprechung noch nicht gebunden ist, nicht beirren läßt und versucht, noch Treu und Glauben zur Geltung zu bringen. Unberechtigt ist auch der Vorwurf, das RG. unterlasse es, dabei zwischen den Interessen der alten Gläubiger und denen der jetzigen Wirtschaft einen Ausgleich zu schaffen. Er wäre berechtigt, wenn das RG. schlechthin den Nennwert der Papiermark mit dem Werte der Valuta des unentwerteten Geldes ausgeglichen hätte und so stets zu einer vollen Aufwertung gekommen wäre. Das hat es aber gerade nicht getan, sondern eben den Stand der heutigen Wirtschaft und die Vermögenslage der Parteien im allgemeinen berücksichtigt, und es ist so unter Anwendung des Grundsatzes von Treu und Glauben und Zumutbarkeit der Leistung nach Billigkeit in der Regel nur zu einer teilweisen, prozentualen Aufwertung gekommen (RGZ. 107, 87; 108, 122; 110, 40; 112, 320). RGZ. 116, 318 sagt ausdrücklich: „Gerade der die Aufwertungsrechtsprechung beherrschende Rechtsgedanke einer billigen Interessenausgleichung bringt mit sich, daß die Umstände des Einzelfalles maßgebend sein müssen.“ Diese stimmte freilich nicht mit der vom Gesetzgeber für das von ihm behandelte Gebiet überein. Daß diese nicht dem Recht und der Billigkeit entsprach, läßt ja schon der Umstand erkennen, daß der Gesetzgeber sich selbst später genötigt sah, seine Sätze nicht unwesentlich zu erhöhen. Die Rechtsprechung des RG. hat die Anwendung von Treu und Glauben auf die Aufwertung in reichem und umfassendem Maße ausgestaltet. Näher hierauf einzugehen, verbietet der Raum. Es sind freilich auch nicht selten Widersprüche in der Rechtsprechung der einzelnen Senate zu verzeichnen. Der wichtigste ist die Meinungsverschiedenheit über die Bedeutung des 15. Aug. 1922 für die sog. rückwirkende Aufwertung. Der II. Zivilsenat hatte diesen Tag als „schroffe zeitliche Grenze“ hingestellt und ausgesprochen, daß vor Mitte August 1922 ziffernmäßig beglichene Forderungen nicht mehr nachträglich aufgewertet werden könnten (RGZ. 113, 136). Der V. Zivilsenat hatte die Anwendung dieser Grenze für Grundstücksgeschäfte verneint (RGZ. 114, 300). Der II. Zivilsenat hat dann seinen Grundsatz nicht mehr in voller Schärfe aufrechterhalten und auf die Geschäfte des kaufmännischen Güterumsatzes und des täglichen Wirtschaftslebens beschränkt (RGZ. 115, 701). Das RG. hat selbst die Entwicklung dieser Rechtsprechung und den noch bestehenden Zwiespalt in RGZ. 116, 312 dargelegt. Nicht ganz einhellig ist auch die Rechtsprechung hinsichtlich der Wirkung eines Vergleichs (RGZ. 118, 61) und eines Verzichts auf Aufwertung, namentlich eines stillschweigenden Verzichts durch Unterlassung der Geltendmachung des Aufwertungsanspruchs (RGZ. 106, 422; 110, 133). Wenig befriedigend und dem Rechtsgefühl nicht entsprechend ist die Ablehnung des RG., Vergleiche oder Käufe wegen Irrtums über den

Geldwert und die Kaufkraft der Papiermark nach § 119 BGB. anzufechten, weil der Irrtum über die Kaufkraft des Geldes, z. B. der Mark im Jahre 1923, keine verkehrswesentlichen Eigenschaften der Papiermark betreffe und nur ein Irrtum im Beweggrund vorliege (RG. in JW. 1926 S. 525; RGZ. 111, 257). Vgl. dagegen RGZ. 116, 17, das bei starker Kursdifferenz doch eine Anfechtung des Kaufes von Wertpapieren zuläßt. Wenn irgend etwas eine Eigenschaft ist, so gewiß die Valuta und Kaufkraft des Geldes! Wäre die Rechtsprechung des RG. hinsichtlich der Anfechtung von Inflationskäufen, namentlich von Grundstücken, dem Rechtsgefühl mehr entgegengekommen, so wäre die ganze gegenwärtige Bewegung auf gesetzliche Regelung der Inflationskäufe von Grundstücken vermieden worden. Es wäre gerade bei Anwendung der Grundsätze von Treu und Glauben nach § 242 BGB. auch möglich gewesen, die Interessen der jetzigen Wirtschaft ebenso wie bei der Aufwertung sonst zu berücksichtigen. Noch weniger entspricht dem Rechtsgefühl die Ablehnung der Aufwertungsmöglichkeit und Einlösbarkeit der Reichsbanknoten und Darlehnskassenscheine und auch die rechtliche Begründung hierfür begegnet berechtigter Kritik. Hier ist bei der gerechten Abwägung der beiderseitigen Interessen doch wohl das der Gläubiger gegenüber dem Fiskus und der Reichsbank zu kurz gekommen.

2. Eine weitere Möglichkeit, das Volksrecht zur Geltung zu bringen, besteht dort, wo das Gesetz Lücken aufweist. Dann hat der Richter die Freiheit, das aus dem Rechtsgefühl fließende Recht seiner Entscheidung zugrunde zu legen, gleichviel ob die unterlassene gesetzliche Regelung eine beabsichtigte war (weil man diese der Wissenschaft und Praxis überlassen wollte), oder eine ungewollte. „Es ist nicht die Aufgabe des Gesetzgebers, für jedes sich gestaltende Lebensverhältnis eine besondere Norm zu setzen," sagt RGZ. 24, 49, „es ist vielmehr . . . Pflicht der Judikatur, die Grundprinzipien des Gesetzes zutage zu fördern und auf die im Leben hervortretenden Fälle anzuwenden." Zuweilen erfolgt diese Ausfüllung auch durch analoge Anwendung einer anderen gesetzlichen Vorschrift, worüber noch besonders zu sprechen ist. Eine der empfindlichsten Lücken im BGB. ist die bewußte Ablehnung der Anerkennung eines allgemeinen Persönlichkeitsrechtes. Nur einzelne Sphären der Persönlichkeit werden in § 823 BGB. und verschiedenen Nebengesetzen geschützt, im Gegensatz z. B. zum Schweizer Zivilgesetzbuch § 28 und Entwurf eines ungarischen Gesetzbuches § 22. Dabei besteht nicht immer eine klare Unterscheidung zwischen einem Immaterialgut und einem Persönlichkeitsrecht. RGZ. 109, 52 spricht von einem „rein persönlichen Recht" an einer verliehenen Medaille und gibt bei rechtswidrigem Eingriff in ein solches persönliche Recht die Unterlassungsklage. Gemeint ist aber die durch die Verleihung geschaffene besondere Rechtssphäre des Persönlichkeitsrechtes. Jedenfalls hat das RG. in ständiger Rechtsprechung und zuletzt noch in der bekannten Rundfunkentscheidung RGZ. 113, 414 ein allgemeines Persönlichkeitsrecht abgelehnt und erkennt nur besondere gesetzlich festgelegte Persönlichkeitsrechte an. Nur zuweilen läßt es die Frage dahingestellt. Von besonderer Bedeutung wird ferner das Wiederaufgreifen von Rechtsbehelfen oder gar die Schaffung von solchen, die das

Phot. Taggesell, Leipzig

Zimmer eines Senatspräsidenten

BGB. nicht kennt, ja sogar absichtlich nicht verwendet hat. Hierher gehören die exceptio doli (als Anspruch aus § 826 BGB.; RGZ. 61, 366), die clausula rebus sic stantibus, die als Folgerung aus § 242 BGB. bereits erwähnt wurde. Hierher gehört weiter die Anerkennung der positiven Vertragsverletzungen, die weder in § 325 BGB. noch in § 326 erwähnt werden, auf die aber jene Vorschriften nach der Rechtsprechung des RG. ebenfalls anzuwenden sind. Sie liegen vor bei solchen positiven Zuwiderhandlungen gegen die Vertragspflichten, die den Vertragszweck derart gefährden, daß dem vertragstreuen Teile „nach Treu und Glauben" die Fortsetzung des Vertrages nicht zu gemutet werden kann (RGZ. 54, 98; 93, 286; 104, 16; 106, 22). Auch die Haftung aus culpa in contrahendo, die im Gesetz nicht ausdrücklich erwähnt wird, wird vom RG. mit Rücksicht auf den redlichen Verkehr und den Erfordernissen von Treu und Glauben begründet und jetzt unter Aufgabe früherer engerer Auffassung (RGZ. 88, 105) allgemein anerkannt (RGZ. 95, 58; 107, 362), z. B. auch bei verstecktem Dissens bei schuldhaftem Handeln der einen Partei (RGZ. 75, 337; 103, 50). Eine erhebliche Fortbildung des Rechtes ist endlich auch die Ausbildung des Rechtsbehelfs einer Unterlassungsklage in einem über die Regelung im BGB. hinausgehenden Umfange. Zunächst erfährt sie als actio negatoria, wie sie in §§ 862, 1004, 12 u. a. BGB. anerkannt ist, dadurch eine Ausdehnung, daß als „sonstiges Recht" alle absoluten Rechte, namentlich auch einzelne Persönlichkeitsrechte (rein persönliche Rechte) und zahlreiche Rechtsgüter, als durch solche absolute Rechte geschützt angesehen werden (RGZ. 60, 6; 61, 369; 109, 53, 276). Hierher gehört auch der bereits eingerichtete und ausgeübte Gewerbebetrieb (RGZ. 61, 369; 64, 53; 65, 210; 117, 412 u. a.). Schon die bloß objektive Verletzung dieser Rechte gibt ein Recht zur Unterlassung (RGZ. 112, 153). Die Versagung der Anerkennung eines solchen absoluten Persönlichkeitsrechtes hat dann das RG. dazu geführt, aus jeder verwirklichten unerlaubten Handlung bei Wiederholungsgefahr dem Verletzten einen Unterlassungsanspruch zu gewähren. Die Auferlegung einer Pflicht, die Verletzung zu unterlassen, sei gleichbedeutend mit der Gewährung des Rechtes auf Unterlassung (RGZ. 48, 118; 56, 286; 57, 242). Auch aus dem Gesichtspunkt der Wiederherstellung des früheren Zustandes im Sinne von § 249 wird dieser Unterlassungsanspruch begründet (RGZ. 77, 218; 82, 59; 89, 30; 91, 265). Endlich erklärt das RG. es als Forderung eines dringenden Rechtsschutzbedürfnisses die (quasi negatorische) vorbeugende Unterlassungsklage zur Abwehr von drohenden Eingriffen in alle vom Recht geschützten Lebensgüter und Interessen zu gewähren (RGZ. 115, 416; 116, 153). Soweit das Vermögen durch § 263 StGB. oder § 826 BGB. geschützt ist, kann auch gegen seine drohenden Verletzungen die vorbeugende Unterlassungsklage geltend gemacht werden (RGZ. 91, 350). Gegen die allgemeine Ansicht der Rechtswissenschaft vertrat hier eine Zeitlang das RG. die Meinung, ein solches durch eine Unterlassungsklage zu befriedigendes Rechtsschutzbedürfnis sei nicht anzuerkennen, wo die rechtlichen Interessen bereits durch eine Strafdrohung, insbesondere durch die Möglichkeit einer Privatklage, wie bei Beleidigung, gesichert seien. Es versagte demnach hier die

Unterlassungsklage (RGZ. 71, 85; 77, 267; 82, 59; 88, 130; 91, 265; 95, 273; 98, 36). Von dieser, dem Rechtsschutzbedürfnis nicht gerecht werdenden Auffassung ist jedoch neuerdings das RG. wieder abgegangen (RGZ. 109, 59; 116, 155). Der II. Zivilsenat ist gegen den VI. Zivilsenat — der weggefallen ist, so daß von der Anrufung der Vereinigten Zivilsenate nach der Praxis des RG. abgesehen wurde — bei seiner früheren Rechtsprechung verblieben (JW. 1915 S. 29; MuW. 10 S. 63).

Nach § 465 BGB. ist die Wandlung und Minderung eines Kaufs erst vollzogen, wenn sich der Verkäufer auf Verlangen des Käufers mit ihr einverstanden erklärt. Es bringt also nicht schon die einseitige Erklärung, wie bei der Anfechtung, die Rückgängigmachung. Nach der Auffassung der 2. Kommission (Prot. S. 608) sollte damit die Vertragstheorie zum Ausdruck kommen. Das RG. läßt diese für den rechtsgeschäftlichen Weg bestehen (RGZ. 59, 97; 108, 26), gestatte aber daneben, daß unmittelbar auf Rückgängigmachung des Kaufs oder Minderung des Kaufpreises geklagt werde und das Urteil diese selbst ausspreche. Es wird also dem Verkehrsbedürfnis dadurch gerecht, daß es eine sonst fühlbare Lücke gemäß der Herstellungstheorie ausfüllt (RGZ. 58, 423; 70, 198; 94, 331).

3. Endlich kann auch dort, wo das Gesetz nicht ausdrücklich durch Blankettvorschriften auf das natürliche Rechtsgefühl als Rechtsquelle und Entscheidungsnorm verweist oder durch seine Lücke die Ausfüllung mit ihm zuläßt, dieses durch Auslegung der gesetzlichen Vorschriften mit dem Rechtsgefühl in Einklang gebracht werden. Denn die Auslegung ist ja heute nicht dem Richter untersagt, wie dies z. B. Justinian für seinen Codex getan hatte und wie spätere Gesetzgeber ihm darin gefolgt sind, z. B. das Publikationspatent vom 5. Febr. 1794 zum Allgemeinen preußischen Landrecht und § 47 der Einleitung zu diesem Gesetz. Ebenso gestattete das organische Dekret vom 16. Aug. 1790 der französischen Republik nur der gesetzgebenden Versammlung das Recht, Gesetze auszulegen.

Das RG. vertritt in immer steigendem Maße bei der Auslegung den Grundsatz der freien Behandlung der Gesetzesworte und ist weit davon entfernt, am Wortlaut des Gesetzes zu haften. Das zeigen u. a. der Beschluß der Vereinigten Zivilsenate vom 27. Juni 1910, wonach der Vorschrift in § 126 Abs. 1 BGB. genügt ist, wenn bei gesetzlich vorgeschriebener Schriftform der bevollmächtigte Vertreter ausschließlich mit dem Namen des Vertretenen unterschreibt (RGZ. 74, 69 — wie RGZ. 50, 54 — oder RGZ. 81, 206), wonach ein Verein durch die bloße Eintragung in das Vereinsregister die Rechtsfähigkeit erlangt, obwohl sein Zweck auf einen wirtschaftlichen Geschäftsbetrieb gerichtet ist oder sonstige Vorbedingungen der Eintragung nicht erfüllt sind. Interessant ist hier der Unterschied bei der Auslegung von Gesetzen und der von Verträgen: „Wohl bedarf das Gesetz, um in veränderter Umwelt mit neuen Verkehrserscheinungen und wirtschaftlichen Gebilden seinen Zwecken zu genügen, einer anpassenden Auslegung. Sie gibt, wenn nötig, dem Worte einen anderen Sinn und Begriffsinhalt, als etwa die Verfasser des Entwurfes und die ursprüngliche

Rechtsanwendung damit verbanden . . . Auf die Auslegung von Verträgen läßt sich dies nicht schlechthin übertragen. Denn hier ist und bleibt von maßgeblicher Bedeutung, was die Beteiligten beim Abschlusse des Rechtsgeschäftes einhellig wollten und bezweckten" (RGZ. I. ZS. 16. Febr. 1929 in HöchstrRspr. 1929 Nr. 1003). Das Verlangen, eine Bestimmung müsse „unzweifelhaften Ausdruck im Gesetz selbst gefunden haben", wird in dieser Schärfe nur vereinzelt gestellt (RGZ. 66, 334). Auch RGZ. 81, 282 verlangt nur, daß der Wille des Gesetzgebers im Gesetze selber einen „geeigneten Ausdruck" gefunden habe. RGZ. 123, 173 wieder sagt ganz allgemein: „Eine nicht zum Ausdruck gelangte Absicht des Gesetzgebers ist unbeachtlich" und „die Absicht, die der Gesetzgeber verfolgte, als er die Formvorschrift des § 506 schuf, ist für dessen Auslegung allein nicht ausreichend." RGZ. 119, 102 und 115, 35 sagen geradezu: „Die wörtliche Auslegung des § 433 BGB. scheint die Auffassung zu rechtfertigen, daß zur Erfüllung des Kaufvertrages die Eintragung im Grundbuche erfolgt sein müsse. Die Eintragung hat aber der Grundbuchbeamte vorzunehmen, der Verkäufer ist außerstande, dies zu tun. Die Verpflichtung des Verkäufers erschöpft sich darin, daß er alles zu tun hat, was ihm obliegt, um die Umschreibung herbeizuführen." Und RGZ. 120, 128: „§ 139 BGB. betrifft allerdings dem Wortlaut nach nur nichtige Rechtsgeschäfte, ist aber dem Sinne nach auch auf Geschäfte zu beziehen, deren Wirksamkeit von einer Genehmigung abhängt."

Während hiernach das RG. selbst wiederholt erklärte, es dürfe nicht am Wortlaut gehaftet werden, betont es doch andererseits auch des öfteren, daß immerhin eine gewisse Beziehung zum Wortlaut noch bestehen bleiben müsse. Freilich sind die Urteile in den Anforderungen hier verschieden. RGZ. 57, 222 sagt: „. . . Entsprechend ist auch die Ausdrucksweise des Gesetzes nicht ganz genau. Sie zu berichtigen liegt nicht außerhalb der Aufgabe der Auslegung, ist vielmehr notwendig, um den Sinn des Gesetzes über seinen Wortlaut hinaus, nicht gegen ihn und auch nicht ohne ihn, zur Geltung zu bringen." Und RGZ. 82, 325: „An der Absicht des Gesetzgebers, die Gleichstellung (einer Tarifstelle) überall, auch für den Steuersatz, aufrechtzuerhalten, kann nicht gezweifelt werden, und diese Absicht ist auch in der Tarifstelle, zwar in unzulänglicher Form, aber doch noch erkennbar, zum Ausdruck gelangt." Ebenso unterstellt RGZ. 68, 321, daß seine Einschränkung der Vorschrift von § 67 Abs. 4 HGB. „im Gesetze selbst" zum Ausdruck gekommen sei, eine Annahme, die allerdings sehr weit geht und von verschiedenen Rechtslehrern nicht geteilt wird.

Interessant ist RGZ. 81, 282 hinsichtlich des Auslegungsverfahrens. Es sagt: „Der Richter, der berufen ist, das Gesetz anzuwenden, ist befugt und verpflichtet, sich den zur Erkenntnis und Auslegung des Gesetzeswillens ihm erforderlich oder dienlich erscheinenden Stoff, mag er der Entstehungsgeschichte des Gesetzes oder sonstigen Umständen zu entnehmen sein, in jeder dem richterlichen Feingefühle geeignet erscheinenden Weise zu verschaffen. Er ist dabei nicht an die für das Beweisverfahren in der ZPO. gegebenen Formen und Regeln gebunden, aber auch nicht gehindert, sich ihrer zu bedienen. Er ist bei seiner Tätigkeit auch nicht beschränkt auf die Gesetzgebungsdrucksachen und sonstigen

Urkunden, sondern gegebenenfalls auch in der Lage, bestimmte Vorgänge durch Abhörung von Zeugen oder Auskunftspersonen anderer Art aufzuklären und festzustellen. Die Frage der Brauchbarkeit des Ergebnisses für die Gesetzesauslegung ist keine Frage der prozessualen Zulässigkeit, sondern der vorsichtigen sachlichen Bewertung. Bei dieser Bewertung ist aber vor allem zu prüfen, ob das, was als ermittelt angenommen wird, im Gesetze selbst einen geeigneten Ausdruck gefunden hat, der den entsprechenden Willen des Gesetzgebers erkennen läßt."

Eine ganz andere Auslegungsregel, die völlig vom Wortlaute des Gesetzes absieht, wird in dem bereits angeführten Urteile RGZ. 107, 88 eingeführt. Hier wird nach den Grenzen und dem Umfange einer Vorschrift gefragt, und diese werden nach dem Zwecke der Vorschrift und der Absicht des Gesetzgebers nach Befinden eingeschränkt. Das Urteil sagt: „An eine wesentliche Entwertung des Papiergeldes hat der Gesetzgeber beim Erlaß seiner Vorschriften (über Währung und gesetzliche Zahlungsmittel) nicht gedacht, . . . sie sind mit den Grundsätzen von Treu und Glauben und mit der Billigkeit nicht mehr vereinbar, dies war nicht in Betracht gezogen worden und ein starres Festhalten an ihnen für diesen Fall nicht vorgesehen." Es wird also die uneingeschränkte Geltung des Gesetzes verneint und für bestimmte Fälle abgelehnt. Quilibet praesumitur bonus wird auf den Gesetzgeber angewendet. Bis zum Beweise des Gegenteils und wenn der Gesetzgeber nicht klar dies erkennen läßt, muß angenommen werden, daß seine Vorschrift dort ihre Grenze finden soll, wo sie mit Treu und Glauben und der Billigkeit andernfalls nicht mehr vereinbar sein würde und dort nicht zur Anwendung kommt, wo es sich um ganz andere Verhältnisse handelt, als das Gesetz im Auge gehabt hat. Würde diese Auslegungsregel immer und vernünftig angewendet, so würde kaum ein Widerspruch mehr zwischen gesetztem Recht und dem aus dem Rechtsgefühl des Volkes fließenden natürlichen Rechte entstehen und im Wege der Auslegung diesem die Geltung verschafft werden können. Ein hervorragendes Beispiel für die Anwendung dieser Regel bei der Gesetzesauslegung bietet RGZ. 106, 272, wo die Frage entschieden wird, ob arbeitswillige Arbeitnehmer Anspruch auf Lohnzahlung haben, wenn der Betrieb infolge eines Streiks der übrigen Arbeiter eingestellt wird. Nachdem das Urteil sich dahin entschieden hat, daß eine Unmöglichkeit der Leistung im Sinne vom § 323 BGB. auf seiten der dienstpflichtigen Beklagten nicht in Frage komme, fährt es fort: „Man dürfe, um zu einer befriedigenden Lösung des Streites zu gelangen, überhaupt nicht von den Vorschriften des BGB. ausgehen, müsse vielmehr die sozialen Verhältnisse ins Auge fassen, wie sie sich seitdem entwickelt haben und in der Gesetzgebung der neuesten Zeit auch ausdrückliche Anerkennung gefunden hätten. Das BGB. trage sozialen Rücksichten vielfach Rechnung, und das treffe namentlich auch für das Recht des Dienstvertrages zu. Immer werde aber dabei nur das Rechtsverhältnis jedes einzelnen Dienstpflichtigen zum Dienstberechtigten betrachtet. Das BGB. stehe also, den Verhältnissen seiner Entstehungszeit entsprechend, auf einem individualistischen

Standpunkte. Inzwischen habe aber der Gedanke der *sozialen Arbeits- und Betriebsgemeinschaft* Ausbreitung und Anerkennung gefunden, der das Verhältnis zwischen dem Arbeitgeber und den Arbeitnehmern, wenigstens bei größeren Betrieben der hier vorliegenden Art, beherrsche. Es handelte sich also nicht mehr um ein Verhältnis des einzelnen Arbeiters zum Arbeitgeber, sondern um eine Regelung zwischen zwei Gruppen der Gesellschaft, dem Unternehmertum und der Arbeiterschaft. Der Arbeitnehmer ist nicht mehr ein bloßes Werkzeug des Unternehmers, sondern ein lebendes Glied der Arbeitsgemeinschaft ... Dann ist es selbstverständlich, daß, wenn infolge von Handlungen der Arbeiterschaft der Betrieb stillgelegt wird und die Betriebseinnahmen versiechen, es dem Unternehmer nicht zugemutet werden kann, für Lohnzahlungen aus anderen Mitteln zu sorgen ... Die Folgen des Wegfalles der Zahlungen müssen sich deshalb auch diejenigen Arbeitnehmer gefallen lassen, die sich dem Kreise der anderen nicht angeschlossen haben." Die Entscheidung ist auch deswegen interessant, weil in ihr die oben gekennzeichnete neuere Entwicklungstendenz nach gemeinschaftlicher Bindung deutlich zutage tritt.

Auch sonst befolgt das RG. häufig die Regel, daß der *Umfang einer Vorschrift nach ihrem Zwecke zu bestimmen* ist und keineswegs alle Tatbestände umfaßt, die nach dem Wortlaute ihr zu unterfallen scheinen. Ob es dabei freilich immer das Richtige trifft, ist bestritten. So schließt es die *Anfechtung wegen Irrtums* nach § 119 Abs. 2 BGB. aus, wenn das Wandlungsrecht aus §§ 459, 462 gegeben ist. Und es läßt auch ein Zurückgreifen auf die Anfechtung nicht mehr zu, wenn das Wandlungsrecht verjährt ist (RGZ. 61, 171; 70, 429). Das RG. geht davon aus, daß durch das an kurze Fristen gebundene Wandlungsrecht eine schnelle Abwickelung der Kaufgeschäfte im Interesse der Verkehrssicherheit erzielt werden sollte und deshalb die Anfechtungsmöglichkeit durch die Gewährleistungsvorschriften erschöpfend geregelt sei. Es nimmt also eine Abwägung der Interessen des einzelnen und der Interessen des ganzen Geschäftsverkehrs vor und läßt diese bei Bildung seines Rechtsgefühls überwiegen. Unbedenklicher ist die *Ausschließung einer Anfechtung* wegen Irrtums oder Betrugs hinsichtlich des *Beitritts zu einer Genossenschaft* oder *Gesellschaft* m. b. H., der *Zeichnung von Aktien,* der *Einzahlung von Stammeinlage* (RGZ. 57, 292; 68, 347; 82, 375; 83, 256). Näheres namentlich RGZ. 123, 107, das die gleiche rechtliche Behandlung wie bei § 119 BGB. auch für die nach § 138 Abs. 1 und 2 eintreten läßt. — Die Wirkung einer Verzeihung nach § 1570 BGB. wird in RGZ. 123, 237 bestimmt und gesagt: „Eine Verzeihung, zu welcher der Ehegatte durch Irrtum bestimmt war, kann auch ohne eine den §§ 119 und 121 BGB. entsprechende Anfechtung zurückgenommen werden." — Eine Beschränkung des Geltungsgebietes wird auch § 892 Abs. 2 BGB. zuteil, insofern nach dem RG. diese Vorschrift nur im *Falle zugunsten des Erwerbers* gelten soll, wenn er schlechtgläubig wird, nachdem er den Antrag auf Eintragung gestellt hat (RGZ. 116, 351, 361; 123, 21).

Leider versperrt sich das RG. selbst oft den Weg zu einer dem Rechtsgefühl entsprechenden billigen Auslegung durch Übernahme der alten Formel „*Ausnahmevorschriften sind einschränkend auszulegen* und nicht analog auszudehnen" (RGZ. 47, 356; 48, 265). Ebenso RGZ. 65, 364: „Eine ausdehnende Anwendung der §§ 912—916 BGB. auf einen Fall, für den sie nicht gegeben, kann durch bloß volkswirtschaftliche oder Billigkeitsgründe um so weniger gerechtfertigt werden, als es sich in der Tat um Ausnahmevorschriften insofern handelt, als sie eine Ausnahme von der Regel des § 873 Abs. 1 betreffend die Belastung von Grundstücken begründen."

Im einzelnen sind noch folgende Auslegungsregeln hervorzuheben:

a) Nahe kommt einer Verweisung auf das Rechtsgefühl, wenn die gesetzliche Vorschrift so weit und elastisch gefaßt ist, daß sie für die Anwendung auf den Einzelfall erst der näheren bestimmteren Ausgestaltung durch die Rechtsprechung bedarf; z. B. die Bezugnahme auf einen „wichtigen Grund". Man spricht hier entsprechend den Blankettvorschriften, wie sie oben unter 1 behandelt worden sind, wohl auch von „Ventilbegriffen". Es wurde schon am Anfang darauf hingewiesen, daß alles Recht Ordnung durch Interessenabwägung in einer dem Rechtsgefühl entsprechenden Weise ist. Es entsteht daher bei diesen allgemein und weitgefaßten Normen die Frage, welche Interessenabwägung und welcher Zustand des Rechtsgefühls maßgebend für die nähere Bestimmung des Inhaltes der vom Gesetzgeber gewollten Regelung sein soll. Denn es ist möglich, die zugrunde zu legen, die bei Erlaß der Vorschrift die herrschende und vom Gesetzgeber eingenommene war, es kann aber auch die für maßgebend angesehen werden, die nach der Entwicklung des Rechtsgefühls gegenwärtig bei der Anwendung des Gesetzes herrscht, sofern sie nur unter die elastische Vorschrift des Gesetzes zu bringen ist. In der Wissenschaft werden beide Ansichten vertreten. Es müßte, sofern das Rechtsgefühl und das aus ihm fließende Volksrecht als das stärkere erachtet wird, auch der Entwicklung dieses Rechtes gefolgt werden und so das zur Anwendung kommen, wie es sich bei der Entscheidung des gegenwärtigen Falles darstellt. Das RG. hat allerdings bisher zu dieser Frage noch nicht Stellung genommen.

b) Es gibt ferner Vorschriften, die mit Begriffen sich befassen, deren Bedeutung und Umfang nicht feststeht und allgemein anerkannt ist. Hier hat der Richter ebenfalls die Möglichkeit, die Bedeutung zur Anwendung zu bringen, die nach dem Rechtsgefühl die geeignete ist. Das aber ist das einzige „Irrationale", das den Entscheidungen des Gerichts zugrunde liegt!

Inwieweit dieses Rechtsgefühl durch eine richtige Abwägung und Bewertung entgegengesetzter Interessen dabei gebildet wird, kann freilich im Einzelfalle fraglich sein, und es kann sich auch diese Bewertung und damit das Rechtsgefühl wandeln, so daß schließlich bei der Auslegung dem Begriff, den das Gesetz bezeichnet, eine verschiedene Bedeutung beigelegt wird. Eines der bezeichnendsten Beispiele hierfür ist die Auslegung der Begriffe „Bestandteil" und „Zubehör" in § 93 BGB., und seine Anwendung auf Maschinen, die von Maschinenfabrikanten unter dem Eigentumsvorbehalt des § 455 gekauft worden waren. Anfänglich bejahte das RG. die Bestandteilseigenschaft. RGZ. 62, 406; 69, 150 erklärte, nur die Zweckbestimmung, die Zugehörigkeit zu einem Fabrikunternehmen, nicht die Art der Verbindung sei dafür entscheidend. Dann verlangte der V. Zivilsenat, die Maschine müsse im Gebäude aufgegangen sein, mit diesem eine einheitliche Sache bilden (RGZ. 67, 30). Dort wurden also die Interessen der Hypothekengläubiger, hier die der Maschinenfabrikanten höher bewertet und dementsprechend ihre Berücksichtigung als dem Rechtsgefühl gemäß angesehen. Die Interessen der Maschinenfabrikanten blieben schließlich Sieger, und so wurde § 93 in dem ihnen günstigen Sinne einer Zulassung des Eigentumsvorbehaltes ausgelegt (JW. 1911 S. 317 Nr. 1). Vgl. hierzu auch H. Isay, Rechtsnorm und Entscheidung (1929) S. 341.

Auch der Begriff der „notwendigen Verwendungen", die den Untergang oder die Verschlechterung der körperlichen Sache verhüten sollen, gehört hierher. RGZ. 117, 115 bestimmt sie als solche, die „lebenswichtigen Interessen des Betriebes dienen, in dessen Zweck das Grundstück gestellt ist. Nicht nur, was aufgewendet werden muß, um den alten Zustand zu erhalten, sondern auch, was verausgabt wird, um ihn zeitgemäß einzurichten, ist notwendig." In § 12 BGB. wird der Name geschützt. Auch diese Vorschrift kann weiter und enger ausgelegt werden. Das RG. kommt dem Rechtsschutzbedürfnis und damit dem Rechtsgefühl durch weiteste Auslegung des Begriffs Interesse und Name entgegen. Es gewährt den Schutz dem Ausländer wie dem Inländer, den Hauptnamen, den Namen juristischer Personen, Personennamen, Pseudonymen und Phantasiewörtern, schlagwortartigen Abkürzungen (RGZ. 117, 218). Damit wird eine umfassende Waffe gegen unlauteren Wettbewerb geschaffen. In § 419 BGB. wird der Vermögensübertragung im ganzen der Fall einzelner Vermögensstücke gleichgestellt, wenn sie tatsächlich das ganze Vermögen des Übertragenden gebildet haben, auch wenn diese nicht an eine, sondern an mehrere gegeben worden sind (RGZ. 65, 54; 80, 260; 123, 54).

Der Begriff der Einwirkung in § 905 Abs. 2 BGB. wird näher bestimmt in RGZ. 123, 182 dahin, daß nur solche gemeint seien, an deren Ausübung der Eigentümer wegen der Entfernung von der Oberfläche kein Interesse habe. Die Entwicklung des Verkehrs und der Verkehrsmittel (Kraftwagen) wird zur Bestimmung des Gemeingebrauchs einer Bodenfläche (Straße) verwendet (RGZ. 123, 187). Über den Begriff uneheliches Kind in § 1719 BGB. verhält sich RGZ. 123, 262.

Im Eisenbahnfrachtrecht bedarf der Begriff der Kostbarkeit einer Bestimmung. RGZ. 116, 116 sagt, in erster Linie ist der Begriff nach dem Verhältnis zum Werte anderer Güter von gleichem Umfange und Gewicht zu bestimmen, aber die Anschauung des Handels und Verkehrs und der allgemeinen Lebensanschauung sind gleichfalls maßgebend.

c) In manchen Fällen versucht das RG. gewisse starre und anscheinend absolut geltende Vorschriften, wenn ihre Anwendung gegen das Rechtsgefühl verstößt, durch Einschränkungen oder Umbiegungen mit diesem in Einklang zu bringen. So beispielsweise bei der Vollmacht zur Vornahme formbedürftiger Rechtsgeschäfte. Nach § 167 Abs. 2 BGB. ist die abstrakte, an sich stets widerrufliche Vollmacht zum Abschluß eines Vertrages über die Veräußerung oder den Erwerb eines Grundstückes formfrei (RGZ. 62, 335). Das ist unbestritten bei Vollmacht zum Erwerb eines Grundstücks (RGZ. 81, 139), wird aber im Hinblick auf § 313 für die Vollmacht auf Übertragung des Eigentums zweifelhaft. Das RG. hat in RGZ. 54, 76 und 77, 130 die Frage verschieden beantwortet. Im Bestreben, den vom Gesetzgeber für solche formbedürftige Geschäfte gewollten Schutz nicht vereitelt zu sehen, hat das RG. schließlich die Formfreiheit der Vollmacht sehr eingeschränkt, freilich in einer Verklausulierung, die eine gewisse Unsicherheit mit sich bringt. So sagt RGZ. 50, 169; 54, 79, daß eine auf Zeit oder Dauer unwiderrufliche Vollmacht aus einem Kausalverhältnis (wie Auftrag, Dienstvertrag) formbedürftig wie das Hauptgeschäft sei. Fehlt dagegen das Kausalgeschäft, so ist keine Form nötig trotz dem Verzicht auf Widerruf, weil auf einen solchen nicht verzichtet werden kann (RGZ. 62, 335). Wenn sich der Vollmachtgeber verpflichtet hat, im Falle des Widerrufs eine Vertragsstrafe zu zahlen, ist die formlose Vollmacht wirkungslos (RGZ. 50, 166; 54, 79). Ist keine Vertragsstrafe festgesetzt, ist die widerrufliche Vollmacht formbedürftig, wenn sie einer vom Erwerber abhängigen Person erteilt worden ist oder wenn der Erwerber ermächtigt ist, das Grundstück sich selbst aufzulassen, also Befreiung von der Vorschrift des § 181 BGB. gewährt wurde (RGZ. 75, 182; 79, 212; 81, 49; 97, 332; 108, 126). Man kann nicht sagen, daß diese Regelung besonders durchsichtig sei.

Dagegen hält das RG. mit Recht die vom Gesetz geschaffenen Formvorschriften für starre Normen. „Es liegt im Wesen einer gesetzlichen Formvorschrift begründet", sagt RGZ. 117, 126, „daß, wenn die Form nicht gewahrt ist, die Erklärung des rechtsgeschäftlichen Willens nicht verpflichtet. Dies auch dann nicht, wenn der Wille in besonders feierlicher Form bekräftigt wurde. Das Erfordernis der gesetzlichen Form kann nicht durch eine von den Beteiligten gewählte sonstige Feierlichkeit des Ausdrucks ersetzt, sie nicht überflüssig gemacht werden." Dies schließt aber nicht aus, daß auch Formvorschriften nicht in einer Weise ausgelegt werden dürfen, die das Rechtsgefühl verletzen. Ein treffliches Beispiel für § 2244 Abs. 3 BGB. ist RGZ. 97, 297, das ausführt: „Die Formerfordernisse der Testamentsaufnahme seien nicht um ihrer selbst willen, sondern im Interesse des Erblassers und der Bedachten aufgestellt worden und dürfen daher nicht zu Fallstricken werden, die die Absichten des Gesetzgebers vereiteln und den letzten Willen um seine Wirksamkeit bringen. Man dürfe also bei der Prüfung der Frage, ob sie eingehalten seien, keinen zu strengen Maßstab anlegen." Dasselbe gilt von der Auslegung der Vorschrift des § 128 BGB. in RGZ. 69, 130. Auch die Verneinung des Formzwanges in § 566 BGB. für Abreden, die neben dem Mietvertrag stehen, ihn erst ermöglichen und herbeiführen sollen, gehört schließlich hierher (RGZ. 123, 172).

B. Nebengesetze.

Auch in der Rechtsprechung des RG. auf anderen Gebieten des bürgerlichen Rechts als den im BGB. geregelten zeigt sich das Bestreben, das Rechtsgefühl in Beachtung von Treu und Glauben und den guten Sitten des Verkehrs zur Geltung zu bringen. Für das Handelsgesetzbuch war sie ja längst in vorbildlicher Weise durch das Reichsoberhandelsgericht eingeleitet und ist hier vom RG. nur fortgesetzt worden. Als Beispiel unter vielen seien nur RGZ.

65, 295; 117, 165 hervorgehoben: „Zum Verkehr unter Kaufleuten müsse die Frage, ob ein Kaufmann einem seiner Angestellten Vollmacht zur Vornahme von Rechtsgeschäften, wie Wechselverbindlichkeiten, erteilt habe, und ebenso der Umfang der Vollmacht nach dem in die äußere Erscheinung getretenen Verhalten des Kaufmannes beurteilt werden. Dieser Grundsatz durchzieht das ganze kaufmännische Verkehrsrecht. Diese freiere Entwicklung auch für andere Gesetze wird zweifellos weiter angeregt durch das BGB. und tritt ein mit dessen Inkrafttreten, namentlich in Wechselwirkung mit § 826 BGB. In besonders klarer Weise zeigt sich dies in der Rechtsprechung auf dem Gebiete des gewerblichen Rechtsschutzes, namentlich des unlauteren Wettbewerbs und des Warenzeichenrechts.

Im Gegensatz zur deutschen Rechtsprechung war es der französischen gelungen, auf Grund der §§ 1382 und 1383 des Code civil, die schließlich nichts anderes sind als eine Erweiterung der lex Aquilia, dem unlauteren Gebaren im gewerblichen Leben wenigstens zivilrechtlich zu begegnen. Das RG. trat einer solchen Anwendung der Vorschriften des bürgerlichen Rechts, die wir ja in gleicher Weise auch in den einzelnen bürgerlichen Gesetzbüchern der deutschen Länder hatten, ja sogar noch am Anfang der Geltung des Allgemeinen deutschen BGB., aufs schärfste entgegen. Zuerst hat der II. Zivilsenat RGZ. 3, 67 ausgesprochen, „daß einem Warenzeichen, das nicht entsprechend dem Gesetze eingetragen worden sei, kein Rechtsschutz gegen Usurpierungen, auch wenn sie absichtlich zum Zwecke der Täuschung erfolgten, zukomme. Das gleiche sagte der I. Zivilsenat RGZ. 17, 101 und 18, 99; 20, 71; 25, 120. Der Gebrauch eines fremden, aber nicht eingetragenen Warenzeichens zum Zwecke der Täuschung könne allerdings dem Gebrauchenden wirtschaftliche Vorteile zuführen, in den Rechtskreis desjenigen, der wirtschaftliche Nachteile dadurch erleidet, werde jedoch nach der deutschen Gesetzgebung nicht eingegriffen. Und noch im Urt. vom 2. Febr. 1900 (Bl. 7, PatMustZeichBl. 1900 S. 216) sagt das RG.: „Durch Eintragung eines Warenzeichens wird ein gültiges Zeichenrecht auch dann begründet, wenn es sich um eine zum Zwecke der Täuschung der Abnehmer nachgemachte Marke handelt. Die sonst im Recht geltenden Grundsätze über Treu und Glauben und über Arglist haben gegenüber dem formellen Prinzip des Warenzeichengesetzes keine Gültigkeit. Ein bestehendes Ausstattungsrecht bildet kein rechtliches Hindernis für eine rechtswirksame Eintragung derselben Ausstattung als Warenzeichen eines anderen." Dazu kam die Auffassung des RG., daß die Frage, ob ein Warenzeichen mit einem anderen verwechselbar sei, durchaus als Tatfrage behandelt wurde. Der Präsident des Zivilsenats, vor den die Revisionen in Warenzeichensachen gehörten, pflegte damals überhaupt abzulehnen, die ihm vorgelegten Warenzeichen auch nur in Augenschein zu nehmen!

Es ist begreiflich, daß eine derart formale und den wirtschaftlichen Bedürfnissen verständnislos gegenüberstehende Rechtsprechung auf Abhilfe durch Gesetz drängte. Aber auch das Gesetz zur Bekämpfung des unlauteren Wettbewerbs vom 27. Mai 1896 wollte nur die besonders ausgeprägt zutage tretenden Auswüchse des mißbräuchlichen Wettbewerbs abschneiden und scheute sich, noch mit einer allgemeinen Vorschrift alle illoyalen Handlungen zu treffen. Man wollte auch eine so weitgehende Macht dem Richter nach den bisher gemachten Erfahrungen nicht in die Hand geben. Da trat in der Rechtsprechung des RG. mit der Einführung des BGB. eine völlige Wandlung ein, und durch das berühmte Urt. des VI. Zivilsenats vom 11. April 1901 (RGZ. 48, 114) wurde anerkannt, „daß gegenüber den Schädigungen im Gewerbebetrieb durch unlauteren Wettbewerb ein Bedürfnis für einen Rechtsschutz im allgemeinen Umfange bestände, daß dieses Gebiet von dem genannten Spezialgesetz nicht ausschließend geregelt sei und ergänzend die allgemeinen Bestimmungen des BGB. in die Lücken treten. Gerade diejenigen des § 826 seien dazu geeignet und vom Gesetzgeber auch dazu bestimmt, eine Schutzwehr gegen illoyale Handlungen in umfassender Weise zu gewähren, namentlich für den geschäftlichen Verkehr, soweit nicht durch Spezialgesetze deswegen Vorsorge getroffen sei.“ Es wurde deshalb eine Klage auf Unterlassung aus § 826 gewährt und dahingestellt gelassen, ob diese auch in Analogie der negatorischen Klage und wegen Verletzung eines Individualrechtes zum Gewerbebetrieb nach § 1004 zu begründen sei. Diese Rechtsprechung bereitete den Weg, daß nun auch das neue abändernde Gesetz zur Bekämpfung des unlauteren Wettbewerbs vom 7. Juni 1909 die sog. Generalklausel, wenn schon nicht ohne lebhafte Kämpfe im Parlament, aufnehmen konnte. Auf Grund dieses § 1 UWG. im Verein mit § 826 BGB. hat nunmehr das RG. in freiester Weise die Bekämpfung jeder Unlauterkeit im Wettbewerb unternommen (RG. in JW. 1912 S. 255; RGZ. 77, 433). Dabei hält das RG. beide Vorschriften für gleichwertig. Auch wenn die Klage nur auf § 826 BGB. gestützt ist, kann gleichwohl der Gesichtspunkt des unlauteren Wettbewerbs aus § 1 UWG. herangezogen werden (RGZ. 73, 296; 74, 436; 109, 279). Die Zuständigkeitsfrage ist dagegen für beide Vorschriften verschieden geregelt. Zur Annahme, daß die Erwerbstätigkeit durch ein absolutes Persönlichkeitsrecht geschützt sei, hat sich jedoch das RG. nicht durchgerungen, erkennt vielmehr nur ein absolutes Recht an einem eingerichteten und ausgeübten Gewerbebetrieb an, sieht in diesem also ein immaterielles Rechtsgut (RGZ. 58, 24; 64, 52; 65, 210; 73, 10[7]). Nur einmal läßt es den Begriff des Persönlichkeitsrechtes anklingen, wenn es JW. 1909 S. 494[6] zwar dieses ausdrücklich verneint, aber als Schutzobjekt des eingerichteten und ausgeübten Gewerbebetriebes nicht die materiellen Grundlagen, sondern die Betätigung des Erwerbswillens innerhalb des eingerichteten Gewerbebetriebes bezeichnet. Die „Betätigung“ ist freilich nichts anderes als Ausfluß eines Persönlichkeitsrechtes! Das RG. hat für den unlauteren Wettbewerb folgende Rechtssätze herausgebildet: Es ist verboten, mit fremdem Kalbe zu pflügen, d. h. fremde Arbeitsleistung widerrechtlich für sich auszunutzen. Dieser Grundsatz kommt z. B. auch bei Nachbau fremder ungeschützter oder nicht mehr patentrechtlich geschützter Maschinen in Betracht. Vgl. auch RGZ. 79, 415; 86, 125; 111, 256. Man darf ferner niemand mit seinen eigenen Waffen bekämpfen; man darf dem Verkehr keine Fessel auflegen (RGZ. 116, 305; 120 S. 51, 97). In vollem Gegensatz zu seiner früheren, obenerwähnten Ansicht sagt jetzt das RG.: „Neben den besonderen Vorschriften der gewerblichen Schutzgesetze stehen ergänzend die allgemeinen des bürgerlichen Rechts und des Wettbewerbsgesetzes. So beim Warenzeichenrecht, das der Senat nur als Ausschnitt aus dem Gebiete des Wettbewerbsrechtes betrachtet. Nur soweit das Sonderrecht der gewerblichen Schutzrechte die Anwendung jener ergänzenden Vorschriften ausdrücklich ausschließt, muß sie unterbleiben (RGZ. 120, 97). Aber nicht nur als nebenstehendes Recht wird das von § 1 UWG. in Bezug genommene natürliche Volksrecht angesehen, sogar, wie schon früher hervorgehoben, als ein Recht höherer Ordnung gegenüber anderen Schutzgesetzen wird es hingestellt, das das formale Recht, z. B. das Warenzeichengesetz, einschränkt (RGZ. 106, 250; 111, 192; 114, 360). Daher darf niemand ein nach dem Warenzeichengesetz eingetragenes Zeichen zu Zwecken unlauteren Wettbewerbs benutzen, sich ein Zeichen eintragen lassen, das im geschäftlichen Verkehr bereits als Kennzeichen der Waren eines anderen gilt, auch wenn er es sich nicht hat eintragen lassen. Ebenso wird anerkannt, daß Zeichen, die nach dem Warenzeichengesetz nicht eintragungsfähig sind, gleichwohl im Verkehr Unterscheidungskraft gewinnen können und daß dann ihr Gebrauch zu Zwecken des Wettbewerbs verboten ist. Der Grundsatz kommt aber nicht nur bei formalen Vorschriften, sondern auch gegenüber anderen subjektiven Rechten zur Wirksamkeit. Hier handelt es sich dann um Abwägung des Interesses, das der Verkehr und der im Wettbewerb stehende Gewerbetreibende daran hat, daß keine Verwechselung zwischen seinen Leistungen und der der Konkurrenten eintritt, und des Interesses, das der einzelne Inhaber eines rechtlich geschützten Gutes an dessen unbehindertem Gebrauch hat. Diese Abwägung, die das Rechtsgefühl maßgebend beeinflußt, ist nicht immer ganz gleichmäßig vom RG. bewirkt worden, und manchmal zeigt sie eine Überwertung der Interessen jener gegenüber dieser, so namentlich bei Bewertung des immateriellen Rechtsgutes des Namens gegenüber der Verwechselungsgefahr mit anderen Trägern desselben Namens im geschäftlichen Verkehr bei der Firmenbildung. Zuweilen hat hier das RG. bei Anwendung von § 16 UWG. diese überspannt. Grundsätzlich hat jeder das Recht, unter dem eigenen Namen sein Gewerbe zu betreiben. Das schließt aber nicht aus, daß er in der Art des Gebrauchs seines Namens so vorgehen muß, daß nach Möglichkeit Verwechselungen ausgeschlossen werden. Das RG. hat aber vielfach den Gebrauch des berechtigten Namens überhaupt untersagt, wenn die Möglichkeit bestand, in anderer Weise die Firma zu bilden (RGZ. 110, 234; 111, 66; RGZ. in MuW. 1926 S. 42; 1927/28 S. 183; JW. 1928 S. 2077[1]). Diesen schroffen Standpunkt hat neuerdings das RG. für die Vorschrift des § 18 HGB. in RGZ. 116, 209 etwas eingeschränkt und der A.-G. Gebr. Stollwerk den Anspruch, dem Einzelkaufmann die Firmierung unter seinem Namen Paul H. Stollwerk zu untersagen, abgewiesen. Es führt aus: „Die Vorschrift des § 18 HGB. habe zwingenden Charakter, und zwar auch dann, wenn im Einzelfalle die Besorgnis möglicher Verwechselung der neuen Firma mit einer anderen älteren begründet ist. Es gehe nicht an, in ihr gewissermaßen ein Gesetz minderen Rechts zu erblicken, das ohne weiteres weichen müsse, wenn eine Verwechselungsgefahr im Sinne von § 16 UWG. vorliege. Davon, daß § 16 UWG. dieser öffentlich-rechtlichen Bestimmung gegenüber ein Gesetz höherer Ordnung darstellen würde, könne mindestens so lange keine Rede sein, als angenommen werden müsse, daß der Beklagte bei der Gründung seiner Firma aus nicht zu mißbilligenden Beweggründen gehandelt habe." Dabei wird also die Auffassung, daß das in § 1 UWG. in Bezug genommene, aus dem Rechtsgefühl des Volkes erwachsene Recht ein Recht höherer Ordnung sei, immerhin vorbehalten. Nicht immer gleichmäßig war die Abwägung der Interessen des einzelnen Gewerbetreibenden an Defensiv- und Vorratszeichen und der der übrigen Gewerbetreibenden, die durch sie in ihrer Bewegungsfreiheit beschränkt werden. Für ein Vorratszeichen verlangt es den Nachweis eines besonderen schutzwürdigen Interesses, andernfalls behindere es übermäßig den freien Wettbewerb (RGZ. 69, 380; 108, 36; 111, 192). Und ein Defensivzeichen müsse immer in dem nicht zu weit zu ziehenden Ähnlichkeitsbezirk des Hauptzeichens liegen (RGZ. 112, 160; 114, 360).

Eine verschiedenartige Möglichkeit der Abwägung von Interessen zeigt sich auch bei der Auslegung des Patentanspruches. Je nachdem man die Interessen des eine Erfindung Anmeldenden oder die Interessen der durch das Ausschlußrecht des Patentes in ihrer eigenen Betätigung Beschränkten mehr in den Vordergrund rückt, wird sich die Auslegung des Umfanges eines Patentanspruches verschieden gestalten. Diese verschiedene Bewertung kann auch unbewußt geschehen, und so kommt es, daß vielfach ein Schwanken in der Auslegung nach dieser und jener Seite behauptet wird, während man andererseits eine grundsätzliche Richtungsänderung überhaupt als Legende bezeichnet. Unter dem hervorragenden Präsidenten des I. Zivilsenats Bolze wurde jedenfalls für die Auslegung des Patentanspruches in erster Linie die Patentschrift als Grundlage genommen, herangezogen wurden nur daneben die außerhalb liegenden Momente, wie der Stand der Technik zur Zeit der Anmeldung, weil angenommen werden müsse, daß das, was allgemein bekannt wäre, auch nicht unter Patentschutz habe gestellt werden sollen. So Urt. vom 11. Okt. 1905 in PatMustZeichBl. 1906 S. 41. Dann nahm man seit dem Urt. vom 9. Jan. 1910 (GewRschutz 1, 158) an, daß der Anmelder mit dem Anspruch seine Erfindung nur habe für den Techniker genau bezeichnen wollen, der Umfang aber sei nach dem Stande der Technik erst von den Gerichten in einem etwaigen Verletzungsstreite festzustellen. Seit dem Urt. des RG. vom 28. März 1925 (PatMustZeichBl. 1925 S. 95) wird wieder mehr der Wille des Patentamtes für den Umfang des Anspruches als maßgebend erachtet. Vor allem aber wird verlangt, daß der Erfinder die Vorteile der Erfindung erkannt habe, daß er sich des ursächlichen Zusammenhanges zwischen der von ihm gewählten Anordnung und dem technischen Ergebnis und der Bedeutung der Einrichtung bewußt geworden sei.

Auch die Rechtsprechung auf dem Gebiete des Urheberrechts zeigt überall das Streben, die Billigkeit und das Rechtsgefühl walten zu lassen. Zwar bleibt auch für das Urheberrecht das RG. bei der Ablehnung eines allgemeinen Persönlichkeitsrechts stehen. Im Gegensatz zu früheren Entscheidungen (RGZ. 79, 397; 102, 134) leugnet es jetzt sogar ein allgemeines umfassendes Urheberrecht und meint, die Rechte des Urhebers erschöpften sich in den Einzelvorschrift ten, die das Urheberrechtsgesetz vom 19. Juni 1901 erwähnt (RGZ. 69, 401; 79, 307; 107, 277; 113, 413). Bei der Auslegung dieser Einzelvorschriften geht das RG. aber weitherzig vor. Als Beispiel sei nur hervorgehoben die Abgrenzung zwischen freier Benutzung und bloßer Bearbeitung. RGZ. 121, 69 sagt, entscheidend sei, ob der Verfasser des neuen Werkes sich von dem Gedanken und der Darstellung des alten Werkes so weit losgelöst habe, daß man billigerweise seine Tätigkeit als eine selbständige literarische Leistung anerkennen müsse.

Bei der Frage, ob das Senden eines Schriftwerkes durch Rundfunk eine Verbreitung im Sinne des Gesetzes sei, geht es sogar von der früheren Ansicht in RGZ. 107, 281 ab, wonach die Verbreitung ein bereits vorhandenes, im Wege der Vervielfältigung hergestelltes Exemplar des Werkes voraussetze (LitUG. § 11) und sagt in Anpassung an die neuere Entwicklung des Verkehrs: „Verbreiten beschränkt sich nach allgemeinem Sprachgebrauch nicht auf solche Fälle, in denen die körperliche Erscheinungsform eines Gedankens oder Geisteswerkes zugänglich gemacht wird, sondern hat einen sehr viel weiteren Sinn, den der Übermittlung einer Kenntnis an andere" (RGZ. 113, 418).

Nicht nur den Strafsenaten, sondern auch den Zivilsenaten erwuchs durch die Kriegsverordnungen eine neue wichtige Aufgabe, wobei sie freilich etwas eher und etwas mehr miteinander in Fühlung hätten treten können. Dies gilt namentlich für die Preistreibereiverordnung. Die Vorschriften der Preistreibereigesetze sagen — mit Ausnahme der VO. vom 23. Nov. 1915/25. Nov. 1919 § 4 Abs. 6 — über die bürgerlich-rechtlichen Wirkungen der Rechtsgeschäfte, die sich strafrechtlich als Preistreiberei darstellen, nichts, hier mußte also die Rechtsprechung rechtsbildend einsetzen. Bei Höchstpreisüberschreitungen hat hier das RG. von Anwendung des § 134 BGB. in dem bisher üblichen Umfange abgesehen (RGZ. 60, 273; 78, 353) und unter Betonung des wirtschaftlichen Zweckes der Höchstpreisgesetzgebung erkannt, daß der Preisforderung die rechtliche Anerkennung nur insoweit zu versagen sei, als sie den Höchstpreis überschreitet, im übrigen aber der Vertrag rechtlich wirksam bleibe (RGZ. 88, 250; 89, 196). Und hierbei ist es gleichgültig, ob ein Verstoß gegen die Preistreibereiverordnung dem Käufer oder dem Verkäufer zur Last fällt (RGZ. 88, 89). Sodann treten die zivilrechtlichen Folgen schon beim objektiven Zuwiderhandeln gegen die in der Preistreibereiverordnung als rechtmäßig anerkannte Preisbemessung ein, ohne Rücksicht darauf, ob gegen das Verbot schuldhaft gehandelt worden ist oder nicht (RGZ. 99, 236; 100, 237). Im Gegensatz zur relativen Nichtigkeit bei Verträgen, in denen ein übermäßiger Preis gefordert wird, nahm das RG. bei Kettenhandel die Nichtigkeit des ganzen Geschäfts an, wenn beide Teile objektiv dem Verbot zuwiderhandelten (RGZ. II 225, 19, 28. Nov. 1919; Mitt. f. Preisprüfungsst. 1920 S. 169). Ebenso sind Geschäfte, die durch Höchstpreisüberschreitung gegen die Schleichhandelsverordnung vom 7. März 1918 verstoßen, nach RGZ. 103, 108 nichtig. Diese Auffassung ist aber nicht recht vereinbar mit der sonstigen für Höchstpreisüberschreitungen angenommenen. Sie könnte nur dann als berechtigt gelten, wenn außer der Preisüberschreitung noch andere Umstände vorliegen, die das ganze Geschäft als sittenwidrig und deshalb als nach § 138 BGB. nichtig erscheinen ließen, wenn also noch unlautere Machenschaften hinzukommen (RGZ. 89, 196; 93, 106).

Bei dem zur Verfügung stehenden Raum ist es ausgeschlossen, auf weitere Gesetze einzugehen. Zeichnen ist Weglassen. Um die ganze Entwicklungstendenz der Rechtsprechung des RG. auf dem großen Gebiete des bürgerlichen Rechts zu zeichnen, genügen, so hoffe ich, die vorstehenden Ausführungen.

Dr. Lobe.

3. Die Rechtsprechung in Strafsachen.

Die Rechtsprechung des Reichsgerichts in Strafsachen ist ein Spiegel des Zeitgeschehens. Ein künftiger Geschichtschreiber, dem für den Zeitabschnitt von 1879 bis 1929 nur die 63 Bände der Entscheidungen des RG. in Strafsachen zur Verfügung ständen, könnte schon danach die Zustände und Ereignisse Deutschlands während dieser Zeitspanne leidlich scharf umrissen zusammenstellen. Der Aufstieg des jungen Reiches, seine Machtstellung, die Not der Kriegsjahre, der Zusammenbruch, Umsturz und Wiederaufbau, Fremdbesatzung und Ruhrkampf, Währungsverfall und Neufestigung der Währung: alles hebt sich deutlich ab. Auch eine Fülle von Einzelgeschehnissen taucht auf, die zu ihrer Zeit das politische Interesse in Atem gehalten haben, etwa Theodor Mommsen als Angeklagter wegen Beleidigung Bismarcks (RGSt. 7, 169), das Ringen um die innere Wiedergewinnung der Reichslande (RGSt. 16, 165), der sog. Kolonialskandal (RGSt. 41, 4), der Feldzug Hardens gegen die „Kamarilla" (RGSt. 41, 277), der erste Versuch, die Ordnung in den Parlamenten durch gewaltsame Entfernung eines Abgeordneten aufrechtzuerhalten (RGSt. 47, 270), der Vorstoß Helfferichs gegen Erzberger (RGSt. 55, 129), der Kapp-Putsch (RGSt. 56, 259). Daneben ziehen unpolitische Zeiterscheinungen vorüber als Kennzeichen für die sozialen und kulturellen Zustände bestimmter Jahre: Bewucherung und Trucksystem, Glücksspiel und Schneeballschwindel, Reklameunwesen und Wettkonzerne, Kriegsschiebertum und Rauschgiftlaster, Gesundbeterei und Kraftwagenunfälle und so fort in buntem Wechsel.

Es wäre reizvoll, solche Gedanken fortzuspinnen. Doch hier handelt es sich um nüchternere Dinge. Ihrem Wesen nach liegen die Aufgaben des RG. auf rein rechtlichem Gebiete, und nur auf dieses Gebiet wollen wir ihm folgen. Der Einzelfall und seine Bedeutung tritt dabei ganz zurück; sind es doch, wie RGSt. 32, 165; 43, 87 schlagend beweisen, oft ganz geringfügige Vorkommnisse gewesen, die das RG. auf die Höhe seiner Arbeit geführt haben.

Einen Überblick über das Ergebnis 50 jähriger Verarbeitung einer ungeheuren Masse Rechtsstoffes kann man von verschiedenen Seiten her zu gewinnen versuchen. Gerade heute, wo die Umgestaltung des Strafrechts im vollen Gange ist, könnte es locken, darzutun, welche Anregungen der Judikatur des RG. dabei wirksam geworden sind. Doch das wäre mehr Ausblick als Rückblick. Um einen Rückblick ist es hier zu tun. An der Hand der Arbeit des Tages, die oft genug Kleinarbeit gewesen ist, soll gezeigt werden, wie das RG. sich seiner Aufgabe unterzogen hat, das geltende Recht auszulegen, und zwar so auszulegen, daß die Gesetze mit den Bedürfnissen des Gemeinschaftslebens im Einklang stehen.

Wer sich unterfängt, solches im Rahmen dieses Gesamtwerkes zu versuchen, muß sich, um sich auf dem Riesengebiet nicht zu verlieren, von vornherein im wesentlichen auf die Sammlung der Entscheidungen beschränken, die das RG. selbst herausgibt. Aber auch von dieser mit ihren rund 25000 Seiten kann nur ein kleiner Ausschnitt gegeben werden. Bei einem so ausgedehnten Blickfeld kann ein noch so gemächlicher Überblick immer nur an Einzelheiten haftenbleiben und muß an Vielem, auch wichtigen Einzelheiten vorbeigehen.

Nicht einfach vom heutigen Stande der Rspr. soll die Rede sein, sondern von ihrer Entwickelung, von Leben und Bewegung in ihr, von Vergehen und Werden. Aber auch hier ist sogleich ein starker Vorbehalt nötig. Drei Umstände sind es, die solche Entwicklung hemmen. Stetigkeit der Rspr. zu wahren ist eine Hauptpflicht des RG. Im § 136 GVG. hat das Gesetz selbst es ihm erschwert, von einer einmal betätigten Rechtsauffassung sich einer neuen zuzuwenden. Dies gilt für Strafsenate und Zivilsenate gleichermaßen. Für die Strafsenate kommt aber weiter hinzu, daß sie noch nicht den großen Wendepunkt erlebt haben, zu dem für die Zivilsenate die Einführung des BGB. geworden ist. Das Rückgrat der Rspr. in Strafsachen ist all die 50 Jahre hindurch das nämliche StGB. gewesen. Als das RG. ins Leben trat, fand es das StGB. bereits vor nebst einer vieljährigen, namentlich vom Preußischen Obertribunal gepflegten Praxis. Ohne diese Beständigkeit der Gesetzeslage würden natürlich ganz andere Entwicklungsmöglichkeiten bestanden haben. Und dazu kommt die Schranke des § 2 Abs. 1 StGB., die als verfassungsrechtlicher Grundsatz 1919 sogar in die Reichsverfassung übernommen worden ist: „Eine Handlung kann nur dann mit einer Strafe belegt werden, wenn diese Strafe gesetzlich bestimmt war, bevor die Handlung begangen wurde." Die schönste Form einer inneren Fortbildung des Rechtes, die eigentliche schöpferische Tätigkeit, ist somit dem Strafrichter zum weitaus größten Teil seiner rechtlichen Urteilstätigkeit, der Abgrenzung der einzelnen Straftatbestände, durch einen obersten Grundsatz der Rechtsordnung selbst verwehrt. Das alles wird man sich klarmachen müssen, wenn man an die Rechtsprechung des RG. aus dem Gesichtspunkte der sich darin regenden Entwicklung herangeht. Um so stärker ist der Eindruck von der Fülle der Bewegung, der ständigen Selbstkritik und Selbstberichtigung, der Anpassung an neue Bedürfnisse des Rechtsverkehrs, der trotz alledem darin steckt.

Materielles Strafrecht. Strafgesetzbuch. Allgemeiner Teil. Zum Strafgesetzbuch wird man also ein Fortschreiten oder gar eine schöpferische Tätigkeit am ehesten zu denjenigen Teilen suchen, die das Gesetz als „einleitende" und „allgemeine" Vorschriften bezeichnet. In den tragenden Grundprinzipien des Strafrechts hat es auch hier kaum einen Wechsel gegeben. Das ist ein Glück für die Rechtseinheit und ein Ruhm für das RG. Vier Theorien zumal sind es, die gleichsam zu Pfeilern geworden sind, auf denen die Rechtsprechung ruht.

Kausalzusammenhang. An die Spitze gehört die Lehre vom Kausalzusammenhang. Jeder Straftatbestand ist die Verursachung eines Erfolges durch menschliche Handlung. Wann aber ist ein Erfolg durch eine bestimmte Handlung verursacht? Keine Frage kehrt regelmäßiger wieder. Die Theorie, der das RG. folgt, ist so klar und einfach wie möglich. Verursacht ist ein Erfolg durch eine Handlung immer schon dann, wenn die Handlung nicht weggedacht werden kann, ohne daß auch der Erfolg wegfiele. Ob die Handlung mittelbar oder unmittelbar, hauptsächlich oder nebensächlich mitgewirkt hat, ob allein oder zusammen mit anderen Tatsachen, ob diese anderen Tatsachen in menschlichem Tun oder anderem Geschehen bestehen, macht für die Ursächlichkeit nichts aus. Diese Lehre von der Gleichwertigkeit aller Bedingungen hat das RG. vertreten, solange es besteht. Zwischen RGSt. 1, 373 und 61, 318 besteht darin keinerlei Unterschied. Die leichte Abschwächung in RGSt. 57, 148, wo die Ursache, die den Erfolg „auslöst", von den Ursachen anderer Art geschieden wird, hat keinen Bestand. Abseits der reichsgerichtlichen Auffassung liegt auch der — nur gelegentlich in jene Rspr. eingedrungene — Gedanke, der ursächliche Zusammenhang werde durch eine Handlung „unterbrochen", die vorsätzlich und erfolgreich auf denselben Erfolg hinarbeitet. Auch solche Handlungen brauchen nur mitwirkende „Zwischenursachen" zu sein. Es ist nur folgerichtig, wenn RGSt. 58, 366; 61, 318 es für möglich erklären, daß jemandem der Erfolg einer vorsätzlichen Tat einer anderen Person als von ihm selbst fahrlässig herbeigeführt zur Last gelegt wird.

Der Eindruck, daß hier die Logik dem wirklichen Leben nicht gerecht werde, wäre verfehlt. Daß als vorsätzlicher Täter bestraft wird, wer seine Handlung selbst als Mittel für einen strafbaren Erfolg betrachtet, ist nur recht und billig. Bedenken könnten erst bei Handlungen entstehen, die trotz des Nichtgewolltseins des Erfolges bestraft werden. Das sind vor allem die Fahrlässigkeitsdelikte. Hier aber werden Härten dadurch ausgeglichen, daß zur Fahrlässigkeit die Voraussehbarkeit des Erfolges gehört. Darauf weist das RG. selbst immer wieder hin (RGSt. 29, 218; 56, 348; 61, 318). Danach bedarf es keiner Beschränkung des Kausalzusammenhanges auf die Fälle, in denen Ursache und Erfolg einander „adäquat" sind. Liegt die Möglichkeit eines bestimmten Erfolges außerhalb der dem Täter zugänglichen gewöhnlichen Lebenserfahrung, so ist er nicht dafür verantwortlich. Daß ihm im umgekehrten Falle der Erfolg als verschuldet zugerechnet wird, ist sicherlich gerecht. Zur Voraussehbarkeit gehört natürlich nicht die Möglichkeit, sich den Verlauf in allen Einzelheiten im voraus klarzumachen, nur muß der Ausgang noch innerhalb des Erfahrungsmäßigen liegen und es dürfen auch die Zwischenursachen nicht aus dem Rahmen der gewöhnlichen Erfahrung fallen. So RGSt. 24, 417 und noch schärfer RGSt. 29, 218, beide für außergewöhnliche Krankheitsverläufe zu § 222 StGB.; überhaupt ist die fahrlässige Tötung das Delikt, zu dem das RG. seine Kausalitätstheorie am häufigsten entwickelt hat.

Bei den sog. Erfolgsdelikten, wo der Täter für einen als solchen von ihm überhaupt nicht verschuldeten Erfolg verantwortlich gemacht wird, gehen die Folgen der Kausalitätstheorie des RG. freilich sehr weit; doch das liegt im Sinne solcher ungewöhnlichen Strafgesetze. Das RG. hat hier aber darauf

Phot. Taggeselle, Leipzig

Verhandlungs=Saal I

gehalten, daß die Ursächlichkeit gerade des nach dem Gesetze entscheidenden Bestandteiles der Handlung nachgewiesen wird (RGSt. 44, 137 zur Körperverletzung mit Todesfolge; RGSt. 61, 272 zum Raufhandel; RGSt. 63, 6 zum Zweikampf mit tödlichem Ausgange).

Nur nach dem wirklich Geschehenen ist die Frage des ursächlichen Zusammenhanges zu beurteilen. Die Möglichkeit, daß ohne die Handlung eine andere Ursachenreihe zu demselben Erfolg geführt haben würde, schließt, wie häufig übersehen wird, die Ursächlichkeit nicht aus. Nur dann, wenn mit Sicherheit oder doch — ein Zugeständnis an die Schwäche menschlichen Erkenntnisvermögens — mit einer an Sicherheit grenzenden Wahrscheinlichkeit gesagt werden kann, daß sich auch bei dem Ausbleiben der Handlung des Täters an dem Eintritt des Erfolges nichts geändert haben würde, ist der Zusammenhang zu verneinen (RGSt. 15, 151; 51, 127).

Teilnahme; subjektive Theorie. Gerade diese streng objektive Betrachtungsweise zum ursächlichen Zusammenhang ist der Ursprung der sog. „subjektiven Theorien“ geworden, zumal der subjektiven Teilnahmetheorie. Bei der Gleichwertigkeit aller Bedingungen müßten die mehreren Personen, deren jede vorsätzlich eine Bedingung für den Erfolg setzt, grundsätzlich gleich behandelt werden. Andererseits trifft das Gesetz selbst in den §§ 47 und 49 StGB. die Unterscheidung zwischen Mittäterschaft und Beihilfe, geht also davon aus, daß die mehreren Setzer objektiv gleichwertiger Bedingungen strafrechtlich verschieden zu behandeln sein können. Der Unterschied kann also nur ein innerer sein. Es kommt darauf an, ob der Wille des Beteiligten dahin geht, die Tat als eigene auszuführen, oder ob er bloß eine fremde Tat unterstützen will. Wer eine Tat, zu deren Gelingen er irgendwie handelnd mitwirkt, als seine eigene will, ist Täter, gleichviel, ob er äußerlich nur vorbereitend oder sonst untergeordnet, zur eigentlichen Ausführung vielleicht gar nicht beigetragen hat. Umgekehrt ist derjenige, der einer zusammen mit anderen durchgeführten Tat innerlich nur als Helfer eines fremden Unternehmens gegenübersteht, selbst dann nur Gehilfe, wenn er an der eigentlichen Ausführung teilgenommen, ja diese allein durchgeführt hat. Die Urentscheidungen für diese „subjektive Theorie“ sind RGSt. 2, 160 (für den typischen Fall des Schmierestehens beim Einbruchsdiebstahl) und RGSt. 3, 181, jene mehr für die Mittäterschaft, diese mehr für die Beihilfe. — Nicht ausnahmslos freilich führt diese rein subjektive Betrachtung zum Ziel. Bei manchen Straftaten ist die Täterschaft nicht ohne gewisse Begleitumstände möglich. Wo erst gewerbsmäßiges Handeln die Strafbarkeit begründet, kann Täter nur sein, wer selbst gewerbsmäßig handelt. Zur Unterschlagung gehört eigener Gewahrsam, zu Beamtendelikten eigene Beamteneigenschaft; wer solche Taten fördert, ohne daß bei ihm selbst diese Begleitumstände zutreffen, kann, wie sehr er sich die Tat innerlich zu eigen macht, doch nur Gehilfe sein (RGSt. 14, 28; 59, 79; 42, 382). Erst recht ist bei einem höchstpersönlichen Delikt, wie beim Meineid, keine Mittäterschaft möglich (RGSt. 61, 199). Diese Besonderheit ändert indes nichts daran, daß die subjektive Teilnahmetheorie heute so fest dasteht wie am ersten Tag.

Eine Rollenverteilung, die dem einen Teilnehmer nur Nebensächliches zufallen läßt, ist häufig. Daß der Teilnehmer einer Tat, zu der er sich einmal entschlossen hat, innerlich als Fremder gegenübersteht, ist gegenüber dem Täterwillen der seltenere Fall. So ist die Beihilfe von der Mittäterschaft stark zurückgedrängt worden. Eine weitere Folge ist, daß die „akzessorische“ Natur, an der das RG. zur Anstiftung und zur Beihilfe bis zu den letzten Folgerungen festhält (RGSt. 11, 56: Straflosigkeit der Beihilfe bei Geisteskrankheit des Haupttäters; RGSt. 5, 227; 57, 352: mehrmalige Strafbarkeit einer einheitlichen Teilnahmehandlung zu mehreren Haupttaten), in ihrer Wirkung stark abgeschwächt wurde. Ein markantes Beispiel gibt RGSt. 63, 101: Wer die Tat eines geisteskranken Genossen, dem er die eigentliche Ausführung überläßt, mit Mittäterwillen irgendwie, z. B. durch Aufpassen, fördert, ist als Täter verantwortlich, zwar nicht als Mittäter, wohl aber als Alleintäter.

Versuch; subjektive Theorie. Auf ähnlichen Gedankenreihen beruht die zweite und bekannter gewordene subjektive Theorie des RG., diejenige zur Strafbarkeit des Versuchs.

Das Gesetz selbst sieht beim Versuch von einem Erfolge ab. Anlaß für die Strafverfolgung gibt ihm also die bloße Betätigung verbrecherischen Willens. Dann kann es auch auf die Gefährlichkeit der Betätigung nicht mehr ankommen. Eine solche Unterscheidung wäre auch gar nicht durchzuführen; der Erfolg lehrt ja, daß die Umstände, unter denen der Täter die Handlung vornahm, sie von vornherein zur Erfolglosigkeit verurteilte. So kommt das RG. zur Bestrafung auch des ungefährlichen oder untauglichen Versuchs, genauer ausgedrückt, des Versuchs mit vollständig untauglichen Mitteln oder mit vollständig untauglichen Gegenständen. Auch hierzu hat nicht erst eine längere Entwicklung geführt. Das RG. hat die Theorie zwar in die Rspr. zum StGB. eingeführt, aber gewissermaßen gleich fertig mitgebracht. Die allererste Plenarentscheidung (RGSt. 1, 439) stellt sie auf und gibt auch gleich die endgültige Begründung. Es wird hier die Anwendung eines völlig ungeeigneten Mittels zum Zwecke der Abtreibung für versuchte Abtreibung erklärt. Was später kam, war stets nur die Verteidigung der einmal bezogenen Stellung. Mit starken und stolzen Worten weist namentlich RGSt. 34, 217 die Angriffe gegen die subjektive Theorie wirksam zurück. Nicht ohne Grund meint das RG., es könne der Praxis doch nur willkommen sein, zu dieser wichtigen Frage festen Boden und eine einheitliche, wissenschaftlich begründete Auffassung gewonnen zu haben. In der Tat ist es nicht leicht zu verstehen, weshalb das RG. hier so wenig Anklang gefunden hat. Seine Theorie ist logisch fest unterbaut. Sittliche oder kriminalpolitische Bedenken bestehen nicht; haben unter ihr doch nur Personen zu leiden, die einen wirklichen verbrecherischen Willen bereits betätigt haben. Für die Beweisführung hat sie sich vieltausendfach als überlegen bewährt. Die Entwicklung im Strafrecht drängt allgemein danach, das Schwergewicht von der Tat und ihren Folgen auf die Person des Täters und seinen Willen zu verlegen. Die moderne Gesetzgebung ist häufig ein tatkräftiger Vorkämpfer der subjektiven Theorie. So ist z. B. das Anknüpfen von Beziehungen im Sinne des § 6 SpionageG., das Behandeln im Sinne des § 7 des Ges. zur Bekämpfung der Geschlechtskrankheiten der äußeren Gestalt nach zwar eine vollendete Straftat; in Wirklichkeit stellen hier die Gesetze, ohne jede Rücksicht auf den Eintritt des bekämpften Erfolges (Verrat, körperliche Beschädigung), eine weit zurückliegende Versuchs- oder Vorbereitungshandlung unter Strafe. In der typischen Gefährlichkeit solcher Handlungen findet man die innere Rechtfertigung der Strafe. Fügt es sich in das alles nicht harmonisch ein, daß gerade bei den schweren Straftaten, deren Versuch nach dem StGB. strafbar ist, die Strafbarkeit schon bei der Betätigung des verbrecherischen und als solchen schon gefährlichen Willens beginnt und nicht erst bei der konkreten Gefährdung?

Strafrechtlicher Irrtum. Die vierte Grundlehre des RG. erklärt den strafrechtlichen Irrtum für unbeachtlich. Kein Gedanke findet sich, angefangen von RGSt. 1, 88, so oft ausgesprochen wie dieser. Ob der Täter vom Strafgesetz nichts weiß, ob er über seine sachliche oder örtliche oder zeitliche Tragweite irrt, das alles ist für die Schuldfrage ohne Bedeutung. Der Strafsatzung ist selbst derjenige unterworfen, der von ihr noch gar nichts wissen *kann* (RGSt. 57, 404). Äußerlich wird diese Lehre wohl damit begründet, daß das StGB. den Rechtsirrtum nicht als „Strafausschließungsgrund" nennt (RGSt. 2, 268; 8, 182). *Innerlich* gerechtfertigt wird sie durch die Erwägung, daß die Strafgesetze sich regelmäßig nur gegen solches Verhalten richten, das dem Sittengesetz oder doch allgemeinen Regeln des staatlichen Lebens zuwiderläuft. Sich danach zu halten, kann man auch demjenigen zumuten, der das Strafgesetz als solches nicht kennt (RGSt. 57, 408).

In der Praxis sieht der Satz „juris ignorantia non nocet" übrigens viel weniger streng aus als nach seinem Wortlaut. Zunächst bezieht er sich wirklich nur auf die eigentlichen Strafgesetze, nicht auch auf Vorschriften aus anderen Rechtsgebieten, z. B. aus dem bürgerlichen Recht oder dem Staatsrecht. Die Kenntnis außerstrafrechtlicher Normen ist eben nicht von vornherein gleich zumutbar. Ein Irrtum über solche Normen kann den Vorsatz eines Verstoßes gegen das Strafgesetz demnach ausschließen. Das gilt nicht nur dann, wenn er auf das Nichtkennen eines Tatumstandes hinausläuft, etwa der Beschlagnahme im Sinne des § 137 (RGSt. 1, 368) oder des fremden Eigentums im Sinne des § 246 (RGSt. 42, 43), sondern auch dann, wenn der Täter sich eine — nicht schon vom Strafgesetz verneinte — subjektive Befugnis zu seinem Vorgehen beimißt (RGSt. 25, 150; 54, 162). Zu beachten ist dabei allerdings, daß bei manchen Begriffen, die auch auf anderen Rechtsgebieten vorkommen, das Strafgesetz für seinen Bereich selbständig vorgeht. Der Begriff des Beamten z. B. nach § 359 StGB. gehört dem Strafrecht an. Die Strafbarkeit einer Tat als vorsätzlichen Beamtendeliktes wird also nicht dadurch beseitigt, daß der Täter sich selbst nicht für einen Beamten hält. Die entgegenstehende Ansicht von RGSt. 23, 374; 24, 83 mußte aufgegeben werden, als sich im Verlaufe der Rspr. die strafrechtliche Selbständigkeit des Beamtenbegriffs immer schärfer abzeichnete (RGSt. 52, 348; 53, 131).

Nicht zum Strafgesetz im Sinne der Irrtumslehre gehören ferner die neben die eigentlichen Strafgesetze tretenden Verwaltungsanordnungen (RGSt. 49, 323; 55, 121), ferner nicht diejenigen Normen, die ein sog.

Blankettstrafgesetz, etwa den § 145 StGB., ausfüllen (RGSt. 36, 359; 57, 15). Andererseits ist als Strafgesetz nicht nur diejenige Vorschrift anzusehen, die die Strafdrohung enthält. Manche Vorschriften sind mit der Strafdrohung dadurch organisch aufs engste verbunden, daß sie tatbestandliche Merkmale enthalten, die der Strafdrohung erst Leben verleihen. Dann bilden sie zusammen mit der Strafdrohung das Strafgesetz als unteilbares Ganzes. Meistens ist das Verhältnis so, daß die Strafdrohung die tatbestandliche Norm als vollständig vorhanden voraussetzt (RGSt. 5, 407; 37, 389; 50, 77; 52, 99). Manchmal wird aber auch vom Gesetz einer erst später zu erlassenden Vorschrift vorbehalten, ein Merkmal des gesetzlichen Tatbestandes zu bestimmen. Dann ist diese Vorschrift auch im Sinne der Irrtumslehre „integrierender" Bestandteil des Strafgesetzes (RGSt. 37, 342; 38, 354).

Gelegentlich kann die strafgesetzliche Natur einer bestimmten Norm zweifelhaft sein. Ungleichmäßigkeiten in der Beurteilung lassen sich in der Rspr. nachweisen. Im Grundsätzlichen aber ist alles folgerichtig.

Eine Schwäche der reichsgerichtlichen Irrtumslehre liegt darin, daß viele Normen, die unzweifelhaft das Wesen eines Strafgesetzes haben, derartig speziellen Inhaltes sind, daß die Kenntnis der in ihnen liegenden Gebote oder Verbote dem Rechtsunterworfenen nicht ohne weiteres zugemutet werden kann, womit dann die innere Rechtfertigung der Lehre fortfällt. So ist und bleibt die Unbeachtlichkeit des Irrtums über den Postzwang (so schon RGSt. 3, 300 und noch 60, 423) ein Beispiel dafür, daß die Theorie zu peinlichen Folgen führen kann. Der Mißstand wuchs, als mit dem Kriege immer neue strafrechtliche Normen kamen, bei denen der Gedanke der Zumutbarkeit ihrer Kenntnis erst recht versagte (z. B. RGSt. 50, 33). Hier schuf die Irrtumsverordnung vom 18. Jan. 1917 einen höchst willkommenen und gangbaren Ausweg. Unter gewissen Umständen kommt ein entschuldbarer Irrtum über eine strafrechtliche Norm dem Täter zustatten. Das Urteil RGSt. 53, 81 faßt den entschuldbaren Strafrechtsirrtum als persönlichen Strafausschließungsgrund auf. Das leuchtet ein. Dagegen ist es weder durch den Wortlaut der Verordnung geboten noch im Wesen der Sache liegend, daß dieselbe Entscheidung (anders noch RGSt. 51, 154) und ihr folgend die Rspr. seitdem ständig (z. B. RGSt. 58, 329) den entschuldbaren Irrtum nur dann gelten läßt, wenn er voll bewiesen ist. Wenn diese Anomalie fiele, wenn ferner der Gesetzgeber sich entschlösse, in den bereits wiederholt erweiterten Bereich der Irrtumsverordnung auch alle diejenigen Zuwiderhandlungen fallen zu lassen, deren Rechtsordnungswidrigkeit nicht schon aus dem Sittengesetze oder sonstigen jedermann zugänglichen Grundlagen des Gemeinschaftslebens abgeleitet werden kann, schlagwortartig gesprochen etwa auf das gesamte „Verwaltungsstrafrecht", dann würde die viel bekämpfte Stellung des RG. zum strafrechtlichen Irrtum unangreifbar sein.

Bietet die Rspr. in diesen Grundzügen im allgemeinen das Bild eines Zustandes ruhigen und unbeirrten Verharrens auf dem einmal und immer wieder neu als richtig erkannten Standpunkt, so zeigt sich daneben in mancher

Beziehung des allgemeinen sachlichen Strafrechts deutlich eine Fortbildung und Neugestaltung bis zur schöpferischen Tat. Auch wo ihre Gegenstände minder wichtig erscheinen, spielen sie doch in der Praxis des Tages eine große Rolle.

Fortgesetzte Handlung. Das erste Beispiel ist die fortgesetzte Handlung. Bekanntlich ist sie in ihrer heutigen Ausgestaltung fast ganz auf dem Boden der Rspr. des RG. gewachsen. Ohne sie müßte zu jeder an und für sich selbständigen Einzelhandlung eines einzelnen Täters ein besonderer Schuldspruch getroffen, eine besondere Einzelstrafe verhängt werden. Aber das wäre für den Täter zu hart, und die Tätigkeit der Gerichte würde es allzusehr erschweren. Solche Erwägungen der Zweckmäßigkeit, nicht logischer Zwang, — RGSt. 46, 16 räumt das offen ein — führten dazu, daß man die rechtliche Zusammenfassung an sich selbständiger Straftaten zuläßt. Aber solche Erleichterung birgt wieder die Gefahr, daß das einzelne kriminelle Tun völlig verblaßt und die Strafverfolgung oberflächlich wird und abstumpft. Wiederum also geschah es aus praktischen Gründen (RGSt. 44 S. 223, 227), wenn vor der Annahme einer fortgesetzten Handlung ganz bestimmte Hindernisse rechtlicher Art aufgerichtet wurden. Dazu gehört nämlich innerlich die Einheit des Vorsatzes beim Täter, äußerlich die wesentliche Gleichförmigkeit sowie eine gewisse „Kontinuität“ der einzelnen Handlungen. So schon RGSt. 9, 344. — Als weitere unumgängliche Voraussetzung wird zuerst RGSt. 10, 53 die Identität des verletzten Rechtsguts scharf betont. Sie braucht aber nur eine „abstrakte“ zu sein. Eine Mehrheit der verletzten Personen ist mit dem Fortsetzungszusammenhang regelmäßig vereinbar. Nur Ehre, Freiheit, Leben, körperliche Unversehrtheit und ähnliche höchstpersönliche Lebenswerte sind bei jedem einzelnen Träger ein Rechtsgut für sich, so daß ihre strafbaren Verletzungen gegenüber verschiedenen Personen nicht zu einer fortgesetzten Handlung zusammengezogen werden dürfen. Diese Sonderstellung der höchstpersönlichen Rechtsgüter ist schon RGSt. 10, 53 angedeutet und später immer deutlicher hervorgetreten, z. B. RGSt. 27, 19; 43, 134; 49, 66; 53, 274. Sie erweist sich als unentbehrlich. Verletzungen solcher Rechtsgüter eignen sich wirklich nicht dazu, gewissermaßen summarisch erledigt zu werden wie etwa eine Vielzahl von Diebstahls- und Betrugsfällen; die sachgemäße Aufklärung würde darunter oft Not leiden.

Die äußeren Merkmale der fortgesetzten Handlung sind gemeinhin leicht zu erkennen. Welche Vorstellung des Täters aber ist es, die seinen Vorsatz zum einheitlichen macht? Das ist ein Problem, dessen Lösung wohl gedanklich, aber noch nicht sprachlich voll gelungen ist. Immer wieder hat das RG., grundlegend zuerst RGSt. 15, 23 versucht, der Sprache die treffende Kennzeichnung des Wesens des einheitlichen Vorsatzes abzuringen. Zu unterscheiden ist ein im voraus gefaßter Entschluß, mehrere Handlungen zu begehen, von dem Vorsatz, eine Straftat, wenn auch in fortgesetzter Ausführung, „ruckweise“ oder „stoßweise“ zu verüben. Der Vorsatz muß als „Gesamtvorsatz“ auf einen „Gesamterfolg“, eine „Gesamtschädigung“ gerichtet sein. Dazu braucht der Täter zwar sich nicht sämtliche Einzelheiten seiner Tat in ihrer besonderen Gestaltung vorzustellen; wohl aber muß er von vornherein die Einzelakte als zusammengehöriges Ganzes ausführen wollen. Diese müssen für ihn unselbständige Bestandteile einer als Einheit gewollten und erst durch die Gesamtheit erfüllten Tat sein. So und ähnlich hat das RG. oft und oft erläutert. Und doch muß RGSt. 46, 17, eben des „einheitlichen Vorsatzes" wegen, den Begriff der fortgesetzten Handlung immer noch als „viel umstritten" und „schwankend" hinstellen. Der Täter denkt eben nicht in Rechtsformen und juristischen Konstruktionen (RGSt. 58, 21). Seine meist wenig bestimmten und noch weniger bestimmbaren Vorstellungen über das Verhältnis der mehreren von ihm geplanten Handlungen zueinander sind an jenen Rechtsbegriffsbestimmungen nicht recht meßbar. Eine gewisse Unsicherheit besteht infolgedessen noch heute, ist aber kaum ein Schaden. Daß eine fortgesetzte Handlung nicht als solche erkannt wird oder daß, was viel häufiger vorkommt, eine Mehrheit selbständiger Handlungen zu Unrecht zu einer fortgesetzten Handlung verbunden wird, ist für die Rechtseinheit ungefährlich und ist regelmäßig auch im Einzelfalle den jeweiligen Interessen der Beteiligten nicht schädlich. Seinen Hauptzweck: die Vereinfachung des sich aus § 74 StGB. ergebenden Rechtszustandes und zugleich Sicherung gegen deren Mißbrauch hat das Gebilde der fortgesetzten Handlung in der ihm vom RG. gegebenen Gestalt vollauf erfüllt.

Nur angedeutet sei hier, wie sehr die Rspr. zur fortgesetzten Handlung die Klärung in anderen Bezirken des Rechts gefördert hat, etwa zum Problem vom Verbrauch der Strafklage, das es an immer neuen Sachgestaltungen zu lösen gilt (RGSt. 9, 344; 26, 162; 47, 397; 51, 253, 57, 21), zur Verjährung (RGSt. 10, 203), zum Wesen der Amnestien (RGSt. 54, 318).

Nebenstrafe und Sicherungsmaßregel. Auch die polizeiliche Sicherungsmaßregel ist ein echtes Kind der Rspr. des RG. Der Gedanke, daß die urteilsmäßigen Nebenfolgen einer Straftat zu scheiden sind in eigentliche Nebenstrafen und Maßregeln präventivpolizeilicher Art, steckt unausgesprochen zwar schon im StGB. selbst (vgl. RGSt. 14, 162). Gestalt gegeben aber hat ihm erst das RG. Früher galt als Regel die Nebenstrafe, heute herrscht die Sicherungsmaßnahme vor. Diese Entwicklung ist nicht zu verstehen ohne die nach einigem Schwanken (RGSt. 3, 390; 5, 420) im Plenarurteil RGSt. 6, 180 zu § 73 StGB. festgelegte „absolute Exklusivität des strengeren Gesetzes". Bei Tateinheit ist das Gesetz, das nach abstraktem Vergleich strenger ist, ausschließlich anzuwenden; das mildere scheidet auch dort aus, wo es in Einzelheiten strenger ist. Das kann es sein im Strafmindestmaß und, worauf es hier ankommt, durch Nebenstrafen. Eine Nebenstrafe, die nur das mildere Gesetz kennt, darf nicht verhängt werden. Daran hält das RG. unverbrüchlich fest. Aber § 73 spricht eben nur von Strafe. Eine Nebenfolge, die keine Strafe ist, trägt jene Fessel nicht. Es war daher kein Spiel mit Worten, sondern Milderung eines praktisch recht fühlbaren Übelstandes, daß der Kreis der Sicherungsmaßregeln ständig erweitert wurde. War es doch, um mit jener Plenarentscheidung zu sprechen, eine „höchst bedenkliche Konsequenz", daß nach RGSt. 26, 406 bei dem so häufigen Zusammentreffen von Betrug und Nahrungsmittelfälschung darauf verzichtet werden mußte, gemäß § 15 NMG. auf

Einziehung der verfälschten Nahrungsmittel auch gegenüber dem Nichteigentümer zu erkennen. Indes schleppte sich diese Rechtsanwendung noch durch viele Jahre hin. Der Wendepunkt war RGSt. 46, 132. Die Plenarentscheidung mit ihrer „bedenklichen Konsequenz“ gab man zwar nicht auf, aber ihr Herrschaftsbereich wurde nunmehr stark vermindert. Zum ersten Male wurde eine gemeingültige Abgrenzung von Nebenstrafe und Sicherungsmaßregel versucht. Den Ausschlag geben soll der Wille des einzelnen Gesetzes. Ein wichtiges Anzeichen dafür, daß mit der Einziehung keine Nebenstrafe gewollt ist, ist ihre Zulässigkeit auch gegen den Nichteigentümer. Nach RGSt. 50, 386 ist sie sogar schon ausschlaggebend zugunsten der Sicherungsmaßregel. Dadurch wurde die alte Rspr. zu § 15 NMG. hinfällig. Im Urteil RGSt. 55, 12 gab man sie ausdrücklich preis. Auch sonst wurden unzählige Nebengesetze von der neuen Rechtsanschauung berührt.

Das Urteil RGSt. 46, 132 kam gerade noch rechtzeitig, um auch in anderer Beziehung wohltätig wirken zu können. Es kam die Zeit der Amnestien. Trotz Niederschlagung des persönlichen Verfahrens blieb das objektive Verfahren auf Einziehung dort durchführbar, wo diese als Sicherungsmaßregel auftrat (RGSt. 50, S. 388, 392; 53 S. 124, 306). Ähnlich hindert die rechtskräftige Aburteilung im persönlichen Verfahren nicht das auf eine Sicherungsmaßregel gerichtete objektive Verfahren. Darin hat schon RGSt. 27, 352 zu dem selten angewandten Handfeuerwaffengesetz der späteren Rechtsentwicklung vorgegriffen.

Die Sicherungsmaßregel ist immer noch im Vordringen. Auch andere Nebenfolgen als die Sacheinziehung werden in ihren Bereich gezogen. So RGSt. 53, 89 die Einziehung des Übergewinnes und -erlöses nach den Preistreibereiverordnungen, letzthin ferner (JW. 1928 S. 912 Nr. 34), die Aberkennung der Eidesfähigkeit und sogar (JR. 1929 Nr. 280) die Verfallerklärung nach § 5 Abs. 2 des RennwettGes., obwohl die für sie vorbildliche Verfallerklärung nach § 335 StGB. einstweilen noch als Nebenstrafe gilt (RGSt. 54, 215). Zur Zulässigkeit der Polizeiaufsicht, die bisher als Nebenstrafe behandelt worden war (RGSt. 17, 193; 19, 234; 32, 439), ist in einem Urteile vom Februar 1928 der erstinstanzliche Senat den Schritt zur Sicherungsmaßregel vorangegangen. Vermutlich werden die Revisionssenate ihm folgen. Da die Polizeiaufsicht nach polizeilichen Zweckmäßigkeitserwägungen durchzuführen ist, wird man in der Tat gerade sie den Sicherungsmaßregeln zurechnen müssen.

Gesetzeswechsel; Zeitgesetz. Eine weitere Schöpfung des RG. läßt sich nach dem Schlagwort „Zeitgesetz“ bezeichnen. In § 2 Abs. 2 StGB. steht der Satz, daß bei Verschiedenheit der Strafgesetze von der Zeit der Handlung bis zur Aburteilung das mildeste Gesetz anzuwenden ist. Man möchte darin zunächst einen allgemeingültigen Grundsatz für jeden Wechsel des strafgesetzlichen Zustandes sehen. Diese Annahme hat das RG. als völlig unrichtig nachgewiesen. Nur für eine bestimmte Art solchen Wechsels, nach der Auffassung von 1871 freilich wohl die regelmäßige, trifft § 2 Abs. 2 Vorsorge: Beim Gesetzgeber ändert sich das Urteil über die Strafwürdigkeit gewisser Handlungen, und er bringt das Gesetz mit seiner neuen Auffassung in Einklang, sei es, daß er gewisse Handlungen aus der Strafnorm entläßt oder ihr hinzufügt, sei es, daß er die Strafdrohung verschärft oder mildert. Daß der Täter unter einer Erschwerung des Gesetzes nicht leiden darf, versteht sich von selbst. Die nachträglichen Milderungen aber sollen ihm, entsprechend der neuen Anschauung von der Strafwürdigkeit seines Tuns, billigerweise zugute kommen. Einen ganz ausgeprägten Fall eines derartigen Wechsels des Strafgesetzes haben die letzten Jahre gebracht. Durch das Ges. vom 18. Mai 1926 wurden die §§ 218—220 StGB. über die Abtreibung tatbestandlich und auch in den Strafdrohungen im allgemeinen gemildert, weil sich die Meinung über die Verwerflichkeit der Abtreibung gewandelt hat. Hand in Hand damit ging eine gewisse Erschwerung für die gewerbsmäßige Abtreibung. Ein Vergleich der beiden Gesetze auf größere Milde oder Strenge zeigte alles seltsam miteinander verschlungen. Mehr als jemals sonst hat sich hier das RG. darüber verbreiten können, wie gemäß § 2 Abs. 2 das mildeste Gesetz zu ermitteln ist (RGSt. 60, 362; 61, S. 76, 147, 322).

Es gibt aber auch ganz andere Ursachen für eine Änderung des strafgesetzlichen Zustandes. Vielfach regelt die Rechtsordnung bestimmte Lebensgebiete, z. B. die Besteuerung, in der Art, daß sie Vorschriften positiver und negativer Art aufstellt, die zunächst mit dem Strafrecht nichts zu tun haben, die dann aber durch eine Strafdrohung gegen Verstöße noch besonders gesichert werden. Überzeugt sich nun der Gesetzgeber, daß die bisherige Regelung nicht zweckmäßig war oder sich doch für die Zukunft nicht mehr empfiehlt, so wird er sie abändern oder durch eine neue ersetzen oder ganz abschaffen. Keinesfalls ist dann der neue strafgesetzliche Zustand, gleichviel ob er überhaupt eine Strafvorschrift enthält oder nicht, mit dem früheren gemäß § 2 Abs. 2 StGB. zu vergleichen. Es fehlt jeder Berührungspunkt. Die alte Strafdrohung galt für den früheren Zustand; sie paßt tatbestandlich nicht auf den neuen. Die etwaige neue Strafdrohung befaßt sich nur mit der etwaigen neuen Regelung und läßt sich nicht auf einen Sachverhalt aufpfropfen, der nur nach dem alten Gesetz beurteilt werden kann. Geändert hat sich der Boden, auf dem Straftaten erwachsen können, nicht das Strafgesetz als solches. Verstöße gegen das alte Gesetz sind nach wie vor nach diesem zu bestrafen. Selbst seine vorbehaltslose Aufhebung besagt nur, daß es künftig nicht mehr maßgebend ist; Rechtsverhältnisse dagegen, die bereits auf seinem Boden entstanden sind, müssen auch strafrechtlich noch nach ihm erledigt werden. Ein neues Gesetz, das man auf sie anwenden könnte, gibt es nicht. Ebensowenig können sie in den gesetzlosen Raum fallen. Beispiele: RGSt. 13, 249; 47, 414 — zwischendurch abweichend: RGSt. 20, 407 —, ferner RGSt. 55, 171; 58, 425 (für Abgabengesetze); RGSt. 50, 291; 51, 150 (für kriegswirtschaftliche Neuordnungen).

Auf solche Rechtslage paßt § 2 Abs. 2 überhaupt nicht. Eine echte Ausnahme von ihm aber hat das RG. für die sog. Zeitgesetze geschaffen. Als „temporäre" Gesetze erscheinen sie zuerst RGSt. 21, 294. Damals hatte das von vornherein befristete Sozialistengesetz sein Ende durch Zeitablauf erreicht. Blieben die früheren Taten strafbar? Nach dem Wortlaut des § 2 Abs. 2 hätte man es verneinen müssen. Das aber wäre eine Sünde gegen den Geist des

Gesetzes gewesen, wie das RG. zu voller Überzeugung darlegt. Daß Verstöße gegen ein temporäres Gesetz nach dessen natürlichem Ende strafbar bleiben, liegt im ursprünglichen Sinne solcher Gesetze. Ihre Aufhebung hat nichts zu schaffen mit dem in § 2 Abs. 2 ausgeführten Gedanken der rückwirkenden Kraft fortschreitender Milderung eines Strafgesetzes. Die Ausnahme wurde bei dem steten Gesetzeswechsel der Kriegszeit und Nachkriegszeit zur Regel. Jetzt erkannte man als Zeitgesetze auch diejenigen Gesetze, deren Inhalt sie auch ohne ausdrückliche Befristung als nur für einen vorübergehenden Zustand gedacht kennzeichnet. Der Aufhebung eines solchen Zeitgesetzes wurde der Fall der Milderung gleichgestellt, wenn sie im Zuge einer von vornherein vorgesehenen Entwicklung liegt. Aus der sehr umfangreichen Rspr. seien die folgenden Urteile erwähnt, die durchweg Zeitgesetze annehmen: RGSt. 50, 398; 52, 325; 55, 172; 56, 286; 57 S. 384, 416).

Damit soll aber dem § 2 Abs. 2 nicht schematisch jede Beziehung zu Zeitgesetzen versagt sein. Streng hält sich das RG. an den Grundgedanken der Ausnahme. Auch *innerhalb* einer zeitgesetzlichen Regelung kann sehr wohl das Strafgesetz als solches aus geläuterter strafrechtlicher Bewertung gewisser Handlungen geändert werden. Dann gilt auch hier § 2 Abs. 2 (RGSt. 57, 209; 59, 125; 61, 134). Auch bei Änderung eines Zeitgesetzes und gerade hier kommt es also auf eine Prüfung des gesetzgeberischen Beweggrundes an, der keineswegs immer klar zutage liegt. Vgl. RGSt. 56 S. 412, 419 — Eisenbahnerstreikverordnung — einerseits, RGSt. 63 S. 68, 71 — Schußwaffengesetz — andererseits.

Übergesetzlicher Notstand. Auf die höchste Höhe des Strafrechts führt uns die Lehre vom übergesetzlichen Notstand, die durch das aufsehenerregende Urt. des I. Strafsenats vom 11. März 1927 (RGSt. 61, 242) in der Rspr. festen Fuß gefaßt hat. Daß unter Umständen Not kein Gebot kennt, ist eine alte strafrechtliche Wahrheit. Die geschriebene Rechtsordnung hat sie in einer Reihe von Vorschriften anerkannt, vor allem im § 54 StGB. über den Notstand. Das RG. ist hier niemals engherzig gewesen. Man denke an die klassischen Ausführungen über das Unverschuldetsein eines Notstandes in RGSt. 36, 334. Noch die letzten Jahre haben zwei Entscheidungen gebracht, die in erstaunlichem Maße dem Täter eine strafbefreiende Notstandslage zugebilligt haben: RGSt. 59, 69 (Inbrandsetzung eines von Einsturzgefahr bedrohten Hauses, um dadurch ein anderweites Unterkommen zu erzwingen); RGSt. 60, 318 (Tötung des eigenen Vaters, um die Familie von dessen ständigen Gewalttätigkeiten zu befreien). Beide Urteile, denen übrigens die sorgfältigste Abwägung der ganz besonderen Umstände ihrer Fälle zugrunde liegt, beruhen vornehmlich auf dem Gedanken, daß eine gegenwärtige Gefahr im Sinne des § 54 StGB. auch durch einen Dauerzustand gebildet werden kann.

Trotz alledem ermöglicht § 54 auch im Verein mit den verwandten Vorschriften des bürgerlichen Rechts nicht annähernd überall eine Beurteilung, die das Rechtsgefühl befriedigt. Er trifft ja nur solche Notstandshandlungen, die aus der eigenen Not des Täters oder aus der Not eines seiner Angehörigen hinausführen sollen. Zudem hat ihn das StGB. nur als Entschuldigungsgrund geschaffen, nicht als Rechtfertigungsgrund, so daß die Rechtswidrigkeit der Notstandshandlung mit allen ihren Folgen bestehen bleibt. Deutlich empfindet man, daß mit einer so eng gefaßten Vorschrift nur eine bestimmte Gruppe von Notstandshandlungen als besonders bevorzugt herausgehoben wird, daß aber mit ihr über den Notstand im Strafrecht noch nicht das letzte Wort gesagt worden ist.

Das Delikt der Abtreibung, selbst fast ganz ohne tatbestandliche Schwierigkeiten, ist immer wieder dazu berufen gewesen, daß gerade an ihm die Fundamentalsätze des Strafrechts entwickelt wurden. Hier gab den Anstoß der Konflikt des Arztes, dessen wissenschaftliche Einsicht dahin geht, eine von ihm behandelte Schwangere könne aus schwerer Leibesgefahr nur dadurch gerettet werden, daß er die „Schwangerschaft unterbricht“. Ist er, wenn er dieser Einsicht folgt, wirklich strafbar, wie man aus dem geschriebenen Rechte herauslesen muß? Das RG. hatte diese Frage zwar auch schon früher manchmal gestreift, sie aber niemals wirklich gelöst. Das Große an dem Urt. vom 11. März 1927 ist, daß es die Besonderheiten des gegebenen Falles zunächst einmal ganz in den Hintergrund stellt, um für alle so gearteten Notstände, also weit über die Abtreibung hinaus, eine gemeinsame und gemeingültige Rechtsgrundlage zu schaffen. Aus dem Ganzen der Rechtsordnung entnimmt es den in keinem Gesetz niedergeschriebenen Grundsatz: Wo sich bei sorgfältiger Prüfung herausstellt, daß die Gefahr für ein Rechtsgut nur noch durch den Eingriff in ein anderes Rechtsgut von minderem Werte abgewendet werden kann, ist dieser Eingriff, auch wenn er gegen das geschriebene Strafgesetz verstößt, rechtmäßig und daher nicht strafbar. Angeklungen hatten solche Gedanken schon mehrfach (RGSt. 23, 116; 37, 150). In dieser Allgemeinheit aber war der Satz in der Rspr. wirklich neu. Wer davon befürchtet, die Rechtspflege könne verweichlichen, muß sich völlig beruhigen angesichts des ergänzenden Urteils RGSt. 62, 137. Die Notstandslage und die Höherwertigkeit des zu rettenden Gutes an und für sich genügen noch nicht. Jene sorgsame Prüfung, auf die schon das erste Urteil entscheidendes Gewicht legt, muß als *objektive* Voraussetzung hinzutreten. Auf übergesetzlichen Notstand kann sich nur berufen, wer die Notlage sowohl als auch das Wertverhältnis im Bewußtsein seiner Fähigkeit, diese Dinge beurteilen zu können, sorgfältig überdacht und abgewogen hat. Diese Einbeziehung eines inneren Vorganges in den äußeren Tatbestand hat nichts Willkürliches. Das RG. knüpft damit in glücklichster Weise an die alte Rspr. zum § 113 StGB. an, wonach die subjektive Pflichtmäßigkeit des Ermessen eines Beamten bewirken kann, daß seine Amtshandlung zur *objektiv* rechtmäßigen wird. — Damit müssen alle Bedenken weichen. Übrig bleiben kann nur die Befriedigung über eine befreiende Tat. Die Bedeutung von RGSt. 61, 242 kann nicht leicht überschätzt werden; was es lehrt, durchzieht das gesamte Strafrecht. Nur darf man nie vergessen, daß es sich immer wirklich um das einzige und letzte Rettungsmittel handeln muß. Schon daran scheiterte der übergesetzliche Notstand bei einem kürzlich abgeurteilten „Fememord“. Und doch zeigte sich auch dabei der ungeheure Fortschritt der neuen Lehre. Man spürt, mit welcher Sicherheit sie zu einer gerechten Entscheidung führt. Durchsetzen wird sich der übergesetzliche Notstand immer nur in Ausnahmefällen. Aber jedes einzelne Mal wird es ein Sieg des Rechtsgefühls über den Buchstaben des Gesetzes sein.

Besonderer Teil des Strafgesetzbuchs. Zum besonderen Teil des StGB. mit seinen Hunderten von Tatbeständen kann hier erst recht nur eine kleine Auswahl von Beispielen zeigen, was daraus in der unablässig formenden Hand des RG. geworden ist.

Hehlerei. Welche Vorschrift mag wohl das RG. am häufigsten veranlaßt haben, etwas zu beanstanden? Bei einer Auszählung würde bestimmt der § 259 StGB. (Hehlerei) als Sieger hervorgehen. Der Vorrang stammt aus den schlimmen ersten Nachkriegsjahren. Damals hatte beim RG. die Flut der Strafsachen ihren höchsten Stand. Sechs Senate verhandelten wöchentlich je zweimal je etwa 25 Sachen, und auf jeder Tagesordnung erschien die Hehlerei mehrmals, oft scharenweise. Innerhalb des § 259 drehte es sich zumeist um die Worte „den Umständen nach annehmen mußte". Will das Gesetz sich hier, bei einem Vermögensdelikt ganz gegen die Regel, mit der Schuldform der Fahrlässigkeit begnügen? Der Wortlaut spricht dafür. Im Schrifttum traten sehr vernehmliche Stimmen dafür ein. Das RG. hat diese Ansicht zwar stets mißbilligt, ist ihr aber zunächst weit entgegengekommen. Nach RGSt. 2, 140 soll zwar nicht die Fahrlässigkeit schlechthin getroffen werden, wohl aber ihr höchster Grad. Dieses Urteil hat nur wenig Nachfolge gefunden und ist heute ganz veraltet. Schon RGSt. 7, 85 sieht in jenen Worten eine gesetzliche Beweisregel für das wirkliche Wissen: wenn der Täter Umstände kannte, die notwendig zu der Annahme des strafbaren Erwerbs führen, so soll schon damit sein Wissen um solchen Erwerb als erwiesen gelten. Zu dieser Auslegung steht das RG. noch heute. Urteile, die dies bestätigen, wurden von Zeit zu Zeit auch in die Sammlung aufgenommen (RGSt. 25, 221; 39, 6). Die Praxis der unteren Gerichte fand sich jedoch nie recht damit ab. Immer aufs neue wurde die Beweisregel verkannt. Auch wurde oft nicht beachtet, daß die Umstände, die dem Täter jene Erkenntnis aufdrängen, ihm schon bei der Tat gegenwärtig und als solche voll bewiesen sein müssen, daß sie ferner nicht in verdächtigen Handlungen des Täters selbst bestehen können, sondern nur in einem von außen an ihn herantretenden Geschehen. Aus der weithin bekannt gewordenen Entscheidung des IV. Strafsenats (RGSt. 55, 204) tönt leise der Unmut, daß das RG. immer wieder auf derartige Mängel stößt. Dieses Urteil stellt — ergänzt durch RGSt. 55, 214 — zusammenfassend dar, was zum inneren Tatbestand der Hehlerei gehört und wie die Beweisregel zu handhaben ist. Auch es hat leider keinen durchschlagenden Erfolg gehabt.

Beleidigung; berechtigte Interessen. Den zweiten Platz würde bei dem erwähnten Wettbewerb wohl der § 193 StGB. besetzen. Schon seine Grundzüge mußten immer wieder gegenüber Irrtümern auseinandergesetzt werden. Eine Beleidigung, die also dem äußeren und dem inneren Tatbestande nach vorauszusetzen ist, verliert unter gewissen Umständen die Rechtswidrigkeit. Unter diesen kommt die überragende Bedeutung der „Wahrnehmung berechtigter Interessen" zu. Dazu gehört zweierlei. Der Täter muß in einer Lage sein, in der es für ihn berechtigte Interessen wahrzunehmen gilt. Er muß aber weiter mit seiner Beleidigung gerade bezwecken, berechtigte Interessen wahrzunehmen. Daß daneben vielleicht noch andere Beweggründe, auch mißbilligenswerte, wirksam werden, schadet ihm dann nicht (RGSt. 61, 400 scharf betont). Auch verschlägt es nichts, daß etwa der gewählte Weg objektiv nicht geeignet war, die berechtigten Interessen zu fördern (RGSt. 5, 379; 13, 38; 24, 223; 59, 414). Unberührt bleibt jedoch die Rechtswidrigkeit, wenn der Täter nebenher die Absicht hegt, zu beleidigen, und diese Absicht gerade aus der Form der Äußerung (vgl. RGSt. 21, 1; 44, 111) oder aus den Umständen, unter denen sie geschah (vgl. RGSt. 21, 157; 34, 80) zu erkennen ist.

So also greifen die Tatumstände des § 193 ineinander. Alles ist klar und einleuchtend, und man wundert sich, daß es so oft mißverstanden wird. Wann aber ist ein Interesse, d. h. das erstrebte Ziel, ein „berechtigtes"? Ausgeschlossen sind jedenfalls solche Interessen, die dem Recht oder den guten Sitten zuwiderlaufen (RGSt. 38, 251), womit namentlich solche Äußerungen von vornherein ausscheiden, die schon abgesehen von ihrem beleidigenden Charakter strafbar sind (RGSt. 46, 213; 50, 55). Ein subjektives Recht braucht dem Täter andererseits nicht zur Seite zu stehen (RGSt. 26, 76). Im übrigen ist es nicht möglich, die berechtigten Interessen rechtsbegrifflich festzulegen. Schließlich bleibt doch in jedem Falle unter verständiger Würdigung von dessen Besonderheiten die Ermessensfrage zu lösen: war es zu billigen, daß der Täter sich aus seiner Lage heraus — auf die Gefahr der Verletzung fremder Ehre hin — für dieses Ziel einsetzte? (RGSt. 29, 147 u. v. a.).

Die wahre rechtliche Schwierigkeit setzt erst bei der Frage ein: Inwieweit müssen die verfolgten Interessen gerade solche des Täters sein? Anfänglich ließ das RG. hier den Schutz des § 193 StGB. sehr weit reichen, am weitesten RGSt. 5, 121. Geschützt sollte auch derjenige sein, der sich freiwillig, wenn nur aus sittlichen Beweggründen, zum Vertreter fremder Interessen aufwarf. Damit gerät aber das Interesse des Ehrenschutzes, doch gleichfalls ein sittliches, in Not. Das RG. sah sich genötigt, von seiner früheren Auffassung ausdrücklich abzugehen (RGRspr. 9, 395; RGSt. 25, 67). Seitdem verlangt es, daß das verfolgte Interesse gerade den Täter selbst nahe angeht. Fremde Interessen können unter dem Schutze des § 193 StGB. nur dann wahrgenommen werden, wenn sie kraft Vertretungsauftrags oder einer sonstigen engen Beziehung, etwa der Verwandtschaft, zu eigenen des Täters geworden sind. Eine Ausnahme zugunsten der Presse, die vielfach aus deren allgemeinem Aufgabenkreis abgeleitet werden soll, hat das RG. als mit den Anforderungen des Ehrenschutzes nicht vereinbar und ohne Stütze im Gesetz mit Bestimmtheit zurückgewiesen (RGSt. 23, 285; 31, 41; 41, 285), auch unter den neuen Verfassungsverhältnissen (RGSt. 56, 380). Unverkennbar hat man freilich, dem Zuge der Zeit folgend, den Kreis der berechtigten Interessen dadurch allmählich erweitert, daß man stärker als früher Interessen politischer oder sonst über das rein Persönliche hinausgehender Art als solche ansieht, die den Täter nahe angehen.

Damit kreuzt sich eine andere Entwicklung der letzten Zeit. Im Urt. RGSt. 62, 83 (92 ff.) wird der Vorrang, den der § 193 unter Umständen der Interessenwahrung vor dem Rechtsgut fremder Ehre einräumt, auf den höheren Gesichtspunkt der Güterabwägung — hier verfolgtes Interesse, dort fremde Ehre — zurückgeführt. Dieser Gedankengang wird von RGSt. 63, 92 aufgenommen und in doppelter Weise weitergeführt. Verleumderische Behauptungen galten von jeher für regelmäßig unvereinbar mit einer vom Recht gebilligten Interessenwahrung (RGSt. 5, 56; 48, 414; 58, 39), ebenso schon Behauptungen, an die der Behauptende selbst nicht recht glaubte (RGSt. 1, 80; 25, 355). Auf diese Stufe wird — mit dieser Bestimmtheit wenigstens zum ersten Male — nun auch die Behauptung leichtfertig geglaubter Tatsachen gestellt. Und je stärker die ehrenkränkende Wirkung der Äußerung ist, um so genauer ist vorher die Wahrheit zu prüfen und um so eher ist das Fehlen einer solchen Prüfung als Leichtfertigkeit anzusehen, die den Schutz des § 193 StGB. ausschließt. Damit ist vor allen Dingen die leichtfertige üble Nachrede durch Veröffentlichung in der Presse getroffen.

Betrug. Bei den vermögensrechtlichen Delikten ist das RG. in wachsendem Maße bestrebt, die Begriffe nicht formaljuristisch, sondern von der wirtschaftlichen Seite her zu erfassen. Nach wirtschaftlichen Gesichtspunkten z. B. bestimmt es den überaus wichtigen Begriff der Vermögensbeschädigung, zumal beim Betrug. Allein dieser Begriff hat zwei weithin leuchtende Entscheidungen der Vereinigten Strafsenate hervorgebracht. Hier galt es zunächst den Irrtum festzunageln, ein Vermögen sei schon dadurch beschädigt, daß jemand unter dem Einfluß einer Täuschung einen Eingriff darein vornimmt, den er ohne sie unterlassen haben würde. Hinzutreten muß nämlich, daß der Gesamtwert des Vermögens wirklich vermindert wird. Zu vergleichen ist der Vermögensstand unmittelbar vor der Verfügung des Getäuschten mit dem Vermögensstande unmittelbar nachher. Nur wenn dieser Vergleich zuungunsten des späteren Vermögensstandes ausfällt, ist das Vermögen beschädigt. Das RG. selbst ist hier zunächst von dem Irrtum nicht ganz frei gewesen (vgl. z. B. RGSt. 2, 89). Seit der Plenarentscheidung RGSt. 16, 1 gehören jene Sätze zu seinem festesten Bestande. Diese Entscheidung ist wohl von allen die meistzitierte geworden. Die wirtschaftliche Betrachtungsweise bricht durch, wo es sich um den Maßstab für jene Wertvergleichung handelt. Der Verlust eines Rechts im juristischen Sinne braucht noch keine wirtschaftliche Vermögensminderung zu bedeuten. Umgekehrt ist eine solche Minderung auch sehr wohl ohne formalen Rechtsverlust denkbar. Schon der Verlust einer Anwartschaft, die Verschlechterung der Beweislage, überhaupt die Gefährdung des gegenwärtigen Vermögensstandes in seiner Sicherheit kann den Wert des Vermögens als Ganzen mindern. Maßstab bei dem Vergleich ist nicht der allgemeine Verkehrswert; mitzusprechen haben vielmehr die persönlichen Verhältnisse des Vermögensträgers, seine wirtschaftliche Lage, seine besonderen Zwecke, die Möglichkeit, den irrtümlich angeschafften Gegenstand durch Veräußerung zu verwerten und anderes mehr. Unerschöpflich ist hier das Leben an immer neuen Sachgestaltungen. Wie sich die damals aufgestellten Grundsätze auch bei seltsamen und verwickelten Tatbeständen immer wieder praktisch bewähren, kann man an unzähligen Urteilen verfolgen, etwa an RGSt. 23, 430; 28, 310; 42, 49; 49, 21; 62, 393.

Ohne den Rechtsboden von RGSt. 16, 1 jemals zu verlassen, hat das RG. vorübergehend einen Nebenweg eingeschlagen. Geprägt wurde der Ausdruck vom „rechtlich geschützten Vermögen". Nur dieses sei des Schutzes durch § 263 StGB. würdig. Davon ausgehend haben unter Vortritt des III. Strafsenats in RGSt. 19, 186 sämtliche Strafsenate eine Beschädigung des Vermögens dort verneint, wo der Getäuschte zu seiner Vermögensverfügung durch Vortäuschung einer unsittlichen oder strafbaren Gegenleistung bestimmt worden war (Hauptfall war die Vortäuschung tauglicher Abtreibungsmittel). Mit formaler Logik ließ sich das vertreten; die Bedürfnisse des Lebens nach strafrechtlichem Schutz kamen aber, wie man bald einsah, zu kurz dabei. RGSt. 44, 230 bietet das einzigartige Schauspiel, daß eine Plenarentscheidung scharf von einer Meinung abrückt, die alle Senate einmütig gehegt hatten. Das „rechtlich geschützte Vermögen" als Gegensatz zu sonstigem Vermögen läßt man als irreführend fallen. Jeder Vermögensstand ist gegen gewinnsüchtige Schädigung durch Täuschung gleichermaßen geschützt. Nicht erst das Ausbleiben der Gegenleistung, sondern schon die unnütze Aufwendung aus dem vorhandenen Vermögen ist es, was dessen Minderung hervorbringt. Versagt auch das Privatrecht dem Anspruch auf die Gegenleistung seinem Arm, so wird dennoch die trügerische Erwirkung der schädigenden Aufopferung von Vermögenswerten vom Strafrecht mißbilligt. Die Ausführungen hierzu gehören zu dem Besten, was die Rspr. des RG. in Strafsachen hervorgebracht hat.

Untreue. Noch augenfälliger ist das Vordringen wirtschaftlicher Betrachtungsweise bei der Untreue, strafbar nach § 266 Nr. 2 StGB. Diese Vorschrift stand in den letzten Jahren im Brennpunkt der reichsgerichtlichen Tätigkeit. Nach ihr wird bestraft, wer als Bevollmächtigter eines anderen über dessen Vermögensstücke absichtlich zu dessen Nachteil verfügt. Die Vorschrift ist eigentlich ein Lückenbüßer. Sie soll strafwürdige Vermögenseingriffe treffen, die weder mit dem § 246 (Unterschlagung *beweglicher Sachen*) noch mit den sonstigen Strafdrohungen gegen Untreue faßbar waren. So richtete man sie zwar gegen den Bevollmächtigten schlechthin, schuf aber zum Ausgleich die Beschränkung auf die „Vermögensstücke" im Gegensatz zum Gesamtvermögen. Diese Entstehungsgeschichte färbte auf die Rspr. ab. Man ließ sich die Vorschrift nicht recht entfalten, und sie bekam etwas Schwerfälliges. Demgegenüber wuchsen im Rechtsleben immer neue Rechtsformen heran, unter denen jemand berufen ist, in fremde Vermögensbeziehungen rechtsgeschäftlich einzugreifen. Hier gewährte die ältere Auslegung des § 266 Nr. 2 nicht den nötigen Schutz. Dem RG. ist es gelungen, ihn ohne Gesetzesänderung bereitzustellen. Man entdeckte neue Möglichkeiten, die im § 266 Nr. 2 steckten, und erkannte, daß manche der Fesseln, in die man ihn geschlagen hatte, eigentlich gar nicht zu seinem Wesen gehörten. Keine andere sachlich-rechtliche Einzelvorschrift hat einen solchen Verjüngungsprozeß durchgemacht.

Nahezu alle ihre Merkmale haben daran teilgenommen. Eine Ausnahme macht allein die „*Absicht*". Daß hier nur der Vorsatz im gewöhnlichen Sinne gemeint sein kann und nicht der Zweck, steht schon in dem Urt. RGSt. 1, 172 und ist niemals wieder angezweifelt worden.

Die Bevollmächtigung, d. h. die Einräumung der Befugnis zu rechtsgeschäftlicher Vertretung, galt dem RG. stets als ein von bürgerlich-rechtlichen Bindungen freies Vertrauensverhältnis rein tatsächlicher Art. Treffend ziehen hier RGSt. 61, 1 und 224 die Summe aus den Ergebnissen zahlreicher älterer Urteile. Ersichtlich ist dadurch der Weg für RGSt. 62, 15 geebnet, das eine wirkliche Fortbildung zeigt. Bis dahin hielt man dafür, dem Kunden einer Bank könne als Bevollmächtigter nur der Bankier selbst gegenüberstehen. Der Strafschutz fiel also aus, wenn ein Bankgeschäft von einer juristischen Person geführt wurde oder wenn der Inhaber nicht selbst beteiligt war (GoltdArch. 48, 131). Hier weist der II. Straffenat neue Wege. Es kann die Abwicklung der Geschäfte mit dem Kunden, und zwar im Sinne der Auftragserteilung selbst, so sehr mit der Person eines bestimmten Angestellten verknüpft sein, daß zwischen ihm und dem Kunden jenes tatsächliche Vertrauensverhältnis besteht. Dann ist der Angestellte selbst Bevollmächtigter des Kunden. Die Entscheidung bezieht sich zunächst nur auf einen leitenden Prokuristen. Sie eröffnet aber weitere Entwicklung und kommt sicher dem allgemeinen Rechtsgefühl entgegen.

Die „Verfügung" hat das RG. niemals in dem nur dinglichen Sinne des bürgerlichen Rechts aufgefaßt. Es genügt dazu, wie es schon RGSt. 11, 412 heißt, jede Maßregel, die irgendwie das Verhältnis des Auftraggebers zu dem Vermögensstück verändert. Die Änderung kann auch rein tatsächlicher Art sein. Demgegenüber tritt für Forderungen vielfach der Gedanke hervor, über sie könne nur durch einen Eingriff rechtlicher Art verfügt werden. Er geht auf GoltdArch. 47, 450 zurück. In der Sammlung erscheint er zuerst RGSt. 39, 335. Der V. Senat geht hier nur behutsam darauf ein und weist schlagend darauf hin, daß die Besonderheit sich nicht aus dem Begriffe der Verfügung ergebe, sondern aus der Natur der Forderung. Danach ist die Unterscheidung, selbst wenn sie im Ergebnis richtig wäre, von der Seite der Verfügung her gesehen mindestens überflüssig. Trotzdem ist sie für Jahrzehnte geradezu ein Glaubenssatz geworden. Erst das Urt. des I. Senats RGSt. 61, 78 verwirft ihn. Er hält eine unrichtige Buchung über die Höhe der Forderung des Vollmachtgebers gegen Dritte in dessen Büchern für eine Verfügung. Die anderen Senate zögern noch, ihm zu folgen (RGSt. 62, 130), doch wird man sicherlich, sobald die Unterscheidung als Rechtssatz einmal wieder hinderlich wird, über sie hinweggehen.

Handeln zum Nachteil ist nichts anderes als Beschädigung des Vermögens im Sinne des § 263. Hier gehen also die §§ 263 und 266 Hand in Hand. Nach § 266 Nr. 2 freilich kann die Beschädigung nur durch die Verfügung über ein Vermögensstück geschehen, und infolgedessen gingen ältere Urteile, z. B. RGSt. 11, 412, ersichtlich davon aus, der Schaden müsse gerade an einem Vermögensstück wirksam werden. Auch davon ist man abgekommen. Wie beim Betrug genügt jetzt jede Wertminderung des fremden Gesamtvermögens; nur muß sie durch die Verfügung über ein Vermögensstück vermittelt werden.

Am meisten gebunden ist die Rspr. durch das Merkmal „Vermögensstücke des Auftraggebers". Nur Einzelgegenstände des vorhandenen Aktivvermögens können Objekte der Untreue sein. Nicht also reicht die bloße Belastung des Vermögens mit einer Verbindlichkeit aus. Was hierzu RGSt. 10, 72 ausgeführt hat, gilt noch heute. Das betroffene Vermögensstück muß ferner gerade eines des Auftraggebers sein. Ob dies der Fall ist, dafür kann es keinen anderen Wegweiser geben als das bürgerliche Recht. Das sagt schon RGSt. 2, 186. Nun aber bekommt ein Bevollmächtigter als solcher oft Vermögensstücke in die Hand, die nach bürgerlichem Recht die seinigen sind, mit denen er jedoch nach seiner Treupflicht nur im Sinne des Auftraggebers verfahren darf. Handelt er strafrechtlich untreu, wenn er das, was sein eigen ist, auch für sich verwertet? Hier liegt die große Schwierigkeit des Deliktes, mit der das RG. in zahlreichen Entscheidungen gekämpft hat. Regelmäßig hat freilich der Auftraggeber gegen den Bevollmächtigten einen vertraglichen Anspruch auf treue Verwertung. Aber es erscheint anstößig, den Schuldner als Hüter der gegen ihn selbst gerichteten Forderung aufzufassen. Verletzt er das Gläubigerrecht, so tut er das als Schuldner, nicht als Bevollmächtigter. So wenigstens war es die hergebrachte Auffassung, die auf das Preußische Obertribunal zurückgeht. Andererseits gibt es hier Fälle, die gebieterisch nach einer Anwendung des § 266 verlangen. Behelfsweise hat man, wo es um die Zugehörigkeit des Gegenstandes der Forderung zum Vermögen des Bevollmächtigten oder des Auftraggebers ging, gespalten zwischen dem Innen- und dem Außenverhältnis (RGSt. 56, 121; 61, 179). Solche Versuche rütteln aber doch zu stark an den Grundlagen des Vermögensrechts, als daß sie sich auf die Dauer zu behaupten vermöchten (Vgl. RGSt. 61, 341). Die Lösung bringt der III. Senat in RGSt. 62, 58; sie befriedigt juristisch und soziologisch gleichermaßen. Wo die Abwicklung des Vollmachtsverhältnisses es mit sich bringt, daß der Bevollmächtigte aus seinem Vermögen eine Geldforderung des Auftraggebers zu befriedigen hat, steht er zu dieser nur im Verhältnis des Schuldners, nicht des Bevollmächtigten. Vereitelt er ihre Erfüllung, so verletzt er damit seine Schuldner-, nicht seine Treupflicht. Anders, wenn der rechtliche Zusammenhang ihm auferlegt, einen bestimmten Gegenstand, der formell ihm gehört, im Verhältnis zum Auftraggeber als diesem zukommend zu behandeln. Diesem Individualanspruch gerecht zu werden, gehört zum wesentlichen Inhalt seiner Treupflicht. Mit diesem Anspruch ist er nicht nur als Schuldner verbunden, sondern auch als Treupflichtiger, der in die Lage versetzt ist, über Vermögensstücke eines anderen nach eigenem Entschluß zu verfahren; dieser Individualanspruch kann also veruntreut werden. Damit hat der § 266 Nr. 2 diejenige Beweglichkeit erhalten, die den Anforderungen des Rechtsverkehrs genügt.

Beamtendelikte. Streng ist das RG. in Beamtensachen. Ernst wirkt es für peinliche Rechtlichkeit und Lauterkeit im Beamtentum, so z. B. wenn es eine rechtswidrige Zueignung auch darin findet, daß ein Beamter amtlich vereinnahmte Gelder als solche verheimlicht und zur Deckung eines in seiner Kasse entstandenen Fehlbetrages verwendet (neu bestätigt RGSt. 62, 173), oder wenn es — von RGSt. 3, 10 bis RGSt. 61, 207 — amtliche Gelder für nicht „vertretbar" erklärt. Streng ist es vor allem zu der Vorfrage, ob der Täter über-

Phot. Taggeselle, Leipzig

Lesezimmer

haupt zur Beamtenschaft gehört. Hier hat es einen neuen Beamtentypus geschaffen, den Beamten im (sc. nur) strafrechtlichen Sinne. Wer in den Staatsdienst kraft eines öffentlich-rechtlichen Dienstgewaltverhältnisses eingereiht ist, gehört schon als „Beamter im staatsrechtlichen Sinne“ zu den Beamten nach § 359 StGB. Auf die Art seiner Tätigkeit kommt es nicht an; sie kann auch geringwertig und untergeordnet sein. Das hat bereits RGSt. 5, 337 erkannt. Nun sind im Staatsdienst aber auch viele Personen tätig — ihr Urbild sind die Postaushelfer —, mit denen kein öffentlich-rechtliches Dienstgewaltverhältnis begründet worden ist und die man gar nicht zu eigentlichen Beamten hat machen wollen („Privatdienstverträge“). Sind nun einer solchen Person von der zuständigen Stelle Verrichtungen übertragen, die aus der Staatsgewalt abzuleiten sind und dem Staatszwecke dienen, so sind sie schon kraft dieser Übertragung Beamte im Sinne des § 359 StGB. Dem Urteil RGSt. 51, 65 gebührt das Verdienst, dies scharf herausgearbeitet und damit den „Beamten im strafrechtlichen Sinne“ zur gesicherten Existenz verholfen zu haben. Das Urteil erklärt selbst, es stände auf dem Boden der alten Rspr.; in Wirklichkeit führt es einen tüchtigen Schritt vorwärts. In älteren Urteilen, z. B. RGSt. 16, 378, erschien die Art der Tätigkeit wohl als Beweisanzeichen für den Willen der Behörde, den Täter als Beamten anzustellen. Jetzt ist es die Übertragung einer gewissen Tätigkeit selbst, die zum Beamten macht. Und gebrochen wird endlich mit dem — von RGSt. 16, 371 aufgebrachten und noch RGSt. 49, 113 wirkenden — Irrtum, nur eine solche Tätigkeit könne die Beamteneigenschaft vermitteln, die allein bei der Wahrnehmung durch öffentliche Beamte rechtliche Wirkung gewinnen kann.

Heute steht fest, daß, um nur den Hauptfall zu nennen, jede Verrichtung innerhalb der postalischen Beförderungstätigkeit (auch die des Kastenleerens, Tragens der Briefe zum Sortieren u. dgl.), übertragen von der zuständigen Stelle, die Beamteneigenschaft im strafrechtlichen Sinne verleiht. Zusammenfassend ist der heutige Standpunkt des RG. RGSt. 60, 139 dargestellt.

Reform von 1924. Starke Zufuhr neuen Stoffes aus dem StGB. hat das RG. nur einmal erhalten, nämlich Anfang 1924 als Folge der Abschaffung der Schwurgerichte alter Art. Dessen Urteile konnte das RG. nur in den engen Grenzen der meist abstrakt gefaßten Fragen und des nicht begründeten Spruches der Geschworenen nachprüfen. Die Urteile der neuen Schwurgerichte sind genau so angelegt wie die der Landgerichte; sie ermöglichen und verlangen wie diese volle rechtliche Nachprüfung. Jetzt erst konnte das RG. tiefer in eine Anzahl gerade der wichtigsten Verbrechenstatbestände des StGB. eindringen.

Mord. Hätte nicht der Fall des jugendlichen und daher dem Schwurgericht entzogenen Täters RGSt. 42, 260 zufällige Veranlassung gegeben und hätte nicht die Novelle von 1908 die „Überlegung“ in die Bestimmungen über Majestätsbeleidigungen eingeführt (vgl. RGSt. 48, 174), so würden wir noch nach 45 Jahren keine grundsätzliche Erörterung über das Wesen der Überlegung gehabt haben, von dessen richtiger Erfassung nach § 211 StGB. Leben und Tod abhängt. Seit fünf Jahren aber hat seine Erkenntnis wesentlich vervollkommnet und vertieft werden können (Beispiel RGSt. 62, 196). Weit untergeordnet, aber rechtlich ungemein verwickelt ist die Frage nach der Rechtsnatur einer mit dem Morde zusammenhängenden Aneignungshandlung. Mit ihr befassen sich RGSt. 56, 23; 58, 228; 59, 273; 60, 51, 163. Obwohl die Gleichheit der Rechtsauffassung betont wird, waren die Ergebnisse sehr verschieden. Praktisch durchgesetzt hat sich diejenige Ansicht, die in der durch die Tötung bezweckten und nach ihr ausgeführten Aneignungshandlung regelmäßig einen — mit dem Morde rechtlich zusammentreffenden — Fall des besonders schweren Raubes nach § 251 StGB. sieht. Diese Lösung entspricht der natürlichen Betrachtungsweise weitaus am besten.

Totschlag. Auch die Anwendbarkeit des § 214 StGB. über den erschwerten Totschlag mit seiner hohen Strafdrohung ist meist eine Schicksalsfrage. Erst jetzt konnten seine durchaus nicht eindeutigen Merkmale, z. B. die „Unternehmung einer strafbaren Handlung“, die „Ergreifung“, die „frische Tat“, scharf bestimmt werden (RGSt. 58 S. 154, 226; 59 S. 49, 245; 60 S. 67, 265; 61, 129).

Erschwerte Unterschlagung im Amte. Ein Stein des Anstoßes ist § 351 StGB. mit seiner verzwickten Kasuistik. Erst in den letzten Jahren konnte das RG. der Praxis vor Augen führen, in welchem Sinne und Umfange das Gesetz die amtliche Buchführung unter besonderen Strafschutz stellen will. Die Sammlung (z. B. RGSt. 58, 236; 59, 339; 60 S. 11, 311) gibt nur eine schwaches Abbild davon, was hier seit 1924 in förderlicher Kleinarbeit geleistet worden ist. Hier zeigt sich so recht deutlich, wie nützlich es ist, wenn das Revisionsgericht aus dem Vollen schöpfen kann. Die Zufallswendung GoltdArch. 53, 285, daß zur „Unrichtigkeit“ der Belege ihre Unechtheit gehöre, hätte sich nicht solange halten können, wenn § 351 schon früher für das RG. tägliches Brot gewesen wäre. RGSt. 60, 65 wird der Irrtum, der jetzt wohl allgemein als solcher erkannt wird, endlich richtiggestellt.

Meineid. Neuerdings liest man manchmal von einer „Meineidsseuche“. Der Ton des Vorwurfs richtet sich befremdlicherweise weniger dagegen, daß so viele Meineide geschworen werden, als vielmehr dagegen, daß die Strafverfolgungsbehörden gegen ein weit verbreitetes verbrecherisches Treiben mit Nachdruck vorgehen. Unbestreitbar erleichtert das Verfahren vor den neuen Schwurgerichten bei Meineid den Schuldbeweis. Hier ist denn auch die Rspr. des RG. am stärksten belebt worden. Eine systematische Durcharbeitung der §§ 153ff. StGB. konnte erst jetzt beginnen. Die „Materie“ freilich war dem RG. schon durch den fahrlässigen Falscheid — § 163 StGB. — stets geläufig. Aber mit Ausnahme des vielerörterten Problems des Verschuldens traten auch solche Gesichtspunkte, die nicht, wie etwa die Strafbarkeit des Versuchs (vgl. RGSt. 58, 302; 60, 25; 61, 159) oder der Ausschluß des Vorsatzes infolge Irrtums über den Umfang der Eidespflicht (RGSt. 60, 407; 61, 429), begrifflich mit der wissentlichen Eidesverletzung zusammenhängen, erst aus der jetzigen Stoffülle stärker zutage. In den Vordergrund gerückt ist die Frage, wann ein Eid objektiv „falsch“ ist. Auch hier läßt das RG. möglichst wirtschaftliche Erwägungen maßgebend sein. Beim Offenbarungseid beschwört der Eidesleistende die Vollständigkeit seiner Angaben über sein „Vermögen“. Die Offenbarungspflicht bestimmt sich nach dem Zwecke der Rechtseinrichtung, dem Gläubiger Unterlagen für ein Zwangsvorgehen gegen den Schuldner zu verschaffen. Was völlig wertlos, „unrealisierbar" ist, braucht nicht angegeben zu werden, auch wenn es formell zum Vermögen gehört (RGSt. 60, 69). Zu offenbaren sind umgekehrt Umstände, die zwar vielleicht nicht das Vermögen in seinem gegenwärtigen Bestande berühren, wohl aber Zugriffsmöglichkeiten darbieten, z. B. rechtlich unsichere Forderungen (RGSt. 60, 37), noch nicht verdiente laufende Bezüge (RGSt. 62, 185).

Ähnlich können bei der Auslegung des Beschworenen äußere Erscheinung und innerer Zusammenhang in Widerstreit geraten. Im Gegensatz zu den Eiden des § 154 ist beim auferlegten und zugeschobenen Eide (§ 153) ausschließlich die Eidesnorm selbst maßgebend (RGSt. 59, 344; 62, 126). Aber auch diese ist der Auslegung fähig. Wo der Streitstand klar ergibt, wie sie vernünftigerweise allein hat gemeint sein sollen, da entscheidet über ihren Sinn und damit darüber, ob wahr oder falsch geschworen ist, der innere Zusammenhang, nicht der Wortlaut, wenigstens sofern sich danach der Kern der Sache von unzutreffenden Zutaten einwandfrei unterscheiden läßt (RGSt. 60, 78; 63, 49).

Strafermäßigung beim Meineid. Über den § 157 StGB., der für den Meineid unter gewissen Voraussetzungen eine Strafermäßigung vorsieht, ist das Scherzwort gefallen, er sei eigentlich erst 1924 entdeckt worden. Das ist nun zwar nicht wörtlich zu nehmen. Das beweist schon RGSt. 1, 423. Und der Nr. 1 der Vorschrift, hinter der die Nr. 2 ganz zurücktritt, ist schon durch RGSt. 23, 149 ihr eigenartiges Gepräge gegeben. Ein Zeugenmeineid ist milder zu bestrafen, wenn die wahrheitsgemäße Aussage für den Täter die Gefahr einer Strafverfolgung nach sich ziehen kann. Diese Voraussetzungen der Strafmilderung sollen in strengem Sinn als objektive zu nehmen sein. Die Strafe soll schon dann, aber auch nur dann zu ermäßigen sein, wenn jene Voraussetzungen äußerlich gegeben sind; auf die Vorstellung des Täters kommt es nicht an. Sonderbar genug bei dem Gewicht, das sonst die innere Tatseite für das RG. hat. Dabei ist es sogar ein zu vermutender Seelenzustand, der Gewissenszwang des Zeugen, der seine Tat milder erscheinen läßt. Aber das RG. hat RGSt. 43, 67 und erneut 61, 310 seine alte Auslegung als die nach dem Wortlaut allein mögliche bestätigt.

Aber erst seit 1924, bei der vollen sachlich-rechtlichen Nachprüfbarkeit der Meineidssachen, ist offenbar geworden, was das praktisch bedeutet. Das Eingreifen des § 157 Abs. 1 Nr. 1 ist heute beinahe zur Regel geworden, und es gibt wohl keine andere sachlich-rechtliche Vorschrift, über die so oft in so kurzer Zeit so viele Urteile gefallen wären. Alle möglichen Umstände, auch ungünstige, diese sogar am meisten, wirken hier zum Vorteil des Angeklagten zusammen. Wo ein Meineid geleistet **wird**, ist das Sachverhältnis meistens ohnehin schon anrüchig. Die Mehrzahl der Zeugen ist regelmäßig darin verwickelt. So steckt in den Vorgängen sehr häufig irgend etwas Strafbares, das ein Zeuge begangen hat und das, wenn er die Wahrheit sagt, ans Licht kommen müßte, sei es auch nur eine Beleidigung oder eine Begünstigung, begangen durch unwahre Aussagen im Vorverfahren, oder auch nur im Sinne des § 49a StGB. die Annahme des Verbrechens des Meineides gegenüber dem Nächstbeteiligten. Dabei gilt es gleich, ob sich die Gefahr der Strafverfolgung unmittelbar aus der wahren Aussage ergeben würde oder erst mittelbar im Wege der Schlußfolgerung und in Verbindung mit außerhalb der Aussage liegenden Tatsachen (RGSt. 62, 192). Und vor allem braucht die Vortat gar nicht einmal wirklich begangen zu sein; es genügt, daß die Wahrheit auch nur einen Verdacht erregen könnte, der eine erfolgreiche Strafverfolgung in den Bereich des tatsächlich Möglichen rückt. Die RGSt. 58, 295 nebenher hervortretende gegenteilige Meinung ist bei allen Senaten überwunden, wie z. B. aus RGSt. 60, 56 hervorgeht.

Die in die Sammlung aufgenommenen Fälle lassen trotz ihrer recht erheblichen Anzahl nicht recht erkennen, wie mächtig der § 157 Abs. 1 Nr. 1 StGB. heute ist. Ahnen läßt es das Urteil RGSt. 62, 55. Hier wird vor einer „Ausdehnung ins Ungemessene“ gewarnt. Ganz entfernte Möglichkeiten einer künftigen Strafverfolgung sollen außer Betracht bleiben, so z. B. die Möglichkeit, daß nach erfolgreicher Restitutionsklage gegen ein Scheidungsurteil die Ehe aufs neue, und nunmehr wegen eines von dem Zeugen zu offenbarenden Ehebruchs geschieden wird und der verletzte Ehegatte danach Strafantrag wegen Ehebruchs stellt. Ob die Gegenbewegung, die damit eingeleitet worden ist, Erfolg haben wird, muß sich erst noch zeigen.

Übertretungen. Übertretungen finden nicht aus eigener Kraft den Weg zum RG., sondern nur irgendwie als Anhängsel. Das RG. kann hier im allgemeinen nur einen gelegentlichen Beitrag leisten. Richtunggebend ist es wohl nur für solche Übertretungen geworden, die gewissen schwereren Straftaten eng verwandt sind, so daß sie häufig in solchen Verfahren zur Erörterung stehen, die ursprünglich wegen einer Straftat höheren Grades eingeleitet worden sind. Gedacht ist hier an den Mundraub, die Legitimationsfälschung und den groben Unfug.

Mundraub. Beim Mundraub dreht es sich meist darum, ob der Gegenstand der Entwendung wirklich von geringer Menge oder von unbedeutendem Werte ist. Dabei muß natürlich weithin freies Ermessen walten. Das RG. hat sich hier viel Selbstbeschränkung auferlegt. Das Urteil RGRspr. 3, 516, in dem von 15 Flaschen Wein als geringer Menge die Rede ist, hat auf die spätere Entwicklung immer einen gewissen Druck ausgeübt. Im Schrifttum wurde es viel angefeindet. Um so lieber berufen sich die Angeklagten darauf, wie auch auf das ähnliche Urteil RGSt. 10, 308. Hiergegen nimmt RGSt. 55, 182 Stellung mit dem nachdrücklichen Hinweis, das RG. habe keineswegs von sich aus die „geringe Menge“ bejaht, sondern sich nur an die Würdigung des Vorderrichters als eine tatsächliche für gebunden erachtet. Aber auch hier wird die Lösung solcher Zweifelsfragen wieder als „im wesentlichen auf tatsächlichem Gebiete liegend“ erklärt zum Schaden der Möglichkeit, unsachgemäße Sprüche richtigzustellen. Und doch könnte man in ihnen den Ausdruck der aus der Würdigung des Falles geschöpften rechtlichen Auffassung sehen. Eine demgemäß freiere Stellung hat das RG. auch hin und wieder eingenommen, z. B. RGSt. 46, 408; RGRspr. 6, 422.

So rührt, wie hier eingeschaltet sei, gerade die Rspr. zum Mundraub in hervorragendem Maße an ein Problem, das eigentlich die Grundfrage aller Revisionsgerichtsbarkeit ist und doch wieder nur eine Behandlung von Fall zu Fall verträgt und daher von einer allgemein geltenden Lösung noch weit entfernt ist: die Grenzen der revisionsrichterlichen Nachprüfung. Daß „Feststellungen" nur dann als solche hingenommen werden können und dürfen, wenn sie mit den Erfahrungstatsachen und den Denkgesetzen übereinstimmen, ist zwar in der Theorie auch vom RG. stets zugegeben worden. Die Praxis aber war sehr verschieden, nicht nur, wie erwähnt, beim Mundraub. So sind etwa die Urteile RGSt. 8, 351, in dem das RG. sich für außerstande erklärt, die Existenzmöglichkeit eines „Liebestrankes" gegenüber dem Tatrichter selbständig nachzuprüfen, und RGSt. 57, 257, in dem es die Untersuchung, ob zu einer bestimmten Zeit für eine bestimmte Ware eine Notmarktlage bestand, dem Tatrichter vorwegnimmt, auf keine Weise miteinander vereinbar. Das zweitgenannte Urteil zeigt deutlich, daß in neuer Zeit das Streben vorherrscht, die Nachprüfbarkeit zu erweitern und damit die Stellung des Revisionsgerichtes freier und stärker zu machen. Doch geht die Bewegung noch in Wellen. Den höchsten Stand bezeichnen zur Zeit die Urteile RGSt. 61 S. 293 und 379 (selbständige Prüfung von Abbildungen auf ihre Unzüchtigkeit) und darüber hinaus noch RGSt. 61, 151 wo mit großer Freiheit in die tatrichterliche Auslegung einer Gedankenäußerung eingegriffen wird. —

Sonst war es vornehmlich das Verhältnis des Mundraubs zum schweren Diebstahl, das dem RG. zur Entscheidung vorgelegen hat. Dazu haben sogar die Vereinigten Strafsenate einen sehr scharfsinnigen Spruch gefällt (RGSt. 14, 312).

Im allgemeinen drängte das RG. die vielfachen Versuche der Revisionen, Entwendungen unter den milden § 370 Nr. 5 StGB. zu bringen, zunächst ständig zurück. Ein gewisser Wandel ist darin eingetreten, seitdem 1912 durch die Hinzufügung der Gegenstände des hauswirtschaftlichen Verbrauchs der Gesetzgeber selbst sich für eine weitergehende Anwendung der Vorschrift eingesetzt hatte. Die Frage, ob man nunmehr auch die Entwendung von Viehfutter als „Mundraub" nachsichtiger behandeln könne, machte zwar mancherlei Schwierigkeiten, wurde aber einmütig bejaht (RGSt. 46, 379; 47 S. 247, 266).

Legitimationsfälschung. Die Legitimationsfälschung von der Urkundenfälschung begrifflich abzugrenzen, ist bis heute noch nicht gelungen. Schon aus RGSt. 8, 37 klingt es heraus, daß man hier keine feste Grenze zu ziehen vermöge, und so klingt es noch heute (RGSt. 58, 74). Vor allem geht es fast in jedem neuen Falle von neuem darum, ob der bloße Zweck des besseren Fortkommens eingehalten ist. An Bemühungen, das Wesen dieses Zweckes zu umschreiben, hat es nicht gefehlt. Wenigstens gewisse Gruppen von Fällen sind aus dem § 363 allgemein ausgeschieden und damit der gewöhnlichen Urkundenfälschung zugewiesen. Zunächst darf der Täter, soll er die Vergünstigung des § 363 genießen, mit seinem täuschenden Gebrauchmachen nicht in ein bestimmtes fremdes Recht eingreifen wollen (RGSt. 20, 229; 22, 225). Das leuchtet ein. Nur darf man nicht übersehen, daß jenes „bestimmte Recht" niemals die bloße Befugnis ist, seine Entschließungen von dem Inhalt echter Urkunden abhängig zu machen. Denn mittels unechter Urkunden die Entschließungen anderer in eine falsche Richtung zu lenken, gehört ja bereits zum ursprünglichen Wesen des Delikts. — Ebenso billigenswert ist es, die Wohltat des § 363 solchen Tätern zu versagen, die sich mit dem Inhalt der Urkunde eine bestimmte Rechtsstellung anmaßen, etwa die Zugehörigkeit zu einem bestimmten Personenkreis, aus dem allein nach bestehenden Vorschriften gewisse amtliche Stellen besetzt werden dürfen (RGSt. 38, 147; 39, 77). Nicht aber kann es befriedigen, daß über diese negative Kennzeichnung hinaus vielfach die Allgemeinheit und Unbestimmtheit des Zweckes positiv zum selbständigen Merkmal des § 363 gemacht wird (RGSt. 31, 296; 38, 145; 52, 186). Damit wäre jeder Täter, dem ein täuschendes Vorgehen gerade für ein Einzelziel vorgeschwebt hat, von vornherein von der Gunst des § 363 ausgeschlossen. Und doch kann ein Gebrauchmachen, das neben der Fälschung auch eine Begehungsform des § 363 ist, jeweils nur einen Einzelzweck verfolgen. Abgesehen davon ist es auch mißlich, einen Fälscher deshalb schlechter zu stellen, weil er mit seiner Fälschung von Anfang an weiter nichts erstrebt als die Erlangung einer bestimmten Möglichkeit zur Fortfristung des Lebens, etwa durch eine bestimmte Anstellung, und es gerade ablehnt, seine Fälschung auch bei künftigen, noch unbestimmten Gelegenheiten zu verwerten. Manchmal hat übrigens das RG. selbst einen ganz bestimmten Zweck für vereinbar mit dem § 363 StGB. gehalten (RGSt. 10, 162; 26, 83 und besonders 43, 271). Hoffentlich bietet sich bald einmal Gelegenheit zum Ausgleich zwischen den beiden Richtungen. Bei der großen Verschiedenheit der Strafdrohung ist die praktische Bedeutung der Frage nicht gering.

Grober Unfug. Es gab eine Zeit, etwa in der ersten Hälfte der neunziger Jahre, wo die — damals sehr weitgehende — Rechtsprechung über den groben Unfug öffentlich als der wundeste Punkt in der Strafrechtspflege bezeichnet wurde. Die Angriffe richteten sich auch gegen das RG. Zwar hatte es schon RGSt. 1, 400 bestimmt abgelehnt, im § 360 Nr. 11 StGB. eine allgemeine Hilfsstrafvorschrift zu finden, mit der man jedem störenden Eingriff in die unter dem Schutze der öffentlichen Ordnung stehenden Interessen Dritter zu Leibe gehen könne. Aber von der an sich begrüßenswerten Auslegung aus, daß die durch § 360 Nr. 11 bedrohten Belästigungen nicht unmittelbar auf die Sinne zu wirken brauchen, sondern daß sie auch seelischer Art sein können, war man doch allmählich zu einer ausdehnenden Rechtsanwendung gekommen, die häufig Widerspruch erfuhr (RGSt. 16, 98; 23, 207; 25, 404; 27, 292). Inzwischen war durch das Urteil des III. StS. (RGSt. 19, 294) die rückläufige Bewegung bereits eingeleitet. Die Möglichkeit des groben Unfugs durch Preßveröffentlichungen, der vor allem der Kampf galt, wurde zwar grundsätzlich anerkannt; aber für unstatthaft wurde es erklärt, den § 360 Nr. 11, der nur an die von einer Handlung ausgehenden unmittelbaren Störungen denke, dazu zu verwenden, entgegen der klaren Absicht der Gesetzgebung „die bloße Erregung von Haß und Verachtung gegen eine politische Partei oder die bloße Mißachtung abstrakter moralisch-religiöser Satzungen unter der Bezeichnung grober Unfug zum Delikte zu stempeln.“

Trotz der bemerkenswert scharfen Sprache dieses Urteils setzte sich seine Richtung zunächst nicht durch, namentlich nicht gegenüber dem IV. StS. Erst in

RGSt. 31, 185 lenkte dieser ein. Der grobe Unfug wurde hier einengend bestimmt als eine „grob ungebührliche Handlung, durch die das Publikum unmittelbar belästigt oder gefährdet wird, und zwar dergestalt, daß darin zugleich eine Verletzung oder Gefährdung des äußeren Bestandes der öffentlichen Ordnung zur Erscheinung kommt." Demgemäß folgte ein Wiederabbau, wobei gerade der IV. Senat die Führung hatte. In RGSt. 32, 100; 34 S. 364, 425; 36, 213 werden durchgehends die Verurteilungen wegen groben Unfugs gemißbilligt. Jetzt ist es um den § 360 Nr. 11 beim RG. still geworden. Die ihm einst zugedacht gewesene Rolle des Dämpfers im parteipolitischen Kampfe hat er auf jeden Fall ausgespielt.

Militärstrafrecht. Ein großes Feld des Strafrechts, das größte strafrechtliche Gesetz neben dem StGB., das MStGB., war über 40 Jahre dem RG. so gut wie unzugänglich. Hier schaltete die Militärgerichtsbarkeit fast allein. Eine unmittelbare Aburteilung der eigentlichen militärischen Straftaten durch die bürgerlichen Gerichte und damit auch durch das RG. war nach den militärstrafprozessualen Vorschriften nur ausnahmsweise möglich (Beispiele: RGSt. 12, 319; 22, 1).

Regelmäßig konnte das RG. nur auf Umwegen mit diesen Straftaten befaßt werden. Täter konnten und können nur Militärpersonen sein. Nie aber bestand ein Zweifel daran, daß andere Personen als Anstifter oder Gehilfen beteiligt sein können. So waren gelegentlich auch die Tatbestände militärischer Straftaten zu prüfen, namentlich diejenigen der unerlaubten Entfernung — §§ 64ff. MStGB. — (RGSt. 27, 157; 38, 417). Auch die Möglichkeit der Begünstigung militärischer Straftaten durch bürgerliche Personen wurde anerkannt (RGSt. 15, 396; 50, 218). Die §§ 110, 111 StGB. (Aufforderung zum Ungehorsam gegen die Gesetze und zu strafbaren Handlungen) gaben wiederholt Gelegenheit, den Begriff des militärischen Ungehorsams zu erläutern (RGSt. 27, 406; 39, 158). Und der § 141 StGB. vermittelte häufiger Erörterungen über das militärische Verbrechen der Fahnenflucht (z. B. RGSt. 46, 200).

Nach dem Ges. vom 17. Aug. 1920 über die Aufhebung der Militärgerichtsbarkeit mußte diese fast durchweg den bürgerlichen Gerichten weichen. Daß sie wenigstens für Kriegszeiten und in gewissem Umfange darüber hinaus für die Marine bestehen blieb, machte gerade für das RG. kaum etwas aus. Denn soweit in den hiernach der Militärgerichtsbarkeit verbliebenen Sachen die Revision überhaupt zulässig ist, d. h. im „ordentlichen Verfahren", trat es an die Stelle des Reichsmilitärgerichts. Damit hatte es im Gesamtbereich der bisherigen militärischen Strafrechtspflege die Gerichtsbarkeit der letzten Instanz erhalten.

Da der Kreis der Personen, die der Militärgerichtsbarkeit unterstehen, gewaltig zurückgegangen ist, so sind natürlich auch die militärischen Delikte weit seltener geworden. Dennoch brachte die Neuerung von 1920 neue Aufgaben, und namentlich die Bände 56—59 der Sammlung beweisen, daß Fragen des Militärstrafrechts für das RG. jetzt nicht mehr zu den Seltenheiten gehören. Wie dereinst zum StGB. an die Rspr. des preußischen Obertribunals, so konnte das RG.

in den Militärstrafsachen im allgemeinen an die bewährte und hochgeachtete Rspr. des Reichsmilitärgerichts anknüpfen. So ist es z. B. (RGSt. 59, 330) in einer Einzelfrage, in der jenes ganz eigene und eigenartige Wege gegangen war, der Frage nämlich, ob der § 193 StGB. auch für die Beleidigung von Vorgesetzten — § 91 MStGB. — gelte oder durch welche Umstände sonst die Rechtswidrigkeit von beleidigenden Äußerungen gegen Vorgesetzte ausgeschlossen sei, ganz dem Reichsmilitärgericht gefolgt. Daß die Bedürfnisse des militärischen Dienstes, namentlich der Manneszucht, keine Not leiden, seitdem die Fürsorge für ihre strafrechtliche Sicherung in letzter Instanz beim RG. liegt, erkennt man auch sonst, etwa an RGSt. 56, 353; 57, 401; 58, 110. Auch an der weiten Ausdehnung der „militärischen Dienstpflicht" im Sinne des § 29 MStGB. hat sich nichts geändert (RGSt. 57, 198; 60, 94 u. a.).

In manchen Beziehungen hat sich das RG. freilich vom Reichsmilitärgericht losgemacht. Daß das Vergehen des § 115 MStGB. — Bestimmung zu Straftaten unter Mißbrauch der Dienstgewalt — in Tateinheit tritt zur sonstigen Mitwirkung an jenen Straftaten, war bei der festen Rspr. des RG. über die Einheitlichkeit der Bestrafung für das Mitwirken zu einem und demselben strafrechtlichen Erfolge nicht länger aufrechtzuerhalten (RGSt. 59, 26). Die Bezeichnung „minder schwere Fälle" im MStGB. wird nicht mehr für gleichbedeutend erachtet mit dem Handeln unter „mildernden Umständen" im Sinne des bürgerlichen StGB., was eine Einschränkung für die Aberkennung der bürgerlichen Ehrenrechte bedeutet (RGSt. 59, 237). Fallen gelassen wurde die Rspr. des Reichsmilitärgerichts über die Bildung der Gesamtstrafen beim Zusammentreffen von Arrest mit Gefängnis oder Festungshaft. Nach RGSt. 58, 65 ist in jedem Falle die Gefängnisstrafe oder Festungshaft zu erhöhen. Damit wird ermöglicht, die Gesamtstrafe auf mehr als sechs Wochen, die Höchstdauer der Arreststrafe, zu bemessen, wenn bei einer größeren Anzahl von Einzelstrafen zufällig die längste eine Arreststrafe ist.

Wiederholt war zu Fragen Stellung zu nehmen, die erst aus den neuen verfassungsmäßigen und organisatorischen Verhältnissen unserer Wehrmacht erwachsen sind: RGSt. 56, 208 über die Vorgesetzteneigenschaft im neuen Reichsheer; RGSt. 57, 419 über die Tragweite des Ersatzes der Versetzung in die 2. Klasse des Soldatenstandes durch die Dienstentlassung im § 44 Abs. 1 des Wehrgesetzes; RGSt. 58, 274 über die Einwirkung der neuen RVerf. auf das Verbot der Veranstaltung von Versammlungen usw. im § 101 MStGB.

Die größte Beachtung aber von allen Entscheidungen zum MStGB. verdient das Urteil RGSt. 59, 330 in seinem zweiten Teile, der sich mit der Frage der Rechtmäßigkeit von Dienstbefehlen befaßt. Aufgebaut ist es auf der alten Rspr. zu § 113 StGB. über die rechtmäßige Amtsausübung. Was Gegenstand eines militärischen Dienstbefehls sein kann, bestimmt sich, soweit Vorschriften fehlen, nach dem Wesen des militärischen Dienstes und seinen rechtlich anerkannten Notwendigkeiten. Hinzutreten muß die „abstrakte" Zuständigkeit des befehlenden Vorgesetzten. Im abgeurteilten Falle war diese Zuständigkeit zwar gegeben; dagegen fiel der Befehl, nämlich der Befehl an einen geistig völlig gesunden Untergebenen, sich auf seinen geistigen Zustand untersuchen zu lassen, aus dem Bereich dessen, was durch die Interessen des militärischen Dienstes geboten war. Daraus allein aber ergab sich noch nicht die Unrechtmäßigkeit des Befehls. Die darauf hinauslaufende Ansicht, die sogar vom Reichsmilitärgericht gelegentlich vertreten worden war, wurde vom RG. abgelehnt. Ihm ist, wie ähnlich zu § 113 StGB., entscheidend, ob bei dem Vorgesetzten pflichtmäßiges Ermessen gewaltet habe oder nicht. Aber an dieses Ermessen, das auch schon bei fahrlässigem Verkennen der Sachlage ausgeschlossen ist, werden strenge Anforderungen gestellt. Je schwerer der in einem Befehl liegende Eingriff in die Freiheit des Untergebenen ist, desto sorgfältiger muß die Prüfung sein. Eine erfreuliche Vermittlung zwischen den widerstreitenden Interessen, Wahrung der militärischen Disziplin und Schutz des einzelnen Disziplinunterworfenen gegen Übergriffe!

Nebengesetze. Die kleineren strafrechtlichen Nebengesetze müssen hier im allgemeinen ganz beiseite bleiben. Nur durch einzelne wenige Beispiele soll ein Begriff davon gegeben werden, wie groß Arbeit und Leistung auch auf solchen Sondergebieten war.

Vereinszollgesetz. An die Spitze gehört das Vereinszollgesetz. Wenige Monate nach dem Jubiläum des RG. wird es volle 60 Jahre in Kraft sein. Es ist eine der ersten gesetzgeberischen Schöpfungen des neugeeinten Deutschlands, es hat sich längst als eine der besten erwiesen. In der Einfuhrverordnung von 1917 und der Außenhandelskontrollverordnung von 1919 hatte man sich von dem Strafensystem des VZG. vorübergehend losgemacht. In der Verordnung über Ein- und Ausfuhr vom Februar 1924 kehrte man zu ihm als dem bewährten Alten zurück. Für die Güte dieses Gesetzes spricht auch die Gleichmäßigkeit der Rechtsprechung. In 50 Jahren hat das RG. es in allen seinen Teilen durchgebildet; niemals hat es sich genötigt gesehen, in einer Frage von Wichtigkeit etwas zurückzunehmen. Angriffe gegen seine Rechtsauffassung sind einige Male vorgekommen, stets aber erfolglos geblieben. Aus dem Kreise des RG. selbst heraus wurde das Verhältnis der Konterbande (§ 134) zu den mit Strafdrohung versehenen Einfuhrverboten anderer Gesetze beanstandet, wie es sich in der Rspr. herausgebildet hatte. So kam es zu der Plenarentscheidung RGSt. 49, 127. Auf Grund des geschichtlichen Zusammenhanges mit dem preußischen Recht stellte das RG. die Vorherrschaft des VZG. von neuem fest. Gründe rechtsgeschichtlicher Art waren es auch, mit denen es RGSt. 60, 171 die schon RGSt. 2, 370 ausgesprochene strafrechtliche Unvereinbarkeit von Konterbande und Zolldefraude gegenüber dem Reichsfinanzhof aufrechterhielt. Neuerdings wird vom Kammergericht die hergebrachte Unterscheidung von Einfuhrverbot und Einfuhrbeschränkung (RGSt. 28, 51; 31, 126; 52, 123) in Zweifel gezogen, nach der es sich richtet, ob ein Verstoß gegen eine Einfuhrmaßregel eine Konterbande bildet oder nur als Zolldefraude in Betracht gezogen werden kann. Das RG. ist dabei geblieben, daß es weder auf den Wortlaut noch auf den Zweck der Maßregel ankommt, sondern darauf, ob nach dem praktischen Ergebnis die Einfuhrfreiheit die Regel bildet oder die Ausnahme.

Mehr als bei irgendeinem anderen Nebengesetze hat die Rspr. zum VZG.

auch andere Rechtsgebiete bereichert. Eine Überfülle tatsächlichen Stoffes sorgte für eine besonders feine Durchbildung des Begriffs des „Unternehmens" (§ 134). Sie ist grundlegend geworden für die Scheidung zwischen Vorbereitungshandlungen und Versuch sowie für den Gegensatz von der vollendeten zur beendeten Tat. Beispiele finden sich von RGSt. 2, 260 bis 55, 226 in großer Zahl. In den Bänden 49—53 treten sie stark hervor; es war die Zeit, während der Deutschland wirtschaftlich abgesperrt war.

In den §§ 136, 137 VZG. haben wir bereits Vermutungstatbestände. Vorschriften dieser Art durchsetzen heute unser gesamtes Verbrauchssteuerrecht und haben in den letzten Jahren das RG. vor manche schwere Aufgabe gestellt. Die Rspr. zum VZG. hat hier den Boden bereitet. Das Wesen der Vermutungstatbestände hat sie — im Gegensatz zum preußischen Obertribunal — von vornherein dahin erkannt, daß damit keine selbständigen Delikte geschaffen, sondern nur Einzelfälle des Vergehens der Defraude im Sinne des § 135 aufgeführt werden, für dessen Gegebensein das Gesetz damit Beweisvermutungen aufstellt (RGSt. 10, 406; 21 S. 59, 399; 28, 114). Nur so erklärt sich die Freilassung des Gegenbeweises, richtiger der Widerleglichkeit gemäß § 137. Daß der Täter einen Vermutungstatbestand verwirklicht hat, muß ihm voll nachgewiesen werden. Ist dies geschehen, so ist er als Zolldefraudant zu verurteilen, sofern nicht in einer der in § 137 bezeichneten beiden Richtungen der Gegenbeweis geführt wird. Damit wird dem Täter keine Beweislast auferlegt; vielmehr liegt die Prüfung, ob der Gegenbeweis geführt werden kann, dem Gericht von Amts wegen ob. Nur wenn er voll erbracht ist, ist die Vermutung entkräftet; tatsächliche Zweifel gehen hier ausnahmsweise zu Lasten des Angeklagten (RGSt. 35, 242; 39, 303 u. a.).

Preßgesetz. Auch das Preßgesetz ist älter als das RG. Obwohl es die Großmacht Presse unter ein lästiges Sonderrecht stellt, hat es sich bis heute so gut wie unangetastet gehalten und ist nicht einmal starken Angriffen ausgesetzt. Zu dem Frieden auf diesem Rechtsgebiet hat das RG. sicher nicht wenig beigetragen, und zwar durch seine neuere Rspr. zum § 20 Abs. 2, in dem sich die Eigenart des Preßstrafrechts am stärksten verkörpert. Danach haftet der verantwortliche Redakteur (v. R.) einer periodischen Druckschrift, durch deren Inhalt der Tatbestand einer Straftat begründet wird, über das allgemeine Strafgesetz hinaus. Er gilt nämlich schon dann als Täter, „wenn nicht durch besondere Umstände die Annahme seiner Täterschaft ausgeschlossen wird". Nach dem früheren Recht, wenigstens in Preußen, konnte auch ein v. R. für einen strafbaren Artikel in seiner Zeitung nur dann belangt werden, wenn ihm nachgewiesen wurde, daß er die Veröffentlichung gewollt und verursacht hatte. Dieser Nachweis war, wenn er sich darauf berief, den Artikel nicht gelesen zu haben, nur sehr schwer zu führen, und so hatte sich die strafrechtliche Verantwortlichkeit des Redakteurs einigermaßen verflüchtigt. Hier sollte § 20 Abs. 2 eingreifen. Das war gewiß nötig; aber das RG. hat in der Auslegung zunächst weit über das Ziel hinausgeschossen. Schon RGSt. 1, 14 wollte als „besondere" Umstände nur solche gelten lassen, die mit sorgfältigster Pflichterfüllung vereinbar seien. Auch der volle Nachweis, gänzlich unbeteiligt zu sein, schloß die strafrechtliche

Haftung des v. R. für Vorsatz im allgemeinen noch nicht aus, selbst nachweisliche Krankheit nur ausnahmsweise (RGSt. 2, 28; 10, 82; 11, 316). Am weitesten ging RGSt. 16, 16. Die vorsätzliche Täterschaft galt grundsätzlich nach jeder Richtung hin als nachgewiesen, auch in dem Sinne, daß keine Schuld- und Unrechtsausschließungsgründe vorhanden waren. So konnte sich der v. R. etwa auf § 193 StGB. nur dann berufen, wenn insoweit „besondere Umstände" in dem erwähnten engen Sinn dargetan wurden. Aber diese Entscheidung war zu scharf zugespitzt; sie führte dazu, daß das Ganze brach. Der Beschluß der Vereinigten Strafsenate vom 6. Juni 1891 (RGSt. 22, 65) führte die Bedeutung des § 20 Abs. 2 auf dasjenige Maß zurück, mit dem man sich, wie in glänzenden Ausführungen nachgewiesen wurde, bei der Schaffung der Vorschrift hatte begnügen wollen. Die Beweisvermutung gegen den v. R. soll nur in derjenigen Richtung wirken, nach der vorher der v. R. zu bequem hatte ausweichen können: Bis zum vollen Nachweis des Gegenteils ist in tatsächlicher Beziehung davon auszugehen, daß die Veröffentlichung mit Wissen und Willen des v. R. und mit seiner vollen Kenntnis und seinem vollen Verständnis des Inhalts geschehen ist. Das ist aber auch alles. Nicht vermutet wird insbesondere die Abwesenheit von Schuld- und Unrechtsausschließungsgründen. Dem v. R., der sich darauf beruft, zur Wahrung berechtigter Interessen gehandelt zu haben, muß dies widerlegt werden. Damit mußte auch die bisherige Rspr. über die „besonderen Umstände" fallen. Gemeint ist nicht, daß die Umstände von besonderer Stärke sein müssen, sondern nur, daß sie besonders zu erweisen sind. Wo nachgewiesen ist, daß der v. R., wenn auch infolge stärkster Verabsäumung seiner Pflichten, nicht der geistige Urheber einer Veröffentlichung ist oder sie nicht verstanden hat, ist die Vermutung eben widerlegt. Der v. R. kann also nicht als *vorsätzlicher* Täter belangt werden. In die Lücke tritt § 21 über die besondere preßrechtliche Fahrlässigkeit.

Der Plenarbeschluß hat sich dauernd behauptet. Er hat, wie er selbst angesichts des § 20 Abs. 1 als notwendig betont, den festen Zusammenhang des Preßstrafrechts mit dem allgemeinen Strafrecht wiederhergestellt. Eine Bestätigung davon war der Hinweis darauf, daß auch für Straftaten des v. R. bedingter Vorsatz genüge, daß also die Widerlegung der Beweisvermutung sich auch darauf erstrecken muß, der v. R. sei nicht wenigstens im Sinne des bedingten Vorsatzes geistiger Urheber gewesen. In der Ausprägung dieses Gedankens war man freilich etwas zu weit gegangen. Später hat sich das RG. wiederholt dagegen verwahren müssen, daß ein „genereller" Eventualvorsatz habe eingeführt werden sollen (RGSt. 29, 40; 31, 211; 39, 87).

Näherte man so planmäßig das Preßstrafrecht den allgemeinen Strafgesetzen an, so war es nur folgerichtig, wenn man sich in dem Kampf der Lehrmeinungen um das, was den v. R. ausmacht, schließlich fest zur sog. Stellungstheorie bekannte (RGSt. 27, 246; 35, 271). Verantwortlicher Redakteur ist, wer sich in der Stellung eines solchen wirklich betätigt. Auf die formale Benennung (§ 7) kommt es weder ausschließlich noch auch nur mitentscheidend an. Auch ein Sieg des Grundsatzes der „materiellen Wahrheit" im modernen Strafrecht.

Vor nicht langer Zeit mußte das Urteil RGSt. 59, 181 dem Irrtum entgegentreten, es gelte auch für die fahrlässigen Preßvergehen nach § 21 eine Beweisvermutung. Sonst macht das Preßgesetz dem RG. nicht mehr viel zu schaffen. Einmal rückte es jedoch noch in den letzten Jahren in den Vordergrund des Interesses, als nämlich in dem bekannten Falle Fechenbach die Frage der kurzen preßrechtlichen Verjährung der Strafverfolgung wegen eines durch Preßveröffentlichung begangenen Landesverrats brennend wurde. Das RG. hat, hier als Wiederaufnahmegericht, die einschlägigen Fragen in dem eingehenden Beschluß RGSt. 61, 19 geklärt. Neu war daran, daß die preßrechtliche Verjährung auch solchen Veröffentlichungen zugute kommt, die ausschließlich durch ausländische Zeitungen geschehen sind. Daß die kurze preßrechtliche Verjährung auch diejenigen strafbaren Handlungen ergreift, die im Verhältnis zu der eigentlichen Veröffentlichungshandlung nur vorbereitende sind, wie z. B. die Einsendung an die Redaktion, war schon seit RGSt. 24, 269 Auffassung des RG. gewesen.

Postgesetz. Zum Postgesetz von 1871 ist das RG. dessen fiskalischen Zwecken weit entgegengekommen. Durch seine strenge Auffassung der Voraussetzungen des Postzwanges („Briefe", „Beförderung", „gegen Bezahlung") hat es diesen ganz bedeutend verstärkt. In den letzten Jahren hat man freilich mehrfachen Wünschen nach ausdehnender Auslegung einen Riegel vorschieben müssen, sonst wäre Wohltat zur Plage geworden. Dahin gehören die Entscheidungen, daß Privatbeförderungsanstalten im Sinne des § 2a nur solche Unternehmungen sein sollen, die das Befördern gewerbsmäßig betreiben (RGSt. 58, 167; 60, 423). Sie liegen durchaus im Sinne des Gesetzes, um so mehr als § 2a für den Ortsverkehr selbst schon die Ausnahme zur Regel macht. Namentlich in dem ersterwähnten Falle würde eine Bestrafung kaum zu verstehen gewesen sein. Auch wird vom RG. bei aller Ausschließlichkeit des der Post überlassenen „Beförderns" nicht übersehen, daß sie bezüglich der postzwangspflichtigen Gegenstände nur der „reinen" Beförderung dient und nicht berufen ist, auf die sachliche Behandlung der Sendungen und ihren Inhalt Einfluß zu nehmen; wo eine solche Tätigkeit in Anspruch genommen wird, unterliegt sie nicht dem Postzwang, kann aber vernünftigerweise auch nicht verboten sein. Die Weiterführung dieses Gedankens hat z. B. so eingebürgerte und gemeinwirtschaftlich nützliche Unternehmungen wie Annoncenexpeditionen aus den Fängen des Postzwanges gerettet (RGSt. 58, 384; 59, 222). — In anderen Entscheidungen dagegen weht wieder ganz der strenge Wind. Die Worte „gegen Bezahlung" bezeichnen nach dem RG. alles, was nicht aus reiner Gefälligkeit geschieht. Wo immer bei einer Beförderung jemand mitwirkt — sei es auch nur als untergeordnete Hilfsperson —, der dies nicht umsonst tut, sondern etwa in Erfüllung entgeltlich übernommener Dienstpflicht, geschieht die Beförderung „gegen Bezahlung". So mußten sogar die von städtischen Beamten in Ausübung ihrer Dienstpflicht betriebenen Briefsammelstellen für die verschiedenen städtischen Amtsbetriebe, soweit nicht eine Einheit der „Postverkehrspersönlichkeit" anzunehmen war, für postzwangwidrig erklärt werden (RGSt. 57, 297; 60, 423).

Angesichts der vom Postgesetz vertretenen reichsfiskalischen Interessen und der vielen ihm anhängenden Zweifelsfragen hielt man früher seine Auslegung gerade durch das RG. für so notwendig, daß es nach § 136 Abs. 2 GVG. a. F. auch außerhalb des ordentlichen Instanzenzuges angerufen werden konnte. 1924 ließ man diese Vorschrift fallen. Gleichzeitig wurde auch die erstinstanzliche Zuständigkeit so geregelt, daß Postdefraudesachen regelmäßig überhaupt nicht mehr ans RG. kommen können. Das ist nicht ohne Gefahr für die Rechtseinheit und deshalb lebhaft zu bedauern.

Nahrungsmittelgesetz und Lebensmittelgesetz. Ähnlich steht es mit dem Nahrungsmittelgesetz von 1879 und seinem Nachfolger, dem Lebensmittelgesetz von 1927. Die wichtigsten Tatbestände (§ 10 NMG., § 4 LMG.) sind neuerdings für den Regelfall dem RG. entzogen. Nach § 25 Abs. 2 Nr. 1b GVG. entscheidet auch hier in erster Instanz stets der Amtsrichter allein, und so geht die Revision an das Oberlandesgericht. Der Schaden ist hier freilich geringer als beim Postgesetz. Das RG. hat sich Jahrzehnte hindurch an einer solchen Fülle des hier einschlägigen Stoffes betätigt und sich eine so sichere Gefolgschaft der anderen Revisionsgerichte geschaffen, daß man hier für einige Zeit seiner Mitarbeit entraten kann. Die Rspr. setzt schon in Band 2 ein und verteilt sich ziemlich gleichmäßig auf die übrigen Bände. Den Höhepunkt bildet Band 41 durch die Entscheidungen S. 149, 205, 435 mit ihren grundlegenden Erörterungen über das Nachmachen und das Verfälschen. Eine ureigene Schöpfung des RG. ist die „Normalsache". Ob ein bestimmter Gegenstand verfälscht, nachgemacht oder verdorben ist, läßt sich nicht beurteilen ohne einen gedachten Vergleichsgegenstand, eben die „Normalsache". Bestimmend für sie ist seit RGSt. 6, 54 die berechtigte Erwartung des Publikums. Wie das RG. den verschiedensten wirtschaftlichen Erscheinungen wie Handelsgebräuchen (RGSt. 15, 162; 41, 435), örtlichen Verschiedenheiten (RGSt. 16, 316; 31, 72; 46, 63), gesetzlichen Sondervorschriften (RGSt. 11, 294; 48, 351; 50, 216) ihren unvermeidlichen Einfluß auf die Bestimmung der Normalsache einräumt und dennoch immer wieder zu jenem Ausgangspunkte zurückkehrt, ist wahrhaft meisterlich.

Auch für andere Rechtsgebiete, nahverwandte und fernerliegende, ist die Rspr. zum Nahrungsmittelgesetz überaus fruchtbar gewesen. Wenn z. B. heute die in so vielen Gesetzen wiederkehrenden Begriffe des Feilhaltens und des Inverkehrbringens vollständig geklärt sind, so ist das nicht ohne die Arbeit des RG. zum Nahrungsmittelgesetz zu denken.

Zum „Nachmachen" hat sie sich freilich von der zum Weingesetz von 1909, das aus jenem herausgewachsen ist, übertreffen lassen. Schon RGSt. 4, 434 heißt es, Nachmachen sei die Herstellung einer Sache in der Weise und zu dem Zwecke, daß sie eine andere Sache zu sein scheint. Damit wird mit dem äußeren Tatbestand, den es doch zunächst einmal festzustellen gilt, zu Unrecht ein subjektives Moment, der Zweck, vermischt. Auf diese Ungenauigkeit trifft man noch RGSt. 58, 351 (hier zu § 146 StGB.). In Wirklichkeit ist Nachmachen weiter nichts als die äußere Schaffung eines Zustandes der Verwechselbarkeit. So in voller Schärfe RGSt. 46, 256; 47, 130.

Das Weingesetz 1909 hat übrigens — mehr noch als seine Vorläufer von 1892 und 1901 — der Rspr. Rätsel von solch verwickelter Art aufgegeben, wie sie sonst im Strafrecht kaum wieder zu finden sind. Durch den § 7 über Verschnittbezeichnungen gibt es kaum ein Durchkommen. Hier ist das RG. nur nebenbei zu Worte gekommen (RGSt. 52, 47). Desto mehr hat es zur Klärung der kaum weniger verschlungenen Zuckerungsvorschriften (§ 3) beigetragen sowie zur Lösung der scheinbar unlöslichen „Südweinfrage". Urteile, wie die RGSt. 45, 106; 49, 288, sind Höhenleistungen und geradezu berühmt geworden.

Konkursordnung. Mit dem „strafbaren Bankerutt" hat das RG. unzählige Male zu tun gehabt. Trotzdem ist nach 50 Jahren der Rechtsstoff noch nicht annähernd verarbeitet; in gewisser Beziehung steckt die Verarbeitung sogar erst in den Anfängen. Denn zu dem konkursrechtlichen Haupttatbestande, dem „betrüglichen Bankerutt", wurde wiederum erst 1924 durch die Abschaffung des alten Schwurgerichts für das RG. der Weg freigelegt. Vorher konnte es nur dann herandringen, wenn in die Frage an die Geschworenen und damit ihren Spruch über die Verpflichtung des § 293 StPO. a. F. hinaus Umstände der konkreten Tat aufgenommen wurden oder die Geschworenen ausnahmsweise von sich aus Unterscheidungen nach dem konkreten Sachverhalt machten. Auf diesem Wege sind namentlich die Entscheidungen RGSt. 2 S. 118, 337; 39, 136 zustande gekommen. Die dritte ist bemerkenswert, weil sie festlegt, was unter „Absicht" im Sinne des § 239 zu verstehen ist: nicht der Zweck oder der Beweggrund, sondern der auf den Erfolg gerichtete bestimmte Wille des Täters. Jene beiden ganz alten Urteile, die sich mit dem Wesen einzelner Bankerutthandlungen des § 239 befassen, sind dadurch zu neuem Leben erwacht, daß jetzt, wo die Begriffe des Beiseiteschaffens, der Anerkennung, der Aufstellung, des Erdichtens usw. häufiger zu behandeln sind, immer wieder auf das Wenige zurückgegriffen wird, was die alte Rspr. hierzu bietet. Dabei ist freilich ein wesentliches Stück von RGSt. 2, 337 rasch über Bord geworfen: Zur „Anerkennung", offenbar also auch zur „Aufstellung" einer erdichteten Forderung gehört nach RGSt. 62, 287 nicht auch, daß sie geltend gemacht wird.

Häufig sind die Fälle, in denen Konkursverbrechen ans RG. gelangen, freilich auch heute noch nicht. Daher ist die Rspr. zu den Einzelheiten des § 239 immer noch nicht recht in Fluß gekommen und hat bislang nur zu einigen Ansätzen geführt.

Reichhaltig ist dagegen die Judikatur zum e i n f a c h e n Bankerutt. Sie hat sogar einmal die Vereinigten Strafsenate auf den Plan gerufen zu dem heute ziemlich vergessenen Urteil RGSt. 13, 235, wo im Gegensatz zu RGSt. 12, 78 die Buchführungs- und Bilanzziehungspflicht als ein jedes einzelne Vorstandsmitglied einer Aktiengesellschaft ohne weiteres, d. h. ohne besondere interne Übertragung treffend hingestellt wird.

In seltsamem Gegensatz dazu ist man in zwei anderen konkursrechtlichen Streitfragen, obwohl zu ihnen die Rspr. wohl stärker geschwankt hat als irgendwo sonst, ohne Spruch des Plenums fertiggeworden. Daß Zahlungseinstellung und Konkurseröffnung, mag man sie nun Bedingung der Strafbarkeit oder wie sonst nennen, ausschließlich als äußere Tatsachen in Betracht kommen und gänzlich außerhalb des inneren Tatbestandes liegen, steht heute außer allem Zweifel. Aber erst im Urt. RGSt. 45, 88 ist der V. Strafsenat es gewesen, der hier endlich das entscheidende Wort gesprochen hat. Bis dahin war alles im Ungewissen. Die Ansicht, zur Beihilfe zum einfachen Bankerutt gehöre das Bewußtsein der bevorstehenden oder bereits eingetretenen Zahlungseinstellung oder Konkurseröffnung, mutet heute sehr sonderbar an. Und doch war RGSt. 27, 316 so entschieden worden.

Noch wechselvoller gewesen ist die Erörterung über die Schuldform beim einfachen Bankerutt. Hier findet man eine besonders ausgeprägtes Beispiel dafür, wie sich die Rspr. ohne ausgesprochenen Bruch mit der Vergangenheit allmählich aus sich selbst zu einem ganz festen Ergebnis fortentwickeln kann. Über das Formaldelikt der älteren Entscheidungen (z. B. RGSt. 5, 409) und über solche Unbestimmtheiten hinweg, wie die, daß zu § 240 KO. Vorsatz und Fahrlässigkeit nicht „im technischen Sinne" in Betracht kämen (z. B. RGSt. 14, 80), ist man in stillschweigender Einigkeit dazu übergegangen, daß die Vergehen des § 240 KO. sowohl vorsätzlich wie auch fahrlässig, aber auch nur in einer dieser beiden Schuldformen begangen werden können und daß sich diese hier in nichts von ihrem sonstigen Wesen unterscheiden.

Spionagegesetz. Das Gesetz gegen den Verrat militärischer Geheimnisse ist mit dem RG. enger verwachsen als irgendein anderes Gesetz. Schon auf die Fassung hat das RG. entscheidenden Einfluß gehabt. Galt es doch durch das Gesetz von 1914 gerade die Lücken auszufüllen, die das RG. an dem Gesetz von 1893 bloßgelegt hatte. So kam es zu den wichtigen §§ 1 Abs. 2, § 3 Abs. 2, wodurch außer Gegenständen nun auch die bloßen Nachrichten geschützt wurden. Ferner wurde § 6 eingefügt, nach dem schon das bloße Anknüpfen und Unterhalten von Beziehungen strafbar ist, die eine verräterische Mitteilung zum Gegenstande haben. Vorher hatte dafür § 49a StGB. — in sehr unvollkommener Weise — aushelfen müssen. Wegen der Zuständigkeit des RG. in erster Instanz für die wichtigsten Delikte des Gesetzes, eine Zuständigkeit, die bis Anfang 1924 sogar eine ausschließliche war, blieb die strafgerichtliche Handhabung des Gesetzes so gut wie ausschließlich dem RG. vorbehalten. In unsäglich mühevoller Arbeit, die dem Umfang nach im Jahre 1923 den Höhepunkt erreichte, hat es die Aufgabe zu meistern gesucht, aus dem Gesetz diejenige scharfe Waffe im Kampf gegen ein schändliches Unwesen zu machen, als die sie vom Gesetzgeber gedacht war. Hunderte von Urteilen legen Zeugnis davon ab, mit welcher Sorgsamkeit und Gründlichkeit in Tatbestände hineingeleuchtet wurde, die in jedem Sinne des Wortes zu den dunklen gehörten. Die Geheimhaltungsbedürftigkeit ist der weitaus wichtigste Begriff des Gesetzes. Auch die Verhandlungen darüber müssen fast stets geheim geführt werden. Die Pflicht zur Geheimhaltung gilt auch für das RG., und so durften aus seiner Tätigkeit nur selten Einzelheiten an die Öffentlichkeit dringen. Selbst mit rein rechtlichen Erörterungen ist es nur wenig hervorgetreten, nachdem es durch RGSt. 25, 45 die Grundlagen des Gesetzes von 1893, namentlich das Verhältnis zum Landesverrat des StGB. sowie die Begriffe des Gegenstandes und des Geheimen auch nach außen hin fest umrissen hatte. Diese groß angelegte Entscheidung gilt im wesentlichen auch noch für den heutigen Rechtszustand. Bekanntlich ist in den letzten Jahren oft in Zweifel gezogen, ob das Gesetz überhaupt das Kriegsende und die Änderung der politischen Verhältnisse überdauert hat. Das RG. steht fest auf bejahendem Standpunkt, z. B. RGSt. 62, 65. Bemerkenswert ist noch die Rspr. über das Vergehen nach § 6. Es ist danach eine jener seltenen und eigenartigen Straftaten, bei denen der Täter eine Erklärung über sein künftiges Tun ihrem äußeren Sinne nach, ganz unabhängig davon, ob sie seinem Willen entspricht, strafrechtlich gegen sich gelten lassen muß (RGSt. 50, 423 u. v. a.).

Kriegswirtschaft. Alles in allem blieb bis 1914 das StGB. als strafrechtliches Grundgesetz im Vordergrund. Der Krieg verschob das Bild. Die kriegswirtschaftlichen Gesetze und Verordnungen kamen und mit ihnen die Verstöße dagegen. Rasch rissen sie in der Strafrechtspflege die Herrschaft an sich, wenigstens der Arbeitsleistung nach, die sie beanspruchten. Man blättere daraufhin nur einmal die Bände 50—53 nach! Daß dem Kampf der Strafgerichte um die Durchführung der Kriegsnotvorschriften nur bescheidene Teilerfolge zugefallen sind, läßt sich heute nicht mehr leugnen. Unbestreitbar aber ist dem RG. der Ruhm, daß es sich der neuen Aufgabe vom ersten Tage an mit aller Kraft angenommen und mit heißem Bemühen gleichsam darum gerungen hat, aus den kriegswirtschaftlichen Strafbestimmungen brauchbare Helfer zu machen zum wirtschaftlichen Durchhalten.

Höchstpreise. Zuerst erschienen die Höchstpreise. Sie waren als Preissenkungsmittel starr; die Vorschriften darüber erlaubten nicht, die Verhältnisse des einzelnen Falles zu berücksichtigen. Damit hat sich die Rspr. bescheiden müssen (RGSt. 50, 427; 53, 9; 58 S. 401, 411). Es waren hier nur gelegentlich Einzelheiten zu entscheiden, wie die Strafbarkeit des Käufers (RGSt. 50, 301). Außerdem galt es, die verschleierten Höchstpreisüberschreitungen, die sich natürlich sofort breit machten, als das zu entlarven, was sie waren (RGSt. 50, 385; 51 S. 17, 205).

Kriegswucher. 1915 folgten die allgemeinen Vorschriften gegen Preistreiberei, mit ihnen die Strafdrohung gegen die übermäßige Preissteigerung im engeren Sinne — später Preiswucher genannt —, § 1 Nr. 1 der VO. vom 23. Juli 1915. Diese Bestimmung, die später als § 1 Nr. 1 der PreistrVO. von 1918, sodann als § 3 in die PreistrVO. von 1923 überging, trat rasch in den Mittelpunkt. Sie sollte am allermeisten dazu beitragen, die Preise niedrigzuhalten. Wie fest der Wille des RG. dahin ging, dieses Ziel zu erreichen, erkennt man an der geradezu allumfassenden Ausdehnung des Begriffs der „Gegenstände des täglichen Bedarfs“. Man hat entdeckt, daß die Sammlung keinen einzigen Fall brachte, in dem die Zugehörigkeit zum täglichen Bedarf verneint wurde. Bis zu RGSt. 58, 319 trifft dies tatsächlich zu, und auch diese Entscheidung läßt eine Ausnahme nur gelten für besonders erlesene ausländische Genußmittel, und auch das nur für die spätere Zeit gebesserter Ernährungslage. Ähnlich ausdehnend faßte man den Begriff des Forderns (RGSt. 50, 181; 51, 106; 53, 9).

Die Kernfrage aber war: Wann enthält ein Preis einen übermäßigen Gewinn? Die Strafdrohung gibt hier nicht viel mehr als den Rahmen; erst dem Richter, zumal dem Revisionsrichter, war es überlassen, den sachlich-

Phot. E. Hoenisch, Leipzig

Altes Reichsgerichtsgebäude

rechtlichen Inhalt zu gestalten. In 50 Jahren hat das RG. auf keinen Rechtsbegriff so viel Geisteskraft verwendet wie auf den des übermäßigen Gewinns beim Preiswucher.

Die erste Tat war die Verbannung der Marktlage. Schonungslos deckte das RG. (RGSt. 49, 398, dann 435) auf, daß die Ausnutzung der Marktlage, die nach dem Wortlaut der Strafdrohung mit ihr verträglich zu sein schien, gerade dasjenige war, was verhütet werden sollte, daß mithin der Marktlage am allerwenigsten Einfluß eingeräumt werden durfte. Später prägte man den Ausdruck „Notmarktlage", den die Verordnung selbst nicht kannte. Wo ein Preis nicht mehr im Wege des gerechten Ausgleichs zwischen Angebot und Nachfrage zustande kam, sondern unter dem Einfluß der Warenknappheit der Kriegszeit oder gar durch unlautere Machenschaften — und bei welcher Ware wäre das nicht sehr bald so gewesen? —, bestand überhaupt keine Marktlage, so daß eine solche auch nicht berücksichtigt werden konnte, sondern nur der Schein der Marktlage, eben die Notmarktlage, die nicht berücksichtigt werden durfte. So wahrte man in der Theorie den Zusammenhang mit dem Wortlaut der Verordnung. Praktisch machte man das, was dem Verordnungsgeber als Regel vorgeschwebt hatte, zur Ausnahme für imaginäre Fälle. Das RG. hat hier auf der ganzen Linie gesiegt. In der PreistrVO. von 1918 gab man die damals sagenhafte Marktlage vollkommen preis; 1923, als man wieder an sie denken konnte, erschien sie nur in Begleitung der reichsgerichtlichen Notmarktlage.

Wonach war nun aber die Angemessenheit eines Preises positiv zu bestimmen? Die Verordnung suchte das Übel des Aufkommens übermäßiger Preise an der Triebfeder zu fassen, der Gewinnsucht. Demgemäß legte sie den Ton auf die Übermäßigkeit des Gewinnes, und daran hielt sich auch die Rspr. des RG. Wollte man nicht allen sicheren Boden unter den Füßen verlieren, so konnte es für die Regel nur der Gewinn des Einzelgeschäfts sein, der untersucht werden mußte. Richtschnur wurde auch hier der Gedanke, daß der Krieg, dessen Last das ganze Volk gemeinsam zu tragen hatte, nicht von einzelnen zu ihrem persönlichen Vorteil ausgebeutet werden sollte. Das führte von selbst zu dem Vergleich mit den Friedensverhältnissen. Grundsätzlich konnte der Friedensgewinn, der sich regelmäßig ja auf gesunder Grundlage entwickelt hatte, auch für die Kriegszeit als angemessen angenommen werden. Dafür, ob ein Kriegsgeschäft mit einem Friedensgeschäft gewisser Art vergleichbar war, kam es nicht sowohl auf Gegenstand und äußere Form des Geschäfts, als vielmehr auf die volkswirtschaftliche Leistung an. Die Anmaßung derjenigen, die wirtschaftlich im Kriege zu bloßen Vermittlern geworden waren und doch noch den Gewinn des Eigenhändlers einstecken wollten, wurde streng zurückgewiesen (RGSt. 50, 261; 51, 425). An der Maßgeblichkeit des Friedensgewinns, wie sie besonders nachdrücklich z. B. RGSt. 51, 161 betont wird, hat das RG. zähe festgehalten; trotz mancher Zugeständnisse im Grunde bis zuletzt.

Die notwendige Ergänzung dazu wurde die berühmte Gestehungskostentheorie. Um zu beurteilen, ob ein Reingewinn höher war als der

Friedensreingewinn, mußte man ihn zunächst einmal selbst errechnen. Dazu mußte man von dem Verkaufspreis diejenigen in jedem Falle besonders zu errechnenden Beträge abziehen, die sich insgesamt als die Summe der Gestehungskosten bezeichnen lassen und sich aus einer Vielheit von Faktoren zusammensetzen. Diese Faktoren aber sind der Erwerbspreis (oder die Erzeugungskosten), die besonderen Betriebsunkosten, die anteiligen allgemeinen Unkosten des Gesamtunternehmens sowie die anteiligen Beträge für Unternehmerlohn, Risiko und Kapitalzins. Alle diese Rechnungsgrößen mit den vielen Skrupeln und Zweifeln, die sie hervorriefen, mußten in jedem einzelnen Falle nach seiner Besonderheit in Betracht gezogen werden, und dem mußte der Preis, wie ihn der Kaufmann seinerseits anch berechnet haben mochte, standhalten können (RGSt. 51, 344). — Diese verwickelte Lehre hat sich verhältnismäßig schnell herausgebildet. Schon in der ersten Hälfte des Jahres 1917 finden wir sie gefestigt (vgl. RGSt. 51, S. 25, 43, 142).

Die Gestehungskostentheorie erstrebte höchste soziale und volkswirtschaftliche Gerechtigkeit. Daß sie geschaffen worden und wie sie auch in schwierigsten Fällen, die ihrer zu spotten schienen, vom RG. durchgeführt worden ist, muß als hohe geistige Leistung gewertet werden. Bei der Überleitung in die Praxis erwies sie sich aber oft einfach als zu schwierig. Das war für die Energie der Strafverfolgung nicht förderlich. Dennoch hat niemand etwas Besseres an ihre Stelle zu setzen vermocht. Auch der Verordnungsgeber hat sie anerkannt. Die vom RG. abgelehnte Durchschnittsberechnung wurde im § 2 der PreistrVO. 1918 zwar in bescheidenem Umfange zugelassen. Daß aber unter den „gesamten Verhältnissen“ den Gestehungskosten die überragende Bedeutung zukam, wurde durch ihre Nennung in § 2 ausdrücklich klargestellt. Das wiederholte sich bei der PreistrVO. 1923.

Das vom RG. geschaffene kunstvolle Gebilde des „übermäßigen Gewinns“ drohte zeitweilig von einer anderen Seite her unterhöhlt zu werden, von der Geldentwertung. Aber auch hier hat es sich im wesentlichen behauptet, wenn auch in Einzelheiten nachgegeben werden mußte. Zuerst geschah dies beim Reingewinn. Daß der Vergleich mit dem Friedensgewinn nicht zu genauer zahlenmäßiger Gleichheit zu führen brauchte, daß vielmehr bei dem Sinken der Kaufkraft des Geldes im Kriege der Gewinn etwas höher sein durfte als der entsprechende Friedensgewinn, klingt schon in RGSt. 50, 205 an. RGSt. 52, 3 ist bereits der fertige Rechtssatz da, daß es zulässig ist, die Geldentwertung beim Reingewinn zu berücksichtigen. RGSt. 53, 119 heißt es noch bestimmter, daß dem „gesunkenen Geldwert ‚Rechnung zu tragen‘ ist“. Gleichzeitig wird dieser Satz für den Unternehmerlohn erst recht anerkannt. Allmählich wird gebilligt, daß auch die übrigen Preisbildungsgrößen durch die Geldentwertung zahlenmäßig in die Höhe getrieben werden. Nur vor ihrer wichtigsten, dem Einstandspreis, mußte sie lange haltmachen. Hier ließ man bis tief ins Jahr 1922 noch „Mark gleich Mark“ sein. Bei dem immer schnelleren Sinken des Wertes der Mark ließ sich das aber nicht auf die Dauer aufrechterhalten. Lag zwischen der Anschaffung einer Ware und der Berechnung des Verkaufspreises ein nicht ganz geringer Zeitraum, so wurde der Kaufmann aufs unbilligste geschädigt, wenn er gezwungen war, in die Gestehungskosten seinen Einstandspreis in der ursprünglichen zahlenmäßigen Höhe einzusetzen. Stürmisch verlangte der Handel nach Abhilfe und überschlug sich in diesem Wunsch, indem er nun gar den Wiederbeschaffungspreis als Einstandspreis behandelt wissen wollte. Mit Spannung wurde der Spruch des RG. erwartet. Er fiel in dem berühmten Urt. des I. Senats vom 19. Dez. 1922 (RGSt. 57, 35). Für den Wiederbeschaffungspreis war das RG. nicht zu haben. Mit ihm würde, wie überzeugend ausgeführt wird, der Kaufmannsstand höchst ungerecht bevorzugt worden sein. Dagegen durfte von nun an der Einstandspreis unter voller Berücksichtigung der zwischenzeitlichen Geldentwertung in die Gestehungskosten aufgenommen werden. Um so mehr durfte sie bei den übrigen Preisbildungsbestandteilen in ihrer vollen Höhe zur Geltung kommen. Das Urteil wurde damals als umwälzend empfunden. Trotzdem gelang es dem RG., das, was neu an ihm war, in den Rahmen des Bestehenden einzufügen. Notmarktlage, Friedensgewinn, Gestehungskostentheorie: keines dieser wesentlichen Ergebnisse der bisherigen Rspr. brauchte preisgegeben zu werden.

Eine große Neuerung brachte die PreistrVO. 1923. Strafbar wurde nun auch der Leistungswucher. Dazu rechnete RGSt. 58, 321 auch den Kreditwucher. Infolgedessen war das Leben der PreistrVO. in ihren beiden letzten Jahren noch recht kräftig.

Raumwucher. Dazu trat nunmehr der Raumwucher. Er ist es, der die Rspr. zur Preistreiberei, obwohl die Verordnungen dazu der Geschichte angehören, mit der Gegenwart verbindet. Der Raumwucher ist nach § 49a, 49b des MSchG. noch jetzt strafbar. Die sachliche Änderung gegenüber dem Kriegswucherverbot ist gering, wie RGSt. 61, 130 nachgewiesen wird. Nach dem bekannt gewordenen großen Raumwucherurteil RGSt. 62, 228 sind die Gestehungskosten zwar nicht mehr der Maßstab bei der Prüfung der Angemessenheit; aber eine sorgsame Gestehungskostenberechnung verbürgt auch dort, wo es sich um die Angemessenheit einer Vergütung im Sinne des § 49a MSchG. handelt, das sicherste Ergebnis. Damit wurde die Gestehungskostentheorie von neuem bekräftigt. Selbst in die Rspr. zum Begriff der Ausbeutung im Sinne des neuen § 180 Abs. 3 StGB. ist sie übergegangen (RGSt. 62, 341).

Kettenhandel. Von den übrigen Preissteigerungsdelikten hat es nur noch der Kettenhandel zu einer gewissen Bedeutung gebracht. Je schwieriger es wurde, mit der Strafdrohung gegen den eigentlichen Preiswucher etwas auszurichten, um so mehr wandte sich die Strafverfolgung dem Kettenhandel zu. Mittelbar wurde damit auch der Preiswucher getroffen, mit dem der Kettenhandel ja meist Hand in Hand ging. Als Kettenhandel bezeichnete das RG. von Anfang an (RGSt. 50 S. 261, 270) genau so, wie es ihm folgend dann viele Jahre später der § 6 der PreistrVO. 1923 getan hat: das eigensüchtige unwirtschaftliche Sicheinschieben in den Kreis des Warenumlaufs. Die Frage nach der Unwirtschaftlichkeit hat das RG. in Grenzfällen mehrfach (RGSt. 51, 54; 57, 225; 58 S. 219, 337) zu tiefgehenden nationalökonomischen

Erörterungen herausgefordert. Im allgemeinen aber lag eine Handelstätigkeit, die wirtschaftlich überflüssig war, als solche klar zutage, vor allem zur Blütezeit des Schiebertums. Und so konnte man diesem Unwesen mit der vom RG. so glücklich ausgelegten Strafbestimmung derb zusetzen. Bedauerlichen Eintrag tat dem die sich später verdichtende Lehre vom „richtigen Handelspreis". Auch wenn das Dazwischentreten des Täters unnütz, eigensüchtig und preiserhöhend war, was wegen seiner typischen Gefährlichkeit doch eigentlich für die Strafwürdigkeit hätte genügen sollen, sollte es eine Verletzung des Kettenhandelsverbots nur dann bedeuten, wenn es zur Überschreitung desjenigen Preises führte, der sich ohne es im ordentlichen Handel für die jeweilige Stufe des Warenumlaufs ergeben haben würde (RGSt. 56, 319; 58 S. 257, 305).

Schleichhandel. Inzwischen war ein neues Kampfmittel entstanden, die Schleichhandelsverordnung von 1918, tatbestandlich wesentlich erweitert durch die Wuchergerichtsverordnung von 1919. Hier wurden die sämtlichen Verstöße gegen Verkehrsregelungsvorschriften unter einer scharfen Strafdrohung zusammengefaßt. Betroffen wurden freilich nur die Verstöße beim — abgeleiteten — Erwerbe sowie dem Sicherbieten dazu. Das RG. hat von vornherein peinlich darauf gehalten, daß diese Linie nicht überschritten wurde (RGSt. 53, 296; 55, 147). Dagegen hat es in die Verkehrsregelungsvorschriften weit mehr einbezogen als etwa die sog. Rationierung bestimmter Warenarten im Kriege, so z. B. das Süßstoffgesetz (RGSt. 54, 233) und sogar die Einfuhrverordnung (RGSt. 56, 197). Das Wichtigste aber war, daß das RG. ohne Zögern (RGSt. 53, 290) auch den Handelserlaubniszwang, also eine Beschränkung in persönlicher Beziehung, den „Verkehrsregelungen" zurechnete und, wenn auch nach einigen Schwankungen, im Gegensatz zum Kammergericht dabei blieb (RGSt. 54 S. 145, 347; 56, 217). Die Vorschriften über Handelserlaubnis und Handelsuntersagung sollten unzuverlässige Personen von vornherein von jeglicher oder bestimmter Handelsbetätigung abhalten. Dank der Rspr. des RG. waren sie strafrechtlich außerordentlich leicht zu handhaben. Danach ist Handel eine jede eigensüchtig auf Güterumsatz gerichtete Tätigkeit. Damit konnte man jeden Versuch unerwünschter Elemente, in den Handelsverkehr einzugreifen, schon im Keime ersticken und verschleiernden Rechtsformen zum Trotz strafrechtlich packen. Das lehren zahlreiche Urteile, namentlich in den Bänden 52 bis 54. Und als dazu noch, wie erwähnt, die verbotene handelsmäßige Erwerbstätigkeit der strengen Schleichhandelsstrafe unterstellt wurde, war wirklich der Augenblick gekommen, in dem man das Treiben der Schieber mit Stumpf und Stiel hätte ausrotten können. Wer weiß, ob es nicht geglückt wäre, wenn damals alle Teile, vor allem auch die Erlaubnisbehörden, unerbittlich zusammengestanden hätten! Das RG. ist ohne Schuld daran, daß es nicht gelungen ist. Soviel an ihm lag, hat es die Vorbedingungen dafür geschaffen.

Die große Judikatur über das „Handeltreiben" hat ihren Wert bis heute behalten. Nicht nur, daß die Verordnung über Handelsbeschränkungen von 1923 zu demjenigen Teile, der die Untersagung des Handels betrifft, noch fortbesteht, auch andere neuere strafrechtliche Nebenvorschriften arbeiten mit dem Begriff des Handels, besonders das Opiumgesetz; für seine traurig große Bedeutung sind die Urt. RGSt. 60, 365; 62 S. 281, 369 bezeichnend.

Ende des Kriegswirtschaftsstrafrechts. Dem Kriegswirtschaftsstrafrecht selbst wurde durch das Ges. vom 19. Juli 1926 bis auf geringe Überbleibsel ein Ende gemacht. Die Revisionsgerichte selber freilich hatten diejenigen Sachen, in denen das angefochtene Urteil vor Inkrafttreten des Aufhebungsgesetzes ergangen war, noch sachlich zu erledigen (RGSt. 61, 134).

Praktisch bedeutete das nicht viel mehr. Aber für Ersatz im Aufgabenkreise des RG. war längst gesorgt. Aus der gesetzereichen Nachkriegszeit sei hier nur noch zweier Gesetze gedacht, die vor allen anderen den Wandel der Zeit, namentlich im politischen Aufbau des Reichs, kennzeichnen, das Gesetz zum Schutze der Republik und die Reichsabgabenordnung.

Republikschutzgesetz. Das Gesetz zum Schutze der Republik ist rein stofflich der ganz neue Typus eines Gesetzes. Demgegenüber ist die juristische Ausbeute gering. Das liegt daran, daß die Mehrheit der Merkmale seiner Straftatbestände der Rspr. längst geläufig waren, z. B. die Gewalttätigkeiten, die Versammlung (vgl. RGSt. 57, 343; 63, 136), Verbindung, Begünstigung, und nun gar erst die Öffentlichkeit und die Beschimpfung. Der Schwerpunkt der Strafverfolgung lag und liegt bei § 8 Nr. 1 und 2. Auch das RG. hat sich rege an ihr beteiligt, sowohl als Gericht erster Instanz wie auch als Revisionsgericht. Diejenigen Kritiker, die das RG. hier oft nicht streng genug gefunden haben, bedenken wohl zu wenig, daß das Gesetz selbst ja nicht jede Äußerung der Mißachtung verfolgen will, sondern eben nur die Beschimpfung. Eine solche aber ist nur eine durch Form oder Inhalt besonders verletzende, nämlich rohe Äußerung der Mißachtung. Das RG. ist damit nur derjenigen Auslegung treu geblieben, die von § 166 StGB. her überkommen (vgl. z. B. RGSt. 6, 88; 10, 146; 31, 305) und hier in ihrer beschränkenden Tendenz durchaus unangefochten geblieben war. Von einer Stellung gerade zum Republikschutzgesetz kann man erst dort sprechen, wo es sich darum handelt, den spezifischen Gehalt eben dieses Gesetzes festzustellen. Der dem Gesetze eigentümliche, ihm seine besondere Prägung verleihende Begriff ist die „verfassungsmäßig festgestellte republikanische Staatsform“. Damit ist nach dem RG. nicht nur die äußere Rechtsform der jetzigen Verfassung gemeint. Es begreift darunter vielmehr die deutsche Republik in der konkreten Gestaltung, in der sie sich auf der Grundlage der geschriebenen Verfassung tatsächlich entwickelt und betätigt hat. Durch herabsetzende Behauptungen beschimpfender Art beschimpft oder durch Beschimpfung der Regierungsmitglieder mittelbar herabgewürdigt ist die Staatsform demnach schon dann, wenn die behaupteten Tatsachen in dem Sinne mit ihr in Verbindung gebracht werden, sie seien nach dem tatsächlichen Ablauf der Dinge eine Folge der neuen verfassungsmäßigen Verhältnisse. (So RGSt. 57, 209 und in vielen ungedruckten Urteilen.) Erst diese weitgehende Auslegung ermöglichte für die Strafverfolgung gegen Beschimpfungen die vom Gesetzgeber erstrebte breite Grundlage. Gerade in diesem Kernpunkte ist das RG. dem Gedankenkreise des Gesetzes völlig gerecht geworden.

Reichsabgabenordnung. Die RAbgO. ist Sinnbild und Verkörperung zugleich eines gewaltigen Fortschritts zur Reichseinheit, nämlich des Überganges der direkten Besteuerung auf das Reich und der Schaffung einer reichseigenen Steuerverwaltung für alle Reichsabgaben. Unter dem Namen eines „Mantelgesetzes“ faßt die RAbgO. nahezu die gesamte Steuergesetzgebung des Reiches zu einer geschlossenen Einheit zusammen. Gerade zum materiellen Strafrecht stehen einige nicht unwichtige Stücke noch außen; dafür ist hier die Vereinheitlichung wohl am stärksten. Abgesehen von den Vermutungstatbeständen, die man den einzelnen Zoll- und Verbrauchsabgabengesetzen überlassen hat, enthält die RAbgO. eine in sich vollständige Kodifikation des sachlichen Reichssteuerstrafrechts. Gesetzgeberisch ist mit ihr ein ganz großer Wurf gelungen.

Auch vorher war dem RG. das Steuerstrafrecht nicht fremd. In den Entscheidungsbänden früherer Jahrzehnte fallen die zahlreichen und oft umfangreichen Entscheidungen etwa zum Brausteuergesetz, zum Branntweinsteuergesetz, zum Reichsstempelgesetz oder zum Preußischen Einkommensteuergesetz alsbald auf. Bei der Vielheit und Vielgestaltigkeit der damaligen Gesetze haftet dem allen aber etwas Bruchstückmäßiges an. Heute, wo bei steigender Bedeutung der Besteuerung für die Wirtschaft die Steuerstrafsachen schon zahlenmäßig stark zugenommen haben, ruht strafrechtlich fast alles auf derselben Grundlage. So wächst hier eine ganz neue, ein großes Gebiet umfassende Rspr. verheißungsvoll heran. Zur Zeit freilich ist überall noch Entwicklung. Manche gesicherte Ergebnisse heben sich aber schon hervor. Zu ihnen darf man die Stellung des § 367 im System der RAbgO. rechnen. Das Gesetz spricht von Steuergefährdung. Dieser Name täuscht. Gerade § 367 RAbgO. enthält kein Gefährdungsdelikt; auf den Erfolg, die Verkürzung von Steuereinnahmen, kommt es an (RGSt. 57, 117; 59 S. 115, 119, 281, 286). Genau wie bei der vollendeten Steuerhinterziehung des § 359 besteht die äußere Handlung in dem Bewirken einer Verkürzung. Der Unterschied besteht allein in der Schuldform: hier Vorsatz, dort Fahrlässigkeit. So kommt doppelt viel auf die Erkenntnis an, worin das „Bewirken der Verkürzung“ besteht. Verkürzt ist ein Steueranspruch immer schon beim Ausbleiben rechtzeitiger und vollständiger Befriedigung (vgl. RGSt. 60, 307). Andererseits soll, wie das RG. immer wieder betont, weder durch § 359 noch durch § 367 schon das bloße Unterlassen rechtzeitiger Zahlung unter Strafe gestellt werden. Die unbedingt gebotene Einschränkung kann also nur im „Bewirken“ liegen. Wann ist eine Verkürzung durch das Handeln einer bestimmten Person „bewirkt“? Die grundsätzliche Erörterung dieser Frage hat verhältnismäßig lange auf sich warten lassen. Frühere Entscheidungen, wie RGSt. 57, 117; 59, 401, sind ganz auf die Besonderheiten der gerade in Frage stehenden Steuern und der Art ihrer Erhebung zugeschnitten. Um eine allgemeine Klarstellung hat sich zunächst RGSt. 60, 182 bemüht, sodann 60, 307; 61 S. 81, 186. Entscheidend ist nach dem derzeitigen Stande der Rspr., daß die Steuerbehörde irgendwie mit verkürzendem Erfolg *irregeführt* worden ist. Das gilt also auch für das *fahrlässige* Bewirken, wie RGSt. 61, 81 gegenüber den Ausdrücken „fraudulos“ und „steuerunehrlich“ früherer Urteile klärend hervorgehoben wird. Noch mancher Zweifel bleibt offen. Wo geht die bloße Nichtentrichtung der Steuer in eine Verkürzung mittels Irreführung über (vgl. neuerdings RGSt. 63, 95)? Wann ist ein bloßes Unterlassen trotz Rechtspflicht zum Handeln geeignet, irrezuführen? Wird als Mittel der Ablenkung der Steuerbehörde die Nötigung der Irrtumserregung gleichzusetzen sein? Das sind Fragen, die sich oft aufdrängen und noch einer vollbefriedigenden Lösung harren.

Verkannt hat das RG. anfangs die Reichweite des § 358 RAbgO. (RGSt. 57, 329). Der Irrtum über das Bestehen eines Steueranspruchs betrifft nicht das Strafrecht und ist daher nach § 59 StGB. zu bewerten. § 358 gilt nur für den echten Irrtum über Strafrecht. Darin ist RGSt. 61, 238 unbedingt zuzustimmen. Praktisch verbleiben für den § 358 eigentlich nur die steuerrechtlichen Nebenstraftatbestände (Beispiel RGSt. 56, 409). Denn über die strafrechtlichen Begriffe der §§ 359, 367 läßt sich schwer entschuldbar irren.

Dem § 374 RAbgO., betreffend tätige Reue durch Berichtigung, gibt das RG. ähnlich weiten Raum wie den verwandten §§ 158, 163 Abs. 2 StGB. Auf den Beweggrund kommt es nicht an, am wenigsten auf denjenigen der Reue. Die verlangte Freiwilligkeit wird nur dadurch ausgeschlossen, daß die unmittelbare Gefahr der Entdeckung der Anlaß für die Berichtigung gewesen ist (RGSt. 61, 115). Diese Entscheidung legt auch die Gesetzesworte „bei der Steuerbehörde“ sehr nachsichtig aus. Merkwürdigerweise ist die so naheliegende Frage des Verhältnisses zu § 46 StGB. noch nicht einheitlich gelöst (RGSt. 56, 385; 57, 313; 59, 115; 62, 362).

Überraschend, aber überzeugend und auch bedeutungsvoll ist der RGSt. 61, 81 gefundene Rechtssatz, daß bei Ordnungswidrigkeit (§ 377) zu den Strafausschließungsgründen auch der entschuldbare Tatsachenirrtum gehört. Daß die Steuerhinterziehung als einem Sonderrecht angehörend den Betrugstatbestand ausschließt (RGSt. 60, 97), kam gleichfalls manchem unerwartet. In Wirklichkeit knüpft das RG. gerade hier — eine Ausnahme im neuen Steuerstrafrecht — ganz an eine alte Überlieferung an (vgl. RGSt. 56, 12). Kürzlich ist sie (RGSt. 63, 139) neu befestigt und hier auch auf die Hinterziehung von Branntweinmonopoleinnahmen ausgedehnt worden.

Einen sehr breiten Raum nahm die eigenartige Neuerung des § 433 ein. Er macht unter Umständen die strafrichterliche Entscheidung davon abhängig, daß zu gewissen steuerlichen Vorfragen, der Entstehung des Steueranspruchs und seiner Verkürzung, die gleichförmige Entscheidung einer Finanzbehörde oder eines Finanzgerichts vorliegt, die unter Umständen vom Reichsfinanzhof zu erwirken ist und dann schlechthin bindet. Das Urt. RGSt. 56, 107 erkennt in der Vorentscheidung eine unverzichtbare Urteilsvoraussetzung, die von Amts wegen zu berücksichtigen ist, also auch ohne Rüge vom Revisionsgericht. Der Eingriff in die Selbständigkeit der Strafgerichte erschien zunächst um so größer, als eine Stelle des Urteils so verstanden werden konnte, als verbleibe dem Strafrichter neben dem Strafausspruch nur noch die Entscheidung über den inneren Tatbestand. Tatsächlich spricht RGSt. 56, 394 dies auch mit dürren

Worten aus. Das war ein Fehlschluß. Nur zu den eigentlichen steuerlichen Fragen der Entstehung des Steueranspruchs und seiner Verkürzung hatten die Finanzstellen den Vortritt; ob aber eine Verkürzung durch die Handlung einer bestimmten Person bewirkt worden ist, darüber entscheiden die Strafgerichte nach wie vor nach allgemeinen Grundsätzen. Ihnen blieb also auch vom äußeren Tatbestand ein erhebliches Stück zur eigenen Entscheidung überlassen. Dies richtige Ergebnis tritt schon RGSt. 56, 278 hervor. Einen interessanten Belegfall behandelt RGSt. 62, 322.

Auch sonst hat die Entwicklung den § 433 zum Vorteil der Selbständigkeit der Strafgerichte mehr und mehr eingeengt. Der Reichsfinanzhof selbst ist dabei vorangegangen. Die Strafgerichte fühlten sich zunächst auch an solche Vorentscheidungen gebunden, die den Steueranspruch und seine Verkürzung der Höhe nach nur schätzten. Der Reichsfinanzhof lehnte es in solchen Fällen ab, über die „Höhe" der Steuerbeträge zu entscheiden: Die Strafgerichte seien gegenüber geschätzten Beträgen, die sie auch selbst nur glauben schätzen zu können, nach den Steuergesetzen in der Strafzumessung frei; es fehle also insoweit an derjenigen Abhängigkeit, die § 433 voraussetze. Dieser Gedanke, dem das RG. zunächst wohl etwas widerwillig folgte (RGSt. 57, 212), setzte sich auch bei ihm vollständig durch, als bald darauf die 3. Steuernotverordnung für alle Steuern — mit Ausnahme der Zölle und Verbrauchssteuern — die Höhe der Geldstrafe von der Höhe der Verkürzung auch abgesehen von den Fällen der bloßen Schätzung völlig loslöste (RGSt. 59, 258). Danach hat außerhalb des Rechts der Zölle und Verbrauchssteuern der § 433 jetzt nur noch Bedeutung dafür, ob ein Steueranspruch dem Grunde nach entstanden und überhaupt irgendwie verkürzt worden ist, während für die Frage des Betrags die Vorschrift völlig weggefallen ist.

Für Zölle und Verbrauchssteuern ist bezüglich der festgestellten Verkürzungsbeträge die Strafe nach dem Vielfachen geblieben und damit auch insoweit die Abhängigkeit des Strafurteils von der Frage der Höhe der Verkürzung. Hier aber hat das RG. eine tiefgreifende Ausnahme geschaffen, und zwar andeutungsweise schon RGSt. 56, 406, grundsätzlich sodann in der schon erwähnten, in vielfacher Richtung bahnbrechenden Entscheidung des III. Senats (RGSt. 57, 212). Auf Grund eines sog. Vermutungstatbestandes darf der Strafrichter wegen einer Hinterziehung verurteilen, ohne daß die Verkürzung eines Steueranspruchs nachgewiesen ist. Folglich besteht hier von vornherein nicht jene Abhängigkeit, die § 433 allein im Auge hat. Der Strafrichter darf also selbständig entscheiden. Dieser Grundsatz, der damals zum Tabaksteuergesetz ausgesprochen war, steht jetzt für die sämtlichen Vermutungstatbestände fest, auch für diejenigen des Branntweinmonopolgesetzes (RGSt. 58, 382).

Auch aus andern Gründen konnte der § 433 zurückgedrängt werden, wenn sich nämlich zeigte, daß keine Vorentscheidung in Betracht kam, von der man die strafrichterliche Entscheidung hätte abhängig machen können (Beispiele: RGSt. 56 S. 397, 405; 58 S. 40, 41; 59, 124; 62, 326). Den stärksten Abbruch aber hat der Vorschrift die vom RG. gutgeheißene Praxis getan, daß die Strafgerichte sich unter allen Umständen dabei beruhigen dürfen, wenn die Finanzstellen, wie es häufig geschieht, eine Entscheidung ablehnen. Gleichviel, aus welchen Gründen eine solche Ablehnung geschieht, dürfen die Strafgerichte dann unbekümmert um eine Vorentscheidung zum Spruch in der Sache selbst kommen. Nur so kann man aus einer sonst ganz verbauten Verfahrenslage herauskommen. Gewisse Bedenken, die in der Eigenschaft der Vorentscheidung als einer Prozeßvoraussetzung begründet sind und in RGSt. 56, 394; 57, 220 auch überwogen, wichen bald praktischen Erwägungen. Auch hier ging RGSt. 57, 212 voran. Jetzt ist der Standpunkt des RG. ganz fest (RGSt. 58, 18; 60, 244; 62, 105).

Alles in allem hat sich die zuerst stark zugunsten der Vorentscheidung einsetzende Rspr. erheblich zurückentwickelt. Im Interesse der Selbständigkeit der Strafgerichte ist das nur zu begrüßen. Eine zusammenfassende Darstellung für die jetzt noch gebliebene Bedeutung des § 433 gibt RGSt. 63, 64.

Verfassungsrecht. Obgleich auch in Strafverfahren der Rechtsstoff sich oft auf außerstrafrechtliche Gebiete des öffentlichen Rechts erstreckt, ist zu ihnen das RG. seltener zu Wort gekommen, als man glauben möchte. Selbst zur Auslegung der Reichsverfassung von 1871 hat es nur Einzelheiten beigetragen. So etwa RGSt. 7, 382, als die §§ 196, 197 StGB. Gelegenheit boten, sich über das staatsrechtliche Wesen des Bundesrats ausführlicher zu verbreiten. Ein Prozeß wegen einer im Elsaß begangenen Beleidigung eines Mitglieds des Kaiserhauses führte über den früheren § 97 StGB. zu einer grundsätzlichen Untersuchung über die staatsrechtliche Stellung Elsaß-Lothringens (RGSt. 17, 334). Nur zu Art. 22 (Straflosigkeit wahrheitsgemäßer Berichte der Reichstagsverhandlungen) und Art. 30, 31 (Immunität der Abgeordneten), wo Verfassungsrecht und Strafrecht ineinander übergehen, hat sich eine Rspr. von weiterem Umfange entwickelt. Zur Immunität kam das RG. auf Grund der Entstehungsgeschichte der Verfassungsbestimmungen zunächst zu Ergebnissen, die der Vorzugsstellung der Abgeordneten überaus günstig waren. Bezeichnend hierfür ist schon RGSt. 4, 14. Danach dürfen gegenüber einem Abgeordneten von ihm beruflich getane Beleidigungen nicht einmal zur „Kompensation" nach § 199 StGB. verwertet werden; schon damit würde er „zur Verantwortung gezogen". Ähnlich umfassend wird RGSt. 24, 205, das „Ziehen zur Untersuchung" gekennzeichnet. Daß auch bei bestehender Immunität die Verjährung lief und nicht unterbrochen werden konnte, hatten schon RGSt. 22, 379; 23, 184 ausgesprochen. Damit drohte das Vorrecht um so mehr auszuarten, als nach RGSt. 22, 379 auch die „Vertagung" des Parlaments an der Immunität nichts änderte. Aus der Initiative der Reichstagsmehrheit selbst, die eine leichte Spitze gegen das RG. hatte, kam es zum jetzigen Satz 1 des § 69 Abs. 1 StGB.

Die verfassungsrechtlich so schwere Zeit vom Sturz der alten Verfassung bis zum Gesetze über die vorläufige Reichsgewalt vom 10. Febr. 1919 wurde durch die Haltung des RG. wesentlich erleichtert. Ohne Zögern ließ man dem tatsächlichen Übergang der Herrschaft auf den Rat der Volksbeauftragten die volle rechtliche Wirkung zuteil werden (RGSt. 53, 65). So wurden insbesondere anerkannt die für die Strafrechtspflege grundstürzenden Amnestien von November und Dezember 1918, trotz ihrer Eingriffe in die Landesstaatsgewalt (RGSt. 53, 52), ferner die Aufhebung des Belagerungszustandes durch den Aufruf des Rates der Volksbeauftragten vom 12. Dez. 1918 (RGSt. 54, 193; 57, 88). Den weitesten Schritt tat RGSt. 56, 177. Danach ist der Satz des Novemberaufrufs über das Vereins- und Versammlungsrecht kein bloßer Programmsatz, sondern eine Rechtsvorschrift, durch die unmittelbar sämtliche Beschränkungen des Vereins- und Versammlungsrechts beseitigt werden. Diese Entscheidung rückt überhaupt einer Fülle staatsrechtlicher Probleme energisch auf den Leib. Sie befaßt sich eingehend mit der am meisten umstrittenen Bestimmung der neuen Reichsverfassung, dem Art. 48 Abs. 2 (in Verbindung mit Abs. 4). Wie schon RGSt. 55, 115; 56, 161, so wird auch hier die nahezu diktatorische Gewalt betont, die dem Reichspräsidenten und gegebenenfalls den Landesregierungen verliehen ist. Neu ist, daß diese Regelung den Rechtsstoff erschöpft und für Landesrecht keinen Raum läßt. Auf diesen Entscheidungen hat das RG. weiter gebaut, als es galt, die verwickelten Verhältnisse des Ausnahmezustandes im Unglücksjahr 1923 staatsrechtlich zu klären (RGSt. 59 S. 41, 185).

Noch nicht geäußert hat sich das RG. in Strafsachen dazu, inwieweit die Gerichte befugt sind, die Verfassungsmäßigkeit von Reichsgesetzen zu prüfen. Bei Verordnungen des Reiches war dem RG. die Befugnis dazu stets selbstverständlich (Beispiel: RGSt. 55, 246). Landesrechtliche Schranken für die Gerichte sind, soweit es sich um die Prüfung der landesrechtlichen Verfassungsmäßigkeit von Landesrecht handelt, auch vom RG. zu achten (RGSt. 36, 417). Schlechthin nachprüfbar sind landesrechtliche Normen jeglicher Art auf ihre Vereinbarkeit mit dem Reichsrecht. Wieder ist hier in erster Reihe auf RGSt. 56, 177 zu verweisen, daneben auf RGSt. 34, 121; 35, 277. — Wo eine Rechtsnorm nur unter gewissen tatsächlichen Voraussetzungen erlassen werden darf, steht es dem Richter nicht zu, nachzuprüfen, ob sie wirklich gegeben waren. Auf diesem Gedanken beruhen schon Urteile der älteren Zeit (RGSt. 17, 72; 23, 258). RGSt. 59, 185 erkennt eine Ausnahme für den Fall offenbaren Mißbrauchs oder Fehlgriffs an.

Gewandelt hat sich die Rspr. dazu, ob sich eine Rechtsnorm selbst auf das Vorhandensein jener tatsächlichen Voraussetzungen berufen muß. Zu dem früheren Viehseuchengesetz verlangte das RG. ständig, in der Strenge freilich stark wechselnd, daß die „konkrete Seuchengefahr“, die zu einer Verwaltungsanordnung die sachliche Berechtigung geben sollte, irgendwie aus ihr selbst hervorgehe (z. B. RGSt. 38, 59; 41, 211). Zum jetzigen Viehseuchengesetz ließ man diesen Rechtsgedanken fallen (RGSt. 48, 254), und für den ungleich wichtigeren Fall, daß der Reichspräsident eine Maßnahme nach Art. 48 Abs. 2 RVerf. trifft, wozu er nur bei erheblicher Störung oder Gefährdung der öffentlichen Sicherheit und Ordnung berechtigt ist, hält das RG. jede Bezugnahme auf diese tatsächliche Voraussetzung für unnötig (RGSt. 59, 41). Ein Gedanke, der die gesamte Rspr. des RG. durchzieht: Wo eine Befugnis von gewissen Tatsachen abhängig ist, müssen diese Tatsachen zwar objektiv zur rechten Zeit gegeben, nicht aber brauchen sie dann schon nach außen hin dargetan zu sein.

Wo keine besondere Form für die Verkündung einer Rechtsnorm vorgesehen ist, übt das RG. große Nachsicht. Die Art der Verkündung soll hier dem pflichtmäßigen Ermessen der verordnenden Stelle überlassen bleiben. So RGSt. 56, 337 für die zahlreichen kriegswirtschaftlichen Ausführungsvorschriften, zentrale und örtliche. Das Kammergericht verlangte für Reichsverordnungen Veröffentlichung im Reichsgesetzblatt; gegenüber dem „juris ignorantia nocet“ müßten die Rechtsuntertanen die Möglichkeit haben, sich über die Rechtslage zuverlässig zu vergewissern. Demgegenüber weist das RG. schlagend darauf hin, daß strafrechtlich dem Unkundigen aus Mängeln der Verkündung derartiger Vorschriften keine Gefahr droht; im Sinne des § 59 StGB. sind sie ja bloße Tatumstände. Schon die bloße Möglichkeit schuldloser Unkenntnis schützt daher vor Strafe. Für Strafvorschriften, die der Reichspräsident nach Art. 48 Abs. 2 RVerf. erläßt und für die (RGSt. 55, 115) ebenfalls Freiheit der Verkündungsform anerkannt ist, treffen diese Erwägungen freilich nicht zu. Solche Normen stehen aber überhaupt unter einem besonderen Recht. Sie sollen einem Zustande der Gefahr abhelfen, und für ihre Wirkung kommt es oft darauf an, daß sie schlagartig einsetzt. Für sie würde die Bindung an eine bestimmte Form erst recht nicht passen.

Völkerrecht. Wo sich das RG. mit dem Völkerrecht zu befassen hatte, ging es meist um bedeutsame Dinge. Hochpolitisch war der Gegenstand von RGSt. 38, 75, dem Urteil zum sog. Königsberger Geheimbundprozeß, in dem Deutsche wegen Hochverrats gegen Rußland verfolgt wurden. Die Verbürgung der Gegenseitigkeit (§ 102 StGB.) wurde für eine Bedingung der Strafbarkeit selbst erklärt und für das russische Recht verneint. An eine seltsame Episode des Weltkrieges erinnert RGSt. 52, 167: die im Jahre 1916 übergetretenen griechischen Truppen nahmen völkerrechtlich keine Sonderstellung ein, waren weder kriegsgefangen noch exterritorial. Viel Gelehrsamkeit erforderten mehrfach die Fragen der Gebietshoheit in Grenzdistrikten. RGSt. 9, 370 erörtert die Hoheitsgrenze mit Beziehung auf Grenzflüsse und -brücken, RGSt. 38, 289 die jetzt verschwundene völkerrechtliche Merkwürdigkeit von Neutral-Moresnet. Mit der Gebietshoheit auf dem Bodensee hatte es RGSt. 57, 368 zu tun. Vom 54. Bande an erscheinen Urteile, die sich mit dem Einfluß der Fremdbesatzung auf das deutsche Recht und die deutsche Gerichtsbarkeit im besetzten Gebiet befassen. Möchten sie bald nur noch die Male einer traurigen Erinnerung sein! Und auch das schmerzliche Kapitel der sog. Kriegsverbrechersachen darf in diesem Überblick nicht ganz übergangen werden. Ob eine Kriegshandlung mit dem Völkerrecht übereinstimme oder nicht, ob sie bei Völkerrechtswidrigkeit den Normen des Strafrechts unterfalle, waren regelmäßig die Kernfragen. Das RG. hat die letzte Frage grundsätzlich bejaht. Zu einem Ausbau dieses Rechtsstandpunkts in den Einzelheiten ist es aber nicht gekommen, da die bis zum Urteil gediehenen Verfahren, in denen es auf ihn ankam, doch nicht zahlreich genug waren.

Auslieferung. Hochwichtig ist im Strafverfahren das Auslieferungsrecht. Die Grundgedanken der Rspr. sind am schönsten RGSt. 34, 191 zusammengefaßt. Ergänzend treten hinzu RGSt. 42, 309 und 60, 202. Die Auslieferung ist lediglich eine Angelegenheit der beteiligten Staaten. Dem Ausgelieferten erwächst daraus kein subjektives Recht; er hat daher auch keine Befugnis zu wirksamem Verzicht. Der Empfangsstaat als solcher muß bei der Strafverfolgung die ihm vom Auslieferungsstaat gesetzten Schranken wahren. Für die deutschen Gerichte ist diese Verpflichtung innerdeutsches Recht. Wird sie verabsäumt, so fehlt eine Prozeßvoraussetzung, was im Strafverfahren von Amts wegen zu beachten ist (RGSt. 45, 271). — Wieweit der fremde Staat die inländische Strafverfolgung zulassen will, ergibt regelmäßig der Auslieferungsvertrag. Aber auch ohne einen solchen Vertrag kann sich ein fremder Staat zur Auslieferung bereit finden. Völkerrechtlich anerkannt ist der Grundsatz der Spezialität. Er besagt, daß nur wegen derjenigen Tat und nur auf Grund derjenigen Tatsachen verurteilt werden darf, wegen derer ausgeliefert worden ist. Von diesem Boden aus sind außervertragliche Auslieferungsbewilligungen auszulegen, soweit sie ihn nicht selbst ausdrücklich verlassen (RGSt. 55, 284). Bei Auslieferungsverträgen ist die Spezialität zwar als gewollt zu vermuten, keineswegs aber — wie RGSt. 29, 270 viel zu weitgehend anzunehmen scheint — ist sie selbstverständlicher Bestandteil des Vertrages. Das RG. selbst hat wiederholt im Verhältnis zu bestimmten Ländern nach dem Inhalt der Auslieferungsverträge anerkannt, daß keine Spezialität gelte (RGSt. 30, 440; 31, 234; 43, 264). Der Auslieferungsvertrag geht darin sogar dem innerstaatlichen Rechte des ausliefernden Landes vor (RGSt. 54, 108). — Auch bei Spezialität darf gegenüber der Auslieferungsbewilligung der rechtliche Gesichtspunkt geändert werden. Nur soll das Urteil nur auf eine solche Tat lauten dürfen, die nach dem etwaigen Vertrage ein Auslieferungsdelikt ist (RGSt. 21, 180; 27, 413 u. v. a.). — Im Einzelfall hat der Auslieferungsvertrag eigentlich nur die Bedeutung, daß nach ihm die Auslieferungsbewilligung, die ja regelmäßig vertragsgemäß wird sein sollen, auszulegen ist. Zuletzt maßgebend ist stets die Bewilligung selbst. Nichts hindert einen Staat, über die Vertragspflicht hinaus etwa wegen einer politischen Straftat auszuliefern oder durch eine offenbar vorbehaltlose Auslieferung auf die Spezialität zu verzichten oder doch jede beliebige Änderung des rechtlichen Gesichtspunktes zuzulassen (RGSt. 29, 288; 63, 31). Das hat er dann mit sich selbst abzumachen. Für die innerdeutsche Strafverfolgung ist die Bahn gemäß der Auslieferungsbewilligung frei, selbst wenn ihr ein Irrtum zugrunde liegen sollte (RGSt. 60, 202). Ob die ausländischen Behörden bei der Auslieferung, gleichviel ob in der Form oder in der Sache, vom Standpunkt der Rechtsordnung ihres Staates aus gesetzwidrig verfahren sind, ist von den deutschen Gerichten in keiner Weise zu prüfen (RGSt. 29, 22; 33, 99; 59, 313).

Prozeßrecht. Damit hat uns das Völkerrecht unvermerkt mitten ins Prozeßrecht gestellt. Überschauen wir die Rspr. zu ihm insgesamt, so zeigt schon der erste Eindruck die sehr viel freiere Stellung, die hier das RG. im Vergleich zum sachlichen Rechte einnimmt und die mit den Jahren sichtlich wächst. Hier gibt es keinen Rechtssatz, der dem § 2 Abs. 1 StGB. an die Seite zu stellen wäre, keine „Allgesetzlichkeit" steht rechtsschöpfendem Gestalten im Wege.

Eigenes Verfahren des Reichsgerichts. Formelle Zulässigkeit der Revision. Wie handhabt das RG. zunächst sein eigenes Verfahren? Schon beim Allerersten, der Prüfung der Zulässigkeit der Revisionen, wiederholt sich in ganz ausgeprägter Weise immer dieselbe Erscheinung. Das RG. beginnt mit voller Formstrenge. Dann aber wird der starre Ausgangspunkt verlassen. Das gesetzmäßige Mittel, durch das der Beteiligte zu seinem sachlichen Recht gelangen will, soll möglichst nicht an Förmlichkeiten scheitern. Diese Entwicklung ist ohne Anrufung der Vereinigten Strafsenate in voller Einmütigkeit vor sich gegangen. Einige Beispiele:

Nach RGSt. 4, 59 kann die Revision nicht telegraphisch eingelegt werden. RGSt. 9, 38 läßt diese Schranke fallen. In sonst wenig gebräuchlicher Weise wird hier ein materiellrechtlicher Satz, nämlich die RGSt. 8, 92 von den Vereinigten Strafsenaten gefundene Wesensgleichheit der Ausfertigung des Telegrammes mit einer von dem Auftraggeber geschriebenen und unterschriebenen Urkunde, auf das Prozeßrecht übertragen.

Denselben Weg durchläuft die Frage der Zulässigkeit der telegraphischen Revisionsanträge. Hier RGSt. 1, 262, dort 10, 166. Bei den erhöhten Anforderungen des § 344 Abs. 2 StPO. waren hier schon stärkere Zweifel zu überwinden.

Muß der Rechtsanwalt, der nicht schon vorher Verteidiger war, für die Revisionsanträge als bevollmächtigt ausgewiesen werden? „Ja" heißt es RGSt. 6, 82, „Nein" dagegen RGSt. 15, 226 und seitdem ständig, sofern, wie regelmäßig, keine Bedenken gegen das wirkliche Vorhandensein eines Auftrages bestehen. Der freie Brauch hat in jahrzehntelanger Befolgung zu keinen Mißhelligkeiten geführt.

Zur *Einlegung* der Revision bedarf der Verteidiger, der bisher nicht als solcher ausgewiesen war, natürlich der Vollmacht; denn vermuten läßt sich ein entsprechender Wille der Partei nicht. Kann diese Vollmacht nachgebracht werden? Der II. Strafsenat versagte RGSt. 3, 91 einer nach Ablauf der Einlegungsfrist gebrachten Vollmacht jegliche Beachtung. RGSt. 21, 125 aber läßt er das Verlangen, Vollmacht innerhalb der Frist nachzuweisen, feierlich fallen. Sie muß zwar vor dem Ablaufe der Frist *erteilt* worden sein; ihr *Nachweis* dagegen kann jederzeit nachgebracht werden. Demselben Gedanken begegnen wir in der Rspr. des RG. übrigens oft, so z. B. zum Nachweis der Vollmacht zur Strafantragstellung (RGSt. 12, 327; 60, 281; 61, 357). Das vielberufene Urteil des Feriensenats vom 23. Juli 1926 (JW. 1927 S. 544) steht allein. In unzähligen Fällen, vorher und nachher, hat das RG. sich damit begnügt, Zweifel darüber, ob das Protokoll mit der Revisionsbegründung vom zuständigen Urkundsbeamten herrührte, außerhalb der Frist beheben zu lassen (z. B. RGSt. 59, 419). Scharfe Angriffe richteten sich auch gegen den Beschluß des I. Strafsenats vom 16. Okt. 1928 (JW. 1929 S. 52). Dort gilt die unleserliche Unterschrift eines Rechtsanwalts nicht als Unterzeichnung im Sinne des § 345 Abs. 2 StPO. Der Fall liegt insofern anders, als das Erfordernis der Unterzeichnung sicherlich innerhalb der Frist erfüllt werden muß. Eine andere Frage aber ist, ob nicht Zweifel darüber, was Schriftzüge, die offenbar eine Unterschrift darstellen sollen, zu bedeuten haben, auch außerhalb der Frist geklärt werden können. Es ist anzunehmen, daß das RG. der Möglichkeit solcher wirksamen Aufklärung nicht entgegentreten, ja sogar sie in geeigneten Fällen selbst veranlassen wird.

Unerbittlich dagegen von Anfang an bis in die jüngsten Tage ist es darin gewesen, daß es als eine vom Verteidiger oder einem Rechtsanwalt unterzeichnete Schrift oder als Protokoll des Urkundsbeamten im Sinne des § 345 Abs. 2 StPO. nur solche Niederschriften durchgehen läßt, an denen jene Personen wirklich geistig mitgewirkt haben. Wo immer Erklärungen auftauchen, bei denen sich nicht erkennen oder beweisen läßt, daß der Verteidiger bzw. der Urkundsbeamte sie, wenn nicht entworfen, so doch wenigstens sachlich geprüft und gebilligt hat und sie mit seiner Verantwortung decken will, werden sie auf der Waage des § 345 Abs. 2 zu leicht befunden (RGSt. 2, 444; 4, 7; 9, 68 und so fort bis 60, 53). Doch das ist kein Sieg, im Gegenteil ein Zurückdrängen der Form, die äußerlich ja gewahrt ist, aber hinter dem Geist des Gesetzes verschwinden muß. Das Gesetz will nur solche Revisionen zulassen, die eine gewisse Gewähr dafür bieten, daß sie nicht leichtfertig, sondern nach sachkundiger Prüfung erhoben worden sind.

Sprungrevision. Eher könnte man in einer anderen Beziehung noch die Formstrenge in der Oberhand finden, nämlich bei der Zulassung der Sprungrevisionen. Dies neue Rechtsgebilde soll möglichst solche Verfahren, in denen nur noch Rechtsfragen im Streit sind, gleich aus der ersten Instanz unter Vermeidung der Berufung in die Revision leiten. Sachgemäß entscheiden kann sich der Beteiligte eigentlich erst, wenn ihm das Urteil schriftlich vorliegt. Man sollte meinen, es liege im Sinne des Gesetzes, dem Beschwerdeführer die endgültige Erklärung, ob er Berufung oder Revision will, bis zum Ablauf der Wochenfrist nach Zustellung des Urteils, d. h. der Frist zur Begründung der etwaigen Revision, nachzulassen, mindestens aber ihm zu gestatten, bis zu diesem Zeitpunkt von dem umfassenden Rechtsmittel der Berufung zu dem engeren der Revision überzugehen. Das RG. ist hier bisher andere Wege gegangen. Ihm ist es vor allem darum zu tun, daß die jeweilige Verfahrenslage völlig klar ist. Daher verlangt es RGSt. 60 S. 354 u. 355 eine eindeutige Äußerung innerhalb der Revisionseinlegungsfrist; es spricht einer Erklärung unter Vorbehalt die Wirkung ab und verbietet jeglichen späteren Übergang von dem einen Rechtsmittel zu dem anderen. Ob damit auch die Häufung der beiden Rechtsmittel mit späterem Wahlrecht entgegen dem Urteil in JW. 1926 S. 2198 gemißbilligt werden soll, wird nicht gesagt. Offen lassen jene Urteile, ob innerhalb der Revisionseinlegungsfrist zwischen den beiden Rechtsmitteln gewählt werden kann. RGSt. 62, 426 wird auch dies verneint für den Übergang der Revision zur Berufung, während die umgekehrte Wahl bereits vorher stillschweigend gutgeheißen worden war.

Abgeschlossen ist die Rspr. hierzu wohl noch nicht. Vielleicht wiederholt sich die Erfahrung, daß sich in solchen Formfragen die anfängliche Straffheit nicht auf die Dauer durchzusetzen vermag.

Innere Zulässigkeit der Revision. Außer den Formalien muß die Revision auch die Mindestvoraussetzungen erfüllen, die § 344 Abs. 2 StPO. an ihren Inhalt stellt. Man kann insoweit von ihrer „inneren" Zulässigkeit sprechen; ihre Prüfung ist nach § 346 Abs. 1 StGB. dem Revisionsgericht ausschließlich vorbehalten. § 344 Abs. 2 StPO. soll nach den „Motiven" leichtfertige oder gar frivole Revisionen hintanhalten. In Übereinstimmung mit der gesetzgeberischen Absicht erhebt das RG. strenge, ja harte Forderungen. Hier die wichtigsten: Die Revisionsbegründung muß selbständig sein; die Beschwerden müssen durchweg aus ihr selbst hervorgehen. Die Bezugnahme auf andere Schriftstücke wird nicht beachtet (RGSt. 14, 348; 18, 95; 20, 42; 29, 411). Die Sachbeschwerde braucht zwar nicht näher ausgeführt zu sein, muß sich aber mit etwaigen Zusätzen peinlich an den festgestellten Tatbestand halten. Zeigt der Zusatz, daß in Wahrheit gar nicht die Anwendung des Gesetzes auf den festgestellten Sachverhalt gerügt, sondern das Beweisergebnis erschüttert werden soll, so macht er — trotz § 352 Abs. 2 StPO. — die Rüge unwirksam (RGSt. 40, 99; 50, 253). Die Verfahrensbeschwerden müssen den Verfahrenstatbestand derart genau darlegen, daß sich allein schon daraus, die tatsächliche Richtigkeit unterstellt, beurteilen läßt, ob ein Verstoß vorliegt oder nicht (RGSt. 16, 347; 33, 356). Die nach § 344 Abs. 2 Satz 2 nötigen tatsächlichen Angaben müssen in der Form bestimmter, unbedingter und widerspruchsfreier Behauptungen auftreten und in dem Sinne geschehen, daß damit das Verfahrensrecht von dem unteren Gericht verletzt worden sei (RGSt. 48, 288; 52, 68; 53, 50). — In der Arbeit des Alltags hat sich freilich von diesen Schärfen manches abgeschliffen. Trotz der grundsätzlich verlangten „Spezialisierung" gibt sich das RG. dann, wenn klar ist, worauf die Rüge zielt, oft mit der bloßen „Individualisierung" zufrieden. Aus den Entscheidungssammlungen der Zeitschriften könnte man dazu leicht Dutzende von Beispielen zusammentragen. Wie alle Gedankenäußerungen, so sind auch Revisionsbegründungen der Auslegung zugänglich, und das RG. kommt darin den Beschwerdeführern oft weit entgegen. Ein Beispiel dafür enthält RGSt. 44, 161.

Wiedereinsetzung. Mit der Prüfung der formalen Zulässigkeit der Revision eng verbunden ist die Behandlung der Gesuche um Wiedereinsetzung in den vorigen Stand. Für die Erkenntnis vom Wesen der Wiedereinsetzung von größter Bedeutung ist RGSt. 54, 286. Hier wird der weit verbreitete Irrtum, es sei die rechtskräftige Erledigung eines Verfahrens irgendwie ein Hindernis für die Wiedereinsetzung, treffend widerlegt. Meist freilich handelt es sich nicht um so gewichtige Rechtsfragen, sondern um recht geringfügige Vorkommnisse des alltäglichen Rechtslebens, die daraufhin geprüft sein wollen, ob eine Fristversäumung die Folge eines „unabwendbaren Zufalls" war. Darunter versteht das RG. nicht nur von außen herantretende Ereignisse, sondern auch solche Vorkommnisse, die auf menschlicher Tätigkeit beruhen oder mitberuhen, sofern nur die Verantwortlichkeit des davon Betroffenen vernünftigerweise abzulehnen ist. Dies ist festgelegt in der Entscheidung der Vereinigten Zivilsenate RGZ.

48, 409 und ist RGSt. 40, 118 von den Strafsenaten ausdrücklich übernommen. Trotz dieser festen Grundlage bleibt für die Würdigung des Einzelfalles ein weiter Spielraum. Ohne Fristen und Respekt vor diesen Fristen ist kein geordnetes Rechtsmittelverfahren denkbar. Der Gedanke, daß die Zulässigkeit eines Rechtsmittels abhängig ist von peinlicher Einhaltung seiner Frist, darf nicht verblassen. Andererseits gibt es Fälle, in denen es höchste Unbilligkeit wäre und ein berechtigtes Gefühl der Bitterkeit hinterlassen müßte, wollte man einem Revisionswerber die Pforte zum Revisionsgericht und damit vielleicht zu einem gerechteren Ausgang seiner Sache wegen einer Fristversäumnis zuschlagen. Dies ist der Gedanke des Gesetzes, und ihn führt das RG. fort, indem es dort, wo Unabwendbarkeit oder Glaubhaftmachung oder beides tatsächlich zweifelhaft ist, sein Leitmotiv sein läßt: lieber über eine vielleicht strenggenommen nicht entschuldigte Fristversäumnis hinwegsehen, als möglicherweise das Recht in der Sache selbst kränken. Nach außen ist dies deshalb weniger sichtbar, weil es üblich ist, nur die Ablehnung zu begründen, während die zahllosen Beschlüsse, die eine Wiedereinsetzung gewähren, regelmäßig nicht begründet werden und sich daher nicht zur Veröffentlichung eignen.

Mehrfach ist indes dafür gesorgt, daß auch hier die Bäume nicht in den Himmel wachsen. An die trotz des so klaren § 46 Abs. 1 StPO. leider recht häufigen Beschlüsse unzuständiger Gerichte zur Wiedereinsetzung, auch versagende, sieht sich das RG. gebunden (RGSt. 40, 271 und oft). Das beruht auf dem Grundsatz der Unabänderlichkeit formell rechtskräftiger Beschlüsse. Aber dieser Grundsatz ist nicht unverbrüchlich. Das RG. hat ihn wiederholt — in anderem, aber ähnlichem Zusammenhange — um höherer Belange willen beiseite gesetzt (RGSt. 37, 112; 59, 419). Auch im Wiedereinsetzungsverfahren wird er vielleicht in Zukunft zurückgestellt werden.

Manchmal bringt der Beschwerdeführer einen Teil seiner Rügen rechtzeitig an, zum anderen Teil aber versäumt er infolge eines unabwendbaren Zufalls die Frist. Darf er zur Nachholung der versäumten Einzelbeschwerden in den vorigen Stand wiedereingesetzt werden? Das RG. verneint RGSt. 24, 250. Wer die Frist völlig versäumt, kann also mit einer verspäteten Rüge doch noch zugelassen werden. Der Vorsichtige dagegen, der einer völligen Fristversäumnis vorgebeugt hat, wird unter sonst gleichen Umständen mit seiner verspäteten Rüge ausgeschlossen. Das befriedigt nicht, und das RG. hat denn auch in vereinzelten krassen Fällen schon einmal eine Ausnahme gemacht (z. B. Jur. Rdsch. 1925 Nr. 446). Vielleicht bereitet sich auch hier damit ein Wechsel vor.

Im Verschulden des Verteidigers sieht das RG. seit Rspr. 1, 689 keinen unabwendbaren Zufall für die Partei. Das Gegenteil könnte leicht zu einer Verwilderung in der Behandlung der Fristen führen. Die strenge Auffassung gilt übrigens nur für den gewählten Verteidiger, nicht auch für den bestellten, auf dessen Wahl der Angeklagte ja keinen Einfluß hat (RGSt. 40, 118). Sie wird ferner dadurch wesentlich gemildert, daß seit RGSt. 35, 109 ständig das Verschulden der Angestellten des Verteidigers einen unabwendbaren Zufall abgeben kann. Damit aber keine Sorglosigkeit einreiße, unterläßt das RG. nicht, von Zeit zu Zeit darauf hinzuweisen, daß bei der Prüfung des Beginns

Phot. Taggeselle, Leipzig

Vorraum zwischen Eingang und Halle

der Fristen und ihrer Kontrolle die Verteidiger auch höchstpersönliche Pflichten zu erfüllen haben (z. B. ganz neuerdings Jur. Rdsch. 1929 Nr. 1181).

Beschränkung der Revision. Die Möglichkeit, ein Rechtsmittel auf bestimmte Teile des angefochtenen Urteils zu beschränken, ergibt klar der § 352 StPO. Darüber aber, wieweit die Beschränkbarkeit reicht, hat die Rspr. einen vollständigen Umschwung durchgemacht. Jahrelang war sie durchaus beschränkungsfeindlich. Daß zwischen mehreren selbständigen Handlungen geschieden werden kann, stand zwar von vornherein fest. Zu dem Gedanken aber, innerhalb der Verurteilung wegen ein und derselben Handlung das Rechtsmittel auf bestimmte rechtliche Gesichtspunkte zu beschränken, verhielt sich das RG. lange Zeit hindurch ablehnend. Nach RGSt. 5, 186 soll selbst da, wo die Revision ausschließlich fehlerhafte Strafzumessung geltend macht, die Verurteilung auch zur Schuldfrage geprüft werden müssen. Ebenso RGSt. 22, 213; 29, 331. Diese Urteile betreffen zwar sämtlich Revisionen der Staatsanwaltschaft (oder des Nebenklägers) zuungunsten des Angeklagten, und gerade darauf legen die beiden letzten Urteile anscheinend Wert. Irgendein Grund für die mindere Beschränkbarkeit solcher Revisionen ist jedoch nicht erfindlich. — Die Schwenkung beginnt RGSt. 33, 17. An der Untrennbarkeit von Schuld- und Straffrage hält man zwar noch fest; aber die Unbrauchbarmachung nach § 41 StGB., die ja ohne schuldhaftes Handeln verhängt werden kann, glaubt man von der übrigen Verurteilung doch schon absprengen zu können. Dieses Urteil enthält den Satz, der für die Zukunft leitend geworden ist. Danach ist das Rechtsmittel insoweit beschränkbar, als die angegriffenen Teile des Urteils wegen Fehlens eines inneren Zusammenhanges unabhängig von dem nicht angegriffenen Teile eine selbständige Prüfung gestatten. Von nun an entwickelt sich die Rspr. energisch im Sinne der Beschränkbarkeit. So wurden Urteile als selbständig anfechtbar anerkannt bezüglich der Gesamtstrafe (RGSt. 37, 284), der einzelnen Nebenstrafen (RGSt. 42, 241), der Ersatzfreiheitsstrafe (RGSt. 39, 393), des Verbrauchs der Strafklage (RGSt. 40, 274), des Strafantrages (RGSt. 43, 363), des Rückfalles (RGSt. 54, 180), der Niederschlagung durch Amnestie (RGSt. 54, 82). Die wichtigste Etappe auf diesem Wege bezeichnet RGSt. 45, 149. Zum ersten Male wird hier eindeutig die jetzt so geläufige Trennung der Straffrage von der Schuldfrage zugelassen. Der Schuldspruch ist danach der selbständigen Rechtskraft fähig, und die Beschränkung des Rechtsmittels bewirkt diese Rechtskraft. Auch unzutreffende Schuldsprüche müssen dann als schlechthin bindend hingenommen werden. Das RG. hat auch nicht gezögert, aus seiner neuen Auffassung diese Folgerung zu ziehen. Was RGSt. 52, 342 noch kühn erschien, ist heute selbstverständlich. Mit aller Schärfe hat das RG. in den letzten Jahren wiederholt, z. B. RGSt. 61, 209, das Gebot aufgestellt, daß ein Strafausspruch, der auf der Grundlage eines bereits rechtskräftigen Schuldausspruchs ergeht, sich in jeder Beziehung, in den Tatsachen und in der rechtlichen Würdigung, streng an diesen halten muß. Das führt dann, wenn eine unbeschränkte Berufung des Angeklagten einer beschränkten der Staatsanwaltschaft gegenübersteht, nicht selten zu einem merkwürdigen Dilemma, aus dem RGSt. 62, 401 der Ausweg gesucht wird.

Keine Beschränkung dagegen ist möglich innerhalb des Schuldspruchs. Er ist „unteilbar". Hier ist das RG., wenn auch kleine Abweichungen vorgekommen sind, im ganzen fest geblieben. In den letzten Jahren mußte immer wieder beanstandet werden, daß aus der Berufungserklärung rechtlich unmögliche Beschränkungen innerhalb der Schuldfrage entnommen worden waren. Ausgeschlossen ist z. B. die Beschränkung auf eine von mehreren tateinheitlich begangenen Handlungen, auf einen Einzelakt einer fortgesetzten Tat, auf eine einzelne Bankerutthandlung mit Beziehung auf dieselbe Konkurseröffnung oder Zahlungseinstellung, auf einen zum Tatbestande gehörenden straferhöhenden Umstand, wie die Gewerbsmäßigkeit in den §§ 218 Abs. 4, 260, die Berufspflichtverletzung in den §§ 222 Abs. 2, 230 Abs. 2 StGB. Beispiele bieten RGSt. 51, 305; 60, 109; 61, 349.

Entscheidung in der Sache selbst. Im gleichen Verhältnis wie die Beschränkbarkeit der Rechtsmittel hat das RG. auch die Möglichkeit zunehmen lassen, in der Sache selbst zu erkennen. Das ist kein Zufall. Man hat erkannt, daß die rechtliche Betrachtungsweise in beiden Beziehungen ganz dieselbe zu sein hat. Soweit ein bestimmter Teil des Verfahrensgegenstandes durch die Erklärung des Beschwerdeführers für das Revisionsgericht verselbständigt werden kann, kann auch dieses selbst ihn in seiner Entscheidung von dem übrigen Stoff loslösen. Voraussetzung ist, daß die Sache in diesem Umfange reif zu einer Entscheidung ist, die ohne Eingriff in das dem Tatrichter vorbehaltene Gebiet geschehen kann. Abgesehen hiervon sieht sich das RG. hier durch nichts mehr gebunden und strebt in immer noch zunehmendem Maße danach, möglichst viel von dem Verfahrensstoff durch eigenen Spruch endgültig zu erledigen. Über den Wortlaut des § 354 Abs. 1 ist die Rspr. dabei weit hinausgewachsen. Sein Sinn aber, Vermeidung überflüssiger Neuverhandlungen, bleibt gewahrt.

Immer häufiger erscheinen daher Urteile, in denen das RG. „durcherkannt" hat, z. B. RGSt. 48, 26; 52, 126; 53, 290; 57, 388; 60, 168. Die Hauptsache ist, daß das RG. auch hier den Schuldspruch immer mehr verselbständigt. Ist nur der Strafausspruch fehlerhaft, so wird der Schuldspruch aufrechterhalten und nur der Strafausspruch aufgehoben. Die Trennung wird aber selbst dann möglichst durchgeführt, wenn schon der Schuldspruch zu beanstanden ist. Liegen erschöpfende Feststellungen vor, so trifft das RG. selbst den Schuldspruch, indem es Fehlendes hinzufügt, Unrichtiges streicht, ja sogar ihn von Grund auf erneuert (Beispiele: RGSt. 47, 372; 53 S. 189, 279; 54, 170; 60, 58). § 265 Abs. 1 StPO. steht dabei nicht im Wege, wo immer es nach Lage der Sache ausgeschlossen erscheint, daß der Hinweis auf die rechtliche Änderung die Verteidigungslage hätte verschieben können (RGSt. 46, 427; 48, 12). Bei ausreichenden Feststellungen wird sogar an die Stelle einer Freisprechung eine Verurteilung gesetzt, allerdings ein seltener Fall. Man sollte meinen, die Änderung eines Schuldspruchs müsse stets eine Zurückverweisung im Strafausspruch zur Folge haben; denn diesem wird ja eigentlich der Boden entzogen, wenn die Straftat selbst sich anders darstellt. Häufig wird auch so verfahren. Aber wohl in der Mehrzahl der Fälle läßt man den Strafausspruch unberührt, weil der Fehler im Schuldspruch auf ihn augenscheinlich nicht, wenigstens nicht zuungunsten des Angeklagten, eingewirkt hat. Auch darin liegt streng genommen eine Entscheidung in der Sache selbst, und zwar eine solche, bei der sich das Revisionsgericht sehr weit auf das Tatsachengebiet vorwagt.

Auch die Möglichkeit, in der Sache selbst zu erkennen, muß vor der Unteilbarkeit der Schuldfrage haltmachen. Das hat sich erst allmählich durchgesetzt. Manche älteren Entscheidungen, wie RGSt. 4, 190; 32, 310, stimmen mit dem heutigen Prinzip schon überein. Unvereinbar aber sind damit z. B. RGSt. 2, 44; 7, 176, wo die Selbständigkeit einzelner tatbestandlicher Teile des Schuldspruchs anerkannt wird. Solche Entscheidungen sind heute nicht mehr denkbar; ebensowenig ist es die noch 1914 vorgekommene Zurückverweisung nur zur Prüfung, ob Tateinheit oder Tatmehrheit vorliegt, wobei die übrigen Feststellungen aufrechterhalten wurden. Hier hat § 353 Abs. 2 StPO. irregeführt. Tatsächliche Feststellungen können, wie heute durchaus feststeht, nur insoweit selbständigen rechtlichen Bestand haben, als sie einen solchen Teil des Verfahrensstoffes erschöpfen, der — im Sinne der Beschränkbarkeit der Rechtsmittel — selbständig ist. Nur in diesem Umfange ist die Aufrechterhaltung von Feststellungen neben einer Zurückverweisung im übrigen möglich; das wird nur ausnahmsweise vorkommen; denn regelmäßig wird das RG. dann, wie dargetan, nicht zurückverweisen, sondern selbst entscheiden.

Konvaleszenz. Ganz eigenartig ist die sinngemäße Anwendung des § 354 Abs. 1 StPO. bei der sog. Konvaleszenz. Sachlichrechtlich fehlerhafte Urteile können infolge eines nach § 2 Abs. 2 StGB. zu berücksichtigenden Wandels der Gesetzgebung gewissermaßen richtig werden. Solche Urteile läßt das RG. bestehen. In RGSt. 51, 47 und 53, 13 handelt es sich dabei um richtig gewordene Freisprechungen. Vorgekommen ist aber sogar schon die Bestätigung einer — infolge der rückwirkenden Kraft der neuen Vorschriften über die Geldstrafe — erst nachträglich richtig gewordenen Verurteilung. Umgekehrt erkennt das RG. bei einer Verurteilung, die zur Zeit des Taturteils an sich zwar noch möglich war, nur im gegebenen Falle nicht ausreichend begründet ist, neben der Aufhebung dann gleich selbst auf Freisprechung, wenn auch eine neue tatrichterliche Aburteilung nach § 2 Abs. 2 StGB. nur denselben Ausgang nehmen könnte (RGSt. 61 S. 130, 135). Ähnliche Fälle behandeln RGSt. 55, 180; 57, 99. Überall wird, genau gesehen, der Spruch des Tatrichters durch Entscheidung in der Sache selbst vorweggenommen.

Gravamen commune. Die Handhabung des § 357 StPO. betreffend Aufhebung zugunsten nicht beschwerdeführender Mitangeklagter bei gemeinsamem sachlichrechtlichem Beschwerdegrund ist so sehr eine innere Angelegenheit des Revisionsgerichts, daß das RG. nur selten mit Ausführungen dazu hervortritt. Bei der Verhandlung und Beratung spielt die Vorschrift aber nicht selten eine große Rolle. Sie soll der materiellen Gerechtigkeit dienen, ist dabei aber unbequem eng gefaßt. Daß weder ein prozessuales gravamen commune berücksichtigt werden kann noch ein sachlichrechtliches, das nicht gerade in dem angefochtenen Urteil, sondern in einem anderen Urteil der Vorinstanzen steckt, darüber kann angesichts des Wortlauts des § 357 auch das RG. nicht hinweg. Ansetzen konnte dagegen eine freie Auslegung bei dem dehnbaren Begriff des

„Sicherstreckens". RGSt. 16, 417 wird der Fall behandelt, daß bei mehreren jugendlichen Tätern die Jugendlichkeit nicht beachtet worden war. Formaljuristisch hätte sich sehr wohl die Ansicht rechtfertigen lassen, daß bei jedem Mitangeklagten seine individuellen persönlichen Verhältnisse falsch beurteilt worden seien. Das RG. findet jedoch in dem mehrmaligen Vorkommen des gleichen Verstoßes gegenüber mehreren Angeklagten eine fehlerhafte Betrachtungsweise, die die mehreren Angeklagten gemeinsam trifft, und hebt danach auch zugunsten des Mitangeklagten auf. Damit ist der Rspr. bis auf den heutigen Tag die Grundlinie gewiesen.

Bindende Kraft des Revisionsurteils. Die Bindung an die Rechtsauffassung eines in demselben Verfahren ergangenen Revisionsurteils, die § 358 Abs. 1 StPO. vorsieht, führt das RG. bis in die letzten Konsequenzen durch. Gebunden ist nicht nur das untere Gericht, sondern, ohne jede Rücksicht auf einen etwaigen Wechsel der Ansicht oder einen echten Irrtum des früheren Urteils, das RG. selbst (RGSt. 59, 31). Dieses auch dann, wenn das frühere Revisionsurteil gar nicht von ihm selbst erlassen war, sondern von einem niedrigeren Revisionsgerichte (RGSt. 6, 357; 22, 156). Zu einem veränderten Sachergebnis ist natürlich die rechtliche Beurteilung frei (RGSt. 31, 436).

Reformatio in peius. Das Verbot der sog. reformatio in peius (§§ 331, 358 Abs. 2 StPO.) bezeichnet das RG. (RGSt. 57, 129) als eines der wichtigsten Schutzrechte des Angeklagten und hat es als solches stets gewahrt. Dieses Recht trotzt jedem Satze des materiellen Rechts und jeder veränderten Verfahrenslage (vgl. a. a. O., ferner RGSt. 8, 307). Seinen Inhalt hat das RG. freilich von vornherein stark eingeengt, und dabei ist es gegenüber immer neuen Revisionsrügen und auch Angriffen aus dem Schrifttum geblieben. Unzulässig ist nämlich einzig und allein eine Verschärfung der Strafe. Die rechtliche Würdigung und Bezeichnung der Tat selbst darf stets berichtigt werden, auch wenn der Angeklagte noch so sehr dadurch getroffen erscheint. Dem höheren Gericht wird nicht zugemutet, einen rechtsirrtümlichen Schuldspruch zu bestätigen; es fehlt insoweit ja auch an einem sicheren Maßstabe für die größere und geringere „Härte" oder „Benachteiligung". Als Beispiele für viele seien erwähnt RGSt. 2, 202; 9, 324; 60, 380. Das Wort „Strafe" ist andererseits nicht in dem engen Sinne der eigentlichen Strafe zu nehmen. Auch abgesehen von ihr darf der verfügende Teil in seinen unmittelbar aus ihm erwachsenden Folgen nirgends für den Angeklagten ungünstiger werden (Beispiel RGSt. 45, 62 betr. Kosten). Die Ausnahme für die Buße ist RGSt. 15, 439 zwar unzureichend, RGSt. 44, 294 dagegen überzeugend aus deren ganz besonderem Wesen heraus begründet.

Würdigung der Prozeßtatsachen. Zu den Prozeßbeschwerden selbst steht das Revisionsgericht ganz anders als zu den Sachbeschwerden. Das Urteil muß erkennen lassen, daß es auf sachlichrechtlich zutreffenden Erwägungen beruht. Besteht auch nur die Möglichkeit, daß für das Ergebnis ein Rechtsirrtum ursächlich gewesen ist, so fehlt ihm eben die ausreichende sachlichrechtliche Grundlage, und das Revisionsgericht muß auf Sachbeschwerde daraus die Folgen ziehen. Erkenntnisquelle für sachlichrechtliche Fehler aber ist allein das angefochtene Urteil selbst. Umgekehrt kann eine Prozeßbeschwerde nur dann durchgreifen, wenn die sie begründenden Prozeßtatsachen voll bewiesen sind. (Anders bei der erst nach diesem Beweis einsetzenden Frage des „Beruhens" des Urteils auf dem Verstoß, § 337 Abs. 1 StPO.; hier genügt schon die bloße Möglichkeit.) Dafür steht das Revisionsgericht hier bei Aufnahme und Würdigung der Beweise grundsätzlich frei da. Die prozessualen Regeln über das Beweisverfahren gelten nur für die Sache selbst, die „Tat" im Sinne des § 264 Abs. 1 StPO. Wo es auf die Feststellung von Prozeßtatsachen ankommt, ist es den Gerichten überlassen, welche Ermittlungen sie für nötig halten, mit welchen sie sich begnügen wollen. Diese Freiheit hat das RG. auch den unteren Gerichten stets zugebilligt (RGSt. 6, 161; 10, 253; 59, 36). Und selbst macht es von ihr den weitestgehenden Gebrauch. Die ihm selbst nötige tatsächliche Aufklärung sucht es, ohne an eine etwaige Würdigung durch den Vorderrichter gebunden zu sein, auf jedem Wege, der ihm gut scheint. Selbständig prüft und würdigt es den Inhalt von Akten, auch von Beiakten anderer Behörden, amtliche Auskünfte, Äußerungen von Beteiligten, die es auch wohl selbst veranlaßt. Es kann auch formlos Auskunftspersonen befragen lassen und selbst befragen. Solche eigene Prüfung von Prozeßtatsachen durch das RG. treffen wir in den Entscheidungen auf Schritt und Tritt. Angeführt seien nur die folgenden beliebig herausgegriffenen Proben. Das RG. prüft nach der tatsächlichen Seite hin selbständig und formfrei nach die Zuständigkeit der ordentlichen Gerichte (RGSt. 52, 86; 59, 36), das Vorhandensein und die Ordnungsmäßigkeit des Strafantrags (RGSt. 38, 40; 45, 128; 51, 71), die Urteilsvoraussetzung des § 433 RAbgO. (RGSt. 61, 118), die Rechtshängigkeit und den Klageverbrauch (RGSt. 52, 262), die Vorgänge bei einer Auslieferung (RGSt. 45, 271), Stellung und Inhalt des Antrags auf Buße (RGSt. 60, 13), und vor allem die Frage, ob das Urteil auf einem erwiesenen Prozeßverstoß „beruht". Erst recht verschafft sich das RG. in derselben selbständigen und freien Weise die Kenntnis von denjenigen Tatsachen, bei denen nach der Revision der Vorderrichter gegen das Prozeßrecht verstoßen haben soll. (Beispiele: RGSt. 10, 318, betr. Verhinderung des ordentlichen Vorsitzenden, amtliche Auskunft des vorgesetzten Landgerichtspräsidenten; RGSt. 17, 287, betr. Anhörung von Auskunftspersonen während der Urteilsberatung, dienstliche Erklärung des Vorsitzenden; RGSt. 4, 388, betr. die generelle Beeidigung eines Sachverständigen.)

Nach einer Seite hin hat sich jedoch das RG. eine Schranke gesetzt. Wo das Gesetz die Voraussetzungen für ein bestimmtes prozessuales Vorgehen nicht fest umschreibt, sondern bis zu einem gewissen Grade nach dem Ermessen des Tatrichters bestimmen läßt, redet es diesem nicht in sein Ermessen hinein (RGSt. 11, 262; 54, 22). Völlig ausgeschaltet hat es sich indessen auch hier nicht. Die Freiheit des Ermessens hängt stets zusammen mit der Elastizität gewisser Begriffe wie „weite Entfernung", „veränderte Sachlage" u. ä. Aber auch sie sind irgendwie rechtlich begrenzt, und wo die Entscheidung des Tatrichters erkennbar jenseits dieser Grenze trifft, sieht sich das RG., wie etwa in RGSt. 44, 8, zum Eingreifen veranlaßt.

Beweiskraft des Sitzungsprotokolls. Diese grundsätzliche Freiheit bei der Feststellung von Prozeßtatsachen ist von einer sehr weit wirkenden Ausnahme durchbrochen. Gerade für diejenigen Tatsachen, auf die am häufigsten Verfahrensrügen gestützt werden, Verstöße in der Hauptverhandlung, gilt im allgemeinen die formale Beweiskraft des Sitzungsprotokolls. Das vorwurfsvolle Wort von der „Protokolljustiz" steht vor uns auf. Was ist daran? Nicht viel mehr ist es als ein irreführendes Schlagwort!

Nach § 274 StPO. kann die Beobachtung der für die Hauptverhandlung vorgeschriebenen Förmlichkeiten nur durch das Protokoll bewiesen werden, und es ist insoweit gegen den Inhalt des Protokolls nur der Nachweis der Fälschung zulässig. Mißverstehen dieser Vorschrift führt noch heute oft zu den nutzlosen „Protokollrügen", obwohl das RG. unzählige Male (z. B. RGSt. 42, 168; 47, 237) darauf hingewiesen hat, daß Mängel des Protokolls an und für sich der Revision nichts helfen können. Nicht auf das Protokoll selbst kommt es an, sondern allein auf den Hergang der Hauptverhandlung, den es berichtet. Darüber, ob gewisse Tatsachen geschehen oder nicht geschehen sind, muß sein Inhalt als wahr hingenommen werden — auch wenn er nicht wahr ist.

Daß eine solche formale Beweisvorschrift zu sachlichem Unrecht führen kann, ist klar. Aber die Rspr. hat das Gebiet, auf dem solches geschehen kann, je länger, je mehr eingeengt.

Der Gegenbeweis der Fälschung kommt freilich nicht ernstlich in Betracht, obwohl unter Fälschung nach RGSt. 5, 44; 20, 166 u. a. nicht nur die eigentliche Unechtmachung, sondern auch die bewußt falsche Beurkundung zu verstehen ist. Wesentlicher ist, daß, was das RG. ständig betont hat, die Beweiskraft eben nur für die „Förmlichkeiten" gilt. Die Wiedergabe des Inhalts von Zeugenaussagen (RGSt. 43, 437), auch dort, wo sie vorgeschrieben ist (RGSt. 58 S. 58, 378), die Art der Heranziehung des Dolmetschers im einzelnen (RGSt. 43, 441), die Angaben des Angeklagten (RGSt. 49, 315), vor allem auch die Erklärung des Rechtsmittelverzichts (RGSt. 40, 133) stehen nicht unter der Beweisregel. Wohl aber hat man die Stellung von Anträgen, insbesondere von Beweisanträgen, stets zu den Förmlichkeiten gerechnet. Für die Beteiligten ist es von hohem Wert, daß ihre Anträge dem genauen Inhalt nach im Protokoll festgelegt werden müssen. Das Gegenstück ist, daß die Tatsache der Antragstellung, einschließlich des Antragsinhalts, nur durchs Protokoll zu erweisen ist. Das hat, da Sitzungsprotokolle oft unsorgfältig aufgenommen werden, zu Mißlichkeiten geführt.

Abgeschwächt werden sie dadurch, daß auch das Protokoll der Auslegung zugänglich ist. Offenbare Unrichtigkeiten werden nicht beachtet. Ein unsinniger, ja schon ein gänzlich unwahrscheinlicher Protokollinhalt wird ohne weiteres in das umgedeutet, was offenbar gemeint ist (vgl. z. B. JW. 1926 S. 2761, Nr. 8). Überdies wirkt die formale Beweiskraft nicht über das jeweilige Verfahren hinaus (RGSt. 50, 58; JW. 1926 S. 2448 Nr. 4). Die Beweiskraft beginnt ferner erst in dem Augenblick, wo ein fertiges, namentlich von beiden Urkundspersonen unterschriebenes Protokoll vorliegt (RGSt. 13, 351; 60, 270).

Die Kernfrage aber ist: Kann ein äußerlich fertiges, jedoch inhaltlich unrichtiges Protokoll nachträglich wirksam richtiggestellt werden? Das „Ja" steht heute fest, mit der gewichtigen Ausnahme, daß nach Anbringung einer Verfahrensbeschwerde solche Berichtigungen nicht mehr beachtet werden dürfen, die die Beschwerde entkräften könnten. Bei der Schaffung dieses Rechtssatzes ist es nicht ohne Kampf abgegangen. Zwar wurde die grundsätzliche Berichtigungsmöglichkeit schon RGSt. 3, 47 zugegeben, und die Ausnahme davon war gar schon vorher, RGSt. 2, 76, aufgestellt. In voller Abweichung davon erklärte dann aber der II. Strafsenat wiederholt (RGSt. 8, 141; 17, 346) jedwede Berücksichtigung einer Protokollberichtigung für ausgeschlossen, und erst RGSt. 19, 367 trat er unter dem einhelligen Druck der anderen Senate davon zurück. Derselbe Senat brachte später die Frage noch einmal in Bewegung. Wenn schon Berichtigungen zu beachten seien, so meinte er, so müßten es auch solche sein, die zuungunsten einer bereits erhobenen Rüge wirkten. Gerade vom Standpunkt des Strebens nach der materiellen Wahrheit hatte die Auffassung des II. Strafsenats gewiß viel für sich. Die Vereinigten Strafsenate aber schlichteten den Streit (RGSt. 43, 1) im entgegengesetzten Sinne. Auf die Gefahr der Verletzung der materiellen Wahrheit hin wurde hier der Grundsatz der Unentziehbarkeit einer für den Beschwerdeführer bereits geschaffenen günstigen Prozeßlage allem anderen übergeordnet. Ein schönes Beispiel dafür, wie das RG. das Prozeßgesetz über seinen ausdrücklichen Inhalt hinaus nach höheren Gesichtspunkten handhabt. Wie manchem Angeklagten ist im Kampfe gegen ein von ihm als ungerecht empfundenes Urteil diese Stellung des RG. zugute gekommen!

Wie aber, wenn die Berichtigung eines in sich klaren Protokollinhalts ausbleibt? Dann freilich ist das Revisionsgericht nach § 274 StPO. wirklich gebunden, auch an ein ungerechtes Ergebnis. Doch gibt es noch Mittel und Wege, das zu verhüten. Zwar hat es das RG. in RGSt. 20, 166 und 53, 176 und noch später abgelehnt, von sich aus auf die Berichtigung des Protokolls hinzuwirken. Damit war ein so peinvoller Sachausgang möglich, wie etwa der von RGSt. 31, 163, wo ein im Urteil vom Gericht selbst als gestellt bezeichneter Beweisantrag als nicht vorhanden behandelt werden mußte, weil er im Protokoll ausgelassen war. Es ist bestimmt anzunehmen, daß das RG. heute dann wenigstens, wenn die Behauptung eines durchgreifenden Verfahrensverstoßes die volle innere Wahrscheinlichkeit für sich hat, selbst die Initiative zur Berichtigung ergreifen würde. Der I. Senat erklärt in einem Urt. vom 12. Okt. 1928, JW. 1929 S. 859 Nr. 19, er sehe von einer Befragung der Urkundspersonen nur deshalb ab, weil die Rüge auch bei Erweislichkeit des behaupteten Prozeßvorkommnisses nicht durchdringen würde; er deutet also an, daß er im umgekehrten Falle unbedenklich die Berichtigung anregen würde, und es bestehen auch wirklich keine rechtlichen Bedenken dagegen. Derartigen Zuspitzungen der Sachlage wird übrigens dadurch vorgebeugt, wenn die Anregung schon von der Staatsanwaltschaft, sei es der örtlichen, sei es der des RG., ausgeht; das geschieht jetzt in steigendem Maße.

Vergeblich bleiben solche Bemühungen dort, wo die Urkundspersonen die Berichtigung versagen. Vielfach muß dies schon deshalb geschehen, weil die

Erinnerung inzwischen so unsicher geworden ist, daß kein bestimmter Hergang mehr als geschehen bescheinigt werden kann. Aber auch darüber hinaus zeigt sich nicht selten eine gewisse Abneigung gegen Protokollberichtigungen. Hier greift nun das RG. mit einem weiteren Behelf ein, der sich allmählich herausgebildet hat und durch RGSt. 57, 394 endgültig befestigt worden ist. Die formale Beweiskraft einer Beurkundung wird schon dadurch hinfällig, daß auch nur eine der beiden Urkundspersonen sie widerruft. Damit entsteht nun aber nicht etwa eine Lücke, dergestalt, daß jetzt überhaupt nichts festzustellen ist. Vielmehr ist die Beweislage frei zu würdigen. Das gilt auch auf dem Gebiet der sog. negativen Beweiskraft des Sitzungsprotokolls. Das Revisionsgericht kann also eine „Förmlichkeit" auch dann als geschehen annehmen, wenn darüber gar nichts beurkundet ist. Beinahe noch wichtiger ist, daß nach denselben Grundsätzen auch dort verfahren wird, wo ein Protokoll erkennbar in sich unvollständig, z. B. bei einem Beweisantrage die Beweistatsache, fortgeblieben ist. Auch dann ergänzt das RG. das Fehlende nach freier Beweiswürdigung, meistens im Sinne des Vorbringens der Revision (vgl. z. B. RGSt. 59, 429). Insoweit ist also sogar der vielfach betonte Grundsatz von der Ausschließlichkeit des Sitzungsprotokolls als Erkenntnisquelle für die Beobachtung der „Förmlichkeiten" aufgegeben, und es wird auf der Grundlage des wirklichen Geschehens entschieden.

So sieht die „Protokolljustiz" aus. In Wirklichkeit ist sie beherrscht von dem erfolgreichen und immer erfolgreicheren Bestreben, die Wahrheit über die Form obsiegen zu lassen.

Einzelne Prozeßrügen. Beweisanträge. Am meisten wurde durch die Möglichkeit, Förmlichkeiten des Verfahrens auch außerhalb des Sitzungsprotokolles festzuhalten, die bekannte Spruchpraxis zum Rechte der Beweisanträge gefördert. Nirgends sonst hat das RG. in Strafsachen so sehr aus dem Eigenen schöpfen können, nirgends sonst ist seine Tätigkeit so allgemein und freudig gebilligt worden.

Als objektives Recht aufgefaßt, ist das Recht der Beweisanträge das Herzstück nicht nur der strafprozessualen Rspr. des RG., sondern des Strafprozesses überhaupt geworden. In subjektiver Beziehung hat man es zutreffend als das wichtigste Parteirecht im Strafprozeß bezeichnet. Richtig ausgeübt gibt es den Parteien die Macht, unter gewissen Voraussetzungen dem Gericht die Erhebung von Beweisen aufzunötigen. Der sedes materiae, dem § 244 Abs. 2 StPO., sieht man das wahrhaftig nicht an. Er scheint im Verein mit § 34 StPO. lediglich das Recht auf begründeten Gerichtsbeschluß bei Ablehnung eines Beweisantrags zu gewähren. Das RG. aber hat den weiteren Rechtssatz darin gefunden, daß bei solcher Ablehnung der Tatrichter nicht in seinem Ermessen frei, sondern von gewissen sachlichen Voraussetzungen abhängig ist. Welches sind diese Voraussetzungen? Das Gesetz sagt darüber kein Wort. Diese Lücke hat das RG. rechtsschöpfend ausgefüllt. Im folgenden die Grundzüge. Das Beweisergebnis darf nicht in einem dem Antrage entgegengesetzten Sinne vorweggenommen werden; wird die Beweistatsache nicht schon als bewiesen angesehen oder doch als wahr angenommen („unterstellt"), so muß, sofern sie nicht völlig unerheblich ist, d. h. ganz abseits des Sachverhalts liegt, der Beweis erhoben werden. Nur wenn das Gericht ausnahmsweise aus besonderen Gründen, namentlich aus der besonderen Natur der angebotenen Beweismittel heraus, die Beweiserhebung abschließend als völlig aussichtslos beurteilen kann, darf es auch ohne sie die Beweistatsachen als nicht geschehen behandeln. Alle einzelnen Gründe, aus denen nach der Rspr. ein Beweisantrag über eine nicht unerhebliche Tatsache ohne deren Wahrunterstellung abgelehnt werden darf — die Unzulässigkeit, die Unerreichbarkeit, die Ungeeignetheit des Beweismittels, die mangelnde Ernstlichkeit des Antrages — laufen im Grunde immer wieder darauf hinaus, daß ausnahmsweise ein Beweisergebnis wegen von vornherein feststehenden völligen Unwertes der gewünschten Beweisaufnahme vorweggenommen werden darf.

Sieht man von RGSt. 1, 138 ab, wo wir — man traut seinen Augen nicht — noch eine glatte Vorwegnahme gebilligt finden, so war die Grundlage, auf der das RG. stand, stets dieselbe. Die mancherlei Einzelheiten hat man daraus natürlich erst nach und nach herausholen können. In ihrem Keim waren sie bereits vorhanden, seitdem von RGSt. 1, 189 in der Unzulässigkeit der Vorwegnahme der entscheidende Ausgangspunkt gefunden worden war. Daß völlig wertlose Beweiserhebungen unterbleiben dürfen, steht schon RGSt. 5, 312, aber gleich mit der wichtigen, aus dem Wesen der Sache folgenden Einschränkung, daß die Wertlosigkeit nicht aus Tatsachen gefolgert werden darf, gegen die der Beweisantrag gerade ankämpfen soll. Das wäre schlimmste Vorwegnahme. Darauf hat immer wieder einmal hingewiesen werden müssen (z. B. RGSt. 51, 124). Darin aber, aus welchen Tatsachen die gewissermaßen absolute Wertlosigkeit entnommen werden darf, tritt das RG. der Entscheidung des Tatrichters im allgemeinen nicht hindernd in den Weg (vgl. z. B. RGSt. 46, 383; 56, 139), wenngleich vor schematischer Gleichsetzung gewisser Mängel in der Person eines Zeugen mit seiner Wertlosigkeit oft gewarnt worden ist. Die Verschleppungsabsicht wird als Ablehnungsgrund zuerst RGSt. 12, 335 zugelassen. Trotz aller dabei beobachteten Vorsicht muß schon RGSt. 13, 151 mit Nachdruck dargelegt werden, daß es sich eben nur um ein äußerstes Abwehrmittel gegen frivole Versuche einer Partei handelt, sich selbst zum Herrn des Verfahrens zu machen. Auch später hat das RG. hier meist gebremst (z. B. RGSt. 20, 206), das Parteirecht also gestärkt.

Ein so starker Einfluß auf die Ausdehnung des Verfahrens kann einem Parteiantrag nur dann eingeräumt werden, wenn er gewisse Mindestforderungen erfüllt, die ihm von vornherein ein gewisses Gewicht beilegen. Diese Voraussetzungen aber — am straffsten spricht sich dazu RGSt. 49, 358 aus — bestehen darin, daß bestimmte Beweistatsachen und bestimmte Beweismittel angegeben werden, und daß ferner der Antrag in der Form der bestimmten Behauptung derjenigen Tatsachen auftritt, auf die es ihm ankommt, nicht als der bloße Versuch herauszubekommen, ob etwas so ist oder anders, oder gar erst Beweismittel herauszufinden. Sonst handelt es sich um einen bloßen Beweisermittlungsantrag — den Ausdruck prägt RGSt. 24, 422 —, dem das pflichtmäßige Ermessen des Tatrichters frei gegenübersteht. Der Auslegung bleibt hier ein weites Feld. Sie ist nicht immer gleichförmig gewesen, z. B. nicht in der Frage, ob in der Geltendmachung gewisser allgemeiner Eigenschaften einer Person, wie Unglaubwürdigkeit, Lügenhaftigkeit, die Behauptung einer bestimmten Tatsache liegt (z. B. einerseits RGSt. 27, 95, andererseits 37, 371). Noch RGSt. 57, 412 läuft auf eine Beurteilung von Fall zu Fall hinaus. Die Fülle der Möglichkeiten spottet hier einer Festlegung. Im allgemeinen tritt jetzt das Streben, aus unklaren Anträgen einen echten Beweisantrag als Kern herauszuschälen, deutlich hervor, um so stärker, als es dem Tatrichter zur Pflicht gemacht ist, von Amts wegen auf Erläuterung oder Ergänzung unklarer oder unsachgemäßer Anträge hinzuwirken (RGSt. 13, 316; 38, 127; 51, 42). Der Tatrichter ist ferner gehalten, in dem Ablehnungsbeschluß die Gründe dafür deutlich ersehen zu lassen, damit die Partei ihre Verteidigung danach einrichten kann. Auch das betont schon RGSt. 1, 189. Bloße Wiederholungen von Anträgen sind selbstverständlich nicht zu beachten (RGSt. 31, 62). Darin liegt keine Beeinträchtigung des Parteirechts, ebensowenig in der RGSt. 1, 394 noch zögernd, RGSt. 3, 222 bereits bestimmt und seitdem ständig den Gerichten gegebenen Befugnis, die sog. Eventualanträge erst im Urteil zu bescheiden; solche Behandlung liegt ja im Sinne des Antrags selbst.

Daß die Zusage, die Beweistatsachen als wahr zu behandeln, wenn sie erfüllt wird, das von dem Antrag erstrebte Ergebnis vollständig ersetzt, wird von Revisionen immer wieder bestritten. Das RG. hält wohlerwogenermaßen (RGSt. 39, 231; 49, 44) daran fest, verwirft es indes als unzulässige Vorwegnahme, wenn, wie häufig, nur die gewünschte Bekundung, nicht die Beweistatsache selbst als wahr unterstellt wird.

Für den Beweis durch Augenschein und durch Gutachten hat eine vernünftige Prozeßökonomie in vollem Gleichklang mit dem besonderen Wesen dieser Art von Beweisführung gewisse Abschwächungen nötig gemacht. Zu Augenscheinsbeweisanträgen, die früher den strengen Regeln unterstellt waren, hat es sogar eine kleine Rückwärtsbewegung gegeben. Mit guten Gründen aber läßt das RG. hier seit der sehr eingehenden Entscheidung RGSt. 47, 100 das pflichtmäßige Ermessen des Tatrichters entscheiden. Er muß zwar die Bedeutung der Beweistatsache würdigen, darf aber das Ergebnis vorwegnehmen.

Zu den Beweisanträgen auf Gutachten aber hebt das RG. neuerdings dasjenige schärfer hervor, woran der Tatrichter auch hier gebunden ist. Die freiere Stellung verleitet ihn häufig, derartige Anträge zu leicht zu nehmen. Dem wirken RGSt. 61, 273 und JW. 1929 S. 1043 entgegen. Das Gericht muß die Beweistatsachen auf ihre Bedeutung für den Sachausgang prüfen und sich irgendwie mit ihnen abfinden. Eine Vorwegnahme ist gegenüber dem Zeugenbeweise zwar sehr erheblich, aber doch auch nur darin erleichtert, daß der Tatrichter kein Gutachten über Tatsachen zu erheben braucht, über die er sich selbst die nötige Sachkunde zutraut. Gerade diese Sachkunde muß er als Ablehnungsgrund hervorheben. Das Urt. JW. 1928 S. 2988 Nr. 24 enthält dazu noch den bedeutsamen Hinweis, daß das Gericht sich auf eigene Sachkunde nur dort berufen darf, wo es sie nach der Erfahrung des Lebens wirklich haben kann.

Auch in anderen Richtungen zeigt sich die Macht der Beweisanträge immer noch im Steigen. Mehr als früher läßt man Beweisanträge des einen Angeklagten auch solchen Mitangeklagten zugute kommen, die sie nicht ausdrücklich gestellt haben (RGSt. 58, 141). RGSt. 61, 376 bricht, dem Kammergericht nachgebend, mit der alten Praxis, daß in der Hauptverhandlung nur auf solche Beweisanträge eingegangen zu werden braucht, die in ihr selbst gestellt worden sind; ist auf einen vor der Hauptverhandlung angebrachten Antrag zugesagt worden, es werde darüber in der Hauptverhandlung entschieden werden, so begründet die Verletzung dieser Zusage die Revision.

Hinweis auf neuen rechtlichen Gesichtspunkt. Auch in anderen Beziehungen läßt das RG. es sich angelegen sein, dem Angeklagten die sachgemäße Ausübung seiner Verteidigungsrechte zu sichern. Darauf beruht die ausgedehnte Rspr. zu § 265 Abs. 1 StOP. über den Hinweis bei Veränderung des rechtlichen Gesichtspunkts.

Aussetzung bei veränderter Sachlage. Steigendes Gewicht wird jetzt auf § 265 Abs. 3 u. 4, betr. die Aussetzung der Hauptverhandlung bei veränderter Sachlage, gelegt. Wiederholt hat das RG. auf Grund weitherziger eigener Prüfung das Unterbleiben einer Aussetzung als verfehlt nachgewiesen und als durchgreifend anerkannt. Die Urteile JW. 1926 S. 1216, 1218 wurden in Verteidigerkreisen lebhaft begrüßt und mit Recht.

Selbständige richterliche Aufklärungspflicht. Als trügerisch werden sich dagegen die Hoffnungen erweisen, die man neuerdings auf die §§ 155 Abs. 2, 244 Abs. 3 StPO. setzt. Sie betreffen die richterliche Pflicht, auch unabhängig von Anträgen der Beteiligten die Wahrheit zu ermitteln. Daß die Beobachtung dieser Pflicht auf Rüge vom Revisionsgericht zu prüfen ist, hat das RG. stets anerkannt. Aber es ist kein Zufall noch gar Methode, daß dort, wo ein Urteil wegen Verletzung der selbständigen richterlichen Aufklärungspflicht aufgehoben wurde, fast stets eine Revision zuungunsten des Angeklagten zur Erörterung stand (Beispiele: RGRspr. 10, 420; RGSt. 14, 303; 41, 269; 47, 417; JW. 1929 S. 859 Nr. 18). Wenn das Gericht eine feste Überzeugung weder von der Schuld noch vom Gegenteil erlangt, darf es den Schuldspruch nicht ohne weiteres ablehnen, sondern muß zunächst untersuchen, ob nicht noch Mittel vorhanden sind, mit denen sich die Zweifel beheben lassen, und nur verneinendenfalls darf es sogleich das Nichtschuldig aussprechen. Wie aber soll für das Gericht noch Anlaß bestehen können, den Sachverhalt weiter aufzuklären, wenn es bereits die volle Überzeugung von der Schuld des Angeklagten erlangt hat? So kommt der § 155 Abs. 2 und entsprechend der § 244 Abs. 3 in aller Regel nur solchen Revisionen zustatten, die sich *gegen* den Angeklagten richten. Ein Verurteilter kann sich nur dort auf sie berufen, wo eine ihm günstige Vorschrift des sachlichen Rechts nur dann angewendet werden darf, wenn der Beweis zugunsten des Angeklagten voll geführt wird. Beispiele dafür sind die Irrtumsverordnung, die Widerlegung von steuerlichen Vermutungstatbeständen und die Widerlegung der preßgesetzlichen Vermutung (S. 302). Das sind seltene Ausnahmefälle, die gerade beweisen, daß in der Revisionsinstanz mit jenen Vorschriften regelmäßig nichts zugunsten des Verurteilten auszurichten ist.

Eine Ausnahme macht wohl nur das Urt. JW. 1928 S. 1506 Nr. 22. Vielleicht erklärt es sich so, daß dort das Schwurgericht — ein kaum je vorkommender Fehler — die Schuld bejaht hatte, obwohl es erkennbar selbst eine für den Angeklagten günstige Wendung durch weitere Aufklärung nicht für ausgeschlossen hielt. Auf keinen Fall kann und will diese Entscheidung etwas daran ändern, daß nach dem Wesen der Aufklärungspflicht der §§ 155 Abs. 2, 244 Abs. 3 ihre Verletzung überall da begrifflich ausgeschlossen ist, wo das Gericht bereits von einem die Verurteilung rechtfertigenden Sachverhalt voll überzeugt ist. Der Zweck der §§ 155 Abs. 2, 244 Abs. 3 ist, das Gebiet der tatsächlichen Unsicherheit möglichst zu verringern. Wo das Gericht auf diesem Gebiete verbleibt, obwohl weitere Aufklärung möglich wäre, wirkt das normalerweise zugunsten des Angeklagten. Die Verletzung der Aufklärungspflicht kehrt in der Revisionsinstanz insoweit also notwendig ihre Spitze gegen den Angeklagten.

Erfordernisse der richterlichen Überzeugung. In denselben Gedankenkreis führen uns auch die bekannten neuen Entscheidungen über das Maß der Anforderungen an die volle richterliche Überzeugung (RGSt. 61, 202; JW. 1929 S. 862). Das Aufsehen, das diese Urteile erregt haben, ist ebenso unbegründet wie die Fülle der staatsanwaltschaftlichen Revisionen, die sie nach sich gezogen haben. Was die Urteile sagen wollen, ist allein die Selbstverständlichkeit, daß der Richter, der die volle Überzeugung von einem den Schuldspruch tragenden Sachverhalt erlangt hat, sich von dem Schuldig nicht durch die Erwägung abbringen lassen darf, seine Beweisführung sei nicht gewissermaßen mathematisch sicher und es sei trotz allem die Möglichkeit eines anderen Tatsachenverlaufs nicht unausdenkbar. Verstöße hiergegen sind nur ganz selten. Meist fehlt es eben, wo der Schuldspruch ausbleibt, erkennbar an der vollen richterlichen Überzeugung. Andernfalls schreitet das RG. mit Recht ein. Wer aber davon spricht, derselbe Gedankenweg müsse auch zugunsten des Angeklagten beschritten werden, andernfalls bestehe ein Privileg für die Staatsanwaltschaft, verkennt die Rechtslage. Wo das Gericht die volle Überzeugung von der Schuld hat, kann die Verurteilung zwar auf unrichtiger Würdigung der Beweise beruhen, ebensowenig aber wie die Verabsäumung der Aufklärungspflicht kann daran ein Irrtum über das Wesen der richterlichen Überzeugung schuld sein.

Berufungsverfahren. Seitdem das RG. durch die Umgestaltung des Verfahrens von 1924 auch in Strafsachen überwiegend Gericht der dritten Instanz geworden ist, gehört zu seinem prozessualen Arbeitsgebiet auch, die Handhabung der Vorschriften über die Berufungsinstanz nachzuprüfen. Viel neuen Stoff zur Auslegung bot hier, neben dem § 325 StPO. über die Verlesungen in der Berufungsinstanz, wohl nur der § 329, der an das nicht genügend entschuldigte Ausbleiben des Angeklagten harte Folgen knüpft. Das RG. hat ihm viel von seiner Schroffheit genommen. Auch an dieser absichtlich strengen Norm sieht es nur ungern das Rechtsmittel und damit vielleicht das Recht in der Sache selbst zerbrechen. Das Ermessen darüber, ob eine Entschuldigung genügend ist, überläßt es, getreu seiner sonstigen Auffassung zu Ermessensfragen, in tatsächlicher Beziehung dem Tatrichter. Um so genauer aber wacht es darüber, daß die Entscheidung auf Grund erschöpfender Prüfung des Sachverhalts ergeht und den Begriff der genügenden Entschuldigung nicht engherzig falsch auslegt. Das Urt. RGSt. 62, 420 stellt richtig, daß es nicht darauf ankommt, ob der Angeklagte sich dem Gericht gegenüber genügend entschuldigt hat, sondern ob er durch den Sachverhalt, der ihn ferngehalten hat, genügend entschuldigt ist. Und RGSt. 61, 175 bezeichnet es als Rechts- und Ehrenpflicht der Berufungsgerichte, auf Möglichkeiten des Entschuldigtseins, die ihm noch nicht bekannt sind, nach der Sachlage aber naheliegen, Bedacht zu nehmen, bevor es ein so einschneidendes Verfahren wie das gemäß § 329 anwendet. Die übrige Judikatur zu § 329 (z. B. RGSt. 59, 277; 61, 278) vervollständigt das Bild. Besondere Beachtung verdient die Entscheidung JW. 1928 S. 417, Nr. 29. Ein Landgericht hatte einen freigesprochenen und in der Hauptverhandlung über die Berufung der Staatsanwaltschaft ohne genügende Entschuldigung ausgebliebenen Angeklagten in seiner Abwesenheit zu Zuchthaus verurteilt. Formell zulässig ist das nach § 329. Das RG. aber hebt auf; es verstoße gegen den Geist der Prozeßordnung, daß die Möglichkeit nicht geprüft sei, nach Vorführung oder Verhaftung des Angeklagten in seiner Anwesenheit zu verhandeln.

Verlesung von Urkunden. Im Gegensatz zum Beweisantragsrecht wird in einer anderen Beziehung die Verfügungsmacht des Gerichts zur Beweisaufnahme ständig verstärkt. Gemeint ist die Verlesung von Urkunden in der Hauptverhandlung. Das Gesetz geht im § 249 von der Freiheit des Urkundenbeweises aus. Aus §§ 250—256 ergibt sich dann aber, daß vielfach Urkunden „nicht verlesen werden dürfen“. Man könnte herauslesen, es sei unter den vom Gesetz für die Nichtverlesbarkeit aufgestellten Voraussetzungen schlechthin unzulässig, den Inhalt von Urkunden durch Verlesen zum Gehör der Verhandlungsteilnehmer zu bringen. Auch das RG. ist von solcher Auffassung oft nicht frei gewesen. Immer deutlicher aber tritt hervor, daß es dem Gesetz nicht an sich um eine Beschränkung des Urkundenbeweises, der vielmehr die zuverlässigste Art der Beweisführung darstellt, sondern nur um den Grundsatz der Mündlichkeit und Unmittelbarkeit der Beweisführung zu tun sein kann. Dieser Grundsatz steckt im § 250 StPO. Soweit der Richter sich bei seinem Urteil auf die eigenen Wahrnehmungen bestimmter Personen stützen will, muß er sie selbst hören und darf den Inhalt ihrer Wahrnehmungen regelmäßig nicht aus Urkunden entnehmen. Davon gibt es in den §§ 251, 253, 254, 256 Ausnahmen. Wo diese nicht durchgreifen, bleibt der Zwang, die Auskunftspersonen unmittelbar zu hören. Darin liegt aber eben nur das Verbot, für Wahrnehmungen der Auskunftspersonen den Beweis mittelbar zu führen. Wo es sich um andere Beweistatsachen handelt, insbesondere darum, ob eine gewisse Urkunde existiert und was darinsteht, darf sie auch insoweit verlesen werden, als sie Wahrnehmungen von Personen wiedergibt. Das ist ja gerade unmittelbare Beweisführung in bester Form. Eingeschränkt ist hiernach nicht sowohl die Verlesbarkeit gewisser Urkunden als vielmehr die Verwertbarkeit ihres Inhalts zum Urkundenbeweise.

Außer durch Verwertung zum eigentlichen Urkundenbeweise oder, wie man sagt, durch „förmliche Verlesung“, können Urkunden in der Hauptverhandlung auch noch in anderer Weise benutzt werden. Der Vorsitzende, der bei den Vernehmungen selbstverständlich von seiner Aktenkenntnis auszugehen hat und dafür sorgen muß, daß nichts Wesentliches unerörtert bleibt, darf den Auskunftspersonen den Inhalt der Urkunden vorhalten und sie nach dessen Richtigkeit befragen. Die zuverlässigste und daher auf jeden Fall zulässige Art des Vorhalts ist das wörtliche Vorlesen. Bestätigt die Auskunftsperson den Inhalt der Urkunde, so darf er festgestellt werden. Das geschieht dann aber nicht durch Urkundenbeweisführung, sondern auf Grund der mündlichen Bestätigung durch die Auskunftsperson, also unter Wahrung der Mündlichkeit und Unmittelbarkeit. Rückt die Auskunftsperson von dem Inhalt der Urkunde ab, so darf aus dieser nichts festgestellt werden, was von der mündlichen Erklärung abweicht. Erst solche Feststellung wäre eine Beweisführung auf Grund von Urkunden, wie sie die Prozeßordnung nicht haben will. Es bleibt dann nichts anderes übrig als die förmliche Verlesung, soweit der Inhalt der Urkunde nach den §§ 250ff. „verlesen", d. h. im Wege des Urkundenbeweises verwertet werden darf. Sonst muß die Verlesung oder doch die Verwertung des Inhalts der Urkunde unterbleiben. — Das ist, kurz zusammengefaßt, der jetzige Stand der Rspr. über die Verwertbarkeit von Urkunden zum Beweise. Ganz fest und einheitlich ist sie freilich noch nicht. Die Entwicklung ist, wie man deutlich fühlt, noch im Gange; bezeichnend für sie: RGSt. 52, 243; 54, 13; 59, 144; 60, 169; 61, 9 und besonders 61, 72.

Nur selten wird hiernach eine Revision noch wirksam darauf gestützt werden können, daß eine Verlesung geschehen oder unterblieben ist. Zum Beweise der Verlesung muß noch der Beweis der unzulässigen Verwertung kommen, und dieser ist um so schwerer zu erbringen, als seit RGSt. 38, 254 (entgegen 31, 407) die Angabe des Zweckes der Verlesung nicht mehr verlangt wird. Umgekehrt schließt das Unterbleiben der förmlichen Verlesung einer im Urteil verwerteten Urkunde meist nicht aus, daß die Verwertung im Wege des zulässigen Vorhalts geschehen ist. Das Sitzungsprotokoll braucht über Vorhalte nichts auszusagen. Als unzulässig erweist sich die Verwertung von Urkunden, die nicht förmlich verlesen sind, eigentlich nur dann, wenn niemand vernommen ist, der ihren Inhalt vernünftigerweise hätte bestätigen können (Beispiel: JW. 1928 S. 1939 Nr. 11).

Dieser Rechtszustand ist zwar verwickelt, läßt aber weder die große Linie noch Folgerichtigkeit vermissen. Regelwidrig dagegen ist es, daß das RG. neben der förmlichen Verlesung und dem Vorhalt nebst glaubhafter Bestätigung häufig noch eine dritte Möglichkeit der Urkundenverwertung anerkannt hat, die unwiderlegte „Konstatierung" durch den Vorsitzenden (RGSt. 3 S. 141, 161, 282; 26, 32; 35, 198). Damit wird in die Beweisaufnahme etwas Fremdes hineingetragen. Der Richter hat sich den Beweis vorführen zu lassen, ist aber nicht selbst Beweisquelle. Die Konstatierung aus Urkunden ist denn auch durchaus nicht einheitlich gebilligt worden. Die Urt. RGSt. 2, 408; 25, 125 sind ausdrücklich dagegen, und auch das erwähnte Urt. JW. 1928 S. 1939 hätte vom Standpunkt der Konstatierungstheorie aus wohl anders ausfallen müssen.

Ganz in die übrige Rspr. paßt es dagegen, daß die Protokolle über die

Vernehmungen von Zeugen, die erst in der Hauptverhandlung ihr Zeugnis berechtigterweise verweigert haben, über den Wortlaut des § 252 StPO. hinaus nicht nur nicht verlesen, sondern auch sonst in keiner Weise benutzt werden dürfen, auch nicht zum Vorhalt oder zur Einsichtgewährung (RGSt. 15, 100; 39, 433; 51, 121). Förmlich verlesbar, d. h. mit Beziehung auf die bezeugten Tatsachen verwertbar, würden sie ja sowieso nicht sein. Das Verlesungsverbot muß also mehr besagen sollen, als es nach dem Wortlaut scheint, nämlich die strikte Untersagung jedweder Verwertung. Nur so erfüllt § 252 den klaren Zweck des Gesetzes. Wohl vereinbar damit ist die trotz aller Angriffe stets festgehaltene Ansicht, daß der Vorgang der früheren Vernehmung eines Zeugen, der in der Hauptverhandlung mit Recht die Auskunft abgelehnt, zum Gegenstand des Zeugenbeweises gemacht werden darf (RGSt. 5, 142; 48, 246 u. v. a.).

Schwurgerichte. Was das RG. für den Ausbau des alten schwurgerichtlichen Verfahrens getan, wie weit es hier die Wissenschaft überflügelt hat, das ist gerade von dieser rühmend anerkannt worden. Für die Gegenwart hat alle diese Arbeit keine Bedeutung mehr.

Gerichtsverfassungsgesetz. Lebendig ist dagegen die Rspr. zum GVG. Nicht recht erfreulich sind ihre Ergebnisse zu den Vorschriften über die Öffentlichkeit des Verfahrens. Dem RG. kann man da keinen Vorwurf machen. Das Gesetz selbst erhebt die Verstöße gegen die ohnehin starren Vorschriften zu unbedingten Revisionsgründen. Dazu tritt die formale Beweiskraft des Sitzungsprotokolls. Das alles vereinigt sich zu einem Strom von Formalismus. Hier nur das Hauptbeispiel: Nach § 174 GVG. muß über den Ausschluß der Öffentlichkeit verhandelt werden. Geht aus dem Protokoll nicht hervor, daß wirklich alle Beteiligten Gelegenheit gehabt haben, sich zu äußern, so ist der Verstoß bewiesen und das Urteil rettungslos der Aufhebung verfallen, mag der Verstoß auch auf den Sachausgang offensichtlich ohne Einfluß geblieben sein. Schon eines der frühesten Urteile (RGSt. 1, 50) hat hier ein Warnungssignal gegeben. Es ist seitdem häufig wiederholt worden, allein in der Sammlung wohl zehnmal, zuletzt im 57. Bande gleich zweifach (S. 26 und 264). Trotzdem sieht das RG. den alten Verstoß auch jetzt noch von Zeit zu Zeit, und immer ungern.

Vollkommen durchgesetzt hat es sich dagegen auf dem Gebiet der ordnungsmäßigen Besetzung der Landgerichte und der Schwurgerichte. Hier berührt die Aufhebung meist ja nicht nur eine bestimmte Sache, sondern sie behaftet zahlreiche andere Urteile mit dem Makel desselben gesetzwidrigen Zustandekommens. Hier werden die Anforderungen und Winke der Rspr. daher besonders sorgfältig beachtet, und bezeichnenderweise sind Aufhebungen jetzt verhältnismäßig viel seltener als in der älteren Zeit. Die Zahl der Urteile zu § 59ff. GVG. ist nicht sehr groß, aber diese Rspr. ist vom RG. mit großer Sorgfalt geradezu gepflegt worden. Ein Muster dafür aus neuester Zeit ist RGSt. 62, 366. Die allgemeinen und ständig beibehaltenen Richtlinien hat schon RGSt. 1, 238 gewiesen. Es gilt hier im letzten Grunde stets die Unabhängigkeit der Gerichte zu wahren. Was das Gesetz zu deren Schutz gewährt hat, wird bis zum Letzten festgehalten. Die Folgen einer Aufhebung werden für die unteren Gerichte, für die Justizverwaltungen und auch für die einzelnen beteiligten Richter oft lästig gewesen sein. Das RG. hat sich dadurch nicht beirren lassen um des höheren Zweckes willen.

Die Wahrung der richterlichen Unabhängigkeit hat es auch dort als ausschlaggebendes Interesse erkannt, wo von der Revision ein unzulässiges Verfahren bei der Abstimmung behauptet wird, ohne daß darüber nach außen hin im Urteil selbst (vgl. RGSt. 60, 295) etwas erkennbar geworden ist. Hier würde ein sachliches Eingehen auf die Revisionsbehauptung nicht möglich sein, ohne daß in das Beratungsgeheimnis (§ 198 GVG.) eingedrungen würde. Bekanntgeworden ist RGSt. 61, 217. Mit großer Bestimmtheit weist hier das RG., übrigens auf einer Linie mit früheren Urteilen, jeden derartigen Versuch, da er an der richterlichen Unabhängigkeit rüttele, als von vornherein unzulässig zurück.

Die Wanderung durch die Rechtsprechung des RG. in Strafsachen ist beendet. Vieles und Bedeutsames mußte unbeachtet am Wege liegenbleiben. Wer aufmerksam mitgewandert ist, wird dennoch ein einprägsames Bild gewonnen haben können vom RG. als Wahrer des Rechts und Mehrer der Wissenschaft vom Recht. Ein schöner Zufall zeigte uns beim letzten Blick das RG. auf der Wacht für das höchste Gut der Rechtspflege, die Unabhängigkeit des Richters. Freudig genießen wir die Aussicht, die sich uns am Ende des Weges bietet: das RG. an der Erfüllung der neuen und großen Aufgaben, die ihm vielleicht schon die nahe Zukunft bringt.

Dr. Schneidewin.

Phot. Teggeselle, Leipzig

Vorderansicht (Auffahrt)

Anlage I.

A. Mitglieder des Reichsoberhandelsgerichts.

Name	Staats-angehörigkeit	Beim Reichsoberhandelsgericht Eintritt	Austritt
A. Präsident:			
1. Dr. **Pape**	Preuße	1870 1. 7.	1879 30. 9. Übernahme des Vorsitzes der Kommission zur Ausarbeitung des Entwurfes eines Bürgerlichen Gesetzbuchs
B. Vizepräsidenten:			
1. Dr. **Drechsler**	Hanseate	1870 1. 7.	zum Reichsgericht übergetreten, vgl. B 1 des Verzeichnisses
2. Dr. **Hocheder**	Bayer	1874 1. 3.	zum Reichsgericht übergetreten, vgl. B 3 des Verzeichnisses
C. Räte:			
1. Dr. **Ponath**	Sachse	1870 1. 7.	1879 30. 9. in den Ruhestand
2. Dr. **Kosmann**	Preuße	1870 1. 7.	1874 1. 4. in den Ruhestand
3. Dr. **Schmitz**	Preuße	1870 1. 7.	1875 17. 11. †
4. Dr. **Gallenkamp**	Preuße	1870 1. 7.	zum Reichsgericht übergetreten, vgl. C 5 des Verzeichnisses
5. Dr. **Hoffmann**	Preuße	1870 1. 7.	zum Reichsgericht übergetreten, vgl. C 11 des Verzeichnisses
6. Dr. **Fleischauer**	Preuße	1870 1. 7.	zum Reichsgericht übergetreten, vgl. B 8 des Verzeichnisses
7. Dr. **Schliemann**	Mecklenburger	1870 1. 7.	1872 19. 1. †
8. Dr. **Boisselier**	Hanseate	1870 1. 7.	zum Reichsgericht übergetreten, vgl. C 15 des Verzeichnisses
9. Dr. **Goldschmidt**	Preuße	1870 1. 7.	1875 1. 9. behufs Übernahme eines Lehrstuhles an der Universität Berlin
10. Dr. **Voigt**	Hanseate	1870 1. 7.	1879 30. 9. in den Ruhestand
11. Dr. **von Vangerow**	Preuße	1870 1. 7.	zum Reichsgericht übergetreten, vgl. C 2 des Verzeichnisses
12. Dr. **Werner**, Karl Friedrich	Sachse	1870 1. 7.	1877 31. 8. †
13. Dr. **Barth**	Bayer	1871 1. 8.	1879 30. 9. in den Ruhestand
14. Dr. **Wernz**	Bayer	1871 1. 8.	zum Reichsgericht übergetreten, vgl. B 11 des Verzeichnisses
15. Dr. **Puchel**	Badener	1871 1. 8.	zum Reichsgericht übergetreten, vgl. C 25 des Verzeichnisses
16. Dr. **Römer**	Württemberger	1871 1. 8.	1879 30. 9. in den Ruhestand

Name	Staatsangehörigkeit	Beim Reichsoberhandelsgericht	
		Eintritt	Austritt
17. **Dr. von Hahn**	Thüringische Staaten	1872 1. 5.	zum Reichsgericht übergetreten, vgl. B 14 des Verzeichnisses
18. **Mohrmann,** Friedrich Wilhelm Heinrich	Hesse	1873 1. 1.	1879 30. 9. in den Ruhestand
19. **Langerhans**	Preuße	1874 1. 3.	zum Reichsgericht übergetreten, vgl. C 29 des Verzeichnisses
20. **Dr. Wiener**	Preuße	1874 1. 4.	zum Reichsgericht übergetreten, vgl. B 15 des Verzeichnisses
21. **Krüger**	Preuße	1874 1. 7.	zum Reichsgericht übergetreten, vgl. C 36 des Verzeichnisses
22. **Schilling**	Sachse	1875 1. 4.	1879 27. 5. †
23. **Buff**	Hesse	1875 1. 4.	zum Reichsgericht übergetreten, vgl. C 40 des Verzeichnisses
24. **Dr. v. Meibom**	Preuße	1875 1. 9.	zum Reichsgericht übergetreten, vgl. C 41 des Verzeichnisses
25. **Dr. Dreyer**	Elsaß-Lothringer	1876 1. 3.	zum Reichsgericht übergetreten, vgl. C 43 des Verzeichnisses
26. **Dr. Hambrook**	Preuße	1877 1. 9.	zum Reichsgericht übergetreten, vgl. C 49 des Verzeichnisses
27. **Wittmaack**	Preuße	1877 2. 9.	zum Reichsgericht übergetreten, vgl. C 50 des Verzeichnisses
28. **Maßmann**	Mecklenburger	1877 3. 9.	zum Reichsgericht übergetreten, vgl. B 24 des Verzeichnisses
29. **Hullmann**	Oldenburger	1878 1. 1.	zum Reichsgericht übergetreten, vgl. C 34 des Verzeichnisses

---

B. Mitglieder des Reichsgerichts.

A. Reichsgerichtspräsidenten:

Zu- und Vorname	Geburtsort, Jahr und Tag der Geburt	Staatsangehörigkeit	Tag der ersten Vereidigung Frühere Dienstverhältnisse	Beim Reichsgericht	
				Eintritt	Austritt
1. **Dr. von Simson,** Eduard	Königsberg i. Pr. 1810 10. 11.	Preuße	1833 10. 4. a. o. Professor, 1834 Hilfsarbeiter, dann Rat beim ostpreuß. Tribunal, 1860 Vizepräs. am AppG. Frankfurt a. O., 1869 Präs. am AppG., 1879 1. 10. WirklGR.	1879 1. 10.	1891 1. 2. in den Ruhestand, 1899 2. 5. †

Zu- und Vorname	Geburtsort, Jahr und Tag der Geburt	Staatsangehörigkeit	Tag der ersten Vereidigung Frühere Dienstverhältnisse	Beim Reichsgericht Eintritt	Beim Reichsgericht Austritt
2. **Dr. von Öhlschläger,** Otto Karl	Heiligenwalde bei Christburg 1831 16. 5.	Preuße	1853 11. 5., 1859 Staatsanwaltschaftsgehilfe, 1864 StA., 1874 vortr. Rat im JustMin., 1879 Generalauditeur, 1884 KGPräs., 1889 Staatssekretär im RJA., WirklGR.	1891 1. 2.	1903 1. 11. in den Ruhestand 1904 14. 1. †
3. **Dr. Gutbrod,** Karl Konrad	Stuttgart 1844 10. 3.	Württemberger	1868 5. 1., 1876 Kreisrichter, 1877 RegR. und ständiger Hilfsarbeiter im RJA., 1880 Vortr. Rat, 1892 Direktor im RJA., WirklGR.	1903 1. 11.	1905 17. 4. †
4. **Dr. Freiherr von Seckendorff,** Rudolf Daniel August Hubert	Köln 1844 22. 11.	Preuße	1865 8. 11., 1872 Staatsprokurator in den Reichslanden Elsaß-Lothringen in Metz, 1879 RegR. im RJA., 1883 GRegR., 1885 Vortr. Rat im RJA. u. Mitgl. d. Patentamts, 1890 GORegR., 1899 Unterstaatssekretär im preuß. StaatsMin., 1905 WirklGR.	1905 1. 6.	1920 1. 1. in den Ruhestand
5. **Delbrück,** Heinrich Ludwig	Berlin 1855 16. 7.	Preuße	1877 13. 6., 1883 Amtsrichter, 1888 Landrichter, 1896 LGR., 1898 KGR., 1899 GRegR. u. Vortr. Rat im RJA., 1903 GORegR., 1913 Direktor im RJA., 1917 Unterstaatssekretär im RJA.	1920 1. 1.	1922 3. 7. †
6. **Prof. D. Dr. Simons,** Walter	Elberfeld 1861 24. 9.	Preuße	1883 15. 10., 1893 Amtsrichter, 1897 Landrichter, 1903 LGR., 1905 OLGR., 1905 Hilfsarb. im RJA., 1907 GRegR. u. Vortr. Rat im RJA., 1910 GORegR., 1911 GLegR. und Vortr. Rat im Ausw. Amt, 1917 Wirkl. LegR., 1918 Direktor der Rechtsabtlg. im Ausw. Amt, 1919 in d. einstw. Ruhestand, 1920 bis 1921 Reichsminister des Auswärtigen, 11. 3. bis 11. 5. 1925 Vertreter des Reichspräsidenten	1922 16. 10.	1929 1. 4. in den Ruhestand
7. **Dr. Dr. Bumke,** Erwin Konrad Eduard	Stolp 1874 7. 7.	Preuße	1896 22. 6., 1905 Landrichter, 1907 Hilfsarb. im RJA., 1909 GRegR. und Vortr. Rat im RJA., 1912 GORegR., 1920 Ministerialdirektor im RJM.	1929 1. 4.	

B. Senatspräsidenten:

Zu- und Vorname	Geburtsort, Jahr und Tag der Geburt	Staatsangehörigkeit	Tag der ersten Vereidigung Frühere Dienstverhältnisse	Beim Reichsgericht Eintritt	Austritt
1. **Dr. Drechsler,** Karl August Eduard	Stavenhagen i. Mecklenb. 1821 14. 3.	Hanseate	1844 3. 12., 1844 Advokat, 1850 Senator, 1851 Bürgermeister, 1864 Rat beim OAppG. in Lübeck, 1870 I. Vizepräs. des Bundes-, späteren ROHG.	1879 1. 10. 1894 WirklGR.	1897 10. 8. †
2. **Dr. Henrici,** Paul Christian	Augustenburg auf Alsen 1816 18. 4.	Preuße	1838 1. 10., 1848 Polizeimeister, 1849 Rat im holst. Obergericht, 1864 Präs. der Herzogl. Bundesregierung in Kiel, 1865 Direktor der holst. Oberdikasterien, 1867 Rat beim OAppG. in Berlin, 1872 Vizepräs. bei demselben, später mit dem Obertribunal vereinigten Gerichtshofe	1879 1. 10. 1888 WirklGR.	1891 1. 10. in den Ruhestand, †
3. **Dr. Hocheder,** Karl	Aschaffenburg 1825 22. 8.	Bayer	1847 28. 10., 1855 Assessor, 1865 II. StA. beim AppG., 1867 Rat beim AppG., 1871 OStA. beim OAppG., 1872 MinR. im bayr. JustMin., 1874 II. Vizepräs. des ROHG.	1879 1. 10.	1891 1. 1. in den Ruhestand, 1913 5. 2. †
4. **Ukert,** August	Gotha 1811 15. 12.	Preuße	1833 9. 4., 1845 Land- und Stadtgerichtsdirektor, 1850 Kreisgerichtsdirektor, 1852 AppGR., 1869 Vizepräs. des AppG., 1874 I. Präs. des AppG.	1879 1. 10.	1884 1. 7. in den Ruhestand, †
5. **Drenkmann,** Edwin	Oppeln 1826 6. 6.	Preuße	1846 16. 10., 1857 II., 1860 I. StA., 1865 AppGR., 1869 KGR., 1872 Obertribunalsrat, 1874 Vizepräs. beim AppG., 1876 I. Präs. des AppG.	1879 1. 10.	1889 16. 4. als Präsident des RG., 1904 8. 5. †
6. **Dr. von Beyerle,** Anton	Weil, die Stadt, Oberamt Leonberg 1824 20. 2.	Württemberger	1847 25. 1., 1852 Oberjustizassessor, 1857 Oberjustizrat, 1863 Assessor bei dem Obertribunal, 1865 Rat das., 1874 Obertribunalsvizedirektor, 1878 Obertribunalsdirektor	1879 1. 10.	1886 14. 3. †
7. **Dr. Bingner,** Adrian	Karlsruhe 1830 26. 9.	Badener	1853 3. 1., 1861 Amtsrichter, 1862 Rechtsreferent bei der Bad. Direktion der Verkehrsanstalten, 1864 StA., 1875 MinR. im JustMin.	1879 1. 10., 1899 WirklGR.	1902 8. 5. †

Zu- und Vorname	Geburtsort, Jahr und Tag der Geburt	Staatsangehörigkeit	Tag der ersten Vereidigung Frühere Dienstverhältnisse	Beim Reichsgericht Eintritt	Beim Reichsgericht Austritt
8. **Dr. Fleischauer,** Gustav Ludwig August	Berlin 1819 26. 11.	Preuße	1841 1. 4., 1845 Obergerichtsassessor, 1850 Kreisrichter, 1858 AppGR., 1870 ROHGR.	1879 1. 10. als Rat, 1884 1. 4. als Senatspräsident	1891 9. 4. †
9. **Friedrich,** Wilhelm Richard	Zahna 1816 19. 5.	Preuße	1838 24. 8., 1845 Obergerichtsassessor, 1850 Kreisrichter, 1858 AppGR., 1864 KGR., 1867 OAppGR., Obertribunalsrat	1879 1. 10. als Rat, 1884 1. 7. als Senatspräsident	1891 1. 10. in den Ruhestand, 1898 16. 5. †
10. **Dr. von Wolff,** Harald Artur Wolf	Düben 1824 10. 1.	Preuße	1845 24. 11., 1854 Staatsanwaltsgehilfe, 1856 StA., 1866 OStA., 1869 OStA. bei dem Obertribunal, 1879 Reichsanwalt	1886 1. 5., 1895 WirklGR.	1897 1. 10. in den Ruhestand, 1900 8. 7. †
11. **Dr. Wernz,** Johann	Rehhütte bei Speyer 1819 5. 2.	Bayer	1843 2. 12., 1854 II., 1856 I. Staatsprokurator, 1858 Präs. des Bezirksgerichts, 1865 Rat beim obersten Gerichtshof in München, 1871 ROHGR.	1879 1. 10. als Rat, 1886 15. 7. als Senatspräsident	1892 1. 1. in den Ruhestand, 1895 21. 11. †
12. **Dr. Loewe,** Ewald Karl August Erdmann	Militsch 1837 8. 1.	Preuße	1856 29. 3., 1864 Kreisrichter, 1866 StA., 1872 AppGR., 1879 KGR., 1880 Vortr. Rat im preußischen JustMin.	1889 1. 7.	1896 1. 1. †
13. **Dr. Peterßen,** George Rudolf	Osnabrück 1826 25. 3.	Preuße	1850 22. 2., 1853 Gerichtsassessor, 1859 Amtsgerichtsassessor, 1860 Obergerichtsassessor, 1865 Obergerichtsrat, 1868 Rat beim OAppG., demnächst beim Obertribunal	1879 1. 10. als Rat, 1891 1. 1. als Senatspräsident, 1900 WirklGR.	1902 1. 7. in den Ruhestand, 1903 27. 2. †
14. **Dr. von Hahn,** Georg Friedrich	Homburg v. d. H. 1823 7. 6.	Thüringische Staaten, Sachsen-Weimar	1847 4. 1., 1850 a. o. Prof., 1862 o. Prof., OAppGR. in Jena, 1872 ROHGR.	1879 1. 10. als Rat, 1891 1. 10. als Senatspräsident	1893 1. 1. in den Ruhestand, 1897 3. 3. †
15. **Dr. Wiener,** Heinrich	Glogau 1834 12. 10.	Preuße	1854 6. 11., 1862 Staatsanwaltsgehilfe, 1866 II. StA., 1867 Rechtsanwalt und Notar, 1874 ROHGR.	1879 1. 10. als Rat, 1891 1. 10. als Senatspräsident	1896 1. 10. in den Ruhestand, 1897 7. 11. †

Zu- und Vorname	Geburtsort, Jahr und Tag der Geburt	Staatsangehörigkeit	Tag der ersten Vereidigung Frühere Dienstverhältnisse	Beim Reichsgericht Eintritt	Austritt
16. **Dr. Dähnhardt,** Johannes Karl Heinrich	Garding in Schleswig-Holstein 1836 8. 3.	Preuße	1860 23. 1., 1865 ordentl. Mitgl. beim holst. Obergericht, 1867 AppGR., 1876 Obertribunalsrat	1879 1. 10. als Rat, 1891 1. 10. als Senatspräsident	1902 21. 1. †
17. **Dr. von Bomhard,** Ernst	Waischenfeld in Bayern 1833 15. 2.	Bayer	1854 23. 10., 1864 II. StA., 1870 Rat beim Bezirksgericht, 1871 I. StA., 1877 AppGR., 1879 Rat beim OLG., 1880 Rat beim Obersten Landesgericht München	1881 1. 12. als Rat, 1892 1. 1. als Senatspräsident	1902 1. 4. in den Ruhestand, 1912 2. 12. †
18. **Dr. Freiesleben,** Georg Otto	Dresden 1839 6. 2.	Sachse	1863 2. 1., 1870 Hilfsarb. beim AppG., 1872 Gerichtsrat, 1873 AppGR., 1879 LGPräs.	1881 1. 1. als Rat, 1893 1. 1. als Senatspräsident, 1906 WirklGR.	1906 1. 4. in den Ruhestand, 1919 25. 4. †
19. **Dr. Loewenstein,** Otto	Frankfurt a. O. 1833 9. 10.	Preuße	1853 21. 4., 1861 Kreisrichter, 1872 AppGR., 1879 LGPräs.	1884 1. 4. als Rat, 1896 1. 5. als Senatspräsident, 1905 WirklGR.	1907 1. 6. in den Ruhestand, 1909 11. 9. †
20. **Dr. Kayser,** Paul	Oels i. Schlesien 1845 9. 8.	Preuße	1868 3. 4., 1875 Stadtrichter, 1879 Landrichter, 1880 RegR. und Ständiger Hilfsarb. im RJA., 1884 GRegR. im RVersA., 1885 Vortr. Rat im AuswA., 1890 Dirig. der Kolonialabteil., 1894 Ministerialdirektor	1896 1. 11.	1898 13. 2. †
21. **Dr. Bolze,** Friedrich Wilhelm Albert	Bernburg 1834 13. 1.	Anhaltiner	1853 12. 11., 1857 Rechtsanwalt, 1873 OLGR.	1879 1. 10. als Rat, 1897 1. 12. als Senatspräsident	1906 16. 9. in den Ruhestand, 1912 28. 6. †
22. **Treplin,** Ludwig Wilhelm Karl Hermann	Genthin 1834 23. 10.	Preuße	1856 21. 5., 1866 Staatsanwaltsgeh., 1867 StA., 1869 II. StA. beim KG., 1870 Kronanwalt, 1879 I. StA., 1885 Reichsanwalt	1897 1. 12. 1907 WirklGR.	1908 1. 1. in den Ruhestand, 1924 2. 9. †

Zu- und Vorname	Geburtsort, Jahr und Tag der Geburt	Staatsangehörigkeit	Tag der ersten Vereidigung Frühere Dienstverhältnisse	Beim Reichsgericht Eintritt	Beim Reichsgericht Austritt
23. **Dr. Freiherr von Bülow,** Karl Friedrich Julius	Stade 1834 13. 4.	Preuße	1856 16. 12., 1863 Amtsrichter, 1868 Obergerichtsassessor, 1869 Obergerichtsrat, 1875 Vortr. Rat im JustMin., 1880 LGPräs.	1884 1. 7. als Rat, 1898 1. 6. als Senatspräsident, 1908 WirklGR.	1909 1. 11. in den Ruhestand, 1910 2. 1. †
24. **Dr. Maßmann,** Wilhelm Leberecht Fürchtegott	Wismar 1837 15. 9.	Mecklenburger	1860 13. 11., 1864 Verwalter des Stadtgerichts zu Malchin, 1870 WirklJR. in der Justizkanzlei zu Schwerin, 1872 vortr. Rat im JustMin. (MinR.), 1877 ROHGR.	1879 1. 10. als Rat, 1899 1. 5. als Senatspräsident, 1907 WirklGR.	1907 1. 6. in den Ruhestand, 1916 30. 7. †
25. **von Buchwald,** Adolf August Hermann	Lehsen b. Wittenburg i. Mecklenburg-Schwerin 1845 9. 10.	Mecklenburger	1869 10. 6., 1874 Hilfsarb. bei der Justizkanzlei in Schwerin, 1875 Rat bei der Justizkanzlei in Güstrow, 1879 LGDirektor	1888 24. 3. als Rat, 1902 1. 2. als Senatspräsident, 1912 WirklGR.	1912 1. 7. in den Ruhestand, 1913 9. 1. †
26. **Neiße,** Max Gustav	Dresden 1839 22. 6.	Sachse	1863 1. 2., 1869 Bezirksgerichtsassessor, 1871 Hilfsarbeiter beim AppG. 1873 AppGR., 1879 OLGR.	1886 1. 5. als Rat, 1902 1. 4. als Senatspräsident	1906 20. 6. †
27. **Dr. Förtsch,** Karl Wilhelm Richard	Naumburg a. d. Saale 1837 23. 10.	Elsaß-Lothringer	1858 28. 9., 1867 Kreisrichter (in Preußen), 1871 LGR. (in Elsaß-Lothr.), 1877 Kammerpräs. bei dem LG., 1879 LGDirektor, 1881 OLGR., 1889 MinR. im Min. f. Elsaß-Lothringen	1890 1. 1. als Rat, 1902 31. 5. als Senatspräsident, 1910 WirklGR.	1910 1. 7. in den Ruhestand, 1916 23. 10. †
28. **Winchenbach,** Heinrich Hermann Friedrich	Xanten (Rheinprovinz) 1837 5. 7.	Preuße	1858 13. 11., 1867 Kreisrichter, 1874 Kreisgerichtsrat, 1879 LGR., 1884 OLGR.	1891 1. 10. als Rat, 1902 1. 7. als Senatspräsident, 1910 WirklGR.	1910 1. 2. in den Ruhestand, 1929 19. 4. †

Zu- und Vorname	Geburtsort, Jahr und Tag der Geburt	Staatsangehörigkeit	Tag der ersten Vereidigung Frühere Dienstverhältnisse	Beim Reichsgericht Eintritt	Austritt
29. **Dr. Kaufmann,** Gustav Wilhelm Ludwig	Erfurt 1842 24. 8.	Preuße	1864 30. 4., 1870 Gerichtsassessor, 1874 Kreisrichter, 1879 Landrichter, 1889 OLGR.	1893 1. 10. als Rat, 1906 1. 4. als Senatspräsident	1912 1. 6. in den Ruhestand, 1919 9. 10. †
30. **Dr. Menge,** Johann Friedrich Hermann	Lübbecke (Westf.) 1845 7. 10.	Preuße	1868 7. 10., 1873 Gerichtsassessor, 1876 Staatsanwaltsgehilfe, 1879 StA., 1889 Rang der Räte IV. Kl. 1890 KGR., 1892 Reichsanwalt	1906 17. 4, 1916 WirklGR.	1918 1. 11. in den Ruhestand, 1920 14. 1. †
31. **Dr. Planck,** Hugo Wilhelm Sigmund Allwill	Greifswald 1846 29. 9.	Preuße	1868 7. 8., 1873 Gerichtsassessor, 1874 Kreisrichter, 1879 Landrichter, 1886 OLGR., 1890 GJR. und Vortr. Rat im JustMin.	1893 1. 10. als Rat, 1906 16. 9. als Senatspräsident, 1916 WirklGR.	1922 1. 10. in den Ruhestand, 1922 22. 11. †
32. **Dr. Reichardt,** Julius Friedrich	Altenburg 1850 14. 5.	Thüringische Staaten (Sachsen-Altenburg)	1873 6. 1., 1875 Notar, 1877 AppGSekr., 1879 Gerichtsassessor, 1882 Landrichter, 1889 OLGR.	1893 1. 4. als Rat, 1906 1. 10. als Senatspräsident, 1916 WirklGR.	1919 1. 4. in den Ruhestand
33. **Dr. Jeß,** Karl Johannes Hermann	Schaedtbeck bei Kiel 1843 14. 1.	Preuße	1866 4. 5., 1867 Gerichtsassessor, 1872 Amtsrichter, 1875 Obergerichtsassessor, 1879 Landrichter, 1888 LGR., 1889 OLGR.	1895 1. 4. als Rat, 1907 1. 6. als Senatspräsident, 1917 WirklGR.	1918 1. 10. in den Ruhestand, 1925 10. 2. †
34. **von Hassel,** Karl Georg Christian	Stade 1841 7. 1.	Preuße	1862 10. 12., 1867 Gerichtsassessor, 1869 Amtsrichter, 1874 Substitut des Kronanwalts, 1875 Obergerichtsassessor, 1878 Substitut des Kronenoberanwalts u. Obergerichtsrat, 1879 LGR., 1888 OLGR.	1896 1. 5. als Rat, 1907 1. 6. als Senatspräsident, 1917 WirklGR.	1919 1. 7. in den Ruhestand, 1925 13. 12. †
35. **Dr. von Olshausen,** Philipp Justus	Kiel 1844 10. 4.	Preuße	1866 6. 6., 1873 Staatsanwaltsgeh., 1875 Obergerichtsassessor und Substitut des Kronanwalts, 1878 Kreisrichter, 1879 Landrichter, 1885 LGDirektor, 1887 KGR.	1890 15. 9. als Rat, 1908 1. 1. als Senatspräsident, 1909 WirklGR.	1899 16. 6. als Oberreichsanw. 1910 1. 11. in d. Ruhestand, 1924 14. 3. †

Zu- und Vorname	Geburtsort, Jahr und Tag der Geburt	Staats-angehörigkeit	Tag der ersten Vereidigung Frühere Dienstverhältnisse	Beim Reichsgericht Eintritt	Austritt
36. **von Kolb,** Karl Christian	Ebermannstadt (Oberfranken) 1848 17. 3.	Bayer	1872 21. 3., 1879 Amtsrichter, 1883 II. StA., 1888 LGR., 1895 StA., 1897 StA. b. OLG.	1898 1. 1. als Rat, 1909 6. 11. als Senatspräsident	1921 1. 4. in den Ruhestand, 1924 5. 4. †
37. **Hoffmann,** Stephan	Bautzen 1845 1. 8.	Sachse	1869 2. 1., 1878 Gerichtsrat, 1879 Amtsrichter, 1880 LGR., 1883 Oberamtsrichter, 1886 LGDirektor, 1889 OLGR.	1895 1. 10. als Rat, 1910 1. 2. als Senatspräsident	1914 1. 4. in den Ruhestand, 1924 3. 7. †
38. **Dr. Meyn,** Eugen Karl Nikolaus Hieronymus	Altona 1849 11. 7.	Preuße	1874 12. 1., 1879 Amtsrichter, 1884 Regierungsassessor und Spezialkommissar, 1886 RegR., 1887 Mitgl. der Generalkommission in Hannover, 1892 Oberlandeskulturgerichtsrat, 1893 Oberverwaltungsgerichtsrat	1896 15. 5. als Rat, 1910 1. 7. als Senatspräsident	1923 1. 7. in den Ruhestand, 1926 12. 10. †
39. **von Pelargus,** Rudolf Oskar Wladimir	Schuscha (Südrußland) 1853 29. 8. (nach deutscher Zeitrechnung: 10. 9. 1853)	Württemberger	1876 20. 4., 1879 Amtsrichter, 1883 Landrichter, 1891 LGR., 1897 OLGR.	1899 24. 10. als Rat, 1910 1. 11. als Senatspräsident	1923 1. 12. in den Ruhestand, 1923 25. 12. †
40. **Dr. von Tischendorf,** Johannes Albert Alexander	Leipzig 1850 3. 6.	Sachse	1875 15. 3., 1881 LGR., 1888 RegR. im RJA., 1890 GRegR., 1897 GORegR., 1907 WGORegR.	1912 1. 6., 1917 WirklGR.	1921 1. 4. in den Ruhestand, 1923 30. 5. †
41. **Dr. Sievers,** Johann Daniel Heinrich	Hildesheim 1848 27. 2.	Hanseate	1870 18. 7., 1876 Rechtsanwalt, 1879 Regierungsanwalt, 1892 OLGR.	1896 1. 10. als Rat, 1912 1. 7. als Senatspräsident	1918 4. 10. †
42. **Predari,** Karl Eduard Cäsar	Weißensee (Reg.-Bez. Erfurt) 1853 29. 12.	Preuße	1873 17. 6., 1878 Kreisrichter, 1879 Amtsrichter, 1886 Landrichter, 1891 LGR., 1894 KGR.	1902 27. 5. als Rat, 1914 1. 4. als Senatspräsident	1923 1. 12. in den Ruhestand
43. **Dr. Struckmann,** Gustav Wilhelm Friedrich Carl	Hannover 1867 12. 12.	Preuße	1888 12. 11., 1898 Amtsrichter, 1902 RegR. u. Ständ. Hilfsarb. im RJA., 1905 GRegR. und Vortr. Rat, 1908 GORegR., 1918 Wirkl. GORegR.	1918 1. 10.	

Zu- und Vorname	Geburtsort, Jahr und Tag der Geburt	Staatsangehörigkeit	Tag der ersten Vereidigung Frühere Dienstverhältnisse	Beim Reichsgericht Eintritt	Beim Reichsgericht Austritt
44. **Dr. Ebermayer,** Ludwig	Nördlingen 1858 15. 4.	Bayer	1879 2. 8., 1884 III. StA., 1884 Amtsrichter, 1890 II. StA., 1894 LGR., 1899 StA. beim OLG.	1902 1. 4. als Rat, 1918 1. 11. als Senatspräsident	1921 1. 4. als Oberreichsanwalt
45. **Dr. Hagens,** Diedrich Alfred	Bremen 1856 15. 2.	Hanseate	1878 15. 2., 1879 Rechtsanwalt, 1885 StA., 1890 Amtsrichter, 1896 OLGR.	1899 1. 5. als Rat, 1919 1. 2. als Senatspräsident	1924 1. 4. in den Ruhestand
46. **Dr. Stoeckel,** Heinrich Leopold Moritz Ernst	Kreuzburg (Oberschlesien) 1856 22. 10.	Preuße	1878 20. 2., 1885 Amtsrichter, 1887 Landrichter, 1895 LGR., 1896 Vortr. Rat im JustMin., 1899 GOJR.	1903 1. 6. als Rat, 1919 1. 4. als Senatspräsident	1924 1. 12. in den Ruhestand
47. **Dr. Koenige,** Heinrich Josef Jakob	Heidelberg 1852 13. 2.	Badener	1874 26. 12., 1879 Amtsrichter, 1886 Oberamtsrichter, 1886 LGR., 1889 RegR., 1899 OLGR.	1904 1. 11. als Rat, 1919 1. 7. als Senatspräsident	1923 4. 11. in den Ruhestand
48. **Dr. Schmidt,** Carl Ludwig Theodor Heinrich	Hungen (Kr. Gießen) 1856 11. 6.	Hesse	1876 13. 6., 1880 Amtsanwalt, 1885 StA., 1892 Landrichter, 1894 LGR., 1896 I. StA., 1897 OStA.	1905 17. 11. als Rat, 1921 1. 4. als Senatspräsident	1924 1. 8. in den Ruhestand, 1927 29. 4. †
49. **Dr. Lobe,** Karl Adolf	Pegau (Sachsen) 1860 15. 8.	Sachse	1884 15. 9., 1892 Landrichter, 1899 LGR., 1902 OLGR., 16. 9. 1910 Hilfsrichter beim Reichsgericht	1912 1. 1. als Rat, 1921 1. 4. als Senatspräsident	1928 1. 4. in den Ruhestand
50. **Richter,** Paul Karl Ferdinand	Dessau (Anhalt) 1856 30. 8.	Preuße	1880 16. 10., 1892 StA., 1900 StARat, 1905 KGR., 1906 Reichsanwalt	1921 1. 4.	1924 1. 10. in den Ruhestand
51. **Dr. Mansfeld,** Max Emil Richard	Wolfenbüttel 1865 29. 11.	Braunschweiger	1888 29. 6., 1894 Amtsanwalt, 1895 Amtsrichter, 1896 Landrichter, 1906 OLGR.	1907 1. 6. als Rat, 1922 1. 10. als Senatspräsident	
52. **Dr. Zimmerle,** Ludwig	Ellwangen 1867 12. 11.	Württemberger	1892 13. 1. 1898 Amtsrichter, 1901 Landrichter, 1909 LGR., 1912 GRegR. und Vortr. Rat im RJA., 1916 GORegR.	1923 1. 7.	1925 3. 12. †

Zu- und Vorname	Geburtsort, Jahr und Tag der Geburt	Staatsangehörigkeit	Tag der ersten Vereidigung Frühere Dienstverhältnisse	Beim Reichsgericht Eintritt	Austritt
53. **Dr. Strecker,** Georg Dietrich Otto	Duderstadt (Eichsfeld) 1862 4. 12.	Preuße	1884 14. 6., 1895 Amtsrichter, 1902 Landrichter, 1904 LGR., 1905 OLGR.	1909 25. 11. als Rat, 1924 1. 5. als Senatspräsident	1929 1. 1. in den Ruhestand
54. **Dr. Meyer,** Wilhelm	Borgholzhausen (Kr. Halle in Westf.) 1860 8. 4.	Preuße	1883 10. 8., 1893 Landrichter, 1903 LGR., 1905 OLGR., 16. 9. 1910 Hilfsrichter beim Reichsgericht	1912 1. 10. als Rat, 1924 1. 5. als Senatspräsident	1928 1. 8. in den Ruhestand
55. **Niedner,** Alexander	Rüdersdorfer Kalkberge b. Berlin 1862 24. 8.	Preuße	1885 31. 7., 1892 Amtsrichter, 1896 Landrichter, 1905 LGR., 1906 OLGR., 1910 KGR.	1913 16. 9. als Rat, 1924 1. 5. als Senatspräsident	1928 1. 2. in den Ruhestand
56. **Dr. Heyer,** Hermann Heinrich Gustav Rudolf	Peiskretscham (Reg.-Bez. Oppeln) 1861 29. 6.	Preuße	1883 6. 6., 1895 Amtsrichter, 1899 Landrichter, 1902 LGR., 1905 OLGR., 1906 GJR. und Vortr. Rat im JustMin.	1910 1. 2. als Rat, 1924 1. 8. als Senatspräsident	1925 17. 10. †
57. **Oegg,** Friedrich Wilhelm Eugen Philipp	Lohr a. M. 1870 8. 5.	Bayer	1892 29. 7., 1898 III. StA., 1899 Amtsrichter, 1901 II. StA., 1904 LGR., 1911 OLGR., 1. 4. 1911 Hilfsrichter beim Reichsgericht	1913 5. 11. als Rat, 1925 1. 3. als Senatspräsident	
58. **Arndts,** Franz Heinrich	Berlin 1864 20. 10.	Preuße	1887 23. 7., 1895 Amtsrichter, 1899 Landrichter, 1906 KGR., 16. 9. 1912 Hilfsrichter beim Reichsgericht	1914 1. 1. als Rat, 1925 4. 12. als Senatspräsident	
59. **Reichert,** Josef Max	Miltenberg 1865 24. 3.	Bayer	1887 31. 10., 1891 III. StA., 1892 Amtsrichter, 1897 II. StA., 1899 Oberamtsrichter, 1904 LGR., 1909 stellv. LGDirektor, 1913 OLGR.	1914 1. 4. als Rat, 1926 15. 1. als Senatspräsident	
60. **Katluhn,** Julius Franz	Insterburg 1865 9. 12.	Preuße	1887 17. 1., 1896 Amtsrichter, 1901 Landrichter, 1906 LGR., 1907 KGR., 16. 9. 1912 Hilfsrichter beim Reichsgericht	1914 1. 4. als Rat, 1926 19. 4. als Senatspräsident	

Zu- und Vorname	Geburtsort, Jahr und Tag der Geburt	Staatsangehörigkeit	Tag der ersten Vereidigung Frühere Dienstverhältnisse	Beim Reichsgericht Eintritt	Beim Reichsgericht Austritt
61. **Dr. Flad,** Friedrich Ferdinand Max Ernst Adolf	Adelsheim 1869 3. 7.	Badener	1891 16. 4., 1897 Amtsrichter, 1899 LGAssessor, 1901 LGR., 1910 OLGR., 16. 9. 1910 Hilfsrichter beim Reichsgericht	1914 1. 4. als Rat, 1927 15. 6. als Senatspräsident	
62. **Lorenz,** Karl Hermann Otto	Berlin 1868 11. 1.	Preuße	1889 28. 3., 1900 Amtsrichter, 1905 Landrichter, 1908 KGR.	1917 1. 11. als Rat, 1928 1. 2. als Senatspräsident	
63. **Mentzel,** Franz Friedrich	Ehrenfeld 1864 30. 10.	Preuße	1887 27. 10., 1898 Amtsrichter, 1902 Landrichter, 1906 LGR., 1908 OLGR.	1917 1. 7. als Rat, 1928 1. 4. als Senatspräsident	
64. **Witt,** Wilhelm Heinrich Karl	Wismar 1869 16. 7.	Meckl.-Schweriner	1892 9. 4., 1900 Amtsrichter, 1903 LGR., 1914 LGDirektor, 1915 OLGR.	1915 18. 10. als Rat, 1928 1. 10. als Senatspräsident	
65. **Dr. David,** Alfons	Speier 1866 13. 6.	Preuße	1888 31. 10., 1901 Amtsrichter, 1906 Landrichter, 1907 LGR., 1909 OLGR.	1918 1. 2. als Rat, 1929 1. 1. als Senatspräsident	

C. Räte.

Zu- und Vorname	Geburtsort, Jahr und Tag der Geburt	Staatsangehörigkeit	Tag der ersten Vereidigung Frühere Dienstverhältnisse	Beim Reichsgericht Eintritt	Beim Reichsgericht Austritt
1. **Dr. von Hahn,** Georg Friedrich			vgl. B 14	1879 1. 10., 1891 1. 10. Senatspräsident	
2. **Dr. von Vangerow,** Karl Julius August	Groß-Wesseln b. Elbing 1809 26. 7.	Preuße	1832 22. 5., 1837 Obergerichtsassessor, 1849 StA., 1850 AppGR., 1864 Obertribunalsrat, 1870 ROHGR.	1879 1. 10.	1883 1. 4. in den Ruhestand, 1898 10. 12. †
3. **Dr. Wernz,** Johann			vgl. B 11	1879 1. 10., 1886 15. 7. Senatspräsident	

Zu- und Vorname	Geburtsort, Jahr und Tag der Geburt	Staatsangehörigkeit	Tag der ersten Vereidigung Frühere Dienstverhältnisse	Beim Reichsgericht Eintritt	Beim Reichsgericht Austritt
4. **Dr. Bähr,** Otto	Fulda 1817 2. 6.	Preuße	1838 im März, 1844 Obergerichtsassessor, 1849 Obergerichtsrat, 1864 OAppGR., 1874 Obertribunalsrat	1879 1. 10.	1881 1. 11. in den Ruhestand, 1895 17. 2. †
5. **Dr. Gallenkamp,** Friedrich	Lippstadt in Preußen 1818 23. 9.	Preuße	1838 18. 10., 1842 OLG-Assessor, 1850 Kreisrichter, 1854 AppGR., 1867 Rat beim OAppG., 1870 ROHGR.	1879 1. 10.	1889 1. 1. in den Ruhestand, †
6. **Friedrich,** Wilhelm Richard	vgl. B 9			1879 1. 10., 1884 1. 7. Senatspräsident	
7. **von Specht,** Karl	Kassel 1822 10. 11.	Preuße	1844 27. 12., 1851 Brigadeauditeur in Kassel, 1853 Obergerichtsassessor das., 1863 Obergerichtsrat, 1867 OAppGR., 1875 Obertribunalsrat	1879 1. 10.	1890 1. 1. in den Ruhestand, †
8. **Dr. Peterßen,** George Rudolf	vgl. B 13			1879 1. 10., 1891 1. 1. Senatspräsident	
9. **Plathner,** Heinrich Otto Leopold	Widzim in Posen 1811 31. 12.	Preuße	1831 21. 10., 1843 Land- und Stadtgerichtsassessor, 1850 Stadtgerichtsrat, 1856 AppGR., 1858 KGR., 1868 Obertribunalsrat	1879 1. 10.	1882 1. 4. in den Ruhestand, 1885 3. 1. †
10. **Hennecke,** Wilhelm	Löhne in Westf. 1812 30. 6.	Preuße	1835 3. 11., 1841 Hilfsrichter, 1850 Kreisgerichtsdirektor, 1853 AppGR., 1869 Obertribunalsrat	1879 1. 10.	1886 1. 1. in den Ruhestand, 1890 3. 1. †
11. **Dr. Hoffmann,** Friedrich Moritz	Breslau 1818 20. 6.	Preuße	1839 18. 9., 1848 etatsm. Assessor, 1849 StA., 1859 AppGR., 1869 Obertribunalsrat, 1870 ROHGR.	1879 1. 10.	1882 3. 1. †
12. **Schüler,** Emil	Rinteln 1810 29. 11.	Preuße	1831 1. 7., 1836 Amtsassessor, 1849 Staatsprokurator, 1862 Generalstaatsprokurator, 1869 OStA. b. Obertribunal	1879 1. 10.	1881 1. 1. in den Ruhestand, 1881 26. 9. †

Zu- und Vorname	Geburtsort, Jahr und Tag der Geburt	Staatsangehörigkeit	Tag der ersten Vereidigung Frühere Dienstverhältnisse	Beim Reichsgericht Eintritt	Austritt
13. **Hartmann,** Heinrich Wilhelm	Worbis 1816 3. 10.	Preuße	1839 3. 6., 1844 Obergerichtsassessor, 1851 Kreisgerichtsrat, 1855 Kreisgerichtsdirektor, 1869 Obertribunalsrat	1879 1. 10.	1886 1. 10. in den Ruhestand, †
14. **Dr. Fleischauer**	vgl. B 8			1879 1. 10., 1884 1. 4. Senatspräsident	
15. **Dr. Boisselier,** Jeremias Theodor	Bremen 1826 24. 7.	Hanseate	1849 4. 5., 1853 Amtsassessor, 1864 StA. u. Mitglied d. Bremischen Richterkollegiums, 1870 ROHGR.	1879 1. 10.	1896 1. 10. in den Ruhestand, 1912 †
16. **Werner,** Friedrich Hugo	Neiße 1815 23. 5.	Preuße	1837 23. 3., 1850 Kreisrichter, 1858 Kreisgerichtsrat, 1860 AppGR., 1870 Obertribunalsrat	1879 1. 10.	1885 1. 4. in den Ruhestand, 1906 24. 12. †
17. **Dr. von Graevenitz,** Hermann	Potsdam 1815 28. 5.	Preuße	1837 19. 10., 1849 Kreisrichter, 1852 StA., 1857 I. StA., 1862 OStA., 1870 Obertribunalsrat	1879 1. 10.	1883 1. 1. in den Ruhestand, †
18. **Lesser,** Gustav Adolf Eduard	Berlin 1819 1. 1.	Preuße	1839 2. 5., 1850 Kreisrichter, 1857 Stadt- und Kreisgerichtsrat, 1863 AppGR., 1867 KGR., 1870 Obertribunalsrat	1879 1. 10.	1887 1. 10. in den Ruhestand, 1898 21. 10. †
19. **Rappold,** Adolf Robert	Gumbinnen 1816 14. 3.	Preuße	1844 2. 10., 1850 Kreisrichter, 1861 Kreisgerichtsrat, 1862 Kreisgerichtsdirektor, 1865 AppGR., 1870 Obertribunalsrat	1879 1. 10.	1886 1. 4. in den Ruhestand, 1899 23. 10. †
20. **von Gmelin,** Ferdinand	Eßlingen 1824 21. 5.	Württemberger	1846 28. 7., 1851 Oberjustizassessor, 1861 OJR., 1870 württemb. Obertribunalsrat	1879 1. 10.	1891 1. 12. in den Ruhestand, 1896 1. 5. †
21. **Dr. Schlesinger,** Christian David Rudolf	Hamburg 1831 17. 8.	Hanseate	1853 4. 11., 1853 Advokat u. zugleich seit 1858 Privatdozent an der Univ. Göttingen, 1862 a. o. Prof. und zugleich seit 1866 Beisitzer des Spruchkollegiums, 1870 Rat beim hanseat. OAppG.	1879 1. 10.	1912 1. 2. in den Ruhestand, 1912 1. 9. †

Zu- und Vorname	Geburtsort, Jahr und Tag der Geburt	Staatsangehörigkeit	Tag der ersten Vereidigung Frühere Dienstverhältnisse	Beim Reichsgericht Eintritt	Austritt
22. **Thewalt,** Karl Martin	Wallmerode im vormal. Herzogtum Nassau 1825 17. 2.	Preuße	1848 21. 8., 1859 Assessor beim Justizamt, 1861 Hofgerichtsassessor, 1864 Hofgerichtsrat, 1867 Kreisgerichtsdirektor, 1871 Rat beim OAppG., 1874 Obertribunalsrat	1879 1. 10.	1893 1. 10. in den Ruhestand, 1895 2. 7. †
23. **Wielandt,** Karl Georg Anton Wilhelm	Karlsruhe 1830 25. 6.	Badener	1853 3. 1., 1862 Hofgerichtsassessor, 1864 Kreisgerichtsrat, 1871 Oberhofgerichtsrat	1879 1. 10.	1900 1. 3. in den Ruhestand, 1914 3. 1. †
24. **von Streich,** Karl	Ellwangen 1826 19. 6.	Württemberger	1849 27. 1., 1855 Oberjustizassessor, 1865 OJR., 1871 württemb. Obertribunalsrat	1879 1. 10.	1897 1. 2. in den Ruhestand, 1917 20./21. 4. †
25. **Dr. Puchelt,** Ernst Sigismund	Leipzig 1820 8. 11.	Badener	1842 29. 7., 1848 Rechtsanwalt, 1849 Assessor, 1856 Hofgerichtsrat, 1864 Kreisgerichtsdirektor, 1871 ROHGR.	1879 1. 10.	1885 6. 2. †
26. **Welst,** Josef August	Fraustadt 1815 20. 8.	Preuße	1837 14. 10., 1850 Kreisrichter, 1857 Kreisgerichtsrat, 1858 AppGR., 1872 Obertribunalsrat	1879 1. 10.	1885 1. 12. in den Ruhestand, 1891 7. 7. †
27. **Schwarz,** Hugo	Trachenberg 1817 7. 11.	Preuße	1838 9. 10., 1846 Rat beim Fürstentumsgericht, 1850 Kreisrichter, 1854 Kreisgerichtsrat, 1863 AppGR., 1872 Obertribunalsrat	1879 1. 10.	1892 1. 10. in den Ruhestand, 1897 28. 8. †
28. **Schlomka,** Karl Ludwig Theodor	Perleberg 1821 13. 8.	Preuße	1845 24. 10., 1851 Kreisrichter, 1865 Rat beim ostpreuß. Tribunal, 1872 Obertribunalsrat	1879 1. 10.	1889 1. 11. in den Ruhestand, 1894 22. 11. †
29. **Langerhans,** Wilhelm Hermann Heinrich	Berlin 1816 21. 4.	Preuße	1836 12. 9., 1850 StA., 1859 AppGR., 1872 Obertribunalsrat, 1874 ROHGR.	1879 1. 10.	1887 1. 1. in den Ruhestand, 1902 †
30. **Dr. Wenck,** Rudolf Ferdinand	Leipzig 1820 23. 8.	Sachse	1841 10. 11., früher AppGR. und zuletzt AppGVizepräsid.	1879 1. 10.	1880 23. 7. †

Zu- und Vorname	Geburtsort, Jahr und Tag der Geburt	Staatsangehörigkeit	Tag der ersten Vereidigung Frühere Dienstverhältnisse	Beim Reichsgericht	
				Eintritt	Austritt
31. **Kirchhoff,** Karl Johann	Heiligenbeil 1820 13. 6.	Preuße	1842 23. 12., 1850 Kreisrichter, 1860 Kreisgerichtsrat, 1863 Kreisgerichtsdirektor, 1865 Tribunalsrat b. ostpreuß. Tribunal, 1873 Obertribunalsrat	1879 1. 10.	1893 1. 1. in den Ruhestand, 1893 23. 1. †
32. **von Forcade de Biaix,** Christoph Ernst Friedrich	Paderborn 1821 17. 9.	Preuße	1844 4. 6., 1855 Kreisrichter, 1865 Kreisgerichtsrat, AppGR., 1873 Obertribunalsrat	1879 1. 10.	1890 1. 10. in den Ruhestand, 1891 Juli †
33. **Dr. Moeli,** Daniel Georg Ludwig	Kassel 1817 2. 3.	Preuße	1838 24. 3., 1843 Garnisonauditeur, 1847 Obergerichtsassessor, 1848 Oberauditeur, 1850 Staatsprokurator, 1867 OStA., 1873 OAppGR., später Obertribunalsrat, 1875 Vizepräs. des AppG.	1879 1. 10.	1884 1. 7. in den Ruhestand, 1894 21. 12. †
34. **Hullmann,** Heinrich Gerhard August	Elsfleth in Oldenburg 1826 18. 8.	Oldenburger	1850 25. 2., 1855 LGAssessor, 1858 OGAssessor und Mitglied des Obergerichts, 1864 Obergerichtsrat, 1866 AppGR., 1873 OAppGR., 1878 ROHGR.	1879 1. 10.	1887 21. 11. †
35. **Dr. Wiener,** Heinrich		vgl. B 15		1879 1. 10., 1891 1. 10. Senatspräsident	
36. **Krüger,** Hermann Gustav Ludwig Theodor	Frankfurt a. O. 1825 19. 9.	Preuße	1848 20. 6., 1857 Kreisrichter, 1864 Stadtgerichtsrat, 1866 AppGR., 1874 ROHGR.	1879 1. 10.	1893 1. 10. in den Ruhestand, 1903 24. 12. †
37. **Rüger,** Konrad Robert	Festung Königstein in Sachsen 1829 7. 9.	Sachse	1853 5. 1., 1860 Hilfsrichter beim Bezirksgericht, 1861 Gerichtsrat, 1870 etatsmäß. AppGR., 1874 OAppGR. in Dresden	1879 1. 10.	1895 1. 10. in den Ruhestand, 1899 13. 11. †
38. **Meyer,** George	Bledeln in Hannover 1828 31. 1.	Preuße	1849 24. 9., 1852 Gerichtsassessor beim Obergericht, 1866 Obergerichtsrat, 1869 AppGR., 1875 Obertribunalsrat	1879 1. 10.	1889 13. 7. †

Zu- und Vorname	Geburtsort, Jahr und Tag der Geburt	Staatsangehörigkeit	Tag der ersten Vereidigung Frühere Dienstverhältnisse	Beim Reichsgericht Eintritt	Austritt
39. **Wulfert,** Friedrich	Hemer b. Iserlohn 1822 10. 1.	Preuße	1845 7. 11., 1856 Friedensrichter, 1860 Landgerichtsassessor, 1865 LGR., 1870 AppGR., 1875 Obertribunalsrat	1879 1. 10.	1894 1. 7. in den Ruhestand, 1900 28. 5. †
40. **Buff,** Wilhelm	Hungen im Großherzogt. Hessen 1825 7. 2.	Hesse	1847 22. 9., 1850 Hilfsrichter, 1861 Assessor, 1864 Rat beim Hofgericht, 1875 ROHGR.	1879 1. 10.	1894 1. 12. in den Ruhestand, 1900 6. 2. †
41. **Dr. von Meibom,** Viktor Reinhard Karl Friedrich	Kassel 1821 1. 9.	Preuße	1843 18. 1., 1848 Legationssekretär, 1849 Obergerichtsassessor, 1851 Unterstaatsprokurator, 1857 o. Prof., 1875 ROHGR.	1879 1. 10.	1887 1. 7. in den Ruhestand, 1892 27. 12. †
42. **Dr. Rassow,** Christian Friedrich	Wolgast 1826 21. 2.	Preuße	1847 23. 10., 1854 Kreisrichter, 1868 AppGR., 1875 Obertribunalsrat	1879 1. 10.	1898 1. 7. in den Ruhestand, 1904 16. 12. †
43. **Dr. Dreyer,** Karl Heinrich	Freiburg i. B. 1830 7. 12.	Elsaß-Lothringer	1853 24. 12., 1864 Kreisgerichtsassessor, 1865 Kreisgerichtsrat, 1867 Rechtsanw. (in Baden), 1871 AppGR. (in Elf.-Lothr.), 1873 StA. beim ROHG., 1877 ROHGR.	1879 1. 10.	1896 1. 10. in den Ruhestand, 1900 18. 11. †
44. **Cucumus,** Franz	Würzburg 1824 28. 7.	Bayer	1846 im Oktober, 1853 Assessor, 1857 Bezirksgerichtsrat, 1864 Handelsgerichtsrat, 1867 Rat am Handels-AppG., 1876 StA. am obersten Gerichtshof	1879 1. 10.	1881 9. 8. †
45. **Stechow,** Friedrich Edmund	Spandau 1828 26. 1.	Preuße	1848 2. 9., 1854 Kreisrichter, 1865 Kreisgerichtsrat, 1866 AppGR., 1872 KGR., 1876 Obertribunalsrat	1879 1. 10.	1888 3. 7. †
46. **Dr. Dähnhardt,** Johannes Karl Heinrich	vgl. B 16			1879 1. 10., 1891 1. 10. Senatspräsident	
47. **von Geß,** Friedrich	Ellwangen in Württemberg 1828 21. 12.	Württemberger	1851 28. 7., 1860 Oberjustizassessor, 1867 OJR., 1869 OStA., 1872 Kreisgerichtsrat, 1876 württ. Obertribunalsrat	1879 1. 10.	1891 1. 10. in den Ruhestand, 1905 24. 4. †

Zu- und Vorname	Geburtsort, Jahr und Tag der Geburt	Staatsangehörigkeit	Tag er ersten Vereidigung Frühere Dienstverhältnisse	Beim Reichsgericht	
				Eintritt	Austritt
48. **Dürrschmidt,** Heinrich	Wunsiedel in Bayern 1819 26. 11.	Bayer	1842 31. 10., 1854 Richter, 1861 AppGR., 1877 Rat beim bayr. Obersten Gerichtshof	1879 1. 10.	1889 1. 1. in den Ruhestand, 1899 13. 1. †
49. **Dr. Hambrook,** Baum	London 1818 8. 11.	Preuße	1842 11. 1., 1850 Stadt- und Kreisrichter, 1856 Rechtsanwalt und Notar, 1876 StA. beim ROHG., 1877 ROHGR.	1879 1. 10.	1890 1. 7. in den Ruhestand, 1897 5. 12. †
50. **Wittmaack,** Herrmann	Neuenkirchen i. Schleswig 1833 23. 1.	Preuße	1857 28. 1., 1863 Bevollmächt. bei der herzogl. Landesregierung, 1865 Rat b. AppG., 1868 Hilfsarb. im JustMin., 1877 ROHGR.	1879 1. 10.	1897 1. 2. in den Ruhestand, 1928 13. 12. †
51. **Maßmann,** Wilhelm Leberecht Fürchtegott	vgl. B 24			1879 1. 10., 1899 1. 5. Senatspräsident	
52. **Rottels,** Franz Josef	Büttgen Kreis Neuß (Rheinprovinz) 1812 20. 3.	Preuße	1839 19. 2., 1848 etatsmäß. Assessor, 1853 LGR., 1868 AppGR., 1878 Obertribunalsrat	1879 1. 10.	1882 1. 6. in den Ruhestand, †
53. **Dr. Agricola,** Alfred	Gotha 1824 15. 1.	Thüringische Staaten (Sachsen-Koburg-Gotha)	1846 im Oktober, 1858 Assessor beim AppG., 1860 Rat beim AppG., 1878 Rat beim Gesamt-OAppG. in Jena	1879 1. 10.	1892 1. 1. in den Ruhestand, 1901 22. 7. †
54. **Petsch,** Walter	Dresden 1825 12. 12.	Sachse	1850 20. 12., 1851 Advokat, 1856 Rat b. Bezirksgericht, 1868 Direktor des Bezirksgerichts	1879 1. 10.	1892 1. 10. in den Ruhestand, 1903 19. 8. †
55. **Dr. von Buri,** Maximilian	Büdingen 1825 7. 3.	Hesse	1846 7. 12., 1853 Landgerichtsassessor, 1865 StA., 1866 OStA.	1879 1. 10.	1896 1. 6. in den Ruhestand, 1902 †
56. **Derscheid,** Gustav	Trier 1827 14. 8.	Elsaß-Lothringer	1847 22. 11., 1857 Friedensrichter, 1869 LGR. (in Preußen), 1871 AppGR. (in Elsaß-Lothr.), 1874 LGPräs.	1879 1. 10.	1890 1. 1. in den Ruhestand, †

Zu- und Vorname	Geburtsort, Jahr und Tag der Geburt	Staatsangehörigkeit	Tag der ersten Vereidigung Frühere Dienstverhältnisse	Beim Reichsgericht Eintritt	Beim Reichsgericht Austritt
57. **Dr. Bolze,** Friedrich Wilhelm Albert	vgl. B 21			1879 1. 10., 1897 1. 12. Senatspräsident	
58. **Dr. Spies,** Wilhelm	Wolfenbüttel 1830 15. 5.	Braunschweiger	1854 2. 12., 1860 Hilfsrichter, 1875 Rat b. Obergericht	1879 1. 10.	1889 behufs Rücktritt in den braunschweigischen Justizdienst
59. **Dr. Hauser,** Lorenz	Gundremingen 1828 18. 12.	Bayer	1852 25. 10., 1862 Richter, 1868 Bezirksgerichtsrat, 1874 I. bezirksgerichtlicher StA., 1875 AppGR.	1879 1. 10.	1882 1. 5. in den Ruhestand, 1882 †
60. **Scheele,** Johann Georg Heinrich	Leipzig 1825 2. 2.	Sachse	1851 24. 1., 1855 Notar, 1876 AppGR., 1876 Rat beim sächs. OAppG.	1879 1. 10.	1880 1. 11. in den Ruhestand, 1882 Dezbr. †
61. **Kienitz,** Georg Rudolf Heinrich	Bromberg 1831 30. 1.	Preuße	1851 19. 4., 1858 Kreisrichter, 1872 Tribunalsrat am ostpreuß. Tribunal, 1875 Vortr. Rat im Reichskanzleramt, 1877 im RJA.	1880 1. 12.	1896 1. 5. in den Ruhestand, †
62. **Taube,** Ephraim Oskar	Dippoldiswalde 1829 10. 6.	Sachse	1852 15. 12., 1859 StA., 1875 Vortr. Rat im Sächs. JustMin.	1880 1. 12.	1880 31. 12. auf Antrag aus dem Reichsdienst entlassen
63. **Dr. Freiesleben,** Georg Otto	vgl. B 18			1881 1. 1., 1893 1. 1. Senatspräsident	
64. **Dr. Mittelstaedt,** Otto Samuel Ludwig	Schneidemühl 1834 16. 7.	Hanseate	1855 22. 9., 1860 StA., 1869 I. StA., 1870 OStA., 1876 Obergerichtsrat, 1879 OLGR.	1881 1. 3.	1896 1. 10. in den Ruhestand, 1899 18. 11. †

Zu- und Vorname	Geburtsort, Jahr und Tag der Geburt	Staatsangehörigkeit	Tag der ersten Vereidigung Frühere Dienstverhältnisse	Beim Reichsgericht Eintritt	Beim Reichsgericht Austritt
65. **Paris,** Ludolph Adolf Emil	Berlin 1821 9. 1.	Preuße	1845 8. 5., 1853 Stadt- und Kreisrichter, 1868 AppGR., 1877 Obertribunalsrat, 1879 Kammergerichtsrat	1881 1. 11.	1885 1. 10. in den Ruhestand, 1888 16. 3. †
66. **Dr. von Bomhard,** Ernst	vgl. B 17			1881 1. 12., 1892 1. 1. Senatspräsident	
67. **Schaper,** Julius Ludwig Johannes	Elbing 1829 2. 7.	Preuße	1850 24. 12., 1858 Staatsanwaltsgehilfe, 1861 StA., 1866 Kreisgerichtsdirektor, 1868 KGR., 1879 LGPräs.	1882 1. 5.	1893 14. 5. †
68. **Dr. Meischeider,** Emil	Hainau 1828 17. 11.	Preuße	1850 29. 5., 1857 Kreisrichter, 1865 Stadtrichter, 1866 Stadtgerichtsrat, 1868 AppGR., 1879 OLGR.	1882 1. 5.	1897 1. 1. in den Ruhestand, 1906 29. 8. †
69. **von Bezold,** Gustav	Rothenburg (Mittelfranken in Bayern) 1829 28. 8.	Bayer	1850 30. 10., 1857 Assessor beim Bezirksgericht, 1862 Bezirksgerichtsrat, 1874 AppGR, 1879 OLGR.	1882 1. 5.	1892 13. 3. †
70. **Iser,** Gabriel Hubert	Rhens, Kreis Koblenz 1826 21. 5.	Preuße	1848 18. 10., 1856 Staatsanwaltsgehilfe, 1860 Staatsprokurator, 1873 AppGR., 1879 OLGR.	1882 15. 6.	1893 1. 1. in den Ruhestand, 1907 4. 2. †
71. **Dr. Meves,** Karl Oskar	Sorau 1828 8. 2.	Preuße	1850 19. 11., 1858 Kreisrichter, 1860 StA., 1874 AppGR., 1879 OLGR.	1883 1. 1.	1896 1. 12. in den Ruhestand, 1898 3. 10. †
72. **Dr. Petersen,** Julius	Landau, Rheinpfalz 1835 25. 4.	Elsaß-Lothringer	1856 21. 10., 1862 Polizeikommissar, 1866 besoldeter Assessor, 1868 Rechtsanwalt (in Bayern, Rheinpfalz), 1871 Kammerpräs. (in Els.-Lothr.), 1879 Landgerichtsdirektor, 1880 Senatspräs. beim OLG.	1883 11. 4.	1900 1. 11. in den Ruhestand, 1909 29. 11. †
73. **Wienstein,** Gustav Friedrich August	Verchen in Pommern 1828 30. 1.	Preuße	1849 13. 6., 1857 Kreisrichter, 1869 Kreisgerichtsrat, 1870 AppGR., 1879 OLGR.	1883 11. 4.	1891 19. 2. †

Zu- und Vorname	Geburtsort, Jahr und Tag der Geburt	Staatsangehörigkeit	Tag der ersten Vereidigung Frühere Dienstverhältnisse	Beim Reichsgericht Eintritt	Austritt
74. **Nötel,** Friedrich Konrad	Posen 1830 26. 11.	Preuße	1852 5. 4., 1858 Kreisrichter, 1867 Kreisgerichtsrat, Kreisgerichtsdirektor, 1879 LGPräs.	1884 1. 4.	1902 24. 12. †
75. **Dr. Loewenstein,** Otto	vgl. B 19			1884 1. 4., 1896 1. 5. Senatspräsident	
76. **Calame,** Gustav Adalbert	Königsberg i. Pr. 1830 12. 8.	Preuße	1851 29. 10., 1859 Kreisrichter, 1868 Stadtgerichtsrat, 1875 AppGR., 1879 OLGR.	1884 1. 4.	1902 1. 7. in den Ruhestand, 1905 28. 6. †
77. **Dr. Freiherr von Bülow,** Karl Friedrich Julius	vgl. B 23			1884 1. 7., 1898 1. 6. Senatspräsident	
78. **Dr. Rehbein,** Karl Adalbert Hugo	Berlin 1833 19. 12.	Preuße	1854 17. 5., 1863 Kreisrichter, 1871 StA., 1877 AppGR., 1879 KGR.	1884 1. 7.	1907 1. 10. in den Ruhestand, 1907 5. 10. †
79. **Dr. Beer,** Heinrich, Ferdinand Konstantin	Gleiwitz 1829 26. 2.	Preuße	1850 14. 10., 1857 Staatsanwaltsgehilfe, 1861 StA., 1869 Kreisgerichtsrat, 1871 AppGR., 1879 OLGR., 1882 LGPräs.	1885 1. 4.	1909 1. 5. in den Ruhestand, 1926 20. 3. †
80. **Nokk,** Rudolf	Bruchsal 1830 22. 10.	Badener	1854 10. 1., 1864 StA., 1871 OStA., 1879 OLGR.	1885 1. 6.	1894 1. 7. in den Ruhestand, †
81. **Zander,** Adolf Wilhelm	Berlin 1829 22. 10.	Preuße	1850 18. 5., 1860 Kreisrichter, 1874 Kreisgerichtsdirektor, 1879 LGPräs.	1885 1. 10.	1899 1. 6. in den Ruhestand, 1910 25. 2. †
82. **Engländer,** Bernhard	Oppeln 1832 25. 10.	Preuße	1854 12. 9., 1866 Stadtrichter, 1871 Stadtgerichtsrat, 1878 AppGR., 1879 OLGR.	1885 1. 12.	1895 1. 2. in den Ruhestand, 1905 27. 11. †

Zu- und Vorname	Geburtsort, Jahr und Tag der Geburt	Staatsangehörigkeit	Tag der ersten Vereidigung Frühere Dienstverhältnisse	Beim Reichsgericht Eintritt	Beim Reichsgericht Austritt
83. **Rintelen,** Friedrich Ferdinand Ludwig	Arnsberg 1836 24. 5.	Preuße	1855 29. 9., 1865 Kreisrichter, 1867 Regierungsassessor und Spezialkommissar, 1872 RegR., 1875 Hilfsarb. bei der Generalkommission, 1876 daselbst etatsmäß., 1879 Hilfsarb. beim Revisionskollegium für Landeskultursachen, später Landeskulturgericht, 1881 Oberlandeskulturgerichtsrat, Vortr. Rat im Min. für Landwirtschaft	1886 1. 1.	1896 1. 5. als Präsident des Kgl. Preuß. Oberlandeskulturgerichts
84. **Dr. Turnau,** Wilhelm Franz August	Paderborn 1832 13. 12.	Preuße	1855 23. 6., 1864 Kreisrichter, 1874 Kreisgerichtsrat, 1879 AppGR., 1879 LGR., 1880 KGR.	1886 1. 4.	1907 1. 3. in den Ruhestand, 1915 24. 12. †
85. **Dr. Schütt,** Heinrich Friedrich	Burg in Süderditmarschen 1835 9. 12.	Preuße	1860 4. 6., 1866 Rat beim Obergericht, 1867 AppGR., 1879 OLGR.	1886 1. 5.	1909 1. 11. in den Ruhestand, 1918 Mai †
86. **Schmalz,** Alexander Wilhelm Hermann	Lauenburg i. Pommern 1828 28. 12.	Preuße	1851 12. 5., 1859 Kreisrichter, 1866 Kreisgerichtsrat, 1872 AppGR., 1878 KGR.	1886 1. 5.	1900 1. 6. in den Ruhestand, 1916 3. 5. †
87. **Neiße,** Max Gustav	vgl. B 26			1886 1. 5., 1902 1. 4. Senatspräsident	
88. **Wüstenfeld,** Eduard	Heidelberg 1831 5. 12.	Badener	1854 11. 7., 1864 Kreisgerichtsassessor, 1865 Kreisgerichtsrat, 1877 Oberhofgerichtsrat, 1879 OLGR.	1886 1. 5.	1904 1. 10. in den Ruhestand, 1923 21. 2. †
89. **Loebell,** Oskar	Berlin 1836 21. 3.	Preuße	1855 21. 11., 1865 Kreisrichter, 1878 Rat beim ostpreuß. Tribunal, 1879 OLGR.	1886 1. 5.	1896 1. 4. in den Ruhestand, 1897 13. 2. †

Zu- und Vorname	Geburtsort, Jahr und Tag der Geburt	Staatsangehörigkeit	Tag der ersten Vereidigung Frühere Dienstverhältnisse	Beim Reichsgericht Eintritt	Beim Reichsgericht Austritt
90. **Rospatt,** Kassius	Münstereifel 1830 9. 4.	Preuße	1851 9. 10., 1865 etatsmäßiger Assessor, 1871 LGR., 1882 OLGR.	1886 1. 5.	1901 1. 11. in den Ruhestand, 1917 11. 10. †
91. **Dr. von Lenz,** Georg Friedrich	Urach 1834 17. 3.	Württemberger	1856 7. 7., 1861 Amtsrichter, 1865 Oberjustizassessor, 1869 Kreisrichter, 1879 I. StA., 1886 OStA.	1886 15. 7.	1897 1. 10. in den Ruhestand, 1910 3. 10. †
92. **Reincke,** Otto Ludwig Karl	Wilsnack 1830 3. 10.	Preuße	1853 3. 5., 1861 Kreisrichter, 1864 Rechtsanw. u. Notar, 1874 Kreisrichter, 1876 Kreisgerichtsrat, 1877 AppGR., 1879 Landgerichtsdirektor	1886 1. 10.	1902 1. 10. in den Ruhestand, 1906 13. 1. †
93. **Daubenspeck,** Otto Friedrich Hermann	Neuruppin 1831 24. 6.	Preuße	1853 28. 10., 1863 Kreisrichter, 1873 Kreisgerichtsrat, 1877 AppGR., 1879 OLGR.	1887 1. 1.	1899 1. 1. in den Ruhestand, 1915 12. 8. †
94. **Dr. Behrend,** Jakob Friedrich	Berlin 1833 13. 9.	Preuße	1854 24. 4., 1859 Gerichtsassessor, 1864 Privatdozent 1870 a. o. Prof., 1873 o. Prof.	1887 15. 10.	1900 1. 10. in den Ruhestand, 1907 9. 1. †
95. **Veltman,** Karl Franz Gustav Maria	Rheine, Kr. Steinfurt in Preußen 1833 9. 6.	Preuße	1854 9. 10., 1866 Stadtrichter, 1871 Stadtgerichtsrat, 1878 KGR., 1879 Landgerichtsdirektor	1887 1. 10.	1910 1. 7. in den Ruhestand, 1911 21. 6. †
96. **von Buchwald,** Adolf August Hermann	vgl. B 25			1888 24. 3., 1902 1. 2. Senatspräsident	
97. **Böttrich,** Ignaz Theodor Anton	Paderborn 1834 26. 5.	Preuße	1855 12. 10., 1864 Staatsanwaltsgehilfe, 1867 StA., 1877 Kreisgerichtsdirektor, 1879 Landgerichtsdirektor	1888 1. 11.	1900 1. 11. in den Ruhestand, 1924 8. 2. †

Zu- und Vorname	Geburtsort, Jahr und Tag der Geburt	Staatsangehörigkeit	Tag der ersten Vereidigung Frühere Dienstverhältnisse	Beim Reichsgericht Eintritt	Beim Reichsgericht Austritt
98. **Stenglein,** Melchior	Bayreuth 1825 4. 10.	Bayer	1849 1. 5., 1854 Staatsanwaltssubstitut, 1857 II. StA., 1864 I. StA., 1868 AppGR., 1872 Advokat, 1879 Reichsanwalt	1889 1. 1.	1898 1. 1. in den Ruhestand, 1903 8. 7. †
99. **Stolterfoth,** Paul Wilhelm Gustav	Königsberg i. Pr. 1838 21. 7.	Preuße	1858 14. 4., 1867 Kreisrichter, 1874 LGR., 1880 OLGR., 1884 Hilfsarb. im JustMin., 1884 Vortr. Rat daselbst	1889 1. 1.	1894 17. 12. †
100. **von Liebe,** Viktor Friedrich August	Wolfenbüttel 1838 5. 9.	Braunschweiger	1860 im Januar, 1875 Kreisrichter, 1879 OLGR.	1889 11. 4.	1897 1. 4. in den Ruhestand, 1906 13. 9. †
101. **Stellmacher,** Adolf Richard	Elbing 1831 5. 3.	Preuße	1853 11. 5., 1862 Staatsanwaltsgehilfe, 1864 StA., 1875 OStA., 1884 Mitgl. des preuß. Staatsrats	1890 1. 1.	1903 1. 7. in den Ruhestand, 1907 6. 4. †
102. **Dr. Förtsch,** Karl Wilhelm Richard	vgl. B 27			1890 1. 1., 1902 31. 5. Senatspräsident	
103. **Boethke,** Hermann Wilhelm	Bromberg 1833 30. 12.	Preuße	1855 13. 4., 1864 Kreisrichter, 1878 Kreisgerichtsdirektor, 1879 Amtsgerichtsrat, 1881 OLGR.	1889 1. 12.	1900 1. 6. in den Ruhestand, 1912 25. 10. †
104. **Müller,** Heinrich Friedrich Christoph	Verden 1834 19. 9.	Preuße	1856 29. 12., 1867 Obergerichtsassessor, 1869 Obergerichtsrat, 1879 Landgerichtsrat, 1881 Landgerichtsdirektor	1889 1. 12.	1901 1. 4. in den Ruhestand, 1906 13. 4. †
105. **Dr. Olshausen,** Philipp Justus	Kiel 1844 10. 4.	Preuße	1866 6. 6., 1873 Staatsanwaltsgeh., 1875 Obergerichtsassessor, 1878 Kreisrichter, 1879 Landrichter, 1885 Landgerichtsdirektor, 1887 KGR.	1890 15. 9.	1899 7. 6. zum Oberreichsanwalt ernannt, später Senatspräsident, s. d.

Zu- und Vorname	Geburtsort, Jahr und Tag der Geburt	Staatsangehörigkeit	Tag der ersten Vereidigung Frühere Dienstverhältnisse	Beim Reichsgericht Eintritt	Beim Reichsgericht Austritt
106. **Schmidt,** Eugen	Zweibrücken in Bayern 1834 22. 9.	Bayer	1857 19. 11., 1868 Landrichter, 1870 Bezirksgerichtsrat, 1872 I. StA., 1877 AppGR., 1879 OLGR., 1886 Rat beim Obersten Landesgericht in München	1891 1. 1.	1901 1. 1. in den Ruhestand, †
107. **Horten,** Anton Hubert	Kempen Reg.-Bez. Düsseldorf 1838 5. 3.	Preuße	1859 30. 9., 1869 kommissarischer Staatsprokurator, 1870 Staatsprokurator, 1879 LGR, 1882 OLGR.	1891 1. 1.	1903 23. 10. †
108. **Haacke,** Paul Arnold	Roßla a. Harz 1832 1. 12.	Preuße	1854 6. 10., 1865 Kreisrichter, 1873 Kreisgerichtsrat, 1876 Kreisgerichtsdir., 1877 Konsistorialrat, 1878 Kreisgerichtsdirektor, 1879 Landgerichtsdirektor, 1887 LGPräs.	1891 1. 6.	1892 1. 11. in den Ruhestand, 1899 11. 8. †
109. **Suppes,** Otto Karl Franz	Großkarben im Großh. Hessen-Darmstadt 1836 28. 8.	Preuße	1855 19. 9., 1867 Kreisrichter, 1874 Kreisgerichtsrat, 1877 AppGR., 1879 OLGR.	1891 1. 10.	1906 1. 10. in den Ruhestand, 1911 29. 11. †
110. **Achilles,** Alexander Georg	Werben, Kr. Osterburg (Pr. Sachsen) 1833 6. 8.	Preuße	1856 23. 5., 1867 Stadtrichter, 1874 Stadtgerichtsrat, 1879 LGR., 1882 OLGR.	1891 1. 10.	1895 1. 4. in den Ruhestand, †
111. **Winchenbach,** Heinrich Hermann Friedrich	vgl. B 28			1891 1. 10., 1902 1. 7. Senatspräsident	
112. **Dr. von Zimmerle,** Ludwig	Ellwangen 1832 1. 1.	Württemberger	1855 12. 1., 1866 Oberjustizassessor, 1869 Kreisrichter u. I. StA. beim Kreisgericht, 1871 Kreisgerichtsrat und OStA., 1879 I. StA., 1886 Landgerichtsdirektor	1891 16. 11.	1903 1. 4. in den Ruhestand, 1907 28. 3. †
113. **von Ege,** Karl Eugen Ferdinand	Eßlingen 1837 22. 2.	Württemberger	1862 13. 1., 1870 Kreisrichter, 1879 LGR., 1888 OLGR.	1891 1. 12.	1899 25. 6. †
114. **Brückner,** Hermann	Gotha 1834 28. 8.	Gothaer	1857 22. 2., 1876 Assessor (etatsmäßiger Richter), 1878 AppGR., 1879 OLGR.	1892 1. 1.	1907 1. 3. in den Ruhestand, 1920 27. 2. †

Zu- und Vorname	Geburtsort, Jahr und Tag der Geburt	Staatsangehörigkeit	Tag der ersten Vereidigung Frühere Dienstverhältnisse	Beim Reichsgericht Eintritt	Austritt
115. **Braun,** Karl Ludwig August	Orb 1832 26. 3.	Bayer	1854 23. 10., 1862 Staatsanwaltssubstitut, 1864 II. StA., 1870 Rat am Bezirksgericht, 1874 I. StA., 1879 OLGR.	1892 1. 1.	1903 29. 10. †
116. **Schulte,** Franz Friedrich	Günne in Westfalen 1837 30. 12.	Preuße	1860 26. 9., 1871 Kreisrichter, 1875 Kreisgerichtsrat, 1879 I. StA., 1882 OLGR.	1892 16. 5.	1901 1. 10. in den Ruhestand, 1911 †
117. **Weichsel,** Arnold Oskar	Magdeburg 1835 7. 5.	Preuße	1858 25. 10., 1869 Stadt- und Kreisrichter, 1876 Stadt- und Kreisgerichtsrat, 1879 LGR. 1884 OLGR.	1892 16. 5.	1904 1. 1. in den Ruhestand, 1919 18. 4. †
118. **Dr. von Lippmann,** Karl, Georg	Nordendorf in Bayern 1839 15. 1.	Bayer	1866 6. 8., 1869 Staatsanwaltssubstitut, 1876 II. StA., 1880 LGR., 1887 I. StA., 1889 Reichsanwalt	1892 1. 7.	1906 1. 4. in den Ruhestand, 1915 20. 9. †
119. **Dr. Wiesand,** Paul Alfred	Jeßnitz in Sachsen 1835 6. 10.	Sachse	1859 1. 11., 1872 StA., 1873 Gerichtsrat, 1874 StA., 1879 Landgerichtsdirektor, 1884 OLGR.	1892 1. 10.	1898 1. 2. in den Ruhestand, 1901 6. 6. †
120. **Tetzlaff,** Gustav Johann Alexander	Czarnikau in Preußen 1838 9. 5.	Preuße	1858 30. 9., 1867 Kreisrichter, 1876 Kreisgerichtsrat, 1879 LGR., 1882 OLGR.	1892 1. 10.	1900 1. 10. in den Ruhestand, †
121. **Toussaint,** Karl Ernst Willibald	Lübben 1836 1. 5.	Preuße	1858 2. 6., 1867 Staatsanwaltsgeh., 1871 StA., 1879 I. StA., 1892 LGPräs.	1892 1. 11.	1898 29. 11. †
122. **Pape,** Karl Eduard	Köln 1836 17. 5.	Preuße	1859 3. 10., 1869 Friedensrichter, 1874 Landrichter, 1876 LGR., 1882 OLGR.	1893 1. 1.	1896 18. 12. †
123. **Freytag,** Friedrich Heinrich Otto	Sorau (Niederlausitz) 1836 20. 2.	Preuße	1857 4. 9., 1866 Kreisrichter, 1875 Kreisgerichtsrat, 1879 LGR., 1883 Landgerichtsdirektor, 1891 OLGR.	1893 1. 2.	1895 17. 10. †
124. **Dr. Reichardt,** Julius Friedrich			vgl. B 32	1893 1. 4., 1906 1. 10. Senatspräsident	

Zu- und Vorname	Geburtsort, Jahr und Tag der Geburt	Staatsangehörigkeit	Tag der ersten Vereidigung Frühere Dienstverhältnisse	Beim Reichsgericht Eintritt	Beim Reichsgericht Austritt
125. **Dr. Planck,** Hugo Wilhelm Siegmund Allwill	vgl. B 31			1893 1. 10., 1906 16. 9. Senatspräsident	
126. **Braunbehrens,** Anton Theodor	Schackenthal (Anhalt-Dessau) 1840 15. 8.	Preuße	1862 2. 4., 1870 Amtsrichter, 1878 Obergerichtsrat, 1879 StA. beim OLG., 1881 LGR., 1884 OLGR., 1891 LGPräs.	1893 1. 10.	1901 6. 12. †
127. **Dr. Kaufmann,** Gustav Wilhelm Ludwig	vgl. B 29			1893 1. 10., 1906 1. 4. Senatspräsident	
128. **Freiherr von Dincklage,** Ferdinand August Wilhelm Hermann	Voerden (Provinz Hannover) 1839 12. 4.	Preuße	1861 4. 1., 1867 Amtsrichter, 1877 Oberamtsrichter, 1879 Amtsgerichtsrat, 1882 Landrichter, 1886 Landgerichtsdirektor	1894 1. 5.	1906 4. 1. †
129. **Wolff,** Paul Hugo	Küstrin, Reg.-Bez. Frankfurt a. O. 1841 30. 9.	Preuße	1865 12. 5., 1872 Kreisrichter, 1879 Landrichter, 1887 OLGR.	1894 1. 5.	1902 4. 9. †
130. **von Bruchhausen,** Georg Ludwig Konrad	Gut Stovern bei Oelde, Kreis Beckum, Reg.-Bez. Münster i. W. 1846 13. 1.	Preuße	1866 7. 6., 1872 Amtsrichter, 1876 Obergerichtsrat, 1879 Landrichter, 1888 OLGR., 1893 Oberverwaltungsgerichtsrat	1894 1. 5.	1899 5. 11. †
131. **Dietz,** Hermann	München 1842 3. 11.	Badener	1865 15. 11., 1872 Amtsrichter, 1876 Oberamtsrichter, 1878 Kreisgerichtsrat, 1879 StA., 1883 I. StA.	1894 1. 7.	1910 1. 1. in den Ruhestand, 1920 3. 4. †
132. **Remelé,** Ernst Hubert	Euskirchen bei Bonn 1842 6. 8.	Preuße	1864 18. 10., 1871 Landgerichtsassessor, 1878 LGR., 1885 OLGR.	1894 1. 7.	1912 1. 4. in den Ruhestand, 1914 12. 10. †
133. **Dr. Gilmer,** Karl	Friedberg in Oberhessen 1841 31. 8.	Hesse	1862 11. 1., 1870 Landgerichtsassessor, 1879 Amtsrichter, 1883 Landrichter, 1884 LGR., 1894 OLGR.	1894 1. 12.	1894 10. 12. †

Zu- und Vorname	Geburtsort, Jahr und Tag der Geburt	Staatsangehörigkeit	Tag der ersten Vereidigung Frühere Dienstverhältnisse	Beim Reichsgericht Eintritt	Beim Reichsgericht Austritt
134. **Wandersleben,** Albert Georg Ferdinand	Königsberg i. Pr. 1837 5. 10.	Preuße	1859 11. 5., 1868 Kreisrichter, 1876 Kreisgerichtsrat, 1879 Amtsgerichtsrat, 1887 OLGR.	1895 5. 2.	1900 6. 7. †
135. **Dr. Förster,** Bernhard Gottlieb Konrad	Marienwerder 1842 25. 4.	Preuße	1865 1. 6., 1871 Kreisrichter, 1879 Landrichter, 1887 OLGR.	1895 5. 2.	1906 12. 12. †
136. **Weller,** Eberhard Heinrich Ludwig Wilhelm	Darmstadt 1845 15. 8.	Hesse	1867 30. 12., 1875 Landgerichtsassessor, 1879 Amtsrichter, 1887 Landrichter, 1888 LGR., 1895 OLGR.	1895 5. 2.	1911 6. 2. †
137. **Dr. Jeß,** Karl Johannes Hermann	vgl. B 33			1895 1. 4., 1907 1. 6. Senatspräsident	
138. **Hoffmann,** Stephan	vgl. B 37			1895 1. 10., 1910 1. 2. Senatspräsident	
139. **Galli,** Franz Karl Emanuel	Inowrazlaw 1839 23. 12.	Preuße	1861 1. 5., 1867 Staatsanwaltsgeh., 1871 StA., 1875 Obergerichtsrat und Kronanwalt, 1879 I. StA., 1886 Reichsanwalt	1896 1. 2.	1903 1. 6. in den Ruhestand, 1920 18. 5. †
140. **Dr. Jaeckel,** Karl Josef Paul	Waldenburg i. Schl. 1845 10. 11.	Preuße	1868 9. 6., 1872 Kreisrichter, 1879 Landrichter, 1888 OLGR., 1892 KGR., 1893 Oberverwaltungsgerichtsrat	1896 1. 4.	1906 2. 7. †
141. **v. Hassell,** Karl Georg Christian	vgl. B 34			1896 1. 5., 1907 1. 6. Senatspräsident	
142. **Tagg,** Wulf	Wilster in Holstein 1839 9. 2.	Preuße	1862 7. 6., 1867 Kreisrichter, 1877 Kreisgerichtsrat, 1879 LGR., 1886 OLGR., 1895 LGPräs.	1896 1. 5.	1910 1. 3. in den Ruhestand, 1914 3. 1. †
143. **Dr. Meyn,** Eugen Karl Nikolaus Hieronymus	vgl. B 38			1896 15. 5., 1910 1. 7. Senatspräsident	

Zu- und Vorname	Geburtsort, Jahr und Tag der Geburt	Staatsangehörigkeit	Tag der ersten Vereidigung Frühere Dienstverhältnisse	Beim Reichsgericht Eintritt	Austritt
144. **von Ewald,** Christian Wilhelm Karl	Rehbach Kreis Erbach (Oberhessen) 1852 18. 6.	Hesse	1875 11. 1., 1879 Amtsanwalt, 1882 Amtsrichter, 1884 StA., 1893 I. StA.	1896 1. 7.	1905 11. 10. aus dem Reichsdienst ausgeschieden
145. **Foerster,** Georg	Posen 1844 29. 10.	Preuße	1867 26. 6., 1875 Stadt- u. Kreisrichter, 1879 Amtsrichter, 1882 StA., 1889 I. StA.	1896 1. 10.	1910 1. 10. in den Ruhestand, 1916 27. 9. †
146. **Dr. Sievers,** Johann Daniel Heinrich	vgl. B 41			1896 1. 10., 1912 1. 7. Senatspräsident	
147. **von Baerenfels,** Adolf Friedrich	Waldenburg i. Schl. 1840 6. 2.	Elsaß-Lothringer	1862 7. 5. (in Preußen), 1871 LGR. (in Els.-Lothr.), 1887 Landgerichtsdirektor, 1889 OLGR.	1896 1. 10.	1906 1. 11. in den Ruhestand, 1920 19. 8. †
148. **Helf,** Heinrich Ludwig	Groß-Oschersleben 1837 29. 6.	Preuße	1861 18. 6., 1869 Kreisrichter, 1877 Kreisgerichtsrat, 1879 LGR., 1880 Landgerichtsdirektor, 1892 LG-Präs.	1896 1. 12.	1904 1. 10. in den Ruhestand, 1918 3. 11. †
149. **Hesse,** Ernst Friedrich Arnold	Neuhaldensleben 1838 21. 3.	Preuße	1861 13. 6., 1869 Kreisrichter, 1877 Kreisgerichtsrat, 1879 Amtsgerichtsrat, 1882 LGR., 1886 OLGR., 1893 LGPräs.	1897 1. 1.	1904 1. 10. in den Ruhestand, 1908 27. 12. †
150. **von Bülow,** Karl Georg Ernst Hermann	Nienburg a. d. Weser 1842 4. 3.	Preuße	1862 11. 12., 1869 Amtsrichter, 1873 Obergerichtsassessor, 1878 Obergerichtsrat, 1879 LGR., 1884 OLGR.	1897 1. 2.	1906 23. 10. †
151. **von Veiel,** Ludwig Alfred	Cannstadt 1845 7. 5.	Württemberger	1869 5. 7., 1879 Amtsrichter, 1880 Landrichter, 1887 LGR., 1894 OLGR.	1897 1. 2.	1905 12. 9. †
152. **Petry,** Friedrich Ludwig	Kreuznach 1840 31. 1.	Preuße	1862 9. 12., 1872 Friedensrichter, 1875 Landgerichtsassessor, 1878 LGR., 1885 Landgerichtsdirektor	1897 1. 2.	1910 1. 2. in den Ruhestand, 1927 21. 2. †

Zu- und Vorname	Geburtsort, Jahr und Tag der Geburt	Staatsangehörigkeit	Tag der ersten Vereidigung Frühere Dienstverhältnisse	Beim Reichsgericht Eintritt	Austritt
153. **Dr. Hellweg,** August Anton Andreas Paul Maria	Werne in Westfalen 1847 22. 5.	Preuße	1869 27. 10., 1878 Kreisrichter, 1879 Landrichter, 1888 LGR., 1890 KGR.	1897 1. 5.	1910 26. 3. †
154. **Dr. Lahusen,** Diedrich	Bremen 1852 22. 12.	Hanseate	1876 28. 4., 1876 Rechtsanwalt, 1879 Richter, 1893 OLGR.	1897 1. 12.	1900 1. 6. in den Ruhestand, 1927 25. 4. †
155. **Goldmann,** Karl Emil	Hausen, Oberamt Tuttlingen 1848 20. 12.	Württemberger	1874 24. 10., 1881 Landrichter, 1889 LGR., 1896 OLGR.	1897 1. 12.	1914 1. 4. in den Ruhestand, 1917 3. 2. †
156. **von Kolb,** Karl Christian			vgl. B 36	1898 1. 1., 1909 6. 11. Senatspräsident	
157. **Bartsch,** Moritz Alexander	Löbau (Sachsen) 1845 3. 5.	Sachse	1867 1. 10., 1878 Gerichtsrat, 1879 Amtsrichter, 1880 LGR., 1882 Landgerichtsdirektor	1898 1. 2.	1912 1. 11. in den Ruhestand, 1918 16. 2. †
158. **Dr. Spahn,** Peter Josef	Winkel (Rheingau) 1846 22. 5.	Preuße	1869 10. 5., 1874 Kreisrichter, 1879 Amtsrichter, 1888 Landrichter, 1888 LGR., 1892 OLGR., 1896 KGR.	1898 1. 6.	1905 1. 12. Oberlandesgerichtspräsident in Kiel
159. **von Bünau,** Günther	Weißensee Reg.-Bez. Erfurt 1844 7. 4.	Preuße	1864 30. 8., 1871 Kreisrichter, 1879 Amtsrichter, 1880 Landrichter, 1888 LGR., 1890 OLGR.	1898 1. 7.	1899 17. 9. †
160. **Skonietzki,** Richard	Danzig 1853 13. 8.	Preuße	1875 29. 5., 1880 Amtsrichter, 1889 Landrichter, 1891 LGR., 1893 OLGR., 1894 Vortr. Rat im JustMin.	1899 1. 1.	1918 1. 10. in den Ruhestand
161. **Dr. Wyszomirski,** Wladislaus Johann Willibald Alfred	Königsberg i. Pr. 1846 2. 7.	Preuße	1867 30. 8., 1872 Kreisrichter, 1879 Landrichter, 1888 LGR., 1889 Landgerichtsdirektor, 1897 LGPräs.	1899 1. 3.	1904 1. 5. in den Ruhestand, 1919 17. 10. †

Zu- und Vorname	Geburtsort, Jahr und Tag der Geburt	Staatsangehörigkeit	Tag der ersten Vereidigung Frühere Dienstverhältnisse	Beim Reichsgericht Eintritt	Beim Reichsgericht Austritt
162. **Schumann,** Franz	Lichtenfels 1844 15. 8.	Bayer	1866 14. 7., 1873 Staatsanwaltssubstitut, 1879 II. StA., 1885 LGR., 1888 StA. b. OLG., 1890 I. StA., 1892 Reichsanwalt	1899 1. 5.	1905 24. 7. †
163. **Dr. von Schwarze,** Johannes Friedrich Emmerich	Dresden 1849 26. 12.	Sachse	1874 1. 1., 1879 Amtsrichter, 1891 LGR., 1892 Landgerichtsdirektor, 1894 OLGR., 1896 LGPräs.	1899 1. 5.	1919 18. 4. †
164. **Harms,** George Julius Christian	Neumünster 1843 19. 1.	Preuße	1866 6. 11., 1871 Amtsrichter, 1877 Kreisrichter, 1879 Landrichter, 1888 LGR., 1889 OLGR.	1899 1. 5.	1909 1. 1. in den Ruhestand, 1914 18. 6. †
165. **Dr. Tändler,** August Robert	Ebenheit bei Pirna 1850 30. 4.	Sachse	1877 1. 7., 1879 Amtsrichter, 1882 LGR., 1889 Landgerichtsdirektor, 1894 OLGR.	1899 1. 5.	1902 21. 3. †
166. **Hofmann,** Georg Wilhelm	Landau i. d. Pfalz 1846 17. 10.	Bayer	1868 23. 10., 1879 Amtsrichter, 1883 LGR., 1895 OLGR.	1899 1. 5.,	1913 1. 11. in den Ruhestand, 1923 25. 3. †
167. **Dr. Hagens,** Diedrich Alfred	vgl. B 45			1899 1. 5., 1919 1. 2. Senatspräsident	
168. **Schneider,** Ernst Heinrich Paul	Obernzenn Bezirksamt Uffenheim in Bayern 1846 16. 2.	Bayer	1867 31. 10., 1879 Amtsrichter, 1886 LGR., 1897 OLGR.	1899 1. 5.	1914 1. 2. in den Ruhestand, 1914 2. 6. †
169. **Miltner,** Ferdinand	Fürth i. B. 1856 5. 7.	Bayer	1879 21. 8., 1885 Amtsrichter, 1890 II. StA., 1894 LGR., 1897 I. StA., 1899 RegR. im JustMin.	1899 1. 5.	1902 1. 12. behufs Rücktritts in den bayr. Justizdienst als Staatsminister der Justiz

Zu- und Vorname	Geburtsort, Jahr und Tag der Geburt	Staatsangehörigkeit	Tag der ersten Vereidigung Frühere Dienstverhältnisse	Beim Reichsgericht Eintritt	Beim Reichsgericht Austritt
170. **Blume,** Karl Eduard	Halberstadt 1847 25. 7.	Preuße	1869 28. 5., 1874 Kreisrichter, 1879 Amtsrichter, 1880 StA., 1890 I. StA.	1899 1. 6.	1909 19. 6. †
171. **Dumreicher,** Karl August Gustav	Pinneberg bei Altona 1842 27. 3.	Preuße	1865 20. 5., 1870 Amtsrichter, 1885 Landrichter, 1886 Landgerichtsdirektor	1899 1. 7.	1907 1. 6. in den Ruhestand, 1920 14. 6. †
172. **von Pelargus,** Rudolf Oskar Wladimir	vgl. B 39			1899 24. 10., 1910 1. 11. Senatspräsident	
173. **Dr. Peters,** Friedrich Albert Emil Willibald	Düben Kreis Bitterfeld 1847 19. 11.	Preuße	1870 19. 7., 1876 Kreisrichter, 1879 Amtsrichter, 1888 Amtsgerichtsrat, 1890 LGR., 1892 KGR.	1900 1. 1.	1914 1. 10. in den Ruhestand, 1926 11. 1. †
174. **Dr. Sabarth,** Benno Friedrich	Königsberg i. Pr. 1849 16. 11.	Preuße	1869 28. 5., 1875 Amtsrichter, 1883 Landrichter, 1888 LGR., 1891 OLGR., 1894 Landgerichtsdirektor	1900 1. 1.	1923 1. 12. in den Ruhestand
175. **Müller,** Karl Eduard Mauritius	Herrischried in Baden 1854 22. 9.	Badener	1880 20. 1., 1884 Amtsrichter, 1890 Oberamtsrichter, 1891 LGR., 1896 OLGR.	1900 1. 3.	1908 4. 9. †
176. **Heinemann,** Maximilian Theodor	Bischofsburg in Ostpreußen 1840 24. 12.	Preuße	1862 24. 9., 1872 Staatsanwaltsgehilfe, 1879 StA., 1886 I. StA., 1894 OLGR., 1896 Reichsanwalt	1900 1. 6.	1911 1. 11. in den Ruhestand, 1924 19. 2. †
177. **Stock,** Paul Friedrich Max	Breslau 1848 16. 1.	Preuße	1869 23. 11., 1874 Kreisrichter, 1879 Landrichter, 1889 LGR., 1892 KGR.	1900 1. 6.	1910 18. 3. †
178. **Schraub,** Karl Wilhelm Eduard Adolf	Kassel 1847 27. 2.	Hanseate	1869 16. 10., 1876 Kreisrichter, 1879 Amtsrichter, 1888 LGR. (in Altona), 1890 Landrichter (in Hamburg), 1894 OLGR.	1900 1. 6.	1912 1. 11. in den Ruhestand, 1917 28. 10. †
179. **Dr. Sprecher von Bernegg,** Anton Adolf Christoph	Chur (Schweiz) 1849 2. 10.	Preuße	1874 9. 5., 1880 Amtsrichter, 1885 Landrichter, 1893 LGR., 1893 OLGR.	1900 1. 10.	1911 1. 10. in den Ruhestand, 1915 9. 6. †

Zu- und Vorname	Geburtsort, Jahr und Tag der Geburt	Staatsangehörigkeit	Tag der ersten Vereidigung Frühere Dienstverhältnisse	Beim Reichsgericht	
				Eintritt	Austritt
180. **Dr. Wanjeck,** Ewald	Ratibor 1846 28. 9.	Preuße	1869 19. 6., 1875 Kreisrichter, 1879 Amtsrichter, 1882 Landrichter, 1886 Amtsrichter, 1888 Amtsgerichtsrat, 1892 Landgerichtsdirektor	1900 1. 10.	1920 1. 1. in den Ruhestand, 1925 2. 10. †
181. **Goecke,** Karl Barthold Albert	Paderborn 1844 23. 8.	Preuße	1866 13. 11., 1872 Kreisrichter, 1879 Amtsrichter, 1881 Landrichter, 1888 LGR., 1891 OLGR., 1900 Senatspräs. beim OLG.	1900 1. 11.	1906 3. 12. †
182. **Dr. Peez,** Ernst Heinrich	Mainz 1846 14. 12.	Elsaß-Lothringer	1867 15. 6. (in Hessen-Darmstadt), 1871 Staatsprokurator (in Elſ.-Lothr.), 1879 Landrichter, 1880 LGR., 1890 OLGR.	1900 1. 11.	1912 1. 1. in den Ruhestand, 1923 5. 2. †
183. **Unger,** Wilhelm Heinrich Karl Alfons	Lenzerwische (Westpriegnitz) 1849 8. 3.	Preuße	1872 29. 10., 1877 Staatsanwaltsgehilfe, 1879 StA., 1893 I. StA.	1900 1. 11.	1909 1. 2. in den Ruhestand, 1910 29. 1. †
184. **Klein,** Max	Augsburg 1845 11. 9.	Bayer	im Jahre 1868, 1879 Amtsrichter, 1886 LGR., 1897 OLGR.	1901 1. 1.	1910 6. 8. †
185. **Thöl,** Georg Heinrich	Rostock 1845 10. 1.	Preuße	1867 28. 1., 1874 Amtsrichter, 1876 Obergerichtsassessor, 1879 Landrichter, 1888 LGR., 1892 OLGR.	1901 1. 4.	1909 28. 5. †
186. **Boele,** Wilhelm Klemens Maria	Münster 1843 18. 11.	Preuße	1864 19. 9., 1871 Kreisrichter, 1879 Amtsrichter, 1888 Amtsgerichtsrat, 1889 OLGR., 1897 LGPräs.	1901 1. 10.	1912 1. 10. in den Ruhestand, 1919 13. 4. †
187. **Henderichs,** Karl Maria	Bensberg 1848 24. 3.	Preuße	1870 12. 9., 1875 Friedensrichter, 1879 Amtsrichter, 1885 Landrichter, 1889 LGR., 1893 OLGR.	1901 1. 11.	1919 1. 2. in den Ruhestand
188. **von Eschstruth,** Philipp Heinrich Rudolf Ernst Adolf	Rinteln (Grafschaft Schaumburg) 1846 26. 1.	Preuße	1868 18. 6., 1874 Kreisrichter, 1879 Amtsrichter, 1881 Landrichter, 1888 LGR., 1890 OLGR.	1902 1. 2.	1912 1. 10. in den Ruhestand, 1916 18. 7. †
189. **Richter,** Karl Franz Albert	Memel 1847 16. 12.	Preuße	1870 17. 8., 1876 Kreisrichter, 1879 Amtsrichter, 1885 Landrichter, 1889 LGR., 1893 KGR.	1902 15. 2.	1913 1. 9. in den Ruhestand

Zu- und Vorname	Geburtsort, Jahr und Tag der Geburt	Staatsangehörigkeit	Tag der ersten Vereidigung Frühere Dienstverhältnisse	Beim Reichsgericht Eintritt	Beim Reichsgericht Austritt
190. **Dr. Ebermayer,** Ludwig	vgl. B 44			1902 1. 4., 1918 1. 11. Senatspräsident	
191. **Predari,** Karl Eduard Cäsar	vgl. B 42			1902 27. 5., 1914 1. 4. Senatspräsident	
192. **Hoffmann,** Georg Theodor	Rochsburg 1848 17. 11.	Sachse	1872 2. 9., 1879 LGR., 1884 Amtsrichter, 1888 Landgerichtsdirektor	1902 1. 6.	1914 1. 4. in den Ruhestand, 1919 12. 2. †
193. **Dr. Krantz,** Ernst Ludwig	Werdenberg (Ostpreußen) 1851 21. 12.	Preuße	1873 6. 6., 1878 Rechtsanwalt und Notar, 1895 Rechtsanwalt beim Reichsgericht	1902 1. 7.	1918 2. 6. †
194. **Dr. Düringer,** Adalbert	Mannheim 1855 11. 8.	Badener	1880 24. 1., 1884 Amtsrichter, 1890 Oberamtsrichter, 1890 LGR., 1897 OLGR., 1900 MinR. im bad. JustMin.	1902 1. 7.	1915 16. 10. Oberlandesgerichtspräsident in Karlsruhe, bis 9. 11. 1918 bad. Justizminister 1924 Sept. †
195. **Wundsch,** Johann Karl Philipp	Barent bei Dirschau 1850 23. 1.	Preuße	1871 6. 1., 1875 Kreisrichter, 1879 Amtsrichter, 1887 Landrichter, 1889 LGR., 1893 OLGR.	1902 1. 10.	1904 1. 3. in den Ruhestand, †
196. **Schaffeld,** Ferdinand Bernhard	Erfurt 1851 27. 1.	Preuße	1872 22. 11., 1878 Kreisrichter, 1879 Amtsrichter, 1881 Landrichter, 1891 LGR., 1893 OLGR.	1902 1. 11.	1923 1. 12. in den Ruhestand, 1924 24. 8. †
197. **Maenner,** Karl Ludwig	Merzalben, Bezirksamt Pirmasens (Rheinpfalz) 1850 11. 11.	Bayer	1874 18. 9., 1878 Polizeianwalt, 1879 III. StA., 1882 Amtsrichter, 1882 II. StA., 1887 LGR., 1897 StA. beim OLG., 1897 OLGR., 1902 LGPräs.	1902 15. 12.	1916 1. 1. in den Ruhestand, 1927 18. 9. †

Zu- und Vorname	Geburtsort, Jahr und Tag der Geburt	Staatsangehörigkeit	Tag der ersten Vereidigung Frühere Dienstverhältnisse	Beim Reichsgericht Eintritt	Beim Reichsgericht Austritt
198. **Specht,** Ernst August Felix	Fraustadt (Provinz Posen) 1850 14. 2.	Preuße	1872 13. 2., 1877 Kreisrichter, 1879 Amtsrichter, 1881 Landrichter, 1890 LGR., 1893 KGR.	1903 26. 1.	1922 1. 5. in den Ruhestand
199. **von Lödel,** Karl Eduard	Ulm a. d. Donau 1848 30. 10.	Württemberger	1873 3. 1., 1876 Justizassessor, 1881 Hilfsstaatsanwalt, 1883 StA., 1894 I. StA., 1900 OLGR.	1903 1. 4.	1914 1. 10. in den Ruhestand, 1923 10. 4. †
200. **Dr. Stoeckel,** Heinrich Leopold Moritz Ernst	vgl. B 46			1903 1. 6., 1919 1. 4. Senatspräsident	
201. **Dr. Bernhardi,** Heinrich Reinhard August Engelhard	Kassel 1848 27. 9.	Preuße	1868 10. 10., 1874 Kreisrichter, 1877 Amtsrichter, 1883 StA., 1889 I. StA., 1899 LGPräs.	1903 1. 7.	1914 1. 1. in den Ruhestand, 1927 11. 7. †
202. **Behringer,** Wilhelm	Oberschönegg 1853 11. 12.	Bayer	1876 3. 11., 1882 III. StA., 1884 Amtsrichter, 1889 II. StA., 1893 LGR., 1899 I. StA., 1902 Landgerichtsdirektor	1903 1. 11.	1923 1. 12. in den Ruhestand
203. **Berendes,** Heinrich Adolf	Eilenburg (Kr. Delitzsch) 1848 27. 5.	Preuße	1869 22. 7., 1880 StA., 1882 Landrichter, 1890 LGR., 1894 OLGR.	1903 1. 12.	1920 1. 1. in den Ruhestand
204. **Mitschke,** Kasimir Heinrich Alfred Eduard	Krotoschin 1847 30. 10.	Preuße	1868 27. 11., 1874 Kreisrichter, 1879 Amtsrichter, 1888 Amtsgerichtsrat, 1890 LGR., 1893 OLGR.	1904 1. 1.	1905 1. 2. in den Ruhestand, 1905 1. 11. †
205. **Eichelbaum,** Julius Jakob	Insterburg 1850 5. 4.	Preuße	1872 1. 11., 1878 Kreisrichter, 1883 Amtsrichter, 1890 Landrichter, 1891 LGR., 1894 KGR.	1904 1. 3.	1920 1. 1. in den Ruhestand, 1921 22. 7. †
206. **Erler,** Alexander Julius	Osterode 1846 19. 5.	Preuße	1869 23. 6., 1874 Kreisrichter, 1879 Amtsrichter, 1888 Amtsgerichtsrat, 1891 LGR., 1893 OLGR.	1904 1. 5.	1914 1. 1. in den Ruhestand

Zu- und Vorname	Geburtsort, Jahr und Tag der Geburt	Staatsangehörigkeit	Tag der ersten Vereidigung Frühere Dienstverhältnisse	Beim Reichsgericht Eintritt	Beim Reichsgericht Austritt
207. **Dr. Rohde,** Max Ludwig	Eldena (Kreis Greifswald) 1850 3. 9.	Preuße	1873 24. 5., 1878 Kreisrichter, 1879 Amtsrichter, 1890 Landrichter, 1892 LGR., 1894 OLGR., 1902 LGPräs.	1904 1. 10.	1917 1. 1. in den Ruhestand
208. **Suntheim,** Christian August Karl Friedrich	Falkenberg bei Homburg 1849 18. 2.	Preuße	1872 4. 7., 1878 Amtsrichter, 1887 Landrichter, 1890 LGR., 1896 OLGR.	1904 1. 10.	1914 1. 4. in den Ruhestand, 1927 24. 3. †
209. **Dr. Koenige,** Heinrich Josef Jakob	vgl. B 47			1904 1. 11. 1919 1. 7., Senatspräsident	
210. **Zaeschmar,** Georg Carl Sylvius Adam	Breslau 1852 20. 4.	Preuße	1876 5. 9., 1881 Ständiger Hilfsarb. bei der StA., 1883 StA., 1895 Rat IV. Kl., 1898 StARat und OLGR., 1900 Hilfsarb. bei der Reichsanwaltschaft	1905 1. 2.	1920 1. 1. in den Ruhestand
211. **Grimm,** Valentin	Kleinrinderfeld b. Würzburg 1850 13. 4.	Bayer	1873 29. 10., 1879 III. StA., 1881 Amtsrichter, 1887 II. StA., 1891 LGR., 1898 I. StA., 1900 OLGR.	1905 1. 11.	1917 1. 7. in den Ruhestand
212. **Dr. von Romeick,** Karl Rudolf	Ackmenischken Kr. Heydekrug 1855 26. 9.	Preuße	1878 13. 7., 1881 Rechtsanwalt, 1885 Amtsrichter, 1888 Landrichter, 1896 StA., 1898 LGR., 1903 OLGR.	1905 1. 11.	1923 1. 12. in den Ruhestand
213. **Dr. Schmidt,** Carl Ludwig Theodor Heinrich	vgl. B 48			1905 17. 11., 1921 1. 4. Senatspräsident	
214. **Dr. Hoerner,** Friedrich Hugo Hermann	Zembcow Kr. Adelnau 1851 9. 1.	Preuße	1874 2. 1., 1878 Kreisrichter, 1879 Amtsrichter, 1890 Landrichter, 1892 LGR., 1895 OLGR.	1906 1. 1.	1923 1. 5. in den Ruhestand
215. **Kiehl,** Johannes Georg	Jucha Kreis Lyck 1851 12. 4.	Preuße	1873 18. 7., 1879 Kreisrichter und Amtsrichter, 1891 Landrichter, 1892 LGR., 1895 OLGR., 1899 KGR.	1906 8. 2.	1922 1. 5. in den Ruhestand, 1926 30. 9. †

Zu- und Vorname	Geburtsort, Jahr und Tag der Geburt	Staatsangehörigkeit	Tag der ersten Vereidigung Frühere Dienstverhältnisse	Beim Reichsgericht Eintritt	Beim Reichsgericht Austritt
216. **Dr. Wulfert,** Friedrich Karl Ludwig	Sobernheim 1857 14. 5.	Sachse	1879 3. 10., 1887 LGR., 1897 Landgerichtsdirektor, 1898 OLGR.	1906 1. 4.	1915 1. 1. in den Ruhestand, 1915 29. 5. †
217. **Meyer,** Theodor	Edenkoben 1853 2. 9.	Bayer	1876 1. 11., 1880 Amtsanwalt, 1887 III. StA., 1889 Amtsrichter, 1890 II. StA., 1891 LGR., 1898 StA. beim OLG., 1901 OLGR.	1906 1. 4.	1923 1. 12. in den Ruhestand
218. **Wiebe,** Adolf	Berlin 1856 12. 11.	Preuße	1878 10. 7., 1888 StA., 1898 StARat, 1899 GehJR. und Vortr. Rat im JustMin., 1903 GehOJR.	1906 17. 4.	1924 1. 10. in den Ruhestand
219. **Schaefer,** Hermann	Nördlingen 1857 8. 9.	Bayer	1880 1. 10., 1884 III. StA., 1885 Amtsrichter, 1891 II. StA., 1895 LGR., 1900 StA. beim OLG., 1901 I. StA. im JustMin. und RegR., 1903 ORegR.	1906 17. 4.	1908 5. 8. †
220. **Scholder,** Richard Paul Gustav	Glesien Kreis Delitzsch 1852 10. 2.	Preuße	1874 13. 11., 1880 Amtsrichter, 1889 Landrichter, 1893 LGR., 1896 OLGR.	1906 17. 4.	1917 1. 3. in den Ruhestand
221. **Althaus,** Richard	Medebach, Kreis Brilon 1852 9. 3.	Preuße	1874 9. 12., 1883 Amtsrichter, 1893 Amtsgerichtsrat, 1896 KGR.	1906 17. 4.	1919 1. 1. in den Ruhestand
222. **Dr. Paul,** Karl Friedrich	Sebnitz 1856 8. 11.	Sachse	1880 1. 10., 1888 LGR., 1899 Landgerichtsdirektor, 1900 OLGR.	1906 17. 4.	1925 1. 1. in den Ruhestand
223. **Dr. Ebbecke,** Paul August Julius	Quedlinburg 1853 22. 6.	Preuße	1874 9. 6., 1881 Amtsrichter, 1889 Landrichter, 1894 LGR., 1897 KGR.	1906 16. 9.	1923 1. 4. in den Ruhestand, 1928 5. 3. †
224. **Fuchs,** August Edmund	Duisburg 1849 18. 12.	Sachse	1876 25. 4., 1881 LGR., 1890 Amtsrichter und LGR., 1893 Landgerichtsdirektor, 1902 LGPräs.	1906 1. 10.	1919 1. 5. in den Ruhestand
225. **Ruffmann,** Eduard Hermann Karl	Mohrungen 1852 5. 6.	Preuße	1875 30. 6., 1880 Amtsrichter, 1885 Landrichter, 1894 LGR., 1895 Amtsgerichtsrat, 1897 OLGR.	1906 22. 10.	1919 1. 2. in den Ruhestand

Zu- und Vorname	Geburtsort, Jahr und Tag der Geburt	Staatsangehörigkeit	Tag der ersten Vereidigung Frühere Dienstverhältnisse	Beim Reichsgericht Eintritt	Austritt
226. **Haas,** Carl Johannes	Schlötenitz b. Stargard in Pommern 1851 5. 10.	Preuße	1875 27. 11., 1881 Landrichter, 1894 LGR., 1898 OLGR.	1906 23. 10.	1908 29. 1. †
227. **Dr. von Metzen,** Johann Jakob	Koblenz 1851 8. 7.	Preuße	1873 9. 6., 1878 Friedensrichter, 1879 Amtsrichter, 1887 Landrichter, 1890 LGR., 1902 OLGR., 1905 Landgerichtsdirektor.	1906 1. 11.	1915 5. 4. †
228. **Kaftan,** Moritz	Kempen Prov. Posen 1850 14. 6.	Preuße	1872 2. 9., 1878 Kreisrichter, 1879 Amtsrichter, 1889 Landrichter, 1891 LGR., 1894 OLGR., 1906 GJR.	1906 1. 12.	1917 12. 10. †
229. **Hetzell,** Paul Johannes Heinrich	Königsberg N.-M. 1851 9. 3.	Preuße	1873 5. 11., 1879 Kreisrichter u. Amtsrichter, 1893 Landrichter u. LGR., 1896 KGR.	1907 1. 1.	1921 1. 4. in den Ruhestand, 1922 31. 8. †
230. **Dr. Busch,** Eduard Louis	Birkenstrauch Kreis Ragnit 1854 24. 10.	Preuße	1876 1. 11., 1882 Amtsrichter, 1884 Landrichter, 1895 LGR., 1898 KGR.	1907 16. 1.	1923 1. 12 in den Ruhestand
231. **Dr. Porzig,** Max	Hohenkirchen Kreis Zeitz 1865 13. 10.	Thüringer	1889 6. 2., 1896 Landrichter, 1899 OLGR.	1907 1. 3.	1910 6. 8. †
232. **Offenberg,** Richard	Münster 1854 10. 5.	Preuße	1875 8. 11., 1884 Amtsrichter, 1894 Landrichter u. LGR., 1898 Landgerichtsdirektor	1907 1. 3.	1910 23. 4. †
233. **Dr. Oppermann,** Bernhard	Berlin 1853 23. 7.	Preuße	1876 12. 1., 1886 StA., 1900 Landgerichtsdirektor	1907 1. 6.	1917 23. 8. †
234. **Ungewitter,** Sigismund Karl Hermann	Eschwege 1853 14. 11.	Preuße	1876 12. 8., 1884 Amtsrichter, 1894 Landrichter, 1896 LGR., 1899 OLGR.	1907 1. 6.	1922 1. 10. in den Ruhestand, 1925 6. 8. †
235. **Cornelius,** Henry Karl Eduard	Memel 1855 10. 8.	Preuße	1876 6. 12., 1885 StA., 1893 Landrichter, 1896 LGR., 1900 OLGR.	1907 1. 6.	1923 1. 12. in den Ruhestand
236. **Burlage,** Heinrich Eduard	Huckelrieden (Oldenburg) 1857 25. 11.	Oldenburger	1884 1. 8., 1887 Amtsrichter, 1896 Oberamtsrichter, 1898 LGR., 1903 OLGR.	1907 1. 6.	1921 19. 8. †

Zu- und Vorname	Geburtsort, Jahr und Tag der Geburt	Staatsangehörigkeit	Tag der ersten Vereidigung Frühere Dienstverhältnisse	Beim Reichsgericht Eintritt	Beim Reichsgericht Austritt
237. **Dr. Mansfeld,** Max Emil Richard	vgl. B 51			1907 1. 6., 1922 1. 10. Senatspräsident	
238. **Backs,** Heinrich Ernst Moritz	Keuschberg Kreis Merseburg 1853 16. 12.	Preuße	1875 20. 2., 1881 Amtsrichter, 1894 Amtsgerichtsrat u. LGR., 1898 OLGR.	1907 21. 10.	1923 1. 12. in den Ruhestand
239. **Heynacher,** Ernst	Mewe Kreis Marienwerder 1854 20. 1.	Preuße	1876 19. 1., 1881 Amtsrichter, 1891 Landrichter, 1894 LGR., 1898 OLGR.	1908 26. 2.	1919 1. 2. in den Ruhestand, 1925 9. 9. †
240. **Schmitt,** Gottfried	München 1865 8. 12.	Bayer	1887 1. 9., 1891 Amtsrichter, 1895 II. StA., 1898 LGR., 1899 I. StA., 1901 RegR. im JustMin., 1903 Oberregierungsrat	1908 1. 11.	1919 10. 3. †
241. **Dr. Heydweiller,** Ernst Friedrich Karl	Kork Amt Kehl 1860 21. 2.	Badener	1883 27. 12., 1889 Amtsrichter, 1893 Oberamtsrichter, 1894 LGR., 1900 OLGR.	1908 31. 10.	1928 1. 6. in den Ruhestand
242. **Reiff,** Franz Ludwig	Beckum i. W. 1856 11. 2.	Preuße	1875 30. 10., 1884 Amtsrichter, 1892 Landrichter, 1894 LGR., 1899 OLGR.	1909 1. 1.	1919 1. 9. Oberlandesgerichtspräsident in Hamm i. W. jetzt in R.
243. **Ditzen,** Georg Wilhelm Heinrich	Malgarten Kreis Vörden 1852 5. 8.	Preuße	1877 24. 10., 1886 Amtsrichter, 1890 Landrichter, 1896 LGR., 1899 KGR.	1909 1. 2.	1918 1. 3. in den Ruhestand
244. **Dr. Neukamp,** Ernst	Soest 1852 8. 9.	Preuße	1874 9. 11., 1882 Amtsrichter, 1893 Amtsgerichtsrat 1897 Landrichter mit dem Charakter als LGR., 1900 OLGR.	1909 16. 5.	1919 6. 2. †
245. **Conrad,** Ernst Otto	Posen 1858 25. 3.	Preuße	1880 28. 1., 1890 StA., 1899 StARat, 1902 Vertreter d. OStA. mit d. Titel I. StA., 1905 I. StA.	1909 1. 7.	1926 1. 7. in den Ruhestand
246. **Dr. Ackermann,** Paul Hermann Ferdinand	Königsberg i. Pr. 1853 16. 9.	Preuße	1878 23. 10., 1886 Amtsrichter, 1892 Landrichter, 1898 LGR., 1900 OLGR.	1909 1. 10.	1915 15. 9. †

Zu- und Vorname	Geburtsort, Jahr und Tag der Geburt	Staatsangehörigkeit	Tag der ersten Vereidigung Frühere Dienstverhältnisse	Beim Reichsgericht Eintritt	Austritt
247. **Simonson,** Albert Siegmund	Berlin 1854 14. 6.	Preuße	1876 26. 7., 1887 Amtsrichter, 1895 Amtsgerichtsrat, 1898 LGR., 1900 OLGR.	1909 1. 11.	1923 1. 12. in den Ruhestand
248. Dr. **Strecker,** Georg Dietrich Otto	vgl. B 53			1909 25. 11., 1924 1. 5. Senatspräsident	
249. Dr. **Heyer,** Hermann Heinrich Gustav Rudolf	vgl. B 56			1910 1. 2., 1924 1. 8. Senatspräsident	
250. **Dürr,** Ludwig Peter	Rastatt 1852 11. 7.	Badener	1876 3. 1., 1879 Amtsrichter u. StA. mit Rang als Landgerichtsassessor, 1887 LGR., 1897 Landgerichtsdirektor	1910 1. 1.	1917 1. 9. in den Ruhestand
251. Dr. **Bewer,** Rudolf Heinrich Leopold	Wien 1855 14. 11.	Preuße	1880 23. 2., 1889 Amtsrichter, 1894 Landrichter, 1899 LGR., 1902 OLGR.	1910 1. 2.	1924 1. 1. in den Ruhestand
252. Dr. **Hankel,** Paul Joseph	Esperstedt b. Frankenhausen 1856 15. 12.	Preuße	1881 21. 1., 1892 Landrichter, 1900 LGR., 1903 OLGR.	1910 1. 3.	1925 1. 2. in den Ruhestand
253. Dr. **Pilling,** Oskar	Posen 1857 13. 6.	Preuße	1880 21. 5., 1888 Amtsrichter, 1892 Landrichter, 1899 LGR., 1903 Landgerichtsdirektor	1910 28. 4.	1911 1. 12. †
254. **Schirmacher,** Hermann	Elbing 1857 2. 7.	Preuße	1879 18. 8., 1887 Amtsrichter, 1891 Landrichter, 1899 LGR., 1904 OLGR.	1910 28. 4.	1925 18. 3. †
255. **Simon,** Ernst	Calbe a. S. 1859 16. 9.	Preuße	1881 3. 12., 1893 Amtsrichter, 1897 Landrichter, 1900 LGR., 1904 OLGR.	1910 26. 5.	1919 24. 8. †
256. Dr. **Büsing,** Wilhelm	Batavia auf Java 1854 17. 6.	Elsaß-Lothringer	1876 17. 10., 1883 Amtsrichter, 1889 StA., 1893 Rang der Räte IV. Kl., 1894 LGR., 1905 OLGR.	1910 1. 7.	1919 1. 12. in den Ruhestand
257. Dr. **Schlieben,** Friedrich Wilhelm Heinrich	Mainz 1859 24. 3.	Preuße	1881 24. 10., 1893 Amtsrichter, 1898 Landrichter, 1900 LGR., 1904 OLGR.	1910 1. 7.	1924 1. 10. in den Ruhestand

Zu- und Vorname	Geburtsort, Jahr und Tag der Geburt	Staatsangehörigkeit	Tag der ersten Vereidigung Frühere Dienstverhältnisse	Beim Reichsgericht Eintritt	Austritt
258. **Mansfeld,** Karl Friedrich Wilhelm	Hannover 1859 12. 6.	Preuße	1881 26. 7., 1891 Amtsrichter, 1900 Amtsgerichtsrat, 1903 LGR., 1904 OLGR.	1910 11. 10.	1916 3. 9. †
259. **Greuner,** Christian Heinrich Rudolf	Lobenstein 1858 19. 7.	Reuße	1882 15. 2., 1888 Amtsrichter, 1889 Landrichter, 1897 RegR. und 1. Vortr. Rat im Min., 1900 OLGR.	1910 15. 10.	1926 1. 1. in den Ruhestand, 1926 12. 10. †
260. **Tauchert,** Otto	Trabelsdorf, Bez.-Amt Bamberg 1860 4. 4.	Bayer	1882 2. 10., 1886 III. StA., 1887 Amtsrichter, 1893 II. StA., 1896 LGR., 1901 I. StA., 1903 OLGR., 1905 Landgerichtsdirektor, 1906 RegR. im JustMin., 1907 ORegR., 1909 Rat am Obersten Landesgericht	1910 10. 10.	1913 29. 9. †
261. **Fuchs,** Hermann Theodor August	Treysa 1857 23. 4.	Preuße	1878 18. 11., 1888 Amtsrichter, 1894 Landrichter, 1899 LGR., 1902 OLGR., 16. 9. 1910 Hilfsrichter beim Reichsgericht	1910 1. 11.	1918 1. 1. in den Ruhestand, 1920 21. 12. †
262. **Dr. Buff,** Friedrich Georg Karl Ludwig	Gießen 1859 19. 2.	Hesse	1880 3. 6., 1884 Amtsanwalt 1889 Amtsrichter, 1892 StA. 1896 Landrichter u. LGR., 1905 OStA., 1910 OLGR.	1911 24. 2.	1927 1. 6. in den Ruhestand
263. **Dr. Brodmann,** Karl Erich	Posen 1855 20. 3.	Hanseate	1877 25. 9., 1890 Landrichter, 1903 OLGR., 16. 9. 1910 Hilfsrichter b. Reichsgericht	1911 1. 10.	1923 1. 12. in den Ruhestand
264. **Dr. Schultz,** Reinhold Otto	Großwanzleben, Reg.-Bez. Magdeburg 1858 16. 8.	Preuße	1880 31. 8., 1892 Amtsrichter, 1899 Landrichter, 1900 LGR., 1904 OLGR.	1911 1. 11.	1926 1. 12. in den Ruhestand
265. **Dr. Lilienthal,** Karl	Steinheim, Kreis Höxter 1858 24. 6.	Preuße	1879 6. 6., 1891 Amtsrichter, 1892 Landrichter, 1899 LGR., 1904 KGR., 16. 9. 1910 Hilfsrichter beim Reichsgericht	1911 21. 12.	1926 1. 10. in den Ruhestand
266. **Dr. Lobe,** Karl Adolf			vgl. B 49	1912 1. 1., 1921 1. 4. Senatspräsident	

Zu- und Vorname	Geburtsort, Jahr und Tag der Geburt	Staatsangehörigkeit	Tag der ersten Vereidigung Frühere Dienstverhältnisse	Beim Reichsgericht Eintritt	Austritt
267. **Happich,** Ludwig Friedrich	Kirchhain, Reg.-Bez. Kassel 1858 11. 4.	Preuße	1880 14. 4., 1890 Amtsrichter, 1899 Landrichter, 1900 LGR., 1904 OLGR., 1. 11. 1910 Hilfsrichter beim Reichsgericht	1912 1. 2.	1923 1. 10. in den Ruhestand
268. **Dr. Bitter,** Franz	Aschendorf 1865 14. 1.	Preuße	1886 3. 11., 1891 Rechtsanwalt beim OLG., 1905 Notar, 1912 Justizrat	1912 12. 3. als Rechtsanwalt, 1922 1. 11. als Rat	1924 23. 5. †
269. **Keller,** Josef	Unna 1861 4. 12.	Preuße	1882 12. 6., 1892 Amtsrichter, 1901 Landrichter, 1902 LGR., 1905 OLGR., 16. 9. 1910 Hilfsrichter beim Reichsgericht	1912 1. 4.	
270. **Viereck,** Paul Friedrich Heinrich	Güstrow 1860 21. 5.	Meckl.-Schweriner	1884 9. 4., 1893 Amtsrichter, 1894 LGR., 1909 OLGR.	1912 1. 7.	1915 24. 8. †
271. **Dr. Meyer,** Wilhelm		vgl. B 54		1912 1. 10., 1924 1. 5. Senatspräsident	
272. **Dr. Rosenberg,** Ernst Paul Louis	Ruhland, Kreis Hoyerswerda 1862 27. 6.	Preuße	1883 10. 11., 1893 Amtsrichter, 1896 Landrichter, 1903 LGR., 1906 Landgerichtsdirektor, 16. 9. 1910 Hilfsrichter b. Reichsgericht	1912 17. 10.	1928 1. 1. in den Ruhestand
273. **Michaëlis,** Richard	Danzig 1856 27. 6.	Preuße und Elsaß-Lothringer	1877 10. 12., 1883 Amtsrichter, 1886 Landrichter, 1893 LGR., 1900 Amtsgerichtsrat, 1903 LGR., 1905 OLGR., 1910 GJR., 1. 1. 1912 Hilfsrichter b. Reichsgericht	1912 1. 11.	1924 1. 8. in den Ruhestand
274. **Dr. Philippi,** Friedrich Arnold	Hamburg 1859 4. 9.	Hanseate	1881 30. 9., 1885 Rechtsanwalt, 1887 Landrichter, 1899 OLGR.	1912 1. 11.	1918 1. 3. Rücktritt in den Hamburg. Staatsdienst
275. **Niedner,** Alexander		vgl. B 55		1913 16. 9., 1924 1. 5. Senatspräsident	

Zu- und Vorname	Geburtsort, Jahr und Tag der Geburt	Staatsangehörigkeit	Tag der ersten Vereidigung Frühere Dienstverhältnisse	Beim Reichsgericht Eintritt	Beim Reichsgericht Austritt
276. **Herb,** Gustav	Gersweiler bei Saarbrücken 1862 31. 3.	Bayer und Preuße	1883 29. 10., 1889 III. StA. und Amtsrichter, 1894 II. StA., 1897 LGR., 1904 I. StA., 1910 OLGR., 16. 9. 1910 Hilfsrichter beim Reichsgericht	1913 1. 11.	
277. **Oegg,** Friedrich Wilhelm Eugen Philipp	vgl. B 57			1913 5. 11., 1925 1. 3. Senatspräsident	
278. **Niederstein,** Carl Wilhelm	Lüdenscheid 1864 11. 1.	Preuße	1886 13. 11., 1897 Landrichter, 1906 LGR. u. KGR., 1. 5. 1912 Hilfsrichter beim Reichsgericht	1914 1. 1.	1922 1. 11. †
279. **Arndts,** Franz Heinrich	vgl. B 58			1914 1. 1., 1925 4. 12. Senatspräsident	
280. **Kreß,** Karl Emil	Heilbronn 1860 29. 9.	Württemberger	1886 11. 1., 1895 Landrichter, 1903 LGR., 1908 OLGR., 16. 9. 1910 Hilfsrichter beim Reichsgericht	1914 1. 2.	1922 24. 3. †
281. **Dr. Gunkel,** Karl August	Lüneburg 1864 27. 5.	Preuße	1888 16. 4., 1899 Landrichter, 1906 LGR., 1907 OLGR., 4. 11. 1912 Hilfsrichter beim Reichsgericht	1914 1. 4.	
282. **Dr. Staffel,** Heinrich August Walter	Münchenbernsdorf (Sachsen-Weimar) 1861 24. 12.	Sachse	1885 26. 3., 1892 Landrichter, 1902 Landgerichtsdirektor, 1903 OLGR., 1913 Vortr. Rat im JustMin.	1914 1. 4.	
283. **Reichert,** Josef Max	vgl. B 59			1914 1. 4., 1926 15. 1. Senatspräsident	
284. **Dr. Flad,** Friedrich Ferdinand Max Ernst Adolf	vgl. B 61			1914 1. 4., 1927 15. 6. Senatspräsident	

Zu- und Vorname	Geburtsort, Jahr und Tag der Geburt	Staatsangehörigkeit	Tag der ersten Vereidigung Frühere Dienstverhältnisse	Beim Reichsgericht Eintritt	Beim Reichsgericht Austritt
285. **Katluhn,** Julius Franz	vgl. B 60			1914 1. 4., 1926 19. 4. Senatspräsident	
286. **Westphal,** Carl Bruno Johannes	Düsseldorf 1860 22. 5.	Preuße und Hanseate	1881 28. 7., 1891 Amtsrichter, 1894 Landrichter, 1905 Landgerichtsdirektor, 1906 OLGR., 6. 11. 1912 Hilfsrichter b. Reichsgericht	1914 1. 4.	1916 13. 2. †
287. **Dr. Heinze,** Karl Rudolf	Oldenburg 1865 22. 7.	Sachse	1887 23. 3., 1896 Amtsrichter, 1901 Landrichter, 1905 LGR., 1906 Landgerichtsdirektor, 1912 Hilfsarbeiter bei der Reichsanwaltschaft	1914 6. 6.	1918 1. 7. sächs. Minister der Justiz
288. **Dr. Picot,** Karl	Schwäb.-Hall 1863 3. 10.	Württemberger	1887 4. 1., 1893 Amtsrichter, 1896 Landrichter, 1903 LGR., 1911 OLGR.	1914 1. 10.	
289. **Dr. Kleine,** Lucian Ernst Alexander	Wreschen, Prov. Posen 1861 19. 10.	Preuße	1882 15. 6., 1895 StA., 1901 StARat, 1905 KGR., 1914 GJR.	1914 1. 10.	
290. **Dr. von Feilitzsch,** Heinrich Klemens	Schandau 1856 9. 4.	Sachse	1880 1. 3., 1888 Amtsrichter, 1895 LGR., 1899 Landgerichtsdirektor, 1904 OLGR., 1912 GJR.	1915 1. 1.	1924 1. 6. in den Ruhestand
291. **Dr. Rosenberg,** Werner	Ruhland, Kreis Hoyerswerda 1859 19. 4.	Elsaß-Lothringer	1881 16. 5., 1888 Amtsrichter, 1890 StA., 1897 Landrichter, 1899 StARat, 1904 LGR., 1908 OLGR., 1912 Landgerichtsdirektor	1915 1. 10.	1927 16. 5. in den Ruhestand
292. **Dr. Czolbe,** Felix	Elbing (Westpr.) 1863 16. 1.	Preuße	1884 8. 8., 1896 Landrichter, 1906 LGR., 1907 OLGR., 9. 11. 1912 bis 30. 9. 1913 Hilfsrichter beim Reichsgericht	1915 16. 10.	
293. **Witt,** Wilhelm Heinrich Karl	vgl. B 64			1915 18. 10., 1928 1. 10. Senatspräsident	
294. **Oelschlaeger,** Max Ferdinand Rudolf	Stettin 1861 18. 8.	Preuße	1884 22. 1., 1896 StA., 1904 StARat, 1907 KGR.	1916 1. 1.	

Zu- und Vorname	Geburtsort, Jahr und Tag der Geburt	Staatsangehörigkeit	Tag der ersten Vereidigung Frühere Dienstverhältnisse	Beim Reichsgericht Eintritt	Austritt
295. **Heldrich,** Albrecht	Kronach 1862 13. 10.	Bayer	1885 1. 8., 1890 Amtsrichter, 1896 II. StA., 1898 Rat am LG., 1906 I. StA., 1910 OLGR.	1916 1. 1.	1928 16. 9. in den Ruhestand, 1928 28. 9. †
296. **Mentzel,** Franz Friedrich	vgl. B 63			1917 1. 7., 1928 1. 4. Senatspräsident	
297. **von Kienitz,** Friedrich Wilhelm Conrad	Eisleben 1865 6. 10.	Preuße	1888 30. 11., 1896 Amtsrichter, 1903 Landrichter, 1907 LGR., 1909 OLGR.	1917 1. 7.	
298. **Schliewen,** Ernst	Gumbinnen 1867 20. 10.	Preuße	1888 12. 6., 1897 Amtsrichter, 1899 Landrichter, 1907 LGR., 1908 OLGR., 1918 GJR.	1917 24. 9.	
299. **Müller,** Karl Adolf	Kusel (Pfalz) 1866 10. 7.	Bayer	1888 1. 9., 1895 III. StA., 1896 Amtsrichter, 1898 II. StA. und LGR., 1906 I. StA., 1910 OLGR.	1917 24. 9.	
300. **Dr. Pietzcker,** Eduard	Hamburg 1862 20. 6.	Hanseate	1885 14. 8., 1891 Landrichter, 1907 Landgerichtsdirektor	1917 24. 9.	1928 15. 6. in den Ruhestand
301. **Bucherer,** Karl Jakob Ludwig	Lahr 1865 18. 3.	Badener	1889 23. 4., 1894 Amtsrichter, 1899 LGR., 1910 OLGR.	1917 1. 11.	1925 6. 8. †
302. **Lorenz,** Karl Hermann Otto	vgl. B 62			1917 1. 11., 1928 1. 2. Senatspräsident	
303. **Dr. Becker,** August	Hannover 1864 26. 3.	Preuße	1889 29. 10., 1904 Amtsrichter, 1905 Landrichter, 1908 LGR., 1909 OLGR.	1918 1. 1.	1920 1. 1. Landgerichtspräsident in Hannover
304. **Dr. David,** Alfons	vgl. B 65			1918 1. 2., 1929 1. 1. Senatspräsident	

Zu- und Vorname	Geburtsort, Jahr und Tag der Geburt	Staatsangehörigkeit	Tag der ersten Vereidigung Frühere Dienstverhältnisse	Beim Reichsgericht Eintritt	Beim Reichsgericht Austritt
305. **Dr. Schultheis,** Rudolf	Fulda 1865 20. 10.	Preuße	1887 19. 12., 1897 Amtsrichter, 1907 Landrichter und LGR., 1908 OLGR. 1917 GJR.	1918 1. 3.	1924 1. 10. in den Ruhestand
306. **Dr. Schaps,** Georg	Breslau 1867 11. 5.	Preuße und Hanseate	1888 9. 1., 1894 Amtsrichter, 1897 Landrichter, 1901 Amtsrichter, 1906 Landrichter, 1910 OLGR., 1918 Landgerichtsdirektor	1918 1. 3.	1918 22. 8. †
307. **Clasen,** Peter	Köln 1866 24. 9.	Preuße	1889 2. 12., 1902 Amtsrichter, 1908 Amtsgerichtsrat, 1909 OLGR., 1918 GJR.	1918 1. 10.	
308. **Doehn,** Bruno Robert Feodor Alexander	Dresden 1866 24. 7.	Sachse	1889 1. 8., 1899 Amtsrichter, 1908 LGR., 1910 OLGR., 1914 Hilfsarbeiter bei der Reichsanwaltschaft	1918 1. 10.	1924 10. 12. †
309. **Gündel,** Paul Johannes	Leipzig 1872 20. 2.	Sachse	1895 23. 9., 1902 Landrichter, 1909 Amtsgerichtsrat, 1913 StA., 1914 GRegR. und Vortr. Rat im RJA., 1918 GORegR.	1918 1. 11.	
310. **Rosenthal,** Max Ludwig Alfred	Glogau 1868 18. 1.	Preuße	1890 24. 11., 1900 StA., 1909 Landrichter und LGR., 1911 Landgerichtsdirektor	1918 16. 11.	
311. **Dr. Asten,** Paul	Hamburg 1861 10. 7.	Hanseate	1883 7. 12., 1891 Amtsrichter, 1900 Landrichter, 1906 OLGR.	1918 19. 11.	1925 24. 7. †
312. **Dr. Nieland,** Ludwig	Münden 1867 27. 9.	Hanseate	1892 29. 3., 1897 Rechtsanwalt, 1900 Amtsrichter, 1907 Landrichter, 1912 OLGR.	1919 1. 2.	
313. **Stölzel,** Ernst	Steinberg b. Großalmerode 1867 20. 4.	Preuße	1889 6. 5., 1899 Amtsrichter, 1906 Landrichter, 1907 LGR., 1909 OLGR., 1918 GJR.	1919 1. 4.	
314. **Seyffarth,** Fritz	Wormditt Kreis Braunsberg 1872 12. 12.	Preuße	1892 31. 5., 1900 Landrichter, 1909 KGR., 1918 GJR.	1919 1. 4.	
315. **Dr. Freiesleben,** Karl Johannes	Leipzig 1871 4. 3.	Sachse	1894 1. 3., 1902 Landrichter, 1909 LGR., 1914 Landgerichtsdirektor, 1918 Hilfsarbeiter bei der Reichsanwaltschaft, 1919 Reichsanwalt	1928 14. 5.	

Zu- und Vorname	Geburtsort, Jahr und Tag der Geburt	Staatsangehörigkeit	Tag der ersten Vereidigung Frühere Dienstverhältnisse	Beim Reichsgericht Eintritt	Beim Reichsgericht Austritt
316. **Dr. Salinger,** Hugo	Marienwerder 1866 5. 4.	Preuße	1888 7. 7., 1898 Landrichter, 1907 LGR., 1910 OLGR.	1919 1. 5.	
317. **Freiherr von Richthofen,** Dieprand	Zabern im Elsaß 1875 15. 12.	Preuße und Thüringer	1896 13. 6., 1903 Landrichter, 1906 OLGR., 1916 GJR.	1919 1. 5.	
318. **Triebel,** Franz Robert	Preuß.-Friedland (Westpr.) 1869 25. 8.	Preuße	1892 16. 8., 1900 Amtsrichter, 1911 Amtsgerichtsrat, 1912 KGR.	1919 1. 7.	
319. **Hettner,** Franz Hermann Erich	Dresden 1863 28. 11.	Sachse	1888 1. 9., 1896 Landrichter, 1899 Amtsrichter, 1905 Amtsgerichtsrat, 1906 Landgerichtsdirektor, 1918 GJR.	1919 16. 9.	
320. **Hagemann,** Rudolf Leopold Gerhard Erich Hilmar	Hannover 1876 5. 5.	Preuße	1897 10. 7., 1905 Landrichter, 1915 GJR. und Vortr. Rat im preuß. JustMin., 1919 GOJR.	1919 16. 9.	
321. **Zeiler,** Alois	Dillingen a. D. 1868 16. 5.	Bayer	1890 3. 11., 1895 III. StA., 1897 Amtsrichter, 1899 II. StA., 1902 LGR., 1910 I. StA., 1918 OLGR.	1919 16. 9.	
322. **Dr. Warneyer,** Karl Otto	Dresden 1867 7. 5.	Sachse	1890 1. 5., 1898 Amtsrichter, 1899 Rechtsanwalt, 1900 Amtsrichter, 1906 Amtsgerichtsrat, 1913 OLGR.	1919 16. 11.	
323. **Linz,** Karl	Bingerbrück 1869 23. 5.	Preuße	1892 2. 3., 1901 Amtsrichter, 1906 Landrichter, 1910 OLGR.	1919 16. 11.	
324. **Schmitz,** Hermann	Dortmund 1873 17. 1.	Preuße	1894 8. 6., 1904 StA., 1913 OLGR.	1919 1. 12.	
325. **Dr. Loerbroks,** Otto	Soest 1870 27. 10.	Preuße	1892 27. 5., 1900 Landrichter, 1910 LGR., 1911 OLGR.	1919 1. 12.	1922 1. 4. in den Ruhestand
326. **Sayn,** Otto	Hachenburg, Oberwesterwaldkreis 1866 23. 8.	Preuße	1888 8. 6., 1900 Amtsrichter, 1907 Amtsgerichtsrat, 1907 OLGR., 1916 GJR.	1920 1. 3.	
327. **Dr. Metz,** Joseph Richard	Köln 1865 1. 6.	Preuße	1887 10. 6., 1897 StA., 1906 StARat, 1908 KGR.	1920 3. 2.	
328. **Huyke,** Edmund	Brucksdorf, Saalkreis 1864 11. 4.	Preuße	1887 8. 10., 1898 Amtsrichter, 1902 Landrichter, 1906 LGR., 1909 OLGR.	1920 6. 2.	1923 15. 2. †

Zu- und Vorname	Geburtsort, Jahr und Tag der Geburt	Staatsangehörigkeit	Tag der ersten Vereidigung Frühere Dienstverhältnisse	Beim Reichsgericht Eintritt	Austritt
329. **Dr. Krauße,** Heinrich Franz Clemens	Siegen 1871 4. 5.	Preuße	1892 27. 7., 1904 Amtsrichter, 1906 Landrichter, 1910 OLGR., 1914 KGR.	1920 11. 2.	
330. **Dr. Vogt,** Karl	Burscheid 1863 4. 3.	Preuße	1886 15. 2., 1893 Amtsrichter, 1899 StA., 1908 LGR., 1910 OLGR.	1920 1. 4.	
331. **Dr. Baumgarten,** Alexander	Suhl 1868 8. 1.	Preuße	1892 5. 1., 1901 StA., 1912 Landgerichtsdirektor, 1914 Hilfsarbeiter bei der Reichsanwaltschaft, 1920 Reichsanwalt	1921 1. 4.	
332. **Krühne,** Alfred	Magdeburg 1870 25. 9.	Preuße	1892 14. 12., 1904 Amtsrichter, 1908 Landrichter, 1912 Landgerichtsdirektor	1920 1. 5.	
333. **Wachinger,** Michael	München 1868 23. 10.	Bayer	1891 16. 10., 1898 Amtsrichter, 1900 II. StA., 1904 StA., 1912 OLGR.	1921 1. 4.	
334. **Veltman,** Gerhard	Berlin 1871 8. 10.	Preuße	1895 7. 6., 1905 Landrichter, 1912 KGR.	1921 1. 4.	
335. **Dr. Keßler,** Jakob Friedrich	Siebeldingen, Bez.-Amt Landau (Pfalz) 1872 11. 10.	Bayer	1896 5. 8., 1900 Amtsanwalt, 1901 III. StA., 1904 Amtsrichter, 1907 II. StA., 1914 LGR., 1919 OLGR., 1920 Landgerichtsdirektor, 1921 Hilfsarbeiter bei der Reichsanwaltschaft, 1. 10. 1921 Reichsanwalt	1927 1. 6.	
336. **Dr. Hüfner,** Karl Ambrosius	Spricherz 1864 24. 10.	Bayer	1889 3. 8., 1895 III. StA., 1896 Amtsrichter, 1899 II. StA., 1901 LGR., 1903 RegR. beim Reichspatentamt, 1904 GRegR., 1921 ORegR.	1921 1. 12.	
337. **Dr. Boos,** Carl	Elberfeld 1873 2. 5.	Preuße	1894 5.10., 1904 Landrichter, 1913 Landgerichtsdirektor, 15. 4. 1921 Hilfsrichter beim Reichsgericht	1922 1. 4.	
338. **Dr. Tittel,** Richard Alfred	Eibenstock 1870 15. 8.	Sachse	1893 1. 3., 1901 StA., 1908 Landrichter, 1909 LGR., 1912 Amtsgerichtsrat, 1913 Landgerichtsdirektor, 15. 4. 1921 Hilfsrichter b. Reichsgericht	1922 1. 5.	
339. **Dr. Müller,** Karl Georg	Krauschütz 1868 30. 12.	Preuße	1890 17. 12., 1900 Amtsrichter, 1906 Landrichter, 1908 OLGR., 1917 GJR., 1. 1. 1922 Hilfsrichter beim Reichsgericht	1922 1. 5.	

Zu- und Vorname	Geburtsort, Jahr und Tag der Geburt	Staatsangehörigkeit	Tag der ersten Vereidigung Frühere Dienstverhältnisse	Beim Reichsgericht Eintritt	Austritt
340. **Teichmann**, Robert Wilhelm	Stuttgart 1867 22. 4.	Württemberger	1891 7. 1., 1897 Amtsrichter, 1903 Sekretär im württemb. JustMin., 1907 Landrichter, 1909 LGR., 1914 Amtsgerichtsdirektor, 15. 4. 1921 Hilfsrichter beim Reichsgericht	1922 1. 5.	
341. **Dr. Krug**, Ludwig	Mainz 1869 3. 4.	Hesse	1891 2. 12., 1899 StA., 1901 Amtsrichter, 1903 Landrichter, 1908 LGR., 1921 OLGR., 15. 4. 1921 Hilfsrichter beim Reichsgericht	1922 1. 10.	
342. **Willhöfft**, Walter Bernhard	Leipzig 1873 20. 3.	Sachse	1896 2. 3., 1904 StA., 1920 Landgerichtsdirektor, 1. 6. 1921 Hilfsrichter b. Reichsgericht	1923 1. 3.	
343. **Ehrlich**, Bernhard	Königsberg i. Pr. 1872 21. 11.	Preuße	1894 12. 7., 1901 Amtsrichter, 1910 Landrichter, 1913 OLGR., 9. 5. 1922 Hilfsrichter b. Reichsgericht	1923 1. 5.	
344. **Dr. Hoeniger**, Viktor	Ratibor 1870 22. 2.	Preuße und Badener	1894 26. 1., 1899 Amtsrichter, 1905 Oberamtsrichter, 1906 LGR., 1914 OLGR., 16. 5. 1922 Hilfsrichter beim Reichsgericht	1923 1. 5.	
345. **Dr. Landois**, Max Theodor Wilhelm	Greifswald 1873 22. 3.	Preuße	1894 31. 12., 1904 Amtsrichter, 1908 Landrichter, 1913 OLGR., 4. 12. 1922 Hilfsrichter b. Reichsgericht	1923 1. 6.	
346. **Dr. Schwalb**, Maximilian	Straßburg i. Els. 1864 7. 12.	Elsaß-Lothringer und Bremer	1896 13. 12., 1893 Amtsrichter, 1904 Amtsgerichtsrat, 1905 RegR. im Min. f. Els.-Lothr., 1908 GRegR., 1911 Ministerialrat, 1918 LGPräs. u. GOJR., 1919 Reichsmin. d. Innern und Ausw. Amt	1924 1. 11.	
347. **Dr. Hallamik**, Ernst	Gnadenfeld, Bez. Cosel 1870 12. 7.	Preuße	1894 28. 2., 1905 Landrichter, 1913 LGR., 1914 OLGR., 30. 10. 1922 Hilfsrichter beim Reichsgericht	1924 1. 11.	
348. **Witten**, Ernst	Helmstedt 1871 23. 1.	Braunschweiger	1892 6. 7., 1902 Lamdrichter, 1909 OLGR., 10. 1. 1923 Hilfsrichter b. Reichsgericht	1924 1. 11.	
349. **Dr. Conze**, Hans Hugo Adolf Leopold	Charlottenburg 1879 17. 8.	Preuße	1902 31. 7., 1910 Amtsrichter, 1911 Landrichter, 1919 Landgerichtsdirektor, 1920 MinR. im RJM.	1924 1. 12.	

Zu- und Vorname	Geburtsort, Jahr und Tag der Geburt	Staatsangehörigkeit	Tag der ersten Vereidigung Frühere Dienstverhältnisse	Beim Reichsgericht Eintritt	Austritt
350. **Driver,** Marcell Caspar Clemens	Oldenburg 1866 26. 9.	Lübecker und Oldenburger	1892 30. 3., 1900 StA., 1904 Landrichter, 1908 LGR., 1916 Landgerichtsdirektor	1924 1. 12.	
351. **Arnold,** Hermann Oskar Alex	Elsenfeld (Deutsch-Krone) 1874 19. 8.	Preuße	1895 15. 7., 1904 Amtsrichter, 1914 OLGR.	1924 1. 12.	
352. **Schleyer,** Franz	Neuß 1878 28. 7.	Preuße	1899 11. 7., 1908 Landrichter, 1918 LGR., 1919 OLGR.	1924 1. 12.	
353. **Dr. Bartels,** Eduard Erich Karl Gustav Otto Friedrich	Osnabrück 1872 26. 3.	Hanseate	1894 15. 6., 1899 Rechtsanwalt, 1901 Amtsrichter, 1913 OLGR.	1925 28. 2.	1928 5. 7. †
354. **Dr. Kahleyß,** Paul Richard	Zerbst 1872 24. 12.	Anhalter und Preuße	1895 15. 7., 1906 Amtsrichter, 1910 Landrichter, 1914 OLGR.	1925 9. 1.	
355. **Coenders,** Hermann	Kaiserswerth 1874 2. 3.	Preuße	1896 4. 12., 1906 Landrichter, 1917 LGR., 1919 Landgerichtsdirektor, 1924 gleichzeitig Amtsgerichtsrat	1925 1. 1.	
356. **Helber,** Friedrich	Ilshofen 1870 6. 9.	Württemberger	1893 4. 1., 1904 StA., 1913 LGR., 1920 OLGR.	1925 7. 1.	
357. **Mengelkoch,** Carl Peter Clemens	Ehrenbreitstein 1870 17. 3.	Preuße	1891 14. 7., 1897 Notar, 1898 Rechtsanwalt, 1904 Amtsrichter, 1909 Landrichter, 1914 LGR., 1919 OLGR., 15. 5. 1922 Hilfsrichter beim Reichsgericht	1925 1. 1.	
358. **Dr. Bittinger,** Albert	Folticeni (Rumänien) 1868 15. 9.	Bayer	1890 13. 8., 1895 Rechtsanwalt, 1896 III. StA., 1898 Amtsrichter, 1900 II. StA., 1903 LGR., 1914 OLGR. (Titel u. Rang), 1918 StA., 1923 OLGR.	1925 28. 2.	1925 7. 4. †
359. **Fickler,** Heinrich Wilhelm Hermann Karl	Clausthal 1872 29. 5.	Preuße	1892 3. 8., 1902 Amtsrichter, 1911 Amtsgerichtsrat, 1911 OLGR.	1925 1. 7.	
360. **Rheinisch,** Johann Friedrich	Burgfarrnbach 1868 20. 3.	Bayer	1890 27. 10., 1895 Rechtsanwalt, 1898 Amtsrichter, 1900 II. StA., 1904 LGR., 1915 OLGR. (Titel und Rang), 1916 StA., 1920 OLGR.	1925 1. 7.	
361. **Lellbach,** Julius	Straßburg i. Els. 1873 4. 5.	Hanseate und Elsaß-Lothringer	1894 5. 12., 1900 Marine-Kriegsgerichtsrat, 1903 Richter, 1916 OLGR.	1925 1. 7.	

Zu- und Vorname	Geburtsort, Jahr und Tag der Geburt	Staatsangehörigkeit	Tag der ersten Vereidigung Frühere Dienstverhältnisse	Beim Reichsgericht Eintritt	Beim Reichsgericht Austritt
362. **Krüger,** Bruno Karl Heinrich	Wehlau 1878 31. 10.	Preuße	1900 16. 7., 1907 Rechtsanwalt, 1909 Amtsrichter, 1913 Landrichter, 1919 OLGR.	1925 21. 9.	1927 1. 5. Oberlandesgerichtspräsident in Königsberg i. Pr., Herbst 1928 in den Ruhestand
363. **Bender,** Justus Johann	Tauberbischofsheim 1870 24. 1.	Badener	1892 28. 12., 1898 Amtsrichter, 1904 Oberamtsrichter, 1905 LGR., 1908 StA., 1917 I. StA., 1923 Landgerichtsdirektor	1925 29. 12.	
364. **Klingsporn,** Guido Robert Alfred	Gremsdorf 1877 2. 7.	Preuße	1900 14. 7., 1907 StA., 1922 OLGR., 1921 Hilfsarbeiter bei der Reichsanwaltschaft, 1923 OStA. bei der Reichsanwaltschaft	1925 3. 12.	
365. **Dr. Lindenmaier,** Fritz Heinrich Karl Paul	Hamburg 1881 2. 10.	Hanseate	1903 7.8., 1911 Landrichter, 1924 Landgerichtsdirektor	1926 19. 1.	
366. **Kolb,** Eugen	Besigheim 1879 22. 10.	Württemberger	1904 27. 7., 1911 Amtsrichter, 1914 Landrichter, 1920 LGR., 1921 Amtsgerichtsdirektor	1926 1. 2.	
367. **Dr. Brodführer,** Friedrich August Max Paul	Meiningen 1878 18. 8.	Thüringer	1900 6. 12., 1909 Amtsanwalt, 1912 Amtsrichter, 1913 Landrichter, 1914 OLGR.	1926 1. 3.	
368. **Dr. Schwarz,** Otto Georg Alexander	Piathen 1876 21. 1.	Preuße	1897 29. 7., 1906 u. 1911 Landrichter, 1910 Amtsrichter, 1917 LGR., 1919 OLGR.	1926 17. 5.	
369. **Gadow,** Leo Reinhold Wilhelm	Trier 1875 5. 1.	Preuße	1896 16. 7., 1905 StA., 1910 Landrichter, 1913 StA., 1914 KGR., 1922 MinRat im preuß. JustMin.	1926 16. 9.	
370. **Brühl,** Joseph	Bingen a. Rh. 1878 23. 5.	Preuße	1900 12.6., 1907 Landrichter, 1919 Landgerichtsdirektor, 1924 gleichzeitig Amtsgerichtsrat	1927 3. 1.	
371. **Dr. Mende,** Gustav Otto Helmuth	Bersenbrück 1884 17. 6.	Preuße	1906 10. 5., 1913 Amtsrichter, 1917 Landrichter, 1921 MinR. im RJMin.	1927 1. 1.	
372. **Dr. Güngerich,** Gustav	Butzbach 1872 26. 3.	Hesse	1893 29. 5., 1900 Amtsrichter, 1901 StA., 1912 LGR., 1924 OLGR.	1927 1. 6.	

Zu- und Vorname	Geburtsort, Jahr und Tag der Geburt	Staatsangehörigkeit	Tag der ersten Vereidigung Frühere Dienstverhältnisse	Beim Reichsgericht	
				Eintritt	Austritt
373. **Dr. Königsberger,** Friedrich Paul	Breslau 1871 25. 2.	Preuße	1894 2. 6., 1906 Amtsrichter, 1909 Landrichter, 1913 LGR., 1914 KGR., 1921 Reichswirtschaftsgerichtsrat	1927 23. 6.	
374. **Pick,** Georg	Landsberg a. W. 1869 9. 12.	Preuße	1891 6. 1., 1902 Amtsrichter, 1909 Landrichter und LGR., 1920 KGR.	1927 1. 7.	1928 1. 8. in den Ruhestand, 1929 25. 2. †
375. **Dr. Sontag,** Ernst Julius	Breslau 1873 6. 3.	Preuße	1895 7. 1., 1905 Amtsrichter, 1912 Landrichter, 1913 LGR., 1919 OLGR., 1920 KGR.	1927 1. 7.	
376. **Dr. Epping,** Hermann Friedrich Karl Wilhelm	Lippstadt 1875 20. 5.	Preuße	1896 29. 10., 1905 Landrichter, 1915 LGR., 1919 OLGR.	1927 1. 7.	
377. **Schrader,** Karl Wilhelm	Dortmund 1876 22. 6.	Preuße	1897 13. 7., 1906 Landrichter, 1917 LGR., 1919 Landgerichtsdirektor	1927 1. 7.	
378. **Ruhl,** Jakob Richard	Springstille 1878 12. 2.	Preuße	1899 3. 11., 1908 Amtsrichter, 1912 Landrichter, 1919 LGR., 1919 Landgerichtsdirektor	1928 2. 1.	
379. **Dr. Coninx,** Max Wilhelm	Gerresheim 1874 11. 11.	Preuße	1898 15. 3., 1909 Amtsrichter, 1917 Amtsgerichtsrat, 1918 LGR., 1920 Landgerichtsdirektor, 1924 gleichzeitig Amtsgerichtsrat	1928 2. 4.	
380. **Citron,** Curt	Berent 1878 24. 7.	Preuße	1899 30. 6., 1908 Landrichter, 1911 Amtsrichter, 1919 Amtsgerichtsrat, 1921 OLGR.	1928 1. 6.	
381. **Dr. Weipert,** Otto	Heidelberg 1874 14. 4.	Badener	1896 13. 5., 1902 Amtsrichter, 1906 Landrichter, 1907 LGR., 1923 OLGR., 1927 MinR. im badischen JustMin.	1928 20. 6.	
382. **Dr. Delius,** Heinrich Theodor Hermann	Hamburg 1877 7. 4.	Hanseate	1898 17. 6., 1905 Landrichter, 1919 OLGR.	1928 22. 6.	
383. **Obladen,** Emil Wilhelm Louis	Celle 1872 3. 8.	Preuße	1898 5. 7., 1907 Amtsrichter, 1917 Amtsgerichtsrat, 1920 OLGR.	1928 8. 10.	

Zu- und Vorname	Geburtsort, Jahr und Tag der Geburt	Staatsangehörigkeit	Tag der ersten Vereidigung Frühere Dienstverhältnisse	Beim Reichsgericht Eintritt	Austritt
384. **Dr. Pinzger,** Paul Emil Rudolf Werner	Reichenbach i. Schles. 1878 12. 9.	Preuße	1901 18. 9., 1910 Landrichter, 1920 KGR.	1928 4. 10.	
385. **Dr. Klimmer,** Otto	Miltenberg a. Main 1878 10. 3.	Bayer	1901 2. 11., 1905 III. StA., 1908 Amtsrichter, 1913 II. StA., 1917 Rat a. d. St. beim LG., 1919 StA., 1926 Rat a. d. St. beim OLG., 1926 OLGR.	1928 5. 10.	
386. **Dr. Heinichen,** Johann Christian Eduard	Hamburg 1870 14. 10.	Hanseate	1894 5. 1., 1898 Rechtsanwalt, 1900 Amtsrichter, 1909 Landrichter, 1922 Landgerichtsdirektor	1928 15. 11.	
387. **Dr. Bessau,** Willy Kurt	Elbing 1885 26. 4.	Preuße	1906 30. 11., 1913 Amtsrichter, 1919 Landrichter, 1923 OJR. im preuß. JustMin., 1925 MinR. im preuß. JustMin.	1929 1. 2.	

Schaaf.

Anlage II.

Besetzung der Senate

vom 1. Oktober 1879 bis 30. September 1929.

Abkürzungen: ZS. = Zivilsenat, StS. = Straffenat, R = Ruhestand, † = gestorben, ausg. = ausgetreten, überg. = übergegangen.

I. Zivilsenat.

Senatspräsidenten: Dr. Drechsler † 10. 8. 97, Dr. Bolze v. 1. 12. 97 R 16. 9. 06, Dr. Planck v. 16. 9. 06 R 1. 10. 22, Präsident Dr. Simons v. 16. 10. 22 überg. 23. 4. 26 3. StS., Katluhn v. 23. 4. 26.

Räte: Dr. von Hahn SPräs. v. 1. 10. 91 VI. ZS., Dr. Hoffmann v. 1. 2. 80 Vors. des III. Hilfss., Dr. Boisselier R. 1. 6. 96, Dr. Schlesinger überg. 1. 5. 86 VI. ZS., Dr. Wiener SPräs. v. 1. 10. 91 V. ZS., Krüger überg. 1. 2. 80 II. Hilfss., Rüger überg. 1. 1. 80 II. ZS., Dr. Hambrook R. 1. 7. 90, Dr. Hauser überg. 1. 1. 80 II. ZS., Dr. Gallenkamp v. 1. 1. 80 R. 1. 1. 89, Dr. von Meibom v. 1. 1. 80 R. 1. 7. 87, Dr. Bolze v. 1. 3. 81 SPräs. 1. 12. 97, Maßmann v. 1. 1. 83 überg. 1. 4. 84 III. ZS., Dr. Behrend v. 1. 7. 87 R. 1. 10. 00, Dr. Rehbein v. 1. 1. 89 R. 1. 10. 07, Stolterfoth v. 15. 9. 90 † 17. 12. 94, Dr. Dreyer v. 1. 10. 91 R. 1. 10. 96, Winchenbach v. 1. 10. 91 SPräs. 1. 7. 02 VI. ZS., Jeß v. 1. 4. 95 SPräs. 1. 6. 07 V. ZS., Dr. Planck v. 1. 10. 96 überg. 1. 1. 04 IV. ZS., Dr. Sievers v. 1. 10. 96 SPräs. 1. 7. 12 II. ZS., von Hassell v. 1. 5. 97 überg. 1. 5. 99 VII. ZS., Lahusen v. 1. 12. 97 R. 1. 6. 00, Hofmann (Georg) v. 1. 5. 99 R. 1. 11. 13,

Dr. Hagens v. 1. 6. 00 SPräs. 1. 2. 19 II. ZS., Dr. Sprecher von Bernegg v. 1. 10. 00 R. 1. 10. 11, Dr. Düringer v. 1. 7. 02 ausg. 16. 10. 15, Berendes v. 1. 1. 04 überg. 4. 4.05 VII. ZS. zurück v. 16. 11. 05 R. 1. 1. 20, Burlage v. 1. 6. 07 † 19. 8. 21, Dr. Mansfeld (Richard) v. 1. 6. 07 überg. 1. 11. 12 II. ZS., Brodmann OLGR. v. 16. 9. 10, Rat 1. 10. 11 überg. 1. 1. 15 II. ZS., Dr. Meyer (Wilhelm) OLGR. v. 1. 10. 11 Rat 1. 10. 12 SPräs. 1. 6. 24 IV. ZS., Viereck v. 1. 7. 12 überg. 16. 9. 12 III. StS., Katluhn KGR. v. 16. 9. 12 Rat v. 5. 4. 14 SPräs. 23. 4. 26 I. ZS., Dr. Philippi v. 1. 11. 12 überg. 1. 1. 14 II. ZS., Dr. Czolbe OLGR. v. 9. 11. 12 ausg. 1. 10. 13, Rat v. 16. 10. 15 überg. 4. 12. 16 III. ZS., Dr. Gunkel OLGR. v. 1. 1. 14 Rat 1. 4. 14 überg. 1. 6. 24 II. ZS., Dr. Staffel v. 1. 1. 15 überg. 1. 10. 15 III. ZS., Dr. Pietzcker v. 24. 9. 17 (s. auch IV. ZS.) R. 15. 6. 28, Reichert v. 7. 1. 19 (s. auch V. StS.) SPräs. 20. 1. 26 III. StS., Dr. Nieland v. 1. 2. 19, Clasen v. 1. 2. 19 (s. auch III. StS.), ab 1. 10. 19 zugl. VI. ZS. überg. 1. 1. 20 V. ZS., Dr. Loerbroks v. 1. 1. 20 R. 1. 4. 22, Hüfner v. 16. 5. 22 überg. 15. 4. 23, erstinstanzl. StS., Triebel v. 1. 10. 22, Ehrlich v. 15. 7. 23 überg. 1. 1. 27 V. StS. u. VII. ZS., Dr. Müller (Georg) v. 1. 6. 24, Dr. Kraußе v. 3. 6. 24, Dr. Conze v. 1. 2. 26, Dr. Lindenmaier v. 21. 4. 26, Gadow v. 1. 1. 27 überg. 15. 6. 27 VI. ZS., Dr. Delius v. 22. 6. 28.

II. Zivilsenat.

Senatspräsidenten: Dr. Bingner † 8. 5. 02, Dr.Förtsch v. 1. 6. 02 R. 1. 7. 10, Meyn v. 1. 7. 10 überg. 1. 7. 12 III. ZS., Dr. Sievers v. 1. 7. 12 † 4. 10. 18, Dr. Hagens v. 1. 2. 19 R. 1. 4. 24, Dr. Mansfeld v. 1. 4. 24.

Räte: Dr. Wernz SPräs. 15. 7. 86 I. StS., Dr. Gallenkamp überg. 1. 1. 80 I. ZS., von Gmelin überg. 1. 5. 86 VI. ZS., Hullmann überg. 1. 1. 80 III. ZS., Wulfert R. 1. 7. 94, Dr. von Meibom überg. 1. 1. 80 I. ZS., Rottels R. 1. 6. 82, Dersch eid R. 1. 1. 90, Rüger v. 1. 1. 80 überg. 1. 1. 86 VI. ZS., Dr. Dreyer v. 1. 1. 80 überg. 1. 10. 91 I. ZS., Dr. Hauser v. 1. 1. 80 überg. 1. 1. 81 I. StS., Iser v. 1. 6. 82 R. 1. 1. 93, Dr. Puchelt v. 11. 4. 83 † 6. 2. 85, Wielandt v. 1. 6. 85 R. 1. 3. 00, Dr. Petersen v. 31. 3. 86 R. 1. 11. 00, Rospatt v. 1. 5. 86 R. 1. 11. 01, Wüstenfeld v. 15. 7. 86 R. 1. 10. 04, Förtsch v. 1. 10. 91 überg. 1. 5. 99 VII. ZS., Pape v. 1. 1. 93 † 18. 12. 96, Remelé v. 1. 7. 94 R. 1. 4. 12, Petry v. 1. 2. 97 R. 1. 2. 10, von Baerenfels v. 1. 5. 99 R. 1. 11. 06, Müller (Eduard) v. 1. 3. 00 † 4. 9. 08, Dr. Peez v. 1. 11. 00 R. 1. 1. 12, Henderichs v. 1. 11. 01 R. 1. 2. 19 Koenige v. 1. 11. 04 überg. 1. 1. 14 III. ZS., Ruffmann v. 1. 11. 06 R. 1. 2. 19, Dr. Heydweiller v. 31. 10. 08 R. 1. 6. 28, Reiff v. 1. 2. 10 ausg. 1. 9. 19, Dr. Lobe OLGR. v. 16. 9. 10 als Rat überg. 1. 1. 12 IV. StS., zurück 1. 2. 19 SPräs. 1. 4. 21 I. StS., Dr. Meyer (Wilhelm) OLGR. 16. 9. 10 überg. 1. 10. 11 I. ZS., Michaelis OLGR. v. 1. 1. 12 überg. 1. 11. 12 V. StS., Dr. Lilienthal v. 1. 4. 12 R. 1. 10. 26, Dr. Mansfeld (Richard) v. 1. 11. 12 SPräs. 1. 10. 22 IV. ZS., Münster KGR. v. 9. 11. 12 † 10. 1. 14, Westphal OLGR. v. 7. 11. 12 Rat v. 5. 4. 14 † 13. 2. 16, Niederstein KGR. v. 15. 11. 13 überg. 1. 1. 14 I. StS., Dr. Philippi v. 1. 1. 14 ausg. 1. 3. 18, Dr. Brodmann v. 1. 1. 15 überg. 1. 10. 15 VI. ZS., zurück 9. 10. 18 (s. auch VI. ZS.) R. 1. 12. 23, Dr. Schaps v. 1. 3. 18 † 22. 8. 18, Dr. Asten v. 19. 11. 18 (s. auch V. ZS.) † 24. 7. 25, Dr. Picot v. 1. 10. 19, Veltman v. 1. 4. 21, Zeiler v. 1. 10. 22 überg. 1. 1. 23 I. StS., Dr. Bitter v. 2. 12. 22 † 23. 5. 24, Dr. Hankel v. 1. 12. 23 R. 1. 2. 25, Dr. Gunkel v. 1. 6. 24, Dr. Bartels v. 28. 2. 25 † 5. 7. 28, Witt v. 1. 5. 25 (s. auch III. StS.) SPräs. 4. 10. 28 II. StS., Kolb v. 1. 2. 26, Lellbach v. 16. 9. 26 überg. 5. 10. 28 IV. ZS., Dr. Weipert v. 20. 6. 28, Dr. Pinzger v. 4. 10. 28, Dr. Klimmer v. 5. 10. 28 überg. 16. 11. 28 IV. StS., Helber v. 16. 11. 28.

III. Zivilsenat.

Senatspräsidenten: Dr. Henrici R. 1. 10. 91, Dr. Peterßen überg. 1. 3. 02 VI. ZS., von Buchwald v. 1. 3 02 R. 1. 7. 12, Dr. Meyn v. 1. 7. 12 R. 1. 7. 23, Dr. Zimmerle v. 1. 7. 23 † 3. 12. 25, Oegg v. 20. 1. 26.

Räte: Dr. Bähr R. 1. 11. 81, Peterßen SPräs. 1. 1. 91 VI. ZS., von Streich R. 1. 2. 97, Langerhans überg. 1. 1. 80 V. ZS., Buff. R. 1. 12. 93, Dr. Dreyer überg. 1. 1. 80 II. ZS., Scheele R. 1. 11. 80, Taube v. 1. 12. 80 ausg. 31. 12. 80, Hullmann v. 1. 1. 80 † 21. 11. 87,

Agricola v. 1. 2. 80 R. 1. 2. 92, Rassow v. 1. 11. 80 überg. 11. 5. 84 V. ZS., Meyer v. 27. 5. 81 überg. 1. 1. 83 V. ZS., Dänhardt v. 1. 4. 84 SPräs. 1. 10. 91 IV. StS., Maßmann v. 1. 4. 84 SPräs. 1. 5. 99 VII. ZS., von Buchwald v. 24. 3. 88 SPräs. 1. 2. 02 urspr. VI. ZS., dann III. ZS., Müller (Heinrich) v. 1. 1. 91 R. 1. 4. 01, von Liebe v. 1. 10. 91 R. 1. 4. 97, Brückner v. 1. 1. 92 R. 1. 3. 07, Dr. Gilmer v. 1. 12. 94 † 17. 12. 94, Weller v. 5. 2. 95 † 6. 2. 11, von Beiel v. 1. 2. 97 † 12. 9. 05, Dr. Hellweg v 1. 5. 97 † 26. 3. 10, Harms v. 1. 5. 99 R. 1. 1. 09, Dr. Peters v. 1. 4. 01 R. 1. 10. 14, von Eschstruth v. 1. 2. 02 R. 1. 10. 12, von Romeick v. 1. 11. 05 R. 1. 12. 23, Dr. Porzig v. 1. 3. 07 † 6. 8. 10, Cornelius v. 1. 1. 09 R. 1. 12. 23, Dr. Strecker v. 15. 12. 09 überg. 1. 1. 24 VI. ZS., Fuchs (August) OLGR. 16. 9. 10, Rat 1. 11. 10 R. 1. 1. 18, Kreß OLGR. 16. 9. 10 überg. 1. 2. 14 V. ZS. zurück 16. 9. 14 † 24. 3. 22, Mansfeld (Karl) v. 11. 10. 10 † 3. 9. 16, Dr. Buff v. 24. 2. 11 überg. 1. 4. 11 III. StS., Oegg OLGR. v. 1. 4. 11, als Rat überg. 5. 11. 13 II. StS., zurück 1. 10. 14 SPräs. 1. 3. 25 III. StS., Dr. Gunkel OLGR. v. 4. 11. 12 überg. 1. 1. 14 I. ZS., Koenige v. 1. 1. 14 SPräs. 1. 7. 19 VI. ZS., Dr. Staffel v. 2. 2. 15, Dr. Czolbe v. 4. 12. 16 überg. 7. 5. 17 VII. ZS., zurück 1. 7. 17, überg. 15. 9. 17 I. StS. zurück 19. 10. 17, Hagemann v. 1. 4. 22, Teichmann v. 9. 5. 22 überg. 15. 4. 23 erstinstanzl. StS., zurück 3. 1. 24, Linz v. 1. 12. 23 überg. 4. 10. 28 VIII. ZS., Dr. Metz v. 1. 12. 23 (s. auch IV. ZS.) überg. 19. 9. 29 VIII. ZS., Dr. Krug v. 1. 4. 25, Dr. Brodführer v. 1. 3. 26 überg. 1. 7. 27 VI. ZS., Dr. Mende v. 1. 2. 28, Obladen v. 19. 9. 29.

IV. Zivilsenat.

Präsidenten und Senatspräsidenten: Dr. von Simson R. 1. 2. 91, Dr. von Öhlschläger R. 1. 11. 03, Dr. Gutbrod † 17. 4. 05, Dr. Frhr. von Seckendorff v. 1. 6. 05 R. 1. 1. 20, Delbrück v. 1. 1. 20 † 3. 7. 22, Dr. Mansfeld v. 1. 10. 22 überg. 1. 4. 24 II. ZS., Dr. Meyer v. 1. 6. 24 R. 1. 8. 28, Arndts v. 4. 10. 28.

Räte: Dr. von Vangerow R. 1. 4. 83, Plathner R. 1. 4. 82, Hartmann überg. 1. 1. 80 V. ZS., zurück v. 15. 3. 82 R. 1. 10. 86, Lesser R. 1. 10. 87, Welst R. 1. 12. 85, Schlomka R. 1. 11. 89, Hennecke v. 1. 1. 80 R. 1. 1. 86, Dr. Meischeider v. 1. 4. 82 R. 1. 1. 97, Friedrich (bish. Vors. des II. Hilfss.) v. 1. 2. 82 SPräs. 1. 4. 84 IV. StS., Wienstein v. 1. 7. 84 † 19. 2. 91, Engländer v. 1. 12. 85 R. 1. 6. 95, Calame v. 1. 1. 86 R. 1. 7. 02, Reincke v. 1. 10. 86 R. 1. 10. 02, Veltman v. 10. 10. 87, R. 1. 7. 10, Böthke v. 1. 12. 89 überg. 1. 1. 92 VI. ZS., Haacke v. 1. 6. 91 R. 1. 11. 92, Nötel v. 1. 1. 92 † 24. 12. 02, Weichsel v. 16. 5. 92 R. 1. 1. 04, Tetzlaff v. 1. 10. 92 R. 1. 10. 00, Wandersleben v. 5. 2. 95 überg. 1. 5. 99 VII. ZS., Helf v. 1. 1. 97 R. 1. 10. 04, Hesse v. 1. 5. 99 R. 1. 10. 04, Dr. Wanjeck v. 1. 10. 00 R. 1. 1. 20, Dr. Krantz v. 1. 7. 02 † 2. 6. 18, Miltner v. 1. 11. 02 ausg. 1. 12. 02, Maenner v. 15. 12. 02 R. 1. 1. 16. Hoffmann (Georg) v. 26. 1. 03 R. 1. 4. 14, Dr. Planck v. 1. 1. 04 SPräs. 16. 9. 06 I. ZS., Erler v. 1. 10. 04 R. 1. 1. 14, Suntheim v. 1. 10. 04 R. 1. 4. 14, Dr. Ebbecke v. 16. 9. 06 R. 1. 4. 23, Dr. Büsing v. 1. 7. 10 überg. 16. 9. 10 IV. StS., Dr. Schlieben v. 16. 9. 10 R. 1. 10. 24, Keller OLGR. v. 16. 9. 10 Rat 1. 4. 12, Herb OLGR. v. 16. 9. 10 Rat 1. 11. 13, Arndts v. 21. 1. 14 überg. 15. 4. 17 VII. ZS., zurück 7. 5. 17 überg. 1. 1. 24 V. ZS., Niederstein v. 18. 2. 15 überg. 25. 9. 15 I. StS., Dr. Bewer v. 1. 1. 16 überg. 1. 10. 19 VI. ZS., Dr. Pietzcker v. 24. 9. 17 (s. auch I. ZS.) überg. 1. 2. 18 I. ZS., Niedner v. 1. 2. 18 SPräs. 22. 5. 23 III. StS., Triebel v. 1. 10. 19 überg. 1. 10. 22 I. ZS., Dr. Loerbroks v. 1. 12. 19 überg. 1. 1. 20 I. ZS., Seyffarth v. 1. 1. 20, Sayn v. 1. 3. 20 überg. 8. 6. 20 V. StS., zurück 15. 5. 22 überg. 1. 1. 23 VI. StS., zurück 9. 2. 23, Dr. Metz v. 1. 10. 23 überg. 1. 1. 24 III. ZS., Heldrich v. 1. 12. 23 R. 16. 9. 28, Dr. Hoeniger v. 1. 4. 24, Dr. Boos v. 1. 10. 24, Lellbach v. 4. 12. 25 überg. 16. 9. 26 II. ZS. zurück 5. 10. 28, Dr. Hallamik v. 28. 12. 25 (s. auch IV. StS.).

V. Zivilsenat.

Senatspräsidenten: Uckert R. 1. 7. 84, Dr. Fleischauer † 9. 4. 91, Dr. Wiener R. 1. 10. 96, Dr. Kayser † 13. 2. 98, Dr. Löwenstein R. 1. 6. 07, Dr. Jeß v. 1. 6. 07, R. 1. 10. 18, Dr. Struckmann v. 1. 10. 18.

Räte: Hennecke überg. 1. 1. 80 IV. ZS., Werner R. 1. 4. 85, Rappold R. 1. 4. 86, Forcade de Biaix R. 1. 10. 90, Meyer überg. 1. 1. 80 II. Hilfsſ., zurück v. III. ZS. v. 1. 1. 83 überg. 1. 5. 86 VI. ZS., Rassow überg. 1. 2. 80 I. Hilfsſ. zurück v. III. ZS. v. 1. 4. 84 R. 1. 7. 98, Hartmann v. 1. 1. 80 überg. 15. 3. 82 IV. ZS., Langerhans v. 1. 1. 80 R. 1. 1. 87, Wittmaack v. 1. 1. 80 überg. 1. 1. 83 II. StS., Paris v. 15. 3. 82 R. 1. 10. 85, Dr. Fleischauer bish. Vors. des I. Hilfsſ. v. 1. 7. 83 SPräs. 1. 7. 84, Dr. Beer v. 1. 6. 85 R. 1. 5. 09, Zander v. 1. 6. 85 überg. 1. 5. 86 IV. StS., Dr. Turnau v. 1. 4. 86 R. 1. 3. 07, Rintelen v. 1. 5. 86 ausg. 1. 5. 96, Dr. Schütt v. 1. 5. 86 R. 1. 11. 09, Daubenspeck v. 1. 1. 87 R. 1. 1. 99, Loebell v. 1. 1. 91 R. 1. 4. 96, Achilles v. 1. 1. 92 R. 1. 4. 95, Dr. Foerster (Konrad) v. 5. 2. 95 † 12. 12. 06, Dr. Jaeckel v. 1. 4. 95 † 2. 7. 06, Meyn v. 15. 5. 96 überg. 1. 5. 99 VII. ZS., Dr. Spahn v. 1. 7. 98 ausg. 1. 12. 05, Skonietzki v. 1. 1. 99 überg. 1. 11. 10 I. StS., Schneider v. 1. 5. 99 R. 1. 2. 14, Dr. Hoerner v. 1. 1. 06 überg. 1. 1. 20 VII. ZS., Haas v. 23. 10. 06 † 29. 1. 08, Busch v. 16. 1. 07 R. 1. 12. 23, Althaus v. 1. 3. 07 R. 1. 1. 19, Heynacher v. 26. 2. 08 R. 1. 2. 19, Kiehl v. 16. 5. 09 R. 1. 5. 22, Simonson v. 1. 11. 09 R. 1. 12. 23, Dr. Lilienthal KGR. v. 16. 9. 10 Rat 21. 12. 11 überg. 1. 4. 12 II. ZS., Happich OLGR. v. 1. 11. 10 überg. 1. 2. 12 III. StS., Kreß v. 1. 2. 14 überg. 16. 9. 14 III. ZS., Michaelis v. 1. 10. 14 R. 1. 8. 24, Dr. Asten v. 19. 11. 18 (s. auch II. ZS.) überg. 1. 1. 19 II. ZS., Dr. Rosenberg (Ernst) v. 1. 1. 19 (s. auch IV. StS.), R. 1. 1. 28, Dr. Becker v. 1. 2. 19 ausg. 1. 1. 20, Clasen v. 1. 1. 20, Dr. Salinger v. 1. 1. 20 überg. 15. 7. 23 VII. ZS., Hupke v. 6. 2. 20 überg. 1. 4. 20 VI. ZS., Lorenz v. 8. 5. 22 überg. 1. 1. 25 IV. StS., Witten OLGR. v. 15. 7. 23 Rat 1. 11. 24 überg. 1. 7. 27 VI. ZS., Arndts v. 1. 12. 23 (s. auch IV. ZS.) SPräs. 4. 12. 25 II. StS., Dr. Flad v. 1. 12. 23 SPräs. 15. 6. 27 VI. ZS., Dr. David v. 16. 9. 24 SPräs. 1. 1. 29 VIII. ZS., Dr. Landois v. 1. 1. 25, Fickler v. 4. 12. 25, Krüger v. 10. 11. 25 ausg. 1. 5. 27, Dr. Brodführer v. 15. 6. 27, Pick v. 1. 7. 27 R. 1. 8. 28, Dr. Epping v. 1. 7. 27, Brühl v. 14. 10. 27 (s. auch IV. StS. bis 1. 1. 28), Ruhl v. 2. 1. 28 (s. auch IV. StS. bis 4. 10. 28), Dr. Bessau v. 1. 2. 29.

VI. Zivilsenat (errichtet seit 1. 5. 86, aufgelöst 1. 12. 23).

Senatspräsidenten: Dr. Hocheder R. 1. 1. 91, Dr. Peterßen überg. 1. 10. 91 III. ZS., Dr. von Hahn R. 1. 1. 93, Dr. Dähnhardt † 21. 1. 02, von Buchwald überg. 1. 5. 02 III. ZS., Dr. Peterßen v. 1. 3. 02 R. 1. 7. 02, Winchenbach R. 1. 2. 10, Hoffmann (Stephan) v. 1. 2. 10 R. 1. 4. 14, von Hassell v. 1. 4. 14 R. 1. 7. 19, Dr. Koenige v. 1. 7. 19 R. 4. 11. 23.

Räte: von Gmelin R. 1. 12. 91, Dr. Schlesinger v. 1. 5. 86 R. 1. 2. 12, Rüger R. 1. 10. 95, Meyer † 13. 7. 89, Wittmaack R. 1. 2. 97, von Bezold † 13. 3. 92, Dr. Löwenstein SPräs. 1. 5. 96 II. StS., von Bomhard v. 1. 1. 90 SPräs. 1. 1. 92 I. StS., von Ege v. 1. 12. 91 † 26. 6. 99, Böthke v. 1. 1. 92 R. 1. 6. 00, Dr. von Lippmann v. 1. 7. 92 R. 1. 4. 06, Hoffmann (Stephan) v. 1. 10. 95 SPräs. 1. 2. 10 VI. ZS., Wolff v. 1. 5. 96 † 4. 9. 02, von Bülow v. 1. 2. 97 überg. 1. 5. 99 VII. ZS., Dr. von Schwarze v. 1. 5. 99 † 18. 4. 19, von Pelargus v. 24. 10. 99 überg. 1. 1. 00 I. StS., Goldmann v. 1. 1. 00 R. 1. 4. 14, Tagg v. 1. 6. 00 R. 1. 3. 10, Schaffeld v. 1. 11. 02 R. 1. 12. 23, Meyer (Theodor) v. 1. 4. 06 R. 1. 12. 23, Dr. Bewer v. 1. 2. 10 überg. 1. 1. 16 IV. ZS., zurück 1. 10. 19 überg. 1. 1. 22 VII. ZS., Dr. Hankel v. 1. 3. 10 überg. 1. 12. 23 II. ZS., Dr. Rosenberg (Ernst) LGDir. 16. 9. 10 Rat 17. 10. 12 überg. 1. 11. 12 IV. StS., Dr. Flad OLGR. v. 16. 9. 10 Rat v. 5. 4. 14 überg. 1. 12. 23 V. ZS., Dr. Neukamp v. 1. 2. 12 † 6. 2. 19, Arndts KGR. v. 16. 9. 12 Rat 1. 1. 14 überg. 21. 1. 14 IV. ZS., Brodmann v. 1. 10. 15, ab 9. 10. 18 zugl. II. ZS., überg. 1. 1. 19 II. ZS., von Kienitz v. 1. 7. 17 überg. 15. 9. 17 V. StS., Dr. Picot v. 7. 1. 19 (s. auch I. StS.) überg. 1. 10. 19 II. ZS., Frhr. von Richthofen v. 1. 5. 19 überg. 1. 12. 23 VII. ZS., Clasen v. 1. 10. 19 (s. auch I. ZS.), überg. 1. 1. 20 V. ZS., Linz v. 16. 11. 19 überg. 1. 12. 23 III. ZS., Heldrich v. 1. 4. 20 überg. 1. 12. 23 IV. ZS., Hupke v. 1. 4. 20 überg. 1. 1. 21 VII. ZS.

VII. Zivilsenat (errichtet 2. 7. 26 und verbunden mit dem V. StS.).

VI. Zivilsenat ab 15. 6. 27.

Senatspräsidenten: Besetzung ab 2. 7. 26 bis 15. 6. 27 wie V. StS., Dr. Flad v. 15. 6. 27.

Räte: Besetzung ab 2. 7. 26 bis 15. 6. 27 wie V. StS., Ehrlich v. 15. 6. 27, Witten v. 15. 6. 27, Arnold v. 15. 6. 27, Dr. Kahleyß v. 15. 6. 27, Gadow v. 15. 6. 27, Dr. Güngerich v. 15. 6. 27 (s. auch III. StS.) überg. 1. 7. 27 III. StS., Dr. Königsberger v. 25. 6. 27, Schrader v. 1. 7. 27, Dr. Heinichen v. 15. 11. 28.

VII. Zivilsenat, ab 1. 1. 24 VI. ZS., ab 15. 6. 27 VII. ZS.

Senatspräsidenten: Dr. Maßmann R. 1. 6. 07, von Hassell v. 1. 6. 07 überg. 1. 4. 14 VI. ZS., Dr. Predari v. 1. 4. 14 R. 1. 12. 23, Dr. Strecker v. 22. 5. 24 R. 1. 1. 29, Mentzel v. 1. 1. 29.

Räte: Förtsch SPräs. 1. 6. 02 II. ZS., Wandersleben † 6. 7. 00, von Hassell SPräs. 1. 6. 07 VII. ZS., Meyn SPräs. 1. 7. 10 II. ZS., von Bülow † 23. 10. 06, von Bünau † 17. 9. 99, Dr. Tändler † 21. 3. 02, von Kolb v. 1. 1. 00 SPräs. 9. 11. 09 I. StS., Goecke v. 1. 10. 00 † 3. 12. 06, Predari v. 1. 6. 02 SPräs. 1. 4. 14 VII. ZS., Hoffmann (Georg) v. 1. 6. 02 überg. 26. 1. 03 IV. ZS., Specht v. 26. 1. 03 R. 1. 5. 22, Berendes v. 4. 4. 05 überg. 16. 11. 05 I. ZS., Ruffmann v. 22. 10. 06 überg. 1. 11. 06 II. ZS., Kastan v. 1. 12. 06 † 12. 10. 17, Hetzell v. 1. 1. 07 R. 1. 4. 21, Ungewitter v. 1. 6. 07 R. 1. 10. 22, Scholber v. 1. 7. 09 R. 1. 3. 17, Dr. Strecker v. 25. 11. 09 überg. 15. 12. 09 III. ZS. zurück 1. 1. 24 SPräs. 22. 5. 24 VI. ZS., Schirmacher v. 28. 4. 10 † 18. 3. 25, Fuchs (Edmund) v. 1. 7. 10 R. 1. 5. 19, Riehl OLGR. v. 16. 9. 10 ausg. 30. 9. 11, Niederstein KGR. v. 1. 5. 12 überg. 15. 11. 13 II. ZS., Arndts v. 15. 4. 17 überg. 7. 5. 17 IV. ZS., Dr. Czolbe v. 7. 5. 17 überg. 15. 7. 17 III. ZS., Mentzel v. 1. 7. 17 SPräs. 2. 4. 28 V. StS. u. VIII. ZS., Schliewen v. 1. 1. 18, Dr. Becker v. 1. 1. 19 überg. 1. 2. 19 V. ZS., Dr. Salinger v. 1. 5. 19 überg. 1. 1. 20 V. ZS. zurück 15. 7. 23, Dr. Hoerner v. 1. 1. 20 R. 1. 5. 23, Huyke v. 1. 1. 20, † 15. 2. 23, Dr. Bewer v. 1. 1. 22 R. 1. 1. 24, Teichmann v. 15. 7. 23 überg. 3. 1. 24 III. ZS., Frhr. von Richthofen v. 1. 12. 23, Dr. Warneyer v. 3. 1. 24, Dr. Schwalbe v. 16. 9. 25, Dr. Freiesleben v. 14. 5. 28, überg. 19. 9. 29 III. ZS., Dr. Metz v. 19. 9. 1929.

VIII. **Zivilsenat** (errichtet 1. 4. 28 und verbunden mit dem V. StS. bis 15. 10. 28).

Senatspräsidenten: Besetzung ab 1. 4. 28 bis 15. 10. 28 wie V. StS., Mentzel überg. 1. 1. 29 VII. ZS., Dr. David v. 1. 1. 29.

Räte: Besetzung ab 1. 4. 28 bis 15. 10. 28 wie V. StS., Linz, Dr. Hüfner, Mengelkoch, Rheinisch, Dr. Coninx, Citron, Obladen v. 8. 10. 28 überg. 19. 9. 29 III. ZS., Dr. Metz v. 19. 9. 29.

I. Strafsenat.

Senatspräsidenten: Dr. Hocheder überg. 1. 5. 86 VI. ZS., Dr. Wernz R. 1. 1. 92, Dr. von Bomhard R. 1. 4. 02, Neitze † 20. 6. 06, Dr. Menge v. 16. 8. 06 überg. 9. 11. 09 II. StS., von Kolb v. 9. 11. 09 R. 1. 4. 21, Dr. Lobe v. 1. 4. 21, ab 1. 1. 22 zugl. VI. StS. bis 15. 4. 23, R. 1. 4. 28, Reichert v. 2. 4. 28.

Räte: von Specht R. 1. 1. 90, Wielandt überg. 1. 6. 85 II. ZS., Moeli R. 1. 7. 84, Cucumus † 9. 8. 81, von Geß R. 1. 10. 91, Dr. von Buri R. 1. 6. 96, Dr. Hauser v. 1. 1. 81 R. 1. 5. 82, Dürrschmidt v. 1. 1. 81 R. 1. 1. 89, von Bomhard v. 1. 12. 81 überg. 1. 1. 90 VI. ZS., Dr. Petersen v. 11. 4. 83 überg. 1. 4. 84 IV. StS. zurück 1. 7. 84 überg. 31. 3. 86 II. ZS., Nokk v. 1. 6. 85 R. 1. 7. 94, Wüstenfeld v. 1. 5. 86 überg. 15. 7. 86 II. ZS., Dr. von Lenz v. 15. 7. 86 R. 1. 7. 97, Dr. Stenglein v. 1. 1. 89 überg. 1. 1. 92 III. StS., Stellmacher v. 1. 1. 90 R. 1. 7. 03, Förtsch v. 1. 1. 90 überg. 1. 10. 91 II. ZS., Schmidt v. 1. 6. 91 R. 1. 1. 01, Dr. von Zimmerle v. 16. 11. 91 R. 1. 4. 03, Braun v. 1. 1. 92 † 29. 10. 03, Wolff v. 1. 5. 94 überg. 1. 5. 96 VI. ZS., Dietz v. 1. 7. 94 R. 1. 1. 10, Tagg v. 1. 5. 96 überg. 1. 6. 00 VI. ZS., Ewald v. 1. 7. 96 ausg. 11. 10. 05, Goldmann v. 1. 10. 97 überg. 1. 1. 00 VI. ZS., von Pelargus v. 1. 1. 00 SPräs. 1. 11. 10 III. StS., Stock v. 1. 6. 00 überg. 17. 4. 06 V. StS., Klein v. 1. 1. 04

überg. 31. 5. 04 II. StS., von Löbel v. 1. 4. 03 R. 1. 10. 14, Dr. Bernhardi v. 1. 7. 03 R. 1. 1. 14, Behringer v. 1. 11. 03 R. 1. 12. 23, Dr. Schmidt v. 17. 11. 05 SPräs. 1. 4. 21 II. StS., Althaus v. 17. 4. 06 überg. 1. 3. 07 V. ZS., Offenberg v. 1. 3. 07 † 23. 4. 10, Dürr v. 1. 1. 10 R. 1. 9. 17, Simon v. 26. 5. 10 † 24. 8. 19, Skoniezki v. 1. 11. 10 R. 1. 10. 18, Ebermayer v. 1. 1. 13 überg. 1. 10. 14 III. StS., Niederstein v. 1. 1. 14 überg. 18. 2. 15 IV. ZS. zurück 25. 9. 15 überg. 1. 10. 15 V. StS., Dr. Picot v. 1. 10. 14 ab 7. 1. 19 zugl. VI. ZS. überg. 28. 4. 19 VI. ZS., Dr. Rosenberg (Werner) v. 1. 10. 15 R. 16. 5. 27, Dr. von Feilitsch v. 1. 2. 17 überg. 20. 2. 17 V. StS., Dr. Czolbe v. 15. 9. 17 überg. 19. 10. 17 III. ZS., Bucherer v. 1. 11. 17 † 6. 8. 25, Heldrich v. 20. 9. 16 (s. auch II. StS.) überg. 1. 2. 17 II. StS., Gündel v. 1. 11. 18, Stölzel v. 1. 4. 19 überg. 30. 10. 22 VII. ZS., Triebel v. 1. 7. 19 überg. 1. 10. 19 IV. ZS., Zeiler v. 16. 9. 19 überg. 15. 4. 21 VI. StS. zurück 1. 1. 23, Dr. Warneyer v. 16. 11. 19 überg. 15. 4. 21 VI. StS., Wachinger v. 1. 4. 21, Dr. Krug OLGR. v. 15. 4. 21 Rat 1. 10. 22 überg. 1. 4. 25 III. ZS., Willhöfft LGDir. v. 1. 6. 21 überg. 23. 9. 21 II. StS., Dr. Kleine v. 23. 9. 21 überg. 1. 4. 22 II. StS., Dr. Hallamik OLGR. v. 30. 10. 22 überg. 1. 1. 23 V. StS., Dr. Guetermann OLGR. v. 11. 12. 22 überg. 28. 2. 23 II. StS., Dr. Heyer v. 15. 7. 23 SPräs. 18. 9. 24 II. StS., Dr. Tittel v. 1. 10. 24, Klingsporn v. 4. 12. 25, Dr. Keßler v. 4. 6. 27.

II. Strafsenat.

Senatspräsidenten: Dr. Drenkmann ausg. 16. 4. 89 Präs. des Kammergerichts, Dr. Löwe † 1. 1. 96, Dr. Loewenstein überg. 1. 6. 98 V. ZS., Dr. Frhr. von Bülow R. 1. 11. 09, Dr. Menge v. 9. 11. 09 R. 1. 11. 18, Dr. Ebermayer v. 1. 1. 19 Oberreichsanwalt v. 1. 4. 21, Dr. Schmidt v. 1. 4. 21 R. 1. 8. 24, Dr. Heyer v. 18. 9. 24 † 17. 10. 25, Arndts v. 4. 12. 25 überg. 4. 10. 28 IV. ZS., Witt v. 4. 10. 28.

Räte: Thewaldt R. 1. 10. 93, Dr. Puchelt überg. 1. 1. 83 III. StS., Dr. Wenck † 23. 7. 80, Stechow † 3. 7. 88, Dähnhardt überg. 1. 4. 84 III. ZS., Dürrschmidt überg. 1. 1. 81 I. StS., Krüger v. 1. 6. 80 R. 1. 10. 93, Dr. Hoffmann v. 1. 6. 80 † 3. 1. 82, Kienitz v. 1. 12. 80 R. 1. 5. 96, Kirchhoff v. 1. 11. 81 R. 1. 1. 93, Schaper v. 1. 5. 82 † 14. 5. 93, Wittmaack v. 1. 1. 83 überg. 1. 4. 86 IV. StS., Calame v. 1. 4. 84 überg. 1. 1. 86 IV. ZS., Dr. Rehbein v. 1. 1. 86 überg. 1. 1. 89 I. ZS., Böttrich v. 1. 11. 88 R. 1. 11. 00, Stolterfoth v. 1. 1. 89 überg. 15. 9. 90 I. ZS., Dr. Olshausen v. 15. 9. 90 Oberreichsanwalt 7. 6. 99, Freytag v. 1. 2. 93 † 17. 10. 95, Schmalz v. 1. 10. 93 R. 1. 6. 00, Planck v. 1. 10. 93 überg. 1. 10. 96 I. ZS., Dr. Kaufmann v. 1. 10. 93 SPräs. 1. 4. 06 V. StS., Galli v. 1. 2. 96 überg. 1. 6. 99 IV. StS., von Bruchhausen v. 1. 5. 96 † 5. 11. 99, von Baerenfels v. 1. 10. 96 überg. 1. 5. 99 II. ZS., Miltner v. 1. 5. 99 überg. 1. 11. 02 IV. ZS., Horten v. 1. 6. 99 † 23. 10. 03, Dumreicher v. 1. 7. 99 überg. 17. 4. 06 IV. StS., Dr. Peters v. 1. 1. 00 überg. 1. 4. 01 III. ZS., Heinemann v. 1. 6. 00 R. 1. 11. 11, Unger v. 1. 11. 00 R. 1. 2. 09, Thöl v. 1. 4. 01 † 28. 5. 09, Dr. Sabarth v. 1. 11. 02 R. 1. 12. 23, Berendes v. 1. 12. 03 überg. 1. 1. 04 I. ZS., Mitschke v. 1. 1. 04 R. 1. 2. 05, Klein v. 31. 5. 04 † 6. 8. 10, Zaeschmar v. 1. 2. 05 überg. 17. 4. 06 V. StS., Wiebe v. 17. 4. 06 überg. 1. 1. 20 V. StS., Dr. Paul v. 17. 4. 06 überg. 15. 4. 23 erstinstanzl. StS., Backs v. 21. 10. 07 R. 1. 12. 23, Ditzen v. 1. 2. 09 R. 1. 3. 18, Tauchert v. 10. 10. 10. † 29. 9. 13, Dr. Schultz v. 1. 11. 11. R. 1. 12. 26, Oegg v. 5. 12. 13 überg. 1. 10. 14 III. ZS., Dr. Kleine v. 1. 10. 14 überg. 23. 9. 21 I. StS. zurück 1. 4. 22, Viereck v. 1. 1. 15 † 24. 8. 15, Witt v. 18. 10. 15 (s. auch III. StS.) überg. 1. 1. 16 III. StS., Heldrich v. 1. 1. 16 (s. auch I. StS.) überg. 1. 4. 20 VI. ZS., Dr. Becker v. 1. 1. 18 überg. 1. 1. 19 VII. ZS., Hagemann v. 16. 9. 19 überg. 1. 4. 22 III. ZS., Dr. Vogt v. 1. 4. 20, Willhöfft LGDir. v. 23. 9. 21 Rat 1. 3. 23 überg. 28. 2. 23 III. StS. zurück 25. 3. 24, Dr. Guetermann OLGR. v. 28. 2. 23 überg. 15. 7. 23 erstinstanzl. StS., Dr. von Feilitsch v. 15. 7. 23 R. 1. 6. 24, Dr. Schultheis v. 15. 7. 23 R. 1. 10. 24, Dr. Hallamik OLGR. v. 15. 7. 23 Rat 1. 11. 24 überg. 1. 1. 25 IV. StS., Dr. Krauße v. 1. 12. 23 überg. 3. 6. 24 I. ZS., Mengelkoch OLGR. v. 26. 6. 24 überg. 1. 10. 24 V. StS., Krühne v. 1. 10. 24, Hettner v. 1. 4. 26, Bender v. 1. 1. 27, Dr. Sontag v. 4. 10. 28.

III. Strafsenat.

Senatspräsidenten und Präsidenten: Dr. von Beyerle † 14. 3. 86, von Wolff R. 1. 10. 97, Dr. Treplin R. 1. 1. 08, Dr. Olshausen v. 1. 1. 08 R. 1. 11. 10, von Pelargus v. 1. 11. 10 R. 1. 12. 23, Niedner v. 22. 5. 24 überg. 1. 10. 24 V. StS., Dr. Stoeckel v. 1. 10. 24 R. 1. 12. 24, Oegg v. 1. 3. 25 überg. 20. 1. 26 III. ZS., Reichert v. 20. 1. 26 überg. 23. 4. 26 5. StS., Präsident Dr. Simons v. 23. 4. 26 R. 1. 4. 29, Präsident Dr. Bumke v. 13. 4. 29.

Räte: Schüler R. 1. 1. 81, Dr. von Graevenitz R. 1. 1. 83, Maßmann überg. 1. 1. 83 I. ZS., Petsch R. 1. 10. 92, Dr. Bolze überg. 1. 3. 81 I. ZS., Dr. Spies ausg. 1. 4. 89, Dr. Freiesleben v. 1. 1. 81 SPräs. 1. 1. 93 IV. StS., Dr. Mittelstaedt v. 1. 3. 81 R. 1. 10. 96, Schwarz v. 1. 6. 80 R. 1. 10. 92, von Bezold v. 1. 5. 82 überg. 1. 5. 86 VI. ZS., Dr. Puchelt v. 1. 1. 83 überg. 11. 4. 83 II. ZS., Meves v. 1. 1. 83 überg. 1. 4. 84 IV. StS., Wienstein v. 11. 4. 83 überg. 1. 4. 84 IV. StS., Neiße v. 1. 5. 86 SPräs. 1. 4. 02 I. StS., von Liebe v. 1. 4. 89 überg. 1. 10. 91 III. ZS., Müller (Heinrich) v. 1. 12. 89 überg. 1. 1. 91 III. ZS., Schmidt v. 1. 1. 91 überg. 1. 6. 91 I. StS., Suppes v. 1. 10. 91 überg. 1. 1. 92 IV. StS., Achilles v. 1. 10. 91 überg. 1. 1. 92 V. ZS., Dr. Stenglein v. 1. 1. 92 R. 1. 1. 98, Wiesand v. 1. 10. 92 R. 1. 2. 98, Toussaint v. 1. 11. 92 † 29. 11. 98, Schulte v. 1. 1. 93 R. 1. 10. 01, Frhr. von Dincklage v. 1. 6. 94 † 4. 1. 06, von Bruchhausen v. 15. 2. 95 überg. 1. 5. 96 II. StS., Foerster (Georg) v. 1. 10. 96 R. 1. 10. 10, von Hassell v. 1. 10. 96 überg. 1. 5. 97 I. ZS., von Kolb v. 1. 1. 98 überg. 1. 1. 00 VII. ZS., Bartsch v. 1. 2. 98 überg. 1. 5. 99 IV. StS., Dr. Wyszomirski v. 1. 3. 99 R. 1. 5. 04, Schumann v. 1. 5. 99 † 24. 7. 05, Dr. Sabarth v. 1. 1. 00 überg. 1. 11. 02 II. StS., Boele v. 1. 10. 01 R. 1. 10. 12, Dr. Ebermayer v. 1. 4. 02 überg. 1. 1. 13 I. StS. zurück 1. 10. 14 SPräs. 1. 1. 19 II. StS., Wundsch v. 1. 10. 02 R. 1. 3. 04, Eichelbaum v. 1. 3. 04 R. 1. 1. 20, Erler v. 1. 5. 04 überg. 1. 10. 04 IV. ZS., Dr. Rohde v. 1. 10. 04 überg. 17. 4. 06 V. StS., Grimm v. 1. 11. 05 R. 1. 7. 17, Kiehl v. 8. 2. 06 überg. 16. 5. 09 V. ZS., Scholber v. 17. 4. 06 überg. 1. 7. 09 VII. ZS., Dr. Neukamp v. 16. 5. 09 überg. 1. 2. 12 VI. ZS., Conrad v. 1. 7. 09 R. 1. 7. 26, Zaeschmar v. 8. 10. 10 überg. 1. 9. 13 IV. StS., Dr. Buff v. 1. 4. 11 R. 1. 6. 27, Happich v. 1. 2. 12 R. 1. 10. 23, Viereck v. 16. 9. 12 überg. 1. 1. 15 II. StS., Niedner v. 16. 9. 13 überg. 1. 10. 14 V. StS., Witt v. 18. 10. 15 (s. auch II. StS.) überg. 15. 7. 23 IV. StS. zurück 1. 12. 23 ab 1. 5. 25 zugl. II. ZS. bis 14. 7. 25 überg. 16. 9. 25 II. ZS., Müller (Adolf) v. 24. 9. 17, Dr. Schultheis v. 1. 3. 18 überg. 15. 7. 23 II. StS., Clasen v. 2. 10. 18 ab 1. 2. 19 zugl. I. ZS. überg. 28. 4. 19 I. ZS., Dr. Kraußе v. 11. 2. 20 überg. 1. 12. 23 II. StS., Willhöfft v. 28. 2. 23 überg. 15. 4. 23 erstinstanz-StS., Dr. von Feilitzsch v. 15. 4. 23 überg. 15. 7. 23 II. StS., Wiebe v. 15. 7. 23 R. 1. 10. 24, von Kienitz v. 15. 7. 23, Dr. David v. 15. 7. 23 überg. 1. 10. 24 V. ZS., Greuner v. 1. 10. 24 R. 1. 1. 26, Dr. Schwalb v. 15. 11. 24 überg. 1. 1. 25 IV. StS., Oelschlaeger v. 1. 1. 25, Schmitz v. 23. 4. 26 (s. V. StS.), Rosenthal v. 15. 7. 26, Dr. Güngerich v. 4. 6. 27 ab 15. 6. 27 bis 1. 7. 27 zugl. VI. ZS.

IV. Strafsenat (errichtet seit 1. 4. 84, aufgelöst 1. 10. 24).

Senatspräsidenten: Friedrich R. 1. 10. 91, Dr. Dähnhardt überg. 1. 1. 93 VI. ZS., Dr. Freiesleben R. 1. 4. 06, Dr. Menge v. 17. 4. 06 überg. 16. 8. 06 I. StS., Dr. Reichardt v. 1. 10. 06 R. 1. 4. 19, Dr. Stoeckel v. 1. 4. 19 ab 15. 4. 23 zugl. V. StS., bis 15. 7. 23 überg. 1. 10. 24 III. StS.

Räte: Wittmaack überg. 1. 5. 86 VI. ZS., Meves R. 1. 12. 99, Dr. Petersen überg. 1. 7. 84 I. StS., Wienstein überg. 1. 7. 84 IV. ZS., Nötel überg. 1. 1. 92 IV. ZS., Dr. Loewenstein überg. 1. 5. 86 VI. ZS., Dr. Frhr. von Bülow v. 1. 7. 84 SPräs. 1. 6. 98 II. StS., Dr. Rehbein v. 1. 7. 84 überg. 1. 5. 86 II. StS., Zander v. 1. 5. 86 R. 1. 6. 99, Schmalz v. 1. 6. 86 überg. 1. 10. 93 II. StS., Loebell v. 1. 5. 86 überg. 1. 1. 91 V. ZS., Horten v. 1. 1. 91 überg. 1. 6. 99 II. StS., Suppes v. 1. 1. 92 R. 1. 10. 06, Schulte v. 16. 5. 92 überg. 1. 1. 93 III. StS., Reichardt v. 14. 5. 93 SPräs. 1. 10. 06 IV. StS., Braunbehrens v. 1. 10. 93 † 6. 12. 01, von Bruchhausen v. 1. 5. 94 überg. 15. 2. 95

III. StS., von Hassell v. 1. 5. 96 überg. 1. 10. 96 III. StS., Hesse v. 1. 1. 97 überg. 1. 5. 99 IV. ZS., Dr. Spahn v. 1. 6. 98 überg. 1. 7. 98 V. ZS., von Bünau v. 1. 7. 98 überg. 1. 5. 99 VII. ZS., Bartsch v. 1. 5. 99 R. 1. 11. 12, Dr. Hagens v. 1. 5. 99 überg. 1. 6. 00 I. ZS., Galli v. 1. 6. 99 R. 1. 6. 03, Blume v. 1. 6. 99 † 19. 6. 09, Schraub v. 1. 6. 00 R. 1. 11. 12, Richter (Albert) v. 15. 2. 02 R. 1. 9. 13, Dr. Stoeckel v. 1. 6. 03 überg. 17. 4. 06 V. StS., Dr. Wulfert v. 1. 4. 06 überg. 17. 4. 06 V. StS., Dumreicher v. 17. 4. 06 R. 1. 6. 07, Fuchs (Edmund) v. 1. 10. 06 überg. 1. 7. 10 VII. ZS., Dr. von Metzen v. 1. 11. 06 † 5. 4. 15, Dr. Oppermann v. 1. 6. 07 † 23. 8. 17, Dr. Ackermann v. 1. 10. 09 überg. 1. 1. 12 V. StS., Dr. Büsing v. 16. 9. 10 R. 1. 12. 19, Dr. Lobe v. 1. 1. 12 überg. 1. 4. 19 II. ZS., Greuner v. 1. 11. 12 überg. 1. 10. 24 III. StS., Dr. Rosenberg (Ernst) v. 1. 11. 12 überg. 1. 2. 19 V. ZS., Zaeschmar v. 1. 9. 13 R. 1. 1. 20, Dr. Staffel v. 10. 6. 14 überg. 1. 10. 14 V. StS., Dr. von Feilitsch v. 1. 6. 15 überg. 1. 1. 16 V. StS., Oelschlaeger v. 1. 1. 16 überg. 15. 4. 23 erstinstanzl. StS., Lorenz v. 1. 11. 17 überg. 8. 5. 22 V. ZS., Doehn v. 1. 10. 18 überg. 1. 10. 24 V. StS., Seyffarth v. 1. 4. 19 überg. 1. 1. 20 IV. ZS., Hettner v. 16. 9. 19 überg. 15. 4. 21 VI. StS., Schmitz v. 1. 12. 19 überg. 1. 10. 24 V. StS., Dr. Metz v. 3. 2. 20 überg. 1. 10. 23 IV. ZS., Krühne v. 1. 5. 20 überg. 1. 10. 24 II. StS., Dr. Baumgarten v. 1. 4. 21 überg. 1. 10. 24 V. StS., Dr. Tittel LGDir. v. 15. 4. 21 Rat 1. 5. 22 überg. 1. 10. 24 I. StS., Dr. Guetermann OLGR. v. 13. 5. 22 überg. 11. 12. 22 I. StS., Dr. Landois OLGR. v. 4. 12. 22 Rat 1. 6. 23 überg. 1. 10. 24 V. StS., Witten OLGR. v. 10. 1. 23 überg. 15. 7. 23 V. ZS., Witt v. 15. 7. 23 überg. 1. 12. 23 III. StS., Dr. Boos v. 15. 7. 23 überg. 1. 10. 24 IV. ZS.

IV. Strafsenat (für erstinstanzliche Sachen) errichtet 1. 4. 26.

Senatspräsidenten: Niedner R. 1. 2. 28, Lorenz v. 9. 2. 28.

Räte: Lorenz SPräs. 9. 2. 28 IV. StS., Dr. Baumgarten überg. 1. 7. 26 V. StS. zurück 4. 10. 28, Driver, Arnold überg. 15. 6. 27 VI. ZS., Schleyer, Coenders, Helber überg. 16. 11. 28 II. ZS., Bender überg. 1. 1. 27 II. StS., Dr. Schwarz v. 18. 5. 26, Brühl v. 3. 1. 27 ab 14. 10. 27 zugl. V. ZS. überg. 1. 1. 28 V. ZS., Dr. Sontag v. 1. 7. 27 überg. 4. 10. 28 II. StS., Ruhl v. 2. 1. 28 (zugl. V. ZS.) überg. 4. 10. 28 V. ZS., Dr. Klimmer v. 16. 11. 28.

V. Strafsenat (errichtet seit 17. 4. 06, aufgelöst 15. 7. 23).

Senatspräsidenten: Dr. Kaufmann R. 1. 6. 12, Dr. von Tischendorf v. 1. 6. 12 R. 1. 4. 21, Richter v. 1. 4. 21 ab 15. 4. 21 zugl. VI. StS. bis 21. 12. 21 überg. 15. 4. 23 erstinstanzl. StS., Dr. Stoeckel v. 15. 4. 23 (s. auch IV. StS.) bis 15. 7. 23.

Räte: Stock † 18. 3. 10, Dr. Stoeckel SPräs. 1. 4. 19 IV. StS., Dr. Rhode R. 1. 1. 17, Zaeschmar überg. 8. 10. 10 III. StS., Dr. Wulfert R. 1. 1. 15, Schaefer † 5. 8. 08, Cornelius v. 1. 6. 07 überg. 1. 1. 09 III. ZS., Schmitt v. 1. 11. 08 † 10. 3. 19, Reiff v. 1. 1. 09 überg. 1. 2. 10. II. ZS., Dr. Heyer v. 1. 2. 10 überg. 15. 7. 23 I. StS., Dr. Pilling v. 28. 4. 10 † 1. 12. 11, Greuner v. 15. 10. 10 überg. 1. 11. 12 IV. StS., Dr. Ackermann v. 1. 1. 12 † 15. 9. 15, Michaëlis v. 1. 11. 12 überg. 1. 10. 14 V. ZS., Dr. Staffel v. 1. 4. 14 überg. 10. 6. 14 IV. StS. zurück 1. 10. 14 überg. 1. 1. 15 I. ZS., Reichert v. 1. 4. 14 ab 7. 1. 19 zugl. I. ZS. überg. 1. 1. 20 I. ZS., Dr. Heinze v. 10. 6. 14 ausg. 1. 7. 18, Niedner v. 1. 10. 14 überg. 1. 2. 18 IV. ZS., Dr. von Feilitsch v. 1. 1. 15 überg. 1. 10. 15 IV. StS. zurück 1. 1. 16 überg. 1. 2. 17 I. StS. zurück 20. 2. 17 überg. 15. 4. 21 VI. StS., Niederstein v. 1. 10. 15 † 1. 11. 22, von Kienitz v. 15. 9. 17 überg. 15. 7. 23 III. StS., Schliewen v. 24. 9. 17 überg. 1. 1. 18 I. StS., Dr. David v. 1. 2. 18 überg. 15. 7. 23 III. StS., Rosenthal v. 16. 11. 18 überg. 15. 4. 23 erstinstanzl. StS., Wiebe v. 1. 1. 20 überg. 15. 4. 21 VI. StS. zurück 15. 4. 23 überg. 15. 7. 23 III. StS., Sayn v. 8. 6. 20 überg. 15. 5. 22 IV. ZS., Dr. Boos LGDir. v. 15. 4. 21 Rat 1. 4. 22 überg. 15. 7. 23 IV. StS., Mengelkoch OLGR. v. 15. 5. 22 überg. 15. 7. 23 erstinstanzl. StS., Dr. Hallamik OLGR. v. 1. 1. 23 überg. 15. 7. 23 II. StS.

VI. Strafsenat (errichtet am 15. 4. 21, aufgelöst am 15. 4. 23).

Senatspräsident: Richter (s. auch V. StS.) bis 31. 12. 21, Dr. Lobe v. 1. 1. 22 (s. auch I. StS.) bis 15. 4. 23.

Räte: Wiebe überg. 15. 4. 23 V. StS., Dr. von Feilitsch überg. 15. 4. 23 III. StS., Hettner überg. 15. 4. 23 erstinstanzl. StS., Zeiler überg. 1. 10. 22 II. ZS., Dr. Warneyer überg. 15. 4. 23 erstinstanzl. StS., Dr. Schlosky LGDir. v. 18. 4. 21 ausg. 31. 12. 21, Teichmann AGDir. überg. 9. 5. 22 III. ZS., Hüfner v. 3. 12. 21 überg. 16. 5. 22 I. ZS., Müller (Georg) v. 1. 1. 22 Rat 1. 5. 22 überg. 15. 4. 23 erstinstanzl. StS., Ehrlich OLGR. v. 9. 5. 22 überg. 15. 4. 23 erstinstanzl. StS., Dr. Hoeniger OLGR. v. 16. 5. 22 überg. 15. 4. 23 erstinstanzl. StS., Sayn v. 1. 1. 23 überg. 9. 2. 23 IV. ZS.

Erstinstanzlicher Strafsenat (errichtet 15. 4. 23, aufgelöst 15. 10. 28).

Ab 16. 9. 23 V. StS.

Ab 1. 10. 1924 IV. StS.

Ab 1. 4. 26 V. StS.; ab 2. 7. 26 zugl. VII. ZS. bis 15. 6. 27; ab 1. 4. 28 zugl. VIII. ZS. bis 15. 10. 28.

Senatspräsidenten: Richter R. 1. 10. 24, Niedner v. 1. 10. 24 überg. 1. 4. 26 IV. StS., Reichert v. 23. 4. 26 überg. 2. 4. 28 I. StS., Mentzel v. 2. 4. 28 überg. 15. 10. 28 VIII. ZS.

Räte: Dr. Paul R. 1. 1. 25, Oelschlaeger überg. 1. 1. 25 III. StS., Rosenthal überg. 15. 7. 26 III. StS., Hettner überg. 1. 4. 26 II. StS., Dr. Warneyer überg. 3. 1. 24 VI. ZS., Dr. Hüfner überg. 15. 10. 28 VIII. ZS., Dr. Müller (Georg) überg. 1. 6. 24 I. ZS., Teichmann überg. 15. 7. 23 VII. ZS., Willhöfft überg. 25. 3. 24 II. StS., Ehrlich OLGR. Rat 1. 5. 23 überg. 15. 7. 23 I. ZS. zurück 1. 1. 27 überg. 15. 6. 27 VI. ZS., Dr. Hoeniger OLGR. Rat 1. 5. 23 überg. 1. 4. 24 IV. ZS., Dr. Guetermann OLGR. v. 15. 7. 23, stellv. LGDir., ausg. 28. 2. 25, Mengelkoch OLGR. v. 15. 7. 23 überg. 26. 6. 24 II. StS. zurück 1. 10. 24 Rat 1. 1. 25 überg. 15. 10. 28 VIII. ZS., Doehn v. 1. 10. 24 † 10. 12. 24, Schmitz v. 1. 10. 24 ab 23. 4. 26 zugl. III. StS. überg. 1. 7. 26 III. StS., Dr. Baumgarten v. 1. 10. 24 überg. 1. 4. 26 IV. StS. zurück 18. 5. 26 überg. 4. 10. 28 IV. StS., Dr. Landois v. 1. 10. 24 überg. 1. 1. 25 V. ZS., Dr. Conze v. 4. 12. 24 überg. 1. 2. 26 I. ZS., Driver v. 4. 12. 24 überg. 1. 4. 26 IV. StS., Arnold v. 4. 12. 24 überg. 1. 4. 26 IV. StS., Schleyer v. 4. 12. 24 überg. 1. 4. 26 IV. StS., Lorenz v. 1. 1. 25 überg. 1. 4. 26 IV. StS., Dr. Schwalb v. 1. 1. 25 überg. 16. 9. 25 VI. ZS., Dr. Hallamik v. 1. 1. 25 ab 28. 12. 25 zugl. IV. ZS. überg. 1. 4. 26 IV. ZS., Dr. Kahleyß v. 9. 1. 25 überg. 15. 6. 27 VI. ZS., Coenders v. 1. 1. 25 überg. 1. 4. 26 IV. StS., Helber v. 7. 1. 25 überg. 1. 4. 26 IV. StS., Dr. Bittinger v. 28. 2. 25 † 7. 4. 25, Fickler v. 1. 7. 25 überg. 4. 12. 25 V. ZS., Rheinisch v. 1. 7. 25 überg. 15. 10. 28 VIII. ZS., Lellbach v. 1. 7. 25 überg. 4. 12. 25 IV. ZS., Krüger v. 1. 10. 25 ab 10. 11. 25 gleichz. V. ZS. überg. 4. 12. 25 V. ZS., Bender v. 29. 12. 25 überg. 1. 4. 26 IV. StS., Dr. Lindenmaier v. 19. 1. 26 überg. 21. 4. 26 I. ZS., Gadow v. 16. 9. 26 überg. 1. 1. 27 I. ZS., Dr. Mende v. 1. 1. 27 überg. 1. 2. 28 III. ZS., Dr. Coninx v. 2. 4. 28 überg. 15. 10. 28 VIII. ZS., Citron v. 1. 6. 28 überg. 15. 10. 28 VIII. ZS.

Schaaf.

Anlage III.

Beamte des Reichsgerichts.

Bürodirektor: **Schaaf.**

Geschäftsstellen:

Ministerialamtmänner: Ueberschaer, Rechnungsrat, Schulz, RR., Borchard, RR., Wedekind, RR., Franzen, Walter, RR.

Amtmänner: Schmolling, RR., Beyer, RR., Wetzel, Scheibe, Köhler, Richter, Wartenberg, Partzsch, Mahret, Risch, Kießling.

Regierungsoberinspektoren: Freiherr von Stosch-Brühl, Vogel, Hanft, Grabowski, Lampe, Willmer, Hoeft, Peters.

Regierungsinspektoren: Merck, Gratz, Krause.

Oberregierungssekretär: Kunath.

Hilfsbeamte: Frank, Justizinspektor; Zander, Justizobersekretär; Heinrich, Justizoberinspektor; Mayr, Justizinspektor; Thys, Justizobersekretär; Machule, Regierungsinspektor; Diehl, Oberregierungssekretär; Gützlaff, Struck, Steuerinspektoren.

Kanzlei:

Kanzleidirektor: Hertel.

Ministerialkanzleiobersekretäre: Häßner, Thalmann, Rechner, Kämpfer.

Ministerialkanzleisekretäre: Schenck, Rappl, Oberhoffer.

Kanzleisekretäre: Band, Humke.

Ministerialkanzleiassistenten: Grabs, Mende, Hellwig, Dewitz, Franke, Müller, Schröder, Zacharias.

Kanzleiassistenten: Winkler Hugo, Seifert, Kühne.

Kanzleiangestellte: Naumann, Günzel, Zapf, Meyer, Reichelt, Zimmermann, Winkler Willi, Schneidewind, Schubert, Kuklok, Marquardt, Scheibner, Köhler, Frl. Sachse, Frau Judersleben, Frl. Kanitz, Frau Gädke, Frl. Meischeider, Frau Wendt, Frl. Weidner, Kern, Bosse, Frau Schacht, Frl. Seifert, Dietrich, Schmidt, Rudolph.

Wachtmeisterei:

Oberbotenmeister: Schietzelt.

Reichsgerichtsoberwachtmeister: Sievers, Schmidt Oswald, Amme, Musick, Dilz, Grunewald, Kühne, Lehmann, Enke.

Reichsgerichtswachtmeister: Leisebein, Schmidt Karl, Jünke, Förster, Wendel, Wieduwilt, Mann Alfred, Augustin, Lange, Menzer, Zech, Kampf.

Hilfsamtsgehilfen: Sauer, Jäschke, Schreier, Hänsgen, Döring, Ernst.

Ministerialhausinspektor: Gutgesell.

Sammelheizungsanlage:

Liedtke, Obermaschinist; Steyer, Leindorf, Heizer.

Kraftfahrer:

Michael, Wenzel, Menzel, Kunze.

Fahrstuhlführer:

Franke.

Reinmachefrauen:

Frau Winzer, Pohle, Gunold, Frl. Klötzsch, Frau Achtzehn, Vierig, Frl. Naumann, Frau Beinemann, Frl. Gahn, Frau Piller, Israel, Bernard, Frl. Güther, Frau Nollmeier.

Steindruckerei:

Kratzsch.

Schaaf.

Anlage IV.

Mitglieder der Reichsanwaltschaft.

Zu- und Vorname	Geburtstag, Geburtsort, Staatsangehörigkeit	Frühere Dienstlaufbahn	Bei der Reichsanwaltschaft	Austritt und spätere Laufbahn
		I. Oberreichsanwälte:		
1. **Dr. Freiherr v. Seckendorff,** August	13. 2. 1807, Hachenburg, Preuße	1830 Auskultator; 1832 Referendar; 1835 Gerichtsassessor; 1839 Staatsprokurator Trier; 1843 Regierungsrat Köln; 1851 Oberprokurator Köln; 1856 Obertribunalsrat; 1871 Generalprokurator, Geheimer Oberjustizrat Köln	1. 10. 1879 Oberreichsanwalt; 1880 Wirklicher Geheimer Rat, Exzellenz	† 30. 12. 1885
2. **Dr. h. c. Tessendorff,** Hermann	6. 8. 1831, Niederheinrichshagen b. Stralsund, Preuße	1853 Auskultator; 1854 Referendar; 1858 Gerichtsassessor; 1862 Staatsanwaltsgehilfe Frankfurt a. d. O.; 1864 Staatsanwalt Burg; 1867 Erster Staatsanwalt Magdeburg; 1873 Berlin I; 1879 Senatspräsid. Königsberg; 1884 Naumburg; 1885 Kammergericht	26. 3. 1886 Oberreichsanwalt; 1895 Dr. jur. h. c.	† 1. 12. 1895
3. **Dr. h. c. Hamm,** Oscar	24. 6. 1839, Ratingen, Preuße	1860 Auskultator; 1862 Referendar; 1865 Gerichtsassessor; 1868 Friedensrichter Remscheid; 1871 Staatsprokurator Düsseldorf; 1879 Oberlandesgerichtsrat Köln; 1881 Oberstaatsanwalt Köln; 1884 Mitglied des Staatsrats; 1893 Geheimer Oberjustizrat	13. 1. 1896 Oberreichsanwalt; 1896 Dr. jur. h. c.	22. 5. 1899 Wirklicher Geheimer Oberjustizrat, Oberlandesgerichtspräsident Köln; 1905 in den Ruhestand, Mitglied des Herrenhauses, Wirklicher Geheimer Rat, Exzellenz; † 27. 10. 1920
4. **Dr. v. Olshausen,** Justus	10. 4. 1844, Kiel, Preuße	1866 Auskultator; 1868 Referendar; 1871 Gerichtsassessor; 1873 Staatsanwaltsgehilfe Königsberg; 1875 Obergerichtsassessor beim Kronoberanw. Celle; 1878 Kreisrichter Kottbus; 1879 Landrichter; 1880 Berlin I; 1885 Landgerichtsdirek. Schneidemühl; 1887 Kammergerichtsrat; 1890 Reichsgerichtsrat	7. 6. 1899 Oberreichsanwalt	4. 12. 1907 Senatspräsident beim RG.; 1909 Wirklicher Geheimer Rat, Exzellenz; 1910 in den Ruhestand; † 14. 3. 1924
5. **Dr. h. c. Zweigert,** Arthur	8. 6. 1850, Neu-Stettin, Preuße	1873 Referendar; 1876 Gerichtsassessor; 1878 Kreisrichter Perleberg; 1879 Amtsrichter; 1883 Guben; 1886 Staatsanwalt Guben; 1890 Hannover; 1891 beim Oberlandesgericht Celle; 1894 Oberlandesgerichtsrat Celle	19. 6. 1895 Hilfsarbeiter; 24. 11. 1897 Reichsanwalt; 1904 Dr. jur. h. c.; 4. 12. 1907 Oberreichsanwalt; 1916 Wirklicher Geheimer Rat, Exzellenz	16. 4. 1921 in den Ruhestand; † 19. 11. 1923

Zu- und Vorname	Geburtstag, Geburtsort, Staatsangehörigkeit	Frühere Dienstlaufbahn	Bei der Reichsanwaltschaft	Austritt und spätere Laufbahn
6. **Dr. jur. h. c. et med. h. c. Ebermayer,** Ludwig	15. 4. 1858, Nördlingen, Bayer	1879 Rechtspraktikant; 1882 geprüfter Rechtspraktikant; 1883 III. Staatsanw. Straubing; 1884 Amtsrichter Neuburg; 1890 II. Staatsanwalt Bayreuth; 1894 Landgerichtsrat Bamberg; 1899 Staatsanwalt beim Oberlandesgericht Bamberg; 1902 Reichsgerichtsrat; 1912 Dr. jur. h. c.; 1918 Senatspräsident b. Reichsgericht	23. 3. 1921 Oberreichsanwalt; 1924 Dr. med. h. c.	31. 8. 1926 in den Ruhestand; 1927 Honorarprofessor an der Universität Leipzig
7. **Werner,** Karl	14. 3. 1876, Mülhausen i. E., Elsaß-Lothringer	1897 Referendar; 1903 Gerichtsassessor; 1907 Amtsrichter Dammerskirch; 1908 Staatsanwalt beim Oberlandesgericht Kolmar; 1918 Staatsanwaltschaftsrat; 1919 Geheimer Regierungsrat u. Vortragender Rat im Reichsjustizministerium; 1920 Ministerialrat; 1923 Abteilungsleiter	5. 6. 1926 Oberreichsanwalt	

II. Reichsanwälte:

1. **Dr. h. c. v. Wolff,** Wolf	10. 1. 1824, Düben, Preuße	1845 Auskultator; 1847 Referendar; 1851 Gerichtsassessor; 1854 Staatsanwaltsgehilfe Frankfurt a. d. O.; 1856 Staatsanwalt Landsberg a. d. W.; 1859 Küstrin; 1862 Danzig; 1866 Oberstaatsanwalt Königsberg; 1869 Oberstaatsanwalt beim Obertribunal	1. 10. 1879 Reichsanwalt	23. 4. 1886 Senatspräsident beim RG.; 1895 Dr. jur. h. c., Wirklicher Geheimer Rat, Exzellenz; 1. 10. 1897 in den Ruhestand; † 8. 7. 1900
2. **Hofinger,** Adam	10. 3. 1826, Bayreuth, Elsaß-Lothringer	1849 Rechtspraktikant; 1852 Advokat Kaiserslautern; 1853 Gerichtsassessor Landau; 1855 Staatsprokuratorsubstitut Landau; 1858 Bezirksrichter Kaiserslautern; 1863 Staatsprokurator daselbst; 1870 Erster Staatsanwalt daselbst; 1871 Landgerichtspräsident Mülhausen i. E.; 1877 Staatsanwalt beim Reichsoberhandelsgericht	1. 10. 1879 Reichsanwalt	28. 2. 1892 in den Ruhestand; † 15. 2. 1897

Zu- und Vorname	Geburtstag, Geburtsort, Staatsangehörigkeit	Frühere Dienstlaufbahn	Bei der Reichsanwaltschaft	Austritt und spätere Laufbahn
3. **Stenglein,** Melchior	4. 10. 1825, Bayreuth, Bayer	1849 Rechtspraktikant; 1851 Akzessist; 1854 Staatsanwaltsubstitut München; 1857 II. Staatsanwalt; 1862 II. Staatsanwalt beim Appellationsgericht von Niederbayern; 1864 I. Staatsanwalt München; 1868 Appellationsgerichtsrat das.; 1872 Advokat das.; 1863 bis 1879 Mitglied der Kammer der Abgeordneten; 1874 bis 1877 Mitglied des Reichstags	1. 10. 1879 Reichsanwalt	17. 12. 1888 Reichsgerichtsrat; 1. 1. 1898 in den Ruhestand; † 8. 7. 1903
4. **Dr. h. c. Treplin,** Ludwig	23. 10. 1834, Genthin, Preuße	1856 Auskultator; 1858 Referendar; 1861 Gerichtsassessor; 1866 Staatsanwaltsgehilfe, 1867 Staatsanwalt Bergen; 1869 beim Kammergericht; 1870 Kronanwalt Aurich; 1873 Celle; 1878 Osnabrück; 1879 Erster Staatsanwalt das.	6. 11. 1882 Hilfsarbeiter; 1. 4. 1885 Reichsanwalt	24. 11. 1897 Senatspräsident beim RG.; 1904 Dr. jur. h. c.; 1907 Wirklicher Geheimer Rat, Exzellenz; 1. 1. 1908 in den Ruhestand; † 2. 9. 1924
5. **Galli,** Franz	23. 12. 1839, Inowrazlaw, Preuße	1861 Auskultator; 1863 Referendar; 1865 Gerichtsassessor; 1867 Staatsanwaltsgehilfe Lobsens; 1871 Staatsanwalt Gnesen; 1872 Beuthen; 1875 Kronanwalt Göttingen; 1879 Erster Staatsanwalt das.	16. 1. 1886 Hilfsarbeiter; 28. 6. 1886 Reichsanwalt	21. 12. 1895 Reichsgerichtsrat; 1. 6. 1903 in den Ruhestand; † 25. 10. 1917
6. **Dr. Ritter v. Lippmann,** Karl	15. 1. 1839, Nordendorf, Bayer	1862 Rechtspraktikant; 1866 Akzessist; 1869 Staatsanwaltssubstit. Bamberg; 1872 Stadtgerichtsass. München; 1876 II. Staatsanwalt das.; 1880 Landgerichtsr. das.; 1887 I. Staatsanwalt München II	17. 12. 1888 Reichsanwalt	30. 5. 1892 Reichsgerichtsrat; 1. 4. 1906 in den Ruhestand; † 20. 9. 1915
7. **Dr. Menge,** Friedrich	7. 10. 1845, Lübbecke i. W., Preuße	1868 Auskultator; 1870 Referendar; 1873 Gerichtsassessor; 1876 Staatsanwaltsgehilfe Berlin; 1879 Staatsanwalt Berlin II; 1887 Berlin I; 1890 Kammergerichtsr.	27. 12. 1888 Hilfsarbeiter bis 14. 7. 1889; 30. 1. 1892 Reichsanwalt	3. 4. 1906 Senatspräsident beim RG.; 1916 Wirkl. Geh. Rat, Exzellenz; 1. 11. 1918 in den Ruhestand; † 14. 1. 1920
8. **Schumann,** Franz	15. 8. 1844, Lichtenfels, Bayer	1866 Rechtspraktikant; 1869 geprüfter Rechtspraktikant; 1873 Staatsanwaltssubstit. Ansbach; 1876 Gerichtsassessor Stadtamhof; 1879 II. Staatsanw. Nürnberg; 1885 Landgerichtsr. Memmingen; 1886 Nürnberg; 1888 Staatsanw. b. Oberlandesger. das.; 1890 I. Staatsanwalt das.	30. 5. 1892 Reichsanwalt	17. 4. 1899 Reichsgerichtsrat; † 24. 7. 1905

Zu- und Vorname	Geburtstag, Geburtsort, Staatsangehörigkeit	Frühere Dienstlaufbahn	Bei der Reichsanwaltschaft	Austritt und spätere Laufbahn
9. **Heinemann,** Maximilian	24. 12. 1840, Bischofsburg, Preuße	1862 Auskultator; 1864 Referendar; 1870 Gerichtsassessor; 1872 Staatsanwaltsgehilfe Posen; 1879 Staatsanw. das.; 1882 Berlin; 1886 Erster Staatsanw. Göttingen	15. 10. 1892 Hilfsarbeiter; 1894 Oberlandesgerichtsrat Stettin; 21. 12. 1895 Reichsanwalt	28. 5. 1900 Reichsgerichtsrat; 1. 11. 1911 in den Ruhestand; † 19. 2. 1924
10. **Dr. h. c. Zweigert,** Arthur		Zu vergleichen I 5		
11. **Dr. Nagel,** Arthur	14. 8. 1856, Dresden, Sachse	1877 Akzessist; 1878 Referendar; 1881 Gerichtsassessor; 1887 Staatsanwalt Leipzig; 1893 Landgerichtsrat das.; 1894 Landgerichtsdirektor das.; 1897 Oberlandesgerichtsrat Dresden	1. 2. 1898 Hilfsarbeiter; 17. 4. 1899 Reichsanwalt	5. 8. 1912 sächsischer Justizminister, Exzellenz; † 12. 5. 1918
12. **Ritter v. Treutlein-Moerdes,** Johann	12. 7. 1858, Würzburg, Bayer	1880 Rechtspraktikant; 1884 geprüfter Rechtspraktikant; 1884 III. Staatsanw. München II; 1885 Amtsrichter München I; 1890 II. Staatsanwalt im Staatsministerium der Justiz; 1894 Landgerichtsrat München I; 1899 Staatsanwalt beim Oberlandesgericht München	1. 5. 1899 Hilfsarbeiter; 31. 5. 1900 Reichsanwalt	1. 3. 1906 Ministerialrat im bayerischen Staatsministerium der Justiz, stellv. Bevollmächtigter zum Bundesrat; 1909 Ministerialdirektor; 1910 Staatsrat; 1913 Exzellenz; † 25. 9. 1916
13. **Richter,** Paul	30. 8. 1856, Dessau, Preuße	1880 Referendar; 1886 Gerichtsassessor; 1892 Staatsanwalt Schneidemühl; 1894 Berlin I; 1897 beim Kammergericht; 1900 Staatsanwaltschaftsrat	10. 2. 1903 Hilfsarbeiter; 1905 Kammergerichtsrat; 10. 3. 1906 Reichsanwalt	23. 3. 1921 Senatspräsident beim RG.; 30. 9. 1924 in den Ruhestand
14. **Frhr. v. Eberz und Rockenstein,** Max	25. 4. 1860, Donauwörth, Bayer	1882 Rechtspraktikant; 1885 geprüfter Rechtspraktikant; 1887 Amtsrichter München II; 1894 II. Staatsanwalt das.; 1896 Landgerichtsrat das.; 1899 Oberamtsrichter Tegernsee; 1904 I. Staatsanwalt Bamberg	3. 4. 1906 Reichsanwalt	† 30. 4. 1921
15. **Dietz,** Wilhelm	25. 2. 1852, Posen, Preuße	1876 Referendar; 1881 Gerichtsassessor; 1883 Staatsanwalt Schneidemühl; 1888 Berlin I; 1898 Staatsanwaltschaftsrat; 1900 Landgerichtsdirektor Berlin II	1. 4. 1907 Hilfsarbeiter; 4. 12. 1907 Reichsanwalt	30. 9. 1922 in den Ruhestand
16. **Schweigger,** Johannes	23. 6. 1857, Pillau, Preuße	1878 Referendar; 1884 Gerichtsassessor; 1887 Staatsanwalt Tilsit; 1890 Posen; 1893 Berlin I; 1897 bei dem Kammergericht; 1898 Staatsanwaltschaftsrat; 1901 Erster Staatsanwalt Konitz; 1905 Halle a. d. S.	1. 1. 1908 Hilfsarbeiter; 5. 4. 1908 Reichsanwalt	† 9. 1. 1915

Zu- und Vorname	Geburtstag, Geburtsort, Staatsangehörigkeit	Frühere Dienstlaufbahn	Bei der Reichsanwaltschaft	Austritt und spätere Laufbahn
17. **Dr. Stitzer,** Felix	17. 1. 1869, Königsberg i. P., Preuße	1889 Referendar; 1894 Gerichtsassessor; 1898 Staatsanwalt Beuthen i. O.-Schl.; 1901 Königsberg i. P.; 1905 bei dem Oberlandesgericht Königsberg i. P.; 1908 Staatsanwaltschaftsrat	23. 3. 1908 Hilfsarbeiter; 1911 Oberlandesgerichtsrat Kiel; 17. 10. 1912 Reichsanwalt	† 5. 11. 1918
18. **Dr. h. c. Bünger,** Wilhelm	8. 10. 1870, Elsterwerda, Preuße	1893 Referendar; 1897 Gerichtsassessor; 1902 Staatsanwalt Frankfurt a. M.; 1910 bei dem Oberlandesgericht Frankfurt a. M.	6. 3. 1911 Hilfsarbeiter; 1911 Staatsanwaltschaftsrat; 1913 Kammergerichtsrat; 10. 3. 1919 Reichsanwalt	17. 1. 1925 aus dem Reichsdienste geschieden; seit 1920 Mitglied des Sächs. Landtages; von 1924 bis 1927 sächs. Justizminister; 1927 Dr. jur. h. c.; 1929 sächs. Minister für Volksbildung; 1929 Ministerpräs. v. Sachsen
19. **Dr. Freiesleben,** Johannes	4. 3. 1871, Leipzig, Sachse	1894 Referendar; 1898 Gerichtsassessor; 1902 Landrichter Leipzig; 1909 Landgerichtsrat das.; 1914 Landgerichtsdirektor das.	1. 10. 1918 Hilfsarbeiter; 10. 3. 1919 Reichsanwalt	5. 5. 1928 Reichsgerichtsrat
20. **Dr. Baumgarten,** Alexander	8. 1. 1868, Suhl, Preuße	1892 Referendar; 1896 Gerichtsassessor; 1901 Staatsanwalt Magdeburg; 1904 Berlin I; 1906 Berlin III; 1909 Landrichter Berlin II; 1910 Landgerichtsrat; 1912 Landgerichtsdirektor Berlin I	19. 9. 1914 Hilfsarbeiter; 12. 2. 1920 Reichsanwalt	23. 3. 1921 Reichsgerichtsrat
21. **Dr. Feisenberger,** Albert	11. 5. 1873, Frankfurt a. M., Preuße	1894 Referendar; 1898 Gerichtsassessor; 1903 Staatsanwalt Bochum; 1906 Magdeburg; 1913 Staatsanwaltschaftsrat; 1914 Oberlandesgerichtsrat Celle	12. 9. 1914 Hilfsarbeiter; 23. 3. 1921 Reichsanwalt	
22. **Dr. Neumann,** Richard	5. 12. 1878, Gnesen, Preuße	1900 Referendar; 1905 Gerichtsassessor; 1908 Staatsanwalt Aachen; 1911 Köln; 1913 bei dem Oberlandesgericht Köln	20. 10. 1919 Hilfsarbeiter; 1919 Staatsanwaltschaftsr.; 1920 Kammererichtsrat; 23. 3. 1921 Reichsanwalt	
23. **Dr. Keßler,** Jakob	11. 10. 1872, Siebeldingen, Bayer	1896 Rechtspraktikant; 1899 geprüfter Rechtspraktikant; 1901 III. Staatsanw. Zweibrücken; 1904 Amtsrichter München I; 1907 II. Staatsanwalt Würzburg; 1910 München II; 1914 Landgerichtsrat; 1919 Oberlandesgerichtsrat; 1920 Landgerichtsdirektor Neuburg; 1921 München I	16. 4. 1921 Hilfsarbeiter; 30. 9. 1921 Reichsanwalt	21. 5. 1927 Reichsgerichtsrat

Zu- und Vorname	Geburtstag, Geburtsort, Staatsangehörigkeit	Frühere Dienstlaufbahn	Bei der Reichsanwaltschaft	Austritt und spätere Laufbahn
24. **Niethammer,** Emil	6. 5. 1869, Stuttgart, Württemberger	1893 Justizreferendär erster Klasse; 1897 zweiter Klasse; 1901 Amtsrichter Gmünd; 1905 Tettnang; 1905 Landrichter Ellwangen; 1914 Landgerichtsrat Stuttgart	19. 4. 1921 Hilfsarbeiter; 1921 Landgerichtsdirektor Stuttgart; 25. 9. 1922 Reichsanwalt	
25. **Jorns,** Paul	14. 12. 1871, Heinade i. Braunschweig, Preuße	1896 Rechtspraktikant; 1899 Referendär; 1900 Kriegsgerichtsrat Karlsruhe; 1902 Ostasiatische Brigade; 1905 Stettin; 1906 Schutztruppe; 1909 Straßburg i. E.; 1918 Berlin	24. 2. 1920 Hilfsarbeiter; 1923 Oberregierungsrat; 1923 Oberstaatsanwalt; 5. 12. 1925 Reichsanwalt	
26. **Dr. Nagel,** Karl	13. 3. 1885, Breslau, Preuße	1906 Referendar; 1911 Gerichtsassessor; 1917 Staatsanwalt Düsseldorf; 1920 Staatsanwaltschaftsrat; 1922 Erster Staatsanwalt beim Oberlandesgericht Düsseldorf; 1923 Oberlandesgerichtsrat das.	21. 5. 1927 Reichsanwalt	
27. **Dr. Kirchner,** Karl	16. 1. 1880, Halle a. d. S., Sachse	1902 Referendar; 1907 Gerichtsassessor; 1913 Landrichter Leipzig; 1918 Landgerichtsrat	1. 12. 1920 bis 15. 10. 1922 und seit 1. 4. 1924 Hilfsarbeiter; 1924 Landgerichtsdirektor Leipzig; 1925 Oberstaatsanwalt; 7. 6. 1928 Reichsanwalt	

III. Oberstaatsanwälte:

1. **Klingsporn,** Alfred	2. 7. 1877, Gremsdorf (Kreis Bunzlau), Preuße	1900 Referendar; 1905 Gerichtsassessor; 1907 Staatsanwalt Gleiwitz; 1911 Breslau; 1916 bei dem Oberlandesgericht das.; 1919 Staatsanwaltschaftsrat; 1920 Erster Staatsanw. das.	15. 4. 1921 Hilfsarbeiter; 1922 Oberlandesgerichtsrat Breslau; 1923 Oberregierungsrat; 1923 Oberstaatsanwalt	30. 11. 1925 Reichsgerichtsrat
2. **Jorns,** Paul		Zu vergleichen II 25		
3. **Dr. Schneidewin,** Karl	1. 5. 1887, Hameln, Preuße	1908 Referendar; 1913 Gerichtsassessor; 1920 Staatsanwalt Berlin III; 1920 Staatsanwaltschaftsrat	9. 11. 1921 Hilfsarbeiter; 1923 Erster Staatsanwalt; 1925 Oberstaatsanwalt	
4. **Dr. Kirchner,** Karl		Zu vergleichen II 27		

Zu- und Vorname	Geburtstag, Geburtsort, Staatsangehörigkeit	Frühere Dienstlaufbahn	Bei der Reichsanwaltschaft	Austritt und spätere Laufbahn
5. **Floegel,** Johannes	31. 10. 1885, Landeck, Preuße	1907 Referendar; 1912 Gerichtsassessor; 1919 Landrichter Berlin I	3. 6. 1920 Hilfsarbeiter; 1920 Landgerichtsrat; 1926 Erster Staatsanwalt; 1928 Oberstaatsanwalt	
6. **Dr. Moericke,** Dagobert	31. 12. 1885, Heilbronn, Badener	1907 Rechtspraktikant; 1912 Gerichtsassessor; 1916 Amtsrichter Karlsruhe; 1919 Staatsanwalt Pforzheim; 1922 Konstanz; 1924 Karlsruhe; 1924 Erster Staatsanwalt das.; 1926 Landgerichtsrat das.	13. 3. 1923 bis 31. 3. 1924 Hilfsarbeiter; 1928 Oberstaatsanwalt	

IV. Hilfsarbeiter der Reichsanwaltschaft:

1. **Angern,** Hermann	14. 5. 1831, Wusterhausen a. D., Preuße	1853 Auskultator; 1856 Referendar; 1859 Gerichtsassessor; 1863 Staatsanwaltsgehilfe Angermünde; 1866 Staatsanwalt Liegnitz; 1874 Magdeburg; 1879 Erster Staatsanwalt das.	2. 6. 1881	31. 12. 1881; 1882 Erster Staatsanwalt Berlin I; 1885 Geh. Justizrat; 1887 Landgerichtspräsident Berlin I; 1896 Geheimer Oberjustizrat; 1899 in den einstweiligen, 1902 in den dauernden Ruhestand; † 29. 11. 1907
2. **Hacker,** Otto	6. 8. 1846, Graudenz, Preuße	1868 Auskultator; 1870 Referendar; 1874 Gerichtsassessor; 1876 Staatsanwaltsgehilfe Tilsit; 1878 Königsberg i. Pr.; 1879 Staatsanwalt das.; 1883 Berlin II; 1892 Erster Staatsanwalt Lüneburg	23. 3. 1892	15. 7. 1892; 1898 Erster Staatsanwalt in Halle a. d. S.; 1902 Geheimer Justizrat; 1905 Oberstaatsanwalt Marienwerder; 1912 Stettin; 1912 Geheimer Oberjustizrat; 1917 in d. Ruhestand; † 31. 1. 1921
3. **Jaeschmar,** Georg	20. 4. 1852, Breslau, Preuße	1876 Referendar; 1881 Gerichtsassessor; 1883 Staatsanwalt Glatz; 1886 Meiningen; 1890 Naumburg a. d. S.; 1891 bei dem Oberlandesgericht das.; 1898 Staatsanwaltschaftsrat; 1898 Oberlandesgerichtsrat Posen	1. 6. 1900	16. 1. 1905 Reichsgerichtsrat; 1. 1. 1920 in den Ruhestand
4. **Sieburg,** Carl	20. 4. 1860, Hannover, Preuße	1882 Referendar; 1888 Gerichtsassessor; 1896 Staatsanwalt Hannover; 1898 bei d. Oberlandesgericht Celle; 1903 Staatsanwaltschaftsrat	1. 2. 1905 1906 Oberlandesgerichtsrat Celle	31. 3. 1907; 1916 Geheimer Justizrat; 1925 in den Ruhestand; † 6. 3. 1929

Zu- und Vorname	Geburtstag, Geburtsort, Staatsangehörigkeit	Frühere Dienstlaufbahn	Bei der Reichsanwaltschaft	Austritt und spätere Laufbahn
5. Dr. **Joël**, Curt	18. 1. 1865, Greiffenberg i. Schles., Preuße	1888 Referendar; 1893 Gerichtsassessor; 1898 Staatsanwalt Hannover; 1902 Berlin I; 1905 bei dem Kammergericht	5. 3. 1906; 1907 Staatsanwaltschaftsrat	17. 3. 1908; 1908 Geheimer Regierungsrat und Vortragender Rat im Reichsjustizamt; 1911 Geheimer Oberregierungsrat; 1917 Ministerialdirektor; 1917 stellv. Bevollmächtigter Preußens zum Bundesrat; 1920 Unterstaatssekretär, dann Staatssekretär im Reichsjustizministerium
6. Dr. **Preiser**, Friedrich	16. 1. 1867, Trebnitz, Preuße	1891 Referendar; 1895 Gerichtsassessor; 1900 Staatsanwalt Wiesbaden; 1902 Frankfurt a. M.; 1906 bei dem Oberlandesgericht Posen	16. 6. 1907; 1909 Staatsanwaltschaftsrat	18. 2. 1911; 1911 Landgerichtsdirektor Frankfurt a. M.; 1912 Geheimer Justizrat u. Vortragender Rat im preußischen Justizministerium; 1916 Geh. Oberjustizrat; 1922 Senatspräsident beim Kammergericht
7. Dr. **Weber**, Alfred	20. 6. 1870, Leipzig, Sachse	1894 Referendar; 1898 Gerichtsassessor; 1901 Staatsanwalt Leipzig	29. 2. 1912	31. 10. 1912; 1912 Staatsanwalt Dresden; 1914 Oberstaatsanwalt beim Oberlandesgericht das.
8. Dr. **Heinze**, Rudolf	22. 7. 1865, Oldenburg, Sachse	1887 Referendar; 1893 Gerichtsassessor; 1896 Amtsrichter Dresden; 1901 Landrichter, 1905 Landgerichtsrat, 1906 Landgerichtsdirektor das.; 1907 bis 1911 Mitglied des Reichstags	14. 10. 1912	3. 6. 1914 Reichsgerichtsrat; 1915 bis 1916 Mitglied der II. sächs. Ständekammer; 1916 Unterstaatssekretär im osmanischen Justizministerium; 1. 7. 1918 sächs. Justizminister, Exzellenz; 1919 Mitglied der Nationalversamml.; 1920 bis 1928 Mitglied des Reichstags; 25. 6. 1920 bis 10. 5. 1921 und 22. 11. 1922 bis 13. 8. 1923 Reichsminister der Justiz; † 16. 5. 1928
9. Dr. **Wiehen**, Theodor	2. 4. 1867, Hildesheim, Preuße	1891 Referendar; 1897 Gerichtsass.; 1902 Staatsanw. Dortmund; 1910 Kiel; 1911 Staatsanwaltschaftsr.; 1918 b. d. Oberlandesger. Stettin; 1920 Erster Staatsanw. das.	23. 11. 1912 bis 31. 10. 1918 und seit 6. 7. 1922; 1925 Erster Staatsanwalt Berlin III	† 27. 7. 1927

Zu- und Vorname	Geburtstag, Geburtsort, Staatsangehörigkeit	Frühere Dienstlaufbahn	Bei der Reichsanwaltschaft	Austritt und spätere Laufbahn
10. **Liebenow,** Otto	25. 1. 1864, Frankfurt a. d. O., Preuße	1886 Referendar; 1892 Gerichtsass.; 1900 Staatsanw. Berlin I; 1906 Staatsanwaltschaftsrat; 1907 bei dem Kammergericht; 1908 Landgerichtsdirektor Berlin III	11. 4. 1913	16. 9. 1913; 1917 Geheimer Justizrat; † 31. 5. 1923
11. **Doehn,** Bruno	24. 7. 1866, Dresden, Sachse	1889 Referendar; 1893 Gerichtsassessor; 1899 Landrichter Dresden; 1908 Landgerichtsrat, 1910 Oberlandesgerichtsrat das.	5. 6. 1914	9. 8. 1918 Reichsgerichtsrat; † 10. 12. 1924
12. **Rosenthal,** Max	18. 1. 1868, Glogau, Preuße	1890 Referendar; 1895 Gerichtsassessor; 1900 Staatsanwalt Kreuzburg; 1904 Breslau; 1908 Landrichter Danzig; 1909 Landgerichtsrat; 1911 Landgerichtsdirektor Berlin III	7. 9. 1914	24. 10. 1918 Reichsgerichtsrat
13. **Seeber,** Josef	20. 5. 1869, Nürnberg, Bayer	1891 Rechtspraktikant; 1894 geprüfter Rechtspraktikant; 1897 III. Staatsanw. München II; 1898 Amtsrichter München; 1900 II. Staatsanwalt München I; 1904 Landgerichtsrat München I; 1912 Staatsanwalt b. Oberlandesgericht München	19. 10. 1914	31. 3. 1919; 1919 Staatsanwalt, 1921 Oberstaatsanwalt, 1923 Rat, 1924 Senatspräsident bei dem Obersten Landesgericht
14. **Kaempfer,** Hans	24. 12. 1868, Hagen i. W., Preuße	1892 Referendar; 1896 Gerichtsassessor; 1901 Staatsanwalt Beuthen; 1905 Berlin I; 1910 Staatsanwaltschaftsrat; 1911 bei dem Kammergericht	16. 10. 1917	30. 9. 1919; 1920 Erster Staatsanwalt bei dem Kammergericht
15. **Wilke,** Georg	13. 5. 1865, Stettin, Preuße	1886 Referendar; 1891 Gerichtsassessor; 1897 Amtsrichter Schwedt; 1900 Oberrichter Kiautschou; 1903 Landrichter Berlin I; 1905 Landgerichtsrat; 1907 Kammergerichtsrat; 1909 Landgerichtsdirektor Berlin I; 1916 Geheimer Justizrat	4. 11. 1918	31. 3. 1919; 1924 in den Ruhestand; 1924 Rechtsanwalt beim Oberlandesgericht Stettin; 1925 Notar
16. **Wanjura,** Georg	3. 10. 1869, Preiskretscham, Preuße	1890 Referendar; 1895 Gerichtsassessor; 1899 Amtsrichter Festenberg; 1908 Landrichter Liegnitz; 1909 Landgerichtsrat; 1911 Landgerichtsdirektor Dortmund; 1914 Berlin III	6. 11. 1918	31. 1. 1919; 1920 Landgerichtspräsident Ratibor; 1924 Senatspräsident, 1925 Vizepräsident, 1929 Senatspräsident beim Oberlandesgericht Breslau

Zu- und Vorname	Geburtstag, Geburtsort, Staatsangehörigkeit	Frühere Dienstlaufbahn	Bei der Reichsanwaltschaft	Austritt und spätere Laufbahn
17. **Pauli,** Wilhelm	16. 6. 1872, Metz, Elsaß-Lothringer	1893 Referendar; 1898 Gerichtsassessor; 1905 Staatsanw. Metz; 1908 Landrichter das.; 1910 Staatsanwalt Straßburg i. E.; 1911 Staatsanwaltschaftsrat; 1913 Landgerichtsrat Straßburg i. E.	26. 2. 1920	15. 9. 1920; 1921 Landgerichtsrat Stuttgart; 1926 Landgerichtsdirektor das.
18. **Lingemann,** Heinrich	23. 9. 1880, Leichlingen, Preuße	1905 Referendar; 1910 Gerichtsassessor; 1917 Staatsanwalt Frankfurt a. M.	27. 2. 1920; 1920 Staatsanwaltschaftsrat	30. 9. 1926; 1926 Landgerichtsdirektor Wiesbaden; 1926 Oberstaatsanwalt beim Oberlandesgericht Breslau; 1927 Oberstaatsanwalt Essen
19. **Hauck,** Albert	29. 9. 1877, Frankenheim i. Bayern, Sachse	1900 Referendar; 1906 Gerichtsassessor; 1913 Staatsanwalt Leipzig	12. 4. 1920 bis 15. 10. 1922, dann seit 7. 6. 1927	1927 Erster Staatsanwalt Leipzig
20. **Dr. Hanemann,** Alfred	6. 8. 1872, Rastatt, Badener	1895 Rechtspraktikant; 1898 Referendär; 1900 Amtsrichter Meßkirch; 1900 bis 1903 Richter und Bezirkshauptmann in Deutsch-Südwestafrika; 1903 Amtsrichter Mannheim; 1905 Oberamtsrichter, 1911 Landgerichtsrat das.; 1920 Oberlandesgerichtsrat Karlsruhe	23. 4. 1920	31. 3. 1921; 1921 Landgerichtsdirektor Mannheim; 1921 Mitglied des Badisch. Landtags; 1924 Mitglied des Reichstags
21. **Sethe,** Karl	9. 10. 1873, Kassel, Preuße	1896 Referendar; 1902 Gerichtsassessor; 1906 Staatsanwalt Frankfurt a. M.; 1913 Amtsrichter Hennef; 1917 Amtsgerichtsrat	27. 10. 1920	30. 9. 1921; 1921 Oberstaatsanwalt Koblenz; 1923 Essen; 1924 Erfurt; 1925 Berlin III
22. **v. Wunsch,** Hanns-Jakob	18. 7. 1883, Brandenburg a. d. H., Preuße	1905 Referendar; 1910 Gerichtsassessor; 1919 Staatsanwalt Wiesbaden; 1919 Frankfurt a. M.; 1920 Staatsanwaltschaftsrat	14. 2. 1921	30. 9. 1921
23. **Dr. Gutjahr,** Georg	27. 12. 1881, Straßburg i. Elsaß, Preuße	1904 Referendar; 1908 Gerichtsassessor; 1910 Staatsanwalt Berlin I; 1920 Staatsanwaltschaftsrat	6. 5. 1921; 1925 Oberlandesgerichtsrat Naumburg a. d. S.	
24. **Dr. Malzan,** Karl	22. 8. 1886, Darmstadt, Hesse	1908 Referendar; 1912 Gerichtsassessor; 1920 Staatsanwalt Darmstadt	15. 10. 1921	30. 4. 1922; 1922 Oberjustizrat im hess. Justizministerium; 1929 Ministerialrat daselbst

Zu- und Vorname	Geburtstag, Geburtsort, Staatsangehörigkeit	Frühere Dienstlaufbahn	Bei der Reichsanwaltschaft	Austritt und spätere Laufbahn
25. **Stäcker,** Otto	14. 2. 1886, Uetersen (Kreis Pinneberg), Preuße	1908 Referendar; 1912 Gerichtsassessor; 1915 Staatsanwalt Hannover; 1920 Staatsanwaltschaftsrat	9. 11. 1921	30. 9. 1922; 1926 Erster Staatsanwalt Düsseldorf; 1927 Landgerichtsdirektor Kiel
26. **Hölder,** Otto	8. 12. 1885, Erlangen, Sachse	1909 Referendar; 1914 Gerichtsassessor; 1918 Staatsanwalt Leipzig	15. 12. 1921	14. 3. 1922
27. **Thüre,** Adolf	20. 3. 1889, Lauterbach in Oberhessen, Hesse	1911 Referendar; 1919 Gerichtsassessor; 1921 Staatsanwalt Mainz	2. 5. 1922	31. 3. 1923; 1925 Landgerichtsrat Mainz
28. **Stockert,** Alfred	2. 8. 1878, Heidelberg, Badener	1901 Rechtspraktikant; 1905 Referendär; 1907 Gerichtsassessor; 1911 Amtsrichter Mannheim; 1915 Landrichter Offenburg; 1916 Staatsanwalt Mosbach; 1921 Karlsruhe	14. 7. 1922	31. 3. 1923; 1924 Oberregierungsrat im badischen Justizministerium
29. **Richter,** Hans	29. 4. 1885, Glatz, Preuße	1909 Referendar; 1913 Gerichtsassessor; 1916 Staatsanwalt Hanau; 1920 Staatsanwaltschaftsrat	20. 7. 1922	15. 12. 1924; 1925 Oberregierungsrat, 1929 Ministerialrat im Reichsjustizministerium
30. **Vetter,** Oskar	3. 6. 1876, Harxheim i. d. Pfalz, Bayer	1900 Rechtspraktikant; 1903 geprüfter Rechtspraktikant; 1908 III. Staatsanw. Zweibrücken; 1911 Amtsrichter München; 1919 II. Staatsanwalt München I; 1922 Staatsanwalt beim Oberlandesgericht	12. 10. 1922	31. 12. 1925; 1926 Oberlandesgerichtsrat beim Landgericht München I; 1928 I. Staatsanwalt Landau
31. **Dr. Richter,** Rudolf	4. 2. 1884, Ebersbach, Sachse	1908 Referendar; 1919 Gerichtsassessor; 1920 Staatsanwalt Leipzig	16. 10. 1922	30. 6. 1923; 1923 Oberstaatsanwalt Plauen; 1927 Chemnitz
32. **Oeser,** Friedrich	4. 2. 1879, Neusalza-Spremberg, Sachse	1902 Referendar; 1907 Gerichtsassessor; 1914 Landrichter Plauen; 1919 Landgerichtsrat; 1920 Leipzig	20. 10. 1922	17. 1. 1923; 1924 Amtsgerichtsrat Leipzig

Zu- und Vorname	Geburtstag, Geburtsort, Staatsangehörigkeit	Frühere Dienstlaufbahn	Bei der Reichsanwaltschaft	Austritt und spätere Laufbahn
33. **Burmeister,** Heinrich	11. 6. 1883, Rostock, Mecklenburger	1904 Referendar; 1908 Gerichtsassessor; 1913 Amtsrichter Neustadt; 1914 Staatsanwalt Rostock; 1919 Landrichter das., dann Landgerichtsrat	3. 1. 1923	31. 12. 1923; 1924 Landgerichtsrat, 1926 Erster Staatsanwalt, 1926 Oberstaatsanwalt Rostock
34. **Dr. Fabian,** Curt	7. 12. 1877, Berlin-Lichtenberg, Preuße	1901 Referendar; 1905 Gerichtsassessor; 1909 Staatsanwalt Bromberg; 1920 Staatsanwaltschaftsrat; 1922 Berlin II	22. 1. 1923	31. 12. 1924; 1924 Oberstaatsanwalt Stolp i. P.
35. **Rückert,** Martin	3. 11. 1881, Halle a. d. S., Preuße	1905 Referendar; 1910 Gerichtsassessor; 1916 Staatsanwalt Dortmund; 1920 Staatsanwaltschaftsrat; 1920 Berlin I	3. 4. 1923	30. 9. 1926; 1926 Landgerichtsdirektor Köln; 1929 Berlin I
36. **Dr. Lesser,** Felix	18. 9. 1887, Berlin, Preuße	1909 Referendar; 1914 Gerichtsassessor; 1923 Staatsanwaltschaftsrat Berlin III	22. 6. 1923	31. 3. 1926
37. **Dr. Luther,** Reinhold	24. 2. 1879, Alsleben a. d. S., Preuße	1904 Referendar; 1909 Gerichtsassessor; 1914 Staatsanwalt Bonn; 1920 Staatsanwaltschaftsrat; 1921 Halle a. d. S.	16. 7. 1923 bis 31. 1. 1924, dann seit 4. 6. 1924	31. 10. 1925; 1925 Oberstaatsanwalt Halle a. d. S.
38. **Dr. Duden,** Erich	17. 12. 1885, Kronenberg, (Kreis Dramburg), Preuße	1908 Referendar; 1913 Gerichtsassessor; 1920 Staatsanwalt Kreuzburg; 1920 Staatsanwaltschaftsrat; 1922 Berlin I	1. 8. 1923	31. 1. 1924
39. **Dr. Herrmann,** Franz	29. 12. 1886, Berlin, Preuße	1909 Referendar; 1914 Gerichtsassessor; 1921 Staatsanwaltschaftsrat Berlin I	1. 11. 1923	15. 12. 1923; 1927 Erster Staatsanwalt beim Kammergericht; 1927 Oberjustizrat, 1929 Ministerialrat im preuß. Justizministerium
40. **Eichler,** Herrmann	24. 7. 1885, Berlin, Preuße	1908 Referendar; 1913 Gerichtsassessor; 1921 Staatsanwaltschaftsrat Stendal	5. 6. 1924; 1928 Erster Staatsanwalt Gleiwitz	
41. **Scheurlen,** Karl	7. 12. 1888, Ravensburg, Württemberger	1912 Referendar; 1914 Gerichtsassessor; 1922 Staatsanwalt Heilbronn	7. 1. 1925; 1927 Staatsanwalt beim Oberlandesgericht Stuttgart	30. 9. 1928; 1928 Regierungsrat im württemberg. Justizministerium

Zu- und Vorname	Geburtstag, Geburtsort, Staatsangehörigkeit	Frühere Dienstlaufbahn	Bei der Reichsanwaltschaft	Austritt und spätere Laufbahn
42. Dr. **Iber**, Hans	24. 9. 1886, Schmalkalden, Preuße	1908 Referendar; 1912 Gerichtsassessor; 1918 Staatsanwalt Duisburg; 1920 Staatsanwaltschaftsrat	2. 2. 1925; 1927 Erster Staatsanwalt Potsdam	
43. **Weinkauff**, Hermann	10. 2. 1894, Trippstadt bei Kaiserslautern, Bayer	1920 Referendar; 1922 Gerichtsassessor; 1923 III. Staatsanwalt im bayerischen Staatsministerium der Justiz; 1924 München I	16. 5. bis 15. 11. 1925; dann seit 6. 1. 1926; 1926 Amtsrichter München; 1928 II. Staatsanwalt München I	
44. Dr. **Speckhardt**, Hugo	15. 4. 1893, Darmstadt, Hesse	1914 Referendar; 1921 Gerichtsassessor; 1924 Amtsgerichtsrat Mainz	6. 1. 1926	31. 12. 1928
45. Dr. **Gipser**, Franz	25. 1. 1890, Neuburg a. d. D., Bayer	1914 Rechtspraktikant; 1920 Gerichtsassessor; 1922 III. Staatsanwalt Passau; 1925 München I; 1926 Amtsrichter München	11. 11. 1926; 1928 II. Staatsanwalt München I	
46. Dr. **Eschenauer**, Friedrich	11. 1. 1894, Mannheim, Badener	1917 Rechtspraktikant; 1920 Gerichtsassessor; 1923 Staatanwalt Gengenbach; 1924 Freiburg i. Br.	8. 12. 1926 1927 Amtsgerichtsrat	31. 12. 1928; 1929 Staatsanwalt Konstanz; 1929 Amtsgerichtsrat Freiburg i. Br.

Sekretariatsvorsteher der Reichsanwaltschaft waren:

1. Geheimer Kanzleirat Damerow von 1879 bis 1886; 2. Kanzleirat Kiesewetter von 1886 bis 1904; 3. Geheimer Rechnungsrat Wenzel von 1904 bis 1926; 4. Rechnungsrat Prause seit 1926.

Der Reichsanwaltschaft gehörten ferner am 1. Okt. 1929 an:

im Sekretariat: die Amtmänner Rechnungsrat Eckert, Rechnungsrat Kehl, Schwenk, Kramer, Obst; die Regierungsoberinspektoren König, Kramer, Thorwesten; die Regierungsinspektoren Schnobbel, Hammer, Ballier; der Oberregierungssekretär Prüfer;

in der Kanzlei: die Ministerialkanzleiobersekretäre Hofmann, Reiche, Kraußer; der Ministerialkanzleisekretär Schmidt; die Kanzleisekretäre Lemnitz, Mai; der Ministerialkanzleiassistent Kötteritzsch; der Kanzleiassistent Wittrisch; die Kanzleiangestellten Hoppe, Klein, Frl. Paditz, Frl. Schwarze;

in der Wachtmeisterei: der Oberbotenmeister Schneider; der Reichsgerichtsoberwachtmeister Ziegenbalg; die Reichsgerichtswachtmeister Winter, Heidemann, Mann, Zimmermann; die Hilfsamtsgehilfen Senf, Espig.

Dr. Neumann.

Anlage V.

Die vom 1. Oktober 1904 bis 1. Juni 1929 beim Reichsgericht zugelassenen Rechtsanwälte.

1904 bis 1929	Am 1. 6. 1929	Name	Geburtstag	Bundesstaat (Land oder Gebiet) und Provinz	Laufbahn vor der Zulassung	Beim Reichsgericht zugelassen	Beim Reichsgericht gelöscht	Gestorben
1.		**Sachs,** Emil	1842 5. 5.	Preußen (Schlesien)	1862 8. 10. preuß. Kammergerichtsauskultator, Gerichtsassessor am 28. 7. 1868 b. Stadtgericht Berlin. Vom 27. 9. 1869 Rechtsanwalt u. Notar in Berleburg und Wanzleben, 1872 Rechtsanwalt beim ROHG. bis 30. 9. 1879. Justizrat 1888, Geh. Justizrat 1904	1879 1. 10.	1907 1. 3.	1912 20. 12.
2.		**Dr. h. c. Patzki,** Franz Julius Robert	1836 25. 9.	Preußen (West-) preußen)	1858 23. 9. Auskultator, 1864 Gerichtsassessor, 1865 Kreisrichter in Briesen (Westpreußen), 1869 Rechtsanwalt u. Notar in Haynau (Schlesien), 1877 Rechtsanwalt b. Obertribunal Berlin. Justizrat 1882, Geh. Justizrat 1897	1879 1. 10.	1905 15. 12.	1905
3.		**Dr. Romberg,** Ernst Ludwig	1828 13. 2.	Preußen (Brandenburg)	1851 8. 1. Auskultator b. KG. Berlin, 1860 Staatsanwaltschaftsgeh. b. Kreisgericht Stettin, 1861 desgl. b. Stadtgericht Berlin, 1863 Staatsanw. daselbst, 1867 Justizrat u. Rechtsanwalt b. Obertribunal Berlin. Geh. Justizrat 1892	1879 1. 10.	1907 1. 12.	1913
4.		**Dr. h. c. Erythropel,** Julius	1843 13. 5.	Preußen (Hannover)	1864 5. 8. Kgl. Hannoverscher Auditor, 1868 Advokat in Celle, 1870 Anwalt b. Obergericht in Celle. Justizrat 1889, Geh. Justizrat 1904	1879 1. 10.	1911 3. 3.	1915
5.		**Dr. jur. Seelig,** Louis	1841 13. 10.	Preußen (Brandenburg) Staatsangehörigkeit Sachsen	1866 1. 6. Rechtskandidat (Referendar), 1870 Gerichtsassessor, 1872 Rechtsanwalt (Advokat) in Leipzig. Justizrat 1891, Geh. Justizrat 1906	1879 4. 10.	1912	1912
6.		**Lewald,** Karl	1843 14. 4.	Großherzogtum Baden	1865 im Nov. Rechtspraktikant, 1870 Rechtsanwalt in Heidelberg, 1872 Rechtsanwalt in Mannheim. Justizrat 1892, Geh. Justizrat 1907	1879 23. 12. Vereidet 1880 2. 2.	1910 2. 2.	1924

1904 bis 1929	Am 1. 6. 1929	Name	Geburtstag	Bundesstaat (Land oder Gebiet) und Provinz	Laufbahn vor der Zulassung	Beim Reichsgericht zugelassen	Beim Reichsgericht gelöscht	Gestorben
7.		**Dr. jur. Deiß,** Max Wilhelm Johannes	1847 6. 8.	Lübeck	1871 Rechtsanwalt u. Notar in Lübeck, Justizrat 1895, Geh. Justizrat 1908	1887 10.11.	1910 27.12.	1910
8.		**Hacke,** Georg Friedrich Konrad	1842 1. 8.	Preußen (Hannover)	1863 im Dez. Auditor, 1868 Advokat in Aurich, 1869 Anwalt beim Obergericht daselbst, 1872 Notar, 1879 Rechtsanwalt b. LG. in Aurich. Justizrat 1896, Geh. Justizrat 1908	1887 24.11.	1912	1922
9.	1.	**Dr. Scherer,** Martin Georg Viktor	1851 8. 11.	Großherzogtum Hessen	1874 Ende Dez. Akzessist beim Obergericht in Mainz, 1877 Gerichtsassess., 21. 5. 187 9Advokat-Anwalt bei den Gerichten in Mainz, 1. 10. 1879 Rechtsanwalt b. LG. Mainz u. OLG. Darmstadt	1887 24.11.		
10.		**Dr. h. c. Haber,** Julius	1844 6. 5.	Preußen (Schlesien)	1866 11. 6. Auskultator b. AppG. in Breslau, 1872 Gerichtsassessor, 1873 Kreisrichter in Inowrazlaw, 1874 in Striegau, 1880 Rechtsanwalt b. LG. Breslau. Justizrat 1897, Geh. Justizrat 1909	1888 5. 1.	1913 8. 3.	1920
11.		**Herr,** August Paul	1840 25. 2.	Preußen (Pommern)	1860 13. 4. Auskultator b. AppG. in Stettin, 1865 Gerichtsassessor, 1867 Rechtsanwalt u. Notar in Beerwalde, demnächst in Labes und seit 1873 in Köslin. Justizrat 1892, Geh. Justizrat 1909	1889 11. 3.	1910 16. 4.	1912
12.		**Putzler,** Bernhard Adalbert Wilhelm	1856 5. 7.	Preußen (Brandenburg)	1878 15. 10. Referendar, 17. 5. 1884 Gerichtsassessor, am 25. 7. 1884 Rechtsanwalt b. OLG. in Naumburg a. d. S. Justizrat 1900, Geh. Justizrat 1910	1891 3. 12.	1919 28. 4.	1927 31. 10.
13.		**Dr. h. c. Boyens,** Johannes Christian Emil	1848 23. 1.	Preußen (Schleswig-Holstein)	1868 23. 12. Referendar b. Kreisgericht in Flensburg, 1873 Gerichtsassessor, 1874 Rechtsanwalt u. Notar in Cammin (Pommern), 1879 Rechtsanwalt b. LG. Stettin (gleichzeitig Notar), 1885 desgl. b. OLG. das. (gleichzeitig Notar). Justizrat 1894. Geh. Justizrat 1910	1896 2. 1.	Anf. 1925	Okt. 1925

1904 bis 1929	Am 1. 6. 1929	Name	Geburtstag	Bundesstaat (Land oder Gebiet) und Provinz	Laufbahn vor der Zulassung	Beim Reichsgericht zugelassen	Beim Reichsgericht gelöscht	Gestorben
14.	2.	**Dr. Wildhagen,** Georg Friedrich Wilhelm	1857 19. 7.	Preußen (Hannover)	1879 im Mai Referendar, 1884 Gerichtsassessor, 1885 Rechtsanwalt b. LG. Göttingen. Justizrat 1903, Geh. Justizrat 1913	1897 26. 6.		
15.		**Scheele,** Karl	1850 13. 7.	Preußen (Westfalen)	1873 14. 3. Referendar b. LG. Arnsberg, 1877 Gerichtsassessor, 1878 Kreisrichter in Tempelburg i. P., 1881 Rechtsanwalt b. LG. in Arnsberg, 1891 Notar das. Justizrat 1897, Geh. Justizrat 1909	1899 4. 5.	1909 1. 7.	1920
16.	3.	**Dr. Junck,** Johannes	1861 8. 10.	Sachsen	1884 1. 10. Referendar, 1889 nach Ablegung der II. juristischen Staatsprüfung Rechtsanwalt b. LG. u. AG. in Leipzig. Justizrat 1906, Geh. Justizrat 1915	1899 4. 5.		
17.		**Bürck,** Karl	1868 28. 3.	Baden (Staatsangehörigkeit Baden u. Bayern)	1894 10. 10. Am 10. 10. 1894 als Rechtsanwalt b. OLG. in München verpflichtet	1900 15. 2. Rücknahme der Zulassung infolge Geisteskrankheit	1905 6. 12.	
18.		**Malkwitz,** Karl Franz Heinrich	1859 18. 8.	Preußen (Ostpreußen)	1881 5. 4. Referendar b. OLG. in Königsberg i. P., 1886 Gerichtsassess., Rechtsanwalt in Labiau, 1892 Rechtsanwalt beim LG. in Königsberg i. Pr. Justizrat 1907	1902 9. 8.	1912 9. 1.	1912
19.		**Zenetti,** Arnold	1854 7. 6.	Bayern	1875 im Okt. b. d. Polizeidirektion in München, 1878 Gerichtsassess., 1879 Rechtsanwalt b. LG. I in München, 1884 Rechtsanwalt b. Kais. LG. in Zabern i. Els. Justizrat 1907, Geh. Justizrat 1917	1902 11. 8.	Dez. 1917	1917
20.		**Dr. Schall,** Richard	1852 15. 5.	Württemberg	1875 die I. 1876 die II. höhere württemberg. Staatsprüfung bestanden, 1876 Rechtsanwalt beim Kreisgerichtshof Schwäbsich-Hall, 1879 Rechtsanwalt b. LG. in Stuttgart, 1886 Rechtsanwalt b. OLG. in Stuttgart. Justizrat 1908	1904 11. 9.	Sept. 1915	1915

1904 bis 1929	Am 1. 6. 1929	Name	Geburtstag	Bundesstaat (Land oder Gebiet) und Provinz	Laufbahn vor der Zulassnng	Beim Reichsgericht zugelassen	Beim Reichsgericht gelöscht	Gestorben
21.		**Dr. Eickhoff**, Adolf	1856 23. 6.	Preußen	1877 11. 12. Referendar, 1882 Gerichtsassessor, 1882 Rechtsanwalt b. LG. in Duisburg, 1887 Notar das. Justizrat 1901, Geh. Justizrat 1915	1904 17. 9.	Juli 1925	1925
22.		**Syring**, Paul Ferdinand	1852 20. 10.	Preußen	1875 5. 9. Referendar, 1880 Gerichtsassessor, 1881 Rechtsanwalt b. LG. in Danzig, 1887 Notar das. Justizrat 1900, Geh. Justizrat 1915	1904 29. 12.	1919 wieder eingetragen 1922	1928
23.		**Dr. Lehmann**, Rudolf	1868 30. 11.	Hamburg	1892 5. 2. Referendar, 1895 Gerichtsassessor, 1895 Rechtsanwalt b. OLG. in Hamburg. Justizrat 1910	1905 2. 1.	Aug. 1917	1917
24.	**4.**	**Dr. Kaiser**, Joseph	1869 4. 3.	Bayern	1895 23. 8. Rechtsanwalt b. LG. Würzburg, 1896 Rechtsanwalt b. LG. München I, 1903 Rechtsanwalt b. OLG. in München u. b. LG. München II. Justizrat 1911	1905 10. 1.		
25.	**5.**	**Kurlbaum**, Alfred	1868 8. 4.	Preußen (Magdeburg)	1891 9. 6. Referendar, 1896 als Gerichtsassessor, 1897 Rechtsanwalt b. LG. II in Berlin u. b. LG. Potsdam. Justizrat 1912	1906 13. 1.		
26.	**6.**	**Axhausen**, Paul Julius Albert	1869 21. 11.	Preußen	1890 15. 3. Referendar, 1894 Gerichtsassessor, 1899 Rechtsanwalt b. KG. in Berlin. Justizrat 1912	1906 15. 1.		
27.	**7.**	**Bodenstein**, Wilhelm	1856 30. 1.	Preußen	1879 21. 2. Referendar, 1885 Gerichtsassessor, 1886 Rechtsanwalt b. OLG. in Celle. Justizrat 1905, Geh. Justizrat 1918	1906 8. 2.		
28.	**8.**	**Brücklmeier**, Bruno	1872 3. 2.	Bayern	1895 die I., 1898 die II. Prüfung für den höheren Justiz- und Verwaltungsdienst in Bayern bestanden, 1899 Rechtsanwalt b. OLG. in München. Justizrat 1913	1907 5. 6.		
29.		**Dr. Ganz**, Salomon	1865 20. 5.	Hessen	1888 15. 5. Referendar, 1892 Gerichtsassessor, 1883 Rechtsanwalt b. OLG. in Frankfurt a. M. Justizrat 1913	1907 8. 7.	Jan. 1920	1920

1904 bis 1929	Am 1. 6. 1929	Name	Geburtstag	Bundesstaat (Land oder Gebiet) und Provinz	Laufbahn vor der Zulassung	Beim Reichsgericht zugelassen	Beim Reichsgericht gelöscht	Gestorben
30.	9.	**Dr. Süpfle,** Heinrich Ludwig Wilhelm Conrad Robert	1864 7. 6.	Baden	1886 1. 5. Rechtspraktikant, 1889 Referendär (Assessor), 1889 Rechtsanwalt b. LG. in Karlsruhe, 1909 Rechtsanwalt b. OLG. in Karlsruhe. Justizrat 1915	1910 6. 6.		
31.	10.	**Dr. Mittelstaedt,** Hermann Gottfried Johannes	1869 3. 6.	Preußen	1891 3. 2. Referendar, 1896 Gerichtsassessor, 1900 Amtsrichter b. AG. in Leipzig, 1901 Landrichter b. LG. in Leipzig, 1902 Rechtsanwalt b. AG. und LG. in Leipzig. Justizrat 1917	1910 11. 7.		
32.		**Dr. Bitter,** Franz	1865 14. 1.	Preußen (Hannover)	1886 16. 10. Referendar, 11. 4. 1891 Gerichtsassessor, 1891 Rechtsanwalt b. OLG. in Kiel. Justizrat 1910	1912 14. 2.	1922 Infolge Ernennung zum Reichsgerichtsrat	1924
33.	11.	**Dr. Schrömbgens,** Heinrich	1874 30. 3.	Preußen (Rheinprovinz)	1896 2. 6. Referendar, 5. 12. 1900 Assessor, 16. 1. 1901 Rechtsanwalt b. LG. Köln, 1. 10. 1902 b. OLG. Köln. Justizrat 1917	1912 14. 2.		
34.		**Dr. Regely,** Arthur	1865 9. 3.	Preußen (Prov. Posen)	1889 20. 2. Referendar, 1894 Gerichtsassessor, 1896 Rechtsanwalt b. KG. Seit 1904 erster Justiziar, dann Generaldirektor des Fürsten zu Solms-Baruth, 1911 Rechtsanwalt in Glogau, 1912 Rechtsanwalt b. OLG. Breslau. Justizrat 1910	1913 7. 5.	1923	
35.		**Dr. Siméon,** Pierre	1867 7. 7.	Berlin	1888 3. 8. Referendar, 28. 1. 1893 Gerichtsassessor, 1. 1. 1899 Landrichter in Landsberg a.d.W., 1. 5. 1903 b. LG. II Berlin, 28. 2. 1908 Kammergerichtsrat, 1. 11. 1912 Oberbeamter des Verbandes Groß-Berlin. Justizrat 1914	1914 4. 2.	Nov. 1915	1915
36.	12.	**Huber,** Hermann	1871 4. 10.	Bayern (Rheinpfalz)	1892 25. 11. Referendar, 17. 2. 1898 Gerichtsassessor, 29. 5. 1900 Rechtsanwalt b. LG. Kolmar	1919 10. 1.		
37.	13.	**Seuffert,** Philipp	1871 24. 6.	Bayern	1896 Rechtspraktikant, Rechtsanwalt in München LG. I u. II, OLG.	1919 9. 1.		

1904 bis 1929	Am 1. 6. 1929	Name	Geburtstag	Bundesstaat (Land oder Gebiet) und Provinz	Laufbahn vor der Zulassung	Beim Reichsgericht zugelassen	Beim Reichsgericht gelöscht	Gestorben
38.	**14.**	**Hansen**, Harald	1882 14. 3.	Lübeck	Okt. 1904 bis Febr. 1909 Referendar, Rechtsanwalt b. LG. und Hanseatischen OLG. Hamburg seit 1. 6. 1909	1919 9. 1.		
39.	**15.**	**Geutebrück**, Hans	1869 26. 9.	Preußen (Prov. Sachsen)	1891 6. 2. Referendar, 26. 12. 1895 Gerichtsassessor, Febr./März 1899 Rechtsanwalt beim OLG. Naumburg. Justizrat 1915	1919 16. 12.		
40.	**16.**	**Kieffer**, Hermann	1878 15. 7.	Rheinpfalz	Juni 1900 Referendar, Rechtsanwalt beim OLG. Kolmar (Elf.) seit Juni 1904	1919 16. 12.		
41.	**17.**	**Soldan**, Hans	1870 22. 3.	Hessen	Juni 1893 Referendar, 9. 1. 1897 bis zur Ausweisung 20. 3. 1923 Rechtsanwalt b. LG. Mainz	1923 27. 7.		
42.	**18.**	**Dr. Fuchslocher**, Julius	1881 25. 9.	Hessen-Nassau	November 1903 Referendar, Rechtsanwalt beim OLG. Köln seit 1908	1925 4. 12.		
43.	**19.**	**Dr. Kraemer**, Wilhelm	1874 28. 7.	Preußen (Berlin)	März 1897 Referendar, 5. 10. 1900 Assessor, Rechtsanwalt b. LG. II Berlin seit Jan. 1902, b. KG. seit Jan. 1922	1925 4. 12.		
44.	**20.**	**Dr. Benkard**, Georg	1881 17. 1.	Preußen (Frankfurt a. M.)	Mai 1902 Referendar, Nov. 1906 Assessor, 28. 11. 1906 Rechtsanwalt beim OLG. Frankfurt a. M.	1927 23. 12.		
45.	**21.**	**Ruland**, Günther	1874 15. 11.	Thüringen (Sachsen-Weimar)	April 1899 Referendar, Dez. 1902 Assessor, 28. 1. 1904 Rechtsanwalt b. OLG. Jena	1927 24. 12.		
46.	**22.**	**Dr. Drost**, Hans	1882 2. 9.	Preußen (Breslau)	Mai 1905 Referendar, April 1910 Assessor, April 1911 Rechtsanwalt beim OLG. Breslau	1928 2. 1.		

Arxhausen.

Anlage VI.

a) Mitglieder des Vorläufigen Staatsgerichtshofs des Deutschen Reichs nach Art. 172 der Reichsverfassung bis zum Inkrafttreten des Gesetzes über den Staatsgerichtshof.

Lfde. Nr.	Name	Dienststellung	Wohnung	Im Staatsgerichtshof als	Gewählt bzw. ernannt am	Ausgeschieden am
1.	**Dr. Koenige**	Senatspräsident	Leipzig	Mitglied (Führung des Vorsitzes)	14. 6. 1920	4. 11. 1923 i. R.
2.	**Dr. Rosenberg,** Werner	Reichsgerichtsrat	„	Mitglied	14. 6. 1920	
3.	**Dr. Pietzcker**	„	„	„	14. 6. 1920	
4.	**Dr. Strecker**	Senatspräsident	„	stellv. Mitgl.	14. 6. 1920	
5.	**Dr. Beyerle,** Konrad	Universitätsprofessor	München	Mitglied	29. 7. 1920	
6.	**Hoffmann,** Joh.	Ministerpräsident a. D. Volksschullehrer a. D.	Kaiserslautern	„	29. 7. 1920	
7.	**Dr. Kahl,** Wilh.	Universitätsprofessor	Berlin-Wilmersdorf	„	29. 7. 1920	
8.	**Dr. Petersen,** Karl	Senator	Hamburg	„	29. 7. 1920	
9.	**Emminger,** Erich	Zweiter Staatsanwalt	Augsburg	stellv. Mitgl.	29. 7. 1920	
10.	**Dr. Gradnauer,** Georg	Ministerpräsident a. D.	Dresden	„ „	29. 7. 1920	
11.	**Kempkes,** Adolf	Rechtsanwalt	Essen	„ „	29. 7. 1920	
12.	**Pohlmann,** Alexander	Regierungspräsident	Magdeburg	„ „	29. 7. 1920	28. 12. 1922
13.	**Koch**	Abgeordneter	Wesel	„ „	28. 12. 1922	

b) Mitglieder des Staatsgerichtshofs des Deutschen Reichs in Fällen des § 2 des Gesetzes über den Staatsgerichtshof vom 9. Juli 1921 (RGBl. S. 905).

Lfde. Nr.	Name	Dienststellung	Wohnung	Im Staatsgerichtshof als	Gewählt bzw. ernannt am	Ausgeschieden am
1.	**Delbrück**	Präsident des Reichsgerichts	Leipzig	Vorsitzender	durch Gesetz 9. 7. 1921	† 3. 7. 1922
2.	Dr. **Simons**	wie zu 1	„	„	16. 10. 1922	1. 4. 1929 i. R.
3.	Gesetzlicher Vertreter des Präsidenten des Reichsgerichts		„	stellv. Vors.	durch Gesetz 9. 7. 1921	
4.	**Dombois**	Senatspräsident beim Preußischen Oberverwaltungsgericht	Berlin	Mitglied	24. 9. 1921	28. 11. 1925
5.	**Seydel**	wie zu 4	„	stellv. Mitgl.	24. 9. 1921	24. 12. 1924
6.	**Erhard**, Karl	Rat des Bayer. Obersten Landesgerichts	München	Mitglied	3. 10. 1921	1. 7. 1925
7.	**von der Pfordten**, Theodor	wie zu 6	„	stellv. Mitgl.	3. 10. 1921	† 1923
8.	Dr. **Mittelstein**	Präsident des Hanseat. Oberlandesgerichts	Hamburg	Mitglied	3. 10. 1921	† 25. 9. 1927
9.	Dr. **Dücker**	Senatspräsident des Hanseat. Oberlandesgerichts	„	stellv. Mitgl.	3. 10. 1921	2. 7. 1924
10.	Dr. **Wildhagen**	Geh. Justizrat, Vors. des Vorst. der Anwaltskammer beim Reichsgericht	Leipzig	Mitglied	30. 9. 1921	
11.	**Buchmann**	Geh. Justizrat, Vors. des Vorst. der Anwaltskammer beim Oberlandesgericht München	München	stellv. Mitgl.	30. 9. 1921	† 1922
12.	Dr. **Eisenberger**	Geh. Justizrat, Vors. des Vorst. der Anwaltskammer	„	„ „	2. 1. 1923	
13.	**Seeber**	Oberstlandesgerichtsrat beim Bayer. Obersten Landesgericht	„	„ „	3. 12. 1923	1. 7. 1924

Lfde. Nr.	Name	Dienststellung	Wohnung	Im Staatsgerichtshof als	Gewählt bzw. ernannt am	Ausgeschieden am
14.	**Kannengießer**	Senatspräsident beim Hanseat. Oberlandesgericht	Hamburg	stellv. Mitgl.	2. 7. 1924	31. 12. 1925
15.	**v. Uklanski**	Senatspräsident beim Preußischen Oberverwaltungsgericht	Berlin	„ „	24. 12. 1924	7. 10. 1928
16.	**Dr. Frengel**	wie zu 15	„	Mitglied	28. 11. 1925	18. 12. 1928
17.	**Dr. Philippi**	Senatspräsident beim Hanseat. Oberverwaltungsgericht	Hamburg	stellv. Mitgl.	1. 1. 1926	30. 4. 1927
18.	**Haisermann**	Oberstlandesgerichtsrat beim Bayer. Obersten Landesgericht	München	Mitglied	1. 7. 1925	
19.	**Keidel,** Friedrich	wie zu 18	„	stellv. Mitgl.	1. 7. 1924	
20.	**von Dassel**	Senatspräsident beim Hanseat. Oberlandesgericht	Hamburg	„ „	1. 5. 1927	
21.	**Dr. Kiesselbach,** W.	Präsident des Hanseat. Oberlandesgerichts	„	Mitglied	6. 10. 1928	
22.	**Schlegelberger**	Vizepräsident	Berlin-Charlottenburg, Hardenbergstraße 31	stellv. Mitgl.	7. 10. 1928	
23.	**Dr. Pape**	Senatspräsident beim Preußischen Oberverwaltungsgericht	Berlin	Mitglied	18. 12. 1928	
24.	**Dr. Bumke**	Präsident des Reichsgerichts	Leipzig C 1	Vorsitzender	1. 4. 1929	

Vom Reichstag gewählte Mitglieder.

25.	**Dr. Sinzheimer**	Professor	Frankfurt am Main, Goethestr. 26	Mitglied	5. 12. 1921	
26.	**Müller,** Hermann	Zentralarbeitersekretär	Berlin-Lichtenberg	stellv. Mitgl.	5. 12. 1921	12. 7. 1928
27.	**Itschert**	Senatspräsident i. R.	Berlin-Halensee, Eisenzahnstraße 4	Mitglied	5. 12. 1921	
28.	**Dr. Schrömbgens**	Rechtsanwalt beim Reichsgericht, Justizrat	Leipzig C 1, Weststr. 13	stellv. Mitgl.	5. 12. 1921	

Lfde. Nr.	Name	Dienststellung	Wohnung	Im Staatsgerichtshof als	Gewählt bzw. ernannt am	Ausgeschieden am
29.	**Dr. Lentze**	Staatsminister a. D.	Berlin-Halensee, Kurfürstendamm 74	Mitglied	5. 12. 1921	
30.	**Dr. Kraut**	Rechtsanwalt	Stuttgart, Olgastr. 108	stellv. Mitgl.	5. 12. 1921	
31.	**Dr. Lisco**	Staatssekretär a. D.	Berlin	Mitglied	5. 12. 1921	22. 7. 1924
32.	**Dr. von Staff**	Kammergerichtspräsident	„	stellv. Mitgl.	22. 2. 1922	22. 7. 1924
33.	**Dr. Bönheim,** Kurt	Rechtsanwalt	„	Mitglied	5. 12. 1921	22. 7. 1924
34.	**Dr. Herz**	2. Bürgermeister	Spandau	stellv. Mitgl.	22. 2. 1922	22. 7. 1924
35.	**Dr. Hegewisch**	Rechtsanwalt	Hamburg, Eppendorfer Weg 189	Mitglied	22. 7. 1924	12. 7. 1928
36.	**Dr. Fränkel**	Justizrat	Berlin W, Potsdamer Straße 86 B	stellv. Mitgl.	22. 7. 1924	12. 7. 1928
37.	**Reuter**	Oberlandesgerichtspräsident a. D.	Naumburg a. d. Saale	Mitglied	22. 7. 1924	12. 7. 1928
38.	**Zeiler**	Reichsgerichtsrat	Leipzig, Bismarckstraße 1 III	stellv. Mitgl.	22. 7. 1924	12. 7. 1928
39.	**Dr. Engler,** W.	Präsident des Landesarbeitsgerichts Hessen	Frankfurt am Main Fichardstr. 52	„ „	12. 7. 1928	
40.	**Dr. Hübler,** G.	Landgerichtsdirektor	Leipzig C 1, Hohe Str. 37	Mitglied	12. 7. 1928	
41.	**Dr. Graf**	Rechtsanwalt	Leipzig C 1, Neumarkt 29	stellv. Mitgl.	12. 7. 1928	
42.	**Dr. Herzfeld,** Joseph	Rechtsanwalt	Berlin W 8, Französische Straße 13/14	Mitglied	12. 7. 1928	
43.	**Halle,** Felix	Professor	Berlin-Wilmersdorf, Xantener Straße 5	stellv. Mitgl.	12. 7. 1928	

Vom Reichsrat gewählte Mitglieder.

44.	**Dr. Smend**	Universitätsprofessor	Berlin-Nikolassee, Teutonenstraße 1	Mitglied	5. 12. 1921	

Lfde. Nr.	Name	Dienststellung	Wohnung	Im Staatsgerichtshof als	Gewählt bzw. ernannt am	Ausgeschieden am
45.	**Dr. Frenken**	Oberlandesgerichtspräsident a. D., Wirkl. Geh. Oberjustizrat	Köln	stellv. Mitgl.	5. 12. 1921	12. 2. 1925
46.	**Ritter von Seidlein,** Lorenz	Staatsminister a. D.	München, Hackenstr. 7	Mitglied	5. 12. 1921	
47.	**Dr. Anschütz**	Universitätsprofessor, Geh. Justizrat	Heidelberg	stellv. Mitgl.	5. 12. 1921	
48.	**von Nostiz-Drzewiecki**	Präsident d. Sächs. Oberverwaltungsgerichts i. R., Wirkl. Geh. Rat	Dresden-A. 1, Antonsplatz 1	Mitglied	5. 12. 1921	
49.	**Dr. Best**	Oberlandesgerichtspräsident	Darmstadt	stellv. Mitgl.	5. 12. 1921	22. 7. 1924
50.	**Mandry**	Oberlandesgerichtspräsident, Staatsminister a. D.	Stuttgart	Mitglied	5. 12. 1921	25. 11. 1926
51.	**Dr. Laun**	Universitätsprofessor, Oberlandesgerichtsrat	Hamburg 37, Isestr. 123 I	stellv. Mitgl.	5. 12. 1921	
52.	**Dr. Knauth**	Oberverwaltungsgerichtsrat	Jena	Mitglied	5. 12. 1921	22. 7. 1924
53.	**Dr. Genzmer**	Universitätsprofessor	Rostock	stellv. Mitgl.	5. 12. 1921	22. 7. 1924
54.	**Lang**	Oberlandesgerichtspräsident	Darmstadt	" "	22. 7. 1924	4. 10. 1928
55.	**Dr. Ebsen**	Oberverwaltungsgerichtspräsident	Jena	Mitglied	22. 7. 1924	
56.	**Dr. Wenzel**	Universitätsprofessor	Rostock	stellv. Mitgl.	22. 7. 1924	4. 10. 1928
57.	**Dr. Tigges**	Präsident des Kammergerichts	Berlin W 57, Elßholzstr. 31	" "	12. 2. 1925	
58.	**Dr. Feyerabend**	Senatspräsident beim Oberlandesgericht	Stuttgart	Mitglied	3. 2. 1927	
59.	**Dr. Stein**	Oberlandesgerichtspräsident	Darmstadt, Heinrichstraße 143	stellv. Mitgl.	4. 10. 1928	
60.	**Dr. Schlesinger**	Ministerialdirektor	Schwerin	" "	4. 10. 1928	

c) Mitglieder des Staatsgerichtshofs des Deutschen Reichs in Fällen des § 16 des Gesetzes über den Staatsgerichtshof vom 9. Juli 1921 (RGBl. S. 905).

Lfde. Nr.	Name	Dienststellung	Wohnung	Im Staatsgerichtshof als	Gewählt bzw. ernannt am	Ausgeschieden am
1.	**Delbrück**	Präsident des Reichsgerichts	Leipzig	Vorsitzender	durch Gesetz 9. 7. 1921	† 3. 7. 1922
2.	Dr. **Simons**	wie zu 1	„	„	16. 10. 1922	1. 4. 1929 i. R.
3.	Dr. **Koenige**	Senatspräsident beim Reichsgericht	„	stellv. Vors.	15. 9. 1921	4. 11. 1923 i. R.
4.	Dr. **von Romeick**	Reichsgerichtsrat	„	Mitglied	17. 9. 1921	1. 12. 1923
5.	Dr. **Rosenberg**, Werner	„	„	„	17. 9. 1921	15. 5. 1927
6.	Dr. **Pietzcker**	„	„	„	17. 9. 1921	14. 6. 1928
7.	Dr. **Mansfeld**	„	„	stellv. Mitgl.	17. 9. 1921	1. 10. 1922
8.	Dr. **Strecker**	Senatspräsident	„	„ „	17. 9. 1921	30. 9. 1924
9.	Dr. **Buff**	Reichsgerichtsrat	„	„ „	17. 9. 1921	31. 5. 1927
10.	Dr. **Frengel**	Oberverwaltungsgerichtsrat	Berlin	Mitglied	24. 9. 1921	28. 11. 1925
11.	Dr. **Pape**	wie zu 10	„	stellv. Mitgl.	24. 9. 1921	28. 11. 1925
12.	**Brinz**, Konrad	„ „ 10	München	Mitglied	7. 10. 1921	31. 12. 1925
13.	**Berchtold**, Karl	„ „ 10	„	stellv. Mitgl.	7. 10. 1921	1. 4. 1925
14.	**Horn**	Senatspräsident am Sächs. Oberverwaltungsgericht	Dresden	Mitglied	21. 9. 1921	31. 12. 1924
15.	Dr. **Reichardt**	Oberverwaltungsgerichtsrat	„	stellv. Mitgl.	21. 9. 1921	31. 12. 1923
16.	**Linz**	Reichsgerichtsrat	Leipzig	„ „	1. 10. 1922	
17.	**Oelschlaeger**	„	„	Mitglied	1. 12. 1923	31. 12. 1926
18.	**Gebhardt**	Oberverwaltungsgerichtsrat	Dresden	stellv. Mitgl.	1. 1. 1924	31. 12. 1924
				Mitglied	1. 1. 1925	31. 12. 1927

Lfde. Nr.	Name	Dienststellung	Wohnung	Im Staatsgerichtshof als	Gewählt bzw. ernannt am	Ausgeschieden am
19.	**Dr. Zimmerle**	Senatspräsident beim Reichsgericht	Leipzig	stellv. Vors.	21. 12. 1923	† 3. 12. 1925
20.	**Triebel**	Reichsgerichtsrat	„	stellv. Mitgl.	1. 10. 1924	
				Mitglied	15. 6. 1928	
21.	**Dr. Hedrich**	Oberverwaltungsgerichtsrat	Dresden	stellv. Mitgl.	1. 1. 1925	31. 12. 1928
22.	**Bachmayer,** Johannes	Geh. Rat	München	„ „	1. 4. 1925	31. 12. 1925
				Mitglied	1. 1. 1926	
23.	**Dr. Groethuysen**	Oberverwaltungsgerichtsrat	Berlin	„	28. 11. 1925	
24.	**von Kries**	wie zu 23	„	stellv. Mitgl.	28. 11. 1925	
25.	**Braun,** Oskar	„ „ 23	München	„ „	1. 1. 1926	22. 6. 1928
26.	**Oegg**	Senatspräsident	Leipzig	stellv. Vors.	16. 1. 1926.	
27.	**Hagemann**	Reichsgerichtsrat	„	Mitglied	1. 1. 1927	
28.	**Schmitz**	„	„	„	16. 5. 1927	
29.	**Dr. Schwalb**	„	„	stellv. Mitgl.	1. 6. 1927	
30.	**Dr. Otto**	Oberverwaltungsgerichtsrat	Dresden	Mitglied	1. 1. 1928	
31.	**Seyffarth**	Reichsgerichtsrat	Leipzig	stellv. Mitgl.	15. 6. 1928	
32.	**Luxenburger,** Karl	Oberverwaltungsgerichtsrat	München	„ „	22. 6. 1928	
33.	**Dr. Striegler**	wie zu 32	Dresden	„ „	1. 1. 1929	
34.	**Dr. Bumke**	Präsident des Reichsgerichts	Leipzig	Vorsitzender	1. 4. 1929	

d) Mitglieder des Staatsgerichtshofs des Deutschen Reichs in Fällen des § 17 des Gesetzes über den Staatsgerichtshof vom 9. Juli 1921 (RGBl. S. 905).

Lfde. Nr.	Name	Dienststellung	Wohnung	Im Staatsgerichtshof als	Gewählt bzw. ernannt am	Ausgeschieden am
1.	**Delbrück**	Präsident des Reichsgerichts	Leipzig	Vorsitzender	durch Gesetz 9. 7. 1921	† 3. 7. 1922
2.	**Dr. Simons**	wie zu 1	„	„	16. 10. 1922	1. 4. 1929
3.	**Dr. Koenige**	Senatspräs. b. Reichsgericht	„	stellv. Vors.	15. 9. 1921	4. 11. 1923 i. R.
4.	**Dr. vou Romeick**	Reichsgerichtsr.	„	Mitglied	17. 9. 1921	1. 12. 1923
5.	**Dr. Mansfeld**	„	„	stellv. Mitgl.	17. 9. 1921	1. 10. 1922
6.	**Dr. Frengel**	Oberverwaltungsgerichtsrat	Berlin	Mitglied	24. 9. 1921	28. 11. 1925
7.	**Dr. Pape**	wie zu 6	„	stellv. Mitgl.	24. 9. 1921	28. 11. 1925
8.	**Linz**	Reichsgerichtsr.	Leipzig	„ „	1. 10. 1922	
9.	**Oelschlaeger**	„	„	Mitglied	1. 12. 1923	31. 12. 1926
10.	**Dr. Zimmerle**	Senatspräs. b. Reichsgericht	„	stellv. Vors.	21. 12. 1923	† 3. 12. 1925
11.	**Dr. Groethuysen**	Oberverwaltungsgerichtsrat	Berlin	Mitglied	28. 11. 1925	
12.	**von Kries**	wie zu 11	„	stellv. Mitgl.	28. 11. 1925	
13.	**Oegg**	Senatspräs.	Leipzig	stellv. Vors.	16. 1. 1926	
14.	**Hagemann**	Reichsgerichtsr.	„	Mitglied	1. 1. 1927	
15.	**Dr. Bumke**	Präsident des Reichsgerichts	„	Vorsitzender	1. 4. 1929	

Schaaf.

Anlage VII.

Mitglieder des Reichsdisziplinarhofs.

Lfde. Nr.	Name	Dienststellung	Wohnung	Im Reichsdisziplinarhof als	Gewählt bzw. ernannt am	Ausgeschieden am
1.	**Dr. Simons**	Präsident des Reichsgerichts	Leipzig	Präsident	7. 10. 1922	1. 4. 1929
2.	**Dr. Hagens**	Senatspräsid.	„	stellv. Präs.	7. 10. 1922	31. 3. 1924
3.	**Dr. Schmidt**	„	„	„	7. 10. 1922	31. 7. 1924
4.	**Dr. Lobe**	„	„	„	7. 10. 1922	31. 3. 1928
5.	**Dr. Mansfeld**	„	„	„	7. 10. 1922	25. 9. 1928
6.	**Niedner**	„	„	Mitglied	7. 10. 1922	9. 12. 1924
7.	**Dr. Baumgarten**	Reichsgerichtsr.	„	„	7. 10. 1922	22. 12. 1924
8.	**Zeiler**	„	„	stellv. Mitgl.	7. 10. 1922	25. 9. 1928
9.	**Doehn**	„	„	„ „	7. 10. 1922	10. 12. 1924
10.	**Dr. Warneyer**	„	„	„ „	7. 10. 1922	25. 9. 1928
11.	**Dr. Nieland**	„	„	„ „	7. 10. 1922	22. 12. 1924
12.	**Müller I,** Adolf	„	„	„ „	7. 10. 1922	25. 9. 1928
13.	**Rosenberg**	„	„	„ „	7. 10. 1922	22. 12. 1924
14.	**Dr. Metz**	„	„	„ „	7. 10. 1922	25. 9. 1928
15.	**Sayn**	„	„	„ „	7. 10. 1922	25. 9. 1925
16.	**Göhre**	Staatssekretär im Preußisch. Staatsminist.	Berlin	Mitglied	7. 10. 1922	17. 7. 1923
17.	**Dr. von Preger**	Bayer. Ges. a. D. und bevollmächtigt. Min., stellv. Bevollm. zum Reichsrat	„	„	7. 10. 1922	

Lfde. Nr.	Name	Dienststellung	Wohnung	Im Reichsdisziplinarhof als	Gewählt bzw. ernannt am	Ausgeschieden am
18.	**Dr. Gradnauer**	Reichsminister a. D., Sächs. Gesandter, stellvertr. Bevollm. zum Reichsrat	Berlin	stellv. Mitgl.	7. 10. 1922	
19.	**Dr. Keck**	Württemberg. Ministerialdirektor	"	" "	7. 10. 1922	3. 2. 1924
20.	**Dr. Nieser**	Bad. Gesandter	"	" "	7. 10. 1922	1. 5. 1925
21.	**Frölich**	Thür. Staatsminister	Weimar	" "	7. 10. 1922	1. 5. 1924
22.	**Dr. Ing. Freiherr von Biegeleben**	Hess. Gesandter	Berlin	" "	7. 10. 1922	1928
23.	**Dr. Petersen**	Erster Bürgermeister und Bevollmächtigter z. Reichsrat	Hamburg	" "	7. 10. 1922	
24.	**Dr. Tischbein**	Meckl.-Schw. Gesandter	Berlin	" "	7. 10. 1922	
25.	**Boden**	a.o. Braunschw. Gesandter u. bevollm. Minister, Wirkl. Geh. Rat	"	" "	7. 10. 1922	
26.	**Dr. Falck**	Präsident des Bundesamtes für das Heimatwesen, Ministerialdirektor	"	Mitglied	13. 10. 1922	
27.	**Dr. Zimmerle**	Geh. Oberreg.-Rat, Ministerialrat im Reichsjustizminister.	"	"	13. 10. 1922	13. 7. 1923
28.	**Zweigert**	Staatssekretär im Reichsministerium des Inn.	"	stellv. Mitgl.	13. 10. 1922	6. 3. 1925
29.	**Jüllig**	Regierungsrat im Reichsschatzministerium	"	" "	23. 10. 1922	1. 2. 1924
30.	**Schaer**	Amtmann beim Vorl. Reichswirtschaftsrat	"	" "	23. 10. 1922	14. 11. 1925
31.	**Dr. Ritter**	Ministerialdir. i. Reichsarbeitsministerium	"	" "	31. 10. 1922	31. 12. 1928
32.	**Semler**	Ministerialrat im Reichswirtschaftsmin., Geh. Kriegsrat	"	" "	21. 12. 1922	

Lfde. Nr.	Name	Dienststellung	Wohnung	Im Reichsdisziplinarhof als	Gewählt bzw. ernannt am	Ausgeschieden am
33.	**Pfaffinger**	Abteilungspräs. am Landesfinanzamt	Nürnberg	Mitglied	17. 1. 1923	26. 5. 1925
34.	**Dr. Bollmann**	Landesfinanzamtsdirektor am Landesfinanzamt Unterweser	Bremen	stellv. Mitgl.	17. 1. 1923	
35.	**Dr. Beyer-Fehling**	Ministerialdir. im Reichsministerium für Ernährung und Landwirtschaft	Berlin	„ „	19. 1. 1923	
36.	**Gundlach**	Postamtmann	Neubrandenburg	„ „	3. 2. 1923	
37.	**Adam**	Oberpostsekr.	Bückeburg	„ „	3. 2. 1923	14. 8. 1928
38.	**Baarck**	Postschaffner	Hamburg	„ „	3. 2. 1923	31. 3. 1926
39.	**Schnitzspahn**	Reichsbahnoberinspektor	Mainz	„ „	16. 4. 1923	
40.	**Dr. Sarter**	Ministerialrat im Reichsverkehrsminist.	Berlin	„ „	16. 4. 1923	30. 12. 1924
41.	**Honold**	Vizepräsident und Abteilungsdirektor bei der Reichsbahndirektion	Stuttgart	„ „	16. 4. 1923	
42.	**Ganz**	Reichsbahnoberrat bei der Reichsbahndirektion	Karlsruhe	„ „	16. 4. 1923	
43.	**Hempel**	Materialvorsteher bei der Reichsbahn	Delitzsch	„ „	16. 4. 1923	10. 4. 1929
44.	**Schmidt**	Oberpostinspektor	Oldenburg	Mitglied	28. 4. 1923	
45.	**Tröll**	Postmeister a. W.	Mengeringhausen	stellv. Mitgl.	29. 5. 1923	31. 3. 1926
46.	**Schlüter**	Postinspektor	Lübeck	„ „	29. 5. 1923	
47.	**Krause**	Ministerialrat im Reichspostministerium	Berlin	Mitglied	20. 6. 1923	
48.	**Frl. Fisch**	Telegraphensekretärin	Brandenburg	„	13. 7. 1923	19. 3. 1925

Lfde. Nr.	Name	Dienststellung	Wohnung	Im Reichsdisziplinarhof als	Gewählt bzw. ernannt am	Ausgeschieden am
49.	**Dr. Weismann**	Staatssekretär des Preußischen Staatsminister. und stellv. Bevollmächtigter z. Reichsrat	Berlin	Mitglied	17. 7. 1923	
50.	**Dr. Dähne**	Präsident des Landesfinanzamts	Leipzig	stellv. Mitgl.	29. 8. 1923	26. 5. 1925
51.	**Kutschmann**	Obersteuerinspektor b. Landesfinanzamt Groß-Berlin	Berlin	" "	19. 9. 1923	14. 9. 1926
52.	**Sieß**	Oberzollinsp.	Detmold	" "	19. 9. 1923	
53.	**Kellner**	Zollinspektor	Rudolstadt	" "	26. 9. 1923	
54.	**Hammon**	Verwaltungs-Assistent b. Versorgungsamt	Bamberg	" "	1. 12. 1923	10. 12. 1926
55.	**Meier**	Postassistent	München	" "	4. 1. 1924	
56.	**Leinor**	Reichsbahnsekretär	"	" "	8. 12. 1923	
57.	**Petzold**	Reichsbahnoberinspektor	Leipzig	Mitglied	3. 1. 1924	
58.	**Schäffer**	Württemberg. Ministerialdir.	Berlin	stellv. Mitgl.	3. 2. 1924	2. 5. 1924
59.	**Dr. Bumke**	Ministerialdir. im Reichsjustizministerium	"	" "	31. 1. 1924	30. 4. 1929
60.	**Dr. Widmann**	Württemberg. Ministerialdir. und stellv. Bevollm. z. Reichsrat	"	" "	26. 4. 1924	
61.	**Dr. Münzel**	Thür. bevollm. Minister u. stellvertr. Bevollm. zum Reichsrat	"	" "	26. 4. 1924	
62.	**Dr. Meyer**	Senatspräs.	Leipzig	stellv. Vors.	15. 8. 1924	1. 8. 1928
63.	**Dr. Vogt**	Reichsgerichtsr.	"	Mitglied	9. 12. 1924	
64.	**Dr. Schwalb**	"	"	"	22. 12. 1924	31. 12. 1927
65.	**Willhöfft**	"	"	stellv. Mitgl.	22. 12. 1924	

Lfde. Nr.	Name	Dienststellung	Wohnung	Im Reichsdisziplinarhof als	Gewählt bzw. ernannt am	Ausgeschieden am
66.	**Dr. Hoeniger**	Reichsgerichtsr.	Leipzig	stellv. Mitgl.	22. 12. 1924	
67.	**Dr. Landois**	„	„	„ „	22. 12. 1924	
68.	**Dr. Kittel**	Reichsbahndirektor	Berlin	„ „	30. 12. 1924	
69.	**Daniels**	Ministerialrat im Reichsminist. des Innern	„	„ „	6. 3. 1925	25. 2. 1928
70.	Frl. **Neuring**	Telegraphensekretärin beim Fernsprechamt	Hannover	Mitglied	19. 3. 1925	
71.	**Kaiser**	Ministerialrat im Reichsfinanzministerium	Berlin	„	1. 6. 1925	31. 5. 1928
72.	**Dr. Hoch**	Präsident des Landesfinanzamts	Leipzig	stellv. Mitgl.	1. 6. 1925	
73.	**Dr. Tittel**	Reichsgerichtsr.	„	„ „	28. 9. 1925	
74.	**Lerch**	Ministerialbürodirektor b. Reichsminist. des Innern	Berlin	„ „	15. 11. 1925	30. 4. 1929
75.	**Oegg**	Senatspräs.	Leipzig	stellv. Präs.	1. 3. 1926	31. 3. 1928
76.	**Schultz**	Postassistent	Hamburg	stellv. Mitgl.	1. 4. 1926	
77.	**Pflücker**	Postamtmann	Berlin	„ „	1. 4. 1926	
78.	**Honold**	Bad. Gesandter und stellv. Bevollm. z. Reichsrat	„	„ „	1. 7. 1926	
79.	**Walter**	Oberzollinsp. im Reichsfinanzministerium	„	„ „	15. 9. 1926	
80.	**Becker**	Verwaltungs-Assistent b. Versorgungsamt	Leipzig	„ „	11. 12. 1926	
81.	**Dr. Keßler**	Reichsgerichtsr.	„	Mitglied	1. 1. 1928	
82.	**Katluhn**	Senatspräs.	„	stellv. Präs.	1. 4. 1928	
83.	**Mentzel**	„	„	„ „	1. 6. 1928	

Lfde. Nr.	Name	Dienststellung	Wohnung	Im Reichsdisziplinarhof als	Gewählt bzw. ernannt am	Ausgeschieden am
84.	**Giese**	Ministerialrat i. Reichsfinanzministerium	Berlin	Mitglied	1. 6. 1928	
85.	**Senge**	Oberpostsekr.	Stadthagen	stellv. Mitgl.	15. 8. 1928	
86.	**Witt**	Senatspräs.	Leipzig	stellv. Präs.	15. 10. 1928	
87.	**Foerster**	Ministerialrat im Reichsminist. des Innern	Berlin	stellv. Mitgl.	15. 10. 1928	
88.	**Dr. Nieland**	Reichsgerichtsr.	Leipzig	stellv. Präs.	15. 11. 1928	
89.	**Dr. Güngerich**	„	„	stellv. Mitgl.	1. 11. 1928	
90.	**Dr. Schwarz**	„	„	„ „	1. 11. 1928	
91.	**Dr. Hallamik**	„	„	„ „	1. 11. 1928	28. 2. 1929
92.	**Dr. Mende**	„	„	„ „	1. 11. 1928	
93.	**Nuß**	Hess. Gesandter, stellv. Bevollm. zum Reichsrat	Berlin	„ „	1. 11. 1928	
94.	**Rettig**	Ministerialdir. b. Reichsarbeitsminist.	„	„ „	1. 1. 1929	
95.	**Dr. Pinzger**	Reichsgerichtsr.	Leipzig	„ „	1. 3. 1929	
96.	**Dr. Bumke**	Präsident des Reichsgerichts	„	Präsident	1. 5. 1929	
97.	**Coenders**	Reichsgerichtsr.	„	Mitglied	1. 5. 1929	
98.	**Schramm**	Reichsbahnoberinspektor	Halle a. d. S.	stellv. Mitgl.	1. 5. 1929	
99.	**Dr. Volkmar**	Geh. Reg.-Rat, Ministerialrat im Reichsjustizministerium	Berlin	„ „	20. 5. 1929	

Schaaf.

Anlage VIII.

Mitglieder des Ehrengerichtshofs für die deutschen Rechtsanwälte.

Der einzige Senat des Ehrengerichtshofs war in den Jahren 1879 bis zum 1. Juni 1910 aus folgenden Mitgliedern zusammengesetzt:

Präsidenten.

Dr. v. Simson 1879 bis 1. Febr. 1891
Dr. v. Oehlschlaeger 1891 bis 31. Okt. 1903
Dr. Gutbrod 1903 bis 1. Juni 1905
Dr. Frhr. v. Seckendorff 1905—1910.

Stellvertretende Präsidenten.

Senatspräsidenten:

Dr. Drechsler 1879—1897
Dr. Bingner 1897 bis 1. Mai 1902
Dr. Freiesleben 1902 bis 1. April 1906
Dr. Löwenstein 1906—1907
v. Buchwald 1908—1910.

Reichsgerichtsräte.

Lesser 1879—1882
Welst 1879—1884
Schlomka 1879—1884
Meischeider 1883—1886
Dähnhardt 1885—1887
v. Bomhard 1885—1888
Reincke 1887—1889
Löwenstein 1888—1890
Feldmann 1889—1892
Schmalz 1890—1892
Dr. Olshausen 1891—1893
Braun 1893—1895
Müller 1893—1895
Toussaint 1894—1897
Dr. Lippmann 1896—1898
Wolff 1896—1897
Braun-Behrens 1898—1900
Remelé 1898—1900
Veiel 1899—1901
Dr. Wyszonierski 1901—1902
Dr. v. Schwarze 1901—1903
Kolb 1902—1904
Böhle 1903—1905
Bartsch 1904—1906
Maenner 1905—1907
Dr. Rohde 1906—1908
Dr. Bernhardi 1907—1909
Ebermayer 1908—1910
Dr. v. Metzen 1909—1910
Backs 1910.

Als Stellvertreter wirkten dieselben Reichsgerichtsräte teils vor, teils nach der Zeit ihrer ordentlichen Mitgliedschaft.

Rechtsanwälte beim Reichsgericht.

Arndts 1879—1889
Romberg 1879—1890
Dr. Crome 1879—1882
Fenner 1883—1889
Dr. Thomson 1890—1893
Lewald 1890—1894
Patzki 1891—1898
Erythropel 1894—1897
Mecke 1895
Haber 1896—1899
Hacke 1898—1903
Dr. Krantz 1899—1902
Putzler 1900—1903
Herr 1903—1905
Scheele 1902—1905
Dr. Wildhagen 1904—1906
Syring 1906—1909
Malkwitz 1906—1908, 1910
Zenetti 1907—1909
Dr. Eickhoff 1909—1910
Dr. Schall 1910.

Zu je 2 Stellvertretern wurden Anwälte aus demselben Kreise gewählt, der die Mitglieder stellte.

Seit dem 1. Juni 1910 haben sich die beiden Senate des Ehrengerichtshofs in folgender Weise zusammengesetzt:

I. Senat.

Präsidenten:

Reichsgerichtspräsident Dr. Frhr. v. Seckendorff 1910—1920

Stellvertreter:

Senatspräsident Dr. Reichardt 1910—1914
" Dr. v. Tischendorf 1915—1917
" v. Kolb 1918—1919

Reichsgerichtspräsident Dr. Delbrück 1920—1922

Stellvertreter:

Senatspräsident Ebermayer 1922—1925

Reichsgerichtspräsident Dr. Simons 1922—1929

Stellvertreter:

Senatspräsident Dr. Lobe 1922—1925
" Oegg 1925—1926
Senatspräsident Reichert 1927—1928
" Flad 1928

Reichsgerichtspräsident Dr. Bumke seit 1929.

II. Senat.

Präsidenten:

Senatspräsident v. Kolb 1910—1913
" v. Tischendorf 1914
" Predari 1915—1919
" Koenige 1920—1921
" Richter 1922
" Zimmerle 1923—1925
" Arndts 1926 bis jetzt.

Reichsgerichtsräte.

Ungewitter 1910—1911
Backs 1910—1913
Ebermayer 1910
Behringer 1911—1914
Dr. Buff 1912—1915
Dr. Schultz 1914—1917
Simon 1915—1918
Dr. Flad 1916—1920
Mentzel 1918—1921
Witt 1919—1922
Linz 1921—1923
Triebel 1922
Dr. v. Metzen 1910—1911
Behringer 1910
Schmitt 1910—1913
Heydweiller 1911—1914
Mansfeld II 1912—1915
Arndts 1914
Dr. Picot 1915 u. 1919—1923
Rosenberg II 1916—1919
Oehlschlaeger 1916—1919
Reichert 1919
Stölzel 1920—1923
Hagemann 1920—1922.

I. Senat.

Hettner 1922—1924
Dr. Kraußе 1923—1925
Krühne 1924—1927
Veldmann 1925
v. Richthofen 1925 bis jetzt
Dr. Hüfner 1926—1927
Bender 1928
Helber 1928 bis jetzt.

II. Senat.

Dr. Boos 1923—1926
Dr. David 1924—1925
Dr. Krug 1924
Willhöft 1925—1926
Helber 1926—1927
Gündel 1927 bis jetzt
Rheinisch 1927 bis jetzt
Hüfner 1928 bis jetzt.

Rechtsanwälte beim Reichsgericht.

Dr. Schall 1910
Dr. Eickhoff 1910—1913
Malkwitz 1910
Kurlbaum 1911—1919
Dr. Lehmann 1911—1914
Dr. Ganz 1914—1919
Brücklmeier 1914—1916 u. 1919
Dr. Kaiser 1917—1918
Dr. Junck 1920—1922
Dr. Mittelstaedt 1920
Dr. Regeli 1922
Huber 1923 bis jetzt
Geutebrück 1923 bis jetzt
Spring 1925—1927
Kieffer 1928 bis jetzt.
Spring 1910
Zenetti 1910
Dr. Kaiser 1910—1915
Dr. Schall 1911—1913
Bodenstein 1911—1916
Arhausen 1914—1920
Dr. Bitter 1916—1922
Dr. Süpfle 1917 u. 1918—1924
Zenetti 1917
Dr. Schrömbgens 1921 bis jetzt
Seuffert 1923 bis jetzt
Dr. Mittelstaedt 1924
Hansen 1925 bis jetzt.

Kurlbaum.

Anlage IX.

Mitglieder des Reichsarbeitsgerichts.

Lfd. Nr.	Name	Beruf, Stand	Wohnung	Im RArbG. als	Ernannt am
		I. Richterliche Mitglieder:			
1.	**Oegg**	Senatspräsident	Leipzig C 1	Vorsitzender	1. 7. 1927
2.	**Dr. Staffel**	Reichsgerichtsrat	Leipzig	stellv. Vorf.	1. 7. 1927
3.	**Dr. Czolbe**	Reichsgerichtsrat	Leipzig	Mitglied	1. 7. 1927
4.	**Linz**	Reichsgerichtsrat	Leipzig	Mitglied	1. 7. 1927
5.	**Teichmann**	Reichsgerichtsrat	Leipzig	Mitglied	1 7. 1927
6.	**Dr. Königsberger**	Reichsgerichtsrat	Leipzig	Mitglied	1. 7. 1927
7.	**Schrader**	Reichsgerichtsrat	Leipzig	Mitglied	1. 7. 1927
8.	**Citron**	Reichsgerichtsrat	Leipzig	Mitglied	1. 6. 1928
9.	**Obladen**	Reichsgerichtsrat	Leipzig	Mitglied	8. 10. 1928
		II. Nichtrichterliche Mitglieder			
		a) aus den Kreisen der Arbeitgeber:			
1.	**Dr. Fromm,** Max	Reichsbahndirektor	Berlin	Mitglied	1. 7. 1927
2.	**Hueck,** Adolf	Bergassessor	Gelsenkirchen	Mitglied	1. 7. 1927
3.	**Brandt,** Heinrich	Justizrat	Berlin	Mitglied	1. 7. 1927
4.	**Dr. jur. Hase,** Georg	Syndikus	Berlin	Mitglied	1. 7. 1927
5.	**Dr. med. Curschmann,** Fritz	Prof., stellv. Vorstandsmitglied der J. G. Farbenindustrie	Wolfen, Kr. Bitterfeld	Mitglied	1. 7. 1927
6.	**Stroux,** Ludwig	Syndikus	Berlin	Mitglied	1. 7. 1927
7.	**Grampp,** Gustav	Justizrat, Syndikus d. Handwerkskammer Nürnberg	Nürnberg	Mitglied	1. 7. 1927
8.	**Kesting,** Theo	Vorf. d. Reichsverb. d. dtsch. Schneidergewerbes	Elberfeld	Mitglied	1. 7. 1927
9.	**Müller,** Wilhelm	Präsid. d. Germania, Zentralverbandes d. Bäckerinnungen	Berlin	Mitglied	1. 7. 1927
10.	**von Boxberg,** Karl	Rittergutsbesitzer	Groß-Welka b. Klein-W. i. Sa.	Mitglied	1. 7. 1927
11.	**Dr. jur. Sinning,** Wilhelm	Gutsbesitzer	Breitenau, Post Cuxhagen, Bez. Kassel	Mitglied	1. 7. 1927
12.	**Dr. jur. Freiherr von Michel,** Alfred	Gutsbesitzer	Schloß Tüßling Oberbayern	Mitglied	1. 7. 1927
13.	**Haac,** Oskar	Handelsgerichtsrat, Vorstandsmitglied d. Wertheim-A.-G. für Handelsbeteiligungen	Berlin	Mitglied	1. 7. 1927
14.	**Flach,** Wilhelm	Direktor	Leipzig	Mitglied	1. 7. 1927

Lfd. Nr.	Name	Beruf, Stand	Wohnung	Im RArbG. als	Ernannt am
15.	**Hampf,** Paul	Direktor	Berlin	Mitglied	1. 7. 1927
16.	**Erler,** Johannes	Verbandsdirektor, Kapitän z. See a. D.	Berlin	Mitglied	1. 7. 1927
17.	**Tiedke,** Johannes	Generaldirektor Rechtsanwalt a. D.	Leipzig	Mitglied	1. 7. 1927
18.	**Scheuer,** Otto	Direktor, Gerichtsassessor a. D.	Berlin-Zehlendorf	Mitglied	1. 7. 1927
19.	**Dr. jur. Sternberg-Raasch,** Richard	Syndikus, Stadtrat a. D.	Berlin-Charlottenburg	Mitglied	1. 7. 1927

b) aus den Kreisen der Arbeitnehmer:

1.	**Nörpel,** Clemens	Sekretär	Berlin	Mitglied	1. 7. 1927
2.	**Bernier,** Wilhelm	Sekretär	Berlin	Mitglied	1. 7. 1927
3.	**Schleicher,** Markus	Sekretär	Berlin	Mitglied	1. 7. 1927
4.	**Dr. Pfirrmann,** Fritz	Geschäftsführer	Berlin-Spandau	Mitglied	1. 7. 1927
5.	**Jansen,** Karl	Redakteur	Berlin-Wilmersdorf	Mitglied	1. 7. 1927
6.	**Dittmar,** Friedrich	Verbandsangestellter	Berlin-Zehlendorf-Mitte	Mitglied	1. 7. 1927
7.	**Eichler,** Otto	Werkzeugmacher	Stuttgart	Mitglied	1. 7. 1927
8.	**Bernhard,** Nikolaus	Sekretär	Hamburg	Mitglied	1. 7. 1927
9.	**Schmidt,** Carl	Sekretär	Hannover	Mitglied	1. 7. 1927
10.	**Funke,** Linus	Geschäftsführer	München	Mitglied	1. 7. 1927
11.	**Müller,** Katharina	Verbandsvorsitzende	Berlin-Wilmersdorf	Mitglied	1. 7. 1927
12.	**Riedel,** Emil	Sekretär	Berlin	Mitglied	1. 7. 1927
13.	**Schröder,** Fritz	Geschäftsführer	Berlin-Eichkamp S 7	Mitglied	1. 7. 1927
14.	**Rödel,** Hugo	Weber	Berlin-Friedrichshagen	Mitglied	1. 7. 1927
15.	**Weck,** Rudolf	Sekretär	Berlin-Friedrichshagen	Mitglied	1. 7. 1927
16.	**Neustedt,** Franz	Verbandsvorsitzender	Berlin	Mitglied	1. 7. 1927
17.	**Niemandt,** Wilhelm	Sekretär	Berlin-Pankow	Mitglied	1. 7. 1927
18.	**Krautz,** Otto	Verbandsvorsitzender	Berlin	Mitglied	1. 7. 1927
19.	**Janscheck,** Alfred	Bergmann, Verbandssekretär	Berlin	Mitglied	1. 7. 1927

Mende.

Entscheidungen des Reichsgerichts. Herausgegeben von den Mitgliedern des Gerichtshofes und der Reichsanwaltschaft. 8⁰.

1. Entscheidungen des Reichsgerichts in Zivilsachen.
1.–123. Band . . . . Je M. 6.50, geb. M. 8.—

2. Entscheidungen des Reichsgerichts in Strafsachen.
1.–62. Band . . . . Je M. 6.50, geb. M. 8.—

Generalregister zu Entscheidungen des Reichsgerichts in Zivilsachen.
Zu Band 1– 30 . . . . M. 28.—, in Halbleder M. 31.—
Zu Band 31– 40, 41–50, 51–60, 61–70 . Je M. 18.—, in Halbleder M. 21.—
Zu Band 71– 80 . . . . M. 20.—, in Halbleder M. 23.—
Zu Band 81– 90 . . . . M. 14.—, in Halbleder M. 17.—
Zu Band 91–100 . . . . M. 14.—, in Halbleder M. 17.—
Zu Band 101–110 . . . . M. 17.—, in Halbleder M. 20.—

Generalregister zu Entscheidungen des Reichsgerichts in Strafsachen.
Zu Band 1–35 . . . . M. 20.—, in Halbleder M. 23.—
Zu Band 36–45 . . . . M. 12.—, in Halbleder M. 15.—
Zu Band 46–55 . . . . M. 14.—, in Halbleder M. 17.—
Einbanddecken zu allen Generalregisterbänden vorrätig . . . Je M. 3.—

Entscheidungen des Reichsarbeitsgerichts. Herausgegeben von Mitgliedern des Reichsarbeitsgerichts. 8⁰.
Band I–II 1928/29. . . . . Je M. 6.50, geb. M. 8.—

Das Bürgerliche Gesetzbuch, mit besonderer Berücksichtigung der Rechtsprechung des Reichsgerichts erläutert von Dr. **Busch**, **Erler**, Dr. **Lobe**, **Michaelis**, **Oegg**, **Sayn**, **Schliewen** und **Seyffarth**, Reichsgerichtsräten und Senatspräsidenten am Reichsgericht. Sechste, neubearbeitete Auflage. 5 Bände. §§ 1-2385 Lexikon-Oktav. 3182 Seiten. 1928. M. 125.—, in Halbleder M. 150.—

Reichs-Strafgesetzbuch, mit besonderer Berücksichtigung der Rechtsprechung des Reichsgerichts erläutert von Professor Dr. **Ludwig Ebermayer**, Oberreichsanwalt, Dr. **Adolf Lobe**, Senatspräsident am Reichsgericht, Dr. **Werner Rosenberg**, Reichsgerichtsrat. Vierte, vermehrte und verbesserte Auflage. Lexikon-Oktav. X, 1282 Seiten. 1929. M. 56.—, in Halbleder M. 63.—

Für die Abonnenten der „Juristischen Rundschau" und der „Zeitschrift für die gesamte Strafrechtswissenschaft" M. 51.—, in Halbleder M. 58.—

Die Strafprozeßordnung für das Deutsche Reich vom 22. März 1924 nebst dem Gerichtsverfassungsgesetz. Kommentar von Dr. **E. Löwe**, weil. Senatspräsidenten des Reichsgerichts. Achtzehnte, neubearbeitete Auflage, von **W. Rosenberg**, Ehrendoktor der Universität Münster, Reichsgerichtsrat i. R. Lexikon-Oktav. 1332 Seiten. 1929. M. 44.—, in Halbleder M. 50.—

Band II. Zivil- und Handelsrecht.

Wilhelm Silberschmidt, Das Reichsgericht und der Begriff des Sozialen . . . .
Rudolf Schmidt, Die rechtliche Wirkung der Befolgung sittlicher Pflichten . . . .
Heinrich Stoll, Gegenwärtige Lage der Vereine ohne Rechtsfähigkeit . . . .
Erich-Hans Kaden, Das Reichsgericht und das französische Zivilrecht . . . .
Otto Fischer, Das Reichsgericht und das Allgemeine Landrecht für die preußischen Staaten .
Friedrich Endemann, Die Rechtsquellen des bürgerlichen Rechtes und ihre Auslegung . .
Rudolf Müller-Erzbach, Reichsgericht und Interessenjurisprudenz . . . .
Karl Haff, Die juristischen Personen des bürgerlichen und Handelsrechtes in ihrer Umbildung
Walther Schönfeld, Rechtsperson und Rechtsgut im Lichte des Reichsgerichts als Vorarbeit zu einer künftigen Wirklichkeitslehre des deutschen Rechts
Theodor Kipp, Zur Lehre von der Vertretung ohne Vertretungsmacht . . . .
Richard Schmidt, Das Reichsgericht und die deutsche Rechtswissenschaft . . . .
Hans Schreuer, Die Elly Hölterhoff-Böcking-Stiftung der Universität Bonn . . . .

Band III. Zivil- und Handelsrecht (Fortsetzung).

Rudolf Ruth, Mietrecht und Wohnungszwangswirtschaft in der Rechtsprechung des Reichsgerichts . . . .
Hans Dölle, Eigentumsanspruch und Ersatzherausgabe . . . .
Hubert Naendrup, Die Ersitzung als Rechtscheinswirkung . . . .
Paul Krückmann, Die Ermächtigung und der Rechtsbesitz nach dem Bürgerlichen Gesetzbuche
Fritz Pringsheim, Ersatz der früheren Klage aus nützlicher Verwendung durch die heutige Rechtsprechung . . . .
Wilhelm Groh, Sittenwidrige Erfüllungsvereitelung . . . .
Erich Jung, Das Wesen des schuldrechtlichen Grundes (§ 812 BGB.) und dessen Bedeutung für die Systematik des Privatrechts . . . .
Heinrich Mitteis, Die Ehe in der Rechtsprechung des Reichsgerichtes . . . .
Gustav Boehmer, Der Übergang des Pflichtlebens des Erblassers auf den Erben . . . .
Franz Haymann, Fehler und Zusicherung beim Kauf . . . .
Heinrich Siber, Auslegung und Anfechtung der Verfügungen von Todes wegen . . . .

Band IV. Handels- und Wirtschaftsrecht.

Hugo Sinzheimer, Über einige Grundfragen des Arbeitstarifrechts . . . .
August Saenger, Beschränkungen hinsichtlich Veräußerung und Vererbung von Geschäftsanteilen einer Gesellschaft mit beschränkter Haftung .
Richard Weyl, Der Weltkrieg im Spiegel der „Entscheidungen des Reichsgerichts in Zivilsachen" . . . .
Franz Dochow, Landwirtschaftsrecht . . . . .
Walther Merk, Reichsgericht und Steuerrecht .
Ernst Bruck, Zum Begriff des Interesses im Versicherungsrecht . . . .
artin Wassermann, Meilensteine im Markenrechte . . . .
Alfred Hueck, Die Sittenwidrigkeit von Generalversammlungsbeschlüssen der Aktiengesellschaften und die Rechtsprechung des Reichsgerichts
Hans Wüstendörfer, Ein Rechtsfall zur schriftrechtlichen Verpflichtung des Reeders aus dem Konnossement . . . .
Hans Carl Nipperdey, Die privatrechtliche Bedeutung des Arbeiterschutzrechts . . . . . .
Otto Eger, Das Reichsgericht und die Kartelle
Alexander Elster, Das Urheberpersönlichkeitsrecht in der Rechtsprechung des Reichsgerichts
Ernst Heymann, Wechselzeichnung der Sparkassen . . . .

Band V. Strafrecht und Strafprozeß.

Robert von Hippel, Die Bedeutung der Geschäftsführung ohne Auftrag im Strafrecht . .
Edmund Mezger, Subjektivismus und Objektivismus in der strafgerichtlichen Rechtsprechung des Reichsgerichts . . . .
Alexander Graf zu Dohna, Die Stellung des Reichsgerichts zum neuen Strafgesetzbuch . .
Erik Wolf, Der Sachbegriff im Strafrecht . . .
Karl Klee, Der Einfluß der Volksanschauung auf die strafrechtliche Praxis des Reichsgerichts .
August Finger, Reichs- und Landesstrafrecht im Lichte der Rechtsprechung des Reichsgerichtes
Max Grünhut, Der strafrechtliche Schutz wirtschaftlicher Interessen . . . .
Eduard Kern, Die Aussetzung des Strafverfahrens zur Klärung präjudizieller Fragen nach § 262 Abs. 2 StPO. . . . .
August Köhler, Plenarentscheidungen in Strafsachen . . . .
Hellmuth von Weber, Die Verbrechen gegen den Staat in der Rechtsprechung des Reichsgerichts
Gustav Radbruch, Wahrunterstellung im Strafprozeß . . . .
Hermann Mannheim, Probleme der Voruntersuchung . . . .
Gustav Aschaffenburg, Zur Frage: Verminderte Zurechnungsfähigkeit
Friedrich Kitzinger, Einiges über die künftigen Aufgaben des Reichsgerichts auf dem Gebiete der Strafrechtspflege . . . .
Albert Coenders, Zum neuen Strafgesetz . . .
August Hegler, Zum Wesen der mittelbaren Täterschaft . . . .

Band VI. Zivilprozeßrecht.

Albrecht Mendelssohn Bartholdy, Imperium des Richters . . . .
Wilhelm Kisch, Das Reichsgericht und der Parteibegriff . . . .
Friedrich Oetker, Beglaubigung von Unterschriften und Handzeichen . . . .
Paul Oertmann, Das Reichsgericht und die Grundbegriffe der Zwangsvollstreckung . . . .
Alfred Manigk, Die Revisibilität der Auslegung von Willenserklärungen . . . .
Georg Kleinfeller, Das Reichsgericht und die Konkursgläubiger . . . .
Hans Walsmann, Reichsgericht und Eidesbeweis
Friedrich Lent, Die Rechtsprechung des Reichsgerichts über die prozessuale Stellung des Konkursverwalters . . . .
Karl Blomeyer, Zur Lehre vom Tatbestand im Zivilurteil . . . .

FSC
www.fsc.org
MIX
Papier | Fördert gute Waldnutzung
FSC® C083411

Kolibri 360 GmbH
Ferdinand-Jühlke-Straße 7
99095 Erfurt, Deutschland
produktsicherheit@kolibri360.de